ラディカル 構文文法

類型論的視点から見た統語理論

ウィリアム・クロフト 著

山梨正明 監訳
渋谷良方 訳

Radical
Construction
Grammar

William Croft

Syntactic Theory in Typological Perspective

研究社

© William Croft 2001

Radical Construction Grammar:
Syntactic Theory in Typological Perspective
First Edition was originally published in English in 2001.
This translation is published by arrangement with
Oxford University Press.

今はなき故郷へ

俺の時代がいつかやって来る。だから俺のことは心配なんかしないでいい。
ずっと長いこと，こんなふうに感じてきたんだ。急いでなんかいないさ。
虹の先端があのハイウェイの向こうにある。
そこでは海風が吹いているんだ。
俺の時代がやってくる，いくつもの声がそう言うんだ。
そして俺が進んでいく道を教えてくれるんだ。
俺のことは心配しないでいい。
そうさ，心配なんかする必要は全然ないんだ。
俺は全然急いでなんかいない。
だって俺はどこへ行くべきか分かっているんだから。
カリフォルニアさ！
燃える岸辺で伝導する。
そこはカリフォルニアさ！
俺は金色のドアを叩き続けるだろうさ。
まるで天使のように，
差し込む光の中に立ち
天国へ向かって昇っていくんだ。
俺は自分が光を放つ存在になるって知っているんだ。
　　　　　グレイトフル・デッド「エスティメイテッド・プロフェット」

ESTIMATED PROPHET
Words by Robert H. Weir
Music by John Barlow
© Copyright by ICE NINE PUBL. CO INC
All Rights Reserved. International Copyright Secured.
Print rights for Japan controlled by Shinko Music Entertainment Co., Ltd.

まえがき

本書は，William Croft（以下，クロフトと表記）の *Radical Construction Grammar: Syntactic Theory in Typological Perspective*（Oxford University Press, 2001）の翻訳である。本書は，認知言語学と言語類型論を統合する認知類型論（Cognitive Typology）という新たな研究プログラムを提示する，言語学の歴史から見ても画期的な研究書である。本書の考察，議論の展開は，言語学の研究者だけでなく，関連分野の一般的な研究者にも理解できるように配慮されているが，その厳密性，体系性，包括性から見て，言語学の単なる入門書ではなく本格的な研究書と言える。

クロフトの著書としては，本書の他に，*Syntactic Categories and Grammatical Relations: The Cognitive Organization of Information*（University of Chicago Press, 1991），*Explaining Language Change: An Evolutionary Approach*（Longman, 2000），*Verbs: Aspect and Causal Structure*（Oxford University Press, 2012），*Cognitive Linguistics*（Cambridge University Press, 2004. D.A. Cruse との共著），などが出版されている。いずれもきわめて重要な研究書であるが，残念ながらこれまでのところ，以上のどの著書も日本語への翻訳はなされていないのが現状である。

クロフトは長きにわたり，認知言語学と言語類型論の研究を精力的に進めている代表的な言語学者の一人であるが，その学問的な姿勢は，認知言語学の研究において中心的な役割を担う Ronald W. Langacker（以下，ラネカーと表記）の研究姿勢と通じるものがある。特に，理論言語学の研究分野において，この二人ほど，言語学の文法モデルを厳密かつ体系的に構築しながら研究を進めている学者はいないと言っても過言ではない。クロフトの言語研究は，ラネカーの研究と同様，その包括性，厳密性，明示性，体系性の点から見て特筆すべきものがある。第一に，彼の言語理論は，音韻・形態，文法から意味，談話・テクストのレベルに至る包括的な言語のモデル化を目指している。第二に，これらのどのレベルに関わる言語現象の分析に際しても，その記述・説明の用語が，厳密かつ明示的に定義されている。第三に，以上の厳密かつ明示的に定義された文法モデルの枠組みに基づき，音韻・形態レベルから談話・テクストのレベルに関わる諸要因を考慮した言語現象の体系的な分析を試みている。

以上の点から明らかなように，本書に代表されるクロフトの言語理論は，経験科学としての記述の妥当性，言語事実の包括的な説明の妥当性の点から見て，注目す

[v]

べき研究プログラムである。言葉の意味・運用に関わる要因を捨象し，形式的統語論のアプローチを前提とする文法研究（特に，統語論の自律性を前提とする生成文法の言語研究）は，制度的には研究が続けられているが，事実の包括的な研究の視点から見て袋小路に入り込んでいるのが現状である。言語学がより健全な言葉の科学として進展していくためには，どのような方向を目指すべきか（あるいは，どのように研究を健全な方向に推進して行くべきか）が厳しく問われるべき時期に来ている。この意味で，本書は，今後の言語学の研究を進めて行く上で，きわめて重要な指針を与えてくれる研究書と言える。（本書に代表されるクロフトの言語研究のこれまでの展開と今後の展望に関しては，本書巻末の「解説：クロフトの言語研究」を参照されたい。）

　本書が翻訳されることになった縁は，日本認知言語学会が，クロフトを「設立 5 周年記念大会」の講演に招いた 2004 年にさかのぼる。クロフトの『ラディカル構文文法』の基本的な構想は，既に 1980 年代後半から 1990 年代初頭のミシガン大学時代に，練り上げられている（本書のクロフトの「序文」参照）。日本認知言語学会での記念講演は，このミシガン時代の基本的構想を進展させた研究が背景となっている。クロフトは，この記念講演の後，京都大学の大学院（人間・環境学研究科）と総合人間学部でも，以上の言語研究に関する貴重な講義をしてくれている。（訳者の渋谷は，当時，京都大学大学院の山梨研の研究生としてクロフトとそこで初めて出会った。）この来日時には，クロフトは，既にミシガン大学からマンチェスター大学に移り，『ラディカル構文文法』の本格的なモデル化を図っているが，本書の翻訳の縁は，2004 年の来日時の著者と私達の学問的な交流にまでさかのぼる。

　上にも述べたように，本書の原典は，クロフト自身の使用している文法用語も含め，非常に厳密かつ正確な用語に基づいて執筆されている。原典のかなりの部分において，これまでの言語理論（および他の言語学の理論）では使われていない専門用語が使われている。専門用語の訳に際しては，基本的にこれまでの理論言語学や言語類型論の標準的な用語に準拠しているが，本書の独創的な内容に応じて新たな用語を使用している。また，原典の内容がきわめて専門的な箇所に関しては，できる限り内容を考慮して，原義を損なわない範囲において意訳を試みている。どのような学問分野であれ，研究を進めていく際には，分析対象の広がりと複雑さに応じて新たな用語が必要になる。この点は，特に認知類型論のパイオニア的な研究書である本書に当てはまる。

　本書の校正に際しては，様々な方々にお世話になった。まず，京都大学大学院，人間・環境学研究科（言語科学講座）の当時の院生（伊藤 薫，碓井智子，大谷直輝，小川典子，神澤克徳，河野 亘，木原恵美子，木本幸憲，久保 圭，黒田一平，小松原哲太，斎藤隼人，田口慎也，中馬隼人，寺崎知之，中野研一郎，安原和也）の諸

氏に心より感謝したい。さらに，大阪大学大学院言語文化研究科の当時の院生の木山直毅氏と後藤秀貴氏にも快く校正のお手伝いをしていただいた。彼らにも感謝の意を表したい。

　なお，訳者（渋谷）は，留学先のマンチェスター大学で博士論文の指導教授であったクロフト先生から，学問的にも人間的にも多くのことを学んだ。また，留学前には，赤ペンで加筆修正がなされた（本書の原典の入稿前の）原稿を先生からいただくという，またとない機会にも恵まれた。本書の原典に関しても，クロフト先生に，翻訳に際して内容を何度も確認させていただいた。これまで公私にわたるご指導により，言語研究の楽しさと奥深さを教えて下さった先生に，心から感謝したい。

　最後に，本書の企画から校正，等のあらゆる段階で，編集のプロとしての緻密で的確な作業を進め，本書を出版に導いて下さった研究社の津田 正氏と杉本義則氏に，この場を借りて心よりお礼を申し上げたい。

　2018 年 4 月吉日

山梨正明・渋谷良方

目　次

まえがき　v

序　　文　xv

謝　　辞　xix

図　一　覧　xxiii

表　一　覧　xxvi

省略形一覧　xxviii

記号一覧　xxxiv

第 1 部　統語カテゴリから意味地図へ

1章　統語論における論証とラディカル構文文法 3
1.1. はじめに 3
1.2. 統語論における方法論と理論 10
   1.2.1. 統語分析の基本的問題 10
   1.2.2. 分布に基づく分析：統語論における論証の基本的方法 13
1.3. 構文と構文文法 17
   1.3.1. 構文文法を支持する議論 17
   1.3.2. 統語・意味構造：構文の構造 21
   1.3.3. 構文文法における構文の構成 28
1.4. 分布に基づく分析と通言語的普遍性 33
   1.4.1. 通言語的に分布に基づく分析を用いることの問題 33
   1.4.2. 通言語的な方法論的御都合主義とその問題 35
   1.4.3. 別の見解：極小の基本要素の普遍的目録は存在しない 37
1.5. 分布に基づく分析と個別言語の文法表示 40
   1.5.1. 個別言語で分布に基づく分析を用いることの問題 40
   1.5.2. 言語内部の方法論的御都合主義とその問題 48
   1.5.3. 別の見解：極小の文法的基本要素は存在しない 53
1.6. ラディカル構文文法：よくある質問 55
   1.6.1. 極小の基本的ユニットの存在しない統語理論がどのように

[ix]

x 目　　次

して成り立つのか？ 55

1.6.2. これらの事実は，カテゴリの素性基盤アプローチや範疇文法
アプローチによって捉えることはできないのか？ 57

1.6.3. RCG はカテゴリの絶望的な増殖を引き起こすことにならない
のか？ 全てのカテゴリにどうやってラベル付与するのか？..........58

1.6.4. カテゴリが構文との関係で規定されるのなら，構文はどう
やって特定するのか？ 61

1.6.5. RCG では，構文間におけるカテゴリの一般化をどのように
して捉えるのか？ 63

1.6.6. 極小の基本カテゴリなしに，子どもはどうやって文法を習得
できるのか？ 67

1.6.7. RCG は構文文法の他のアプローチとは，どのように関係
するのか？ 68

1.6.8. 全てのカテゴリが構文固有のものであり，そして構文が言語
固有のものであるなら，どのようにして RCG を文法記述に
用いることが可能になるのか？ 69

1.6.9. もしカテゴリが構文固有のものであり，また，構文が個別言語
固有のものであるなら，普遍文法や言語の普遍性は存在しない
ということか？ 71

1.7. 結論と展望 71

2章 品　　詞 74

2.1. はじめに 74

2.2. 主張される個別言語における品詞の欠如 77

2.2.1. 品詞の「一括主義的」な類型論理論 77

2.2.2. 「一括主義的」な品詞理論の批判 80

2.2.3. 意味的変化とゼロ符号化 84

2.3. 一括主義から分割主義へ 90

2.3.1. 分布に基づく分析と品詞の分析 90

2.3.2. 分割：どこで止めるのか？ 94

2.3.3. 分布に基づく分析と品詞に関するさらなる問題 97

2.4. 概念空間，意味地図，品詞の普遍的理論 101

2.4.1. 普遍性と言語個別性の区別 101

2.4.2 品詞の普遍類型論理論 104

2.4.3. 概念空間と意味地図 110

2.4.4. 類型論的有標性と概念空間の地形 116
　　　2.4.5. 機能的プロトタイプと文法カテゴリ構造仮説 121
　　　2.4.6. 品詞の普遍類型論と認知文法の理論 123
　2.5. 文法知識の表示における言語の個別性と普遍性との統合 124

3章　統語カテゴリと意味の相対性 127
　3.1. 形式と意味の関係 127
　3.2. 意味の相対性を支持する議論における隠れた前提 130
　　　3.2.1. 対立 130
　　　3.2.2. 一対一の形式–意味の写像 132
　　　3.2.3. 表現における冗長性 140
　　　3.2.4. 意味の不確実性原理 147
　3.3. 言語の「相対性」が持つ動的で流動的な特徴 149
　3.4. 意味の普遍性と相対性とラディカル構文文法 152

4章　節の統語的役割（「文法関係」） 156
　4.1. はじめ 156
　4.2. 普遍的な統語的役割を持たない言語の普遍性 158
　　　4.2.1. 「対格」言語 vs. 「能格」言語 158
　　　4.2.2. A/S/P の役割のカテゴリの階層 163
　　　4.2.3. 目的語役割を符号化する階層 168
　　　4.2.4. 結論 173
　4.3. 全体的な統語的役割を持たない言語の普遍性 174
　　　4.3.1. 全体的（かつ普遍的）な統語的役割に関する賛成と反対の議論
　　　　　　 174
　　　4.3.2. 主語構文階層 179
　　　4.3.3. 主語構文階層の通時的実在性 184
　　　4.3.4. 主語構文階層の概念空間表示 188
　4.4. さらなる厄介な問題 190
　　　4.4.1. 自動詞分裂と主語のプロトタイプ 191
　　　4.4.2. 能格性と数量化 195
　　　4.4.3. 分裂能格性 197
　4.5. 結論 200

第2部 統語的関係から記号的関係へ

5章 依存関係と構成素性と線形順序..205
5.1. はじめに...205
5.1.1. 構文の内部構造..205
5.1.2. 符号化された依存関係と連語的依存関係...........................206
5.2. 意味的関係としての連語的依存関係.......................................210
5.3. 構成素性と線形順序..217
5.3.1. 構成素性を支持する議論...217
5.3.2. 構成素性から形式的グループ化へ..223
5.3.3. 線形順序と形式的グループ化...231
5.4. 顕在的に符号化された依存関係..233
5.4.1. 顕在的に符号化された依存関係の類型論的分類.....................233
5.4.2. 顕在的に符号化された依存関係と連続性と線形順序における
不一致...236
5.5. 結論...239

6章 統語的関係に対するラディカルなアプローチ.......................241
6.1. 統語的関係の存在に反対する論理的な主張..............................241
6.2. 統語的関係 vs. 記号的関係...245
6.2.1. 疑わしい意味的依存関係...247
6.2.2. 命題 vs. 主語–述語の解釈..253
6.2.3. 節の崩壊...257
6.3. 統語的関係 vs. 統語的役割...261
6.3.1. 3つまたはそれ以上の要素の相対的順序...............................262
6.3.2. 二番目の位置...264
6.3.3. 入れ子型の関係的な符号化された依存関係............................266
6.3.4. 統語的関係においてユニットが1つ不足していること.............268
6.3.5. 顕在的に符号化された依存関係の選択性または欠如...............276
6.4. 統語的関係なしで構文を理解すること.....................................277
6.4.1. 形態統語的装置による意味役割の特定..................................278
6.4.2. 構文の特定..281
6.4.3. 足場のメタファと統語論の半類像性.....................................383

7章　主要部と項と付加詞 287

7.1. はじめに 287

7.2. 主要部性の基準 288

   7.2.1. 機能辞の基準 290

   7.2.2. ベースの基準 291

   7.2.3. 主要部の基準 292

7.3. 主要部の分解 293

   7.3.1. 一致 294

   7.3.2. 下位範疇化, 統率, 構文文法 295

   7.3.3. 義務性と分布的等価性 298

   7.3.4. 統語カテゴリ決定子と形態統語的中心 302

7.4. 「主要部」の意味的定義 304

   7.4.1. 主要部とプロファイル等価物 304

   7.4.3. 主要部と PIBU 308

7.5. 文法化と PIBU のプロファイル等価物 311

   7.5.1. 助動詞と冠詞 311

   7.5.2. 数詞と数量詞と類別詞 313

   7.5.3. 接置詞 315

   7.5.4. 補文標識 317

   7.5.5. 連結詞 318

   7.5.6. 他の統語的プロセスにおける PIBU 319

7.6. 形態論における「主要部」と語根 321

7.7. 項と付加詞の区別 325

   7.7.1. 項と付加詞の区別の基準 326

   7.7.2. 結合価と自律性–依存性の連続体 327

   7.7.3. 構文における記号的な事例化 330

第3部　普遍的構文から統語空間へ

8章　態の連続体 339

8.1. はじめに 339

   8.1.1. 言語の普遍性に普遍的構文は必要か？ 339

   8.1.2. 能動態と受動態と逆行態：文法的領域の区切り 340

8.2. 導入部：能動態と受動態における有生性の制約 345

8.3. 能動態と受動態の構造的多様性 348

xiv 目　次

8.3.1. 幾つかのいわゆる受動態 348
8.3.2. 幾つかのいわゆる逆行態 354
8.4. 能動態–非能動態の区別の曖昧化 364
8.4.1. 幾つかのいわゆる「受動態」と能格 364
8.4.2. フィリピン語群の態体系 369
8.4.3. 人称に基づく分裂能格の体系 372
8.5. 態構文の類型論的普遍性分析 374
8.5.1. 統語空間と構文の非普遍性 374
8.5.2. 統語空間の普遍性 378

9章　等位接続–従位接続の連続体 385
9.1. はじめに 385
9.1.1. 複文の伝統的分類 385
9.1.2. 複文タイプの連続体 387
9.2. 等位接続と副詞的従位接続のゲシュタルト分析 395
9.2.1. 「等位接続」と「副詞的従位接続」の意味的平行性 395
9.2.2. 副詞節と図–地構文 397
9.2.3. 等位接続と複合的図構文 404
9.2.4. 慣習化された解釈：条件と比較級 408
9.2.5. ランクを下げた節連鎖への複文の進化 411
9.3. 精緻化サイトの精緻化と，補部と関係詞節の類型論 417
9.3.1. 精緻化サイトの精緻化 417
9.3.2. 図–地から関係詞節へ 420
9.3.3. 目的節から不定詞補部へ 423
9.3.4. 連続動詞から補部へ 425
9.4. 複文の統語空間：ランク下げ階層 427
9.5. 結論 435

10章　統語理論と言語理論 436

参考文献　445
解説：クロフトの言語研究　475
人名索引　495
言語索引　500
事項索引　507

序　文

　学生達を大いに失望させることになってしまったが，私にとって統語論とは何で
あるか理解するのに，あるいは少なくとも統語論とは何であるかについて何らかの
一貫した見解を得るのに，長い年月がかかってしまった。しかし，長い年月を要し
た原因には，部分的には，統語論の研究が通常行われるそのやり方に対して私が抱
いていた不満が影響している。

　私は一学生として，そして後には統語現象に取り組む一研究者あるいは一教師と
して，次から次へと提案されていく一連の統語「理論」の数々に対して問題を感じ
てきた。まるで統語的記述を行うための表示言語の構築が理論の主目的であるかの
ようにも思われたのである。結果として生じたのは，表記法上の終わりなき変化で
あり，たとえ出版から 5 年しか経たない学術論文や多くの文法書でさえもそれを読
むのが困難なものとなっていた。

　私は，こうした表記法上の要請は，「形式主義」の理論（生成理論とその非変形的
分派）だけでなく，幾つかの「機能主義」の理論や，（世界中の言語の文法書でよく
登場する文法素理論（tagmemics）のような）初期の「構造主義」の理論にも当ては
まると感じていた。こういった理論から生み出された研究に，統語論に関する重要
な洞察が何も含まれていなかったわけではもちろんない。しかし，研究者達が用い
た表示モデルは，彼らの洞察に説明を与えるものというより，むしろその妨げとなっ
ていたのである。私自身，彼らの研究に洞察を見いだすより前に音を上げてしまう
ことがたびたびあった。

　上記の問題に加え，こういった統語モデル同士が多くの場合結びつきがあまり強
くないことや，さらには，これらのモデルで提案される幾つかの分析，またそれら
が経験的に実在のものであるかどうかについても私は疑問を感じてきた。多数の研
究論文（ここでも，「形式主義」と「機能主義」の双方に当てはまる）で，言語 Y の
現象 X は，実は受動態であると主張されたり，あるいは，それは実は受動態ではな
いと主張されたりする。そのような研究では，反対となる証拠は軽視または無視さ
れたりするが，それについても私は居心地の悪さを覚えてきた。また，これらの研
究は的外れでもあった。というのも，現象 X は，ある程度は受動態的であったり，
また同時にある程度は受動態的でなかったりし，まさにそういった特性こそが，こ
の現象を興味深くかつ挑戦しがいのあるものにするからである。すなわち，現象 X

[xv]

に見られる受動態的な統語的特性と，非受動態的な統語的特性とは，同等に重要な
ものだったのである。従来の文法家が，現代のヨーロッパ言語を古典ラテン語や古
典ギリシャ語の型にはめ込もうとして失敗したのと同じように，現在の言語学者は
世界の言語を「標準的平均ヨーロッパ語」の型にはめ込もうと努力しているのであ
る。

　同様に，二番目に多い研究論文においては，複雑ではあるものの調整の取れた普
遍的な形式的原理や機能的原理の相互作用に基づいて，言語 Y の現象 X がまさに
今ある姿となるよう導いた統語的要因あるいは機能的要因（機能主義的研究の場合）
についての注目すべき意見の一致が見られたりもする。しかし，単に言語 Y のみを
見ることによって，これらの原理が全ての言語に実際に当てはまるものであること
を，あるいは，言語 Y におけるこれらの原理の相互作用の仕方が普遍的原理によっ
て支配されるものであることを，研究者はどのように知り得たのであろうか。実の
ところ，別の言語に目を向ければ，そういった原理が全ての言語に当てはまること
はほとんどないと言ってよい。

　このことは当然のことながら，さらに別のタイプの研究論文をもたらした。すな
わち，それは，珍しい言語 Z，あるいは言語 Y の珍しい方言を見つけて，上で挙げ
た二番目のタイプの研究論文で提案される普遍的原理のどこが正しくないのかを示
すものであった。しかし，この三番目のタイプの研究論文で見られる通常の結論は，
定義の微調整であったり，あるいは二値的パラメータの導入によって誤りは訂正可
能であるとするものだった。私は，このような付加的な，そして一度に一言語ずつ
しか扱わないアプローチでは，複数の言語全体の事実をうまく捉えることはできな
いと感じていた。

　これらの問題に加え，統語理論を構築するための方法論や論証についての明示的
な議論が不足していることにも問題を感じていた。私が学生の頃は，統語論のコー
スに期待される価値（ならびに，言語学の「意義」や，言語学が学生に提供すると
考えられる「転換可能なスキル」について疑問を抱く大学当局者向けのセールスポ
イント）は，きちんとした論証の仕方の指導が行われることであった。私自身が教
師や研究者となってからというもの，同僚達は私に対してかなり異なる見解を述べ
た。ある著名な非変形主義のアプローチを採用する形式主義言語学者によると，1980
年以降の生成文法（統率・束縛理論（Government and Binding theory）とその後続
理論）では統語論における論証の基準が放棄され，また，ある著名なチョムスキー
派の言語学者（すなわち，1980 年以降の生成文法の実践者）によると，認知文法
（cognitive grammar）では統語論における論証の基準が全て放棄されたとのことで
あった。言うまでもなく，私にとって，統語論における論証の基準が何を指すのか
はよく分からなかった。

典型例の1つとして，たとえば，幾つかの言語において「形容詞」（adjective）という統語カテゴリの地位を「支持する／支持しない」ことに関する議論が挙げられる。すなわち，そこでは同じ事実であっても，それは言語学者が異なれば，言語Yが形容詞を持つ，あるいは持たないと主張するための証拠として用いられるのである。また，さらに別の少々異なる類の例としては，「より単純である」あるいは「よりエレガントである」，あるいは「より冗長性が低い」という理由から，一方の分析やモデルが他のものよりも好まれるという議論が見られる。しかし，モデルの一部を単純化することは，ほとんど常にそのモデルの他の部分についての混乱を引き起こすものでもある。だとしたら，モデル全体がより単純なものであるかどうかに関し，どのようにして決定を下したらよいのであろうか。そして何よりも，単純さ，エレガントさ，または非冗長性というものが，分析者の創造力の単なる反映ではなく，文法知識にとって心理的妥当性を備えた，我々にとって本当に必要なものであることを信じる理由とは何であるというのか。

以上の問題に対して数人の言語学者が与えた回答は，納得し難いものであった。新しい表記法は，どれも普遍文法（Universal Grammar）に到達するための進歩だと言う者がいる。通言語的データを持ち込んでも，普遍文法は単一言語を検証することによってのみ最もうまく発見できるのだと言う者がいる（たとえば，Newmeyer 1998: 335 参照）。方法論上の問題を扱おうとしても，発見の手順（discovery procedures）を追求すべきではなく，普遍文法を発見しさえすれば，普遍文法が我々が必要とする方法論を明らかにするだろうと言う者もいる。私にとっては，こういった回答が満足いくものとは思われない。

残念なことに，「統語論」について私が抱えていたのと同様の問題に対して，他の言語学者（多くの類型論学者や機能主義言語学者を含む）から寄せられた回答についても，私は失望を禁じ得なかった。明示的な形，または暗黙的な形で問題を回避するからである。多くの類型論学者は，上述の経験的問題を扱うには最適な立場にいる者であるにもかかわらず，自分たちの研究は，「モデルについては中立的なもの」あるいは「理論については中立的なもの」とする立場を明示的に採用していた。通常それが意味したことは，単に類型論学者は自分の研究を，その時代の最も人気のある理論の表記法を用いて表すことはないということでしかなかった。実際，類型論研究において，言語で何が普遍的であるのかについて強い主張がなされることはたびたびあったし，提案された普遍性に対して何らかの説明が与えられることもあった。しかし，類型論学者は，自分たちが提案する普遍性に関する仮説が，話者の言語知識の表示に及ぼす影響について述べることはなかったし，ましてや自分たちが進める研究を統語理論と呼ぶこともなかった。

今日，（顕著な例外もあるものの）多くの機能主義言語学者によって，様々な統語

的構文の概念意味論および談話機能の研究が進められている。これらの研究は貴重である。意味と使用は言語研究においてはあまりにも長い間無視されてきたと言える。しかし，残念なことに，そのことは同時に統語論の研究が立ち遅れていることも意味している。

　ここで読者はすでに，本書の目的は，上に列挙した問題によってもたらされる不備を克服するための統語論の見方を提示することだと理解してくれると思う。冒頭で述べたように，上で指摘した問題を回避し，明らかに偏った見解（「形式主義」と「機能主義」の双方に当てはまる）を放棄し，統語論について理論的に一貫性を備え経験的に妥当な見解に至るまでに，私自身かなり苦労した。私と問題を共有する読者にとって，本書が有益であることを心より願っている。

謝　　辞

　まず最初に，1987 年から 1989 年までの間，ミシガン大学で担当した「文法分析」（Grammatical Analysis）の受講生諸君と，1995 年にアルバカーキで開催されたアメリカ言語学会夏期講座（Linguistic Society of America Summer Institute）で担当した「統語論入門」（Introduction to Syntax）を受講した学部生達に感謝（いや，謝罪と言った方がよいのかもしれないが）したい。これらのコースの受講生達は皆，非常に辛抱強く私の講義に耳を傾け，私自身が頭を痛めていた問題とも格闘してくれた。1998 年 9 月にドイツのマインツで開催されたドイツ言語学会夏期講習会（Summerschool of German Linguistics Society）と，2000 年 1 月にライデンで開催された LOT 冬期講習会（LOT Winterschool）に参加した学生達にも感謝したい。これらの講習会の参加者達は，本書で扱うテーマの初期の講義に耳を傾け，意見を述べてくれた。

　Fritz Newmeyer は，彼が 1992 年に *Language* 誌に発表した論文と，その後続いた私とのやりとりにおいて重要な役割を果たした。本書の序文では他の研究者達が取り組んでこなかったことを批判したが，Newmeyer とのやりとりにより，この問題に対し実際に取り組むことができた。Newmeyer とのやりとりは，その後 1995 年に *Language* に発表した論文（Croft 1995a）と，最終的には本書の出版へとつながった（Croft 2000a も同様である）。Matthew Dryer は 1995 年に，Funknet の電子メール・リストと，文法に対する機能的アプローチ・アルバカーキ会議（Albuquerque Functional Approaches to Grammar conference）における講演の中で，上で述べた論点の幾つかについて明確な主張を行った（Dryer のこの研究は，後に Dryer 1997b として出版されている）。Dryer の主張により，私は自分が以前に一時的に表明したに疑念が，実際に正しかったことを確信した。

　ラディカル構文文法は，全米科学財団（US National Science Foundation）（補助金 BNS-9013095，1990 年から 1993 年までの期間）が，ミシガン大学と南カリフォルニア大学に研究資金を提供した，記述文法のためのハイパーテキストのフレームワーク（hypertext Framework for Descriptive Grammars）のプロジェクトの自然な結実でもある。このプロジェクトでは，全ての言語の形式的構造に関して文法記述を体系づけることを目的としたハイパーテキストのネットワーク開発に取り組んだ。我々はそれを行う過程で，構文基盤の表示を進めていくことになった。そこで用い

[xix]

xx 謝　辞

た構文基盤的表示では，カテゴリのラベルに関して機能的プロトタイプを設定した。しかし，文法記述に関してはこういうラベルが不要であり，また単に記憶のためにそういったラベルが使用可能であることが分かった。このような認識からラディカル構文文法へと至る道のりは，ほんの一歩にすぎなかった。全米科学財団（National Science Foundation），共同主任研究者の Bernard Comrie，ドイツ人共同研究者の Christian Lehmann と Dietmar Zaefferer，研究助手の Tim Clausner と Bruce Harold と Robin Belvin, Lehmann の研究助手の Jürgen Bohnemeyer と Eva Schultze-Berndt に心より感謝したい。また，本書の 2 章として Croft (2000b) の大幅な改訂・拡大版を出版することを許可してくれたムートン社（Mouton de Gruyter）にも感謝したい。

　1999 年から 2000 年までの学期を，ライプチヒのマックス・プランク進化人類学研究所言語学科（Linguistic Department of the Max Planck Institute for Evolutionary Anthropology at Leipzig）で過ごすというありがたい招待をいただいていなかったら，本書を書き上げることはなかったであろう。同研究所所長の Bernard Comrie, Martin Haspelmath, Mike Tomasello, Elena Lieven, Susanne Michaels, Claudia Büchel, Julia Cissewski には，知的支援と実務支援の両面においてお世話になった。それに対して心から感謝している。チェスター言語発達グループ（Chester Language Development group）にも，深く感謝している。このグループが持つ関心と熱意は，本研究の起爆剤となった。また同グループからは，本書の第一草稿の数章についてのコメントもいただいた。

　Jóhanna Barðdal, Matthew Dryer, Jack Hawkins, 大堀壽夫氏からは，本書の多くの部分について貴重なコメントをいただいた。柴谷方良氏と彼が担当する上級統語論セミナーの参加者達は，本書の最初の 6 章を読んで議論し，詳細なコメントを与えてくれた。Sonia Cristofaro, Östen Dahl, Martin Haspelmath, Mike Tomasello, そして 1 名の匿名査読者は，本書の第一草稿全体を読み，多くの貴重なコメントや批判を与えてくれた。特に，コメントについて共に何時間も議論してくれた Martin Haspelmath や Sonia Cristofaro に対しては恩義がある。Cristofaro は，本書の第一草稿に関して事細かに私と議論してくれたし，さらに数章の後の版の原稿についてもそれを読み，コメントを与えてくれた。彼女はまた，ライプチヒで数回にわたり，夕食の前後や，また夕食中ですら，本書の問題について私と長時間話し合ってくれた。本書は，こういった人々のおかげで随分と改善された。未だ残っているであろう誤りや不正確さのいかなるものについても，彼らにその責任はない。

　本研究についての発表を行った際には，聴衆の方々から，数多くの貴重な質問やコメントや見解をいただいた。彼らのおかげにより，色々な形で本書の内容を改善することができた。これについても感謝したい。以下，発表を行った場所を列挙す

る。第65回アメリカ言語学会年次冬期会議，ケルン大学言語学協会，形式的統語論のインディアナ大学レクチャーシリーズ，第19回バークリー言語学会年次会議，アムステルダム大学言語学科，デュイスブルグ大学での条件節ワークショップ，ストックホルム大学での類型論ミニ・シンポジウム，タンペレ大学英語学科の第7回年次研究セミナー，エセックス大学言語学科，文献学会，コペンハーゲン言語学サークル，コペンハーゲン大学人文学部レクチャーシリーズ，第16回スカンジナビア言語学会議，マンチェスター大学言語学科，第5回国際認知言語学会議，カリフォルニア大学バークリー校言語学科，オックスフォード言語学サークル，英国言語学会1998年春期会議，シカゴ大学言語学科，エディンバラ言語学サークル，言語類型論学会第2回会議，ノースウェスタン大学認知科学プログラムの「ウォーフはどうなるのか？」ワークショップ，マンチェスター科学技術大学，ルーバンカトリック大学言語学科，ウェールズ大学での言語発達に関するワークショップ，シカゴ大学心理学科での言語と思考に関するワークショップ，第6回国際認知言語学会議，東京大学言語情報科学科，京都大学総合人間学部，神戸大学文学部，モスクワでの第2回冬期類型論スクール，ドイツ言語学会第22回年次会議，認知言語学に関する第28回LAUDシンポジウム。

　何にもまして，自らの人生を世界の言語の記述に捧げたフィールド言語学者達には感謝したい。彼らの研究なしに言語学は存在しないであろう。それにもかかわらず，フィールド言語学者は，研究を出版したり，職を得たりすることに苦労している。誰も文法書（教科書は言うまでもなく）を出版したがらない。なぜなら，言語学者は文法書を読むことに関心がないからである。現地調査を行った言語についてどんなに見事に詳細な文法書を書いても，それ「だけ」では，テニュア（大学の終身在職権）を得ることができないことはよく知られた事実である。文法書や記述的論文には，断片的なものがあったり，不完全な記述があったり，事実の誤った分析だと考えられるものが含まれることがあり，そういうものに対して不満を感じることが往々にしてある。しかし，そのような事態については，理論言語学者も等しく非難されるべきではなかろうか。これから私が述べることの全てを，フィールド言語学者が気に入ってくれるとは思わない。しかし，本書がきっかけとなって，統語理論をより綿密にデータを見ていく方向に引き戻すことになれば幸いである。

　「ラディカル構文文法」（radical construction grammar）という名の下で，一連の考え方を提示し始めた1997年5月から本書の執筆時点までの期間中に，多くの先生や仲間や友人がこの世を去った。皆若すぎた。またほとんどはあまりにも若すぎる死であった。この場を借りて，冥福をお祈りしたい。Charles Fergusonは，スタンフォード大学で優しくも健全な偶像破壊をもたらしてくれた人物であった。Jim McCawleyは，私にとってシカゴ大学での学部生時代から常に素晴らしいインスピ

レーションを与えてくれる存在であった。Megumi Kameyama と Keith Denning は，共にスタンフォード大学での大学院生仲間だった。Keith は，言語学における親友でもあった。Dave Poole は，メンロパークで有数の民族舞踊家の一人であり，独立心を備えた人であった。初めての上級民族舞踊クラスに参加することを私に促したのが彼であった。Dave はまた，常に言語学について話したがったものだ。我々はいつも Dave のために「プステノ・オロ」（Pušteno Oro）や「デヴォイツェ・デヴォイツェ」（Devojče, Devojče）を踊るつもりでいる。Barbara Thornton は，中世音楽に関する存命中屈指の解説者の一人であった。彼女の死は世界にとっては大きな損失であるが，彼女の声と優れた洞察力は，数多くの素晴らしいレコーディングの中に残されている。最後に，Sky Evergreen（Bob Bauer）は，これらの人々の中で最初にこの世を去っている。彼は中学校からの私の親友であり，音楽を愛することを教えてくれた。これは私がこれまで受け取ったものの中で，最も貴重な贈り物の 1 つである。死とは容赦ないものである。

Bernard, Don, Elena, Julia, Henry, Katja, Martin, Masha, Melissa, Mike, Mira, Penny, Sonia, Susanne, そして特に Carol に対しては，私の心の支えとなり，暗闇の中で私に光を照らしてくれたことに感謝したい。

最後に，古い友人の Don Falk には，私のためにグレートフル・デッド（the Dead）を蘇らせてくれたことに感謝している。私の故郷である San Rafael にある Club Front の故 Dick Latvala と彼の仲間には，彼らのショーをディスクに収録して公開してくれたことに感謝したい。そしてジェリー・ガルシアを中心とするメンバー達（Jerry and the Boys）がいま一度私に話しかけ，私のために歌い，そして私のために泣いてくれたことに感謝している。

安らかに眠られますように。

W.A.C.

2000 年 8 月，ライプチヒにて

図　一　覧

1.1	文法の構成に関する成分モデル	18
1.2	構文の記号的構造	22
1.3	成分的統語理論における形式と機能の関係	22
1.4	構文文法における形式と機能の関係	23
1.5	*Heather sings* の生成文法と構文文法における簡略的表示	23
1.6	構文の要素と成分とユニット	25
1.7	生成的文法理論における主語と目的語の表示	26
1.8	*Heather* と *sings* との間にある統語的関係が持つ依存関係の表示	26
1.9	〈自動詞〉構文における役割	27
1.10	統語的役割と統語的関係との違い	28
1.11	節タイプの分類的階層	29
1.12	構文の分類における複数の親構造	30
1.13	構文間での〈動詞〉カテゴリの還元主義的な構文文法表示	63
1.14	動詞カテゴリのラディカル構文文法的表示	65
1.15	構文の分類のラディカル構文文法的表示	66

2.1	品詞の概念空間	111
2.2	日本語の〈名詞類〉構文，〈名詞的形容詞〉構文，〈形容詞〉構文の意味地図 113	
2.3	英語の〈品詞〉構文の意味地図	117
2.4	ランゴ語の叙述・修飾構文の分布	119
2.5	構造的符号化・振る舞い可能形地図の仮説の動的化	120

3.1	統語と意味と概念化の関係 (Langacker 1976)	129
3.2	〈地〉の役割の普遍的多義性分析	138
3.3	統語と意味と概念化の関係	151

4.1	英語とユワラライ語における統語的役割の分布上の特性（統語的位置での／格接辞との生起） 160	
4.2	他動詞と自動詞の状況における参与者役割の概念空間	162
4.3	格の符号化によって規定される統語的役割の意味地図	163
4.4	自動詞，他動詞，二重目的語動詞の参与者役割の概念空間	173

[xxiii]

xxiv 図 一 覧

4.5 主語構文階層の概念空間表示 (アジア・エスキモー語の意味地図付きで表示) 190

4.6 自動詞の事象の参与者役割の概念空間 193

4.7 選択した「中核的」な参与者役割の単純化した概念空間 194

4.8 英語の項結合と相の構文 199

4.9 チョール語の時制／項結合構文 199

4.10 チョール語の意味地図を付した相と参与者役割の概念空間 200

5.1 構文の内部構造 (分解図) 206

5.2 イディオム的に結合する表現の構文文法的表示 215

6.1 統語的関係を持たない構文の内部構造 242

6.2 記号的関係を持たない統語と意味の構造 245

6.3 事例 (2) のツォツィル語の〈所有者上昇〉構文の記号的リンク 251

6.4 (17b) の事例における英語の〈述語受動態〉構文の記号的リンク 256

6.5 日本語の〈証拠補部主語受動態〉構文の記号的リンク 260

6.6 統語的役割と統語的関係 262

6.7 3つの要素を持つ構文における統語的な役割と関係 263

6.8 (29) の事例における記号的関係 264

6.9 (37) の事例が示す構文の記号的関係 266

6.10 (40) の事例が示す構文の記号的リンク 268

6.11 (55) の事例で示される構文の記号的リンク 276

7.1 *Hannah sings* の単純化した意味的結合価構造 328

7.2 *chase + in the park* の意味的結合価構造 329

8.1 能動態–受動態–逆行態の概念空間 340

8.2 クリー語の〈順行態〉構文と〈逆行態〉構文の意味地図 344

8.3 ルンミ語の〈能動態〉構文と〈受動態〉構文の意味地図 346

8.4 キチェ語の〈能動態〉と〈受動態〉の意味地図 347

8.5 上流地域ハルコメレム語の〈態〉構文の意味地図 353

8.6 アリゾナ・テワ語の〈受動態〉/〈逆行態〉構文の意味地図 355

8.7 タングート語の〈動詞の一致〉の意味地図 356

8.8 ユロック語の〈二重人称〉構文,〈単一人称〉構文,〈受動態〉構文の意味地図 358

8.9 チュクチ語の〈他動詞〉構文の意味地図 360

8.10 セコ・パダン語の後接辞構文の意味地図 362

8.11 イマス語の〈一致〉構文の意味地図 363

8.12 ジルバル語の格構文の意味地図 373

図 一 覧 xxv

8.13 態構文の統語空間の近似的な視覚的表示 377

8.14 統語空間での態の文法的変化の軌道 379

8.15 話題性と態構文に関する2つの分析 380

8.16 態と他動性の概念空間 382

9.1 複文タイプの連続体 388

9.2 複文タイプの概念空間 394

9.3 違う大きさの形の知覚 401

9.4 境界を持つ形とオープンエンドな形の知覚 401

9.5 図–地の関係と談話構造 404

9.6 知覚における良い連続の原理 406

9.7 複文構文の統語–概念空間の写像 433

表 一 覧

1.1　述語構文での〈動詞〉と〈形容詞〉の分布　14

1.2　英語の主語性に関する伝統的な構文的検証　16

1.3　統語–レキシコンの連続体　20

1.4　〈直接目的語〉の地位の検証における項の分布　41

1.5　英語の〈能動態目的語〉と〈受動態主語〉の分布パタン　42

1.6　1つの語類の下位クラス？　43

1.7　別々の語類？　44

1.8　多重の語類の成員性？　45

1.9　3つ目の語類？　45

1.10　還元主義の統語理論と非還元主義の統語理論での構文表示　64

2.1　日本語での〈名詞〉–〈名詞的形容詞〉–〈形容詞〉のクラスの分布パタン　100

2.2　典型的な品詞の意味的特性　105

2.3　品詞の顕在的にマークされた構造的符号化構文　106

2.4　ランゴ語の属性語と動作語の分布　119

4.1　ユワラライ語における格標示の分布　159

4.2　英語におけるNPの位置の分布　160

4.3　対格言語でのゼロ vs. 顕在的な格符号化の分布　164

4.4　能格言語でのゼロ vs. 顕在的な格符号化の分布　166

4.5　英語〈間接目的語〉構文での目的語役割の分布　169

4.6　英語〈二重目的語〉構文での目的語役割の分布　169

4.7　直接目的語言語におけるゼロ vs. 顕在的な格符号化の分布　170

4.8　第一／第二目的語のゼロ vs. 顕在的な格符号化の分布　171

4.9　英語で〈主語〉(S+A) という全体的カテゴリがあることを支持する議論　175

4.10　主語構文階層を支持するデータ　184

4.11　カシナワ語の有生性に基づく分裂　197

4.12　事象構造と相を結び付ける局所主義のメタファ　200

7.1　主要部性に関するZwickyの基準（Zwicky 1985, 1993）　289

7.2　クラスタリングの特性　320

8.1　グアラニ語の一致形式の分布　358

[xxvi]

8.2　グアラニ語の一致形式の分析　359
8.3　ジルバル語の〈分裂能格〉形のパラダイム　372
8.4　態構文の構造的特性のまとめ　375
8.5　事象構造，参与者有生性，相を結合する局所主義のメタファ　384
9.1　前景–背景の区別を説明するゲシュタルト原理　402

省略形一覧

　本書では，文法的な形態素やカテゴリの省略形については，事例内で用語を統一した形で表示している。これは，1991 年の記述文法フレームワーク・プロジェクト（Framework for Descriptive Grammars project）（Bernard Comrie, William Croft, Christian Lehmann, Dietmar Zaefferer）において採用され，後にヨーロッパ類型論プロジェクト（European Typology project）でも採用（多少の修正あり）された省略形に従うものである。本一覧で列挙する省略形は，最大で 5 つのアルファベットから構成されている。ここでは，曖昧性をなくし，省略形の独自性を維持し，あまり使用されない省略形についてはより「自然な」な形になるように工夫が施されている。下の一覧では，本書の事例で見られる幾つかの追加的省略形についても記載されている。（本書で採用する慣例に従い（1.6.3 節参照），個別言語固有のカテゴリのラベルの正式名称は大文字で表記し，意味カテゴリのラベルの正式名称は小文字で表記している。）

1	一人称（First Person）
2	二人称（Second Person）
3	三人称（Third Person）
A	他動詞動作主（transitive agent）
ABL	奪格（Ablative）[「～から」]
ABS	絶対格（Absolutive Case）
ACC	対格（Accusative）
ACCID	偶然（Accidental）
ACT	能動態（Active）
ACTR	行為者（Actor）
ADVR	副詞化辞（Adverbializer）
AF	行為者焦点（Actor Focus）[フィリピン語群]
AI	有生自動詞活用（Animate Intransitive conjugation）[アルゴンキン語族]
AN	有生（Animate）
ANTI	逆受動態（Antipassive）

[xxviii]

ANTIC	先行語尾（Antipatory desinence）［パプア諸語］
APPL	適用態（Applicative）
ART	冠詞（Article）
ASP	相（Aspect）
ASSOC	連想（Associative）
AT	属性化辞（Attributor）
AUX	助動詞（Auxiliary）
CAUS	使役（Causative）
CJPRT	接続分詞（Conjunctive Participle）
CLF	類別詞（Classifier）
CLn	名詞クラス n（Noun Class n）
CMPL	完成相（Completive）
COMP	補文標識（Complementizer）
CONN	接続語（Connective）
COP	連結詞，繋辞（Copula）
DAT	与格（Dative）
DEF	定（Definite）
DEM	指示詞（Demonstrative）
DET	限定詞（Determiner）
DIR	順行態（Direct Voice）
DISC	談話標識（Discourse Marker）
DIST	遠称（Distal）［＝三人称直示語］
DO	直接目的語（Direct Object）
DS	異なる主語（Different Subject）
DSTR	配分詞（Distributive）
DU	双数（Dual）
DUR	継続相（Durative）
EMPH	強調（Emphatic）
ERG	能格（Ergative）
EVID	証拠（Evidential）
EX	排他（Exclusive）
F	女性（Feminine）
FNI	自由空事例化（free null instantiation）
FNL	最終位置標識（Final position marker）
FOC	焦点（Focus）

FRM	形式的，文語的 (Formal) ［ポライトネス］
FUT	未来 (Future)
FZ	父方の姉妹 (father's sister)
G	二重目的語（複他動詞）構文の「着点」(ditransitive "goal")
GEN	属格 (Genitive)
GENL	一般類別詞 (General Classifier)
GER	動名詞 (Gerund) ［動詞的副詞 (Verbal Adverb)］
GF	着点焦点 (Goal Focus) ［フィリピン語群］
HAB	習慣相 (Habitual)
HUM	人間 (Human)
I	屈折要素 (INFL) ［生成文法］
IMM	近接（過去，未来）(Immediate (Past, Future))
IMP	命令法 (Imperative)
IMPF	未完了相 (Imperfect(ive))
IMPR	非人称 (Impersonal)
IN	包括的 (Inclusive)
INAN	無生 (Inanimate)
INCH	起動相 (Inchoative)
IND	直説法 (Indicative)
INDF	不定 (Indefinite)
INESS	内格 (Inessive) ［「～の中に，～の中で」］
INF	不定詞 (Infinitive)
INFL	屈折 (Inflection)
INST	具格 (Instrumental)
INTR	自動詞 (Intransitive)
INTS	強調語／強意語 (Intensifier/Intensive)
INV	逆行態 (Inverse Voice)
IO	間接目的語 (Indirect Object)
IP	屈折要素句 (INFL Phrase) ［生成文法］
IRR	非現実相 (Irrealis)
ITER	反復相 (Iterative)
JUSS	指令法 (Jussive)
K	格 (Case) ［生成文法］
KP	格フレーズ (Case Phrase) ［生成文法］
LNK	連結辞 (Linker)

LOC	所格 (Locative)
M	男性 (Masculine)
MDL	モーダル，法 (Modal)
MED	中間動詞形 (Medial Verb form) ［パプア諸語］
MOM	瞬間相 (Momentaneous Aspect)
N	中性 (Neuter)
NARR	ナラティブ，物語 (Narrative) ［時制 (Tense)］
NEG	否定要素 (Negative)
NFUT	非未来 (Nonfuture)
NNI	空でない事例化 (nonnull instantiation)
NOM	主格 (Nominative)
NP	名詞句 (Noun Phrase) ［生成文法］
NPST	非過去 (Nonpast)
NR	名詞化辞 (Nominalizer)
NSBJ	非主語 (Nonsubject)
NSG	非単数 (Nonsingular)
NUM	数詞 (Numeral)
OBJ	目的語役割 (Object role)
OBL	斜格 (Oblique)
OBLG	義務 (Obligative)
OBV	疎遠形 (Obviative) ［アルゴンキン語族］
P	他動詞被動作主 (transitive patient)
PART	分詞 (Participle)
PASS	受動態 (Passive)
PIBU	主要情報負担ユニット (primary information bearing unit)
PL	複数 (Plural)
PNCT	瞬時相 (Punctual)
PO	第一目的語 (Primary Object)
POSS	所有（格）(Possessive)
PP	前置詞句 (Prepositional Phrase)
PRED	述語 (Predicate)
PREF	接頭辞 (Prefix)
PREP	前置詞 (Preposition)
PRF	完了相 (Perfective)
PRN	代名詞 (Pronoun)

PRO	「ビッグ・プロ」("big PRO")［生成文法］
PROG	進行相（Progressive）
PROH	禁止法（Prohibitive）
PROX	近称（Proximal）
PRS	現在（Present）
PRT	過去（Preterite）
PRTT	部分詞（Partitive）
PRXT	近接形（Proximate）［アルゴンキン語族］
PST	過去（Past）
PTCL	不変化詞，小辞（Particle）
QNT	数量詞（Quantifier）
RDP	重複（Reduplication）
REC	近過去時制（Recent Past Tense）
REF	指示的（Referential）
REFL	再帰形（Reflexive）
REL	関係詞節標識（Relative Clause marker）［関係代名詞以外］
REM	遠（Remote）［過去，未来］
RL	現実相（Realis）
S	自動詞主語（intransitive subject）
SBJ	主語（Subject）
SG	単数（Singular）
SO	第二目的語（Secondary Object）
Spec	指定部（Specifier）［生成文法］
STAT	状態（Stative）
SUBR	従属接続詞（Subordinator）
T	二重目的語（複他動詞）構文の「主題」（ditransitive "theme"）
TA	他動詞有生活用（Transitive Animate conjugation）［アルゴンキン語族］
TEMP	時間（Temporal）
TI	他動詞無生活用（Transitive Inanimate conjugation）［アルゴンキン語族］
TNS	時制（Tense）
TOP	話題（Topic）
TR	他動詞（Transitive）
UNDR	受動者（Undergoer）
V	動詞（Verb）

省略形一覧　xxxiii

VAL	確証辞（Validator）［ケチュア語族］
VP	動詞句（Verb Phrase）
YBr	弟（younger brother）

〈訳者注〉

・語頭が大文字の用語（個別言語固有のカテゴリ）は、本訳書では〈　〉でくくった。
　例：Passive → 〈受動態〉

・スモールキャピタル（小型大文字）の用語は、本訳書ではゴシック体の太字にした。
　例：CATEGORIZATION → **カテゴリ化**

・文中でイタリックで強調されている語句は、本訳書では明朝体の太字にして上点を振った。
　例：This is *all* that... → これが ... の**全て**である。

記号一覧

　本書では，下に挙げる記号を，元の言語の例文と，行間に記載する形態素の翻訳と統語構造の記号的表示に関して用いている。これらの記号は，Lehmann (1982c)で用いられた慣例と，それを改訂した 1991 年の記述文法フレームワーク・プロジェクト（Framework for Descriptive Grammars project）（Bernard Comrie, William Croft, Bruce Harold, Christian Lehmann, Dietmar Zaefferer）に従っている。

元の言語と行間の形態素の翻訳の両方において：

x y	x と y の語の境界
x−y	x と y の形態素の境界
x+y	x と y は，複合語（compound）か派生語幹（derivative stem）を形成する
x=y	x と y は，接語化（clisis）によって結合されている
$x_i \dots y_i$	x と y は，同一指示的要素である
t	痕跡（trace）［生成文法］

元の言語においてのみ：

Ø	意味の空表現（選択的に表示）
a<x>b	x は接中辞（infix）であり，a … b は不連続の語根（root）／語幹
a>y<b	a … b は接周辞（circumfix）であり，y は語根／語幹

行間の形態素の翻訳においてのみ：

（x）	x は，元の言語では顕在的な標識が付いていない（すなわち，意味の空表現）
y<x>	x は接中辞であり，a … b=y は語根／語幹である
<x>y	a … b=x は接周辞であり，y は語根／語幹である
x\y	y は，元の言語では語彙素（lexeme）の内部修飾である
x:y	x と y の形態素の境界は，元の言語では示されていない
x.y	x と y は，元の言語の形態素の文法的（下位）カテゴリである
x/y	x と y は，曖昧な要素の別の意味である
[x]	x は，L_1 の統語的な構成素（constituent）である
$[x]_y$	x は，L_1 のカテゴリ Y の統語的な構成素である
[X Y Z]	要素 X，Y，Z から成る構文であり，線形順序は必ずしも固定されていない

第 **1** 部

統語カテゴリから意味地図へ

1章

統語論における論証とラディカル構文文法

1.1. はじめに

　ラディカル構文文法（Radical Construction Grammar）は，統語理論（theory of syntax）である。すなわち，ラディカル構文文法とは，話者（speaker）の心（mind）の中で表示されていると想定される文法構造の特徴を明らかにすることを目指す理論である。ゆえにこの理論は，広い意味で，統率・束縛理論（Government and Binding Theory）（Chomsky 1981）や極小主義（Minimalism）（Chomsky 1995）などの生成文法（generative grammar）の一連のアプローチ，主辞駆動句構造文法（Head-driven Phrase Structure Grammar）（Pollard & Sag 1993），語彙機能文法（Lexical Functional Grammar）（Bresnan 1982），役割指示文法（Role and Reference Grammar）（Foley & Van Valin 1984; Van Valin 1993; Van Valin & LaPolla 1997），機能文法（Functional Grammar）（Dik 1997），語文法（Word Grammar）（Hudson 1984, 1990），Kay と Fillmore の構文文法（Construction Grammar）（Fillmore & Kay 1993; Kay & Fillmore 1999; 1.3 節参照）とほぼ同等の資格を持つ理論である。

　言語学の分野にとって，さらに別の統語表示（syntactic representation）モデルが必要であるのかと問う者がいるかもしれない。そういった疑問を抱くのは当然のことである。多くの言語学者から見て，すでに十分すぎるほどのモデルが存在している。また，他の理論と比べて，どの統語理論が，どのような点において優れているのかは明らかではない。様々な文法構造に対する一連の複雑な記号による表示が，上述の理論全てにおいて，それなりに発展を遂げている。これらの理論の提唱者達によると，各理論で用いられる表示の複雑さは，様々な言語が持つ事実を捉えるために，あるいは少なくとも単一言語内の様々な事実を捉えるために正当化されている。結果として，統語理論を学ぶことは，人間の言語を学ぶことであり，また実際にそうなっている。すなわち，統語理論は，研究者に洞察に満ちた方法で人間の言語の発話構造を記述する道具立てを与える。もしこれが真であるなら，統語理論を正しく選択することが重要である。しかし，どの理論が正しいのか。

[3]

4　第 1 部　統語カテゴリから意味地図へ

　ラディカル構文文法は，その名が意味するように，上で挙げた統語理論の全てと根源的に異なる。ラディカル構文文法は，世界の言語の統語上の多様性と，単一言語の統語事実の多様性を説明するために開発された理論である。ラディカル構文文法は，少なくとも構造主義者（structuralist）の時代以降ずっと言語学者達が用いてきた統語論における論証方法の再評価を通じて現れたものである。当然のことながら，読者はここで再び懐疑的になるかもしれない。なぜなら，結局のところ，読者は他の統語理論についても，これまでに同様の主張を耳にしたことがおそらくあるだろうから。本書の目的は，まさにこの点，すなわちラディカル構文文法は，他の理論とは本当に異なった理論であることを，読者に納得してもらう点にある。

　ラディカル構文文法は，それが従来の統語理論からの劇的な脱却を示す点において根源的（radical）である。本書では，文法構造の形式的表示の事実上全ての側面が各言語に特有（language-particular）であると主張する。すなわち，ラディカル構文文法では，他の統語理論に見られる統語的装置の全てのものが事実上排除されているのである。したがって，読者は本書で統語構造（syntactic structure）を表示するための形式的アプローチで用いられる用語を見いだすことはないであろう。なぜなら，そういった用語は個別言語固有のものであるからである。この意味で，ラディカル構文文法は，これまでの全ての統語理論に終止符を打つための統語理論なのである。複雑な人間の言語を記述するために，複雑な専門用語を学ぶ必要性はもはや存在しないのである。

　ラディカル構文文法は，新たにスタートを切るために統語論の基礎に回帰するという点においても根源的である。形式的装置を全て放棄することが必要な理由は，言語学で用いられる統語論における経験的な論証の方法に潜む根本的な欠陥にある。この方法，すなわち**分布に基づく方法**（DISTRIBUTIONAL METHOD）とは，特定の**文法的構文**（GRAMMATICAL CONSTRUCTIONS）において特定の役割を果たすことができるかどうかの観点から，統語カテゴリ（syntactic categories）を規定するものである。分布に基づく方法については，1.2 節でより詳しく述べる。文法的構文という一般的概念については，1.3 節で述べる。そこでは，分布に基づく方法や，またそれによって記述される言語事実は，統語構造あるいは構文というものが，極小（atomic）の基本的（primitive）な統語的要素（他の統語理論の基礎的要素を構成する要素）から成るという前提とは相容れないことが明らかになる。

　むしろ，構文が統語表示の基本単位であり，分布に基づく方法が含意するように，カテゴリはそれが現れる場である構文から派生するのである。本章の残りの部分では，この主張の妥当性を論じる。第 1 部の残りの章では，本章の議論に基づいて，統語理論で仮定される 2 つの最も基本的なカテゴリである名詞や動詞などの品詞（parts of speech）や，主語（subject）や目的語（object）などの統語的役割（syntactic roles)（「文法関係」（grammatical relations））について論じる。

　構文に基本的地位を与えることは，構文と構文の構成素となる**要素**（ELEMENTS）について一般化を行う可能性を，あるいはそもそも構文を特定する可能性を排除するものではない。実際，ラディカル構文文法では，この両方の一般化について，**カテゴリ化**（CATEGORIZATION）という一般的な認知プロセスの事例として提示する（1.6.4〜1.6.6 節）。心理学（psychology）や言語学では，カテゴリ化に関する研究がかなり多くなされている。カテゴリ化の研究によって，カテゴリ化という認知能力がいかに豊かなものであり，またそれがいかに複雑なものであるのかが明らかになってきている。1.3.3 節と 1.6.4〜1.6.6 節では，これに関連する問題についても手短に触れる。

　カテゴリの形成は，文法理論にとっては重要な側面である。しかし，本書では，英語あるいは他の個別言語の文法現象に関して，最大限一般性の高い分析につながるカテゴリ化のプロセスの表示を読者に示すことはしない。本書が詳細にカテゴリ化についての検討を行わない理由は，紙面の制限という実際上の問題に加え，他にも幾つか挙げることができる。まず，カテゴリ化に関する問題を十分に説明するためには，さらなる心理学的な研究やその言語への応用が必要である（1.3.3 節の参考文献参照）。しかし，そうは言うものの，個別言語に関して最大限一般的なカテゴリと規則を探求する者が，目指す目標を達成することはないであろう。最大限一般的なカテゴリと規則は，心理的実在性を持たない可能性が高い（1.3.3 節参照）。したがって，最大限一般的な分析を探求することは，おそらくは経験上は存在しない（すなわち，架空の）存在物を探求することになるであろう。そのうえ，最大限一般的な分析を進めることは，経験的事実（すなわち，別の構文やカテゴリの分布パタンにおける種々の相違点）を必然的に無視してしまうものでもある。言い換えれば，最大限一般的な分析は，経験的実在性を表すものでないという点において，別の意味で架空のものなのである。

　最大限の一般性を備える分析を巡っては，それを言語の文法現象の「深層の」あるいは「詳細な」分析だとする説明がしばしば見られる。一方，通言語的研究に対してよくなされる批判には，それが言語それぞれの「表層の」分析のみにとどまっているというものがある。しかし，ある特定の言語に対する真に「深層的」かつ「詳細な」分析とは，その言語の構文間で見られる全ての分布上の相違を示したものであろう。言語の普遍性（universals）とは，最大限一般的な分析を構築することによって見いだされるものではないだろう。たとえ最大限一般的な分析が事実に基づくものであったとしても，そのような分析は言語固有性が非常に高いものである。むしろ，言語の普遍性は，構文のパタン化された多様性や，構文が規定するカテゴリの中に見いだされるものである。本書で繰り返し見るように，分布パタンの多様性を注意

6 第1部 統語カテゴリから意味地図へ

深く分析することを通して，類型論的研究が明らかにする通言語的パタンと究極的には同一である個別言語の文法構造と振る舞いに関する一般化が示されるであろう。

構文が基本的地位を持つということ，そして基本的な統語カテゴリは存在しないということが，ラディカル構文文法の中心的命題である。これらの命題によって，ラディカル構文文法は，上で列挙した理論とは対照的に**非還元主義的**（NONREDUC-TIONIST）な統語理論となるのだが（1.6.1節参照），以下で述べるように，ラディカル構文文法が根源的である理由は他にも存在する。

上で述べた統語理論全てにおいては，主語の名詞句（noun phrase）と動詞（verb）の関係，あるいは限定形容詞（attributive adjective）と名詞（noun）の関係というように，構文内の統語的要素同士の間には**統語的関係**（SYNTACTIC RELATIONS）が存在することが仮定されている。ただ，これらの理論は，統語的関係が実際どのように表示されるかに関しては，それぞれがかなり異なる見解を持っている（たとえば，構成素性（constituency）や依存関係（dependency）；1.3.2節と5章参照）。その点，ラディカル構文文法では，構文中のいかなる統語的関係も仮定されていない。構文に対して仮定する唯一の内的な統語構造は，構文の**メロノミックな**（MERONOMIC）構造，すなわち部分–全体の構造である。構文の統語構造は，要素（複合的構文ともなりうる）と，要素が構文中において担う役割（ROLES）のみから構成される。

この主張も，統語論における論証のなされ方に関する批判的検証から生まれる。ここで批判的検証の対象となるのは，2つの要素間で統語的関係が存在することを示すために用いられる2種類の証拠である。1つは，***Strings* were *pulled* to get him the job**（彼にその仕事を与えるために，陰で画策がなされた）における *strings* と *pull* との間のイディオム的（idiomatic）関係のような，**連語的依存関係**（COLLOCA-TIONAL DEPENDENCIES）である。もう1つは，***Sheila* sells seashells**（シーラは貝殻を売る）における〈動詞〉*sells* と〈主語〉*Sheila* との一致（agreement）のような，**符号化された依存関係**（CODED DEPENDENCIES）である。

第2部では，連語的依存関係も符号化された依存関係も，統語的関係が存在することの証拠にはならないことを論じる。連語的依存関係は，実際には，問題とする構文と関係する意味構造（semantic structure）の成分（components）間の**意味的関係**（SEMANTIC RELATIONS）を明らかにするものである（5.2節，Nunberg 他 1994 に従う）。また，符号化された依存関係は，実際には，構文の形式的要素と構文が表す意味的成分の間の**記号的関係**（SYMBOLIC RELATIONS）を明らかにするものである（6章）。もし統語的関係の存在を唱えるために主張される証拠が，実は，意味的関係や記号的関係の証拠であるということなら，統語的関係を唱えるための証拠は存在しないことになる。実のところ，6章で見るように，統語的関係を仮定しないための十分な理由が幾つか存在する。それゆえ，ラディカル構文文法では，統語的関係は想定さ

れていない。7章では，主要部（heads）や項（arguments）や付加詞（adjuncts）の分析に，5〜6章で解説する理論を適用する。

最終的には，構文とはそれ自体が個別言語固有のものであることを論じる。この場合に問題となる論証の方法は，通言語的に普遍的（universal）なものと推定される構文を特定するために，一連の必要とされる形式上の統語的特性を使用する方法である。本書の第3部では，そういった一連の統語的特性を使用する限り，世界の言語の関連する構文の一部のみしか取り出せないことが，言語事実によって明らかになると主張する。むしろ我々がすべきことは，形態統語的観点から，構文タイプの連続性が存在する**統語空間**（SYNTACTIC SPACE）を記述することである。このアプローチの説明を，8章では態（voice）について，9章では複文（complex sentences）についての議論を通して行う。

当然のことながら，ラディカル構文文法は，どこからともなく現れるものではない。このアプローチの中心的な主張の多くは，他のアプローチにおいてすでに予見されてきたものである。認知文法（Cognitive Grammar）（Langacker 1987, 1991a, 1991b）とラディカル構文文法との互換性はかなり高い。認知文法においても，複雑な統語的メタ言語の使用は控えられており，代わりに統語構造（構文）内の要素同士のメロノミックな関係や，構文間の分類的関係（taxonomic relation）への依存度が高い（1.3.2節参照）。ラディカル構文文法は，認知文法の**内容要件**（CONTENT REQUIREMENT）にも準拠している。

> 言語の文法において（あるいは，普遍文法の実質的指定において）認められる唯一の構造は，(1) 言語表現において実際に生じる，音韻的，意味的，あるいは記号的な構造，(2) そのような構造のスキーマ，そして，(3) (1) と (2) における要素を含むカテゴリ化の関係である（Langacker 1987: 53–4）。

ラディカル構文文法は，統語的方法論（methodology）とそれによって導かれる帰結に対する詳細な批判を行い，認知文法の研究においてこれまで行われてきた分析より詳細に通言語的パタンの探求を試みる。ラディカル構文文法と「他の統語理論」との違いに関する本書の見解については，後者のカテゴリから認知文法を除外したものとして理解する必要がある。ただし，ラディカル構文文法が基礎を置く議論は，認知文法や認知言語学（cognitive linguistics）の伝統に連なる特定の意味理論や分析に依存するものではないことを強調しておくことは重要である。

最後になったが，ラディカル構文文法は，フィールド言語学者（field linguists）や言語類型論の研究成果と整合性を持つ統語表示理論である（Comrie 1989; Croft 1990a）。本書で展開する統語論でなされる論証方法に対する批判は，複数の言語間と言語内部の両方のレベルで見られる文法現象の経験的多様性に部分的に基づいて

8 第1部 統語カテゴリから意味地図へ

いる。この経験的多様性とは，類型論学者だけでなく，実はほとんどの言語学者にもよく認識されている。ここでも前と同様に，本書で提示する批判は，類型論で提案される特定の通言語的一般性の妥当性に依存するものではないことを強調しておくことは重要である。しかし，問題は依然残されたままである。すなわち，一度批判がなされ，そして「普遍文法」(Universal Grammar) が上述のように脱構築される場合には，その後には何が残るのだろうか。言語の普遍性が，もし存在するとしたら，それはどこにあるのだろうか。

言語の普遍性がもし存在するとしたら，それは類型論の研究において提案される類いのものである。ラディカル構文文法では，「類型論学者のような思考」(Croft 1999) と呼ぶものを単一言語の文法分析へと持ち込むことが可能である。言語というものに対する考え方に関しては，類型論学者にとっては自然な考え方であっても，他の理論言語学者達にとっては必ずしも自然ではない考え方が存在するようである。以下のパラグラフで，この類型論的思考について簡潔に述べてみたい。

まずは，何にもまして，言語における**多様性**（DIVERSITY, VARIATION）が基本である。我々が取り扱うべき言語の標準状態は，多様性である。類型論は，通言語的多様性（cross-linguistic variation）を主に扱う領域だが，類型論学者は，文法化理論（grammaticalization theory）において見られるように，通時的多様性にも取り組むようになってきている（Hopper & Traugott 1993）。ラディカル構文文法は，共時的な言語内部の多様性を，類型論的思考の中に組み入れる方法を提供する。

このほか類型論研究の方法のどれ1つをとってみても，多様性という事実に取り組む類型論の方法を示さないものはない。類型論学者は，世界の言語の標本を構築し，通言語的一般化を通して言語の普遍性を探求するという**帰納的**（INDUCTIVE）分析法を用いる。多様性が基本であるがゆえに，言語の多様性の幅を発見するための唯一安全な方法とは，通言語的研究を通じた方法ということになる。そして，言語の多様性を探求することによってのみ，多様性の範囲，言い換えれば，人間の言語の普遍性を発見することが可能になる。

言語には**恣意性**（ARBITRARINESS）が存在しており，それはそれ自体として受け入れる必要があるという認識により，類型論学者による言語の普遍性の探求のバランスが保たれている。言語の全てが，説明可能なわけではないし，またそうあるべきでもない。このことは，形式的な（あるいは機能的な）一般原則や抽象的な一般化に関しても当てはまる。仮に言語の全てが説明可能であるなら，全ての言語が均質なものとなり，全ての言語が内部においては変わらないことになり，どの言語も変化しないことになるだろう。

類型論学者は，言語の普遍性を説明可能なものとするよう努めており，言語に関して恣意的なものは，いかなるものも各言語に特有であることを予想している。し

かし，それが意味することは，個別言語の文法は，動機付けがなされた普遍的原理と混じり合った形で，ある程度の恣意性を伴うということである（Croft 1995a: 504–9）。なぜなら，原則に基づいた動機付けは互いに競合し合うものであり，各言語にとっての競合の解消法は，常に部分的に恣意的であることだからである。この考え方は，文法の全ての諸相に対する説明を求める，形式主義者と機能主義者の両方の非類型論言語学者の多くにとっては，かなり異質な考え方である。類型論学者は，海をわたった所の，あるいは道を歩いて行った先の，ほんの少ししか違わない言語を観察することによって，（形式主義者と機能主義者の両方の非類型論言語学者が採用する）この種のアプローチがいかに無益なものであるのかを認識している（序文参照）。

　類型論学者はまた，文法の全ての諸相が変化することも認識している。言語は，言語使用（language use）というミクロなレベルと，完成までに数世代を要する文法変化の大きな流れのマクロなレベルの両方において，根本的に**動的**（DYNAMIC）である（Croft 2000a）。共時的な言語の状態とは，会話における話者同士の相互作用でなされる言語使用に基づき創発する動的過程を単なるスナップ写真で撮ったものにすぎない。この考え方は，恣意性の認識から得られるものである。恣意的なものは，変化しうるものであり（なぜなら，それは一般原理によって決定されたものではないから），実際に変化していくのである。基本的なものとは，動的あるいは通時的な普遍性を規定する原理である。

　実際，言語類型論に取り組む者は誰しも，例外のない共時的な類型論的普遍性など存在しないことにすぐ気がつくものである。ただし，類型論学者は，反例だけを見ているのではなく（そもそも，反例とは実際に存在するものなので，結局のところ，それは可能な言語タイプである），非常に偏った分布にも注目している。通時的観点から言うと，あらゆる言語タイプが発生し，異なる頻度や安定性でもって別のタイプへと移行していく。変化に段階性（gradualness）があるということは，あらゆる種類の「変則的」な中間のタイプが見られることを意味する。この観点からすると，可能かどうかということは，ありそうかどうかということよりも重要でないことになる。その結果，類型論的思考においては，可能な言語タイプに制約を与えることから，ありそうな言語タイプを予測することへの変化が生じてきているのである。[1]

1　Dryer（1997）は，圧倒的多数の文法的特性の分布に偏りが見られるだけでなく，その偏りが，多くの場合，極めて激しいものであるという既知の事実から，なぜ蓋然論的（probabilistic）（「統計的」（statistical））な言語の普遍性が，範疇的（categorical）（「絶対的」（absolute））な言語の普遍性よりも優れているのかに関し，説得力のある議論を展開している。

10 第1部 統語カテゴリから意味地図へ

　言語について類型論学者のように思考するとは，以上のようなことである。すなわち，多様性，恣意性，変化，そして普遍性の根本的に通言語的な特徴について考えることである。ラディカル構文文法は，類型論的思考を統語理論に持ち込むための道を開くものである。

　ラディカル構文文法は，単に現在の統語論の脱構築を目指しているわけではない。ラディカル構文文法が持つもう1つの主な目標は，個別言語の個々の話者の知識（knowledge）に関するモデルとして，妥当な方法を用いて，人間の言語の普遍性を示すことである。近年，類型論学者は，多様性の普遍的パタンの検討にさいして，各言語に特有な文法知識を表示するモデルの採用を開始している。このモデルとは，**意味地図**（SEMANTIC MAP）モデルのことである。意味地図モデルでは，各言語に特有なカテゴリの分布パタンが，**概念空間**（CONCEPTUAL SPACE）上へと写像され，そして，この概念空間の構造の多くが普遍的であると仮定されている。意味地図・概念空間モデルについては，2.4節で紹介する。このモデルは，本書の第1部と第3部の至る所で用いられることになる（第2部では，主に構文の内的な統語構造の考察に取り組む）。

1.2. 統語論における方法論と理論

1.2.1. 統語分析の基本的問題

　言語学は，経験科学（empirical science）である。すなわち，いかなる統語理論も，人間の言語の事実と照らし合わせて構築される必要がある。そのため，統語分析には，2つの互いに関連し合う基本的問題が関係する。1つは理論的問題であり，もう1つは方法論上の問題である。

　現代の統語理論が提起する理論的問題は，「**話者が頭の中に持つ文法知識の本質は何であり，またそれはどのように表示されなければならないのか**」というものである。すなわち，統語論の，より正確には，統語表示（特に，通言語的研究の経験的発見に適合するもの）の正しい理論とは，何であるのかという問題である。

　この理論的問題は，通常は，**普遍文法**（UNIVERSAL GRAMMAR）の探求として位置付けられている。「普遍文法」という用語（省略形はUG）は，統語構造の特定の諸相は普遍的であるのみならず，それが生得的に指定されている（innately specified）という，生成文法の主張と関連付けられるものである。しかし，普遍文法は，それが生得的であることを必ずしも仮定することなしに，より広範な形で特徴付けることも可能である。たしかに，生得的特性とは必然的に普遍的なものであるが，人間の言語の普遍性が，生得的な遺伝的授かりものである必要は必ずしもない。広義には，普遍文法とは，全ての人間言語の文法の構成を形作る文法構造の諸相あるいは

諸特性から成るものである。

1.1 節で列挙した統語理論では，このような理論的問題に対して，各理論が提供する統語表示のために用いる形式的言語の観点から，正確な答えが与えられている。こういった理論においては，普遍文法とは，統語表示のための形式的言語だとみなされている。これらの統語理論は，一般的には**形式主義的**（FORMALIST）統語理論と呼ばれている。形式主義的統語理論は，一般的に**機能主義的**（FUNCTIONALIST）統語理論と対比される。機能主義的統語理論は，統語構造を統率する原理は，自己完結的なものではないという仮説（すなわち，統語構造を統率する原理には，意味や談話（discourse）の原理が含まれるという仮説）に基づく。これとは対照的に，形式主義的理論では，意味的あるいは談話の原理を一切参照しない統語構造を統率する一連の自己完結的（self-contained）原理が存在すると論じられる。

ここでの目的は，文法の自己完結性について論じることではない（Croft 1995a 参照）。ここではむしろ，形式主義者と機能主義者の両方に受け入れられている，文法に関するある事実に焦点を当てたいと思う（Croft 1995a: 509, 516 参照）。すなわち，ここでは，形式—機能（統語論—意味論（semantics））の写像は，少なくともある程度は**恣意的**（ARBITRARY）なものであり，ゆえに，形式は少なくともある程度機能からは独立して表示する必要があるという主張に焦点を当てたい。形式主義的統語理論では，言語の恣意性はモデルの中に，かなり直接的な形で組み込まれている。一方，機能主義者達は，発話の形式的構造はどのように表示されるのかという問いに対して，ほとんど口を閉ざしている状態である（ただし，Langacker 1987 と Givón 1995 は，2 つの重要な例外）。本書が取り組むのは，まさにこの問題である。

1.1 節で列挙した統語理論の全てが，普遍文法の本質に関してある基本的前提を共有している。すなわち，普遍文法とは，全ての人間言語の個別文法の基礎的要素である一連の極小の文法的基本要素（カテゴリと関係）から構成され，統語構造とその構造に対する制約は，文法的基本要素の観点から規定されるという基本的前提である。この想定は，伝統文法とも共有されている。「名詞」（noun）や「動詞」（verb）や「主語」（subject）や「目的語」（object）などといった極小の文法的基本要素を記述するのに用いられる術語の多くは，伝統文法によってもたらされたものである。この前提は，O'Grady 他（1997）のような言語学の入門書や，Haegeman（1994）のような統語論の入門書でも，事実として紹介されている。

語（word）が統語カテゴリと呼ばれる比較的少数の類にまとめることができることは，あらゆる人間言語の語に関する基本的事実である。（O'Grady 他 1997: 164）

語は名詞や動詞などといった統語カテゴリに属しており，語が属する統語カテゴリがその分布を，すなわち，それがどのような状況で生起可能かを決定する。（Haegeman

1994: 36)

　統語理論では，普遍文法での普遍性という概念が成り立つ条件について，幾つかの場合における議論がなされてきた。普遍文法というものを厳密に解釈する場合，全ての言語は本質的に同じ一連のカテゴリや関係を持つという主張ができるであろう。普遍文法を**パラメータ化して**（PARAMETERIZED）解釈する場合には，幾つかの特性の存在は，他の特性の存在に左右されるという主張がなされる。この解釈においては，もしある言語が +α を持つのなら，その言語は +β や +γ などを持ち，またもしある言語が −α を持つのなら，その言語は −β や −γ などを持つというように，相互条件的な普遍的関係がパラメータ化した特性間に成立することが通常想定される。最後に，普遍文法を「**寄せ集め**」（SMORGASBORD）的に解釈する場合には，カテゴリと関係から成る集合は，全ての話者にとって利用可能であるが，幾つかの言語の話者は，自分たちにとって利用可能なカテゴリや関係の全てを利用するわけではないという主張がなされる（たとえば，Zwicky 1993: 315, 脚注 9）。たとえば，助動詞（Aux(iliary)）のカテゴリに関して，あるアプローチでは，助動詞は普遍文法の一部であるものの，全ての言語が助動詞のカテゴリを持つわけではないという提案がなされた。こういった制限は，人間言語の多様性に対応することを目的としているが，これらの制限は基本的な還元主義的（reductionist）モデルを大いに修正するようなものではない。

　この種の理論的問題は，多くの統語理論の教科書や研究発表においても強調されている。しかし，経験科学では，理論的問題を議論する上で前提とされる方法論上の問題が常に存在する。統語理論にとっての方法論上の問題とは，「**統語理論の基本的ユニットであるカテゴリや関係という統語的要素が個別言語で存在することを正当化するための，一般的で言語普遍的な方法は存在するのか**」というものである。

　形容詞（adjective）や主語というものが，普遍文法のカテゴリだと提案する場合には，個別言語が形容詞や主語を持つかどうかを決定する方法を持つ必要がある。同じく，たとえば，主語という基幹的な文法的特性が通言語的に存在するという仮説を構築する場合には，主語が問題とする文法的特性を持つかどうかを観測するために，全ての言語で主語を同定することが可能でなければならない。

　私はこれまで，こうした方法論上の問題は，それほど重要な問題ではないという話を聞いてきた。そういう指摘を受ける時には，決まって Chomsky の議論が持ち出され（Chomsky 1957: 50–53），個別言語の正しい文法を特定するための発見の手順（discovery procedure）を言語理論に求めることは無理なのだという話を聞いてきた。しかし，私がここで述べる問題は，それよりも基本的な問題である。すなわち，当の Chomsky 自身が，文法理論が適切であるための一般性の条件（condition of

generality）（同上，50）と呼ぶものに関する問題である。Chomsky は言う，「私た
ちは文法形式を一般的かつ明示的に特徴付ける必要がある。そうやってはじめて，
私たちは，特定言語に関して一般的かつ明示的な形の文法を提起することができる」
（同上，53–54）と。すなわち，個別言語については，普遍文法で見られる構造の一
例として，その言語の構造の分析が正しいことが主張でき，ゆえに正当化できると
いうことである。

　私が現在の統語理論が誤っていると確信するのは，この一般性の条件に関してで
ある。言語学者が自分たちの統語理論が正しいものだと主張するのに用いる方法に
は，ほとんど口にされることのない複数の隠れた誤謬が含まれている。これらの誤っ
た前提が明らかになり，そしてそれらが放棄されることによって，上述の形式主義
的理論が主張するもの，さらには機能主義的統語理論が主張するものとは，かなり
異なる統語理論のアプローチが可能になる。

1.2.2.　分布に基づく分析：統語論における論証の基本的方法

　本質的に言って，あるシンプルな方法が統語分析では広く利用されている。それ
はすなわち，**分布に基づく分析**（DISTRIBUTIONAL ANALYSIS）と呼ばれる方法である。
分布に基づく分析は，言語学の歴史においては，はるか昔にさかのぼるものである。
この分析方法は，前世期中頃にアメリカ構造主義言語学者によって最初に成文化さ
れ，名前が与えられた。

> 記述言語学とは，その用語（＝構造言語学，Harris（1951: 1）参照）が用いられるよう
> になってきているように，特定の発話に見られる特性の規則性を ... 扱う特定の研究
> 分野のことである。これらの規則性は，問題の発話の特性同士の分布的関係の中にお
> いて，すなわち複数の発話の中で互いに相対的に見られるこれらの特性が生起する所
> に存在している（Harris 1951: 5）。

分布に基づく分析では，統語カテゴリの規定は，異なるタイプの発話における成員
の生起・不生起の観点からなされる。〈情報疑問〉（Information Question）（*What did
you see?*「あなたは何を見ましたか？」）や，〈受動態〉（Passive）（*The bride was
greeted by the guests.*「新婦は招待客に迎えられた」）のような発話タイプの規定が，
構造的観点からなされるのである。本書では，発話タイプを**構文**（CONSTRUCTIONS）
と呼ぶ。なお，構文については，1.3 節でより詳細に述べる。また，統語カテゴリ
の成員は，構文のどこにおいても生じるのではない。すなわち，統語カテゴリの成
員が構文で生じる際には，成員が構文内で担う**役割**が関連する。たとえば，*The bride*
（新婦）は，〈受動態〉構文では〈主語〉役割を担う。

　分布に基づく分析については，幾つか単純な事例を用いて説明可能である。(1)

14 第1部 統語カテゴリから意味地図へ

〜(4) の事例での，英単語 *cold, happy, dance, sing* の生起・不生起について考えてみよう。[2]

(1) a. Jack **is** cold. (ジャックは寒い)
    b. *Jack cold**s**.
(2) a. Jack **is** happy. (ジャックは幸せだ)
    b. *Jack happie**s**.
(3) a. *Jack **is** dance.
    b. Jack dance**s**. (ジャックは踊る)
(4) a. *Jack **is** sing.
    b. Jack sing**s**. (ジャックは歌う)

事例中のこれら4つの単語は，(a) の例文では，屈折した連結詞 (copula) *be* の後ろの〈述語〉役割 (Predicate role) の位置に生じている。(1a) と (2a) の文は容認可能だが，(3a) と (4a) は容認不可である。(b) の例文では，これら4つの単語は，〈連結詞〉ではなく，〈時制一致〉(Tense Agreement) の屈折 (inflection) を伴い (ここでは，〈三人称単数現在時制〉(3rd Person Singular Present Tense) の *-s*)，〈述語〉役割の位置に生じている。ここでは，(1b) と (2b) の文は容認不可だが，(3b) と (4b) は容認可能となっている。このように，*cold* と *happy* は同じ分布を持つが，これは別の分布パタンを共有する *dance* と *sing* とは対照的である。表1.1に，全体の分布パタンを挙げる。

表 1.1. 述語構文での〈動詞〉と〈形容詞〉の分布

	[S<small>BJ</small> *be* __]	[S<small>BJ</small> __ −TNS.PERS]
〈形容詞〉: *cold, happy*, etc.	√	*
〈動詞〉: *sing, dance*, etc.	*	√

　表1.1の列内には，(1)〜(4) の (a) と (b) の文がそれぞれ例示する構文が示されている。構文は，構文の各要素の役割を指定することによって示されている。役割がカテゴリを表す場合には，カテゴリのラベルはスモールキャピタルで示している。役割が *be* のような特定の語や形態素 (morpheme) のみによって担うことができる

2　これらの事例に加え，本書で扱う他の多くの事例では，本文中で論じる重要な形態統語的特徴については太字を用いて強調している。こうすることによって，特にあまりよく知られていない言語の事例を議論の証拠として用いる際に，読者が本書の議論を読み進める上で役に立つことを願う。幾つかの事例では (たとえば，以下の事例17〜20)，元の言語形式が異なる文法カテゴリを融合するものもある。そのような場合には，注釈の関連部分のみを太字で表示する。

場合には，その語や形態素はイタリック体で表示している。検討対象となる役割は，＿によって表す。構文の内部の統語構造，特に要素の順序については，ここではさらなる特定化は行ってはいない（より詳細な議論については，1.3.3 節と第 2 部参照）。

表 1.1 の行内では，特定の役割で構文中に生起・不生起する (1)～(4) の語が示されている。√印は生起を示し，＊印は不生起を示している。表 1.1 では，同じパタンで生起・不生起する語は 1 行内に収められている。結果は 2 語類を示すものとなっているが，ここではそれを〈形容詞〉や〈動詞〉という伝統的名称を用いて分類している。本書では，Comrie (1976a) や Bybee (1985) の慣例に従い，個別言語固有のカテゴリについては大文字（本訳書では〈 〉マークで表示）を用いる（1.6.3 節参照）。これら 2 つの構文における (1)～(4) の語の分布上の違いは，英語には〈形容詞〉や〈動詞〉という統語カテゴリが存在する証拠とみなされる。

表 1.1 の列内に示す構文に対応して，各行では語の生起・不生起パタンが示されている。これにより，問題となる語の**分布**（DISTRIBUTION）や**振る舞い**（BEHAVIOR）が表されている。このような方法でもって統語カテゴリを規定するのに用いられる構文はそれぞれが，問題となるカテゴリの**論拠**（ARGUMENT）や**検証**（TEST），あるいは**基準**（CRITERION）と一般的に呼ばれている。したがって，**統語論における論証**（SYN-TACTIC ARGUMENTATION）とは，特定のカテゴリが特定の言語の文法内に存在することを正当化するために，1 つあるいはそれ以上の構文を使用することなのである。

表 1.1 に見られる統語カテゴリの分布は，一体何を説明しているのであろうか。1.2.1 節で紹介した Haegeman (1994) からの引用によると，それは問題となる語のカテゴリの成員性であることが示唆される。純粋な意味的説明は，品詞については有効ではない（2 章参照）。ゆえに，代わりに，問題となる語のカテゴリの成員性の観点から，統語的説明が与えられている。統語的説明の有効性の判断は，問題とするカテゴリがいかに多くの構文で生じるかを示せるかどうかに基づきなされる。たとえば，統語的役割としての〈主語〉や〈目的語〉というカテゴリは，数々の異なる構文に見られるという議論が行われてきた（ここでの事例は，統語論の文献における標準的議論に従い，Croft (1990a: 8) から改作した；4.3.1 節も参照）。

(5) 〈代名詞〉(Pronoun) の〈主格〉(Nominative) 形：
 a. **She** congratulated him.（彼女は彼に祝いの言葉を述べた）
 b. *__Her__ congratulated he.
(6) 〈動詞〉の一致（agreement）：
 a. She$_i$ like**s**$_i$ horses.（彼女は馬が好きだ）
 b. *She like-**Ø**$_j$ horses$_j$.

（ 7 ）〈主節主語〉（Main Clause Subject）によって「支配」（control）された〈不定詞補部〉（Infinitive Complement）での〈「空」の名詞句〉（"Null" Noun Phrase）：

a. Jack told Fred$_i$ Ø$_i$ to buy a car.（ジャックはフレッドに車を買うように言った）

b. *Jack told Fred$_i$ to give Ø$_i$ \$50.

（ 8 ）〈命令法〉（Imperatives）での〈「空」の名詞句〉：

a. Ø Learn Hungarian!（ハンガリー語を学びなさい）

b. *Mary teach Ø Hungarian!

（ 9 ）〈等位構造縮約等位接続〉（Conjunction Reduction Coordination）での〈「空」の名詞句〉（たとえば，McCawley 1998: 272 参照）：

a. She$_i$ fell and Ø$_i$ broke her hip.（彼女は転んで，股関節を損傷した）

b. *She$_i$ died and they buried Ø$_i$.

英語の〈主語〉vs.〈目的語〉についての論拠を，表 1.2 に要約する。

表 1.2. 英語の主語性（subjecthood）に関する伝統的な構文的検証

	I	II	III	IV	V
〈主語〉	√	√	√	√	√
〈目的語〉	*	*	*	*	*

I: 〈主格〉標示（Nominative Case marking）（〈代名詞〉）
II: 〈動詞〉の一致
III: 〈不定詞補部〉の支配された空の NP
IV: 〈命令法〉の空の NP
V: 「等位構造縮約」等位接続における空の NP

　標準的な統語論における論証では，特定のカテゴリを何らかの役割として持つように見える構文の数が多ければ多いほど，当該言語においてそのカテゴリが存在するより強固な証拠となる。すなわち，提供可能な統語カテゴリの存在を示唆する論拠は，その数が多ければ多いほど，より良いことになる。

　分布に基づく方法は，経験的な文法分析の基本的な方法である。分布に基づく方法は，複合的な統語構造あるいは構文を作り出す基本的な文法ユニットを特定するために用いられる。しかし，分布に基づく方法を適用することにより明らかになるのは，カテゴリではなく，むしろ構文（すなわち，複合的な統語構造とその意味）を，文法表示の基本的ユニットとみなすことによってしか解決できない問題が存在するということである。分布に基づく方法が抱える問題について議論する前に，まずは構文とは何であり，また構文は構文に基づく統語理論ではどのように表示され

るのかについて述べる。

1.3. 構文と構文文法

本節では，構文と構文文法（construction grammar）について簡単に紹介する。ここで紹介する内容は，Croft & Cruse（2004，10〜12 章）の詳細な説明に基づくものである。1.3.1 節では，統語理論に対する構文文法的アプローチを支持するための幾つかの議論の概略を示す。言うまでもないことだが，本節では重要な議論の概要のみしか提供できない。したがって，関心のある読者は，Fillmore, Kay & O'Connor（1988），Goldberg（1995），Kay & Fillmore（1999），Croft & Cruse（2004）で行われている詳細な議論をご覧いただきたい。1.3.2 節では，構文の内部構造について述べる。1.3.3 節では，文法における構文の構成について簡単に論じる。

構文文法は，Lakoff（1987），Fillmore & Kay（1993; Kay & Fillmore 1999 も参照），Goldberg（1995），Langacker（1987, 1991）で見られるように，様々なバリエーションを含む形で存在する。ラディカル構文文法は，その名が含意するように，構文文法のもう 1 つのバリエーションである。本節では，構文文法における様々なモデル間に見られる共通点と，ラディカル構文文法が他の構文文法モデルとは異なると考えられる点のみを詳述する。

1.3.1. 構文文法を支持する議論

構文文法とは，他の統語理論で見られる文法の構成に関する**成分モデル**（COMPONENTIAL MODEL）の代案として考えられたものである。成分モデルでは，発話の様々な種類の特性（すなわち，音声構造，統語，意味）は別々の成分で表示され，その各々は関連するタイプ（音素（phonemes），統語ユニット，意味ユニット）の基本要素に対して作用する規則から構成される。成分間にまたがる情報を含む唯一の構成概念は語であるが，語とは音韻形式（phonological form）と統語カテゴリと意味との慣習的なつながりを表すものである。最近では，複合的な統語構造をその意味解釈に結び付けたり，統語構造をその音韻的具現化に結び付ける**結合規則**（LINKING RULES）に対して関心が向けられている。成分モデルは，図 1.1 のように示される。

実のところ，現在の多くの理論では，形態的成分，情報構造（information structure）の成分，あるいは様々な統語的成分など，文法の特性に対してはさらに多くの成分への分割が行われている。しかし，このような修正は，依然として，成分モデルの背後にある基本的概念に固執したものである。すなわち，レキシコン（lexicon）を除き，様々な種類の文法的特性が，独立した個々の成分中に位置付けられるという考え方である。

18　第 1 部　統語カテゴリから意味地図へ

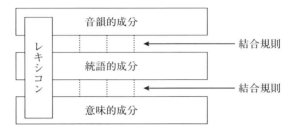

図 1.1.　文法の構成に関する成分モデル

　構文文法は，成分モデルにとって問題となる現象，すなわちイディオムの分析についての関心から生まれた (Fillmore 他 1988)。イディオムとは，統語的および (あるいは) 意味的に様々な点において特異性を見せるものである。イディオムは，語よりは大きなものであり，ゆえに何らかの特別な仕組みなしでは単純にレキシコンに割り当てることができない言語表現である。イディオムの中には，*kith and kin* (親類縁者) のように，他ではどこにも見られない語彙項目 (lexical items) を用いる語彙的に特異なものもある。そういったイディオムは，定義上，統語的にも意味的にも不規則である。なぜなら，これらのイディオムに含まれる見慣れない語は，独立した統語的地位や意味的地位を持たないためである。イディオムには，*all of a sudden* (突然) や *in point of fact* (実際は) のように，見慣れた語を用いてはいるのに，統語的に特異なものも含まれる。これらは，**超文法的** (EXTRAGRAMMATICAL) なイディオムと呼ばれる。イディオムにはさらに，*tickle the ivories* (ピアノを演奏する) のように，見慣れた語と見慣れた統語を用いているのに，意味的に特異なものもある。

　当然のことながら，文法理論は，これらの種類のイディオム間の違いや，これらのイディオムと言語の規則的なレキシコンや規則的な統語規則との関係を捉える必要がある。Fillmore 他 (1988) が着目する，抽象度の度合いに関して様々に異なりうる**スキーマ的** (SCHEMATIC) なイディオムに関しては，イディオムをうまく処理することができる理論を開発する必要性はなおさら重大なものといえよう。すなわち，イディオムには，前段落で挙げたイディオムのような完全に語彙的に特有，あるいは別の言い方をすれば**実質的** (SUBSTANTIVE) でないものもあり，そういった種類のイディオムは，カテゴリを事例化する (instantiate) 広範囲の語や句を容認する包括的な統語カテゴリを形成しているのである。

　部分的にスキーマ的なイディオムは，Fillmore 他が記述した 3 つのタイプの全てに及ぶものでもある。スキーマ的なイディオムのうち，語彙的特異性を持つものの一例としては，*The longer you practice, the better you will become* (長く練習すれ

ばするほど，より上達するだろう）のような比較級条件（comparative conditional）構文の *The X-er, the Y-er* が挙げられる（*the* の形は，定冠詞に直接関係しているのではなく，古英語の具格指示詞（instrumental demonstrative）形の *Þy* から派生した）。超文法的なスキーマ的イディオムの一例は，*second cousin three times removed*（はとこから 3 世代離れた人＝はとこの玄孫）のような，*Nth cousin*（*M times removed*）という「いとこ」（"cousin"）構文である。この構文では，遠い親戚関係が複数あることが述べられており，それ自体の特有の統語が見られる。最後に，意味的に特異なだけのスキーマ的イディオムの一例としては，*Don't pull my leg*（からかわないでくれ）のような *pull NP's leg*（NP について冗談を言う）が挙げられる。この NP カテゴリは，人間を表すどのような〈名詞句〉でも埋めることが可能である。

　スキーマ的イディオムは，成分モデルにとって重大な問題をもたらす。なぜなら，スキーマ的イディオムには，規則性として捉えるべき独自の規則体系を有するもの（超文法的なスキーマ的イディオム）があるかと思えば，その一方で，規則的な統語規則には従っており，ゆえに規則を守るものとして何らかの方法で表示しなければいけないもの（文法的なスキーマ的イディオム）も見られるからである。さらに，全てのイディオムが，意味的に特異であるということは，イディオムは意味解釈の一般的規則に従わないことを意味する。イディオムはむしろ，意味解釈について独自の規則を持つものということになる。

　Fillmore 他（1988）は，**構文**としてイディオムが存在するという事実を受け入れる必要があると論じる。構文は，意味的情報に加えて，音韻的情報（部分的にスキーマ的なイディオムにおける個々の実質的な語彙項目，あるいは特別な韻律的（prosodic）パタンや，*I wanna go too* におけるような音韻的削減の特別の規則など）さえをも含む，統語表示の対象である。言い換えれば，構文とは，成分モデルにおける語彙項目のようなものである。すなわち，構文は，特異あるいは恣意的な音韻的・統語的・意味的情報を結合するものなのである。語彙項目と構文との違いは，語彙項目は実質的で**極小**（ATOMIC）（すなわち，最小の統語ユニット）であるのに対して，構文は少なくとも部分的にはスキーマ的で**複合的**（COMPLEX）（複数個の統語的要素から構成される）となりうるものということである。

　Fillmore 他（1988）と Lakoff（1987）を発端として，英語の一般的な統語的・意味的・語用論的規則によっては説明不可能な文法的特性を持つ構文に対する詳細な研究が数多くなされてきた。Fillmore 他と Lakoff のモデルに続く他の重要な研究としては，Goldberg（1995）や Michaelis & Lambrecht（1996）が挙げられる。さらに，Prince（1978）と Birner & Ward（1998）による特別な語用論的機能を持つ統語構造の研究や，Wierzbicka（1980, 1987, 1988）が行った特別な意味解釈を持つ統語構造の研究は，これらの統語構造を構文として扱う議論を強固にするものである。

20　第 1 部　統語カテゴリから意味地図へ

成分モデルに固執する形式的統語論者でさえ，構文の存在をある程度は受け入れている。たとえば，Akmajian（1984）（さらには，同現象についての Lambrecht（1990）による再分析と比較されたい）と Jackendoff（1990a, 1997）を参照していただきたい。

　構文は，統語的に複合的であり，少なくとも部分的にスキーマ的な特性を持つが，語彙項目と同じ理論的な表示物のタイプとみなすことが可能である。すなわち，レキシコンと統語的構文は，**連続体**（CONTINUUM）をなしている。Fillmore 他（1988）は，次の論理的措置も講じる。すなわち，規則的な統語規則と規則的な意味解釈の規則は，それ自体が構文であるとする。規則的な統語規則とその意味解釈の規則，そしてそれらと他の構文との唯一の違いは，前者は全体的にスキーマ的であるのに対し，後者は幾つかの実質的要素を保持しているということにすぎない。

　構文という尻尾を振っていた犬本体であったはずの統語が，ついには構文によって振り回されるようになったのである。すなわち，語から始まり，最も一般的な統語的・意味的な規則に至るまで，全てのものが構文として表示可能なのである。最終的には，語の内部構造もまた構文であることを認識することになる。なぜなら，結局のところ，[*The X-er, the Y-er*] や [*pull-TNS NP-'s leg*] のような構文は，統語表示においては，拘束形態素（bound morphemes）および接語（clitic）要素を含むからである。[NOUN-*s*]（部分的にスキーマ的）や [VERB-TNS]（完全にスキーマ的）のような完全な形態的（morphological）構文も存在するし，*child-ren* のような個々の語形は，完全に実質的な形態的構文を形成する。形態的構文と統語的構文との唯一の違いは，前者は全体として拘束形態素によって構成されているのに対して，後者は大部分が自由形態素（free morphemes）によって構成されていることである。

　言い換えると，構文文法では，構文という概念がいかなる文法構造（形式と意味の両方を含む）に対しても当てはまるように一般化されている。イディオムを統語理論に組みこむことによって，語から統語的・意味的な規則に至るまでの全ての種類の文法構造に対する統一的表示が与えられるという論理的結論が導かれる。この統一的表示は，表 1.3 で示すように，**統語─レキシコンの連続体**（SYNTAX─LEXICON CONTINUUM）と呼ばれている（Langacker 1987: 25–7, 35–6 と比較されたい）。

表 1.3.　統語─レキシコンの連続体

構文タイプ	伝統的名称	例
複合的かつ（大部分は）スキーマ的	統語	[SBJ *be-*TNS VERB-*en by* OBL]
複合的かつ（大部分は）特有	イディオム	[*pull-*TNS NP-'*s leg*]
複合的だが拘束されている	形態	[NOUN-*s*]，[VERB-TNS]
極小的かつスキーマ的	統語カテゴリ	[DEM]，[ADJ]
極小的かつ特有	語／レキシコン	[*this*]，[*green*]

統語論に限らず，文法理論として構文文法が持つ大きな魅力とは，構文文法は文法表示の統一的モデルを提供するものであるのと同時に，それは文法の成分モデルよりも広範囲の経験的現象を捉えるという点である。このことは同時に，構文文法は，分布に基づく方法を記述するのに最も一般的で中立的な方法を提供するモデルであることも意味する（1.2.2 節）。構文文法における構文という概念は広い概念であり，ゆえに，どんな統語カテゴリであっても，それを特定する上で，形態論上の，あるいは統語論上の論拠／基準／検証を表現するのに役立てることができる。たとえば，統語的あるいは形態的な規則（たとえば，〈受動態〉規則 (Passive rule)）を問題の項目に適用すると分布上どのようなことが起きるのかについて説明を与える論拠や検証が見られるが，こういう論拠や検証は，規則の適用によって現れるもの（あるいは結果）によって説明される構文（〈受動態〉構文）において，その問題とする項目が生起するかどうかを説明するものとして言い換えることが常に可能である。

構文文法が持つ一般性や経験的妥当性の高さは，構文文法が持つ大きな魅力である。とはいうものの，ラディカル構文文法の正当性を支持する議論は，構文文法を前提とするものではない。本章と 5～6 章で提示する議論は，一般的な方法論的議論であり，ゆえに構文文法と同様，他の文法理論にも当てはまる内容である。とはいえ，構文が統語表示の基本単位であるという本章の中心的主張によると，統語理論は一種の構文文法であることが事実上求められることになる。ただし，構文文法が正しいということにはなるものの，ラディカル構文文法の立場がもたらす 1 つの帰結は，表 1.3 の下から 2 番目の構成概念である極小のスキーマ的構文（統語カテゴリ）は，ラディカル構文文法モデルでは存在しないということである（1.6.5 節参照）。

1.3.2. 統語・意味構造：構文の構造

本節では，文法的構文の構造を分析するための基本的概念や記述に用いる用語を紹介する。本節で紹介する概念は，ラディカル構文文法を含む，いかなる統語理論であっても，その基礎となるものである。ただし，こうした基本的概念は統語理論によって異なる。以下では，構文文法で用いられる慣例的用語にできる限り依拠した形で説明を行う。

構文文法では，文法的構文は，他の統語理論におけるレキシコンのように，形式と意味との組み合わせから構成されており，その組み合わせは少なくとも部分的に恣意的なものとされている。最も一般的な統語的構文でさえ，意味解釈について対応する一般的規則を持つ。したがって，構文は，図 1.2 で表示するように，基本的に記号的（SYMBOLIC）なユニットということになる（Langacker 1987: 60 と比較されたい）。

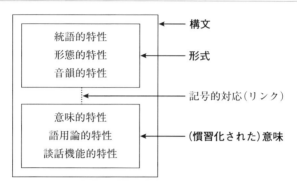

図 1.2. 構文の記号的構造

　ここでは「意味」(meaning) という用語を，構文の機能の**慣習化された** (CONVENTIONALIZED) 側面の全てを表すものとして使用している。意味には，発話によって述べられる状況 (situation) の特性に加えて，発話が起こる談話の特性や（言及されている対象物が，話し手 (speaker) と聞き手 (hearer) の両方によって知られていることを示す〈定冠詞〉の使用など），さらには対話者達 (interlocutors) の語用論的状況（たとえば，話し手の驚きを伝えるために，*What a beautiful cat!* のような構文を使用すること）の特性も含まれる。本書では，「意味」や「意味的」という用語を，構文の機能の慣習化された特性のあらゆるものについて言及するために用いることにする。

　成分的な統語理論と構文文法とが本質的に異なる重要な点は，形式と慣習的意味 (conventional meaning) の記号的結合が，後者のアプローチでは構文にとって内在的なものとされるのに対して，前者のモデルではそれは（結合規則として）統語的・意味的成分にとって外在的なものと考えられることである。図 1.3 と図 1.4 は，この点について，構文文法と成分的統語理論を比較したものである。ここでは，太字を用いて 2 つのモデルの本質的違いを強調している。

　図 1.3 の太字のボックスが示すように，成分モデルでは，対応する意味構造とは

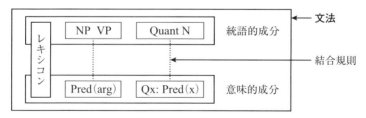

図 1.3. 成分的統語理論における形式と機能の関係

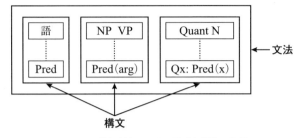

図 1.4. 構文文法における形式と機能の関係

独立して，様々な統語構造が構成されている。一方，構文文法では，図 1.4 の太線のボックスが示すように，基本的な言語ユニットは記号的なものであり，それは記号ユニットとして構成されている（1.3.3 節参照）。[3] 結果として，構文文法における基本的な（記号）ユニットの内部構造は，成分モデルにおける基本的ユニットの内部構造よりも複雑なものとなっている。

構文の内部構造は，構文を事例化する文の形態統語的構造を示すものである。たとえば，*Heather sings*（ヘザーは歌う）のような単純な自動詞文（intransitive sentence）は，〈自動詞〉（Intransitive）構文の**事例**（INSTANCE）である。*Heather sings* を生成文法的に簡略化して表示したものと，同じ文を構文文法的に簡略化して表示したものを比較すると，これらの 2 つのモデルの表示は，構文文法の表示が記号的であること以外は，実際にはかなり似ていることが分かる（図 1.5）。

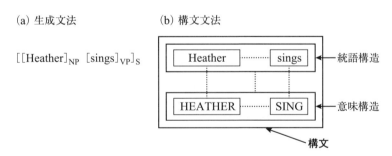

図 1.5. *Heather sings* の生成文法と構文文法における簡略的表示

3 　構文文法が持つ記号ユニットという基本的な考え方を共有する理論としては，主辞駆動句構造文法（HPSG）（Pollard & Sag 1987, 1993）や記号文法（Semiotic Grammar）（McGregor 1997）が挙げられる。ただし，これらの理論は明示的な形で構文に基づくものではない。なお，HPSG と，Fillmore & Kay による構文文法のアプローチは，多くの点で方向性が一致している。

24 第1部 統語カテゴリから意味地図へ

　図 1.5 (b) で用いるボックスに基づく表記法 (box notation) は，図 1.5 (a) の角括弧に基づく表記法 (bracket notation) の単なる表記法上の変種にすぎない (Langacker 1987, Kay & Fillmore 1999)。このように，生成文法的表示と構文文法的表示は両方共，文法ユニットの基本的な部分—全体の構造を，言い換えれば，**メロノミックな構造**を共有していることが分かる。すなわち，*Heather sings* という文は，〈主語〉の *Heather* と〈述語〉(Predicate) の *sings* という 2 つの部分から成り立つのである。

　図 1.5 (a) の角括弧では，統語カテゴリの標示を用いたラベル付けがなされている。一方，図 1.5 (b) の統語構造において対応するボックス部分ではラベル付けはなされていない。このことは，図 1.5 (b) のボックス構造が，図 1.5 (a) と全て同じ統語タイプであることを意味するものではない。当然のことながら，構文文法家は，統語ユニットは様々な統語カテゴリに属すると考えている。この図でボックス部分にラベル付与がなされていない理由は，これらのカテゴリの本質がまさに本章で取り組む問題だからである。目下仮定する必要があるのは，構文の統語構造のメロノミック構造だけである。

　生成理論と構文文法が異なる点は，文法ユニットのメロノミック構造を超えた部分においてである。まず，すでに述べたように，構文文法は文法ユニットを基本的に記号的なもの，すなわち文法的形式とそれに対応する意味，または**意味構造** (SEMANTIC STRUCTURE) との組み合わせとして扱う。結果として，構文表示には，構文の形式と意味との対応関係が含まれることになる。このような対応関係を，**記号的関係**と呼ぶ。

　本書では，構文の形式的構造あるいは統語的構造に加えて，構文の意味構造についても今後は論じていくことになる。したがって，統語構造の部分と，意味構造の部分については，別の名称を用いるのが便利であろう。以下では，統語構造の部分を**要素** (ELEMENTS) と呼び，意味構造の部分を**成分** (COMPONENTS) と呼ぶ。したがって，記号的リンクは，構文の統語構造の要素を，構文の意味構造の成分と結びつけるものということになる。統語構造全体を意味構造全体と結びつける記号的リンクも存在する（図 1.5 (b) の真ん中の記号的リンク）。この記号的リンクは，〈自動詞〉構文の統語構造は，単一結合価 (unary-valency) の述語—項の意味構造を表すということを構文文法的に表示したものである。各要素とそれと対応する成分は構文全体（形式＋意味）の部分でもある。以下では，構文の記号的部分（要素＋成分）を記述するのに，**ユニット** (UNIT) という用語を用いる。すなわち，記号的全体としての構文は，部分としての記号ユニットから成り立つのである。*Heather sings* の記号ユニットは，図 1.5 (b) では説明を明確にするために示されていないが，図 1.6 では構文が持つ 3 種類の部分全てが表示されている（Langacker 1987: 84 の図 2.8a と比

較されたい；図1.6では，明瞭さを得るために，構文の部分間のリンクは抑えられている）。

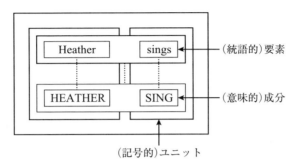

図 1.6. 構文の要素と成分とユニット

　図1.5 (b) には，記号的関係以外にも，2つの別の関係も含まれている。1つは2つの統語的要素を結びつけ，もう1つは2つの意味的成分を結びつけるものである。2つの意味的成分を結びつけるリンクは，2つの成分間に成り立つ**意味的関係**（この場合，ある種の事象–参与者（event-participant）の関係）を記述している。このように，構文の意味構造は，特定の意味的関係が成り立つ意味的成分から成り立つものであり，（潜在的には）複合的なものと考えられる。これが，本書の議論（特に，第2部での議論）を構築するために，意味構造の本質について仮定する必要があることの全てである。これらの前提は，全員ではないものの，大多数の統語論理論家にとっては議論の余地のないことだと考えられている。

　図1.5 (b) で2つの統語的要素を結びつけるリンクは，**統語的関係**を示すものである。この統語的関係は，明らかに，図1.5の生成文法的表示のいずれのものとも直接的に対応するものではない。この理由は，ほとんどの統語理論でなされる統語的関係の表示は，単純な統語的リンクよりも複雑なものであるためである。実際，統語的関係の通常の分析では，次の3つの層が特定可能である。

1. 抽象的な統語的関係
2. 抽象的な統語的関係を表示する方法
3. 抽象的な統語的関係の顕在的現れ

第一の層は，図1.5の構文文法的表示における *Heather* と *sings* の間に成り立つ〈主語〉–〈動詞〉の関係のような，**抽象的な統語的関係**それ自体のことである。これは，構文の統語構造を特徴付ける中立的方法であると考えられている。

　第二の層は，抽象的な統語的関係を**表示する方法**である。統語理論が異なれば，抽象的な統語的関係を表示するのに用いる方法も異なる。たとえば，生成文法では，

抽象的な統語的関係を表示するのに，**構成素性**が用いられる．図 1.5 (a) のラベル付与された角括弧は，(10) で構成素性構造を表示するための省略版である．

(10)
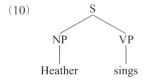

言い換えると，図 1.5 (a) の生成文法的表示は，抽象的な統語的関係それ自体ではなく，〈主語〉–〈動詞〉という統語的関係の表示方法を示したものなのである．

生成文法では，構成素性の関係に基づいて，多くの異なる種類の統語的関係が表示されている．たとえば，図 1.7 に示すように，主語や目的語のようないわゆる「文法関係」を区別するのに，構成素性が用いられる．語文法のような理論では，図 1.8 に示すように，〈動詞〉と〈主語〉の**依存関係**として「文法関係」が，より直接的な形で表示されている．さらに，語彙機能文法のような理論では，統語構造の要素間に成り立つ別の種類の統語的関係を表示するのに，構成素性と依存関係の組み合わせが用いられている．

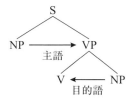

図 1.7．生成的文法理論における主語と目的語の表示

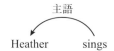

図 1.8．*Heather* と *sings* との間にある統語的関係が持つ依存関係の表示

第三の層は，抽象的な統語的関係の**顕在的現れ**（OVERT MANIFESTATION）である．すなわち，統語的関係が存在することを支持する言語的証拠に関することである．*Heather* と *sings* の統語的関係を顕在的に明示する例は，*Heather* と *sings* の連続性（contiguity），語順（*Heather* が *sings* の前に現れること），〈人称〉（Person）と〈数〉（Number）（〈三人称単数〉（3rd Person Singular））で *Heather* と一致する動詞に付く接尾辞 -*s* という顕在的表現である．

本書の以下の部分では，構文の図を用いる際には，抽象的な統語的関係のみを表示し続けることにする．こうするのは，第2部において，ラディカル構文文法では抽象的な統語的関係は完全になくしてしまうべきだと主張するからである．したがって，上で論じた統語的関係の表示方法は，意味のないものとなる．代わりに，本書では，上で例示した統語的関係の顕在的現れだと考えられるものが，記号的関係の現れだと論じる．

最後にもう1つ別の理論的・術語的な問題について述べる必要がある．残念ながら，統語構造の分析は，多くの伝統的統語論の術語が曖昧であるために混乱に陥っている．再び *Heather sings* という文が例示する，図1.9の〈自動詞節〉(Intransitive Clause) 構文の「〈主語〉」という用語の例を用いて説明しよう．

「〈主語〉」という用語は，次の2つの概念のうちの1つを意味する．まず第一に，「〈主語〉」という用語は，構文が持つ特定要素の**役割**を示す場合がある．すなわち，〈自動詞〉構文において「〈主語〉」というラベルが付与される要素と，全体としての〈自動詞〉構文との間にある**部分―全体**(PART-WHOLE) の関係，つまり**メロノミック**な関係を示すものである．*Heather* とは〈**自動詞節**〉*Heather sings* の〈主語〉だと述べる場合の意味が，これである．この部分―全体の関係は，図1.9では非明示的な形で示されており，*Heather sings* という構文全体を表すボックスの内部に *Heather* のボックスが入れ子式に表示されている．

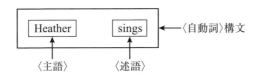

図1.9. 〈自動詞〉構文における役割

〈主語〉役割とは，ある文法カテゴリ (grammatical category)，すなわち〈主語〉役割を担うことができる語 (より正確には，句) を規定するものである．〈主語〉カテゴリは，〈節〉(Clause) 構文において〈主語〉役割を担うことができるもの (fillers) のカテゴリである．(11) に，幾つか事例を挙げる．

(11)　a. **Jennifer** ran across the field. (ジェニファーは畑を走って横切った)
　　　b. **Larry** found $20. (ラリーは20ドルを見つけた)
　　　c. **The car** hit a tree. (車が木にぶつかった)

「〈主語〉」という用語は，上述の第一の意味に加えて，第二の意味として，構文の1つの要素 (すなわち〈主語〉) と，構文の別の要素 (すなわち〈動詞〉) との間にある統

語的関係を記述することもできる。これが，*Heather* が *sings* という動詞の〈主語〉だと述べる場合の意味である。上述の通り，〈主語〉の統語的関係は，名詞句の格の形式（英語では，〈代名詞〉の格（case）の形式），〈動詞〉の一致（英語では，〈現在時制〉(Present Tense)での〈三人称主語〉との一致），語順（英語では，動詞の前の位置）のような様々な特性によって明示されると考えられている。

(12) a. **She** sing**s** madrigals.（彼女はマドリガルを歌う）
　　 b. *Her sings madrigals.
　　 c. *She sing madrigals.
　　 d. *Madrigals sings she.

言い換えると，「〈主語〉」という用語は，構文における 2 つの異なる種類の関係を混同したものなのである。すなわち，1) 全体における部分の**役割**と，2) 1 つの部分が別の部分に対して持つ**関係**，という 2 つの異なる関係を混同しているのである（この術語上の区別は，Kay 1997 の考え方による）。図 1.10 に，これら 2 つの違いを図解する。

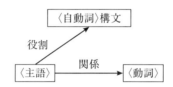

図 1.10. 統語的役割と統語的関係との違い

　本書の第 2 部では，統語的関係の存在に対して異議を唱える。反対に，ラディカル構文文法では，構文には統語的役割が存在することを仮定する。実のところ，構文の部分—全体の構造こそが，ラディカル構文文法で唯一必要とされる統語構造である。このことは，他の統語理論と比べると，統語構造に対する見解としては貧弱であるかのように思えるかもしれない。しかし，ラディカル構文文法では，一般的な構文文法におけるように，構文の記号的関係と意味的関係とが仮定されていることを忘れてはならない。重要な通言語的一般性は，まさに構文の記号的関係と意味的関係の構造において見いだされるのである。

1.3.3. 構文文法における構文の構成

　図 1.4（1.3.2 節）では，構文という用語を（語，形態素，形態的構造，統語的構文などを含む）広い意味で捉えながら，構文文法を構文の目録として記述した。しかし，構文文法での構文は構造化がなされていないリストを指すのではもちろんない。

構文とは，言語の慣習に関する話者の知識の**構造化された目録**（STRUCTURED INVENTORY）を形作るものである（Langacker 1987: 63–76）。通常，構文文法家は，この構造化された目録を構文の**分類的ネットワーク**（TAXONOMIC NETWORK）の観点から表示している。それぞれの構文は，構文の分類的ネットワークにおける**ノード**（NODE）を構成するものなのである。

話者の言語知識を捉えるためには，固有で特異な形態的，統語的，語彙的，意味的，語用論的，あるいは談話機能的な特性を持ついかなる構文についても，構文ネットワークにおける独立したノードとして表示する必要がある。すなわち，構文のいかなる特異な点も，その構文を独立したノードとして表示するための十分な資格を持つのである。たとえば，[SBJ *kick the bucket*] という実質的イディオムは，独立したノードとして表示する必要がある。なぜなら，このイディオムは意味的に特異であるからである。よりスキーマ的ではあるものの特定の動詞を持つ構文である [SBJ *kick* OBJ] も，項結合（argument linking）パタン（あるいは，古い生成文法の用語を用いれば，下位範疇化フレーム（subcategorization frame））を特定するためには，独立したノードとして表示する必要がある。最後に，全体がスキーマ的な構文である [SBJ VERB OBJ] も，独立したノードとして表示される。このように，生成文法で S → NP VP や VP → V NP のように句構造規則によって記述される〈他動詞節〉（Transitive Clause）は，構文文法では構文ネットワークにおける独立したノードとして表示される。

当然のことだが，*kick the bucket* は *kick* の通常の他動詞用法と同様の項構造パタンを持っている。そして，*kick* の通常の他動詞用法とは，いかなる他動詞句（transitive verb phrase）とも同様の項構造（argument structure）パタンを持つものである。各構文は，[*kick the bucket*]—[*kick* OBJ]—[VERB OBJ] という連鎖における，より**スキーマ的**な構文の**事例**にすぎない。したがって，これらの構文は，図 1.11 のように，**分類的階層**（TAXONOMIC HIERARCHY）を用いて表示可能である。

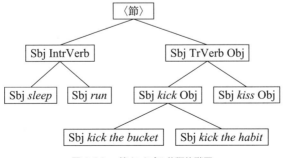

図 1.11. 節タイプの分類的階層

しかしながら，文法的構文は，厳密な分類的階層を形成するものではない。図1.11では，構文の階層における単純化が行われている。その単純化の1つが，〈助動詞〉や〈動詞〉の接尾辞が表す〈時制〉(Tense)–〈相〉(Aspect)–〈法〉(Mood)–〈否定〉(Negation)の標示(marking)がここでは省略されていることである。発話のこういった部分を含める場合には，図1.11の階層のいかなる構文も，複数の親構造(parents)を持つことになる。たとえば，[*I didn't sleep*]という文は，図1.12で図解するように，〈自動詞節〉構文と〈否定要素〉(Negative)構文の双方を事例化するものである。

図1.12. 構文の分類における複数の親構造

このように，[*I didn't sleep*]という文は，それが属する構文の分類において，**複数の親構造**(MULTIPLE PARENTS)を持つ。これは，各構文が，その派生的(daughter)構文の文法構造を**部分的**(PARTIAL)に指定するものであることの帰結である。たとえば，〈否定要素〉構文は，〈主語〉，〈動詞〉，〈助動詞〉と関係する構造のみを指定するのであり，〈動詞〉の〈目的語〉(目的語が1つある場合)については何も指定することはない。ゆえに，図1.12の〈否定要素〉構文では〈目的語〉の表示が行われていない。

通常，構文とは単に発話の構造を部分的に指定するだけのものである。たとえば，*He gave her a book*におけるように，〈二重目的語〉(Ditransitive)構文の[SBJ DITRVERB OBJ1 OBJ2]は，単に述語とその項との結合を指定するだけである。〈二重目的語〉構文は，要素の順序を指定することはない。要素の順序は，たとえば，*It was a book that he gave her*のような〈分裂〉(Cleft)構文では異なりうる。さらに，〈二重目的語〉構文は，〈平叙文〉(Declarative Sentence)においてであろうが，〈疑問文〉(Interrogative Sentence)においてであろうが，〈法助動詞〉(Modal Auxiliaries)や〈否定〉(Negation)のような，発話の他の要素の存在や位置について指定することもない(〈平叙文〉ではこれらの要素は動詞の前で生じ((13a)参照)，〈疑問文〉では〈助動詞〉は主語の前で生じる(13b)参照))。

(13) a. He **won't** give her the book.（彼は彼女に本を渡さないだろう）
　　 b. **Wouldn't** he give her the book?（彼は彼女に本を渡さないのですか？）

したがって，個別の発話構造はいかなるものも，数多くの固有のスキーマ的構文によって指定されているのである。逆に言えば，スキーマ的構文は，それが記述する

発話のクラスの特定されていない構造的側面を抽象化したものである。構文文法のモデルは，Langacker の文法の内容要件に従う。すなわち，この理論で仮定する唯一の文法的実在物は，文法ユニットと，それらの文法ユニットのスキーマ化である（1.1 節）。

　構文文法でなされる統語的知識の分類的組織化とは，つまりは，文法的特性に基づいて，統語構造をカテゴリへと組織化することである。そのため，統語的知識は他のカテゴリ，特に語彙的カテゴリの組織化と同じ原理に従うと思われるかもしれない。なぜなら，構文と語彙項目は表示上は連続体の一部を構成するものだからである。実のところ，この考えは，正しいように思われる。

　構文には，複数の意義（senses）または用法を持つ多義的なものがある。複数の意義を持つ構文の一例としては，英語の〈現在完了〉（Present Perfect）が挙げられる。

（14）　a. President Clinton **has visited** Kosovo.（クリントン大統領はコソヴォを訪れたことがある）［経験的読み］

　　　　b. President Clinton **has announced** that America will invade Kosovo!（クリントン大統領はアメリカはコソヴォを侵略するという声明を出しました）［「最新ニュース」の読み］

多くの語に見られるように，構文には，基本的意味からメタファ的（metaphorical）に拡張された意味を持つものも見られる。構文のメタファ的拡張の一例は，（15）に示す〈知覚的直示〉（Perceptual Deictic）*There* 構文である。これは（16）に示す〈中心的直示〉（Central Deictic）*There* 構文からのメタファ的拡張である（Lakoff 1987: 511, 509）。

（15）　a. **Here comes** the beep.（ピーピーという音が近づいてくる）

　　　　b. **There's** the beep.（ピーピーという音がする）

（16）　**There's** Harry.（ハリーがいる）

〈知覚的直示〉は，非視覚的な知覚的刺激（たとえば，まさに鳴り出しそうな目覚まし時計）の，近々の活性化（事例 15a）や，ちょうど今現実化した活性化（事例 15b）について述べるものである。この意味を表すために，〈知覚的直示〉は，〈提示的直示〉（Presentational Deictic）で表現される物理空間における物理的存在物の直示的運動のメタファを用いる（Lakoff 1987: 511；構文のメタファ的拡張の別の事例については，Goldberg 1995: 81–89 参照）。

　このように構文には，語彙項目と同様，多義性（polysemy）やメタファ的拡張のような数多くの特性が見られる。より一般的には，構文は（語彙項目のように）**カテゴリ**を表し，構文文法では，カテゴリ化の認知理論に基づき構文の分類がモデル化

される。

たとえば，構文文法の文献で注目を集めてきた問題の1つに，文法的情報は構文の分類においてはどこで表示されるのか，という問いがある。ある学派では，情報は，分類上は冗長に表示されてはならないという主張がなされる。たとえば，[*kick the bucket*]という表示は，この句が持つ特異な意味解釈しか指定しないので，*kick*の〈直接目的語〉（Direct Object）の位置と形式の指定は，分類上は，よりスキーマ的な上位構文から継承（INHERIT）されることになる。この学派では，**最大限に一般的**（MAXIMALLY GENERAL）な構文スキーマが求められる（1.1節）。この学派の代表が，Kay & Fillmore（1999）の構文文法である。

別の学派では，文法的情報は，分類的階層において冗長に表示されうるものであり，また多くの場合において，そうされるべきだという主張がなされる。分類的階層において文法的情報が冗長に表示されることを支持する証拠は，使用頻度（frequency of use）のパタンが話者の心の中の文法知識の表示のレベルを決定するという心理言語学的（psycholinguistic）証拠に由来する。この学派は，言い換えれば，文法表示の**用法基盤モデル**（USAGE-BASED MODEL）を唱えるものである（たとえば，Bybee 1985 や Langacker 1987 参照）。

たとえば，特定の語形あるいは統語的構文が高いトークン頻度（token frequency）を持つのであれば，たとえその文法的特性が，分類的に上位の構文から予測可能であっても，記憶や**定着**（ENTRENCHMENT）がもたらされることになる。さらに，より抽象的なスキーマの定着によって示される**生産性**（PRODUCTIVITY）は，そのタイプ頻度（type frequency）（すなわち，そのスキーマの他の事例の頻度）の関数だといった主張がなされる。たとえば，〈過去時制〉（Past Tense）のスキーマ [VERB-*ed*] の生産性は，このスキーマが英語話者の心の中では高度に定着したものであり，そして，その高い定着度は高いタイプ頻度（すなわち，このスキーマに従って過去時制を形作る様々な動詞の数の多さ）に由来することを意味すると考えられる。反対に，トークン頻度の低さ（すなわち，言語使用における構文スキーマの低頻度の活性化）は，時間とともにその構文スキーマの定着の衰退や喪失をもたらしうる。言い換えると，構文スキーマの一般性の程度や，分類的ネットワークにおける文法的情報の位置は，頻度パタンに関する経験的研究や，スキーマ的構文の定着と生産性に関する心理言語学的研究によって答えが与えられるべき，経験的な確認が必要な問題なのである。

文法理論は，話者の文法知識とは何であるのかという，1.2.1節で提起した問題に対して答えを与えようとするものである。用法基盤モデルでは，この問題に対して答えを与えることへの取り組みがなされている。文法表示の用法基盤モデルの発展と，このモデルを支持する心理言語学的および言語学的な証拠は，依然初期の段階にある。形態論では，かなりの量の研究が用法基盤モデルについてなされてきたが，

用法基盤モデルが統語的構文へと適用されたのは，ほんのごく最近になってからのことである（文献調査については，Croft & Cruse 2004 の 12 章参照）。用法基盤モデルとは，分類的ネットワークにおいて言語のどの構文がノードとして独立して表示されるべきなのか，すなわち，どの構文が話者の心の中で実際に定着したものであるのかを決定することに関して，心理学的に原則に基づいたやり方を我々に提供してくれるものなのである。

なお，文法知識の構成に関しては別の重要な原則が存在する。これは，言語の類型論的普遍性の証拠によって支持される。構文についての話者の知識は，構文の意味同士の関係によって組織化されている。構文的意味同士の意味的関係は，構造化された**概念空間**の観点から表示可能である。概念空間とそれを統率する原理については，2.4 節で紹介する。本書の以下の部分で見るように，文法の組織化（grammatical organization）に関する概念空間モデルは，ラディカル構文文法が提案する分析においては重要な役割を果たすものである。

1.4. 分布に基づく分析と通言語的普遍性

ここまでは，単一言語に当てはまる分布に基づく分析について述べてきたが，分布に基づく分析は，普遍文法，すなわち，単一言語内のみならず，通言語的に見られる統語的なカテゴリや役割を明らかにするために用いられてきた方法でもある。そのような事情にもかかわらず，分布に基づく分析は，それが通言語的に適用される場合には，2 つの重大な問題を抱えている。本節では，これらの問題と，その問題解決に対する 2 つの対照的なアプローチについて述べる。

1.4.1. 通言語的に分布に基づく分析を用いることの問題

1.4.1.1. 構文の非普遍性

第一の問題は，ある言語（たとえば，英語）において問題となるカテゴリを定義するために用いる構文が，分析対象となる言語において欠如している場合があることである。たとえば，数や（文法上の）性（gender）や格の屈折が名詞を特定し，また，一致や時制や相や法の屈折が動詞を特定するというように，屈折の基準が，言語において品詞（名詞，動詞，形容詞）を区別するために広く用いられている。しかしながら，ベトナム語（Vietnamese）は形態的屈折をまったく持たない言語である（Emenean 1951: 44）。したがって，ベトナム語では，品詞を規定するために屈折を用いることはできない。同様に，上の (5)〜(9) で英語について挙げた〈主語〉vs.〈目的語〉の基準の多くは，オーストラリアの先住民言語の 1 つであるワダマン語（Wardaman）では存在しない。ワダマン語は，英語の〈主語〉を規定するのに (7) と (9)

で使用される構文である不定詞補部（infinitival complements）と「〈等位構造縮約〉」等位接続を欠く言語である（Merlan 1994）。

　この問題は，よく知られている。実際，これは分布に基づく分析を体系化したアメリカ構造主義学者達によっても認識されていた問題であった。Nida は，通言語的に品詞を規定するための幾つかの典型的な屈折の基準の列挙に先立ち，脚注で次のように記している。「次に挙げる一般化が成り立たない言語があまりにも多く存在するために，そういった記述を全てやめてしまうほうが良いのではないかという気持ちになってしまう」（Nida 1949: 149，脚注 30）。この問題は，それが普通に見られるものであるという理由から，広く知られたものである。言語にはそれぞれ異なる構文がある。英語も，別の言語では品詞や統語的役割を規定するのに関係すると考えられる構文を欠く。たとえば，ロシア語の〈名詞〉カテゴリは，〈数〉と同様，〈格〉の屈折によって規定されるが，英語は格（case）の屈折を欠く言語である。

　しかし，分布に基づく方法それ自体によってこの問題を解決することはできない。なぜなら，分布に基づく方法では，ベトナム語が品詞を持つかどうかについて，ましてや，英語が持つのと同じ品詞をベトナム語が持つのかどうかについて語られることはないからである。同様に，分布に基づく方法では，ワダマン語の統語的役割が，英語のものと同じものであるかどうかについて語られることもない。なぜなら，ワダマン語は，英語で統語的役割を規定する構文の幾つかを欠く言語であるからである。

1.4.1.2.　通言語的に激しく異なる分布

　もう 1 つの重大な問題は，関係する構文が問題とする言語で存在する場合であっても，それらの構文同士は非常に異なる分布を見せるものであり，ゆえに英語や他のなじみ深いヨーロッパ言語で見られるものとは非常に異なるカテゴリが示されることである。たとえば，太平洋北西のアメリカ先住民の言語であるマカー語（Makah）は，〈一致〉，〈相〉，〈法〉に関する屈折を持つ。これらは，英語や他のヨーロッパ言語では〈動詞〉のカテゴリの基準として使用されるものである。しかし，英語の〈動詞〉（17），〈名詞〉（18），〈形容詞〉（19），〈副詞〉（Adverbs）（20）を含む，語の実質的に全ての意味クラス（semantic classes）が，マカー語では〈人称—相—法〉に関して屈折する（Jacobsen 1979: 110–11; 2.3.1 節参照）。

(17)　k'upšil　　　　　　　baʔas　　ʔu·yuq
　　　point:**MOM:IND:3**　　house　　OBJ
　　　'He's pointing at the house.'（彼は家を指差している）

(18) baba∔dis

　　　white.man:IND:1SG

　　　'I'm a white man.'（私は白人だ）

(19) ʔi·ʔi·xʷʔi

　　　big:IND:3

　　　'He's big.'（彼は大きい）

(20) hu·ʔax̣is　　　　haʔukʷ'ap

　　　still:IND:1SG　　eat:CAUS

　　　'I'm still feeding him.'（私は彼にまだ食事を与えている）

この場合もやはり，分布に基づく方法では，マカー語においては〈人称–相–法〉の屈折によって規定されるカテゴリが，英語で〈人称–時制–法〉の屈折によって規定されるカテゴリと同一のものであるかどうかについて語られることはない。構文の欠如という問題と同様，分布上の大きな違いという問題は，通言語的によく見られる。ある語に関して，それが名詞的屈折と動詞的屈折のどちらで生じるものであるのかは，通言語的に大きな違いが見られる。同様に，英語や他の言語では〈主語〉のカテゴリの主要な基準の1つである，節で「空」（すなわち，存在しないもの）となりうる名詞句の範囲に関しても，通言語的に大きな違いが見られる。たとえばワダマン語では，いかなる〈名詞句〉も「空」となることが可能であり，ゆえに(7)〜(9)で示した〈主語〉役割の基準をワダマン語に適用することはできない。というより，基準を適用してしまうと，全ての〈名詞句〉が「〈主語〉」となってしまうだろう。

1.4.2.　通言語的な方法論的御都合主義とその問題

　これらの問題に対して最もよく目にする解決策は，**通言語的な方法論的御都合主義**（CROSS-LINGUISTIC METHODOLOGICAL OPPORTUNISM）と私が呼ぶところのものである。通言語的な方法論的御都合主義とは，一般的基準が言語に存在しない場合や，一般的基準が自分が依拠する理論に基づくと「誤った」結果がもたらされてしまう場合に，個別言語固有の基準を用いるというものである。たとえば，ヨーロッパ言語の品詞に対応するやり方を用いて，ベトナム語とマカー語で語類（word classes）の区別を行う他の構文を検証したり，あるいは，英語で〈主語〉を規定する構文の幾つかのものはワダマン語では存在しないという事実を無視して，ワダマン語の〈主語〉を規定するのに，ワダマン語で実際に存在する構文を用いるのである。

　しかし，通言語的な方法論的御都合主義は，あくまでも「場当たり的」である。通言語的な方法論的御都合主義は，相互に関連した2つの致命的問題を抱えている。第一の問題は，特定のカテゴリが通言語的に〈名詞〉や〈主語〉のような普遍的カテ

ゴリ（universal category）の事例化であるという決定を下す基準が仮にあるとして，どの基準が重要であるのかを決める先験的方法がないことである。一致と時制–法–相の屈折が，通言語的に〈動詞〉カテゴリの基準になると唱える者がいるかもしれない。しかし，なぜそうなのか。それが基準となる理由は，何も与えられていない。そして，仮にそれを基準とする場合には，全ての語がマカー語では〈動詞〉であり，またベトナム語ではどの語も〈動詞〉ではないと結論付ける必要が生じるが，これは普遍文法の一部として〈動詞〉を想定する理論にとっては，好ましい結論とは言い難い。

　第二の問題は，基準の選択が，どうも先験的な理論的前提に都合よくできているように見えることである。たとえば，マカー語を含む，太平洋北西のアメリカ先住民の言語では，〈名詞〉–〈動詞〉の区別があるのかどうかに関する議論が今なお継続中である。〈名詞〉–〈動詞〉の区別を認めない者は，(17)～(20) の分布パタン（すなわち，叙述（predication）における屈折）を証拠とみなす。Jacobsen のような，〈名詞〉–〈動詞〉の区別に賛成する者は，語類を区別するのに他の構文における分布パタンを用いる。どの構文が通言語的にカテゴリを定義するかを指定するための事前の取り決め，あるいは何らかの原理に基づいた方法が存在していない状態では，分析者は自らが希望する結論を導くためなら，どんな構文であっても使いたい放題となるのである。

　言語間でカテゴリを特定するのに用いられる通言語的な方法論的御都合主義は，無節操なものであり，またその場しのぎのものである。言い換えると，通言語的な方法論的御都合主義は，普遍文法の特性を発見するための厳密な科学的方法ではない。それにもかかわらず，通言語的な方法論的御都合主義は，通言語的論証において非常によく用いられる手順になっている。

　たとえば，Jelinek & Demers は，海岸セイリッシュ語（Straits Salish）では，名詞と動詞と形容詞は区別されないと論じる。というのも，全てが〈叙述〉構文（(21a–c)，前接辞（enclitics）=lə=sxʷ '=PST=2SG.NR' 付きで）と〈決定〉（Determination）構文（(22a–c)，〈冠詞〉（Article）cə 付きで）において生起可能だからである（Jelinek & Demers 1994: 698–9）。

(21)　a. t'iləm=**lə=sxʷ** 'you sang'（あなたは歌った）
　　　b. si'em=**lə=sxʷ** 'you were a chief'（あなたはボスだった）
　　　c. sey'si'=**lə=sxʷ** 'you were afraid'（あなたは怖がっていた）
(22)　a. **cə** t'iləm=lə 'the (one who) sang'（歌った人）
　　　b. **cə** si'em=lə 'the (one who) was a chief'（ボスだった人）
　　　c. **cə** sey'si'=lə 'the (one who) was afraid'（怖がっていた人）

しかし，van Eijk & Hess（1986）は，リルエット語（Lillooet）とルシューツィード語（Lushootseed）という緊密に関係し合った言語について，同様の分布に関する事実を観察するものの，リルエット語とルシューツィード語は，実際には〈名詞〉と〈動詞〉を区別する言語だと結論付けている。van Eijk & Hess の議論は，〈所有格〉（Possessive）接辞と〈相〉の屈折の分布パタンに基づいているが，彼らによると，この分布が，リルエット語とルシューツィード語の語根（roots）を〈名詞〉と〈動詞〉のカテゴリに分けるのだという（van Eijk & Hess 1986: 321–2）。

Jelinek & Demers は，海岸セイリッシュ語においても，〈所有格〉接辞を取りうる語根が一部存在すると述べる（Jelinek & Demers 1994: 699）。しかし，Jelinek & Demers は，「〈名詞〉」は〈叙述〉構文で現れうると指摘しており（同上；（21b）参照），その上で，〈所有格〉接辞が付いた「〈名詞〉」は〈叙述〉構文と〈決定〉構文において生起可能であることが決定的事実だと論じる。すなわち，Jelinek & Demers によると，「これらの構文には，他のいかなる述語とも同様の統語がある」（同上: 700）ということである。

ここで目の当たりにしているのは，統語論の議論でよく見られるパタンである。これらの分布に関する事実は，2 つの文法的現象には幾つかの類似点や相違点が含まれることを示している。たとえば，Jelinek & Demers のように，「一括主義的」（lumping）なアプローチを採用して，特定の分布上の違いは，基礎をなす文法的統一と比べて表面的なものだと論じるグループもあれば，たとえば，van Eijk & Hess のように，「分割主義的」（splitting）なアプローチを採用して，分布上の違いは，本当に特筆すべき現象であり，ゆえに 2 つの現象に対して個別の分析が必要だと論じるグループも存在する。しかし，問題を解決する先験的方法は存在していない。すなわち，「一括主義者」（lumper）は分布における不一致を見過ごす者であり，「分割主義者」（splitter）は一般化を見過ごす者である。このジレンマから抜け出すための他の方法を模索する必要がある。

1.4.3. 別の見解：極小の基本要素の普遍的目録は存在しない

少なくとも統語論の機能主義的アプローチにとってではあるが，Dryer（1997b）は 1.4.1 節で提起した問題に対して，別の解決策を提案している（統語論の形式的アプローチについては，以下で議論する）。Dryer の議論は基本的に，通言語的に〈主語〉や〈目的語〉という文法関係を同定することがもたらす問題を扱っているものの，彼は音素と品詞の類似点を引き合いに出して説明を行っている。以下では，Dryer の議論を一般化した形で簡潔に示す。

Dryer は，次の 4 つの内容が文法の領域で存在するものとして提案可能だと述べる（Dryer 1997b: 116–17 から一部変更）。

38 第1部 統語カテゴリから意味地図へ

(23)　a. 個別言語におけるカテゴリと関係
　　　b. これらの各言語に固有のカテゴリと関係における類似性
　　　c. これらの類似性の機能的・認知的・意味的説明
　　　d. 通言語的な意味でのカテゴリと関係

（多くの機能主義的理論家を含む）統語理論家達は，（23d）の存在（すなわち，**普遍的**（UNIVERSAL）なカテゴリと関係）を想定している。その結果として，個別言語の文法では，こういった普遍的なカテゴリと関係の事例化が行われることになる。言い換えると，（23a）は（23d）の事例化にすぎない。この観点から考えると，通言語的には同一ではないものの，類似したカテゴリが存在しているという事実（23b）は，普遍文法の全体的構造には影響を与えない各言語に固有の特異性が原因となって起こるということになる。

　しかし実際には，これまですでに見てきたように，そしてさらには後続の章でも見るように，統語的なカテゴリや役割や他の基本的な統語現象には，広範囲の通言語的多様性が存在している。Dryer は，機能主義的統語理論家は，各言語に固有の文法関係の特異性を受け入れるべきだと論じる。すなわち，（23a）を受け入れて，（23d）は退けるべきだというのである。Dryer は，そういったアプローチは，言語の機能主義的アプローチに合うものだと論じる。なぜなら，各言語に固有の文法関係には類似点が**存在しており**，機能主義者とはこれらの類似点に関して，機能的・認知的・意味的説明を与える者だからである（23c）。すなわち，機能主義者とは，普遍的な文法関係を想定することなしに，言語を説明するための理論を示すことができるという立場をとる者なのである。Dryer は，次のように書く。

　　複数言語間における文法関係の類似点と相違点を理解しようとする上で，文法関係が通言語的カテゴリだという間違った考えは妨げになるであろう。それに対して，文法関係は全ての言語にとって特異なものであるということを忘れないでいれば，探求はうまく行くであろう（Dryer 1997b: 140）。

　　複数言語間の（文法関係に関する）類似点を直接説明する場合には，言語の根底にあり，そして言語を今ある姿にしている機能的・認知的原理の観点からのアプローチが可能である（Dryer 1997b: 139）。

Dryer は，形式的統語理論では，問題なく普遍的な文法関係を仮定することが可能だと論じている。「文法関係が通言語的概念であるという見解は，言語の説明は大部分において言語に内在的であるという形式言語学の見方を採用すれば意味をなす」（Dryer 1997b: 115）というのである。しかしながら，Dryer はこの点について詳述してはおらず，ゆえに，なぜそれが真でなければならないのかは明らかではない。なぜなら，機能主義的言語学者と同様，形式主義的言語学者は，分布に基づく分析

と同様の方法論上の問題に加えて，通言語的多様性に関する同じ事実に直面しているからである。もし形式主義の説明が，大部分言語に内在的であるなら（実際，そうであるが），通言語的にカテゴリを同じものとして特定する基準は存在しないことになる。

実のところ，普遍的なカテゴリと関係に異論を唱える議論は，機能主義的なものではまったくない。通言語的に分布に基づく方法を適用することの問題は，構文と構文が規定する分布パタンと関わるものであり，構文とその分布パタンについての特定の機能主義的分析とは何ら関係はない。普遍的なカテゴリと関係に異論を唱える議論は，根本的には，**経験的**（EMPIRICAL）なものである。加えて，普遍的なカテゴリに異論を唱える経験的議論は，単一のほとんど知られていない言語についての誰にも分からないような事実に基づくものではなく，言語で見られる，よく知られた広範囲の文法的多様性に基づくものである。

普遍的なカテゴリと関係を受け入れ難いものと考えるこの別の見解には，標準的見解と比べ，より多くの利点がある。この別の見解に基づけば，通言語的な方法論的御都合主義が抱える矛盾を回避することが可能である。すなわち，マカー語には〈名詞〉-〈動詞〉の区別があるのかどうか，あるいは，ベトナム語にはそもそも品詞があると言ってよいのかどうかというような問題についての決定不可能な論争は不要なのである。想定する普遍的カテゴリに合わない分布パタンを無視する必要はない。この別の見解においては，言語1つ1つがそれ自体であることが認められている。すなわち，この見解では，言語の文法的多様性と，それぞれの言語の文法の特異性が尊重されている。

この点において，ここで提案する別の見解は，アメリカ構造主義者達が支持していた見解とほとんど違いがない。すなわち，「品詞の数や性質や必要な境界線といった品詞の論理的枠組みは，言語学者にとっては少しも興味がないことである。言語はそれぞれが，それ自体にとって特有の枠組みを備えている」（Sapir 1921: 119）ということである。むしろ，この別の見解に基づけば，複数言語間の類似点と相違点に焦点を当てることが可能になる。普遍的カテゴリを仮定することは，通言語的に同一の振る舞いが存在することを意味するが，それは経験的には誤っている。より興味深く重要な課題は（Sapir には失礼ながら），通言語的にカテゴリと関係の類似点と相違点を説明することである。

当然のことながら，普遍的なカテゴリと関係を放棄することによって，普遍文法についてまったく異なった見方を示すことになる。ここで述べる別の見解では，普遍文法は全ての話者にとって利用可能な普遍的なカテゴリと関係の目録から成るものではない。このことは，機能主義者にとっては大きな問題とはならない。なぜなら，機能主義者は，認知と談話の中に言語の普遍性を求める者だからである。当然

40 第1部 統語カテゴリから意味地図へ

のことながら，このことは，機能主義者は，文法構造がこの別の見解では，どのような姿に見えるのかという問題を無視してもよいということを意味するわけではない。これが意味することは単に，文法の形式的構造は各言語に特有なものであり，言語の普遍性は別の場所において探求される必要があるということである。

　形式主義者にとっては，この別の見解を受け入れることによってより重大な問題がもたらされる。なぜなら，普遍文法とは，形式的意味においては，統語構造あるいは構文のカテゴリのタイプやその構成に関する非常に一般的な制約によってしか成立しないものだからである。原理上は，それがチョムスキー学派の生成文法が目指した方向であるように思われる。すなわち，統語構造に関する一般的制約を目指しつつも，その一方では，統語カテゴリを増殖させていくという方向である。しかし，実際的には，統語カテゴリは通言語的に普遍的なものであるという想定がなされており，同じカテゴリ（あるいは，その一部）が全ての言語について仮定されている。このような慣行は，他の形式的統語理論でも行われている。

　形式的統語論者によって実際に行われていることを考えると，ここで支持されている別の見解は非常に由々しき事態を生むという理由から，普遍的なカテゴリと関係を放棄することなしに通言語的多様性に対応する方法を見つけたいと願う者がいるかもしれない。しかし，私には，通言語的な方法論的御都合主義に陥ることなく，どのようにそれが可能になるのかが分からない。こうした理論的な苦境は，同じ問題が単一言語の分析においても生じることを考えると，さらに重大である。

1.5. 分布に基づく分析と個別言語の文法表示

1.5.1. 個別言語で分布に基づく分析を用いることの問題

1.5.1.1. 構文間における分布の不一致

　分布に基づく分析を通言語的に適用する上での根本的問題は，同じ基準（構文）を複数言語間に適用しようとしても，基準や構文の分布パタンに違いや**不一致**（MIS-MATCH）が見られる点にある。しかし，複数言語間だけでなく単一言語内でも，ある特定のカテゴリの定義に用いられる基準（ないしは構文）の間で，分布パタンに不一致が見られる。つまり，単一言語内でも，構文が違えば，それが規定する分布パタンにも不一致が存在するのである。

　分布上の不一致を示す単純な事例が，英語の〈直接目的語〉を〈斜格〉（Obliques）と区別する議論に見られる。(24a) のように，英語の〈直接目的語〉は，〈能動態〉（Active Voice）では動詞にすぐ後続する〈名詞句〉として生じ，〈前置詞〉（Preposition）を欠く。

1章　統語論における論証とラディカル構文文法　41

(24)　a. Jack kissed **Janet**.（ジャックはジャネットにキスをした）
　　　b. **Janet** was kissed by Jack.（ジャネットはジャックにキスされた）

英語の〈直接目的語〉の地位に関するもう1つの検証あるいは基準は，（24b）に示すように，対応する〈受動態〉（Passive Voice）において〈動詞〉の〈主語〉として生起できるかどうかに関するものである。〈斜格〉は，これら2つの基準に関して，〈直接目的語〉とは対照的である。すなわち，〈斜格〉は，〈前置詞〉なしでは生起できないし（（25a）と（25b）を比較），また，〈受動態主語〉（Passive Subjects）として生起することもできない（25c）。

(25)　a. *The old man walked **a cane**.
　　　b. The old man walked **with a cane**.（年配の男性は杖を使って歩いた）
　　　c. ***A cane** was walked with by the old man.

〈直接目的語〉vs.〈斜格〉の分布パターンは，表1.4に挙げられる。

表 1.4.　〈直接目的語〉の地位の検証における項の分布

	[S_{BJ} V_{ERB} __]	[__ *be* V_{ERB}:P_{ASS} *by* O_{BL}]
〈直接目的語〉: 24	√	√
〈斜格〉: 25	*	*

　表1.4によると，〈直接目的語〉（Direct Object）の地位については，2つの基準が一致しているかのように思えるかもしれない。しかし，実際にはそうではない。〈受動態主語〉としては生じることができない，動詞の後の前置詞なしの〈名詞句〉が存在する。

(26)　a. Jack weighs **160 pounds**.（ジャックの体重は160ポンドだ）
　　　b. ***160 pounds** is weighed by Jack.

(27)　a. 1997 witnessed **the demise of 18 years of Tory rule in Britain**.（1997年は，イギリスで18年にわたる保守政権が消滅した年だ）
　　　b. ***The demise of 18 years of Tory rule in Britain** was witnessed by 1997.

さらには，〈受動態主語〉として生じることが可能な〈前置詞〉の〈斜格目的語〉（Oblique Objects）も存在している。

(28)　a. Claude Debussy lived **in this house**.（クロード・ドビッシーはこの家に住んでいた）
　　　b. *Claude Debussy lived **this house**.
　　　c. **This house** was lived in by Claude Debussy.（この家に住んでいたのはク

ロード・ドビッシーだ)

すなわち，これら 2 つの構文に関する可能な分布パタンを全て示せば，表 1.5 に示すような結果となる。

表 1.5. 英語の〈能動態目的語〉（Active Object）と〈受動態主語〉の分布パタン

事例	[Sʙ⃗ Vᴇʀʙ __]	[__ *be* Vᴇʀʙ:Pᴀss *by* Oʙʟ]
24	√	√
25	*	*
26, 27	√	*
28	*	√

分布パタンに不一致が見られることは，言語ではよくあることである。アメリカの構造主義者達は，この事実を認識していた。加えて，カテゴリを規定するために用いる構文の数が多ければ多いほど，観察されるであろう固有のカテゴリの数は増え，各々のカテゴリはより小さなものとなるであろう。実際，全ての分布的基準をまともに受け入れたなら，統語カテゴリや統語的関係はものすごい数となり，それらの各々は，ほとんど成員を持たないことになるだろう。先の場合と同様，アメリカの構造主義者達は，この問題についてもちゃんと認識していた。

形式–クラスは相容れないものではなく，互いに交差したり，重なり合ったり，一方が他方に包含される場合などがある（Bloomfield 1933: 269）。

多くの場合，形態素の分布に基づくクラス分けを完全に実現しようとすれば，比較的多くの異なるクラスが生み出されることになるだろう（Harris 1946: 177）。

特定のクラスをなす全ての形態素が同じ分布を持つようにと形態素のクラスを形作ろうとしても，まずうまく行かないだろう。他の形態素が生起するのと寸分違わず同じ環境で生起する（また，その他のいかなる環境でも生起しない）形態素などまず存在しないということが，多くの場合に観察されるであろう。（Harris 1951: 244，コーパスの分析についての議論）。

これは，単なる思弁的な議論ではない。この結論は，少なくともある大規模な形式的文法モデルにおいて，経験的に証明されたものである。Maurice Gross とその共同研究者達によって構築された非常に大部なフランス語の文法書には，1 万 2000 個の語彙項目をカバーする 600 の規則が見られるが，そこでは全く同一の分布を持つ語彙項目は存在せず，全く同一の適用領域を持つ規則も見られなかったという（Gross 1979: 859–60）。

ここでもまた，分布に基づく分析を用いることによって問題の解決策が得られることはない。すなわち，英語の〈直接目的語〉というカテゴリを定義するのに用いら

1 章　統語論における論証とラディカル構文文法　43

れる構文として，どの構文が適当か，あるいは両者とも適当か，あるいはどちらも
適当でないかについては何も教えてくれない。そして，このことは他のカテゴリに
ついてもいえることである。

1.5.1.2.　下位クラスと複数のクラスへの帰属

　分布上の不一致の事例には，固有の統語的クラスとしてではなく，統語的な下位
クラス（subclasses）の事例として分析されてきたものも含まれる。たとえば，英語
の〈名詞〉カテゴリは，〈名詞句〉の〈主要部〉としての生起によって規定可能だが
（（29a–b）参照），英語の〈名詞〉カテゴリは，伝統的に，〈可算〉（Count）と〈質量〉
（Mass）という 2 つの下位クラスに分けられている（前者は〈複数形〉（Plural）で生
じ，一方，後者は〈複数形〉では生じないことが，ある程度は分類上の基準になる）
（（30a–b）参照）。

(29)　a. the **student**/the **book**/*etc.*
　　　b. the **mud**/the **air**/*etc.*
(30)　a. **student**-s/**book**-s/*etc.*
　　　b. ***mud**-s/***air**-s/*etc.*

分布パタンは，表 1.6 の通りである。すなわち，一方の構文がクラスを規定し，も
う一方の構文が下位クラスを区別している。

表 1.6.　1 つの語類の下位クラス？

	[__ -*s*]	[*the* __]NP
〈可算名詞〉: *student, book*, etc.	√	√
〈質量名詞〉: *mud, air*, etc.	*	√

　一方，英語の〈名詞〉と〈形容詞〉は，幾つかの同じ構文に生じる。すなわち，両
方が，叙述の際には〈連結詞〉の *be* をとるし（31a–b），また名詞の前の〈修飾語〉
（Modifiers）として生起可能である（32a–b）。

(31)　a. She is a **student**/This is a **book**/*etc.*
　　　b. She is **tall**/She is **sad**/*etc.*
(32)　a. **student** discount/**book** warehouse/*etc.*
　　　b. **tall** girl/**sad** woman/*etc.*

英語の〈名詞〉と〈形容詞〉は，区別可能でもある。たとえば，〈名詞〉は〈名詞句〉
の〈主要部〉となりうるが，〈形容詞〉はそうはなれない。

(33)　a. the **student**/the **book**/*etc.*

　　　b. *the **tall**/*the **sad**/*etc.*

(32) vs. (33) の分布パタンは，表 1.7 のように表示できる。

表 1.7.　別々の語類？

	[the __]NP	[the __ NOUN]NP
〈名詞〉: *student, book,* etc.	√	√
〈形容詞〉: *tall, sad,* etc.	*	√

　さて，表 1.6 と表 1.7 の分布パタンは同一である。言い換えると，語類を分類する上での十分条件を提供する構文はどれか，また，1 つの語類の下位クラスを規定するだけの構文はどれかを決める先験的基盤は存在していない。分布に基づく方法のみでは，この問題は解決不可能である。Schachter は，次のように述べる。

> しかしながら，ある言語において生起する 2 つの区別可能な開いたクラスの語が，異なる品詞として特定されるべきか，あるいは単一の品詞の下位クラスとして特定されるべきかどうかを決めるための明らかな基盤が常に存在するわけではないことを認識する必要がある。... これが意味することは，2 つの開いた語類を，単一の品詞の下位クラスではなく，はっきりと区別可能な品詞として特定することには，場合によっては，かなりの恣意性が含まれる可能性があるということである (Schachter 1985: 5–6)。

同じことが，分布上の不一致にまつわるもう 1 つのケースにおいても当てはまる。すなわち，複数のクラスへの帰属 (multiple class membership) を認めるかどうかをめぐる問題である。たとえば，〈形容詞〉と〈名詞〉を区別するもう 1 つの構文として，〈前方照応の主要部〉(Anaphoric Head) の *one* との生起可能性に関わるものが挙げられる。

(34)　a. *the **box** one/*the **woman** one/*etc.*

　　　b. the **tall** one/the **sad** one/*etc.*

　　　c. the **rich** one/the **poor** one/*etc.*

しかしながら，(34c) の語は，〈名詞句〉の〈主要部〉それ自体として生じることもできる。

(35)　a. the **box**/the **woman**/*etc.*

　　　b. *the **tall**/*the **sad**/*etc.*

　　　c. the **rich**/the **poor**/*etc.*

rich および *poor* のような語は，〈名詞〉と〈形容詞〉の両方として，すなわち複数の

クラスに帰属するものとして通常分析されている。(34) と (35) の構文が規定する
分布パターンは，表 1.8 の通りである。すなわち，1 つ目の構文は〈名詞〉を規定し，
2 つ目の構文は〈形容詞〉を規定する。

表 1.8. 多重の語類の成員性？

	[*the* __]NP	[*the __ one*]NP
〈名詞〉：*box, woman,* etc.	√	*
〈形容詞〉：*tall, sad,* etc.	*	√
〈名詞〉かつ〈形容詞〉：*rich, poor,* etc.	√	√

　他方，〈所有格〉の前接辞の *-'s* を伴う〈属格名詞句〉(Genitive Noun Phrase) は，
〈限定所有代名詞〉(Attributive Possessive Pronouns) や〈代名詞的所有代名詞〉(Pro-
nominal Possessive Pronouns) とは異なるカテゴリに属するものとして通常扱われ
る。分布上は，〈属格名詞句〉は，〈限定所有代名詞〉のように限定的に機能する。す
なわち，名詞の前の〈修飾語〉として生起する。

(36)　a. **my** book/**your** book/*etc.*

　　　b. ***mine** book/***yours** book/*etc.*

　　　c. **John's** book/**Sally's** book/*etc.*

そして，〈属格名詞句〉は，代名詞的に機能することができ，〈名詞句〉としてそれ自
体で生起する。

(37)　a. *bigger than **my**/*bigger than **your**/*etc.*

　　　b. bigger than **mine**/bigger than **yours**/*etc.*

　　　c. bigger than **John's**/bigger than **Sally's**/*etc.*

(36) と (37) の分布パターンは，表 1.9 の通りである。

表 1.9. 3 つ目の語類？

	[__ NOUN]	[*bigger than* __]
〈限定所有格〉：*my, your,* etc.	√	*
〈代名詞的所有格〉：*mine, yours,* etc.	*	√
〈属格名詞句〉：*John's, Sally's,* etc.	√	√

　表 1.6～1.7 と同様，表 1.8～1.9 に示す分布パターンは同じである。言い換えると，
どの構文が語類の成員性の唯一の必要条件であるのかを決めるための先験的基盤は
存在していないし（よって，3 つ目の語類の分析が可能となってしまう），また，ど

46　第1部　統語カテゴリから意味地図へ

の構文が別々の語類を規定するのに十分なのかを決めるための先験的基盤も存在していないのである（よって，両方の構文で生じる語については複数のクラスへの帰属が認められることになる）。ここでもまた，分布に基づく方法を用いることによって，この問題を解決することはできない。

1.5.1.3.　語彙項目の独占的分割の欠如

　分布に基づく方法が抱える第三の問題は，語彙項目を独占的に分割することが多くの場合において不可能なことである。たとえば，英語の〈名詞〉には，冠詞なしの〈原形単数〉（Bare Singular）構文での生起によって規定されるように，明らかに〈質量名詞〉であるものが存在する（(38) 参照）。

(38)　a. There's **mud** on your boots.（靴に泥がついている）
　　　b. *I found **two muds** on the carpet.

しかし，〈数詞〉（Numerals）との共起によって規定されるように，〈質量名詞〉でもあり，〈可算名詞〉でもある名詞が存在している（(39) と (40) の (a) と (b) を比較されたい）。

(39)　a. There's **chocolate** on your hands.（君の手にチョコレートがついているよ）
　　　b. I ate only **five chocolates**.（私は 5 枚しかチョコレートを食べなかった）
(40)　a. There's **hair** on the sofa.（ソファに髪の毛が落ちている）
　　　b. There's **a hair** on the sofa.（ソファに髪の毛が 1 本落ちている）

(38)〜(40) で語彙項目が独占的に分割されていないことは，複数のクラスへの帰属あるいは 3 番目のクラスによって説明可能かもしれない。しかし，(41b) のような事例で実際に確認できるように，ほとんどいかなる可算名詞も，潜在的には〈原形単数〉構文で生起可能であるように思われる（3.2.3 節も参照）。

(41)　a. The Walkers own **three cars**.（ウォーカー家は 3 台の車を所有している）
　　　b. "There was a huge Buick there; just acres of **car**."（「あそこに大きなビュイックが 1 台止まっていたんだ。何台分もの大きさだった。」）
　　　　[1997 年 4 月 30 日，マンチェスターで Mary Ellen Ryder が耳にした文]

語彙項目の独占的分割が不可能であることを示すもう 1 つの例として，〈副詞〉や〈前置詞〉や〈不変化詞〉（Particles）として様々に記述される語が挙げられる（たとえば，Biber 他 1999，2.4.6 節，5.3.2〜3 節）。ここでは，*down* という語の問題について説明する。

(42) a. She walked **down** (from the mountain). (彼女は [山から] 歩いて降りてきた)
b. She sat **down**. (彼女は座った)
c. She looked **down** (at the people below). (彼女は [下にいる人々を] 見下ろした)

(43) a. She walked **down** the road. (彼女は道を歩いていた)
b. *She sat **down** the table. ['down at the table']
c. She is sitting **down** the table from me. (彼女は私から離れたテーブルのところに座っている)
d. *She looked **down** the people below.
e. She looked **down** the stairwell. (彼女は階段の吹抜けを見下ろした)

(44) a. The proposal went **down** badly. (その計画はうまくいかなかった)
b. After she left, he broke **down**. (彼女が出ていって, 彼は取り乱した)
c. He broke **down** the problem into five parts. (彼は問題を 5 つに分割した)
d. *He broke **down** it into five parts.

(42) の事例は, 〈副詞〉的 (Adverb-like) であり, 方向を示すものである。しかしながら, *down* は, 時には, (43b, d) ではなく, (43a, c, e) のように, 空間〈前置詞〉のように振る舞うことがある。(44) の事例は, 通常は *down* の〈不変化詞〉用法と呼ばれるものである。しかし, (44a–b) の事例はより〈副詞〉的だが, (44c) の事例は, 代名詞的目的語が含まれる場合の (44d) を除いては, より〈目的語〉的 (Object-like) である。当然のことだが, *down* とは, 微妙に異なる振る舞いを見せる非常に多くの語の 1 つにすぎない。このような語は, 多くの下位クラスを生み出すこともあれば, 多くの交差する複数のクラスへの帰属の事例を生み出すこともあり, どのくらいの数のクラスを仮定すべきかに関しては明確なイメージはなく, 幾つかの文脈では不確定さを伴うものでもある。たとえば, (45a–b) に挙げる実際の用例に関して, Biber 他は, (45a) の *in* は省略可能なので, より〈不変化詞〉的だが, (45b) の *in* の省略は, 「それほど自由には受け入れにくいものであり, ゆえに, より前置詞のように振る舞うもの」と述べている (Biber 他 1999: 79)。

(45) a. I knew that there was a man **in** there. (そこに 1 人の男がいたことを知っていました) [報道 (NEWS)]
b. **In** there I feel skinnier than ever. (あそこでは, 私はこれまでになくやつれているように感じる) [フィクション (FICT)]

この問題は, 分布に基づく方法について述べた他の問題とは, いささか異なる類いのものである。分類の不確定さが含意することは, 分布パタンは通常仮定されて

48　第 1 部　統語カテゴリから意味地図へ

いるものよりも柔軟かつ可変性の高いものであり，ゆえに，語類とは，一般的に考えられるほど明確に規定されるものではないということである。

1.5.2.　言語内部の方法論的御都合主義とその問題

単一言語内での分布に基づく方法がもたらす問題に対してよく見られる解決策は，通言語的問題に対してよく見られる解決策と類似したものである。ここではそれを，**言語内部の方法論的御都合主義**（LANGUAGE-INTERNAL METHODOLOGICAL OPPORTUNISM）と呼ぶ。言語内部の方法論的御都合主義とは，基準が必ずしもうまく適合しない場合には，カテゴリを規定する個別言語固有の基準から単純に一部のみを選ぶというものである。一部の基準，あるいはひょっとすると 1 つの基準のみによって，問題とするカテゴリを規定するのである。一致しない分布は無視されたり，下位クラスや複数のクラスへの帰属を規定するのに用いられる。

1.5.1.1 節で紹介した引用の続きに見られるように，言語内部の方法論的御都合主義は，1.5.1 節で提起した問題に対する解決策として，Bloomfield と Harris によって提案された。

> 以上の理由により，英語のような言語の品詞体系を構築する上で，完全に満足のいく方法などどこにも存在しない。すなわち，私たちがどのような品詞をリスト化するかは，私たちがどの機能を最も重要なものと考えるかによるのである（Bloomfield 1933: 269）。

> このことは，各形態素とそれが生起する全ての環境とを関連付けることをやめて，一部の環境（フレーム）を選択して，そこに入る全ての形態素とその環境とを関連付けることへの転換を意味する（Harris 1946: 177）。

たとえば，英語で〈直接目的語〉を規定するのによく用いられる 2 つの基準について不一致が見られる場合になされる通常の解決法は，〈受動態主語〉の基準（あるいは，変形文法でのメタファを用いれば，受動化可能性（passivizability））を，〈直接目的語〉を特徴付けるための基準として選択することである。ゆえに，（26a）の *160 pounds* と，（27a）の *the demise of 18 years of Tory rule in Britain* は，このアプローチでは，〈直接目的語〉ではないということになる。

言語内部の方法論的御都合主義は，通言語的な方法論的御都合主義とまったく同様に，満足できるものではない。すなわち，一致しない分布を持つ複数の構文のうちのどれを，あるいは構文のどの一部を，問題とするカテゴリを特定するための基準として選択するべきかについて決定を下すための先験的方法が存在していないのである。なぜ，受動化可能性が〈直接目的語〉のカテゴリを規定するための基準となる必要があるのか。なぜ，その基準が，〈能動態〉構文において動詞の後ろに前置詞

なしの〈名詞句〉が生起するというものであってはいけないのか。ここでも，基準の選び方は，たとえば，何が〈直接目的語〉であり，何が〈直接目的語〉であってはならないのかに関する分析者の先験的に定められた理論上の前提を利するものになってしまっているように思われる。さらに，カテゴリを規定するのにある1つの構文（あるいは，一部の構文）を選んだとして，除外された構文が持つ特異な分布パタン（〈能動態〉構文で動詞の後に前置詞なしの〈名詞句〉が生起するというような場合）についての説明は，依然としてなされていないことになる。

言語内部の方法論的御都合主義は，通言語的な方法論的御都合主義と同様に，無節操でその場しのぎのものであり，ゆえに，言語の文法の特性を発見するための厳密な科学的方法論ではない。しかし，言語内部の方法論的御都合主義は，個別言語の文法の分析においては，広く用いられている論証法である。

英語の〈二重目的語〉(Double Object)構文の分析についてなされたLarsonとJackendoffによる議論から，1つ具体例を挙げよう(Larson 1988; Jackendoff 1990b; Larson 1990)。当然のことながら，これらの長い論文の議論と反論についてきちんと説明するためには，ここで許されている以上の紙面を要するであろう。LarsonとJackendoffとの間で交わされた議論の多くが扱っているのは，彼らが提示する分布に関する事実に違いがあるということではなく，むしろ，生成文法において，分布に関する事実を分析するのに，どのような理論的構成概念が好ましいかや，または意味上の議論に関するものである。ここでは，これらの論文で提起された2つの重要な統語的議論に限定して話を進める。

Larsonは，(46a)の〈間接目的語〉(Indirect Object)構文を，(46b)の構造での〈動詞〉移動(Verb movement)の結果として分析する(Larson 1988: 342–43)。

(46)　a. send a letter to Mary（手紙をメアリーに送る）

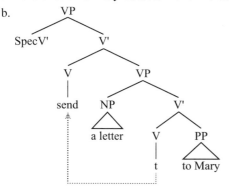

Larsonは，(47a)の〈二重目的語〉構文については，(47b)の構造でのNP移動

(movement) の結果として分析する (Jackendoff 1990b: 438)。

(47)　a. send Mary a letter（メアリーに手紙を送る）

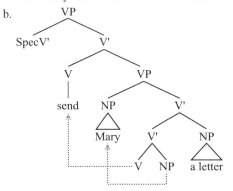

(47b) では，NP の *Mary* は上方に移動しており，(46b) での位置と比べると，NP の *a letter* は「格下げ」(demoted) されている。

　Larson はさらに，(47) の統語的操作は，(48) に示すように，〈受動態〉操作と本質的に同一のものだと論じる (Haegeman 1994: 296 より)。

(48)　a. This story is believed by the villagers.（この話は村人たちに信じられている）

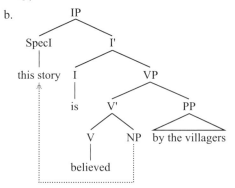

言い換えれば，〈受動態移動〉(Passive Shift) と〈与格移動〉(Dative Shift) の両方の場合において，樹形図内では，1つの NP の上方への移動に加えて，さらに別の NP の「格下げ」が見られるということである。上方への移動に関係する NP は，〈与格移動〉では受容者 (recipient) であり，〈受動態〉では被動作主 (patient) である。一方，「格下げ」が起こる NP は，〈与格移動〉では主題 (theme) であり，〈受動態〉で

は動作主 (agent) である。なお，ここで言う NP の「格下げ」は，〈間接目的語〉構文と対応関係にある〈二重目的語〉構文と，〈受動態〉構文に対応する〈能動態〉構文の中で「格下げ」を受けている NP の位置と比較してのことである。

(47b) の分析に関して，Larson は，*each ... the other* 構文のような様々な並行して起こる分布上の事実を用いて正当化を行っている (Larson 1988: 338, 354; Barss & Lasnik 1986 参照)。

(49) a. 〈与格移動〉：*I showed the other's friend each man. [b と比較せよ]
　　 b. I showed each man the other's socks. (私はそれぞれの男に互いの靴下を見せてやった)
(50) a. 〈受動態〉：*The other boy was recommended by each mother. [b と比較せよ]
　　 b. Each mother recommended the other boy. (それぞれのお母さんが互いの子どもを推薦した)

Larson は，〈与格移動〉と〈受動態〉との違いについて言及している。たとえば，前者とは異なり，後者は [V-*en*] という形態的構文 (本書の用語) で生じると述べる。

(51) *given Mary a letter

しかし，Larson は別の生成的アプローチにおける原理が，その「見掛け上の違い」を説明可能にすると論じる (Larson 1988: 357)。

　Jackendoff は，〈二重目的語〉構文は，(52b) のように，2 つの〈目的語〉の補部 (complements) を持つという伝統的分析を支持しており (Jackendoff 1990b: 428)，Larson が提示する分布に関する事実は，実際には線形順序 (linear order) によるものであって，(47b) の入れ子型の構成素構造 (constituent structure) によるものではないと論じる。

(52) a. show John himself (ジョンに彼自身を見せる)
　　 b.

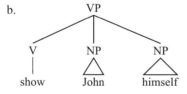

Jackendoff にとっては，(51) の事例が示す〈与格移動〉と〈受動態〉との分布上の違いは，単なる「見掛け上の違い」ではなく，Larson の分析に反対するための論拠とみなされる。

52　第1部　統語カテゴリから意味地図へ

　さらに，Jackendoff は，〈受動態〉と〈与格移動〉に関するもう1つの分布上の違いについても言及している（Larson 1988: 336 と Jackendoff 1990b: 438）。

(53)　a.〈与格移動〉：I showed Mary herself.（私は Mary に彼女自身の姿を見せてやった）

　　　b.〈受動態〉：*Bill was hit by himself.

「格下げ」された NP の〈再帰化〉（Reflexivization）は，格下げされた NP が「移動」（moved）した NP と同一指示的である場合には，〈与格移動〉において文法的となるが，〈受動態〉では非文となる。Jackendoff に対する返答において，Larson はこの分布に関する事実について述べてはいないが，このことは，Larson がこの分布的相違については彼自身の分析を放棄するほどに重大な問題とは考えていないことを示唆する。

　Jackendoff はまた，(49)〜(50) の事実は，(54) の〈所格交替〉（Locative Alternation）構文を含む幾つかの構文によっても共有されるという分布的証拠を示している（Jackendoff 1990b: 433–4 参照）。

(54)　a. I loaded each set of books into the other's box.（私はセットになっている本を別の箱に移し替えた）

　　　b. *I loaded the other's box with each set of books.

Jackendoff は，Larson の分析にとっては，(54) での〈前置詞〉の存在と〈前置詞〉の選択が問題となると指摘している（Jackendoff 1990b: 442–44）。すなわち，Jackendoff は，分布的相違（(54) の〈所格交替〉構文における〈前置詞〉の存在 vs.〈与格移動〉における〈前置詞〉の欠如）を，Larson の分析を却下するに足る重大な問題だとみなしているのである。Larson は自身の回答の中で，これらの分布に関する事実を受け入れながらも，「これは，与格と *spray-load* のペア間の『明確な』違いを表すものではない」と述べている（Larson 1990: 605）。それから，Larson は，Jackendoff の分析の弱点を突くようなさらに別の分布上の相違についても指摘しているが，ここではそれについては触れない。

　以上これらの論文における2つの中心的議論を簡潔に述べてきたが，1.4.2 節で述べた統語的論争と共通するパタンがここでも見られることが分かる。分布に関する事実が示すのは，2つの文法的現象には幾つかの類似点と幾つかの相違点が存在するということである。一方の分析者（Larson）は「一括主義的」なアプローチを採用し，もう一方の分析者（Jackendoff）は「分割主義的」なアプローチを採用する。しかし，問題解決の先験的方法は存在していない。すなわち，「一括主義を採用する者」は分布の不一致を見落とし，「分割主義を採用する者」は一般化を見落としてい

1 章　統語論における論証とラディカル構文文法　53

るのである。ここでもまた，このジレンマから抜け出す別の方法を模索する必要がある。

1.5.3.　別の見解：極小の文法的基本要素は存在しない

本節では，通言語的カテゴリに対して Dryer が提供したのと同じ解決法を，単一言語内のカテゴリにも適用する必要があることを論じる。個別言語の文法に存在するものとして，次の 4 つが提案可能である。

(55)　a. 特定の構文によって規定されるカテゴリと関係
　　　b. これらの構文固有のカテゴリと関係における類似性
　　　c. これらの類似性の機能的・認知的・意味的説明
　　　d. 通構文的（cross-constructional）な意味でのカテゴリと関係

(55d) の存在は，1.1 節で言及した統語理論の全てにおいて仮定されている。(55d) を**全体的**（GLOBAL）なカテゴリと関係と呼ぶことにする。これらの全体的なカテゴリと関係は，個別言語では特定の構文によって事例化が行われると想定されている。言い換えると，(55a) は (55d) の事例化にすぎない。この観点から考えると，構文間で見られるカテゴリは類似はしているものの同一ではないという事実は，言語の文法の全体的構造には影響を与えない構文固有の特異性によるものということになる。

しかし，実のところ，分布的基準は一般的には，特定の言語内においても，あるいは通言語的にも合致しないものである。それどころか，どの分布的基準が，現代の統語理論が要求する統語的な基本要素（すなわち，カテゴリと関係）を確立するための「正しい」基準であるのかを決める理由は存在していない。これらの 2 つの基本的事実は，現代の統語理論が前提とする (55d)（すなわち，全体的なカテゴリと関係）の存在に対して，疑いを挟むものである。

構文間で分布上の不一致が存在するという事実を踏まえると，本当の問題は，分布に基づく方法の用い方に論理的矛盾が潜んでいるという点にあることが分かる。分布に基づく方法とセットになっている理論的な前提は，構文が規定するカテゴリや関係が文法知識を表すのに使用される統語的基本要素であるという考え方である。**構文を用いてカテゴリを規定する**のが，分布に基づく方法である。しかし，**カテゴリを統語表示の基本要素として考え，構文を規定するのに用いる**のが，統語表示モデルである。**このアプローチは，循環論的なものである。**むろん分布上の不一致がない場合には，言語事実は理論的前提と合致することになるから，それは循環論的なものにはならないだろうが，言語事実はその反対である。

言語事実と，言語事実に対する標準的アプローチが抱える循環論を考えると，分

布に基づく方法を放棄するか，あるいはカテゴリ／関係が統語理論の理論的基本要素であるという前提を放棄するかしなければいけなくなる。しかし，どのようにすれば分布に基づく方法を放棄することができるのだろう。何が代替案となるのだろう。通言語的な方法論的御都合主義と言語内部の方法論的御都合主義では，経験的妥当性と理論的一貫性を犠牲にして，分布に基づく方法が本質的には放棄されている。方法論的御都合主義では，分析者の気まぐれで分布的検証が選択されたり，分析者の予想と合致しない分布的検証の証拠が無視されたり，あるいはそれらは表面的または周辺的なものとして扱われたりしている。

　私は代わりに，統語構造は極小の基本要素（言語普遍的なものであれ各言語に特有なものであれ）によって構成されているという前提を放棄することを提案する。**（カテゴリや関係ではなく）構文が，統語表示の基礎的かつ基本的ユニットなのである**。構文で見られるカテゴリや関係は，ちょうど分布に基づく方法が含意するように，派生的なものである。これが，ラディカル構文文法である。

　いわゆる統語カテゴリと文法関係（さらには，依存関係，構成素性，主要部，項 vs. 付加詞，主節（main clause）vs. 従属節（subordinate clause）など）の理論は，せいぜいのところ，カテゴリや関係などの存在を主張する分析者が用いる構文の理論にすぎない。たとえば，受動化可能性を英語の〈直接目的語〉の基準とみなす人がいるが，その人が語ろうとしているのは，〈直接目的語〉という全体的カテゴリと想定されるものについてのものではなく，〈受動態〉についてのものにすぎない。もし分析者が自身の構文に関する基準を首尾一貫して適用しない場合には，最悪の場合，カテゴリなどについての理論はまったく中身のないものとなる。

　そういった理論は，破綻する運命にある。なぜなら，分析者が用いる構文によって規定される分布間には，通言語的な不一致や，また特に単一言語内部における不一致が存在するからである。不一致は，理論に関わる問題である。なぜなら，極小の統語的基本要素を想定することは，全ての分布がうまく合致しなければならないことを意味するからである。すなわち，分布が類似しているだけではダメで，同一であることが期待されているのである。ここでもまた，現存する形式的統語理論に反対するこの議論は，機能主義的なものではまったくない。ゆえに，この議論は，(55c) が表す信念（すなわち，構文間におけるカテゴリの類似性についての機能的・認知的・意味的説明）に依存するものではない。この議論は，単に経験的なものであって，その根底には，文法的構文によって規定される分布には，誰もがよく知る広範囲の多様性が存在しているという事実がある。

　ラディカル構文文法では，話者の文法知識は，（形式—意味の組み合わせとしての）構文や，語（これも同様に，形式—意味の組み合わせとしてのもの），そして語と語が収まる構文の間の写像についての知識を指す。語と構文の間にある写像は，多対

多の関係にある。すなわち，語は多くの異なる構文に収まるものであり，構文の役割は多くの異なる語によって担われる。この知識は，本章で挙げた分布表でも明らかだが，後章では分布表が表すよりも多くの構造が文法知識には存在することを見る。当然のことだが，このモデルは，構成要素として，語のみならず，他の構文をも領域内に含む構文へと拡張可能である。

ラディカル構文文法では，統語カテゴリは，文法知識表示における派生物（というより，文法知識表示に付随して起こる現象）とみなされる。統語カテゴリは，2つの方法を用いて規定可能である。まず，カテゴリを構文固有のものとして規定するものであり，この方法ではカテゴリは単一構文で特定の役割を担うクラスとして規定される。この定義は，本章で挙げた分布表における列の部分に対応する。カテゴリはまた，通構文的に規定することも可能である。この場合，言語の全構文について，あるいは少なくとも，言語の何らかの特定の構文一式について，関係する複数の役割にわたって同一の分布を持つ役割を担うことができるクラスとして，通構文的に規定できる。この定義は，分布表の行の部分に対応する。

統語カテゴリのどちらの定義も，状況によっては分析にとって便利なものとなりうる。しかし，基本的なものは構文であり，構文がカテゴリを個々にあるいは合同で規定する。何よりも，このアプローチによって，語彙項目の極小の基本カテゴリへの独占的な分割が欠如する場合の問題が解決される。すなわち，この事実は，語―構文の関係が持つ，偶然以上のばらつきと不安定性や，カテゴリを規定することにおける構文の優先性の高さを反映するものなのである。

1.6. ラディカル構文文法：よくある質問

カテゴリではなく，構文が統語表示の基本的ユニットであるというラディカル構文文法の基本的命題は理解しにくい考え方である。なぜなら，これと反対の考え方が言語学理論では非常に深く定着しているからである（実際，私もこの考え方を受け入れるのにほぼ 10 年かかった）。その結果，私がラディカル構文文法について研究発表を行った際には，特定の質問が繰り返し寄せられた。本節では，そういったよく見られる質問について回答する。

1.6.1. 極小の基本的ユニットの存在しない統語理論がどのようにして成り立つのか？

ラディカル構文文法が論理的に可能な文法理論だと考えることに対して立ちはだかる，主な概念上の障壁は，統語理論の基本要素は極小のものでなければならないという前提である。しかし，「極小」と「基本」は，論理的に独立した概念である。

極小（ATOMIC）のユニットは，理論においてはそれ以上小さい部分に分解できないものである。**基本**（PRIMITIVE）ユニットは，理論においては他のユニットとの関連から，その構造と振る舞いが規定できないものである。基本要素は，極小のものである必要はない。「極小」と「基本」という概念は，分離可能なのである。

「極小」や「基本」という用語は論理的に独立したものである。このことは，還元主義と非還元主義の科学理論について正確な定義を与えることを可能にしてくれる。理論において基本となる構成概念が極小である理論は，**還元主義**（REDUCTIONIST）の理論である。還元主義の理論の出発点は，最小のユニットであり，極小の基本ユニット同士の結合を単位として，より大きな，あるいはより複合的なユニットを規定する。1.1 節で言及した統語表示理論の全てが，還元主義的である。複合的な統語構造（すなわち，構文）は，それが持つ究極的には極小の基本部分（統語カテゴリと統語的関係［構成素性や依存関係のようなもの］）によって規定されている（あるいは，組み立てられている）。現代の統語理論において意見が分かれるのは主に，統語的基本要素の目録と，それらの結合を統率する規則においてである。

基本的な理論的構成概念が複合的である理論は，**非還元主義的**な理論である。非還元主義の理論の出発点は，最大のユニットであり，小さなユニットを大きなユニットとの関係の観点から規定する。非還元主義理論の実例は，ゲシュタルト心理学（Gestalt psychology）が提案した知覚の理論である（Koffka 1935; Köhler 1947; Wertheimer 1950）。ゲシュタルト心理学では，対象物の特徴の知覚は，その特徴が発見されるところである知覚の全体によって影響を受けるという効果に対して証拠が提示されている。

ラディカル構文文法は，統語表示の非還元主義理論である。カテゴリや関係ではなく，構文が統語表示の基礎となる基本ユニットなのである。構文に内在的なカテゴリと関係は，1.5.3 節で述べたように，構文から派生する。

非還元主義理論は，構文（統語構造）が部分から成り立つことを否定してはいない。文法の非還元主義理論が仮定するのは，還元主義理論と同様，構文（あるいは，より正確には構文の実際の事例）が，構成要素である語や形態素に分けることが可能であるということである。非還元主義理論が還元主義理論と異なるのは，前者では全体は部分の合計よりも大きいという仮説が立てられる点においてである。部分は，それが全体としての構文の中で果たす（すなわち，カテゴリ化される）役割によって意味を持つ。

統語カテゴリの事例としての部分は，それが役割を果たすところの構文（あるいは複数の構文）全体の外で独立した存在を持たない。すなわち，統語カテゴリは，それが生起する構文との観点から規定される。ゆえに，非還元主義の構文文法では，いかなる極小のスキーマ的構文も存在しない（1.3.1 節の表 1.4 参照）。

1.6.2. これらの事実は，カテゴリの素性基盤アプローチや範疇文法アプローチによって捉えることはできないのか？

　現代の幾つかの統語理論では，特定の統語カテゴリは極小のものではなく，素性へと分解されている。たとえば，主要な品詞を [±N, ±V] という素性へと分解する，広く援用されるアプローチがある（Chomsky 1970; Jackendoff 1977）。主辞駆動句構造文法や，Fillmore と Kay の構文文法のような他の統語理論では，カテゴリそれ自体が素性となっている（たとえば，〈動詞〉は，<cat v>）。しかし，カテゴリの素性は，分布パタンの説明において役割を果たす多くの素性の中の一素性にすぎない。

　カテゴリの代わりに素性を用いることについては，ラディカル構文文法は，賛成でもあるし，また反対でもある。[±N, ±V] のような素性を使用することは，品詞を極小の基本的ユニットとして扱う理論で見られるものよりも，さらに強いレベルの還元主義性を表すものであり，その点においては，カテゴリを素性へと分解することは，ラディカル構文文法が提案するものとは正反対のものといえる。

　一方，統語カテゴリを規定するための素性は，素性が付与される語または句に関する分布に関する事実を説明するのに使用されているし，また，使用されるべきものである。統語構造のさらなる還元のようにも思われる [+N] のような素性でさえも，[+N] である品詞を認める一方で，[−N] である品詞は認めないという分布パタンを規定する構文が存在する際には使用されているし，また，使用されるべきものである。素性というものが，構文中でその素性を持つ要素の生起・不生起を特定するものである限り，素性の使用はラディカル構文文法の精神にマッチする。

　私の主張は，もし分布パタンをすべてきちんと取り上げるのであれば，一連の素性がリストアップされることになるということ，そして，その素性の１つ１つは本質的に，問題となる語（あるいは句）が，それぞれの構文においてそれぞれの役割で生じるかどうかの指標を示すことになる，ということである。構文間における分布上の不一致については，その不一致を起こす語には，何らかの形で，その語がある構文で生起することを妨げる素性，あるいは，それが他の構文でも生起することを許す素性の指標が付与される必要があるだろう。たとえば，英語の〈動詞〉weigh の〈目的語〉の表示については，その〈目的語〉が〈前置詞〉なしで生起することを許したり（それが特異な〈斜格〉であることを仮定することになる），受動化することを防ぐ（それが特異な〈直接目的語〉であることを仮定することになる），何らかの素性を付与することになるだろう。

　このような過程の結果，ラディカル構文文法の表記上の変異形が生まれることになる。この変異形では，語と構文の間の写像は，各語あるいはその他の文法ユニットから成る構文間での分布を示す素性の値によって表示されることになる。たとえ

ば，*weigh* の〈目的語〉は，まずは，<weigh <目的語（obj）＝ +〈能動態直接目的語〉，
−〈受動態主語〉>> へと本質的に還元される素性を持つ。この素性表示は，ラディカ
ル構文文法をモデル化する 1 つの方法であるが，この素性は構文とそれと関連する
役割を別々に表示していないという弱点を持つ。すなわち，この素性のラベルは，
両方を同時に符号化してしまっているのである。

　これらの事実についての範疇文法（categorial grammar）の表示にも，同様の議論
が成り立つ。範疇文法では，統語カテゴリは，より大きなユニットを生み出すため
の他のユニットとの結合可能性の観点から規定される。たとえば，他動詞（transitive
verb）は，名詞句と結合して動詞句（verb phrase）を生み出すことができるものとし
て規定される。〈他動詞〉というカテゴリは，VP/NP と表記される。範疇文法の表
記法は，語と構文の間の分布上の関係をも捉えるものである。X/Y という範疇文法
の表示は，X/Y というカテゴリを持つ語が，構文 X で要素 Y と結合可能であるこ
とを意味する。

　ここでもまた，分布パタンをすべてまともに取り上げるのであれば，それぞれの
構文でそれぞれの語が生じることを示す一連のカテゴリを得ることになるだろうと，
私は強く主張する。再び *weigh* の例を用いると，*weigh* は，右側で前置詞なしの〈名
詞句〉と結合して，〈能動態動詞句〉（Active Verb Phrase）（すなわち，*weigh* は〈能
動態 VP〉/〈NP〉のタイプのもの）を生み出すが，〈受動態〉接尾辞と（あるいは，〈受
動態助動詞〉（Passive Auxiliary）と）は結合不可能なので，〈受動態動詞句〉を生み
出すことのない語として，規定することになるだろう（すなわち，*weigh* は〈受動態
VP〉/〈受動態 Prt〉のタイプのものでないということ）。範疇文法は，ラディカル構
文文法をモデル化するもう 1 つの方法ではあるが，多くの構文には 3 つ以上の要素
があるのに，全ての結合がバイナリ（二元的）に表示されなければならないという弱
点がある。（範疇文法は，3 つ以上の要素を用いて構文を表示することができるが，
それは一連のバイナリ（二元的）な結合としてのみ可能である。）

1.6.3. RCG はカテゴリの絶望的な増殖を引き起こすことにならないのか？ 全てのカテゴリにどうやってラベル付与するのか？

　確かに，ラディカル構文文法（RCG）は，カテゴリの増殖を引き起こすものであ
るかのような印象を与えるかもしれない。しかし，カテゴリは極小の基本要素では
ないので，これは理論的問題とはなりえない。実際，言語学者は概して自身が希望
する方法でもって，自由にカテゴリにラベル付与可能である。しかし，カテゴリに
名前を付けることは，言語を記述する言語学者にとっては実際的な問題である。

　同じ問題が，普遍的なカテゴリと関係に対して異議を唱える Dryer の議論につい
ても見られる。Dryer の見方では，カテゴリは全てが個別言語固有である。Dryer

は，言語のカテゴリにどんなラベルを付与すべきかというのは，純粋に用語上の問題であると論じる。そこで，ここでは，**ラベル** (LABEL) という語を用いて，それ自体では理論的意義を持たないカテゴリ（あるいは，構文）の名前 (name) について述べてみたい。

Dryer は，たとえば，クテナイ語 (Kutenai) の語類について，X や Y ではなく，〈名詞〉や〈動詞〉のようなラベルを用いることが便利だと述べる。「そのようなラベルを選択することによって，ラベルを覚えたり，その言語の議論についていくことが容易になるし，これらの語類と他の言語の語類との類似性について注意を引くことも可能になる」(Dryer 1997b: 118) と彼は言う。

各言語に特有のカテゴリにラベル付与するのに，記憶に役立つ一般的な方法を提案することも可能である。すなわち，クテナイ語の〈動詞〉や英語の〈動詞〉というような，言語＋カテゴリというラベルである。これらのラベルは，姓＋名のような人に対して用いる固有名詞 (proper names) との類推で扱うことが可能である。カテゴリのラベルは，Bill のような（姓に対する）名である。〈動詞〉という名が，クテナイ語の〈動詞〉や英語の〈動詞〉という言葉の上で生じることは，これらの「〈動詞〉」という言葉が理論的内容を持つ普遍的な文法カテゴリの〈動詞〉の事例であることを意味するものではない。このことはちょうど，Bill Croft と Bill Clinton では，Bill という名が生じるものの，これらの個人が概念的内容を持つ統一的カテゴリに属することを意味しないのと同様である。

ラベル付与の問題は，ラディカル構文文法においては，より切実な問題である。しかし，特定の構文の要素に名前を付けることは，用語上の問題にすぎないし，したがって，上と同様の記憶に役立つラベルがここでも利用可能である。最も単純なのは，何らかの単一構文での特定の役割における分布によって規定されるカテゴリに与えられるラベルである。この場合，カテゴリは，英語〈受動態主語〉のように，言語＋構文＋カテゴリと名付けることができる。ここでもまた，英語〈受動態主語〉は，カテゴリを表す固有名詞として扱うべきものである。すなわち，英語〈受動態主語〉によってラベル付与されたカテゴリは，英語〈能動態目的語〉とラベル付与されたカテゴリと同一のものとは考えるべきではない。ついでに言えば，英語〈能動態主語〉というラベルが付与されたカテゴリと同一のものだと考えてはいけないし，ましてや日本語〈受動態主語〉というラベルが付与されたカテゴリと同一のものと考えてはいけないのは言うまでもない。通構文的に規定されたカテゴリのラベル付与は，それほど容易なことではなく，私はここで提示しうる簡単な解決案を持ちあわせてはいない。しかし，ともかく多くの類型論的普遍性が必要としているものとは，構文固有のカテゴリのラベルなのである。

構文も，個別言語固有のものである。第3部では，普遍的構文は存在しないこと

60 第1部 統語カテゴリから意味地図へ

を論じる。したがって，ラベル付与の問題はここでも生じるのだが，記憶に役立つ
ラベルを用いることが明快である。すなわち，英語〈受動態〉のように，言語＋構文
の形である。この場合も先と同様，英語〈受動態〉は固有名詞であり，たとえば，日
本語〈受動態〉とラベル付与された構文と同一の普遍的構文の名前だとは考えてはな
らない。

　複数言語のカテゴリや構文について，純粋に記憶のしやすさに基づいてラベル付
与を行うことの1つの利点は，ある個別言語のラディカル構文文法的な記述または
分析では，いかなる理論的帰結なしでも，その言語について従来からすでに確立し
ている用語を使うことができることである。たとえば，フィリピン語群（Philippine
languages）を記述または分析するのにラディカル構文文法を用いる言語学者は，動
詞形（〈行為者焦点〉（Actor Focus），〈着点焦点〉（Goal Focus）など）という伝統的
記述を用いることができる。これは，たとえ〈着点〉（Goal）や〈焦点〉（Focus）など
の用語が，他の言語ではかなり異なるカテゴリを記述するのに用いられるにもかか
わらず可能である。記憶に留めるべきことは，そういうラベルは，いかなる理論的
意義も持たないということだけである。

　順守するべき用語上の約束事は，個別言語における文法的な構文とカテゴリに対
する（大文字の）名称と，通言語的に妥当な意味的・語用論的・談話機能的カテゴリ
に対する（小文字の）名称との正字法上の区別である。たとえば，フィリピン語群の
構文の名前である〈焦点〉（Focus）（大文字）（本訳書では〈　〉マークで表示）を，語
用論的カテゴリである焦点（focus）（小文字）（本訳書では〈　〉マークなしで表示）と
区別することは絶対に必要である。なぜなら，両者は別の種類のカテゴリであるだ
けでなく，文法カテゴリは，同じ名前の語用論的カテゴリを必ずしも表してはいな
いからである。

　カテゴリ（と構文）は，形態統語的構造としては個別言語固有のものである。しか
し，カテゴリと構文は，機能（意味，1.3.1節で定義した広義において）に基づき通
言語的に比較することが可能である。実のところ，通言語的普遍性を形式化する際
には，共有される機能の観点から，通言語的にカテゴリと構文を特定することが重
要である（Greenberg 1966b: 74; Keenan & Comrie 1977/1987: 63; Croft 1990b:
11–18参照）。こうした理由から，通言語的にカテゴリや構文の比較を行う場合に
は，「関係詞節」（relative clause）というように小文字の名前（本訳書では〈　〉マー
クなしで表示）を用いることにする。この名前は，「この用語によって名付けられた
機能をある言語において符号化するカテゴリ・構文」と読まれるべきものである。
こういった小文字の名前（本訳書では〈　〉マークなしで表示）には，理論的意義が実
際ある（ゆえに，それらは名前であって，ラベルではない）。

　これらのカテゴリや構文の個別言語固有の事例化について議論する際には，たと

えば「英語〈関係詞節〉」(English Relative Clause) というように，名前を大文字にした形（本訳書では〈 〉マークで表示）で構文をラベル付与していく。こういったやり方でラベル付与された各言語に特有なカテゴリと構文について行う主張は，その名前が関係づけられる機能を符号化するカテゴリ／構文の使用のみに当てはまるものとして解釈される必要がある。たとえば，通言語的に関係詞節と英語〈関係詞節〉を論じる場合には，小文字の名前（本訳書では〈 〉マークなしで表示）は「指示対象 (referent) を修飾する命題の機能を符号化する構文」(Keenan & Comrie 1977: 63) を表しており，一方，英語〈関係詞節〉構文の文法的特性に関する議論で行う一般化はどれも，関係詞節の機能を果たすために用いられる英語〈関係詞節〉構文にのみ当てはまるものである。

1.6.4. カテゴリが構文との関係で規定されるのなら，構文はどうやって特定するのか？

　これが，ラディカル構文文法について最も多く聞かれる質問である。構文は，たとえそれが基本的ユニットであっても特定可能である。すなわち，それは他の何らかの理論的構成概念の観点から規定されないものであっても特定可能なのである。構文は，基本的ユニットであるにもかかわらず，複合的であり (1.6.1 節)，構文を特定するための特性を多く持ち合わせている。言語学者が研究する（また，子どもが学習する；1.6.6 節参照）複合的統一体は，構文の事例（すなわち，発話）であり，部分は各発話を構成する語や形態素を指す。

　構文を特定することは，本質的には**カテゴリ化**の問題である。すなわち，人が耳にしたり，記録する発話を別々のタイプに分類することにまつわる問題である。実のところ，構文を特定することは，記述対象とする言語の言語資料 (corpus) に取り組むフィールド言語学者や，さらには言語の使用者や言語の学習者が直面するのと同じ問題なのである (1.6.5 節参照)。自然な談話で生じるものは，構文，すなわち複合的な統語ユニットである。我々が耳にするのは，カテゴリのラベル付けがなされた個々の語ではない。発話が構文の事例である。言語資料は，文法的特性に応じて，異なるタイプへと分類可能な発話の集合である。言い換えると，言語分析者，言語使用者，言語学習者の視点から見て，大きなユニットがまず先にやって来るのである。

　構文のカテゴリ化は，他のいかなる存在物のカテゴリ化と同じくらい容易であるし，また困難でもある。構文が，別々のタイプに分類されることは実際よく起こる。文を集めた言語資料には不連続性が存在する。構文は特有の特性を持ち，構文の要素は特有の分布クラスを規定する。たとえば，英語の〈他動詞能動態節〉(Transitive Active Clause) と〈受動態節〉(Passive Clause) の構造には，これら 2 つが確実に分

離できるような大きな不連続性が存在する。そういった不連続性の1つが，〈受動態節〉には，対応する〈他動詞能動態節〉が持つ〈直接目的語〉がないことである。構文のカテゴリ化には，さらに別の重要な手がかりがある（6.5.2節参照）。構文の多くに何らかの固有の実質的形態素の結合が含まれている。たとえば，英語の〈受動態〉構文では，be と〈過去分詞動詞〉（Past Participle Verb）形（通常，接辞（affix））と by（動作主句が生じる際）という結合が見られる。

　最後に，おそらくこれが何よりも重要なことだが，構文は記号ユニットである。カテゴリ化と特定を行うためには，構文の意味が構文の区別において重要な役割を果たす。〈能動態主語〉（Active Subject）と〈受動態主語〉によって符号化された参与者役割（participant roles）の意味は，2つの構文における〈主語〉役割という文法的類似性や，対応する動詞語幹（verb stem）が同一のものであるという事実にもかかわらず，非常に異なる。構文は記号ユニットであるので（1.3.2節），発話の構文タイプへのカテゴリ化には，構文の形式と意味の両方の特性が用いられる。

　当然のことながら，カテゴリ化は，ここで説明したように常に単純なものとは限らない。上で説明した英語の〈他動詞能動態〉–〈受動態〉の事例は，構文間に見られるスキーマ性の1つのレベルについて表したものである。この事例は，比較的高い**手がかり妥当性**（CUE-VALIDITY）（Rosch 1978）を備えている（ここでは，カテゴリに対して成員同士が共有する属性の相対的な多さと，さらに，異なるカテゴリ同士の間で成員同士が共有する属性の相対的な少なさが確認される）。構文は，何らかの分類を形成するものである（1.3.3節）。構文タイプがより一般的なものである場合や，あるいは，それがより特定的なものである場合には，ここで論じた〈他動詞能動態〉／〈受動態〉に見られる区別よりも，手がかり妥当性はさらに低いものとなるであろう。さらに，他の文法領域の構文タイプにおいては，ここで用いた事例ほど高くない手がかり妥当性を持つものも見られるはずである。さらに，カテゴリ化の研究によって，カテゴリの各成員は，カテゴリ内においては異なる地位を持つことが示されている。すなわち，より**典型的**（PROTOTYPICAL）な成員もあれば，より**周辺的**（PERIPHERAL）な成員も存在する（Rosch 1978; 2.4.3〜2.4.4節参照；最近の調査については，Taylor 1995 参照）。

　カテゴリの内部構造の多様性と，カテゴリ間の離散性の問題は，個別言語を分析する言語学者にとっては難しい問題である。本節では，構文のカテゴリ化に関しては，いかなる詳細な原理も提示してはいない。ただ，ここではかさねて，これらの事実は，言語話者と言語学習者の双方にとって同じくらい多くの問題を含んでいることを強調しておく必要がある。構文を特定する方法を理解するためには，カテゴリ化と分類の形成に関する心理学的研究の結果を用いるのが最善なのだが，残念ながら，その領域については本書では詳細には議論しない（1.1節と1.3.3節参照）。

1.6.5. RCG では，構文間におけるカテゴリの一般化をどのようにして捉えるのか？

この問題に答えるためには，まず，還元主義理論ではカテゴリはどう表示されるのかについて述べておく必要がある。比較を分かりやすいものにするために，還元主義的構文文法とラディカル構文文法とを比較する。

いかなる複合的構文の統語構造も，要素から成り立つ（1.3.2 節）。要素は，構文それ自体となりうる。たとえば，(56) に示す〈自動詞節〉構文では，部分として〈名詞句〉構文が含まれている。

(56) [[The girls]~Noun Phrase~ [sang]~Verb~]~Intransitive Clause~

究極的には，複合的構文は，カテゴリを形成する極小の要素（語と形態素）へと分解される。ラディカル構文文法のような非還元主義文法理論と還元主義理論との区別は，これらのカテゴリの表示方法によってなされる。

還元主義統語理論と非還元主義統語理論の両方において，複合的構文に対してはメロノミック（部分–全体）な構造の存在が仮定されている。部分–全体の関係は，複合的構文の形態統語的構造の表示においては，角括弧や四角の入れ子によって非明示的に示される。たとえば，(56) では，*The girls* と *The girls sang* との部分–全体の関係は，〈自動詞節〉の角括弧内部の〈名詞句〉の角括弧の入れ子において非明示的に表示されている。この部分–全体の関係を，**内的**（INTERNAL）メロノミック関係と呼ぼう。

還元主義の統語理論では，要素（すなわち，カテゴリ）が，複数の構文の部分となることが認められている。たとえば，「〈動詞〉」とラベル付与された〈自動詞〉構文 [S~BJ~ V~ERB~] の部分は，〈他動詞〉構文の部分であることも仮定されている。その場合には，構文ネットワークの独立したノードとして，〈動詞〉構文を表示することが必要となる。その結果，この独立したノードは，他の幾つかの構文でも役割を演じるものとして表示される。この分析を示したのが，図 1.13 である。

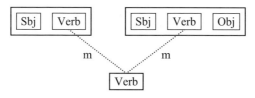

図 1.13．構文間での〈動詞〉カテゴリの還元主義的な構文文法表示

還元主義的な構文文法では，図 1.13 の表示について言えば，部分としての〈動詞〉

64 第1部 統語カテゴリから意味地図へ

要素を持つ各構文と，〈動詞〉要素を表す独立した構文との間に**外的**（EXTERNAL）な
メロノミックリンク（meronomic link）（'m' とラベル付与）が存在するといった分
析がなされるであろう。このように，還元主義の構文文法の構文ネットワークでは，
少なくとも2つの異なるタイプのリンクが存在する。すなわち，1.3.3節で論じた構
文間の分類的リンク（taxonomic link）と，図1.13 で示した構文の部分から他の構
文の部分への外的なメロノミックリンクである。

　ラディカル構文文法の構文表示では，構文のカテゴリは構文自体によって規定さ
れる。ゆえに，カテゴリは，構文それぞれにとって固有のものである。表1.10 に，
還元主義の統語理論（たとえば，還元主義の構文文法モデル）とラディカル構文文法
が，それぞれ〈自動詞〉構文と〈他動詞〉構文をどのように表示するかを挙げる。

表 1.10.　還元主義の統語理論と非還元主義の統語理論での構文表示

	還元主義的構文文法	ラディカル構文文法
〈自動詞〉構文	[SBJ VERB]	[INTRSBJ INTRVERB]
〈他動詞能動態〉構文	[SBJ VERB OBJ]	[TRSBJ TRVERB TROBJ]

　このラディカル構文文法の表示では，〈他動詞〉構文の役割が規定する分布的カテ
ゴリは，〈自動詞〉構文の役割が規定するものと同一でないことが捉えられている。
たとえば，〈他動詞〉構文で生起可能な「〈動詞〉」のクラスは，〈自動詞〉構文で生起
可能な「〈動詞〉」のクラスとは同一ではない。ゆえに，これらの2つのカテゴリは，
「〈自動詞〉」（Intransitive Verb）と「〈他動詞〉」とラベル付与されている。（実際，こ
れらは，統語理論に関する限り，「ローゼンクランツ」（Rosencrantz）と「ギルデン
スターン」（Guildenstern）と名付けることもできるだろう。しかし，ここでは，1.6.3
節で提案した記憶を助けるラベル付与の形式に従う。）なお，ここで示すラディカル
構文文法の表示では，〈他動詞〉が〈自動詞〉と同様の屈折接辞（inflectional affixes）
を伴って活用することや，〈他動詞主語〉（Transitive Subjects）が〈自動詞主語〉（In-
transitive Subjects）と同じ位置で生じること，さらには，それが〈自動詞主語〉と同
じ代名詞形で生じることについては，定めてはいない。

　還元主義理論では，これらの内容は，2つの構文のカテゴリを同じカテゴリ（た
とえば，〈動詞〉）として記述することによって規定される。すなわち，〈自動詞〉構
文と〈他動詞〉構文は，図1.13 のように，一部（すなわち，〈動詞〉）を共有するので
ある。しかし，還元主義の表示では，〈自動詞〉構文で生じる全ての〈動詞〉が〈他動
詞〉構文で生じるわけではないことや，あるいはその逆も同様であるということを
表すことはできない。言うまでもなく，適切な統語理論とは，〈他動詞〉と〈自動詞〉
が異なるクラスであることと，それらが同じ屈折を共有することの両方を定めるも

のでなければいけない。

　ラディカル構文文法においてこの問題を解決するために，1.6.4 節で述べた構文を特定するプロセスについて再考するとよい。発話を構文の事例としてカテゴリ化することは，入力データに対する抽象化を行う 1 つの方法である。このプロセスの結果が，構文間の分類的関係のネットワークである。発話のカテゴリ化においてはもう 1 つ別のプロセスが働いている。それは発話をその構成部分へと分解する分析である。しかし，発話をそれを構成する要素部分へと分けて分析を行うことは，入力データを抽象化する別のやり方にほかならない。学習者（あるいは分析者）は，たとえば一連の屈折のような，何か共有する部分を持つ複数個の構文から抽象化を行う。

　ラディカル構文文法では，直接的に，構文の部分からの抽象化として分析を示す。すなわち，ラディカル構文文法では，異なる構文の部分同士の分類的関係が認められている。したがって，〈他動詞〉構文の〈他動詞〉カテゴリと，〈自動詞〉構文の〈自動詞〉カテゴリは，より一般的なカテゴリに組み込むことが可能である。私はそれを，〈形態的動詞〉（Morphological Verb）と呼ぶ。

　様々な構文で見られる下位カテゴリ間の共通性は，それ自体が言語学的に正当化される必要があることを認識することが**必要不可欠**である。たとえば，〈自動詞〉と〈他動詞〉を包含するカテゴリの正当化は，他の構文，すなわち〈時制一致〉（Tense-Agreement: TA）屈折という形態的構文における〈形態的動詞〉カテゴリの生起から得られる。この理由により，私はそのカテゴリを〈形態的動詞〉とラベル付与した。その目的は，英語（あるいは，その他のいかなる言語）について〈動詞〉という全体的カテゴリを仮定していないことを明確にすることである。〈動詞〉という全体的カテゴリは存在しない。様々な構文によって規定される重なり合う〈X 動詞〉カテゴリだけが存在する。図 1.14 に，ラディカル構文文法における動詞カテゴリのこの下位ネットワークの表示を挙げる（t は要素間の関係が分類的（taxonomic）であることを示す）。

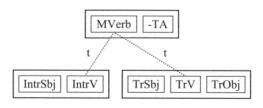

図 1.14．動詞カテゴリのラディカル構文文法的表示

　言い換えると，ラディカル構文文法では，スキーマ的な統語カテゴリはいずれのものも文法表示の独立したユニットにはなりえない。スキーマ的なカテゴリはどれ

も何らかの構文の一部であり，構文がカテゴリを規定している。ラディカル構文文法では，語だけが完全に実質的なものとして，唯一独立した文法表示のユニットとなることができる。しかしながら，語でさえも，完全に独立した文法ユニットとして分析できないことはよく起こる。語は，形態的屈折（Bybee 1985, 5章参照），あるいは統語的構文のように，構文中に埋め込まれてのみ存在することがよくある。語とは，現れる構文に応じて，意味的に変化するものでもある（3章と Croft 1998a 参照）。

　カテゴリをラディカル構文文法的に表示することによって，外的なメロノミックリンクを排除することが可能となる。ラディカル構文文法では，構文と構文の要素との間にある唯一認められたリンクのタイプは分類的リンクのみである。この点において，ラディカル構文文法は，還元主義の構文文法よりも単純な文法知識のモデルといえる。言い換えると，全てのタイプの文法的一般化が，分類上の一般化，すなわちカテゴリ化として表示されるのである（1.6.5節参照）。

　図 1.15 は，図 1.11 の分類的階層の一部をラディカル構文文法的に表示したものである。

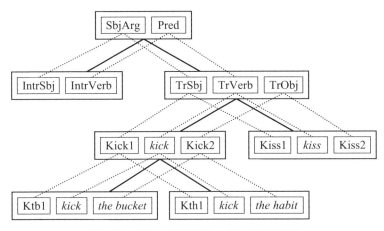

図 1.15. 構文の分類のラディカル構文文法的表示

　図 1.15 に挙げる分類的階層では，項構造構文（すなわち，述語の項の符号化を表す構文）の分類のみが記述されている（Fillmore & Kay 1993; Goldberg 1995; Croft 2012 参照）。図 1.15 では，各構文の部分に対しては，それ自体のカテゴリのラベルが与えられている。この分類的階層では，構文の部分は破線によってリンクされており，一方，構文全体は黒い太線によってリンクされている。

　この分類的階層の構文とカテゴリはそれぞれが，英語の文法的事実によって支え

られている。*kick* を伴う他動詞句同士は，文法的特性（具体的には，2 つの項の符号化）を共有している。ゆえに，*kick* 構文については，他動詞用法での *kick* の 2 つの項を表す Kick$_1$ と Kick$_2$ という文法カテゴリを構築することができる。同様に，*kick* と *kiss* を伴う他動詞構文同士は，文法的特性（すなわち，2 つの項を符号化している）を共有しており，TrSbj と TrObj という上位カテゴリを構築することができる。最後に，英語の〈他動詞〉構文と〈自動詞〉構文は，〈自動詞〉は 1 つの項を符号化し，〈他動詞〉は項のうちの 1 つを符号化するという文法的特性を共有している（4 章参照）。〈節〉構文が存在するので，SbjArg（「項としての主語」）と Pred という上位カテゴリを構築することができる。留意すべきことは，〈節〉構文は，〈他動詞〉構文での TrObj の要素については何も指定しないということである。この理由は，〈節〉構文は，〈他動詞〉節と〈自動詞〉節の〈主語〉の項についての一般化だけを表すものであるからである。

　これらの構文スキーマが実際に存在するかどうかは，経験的な問題である（1.6.4 節参照）。*kick the bucket* や *kick the habit* のようなイディオムの特異性と，*kick* や *kiss* のような動詞の項構造は，これらの特定の構文が存在すると考えるための十分条件ではある。しかし，より一般的な構文を仮定することは必然的帰結ではない。同様に，特性がより一般的な構文（*She kicked me* のような，意味的に規則的な *kick* の文のようなもの）によって予測されうる，より特定的な構文を除外することは，必然的帰結ではない。個々の話者が，どのような文法的一般化を形成するか／しないかという問題に関しては，様々な場合が考えられる。よりスキーマ的な構文を仮定して，予測可能な文法的特性を備えたより特定の構文を除外することに関しては，経験的論証が必要となる問題であるが，それについては，用法基盤モデルによって発見される原理によってのみ答えることが可能である（1.3.3 節参照）。

1.6.6. 極小の基本カテゴリなしに，子どもはどうやって文法を習得できるのか？

　ラディカル構文文法の基本的な構造は，語と構文の間（より正確には，語と構文の役割との間）の多対多の写像である。この構造を記憶したり学習することは，不可能なことではない（Radford 1988: 63 には失礼ながら）。もちろん，多対多の写像に課すことが可能な制約は，多ければ多いほど，文法の記憶や学習がより容易なものとなる。しかし，標準的統語理論が示唆するように，単一クラス内の語が同一分布を持つように多対多の写像に制約を課すことは，経験的には受け入れ難いことである。

　ラディカル構文文法では，カテゴリと関係は構文に特有のものという主張がなされる。加えて，ラディカル構文文法では，構文は言語に特有のものという主張もな

される（第3部参照）。その場合，文法の形式的な統語的特性の全てが実質的に個別言語固有のものであることになり，したがって，それは**帰納的**に学習される必要があることになる。帰納的学習プロセスは，前節（1.6.5節）で述べたものと本質的に同じプロセスである。子どもは文脈の中で発話にさらされている。ゆえに，発話の意味のかなりの部分が，子どもにとっては，使用される文脈から入手できるのである。子どもは，自分が知覚可能な発話の文法的特性の観点から，発話をタイプにカテゴリ化することによって，構文を習得していく。（子どもは，入力データが持つ全ての関連する特性を知覚するわけではない。たとえば，子どもは屈折が把握できないこともあり，その場合には，入力データにおける屈折は，子どもが帰納する構文タイプの部分とはなりえない。）

　発話を構文にカテゴリ化する過程においては，子どもは発話の要素のカテゴリを効果的に帰納していく。なぜなら，カテゴリは構文によって規定されるからである（上の図1.15と比較されたい）。ラディカル構文文法では，子どもが大人と同じカテゴリを持つかどうかという問いは意味をなさない。なぜなら，そのような問いは，全体的な統語カテゴリの存在を仮定するものだからである。カテゴリは，構文が規定するものである。したがって，子どもは大人と同じカテゴリを持ってはいない。最終的に，子どもが入力データの全ての側面を処理することが可能となり，構文のより多くの変化に富んだ事例にさらされるようになるにつれて，子どもは徐々にその言語を話す成人話者が持つものに匹敵する構文とカテゴリの分類的ネットワークを作り上げていく。

　実際，この統語的習得（acquisition）モデルを支持する多くの経験的証拠が報告されている。子どもの最初期の多数語の発話（multiword utterances）を綿密かつ詳細に記録した最近の多くの研究により，子どもは非常に狭く規定された構文から始まり，語と屈折形の異なる結合を伴う産出を非常にゆっくりと拡大させていくことが明らかになっている（Braine 1976; Tomasello 1992, 2000; Lieven 他 1997; Tomasello 他 1997; Pine & Lieven 1997; Pine 他 1998; Rubino & Pine 1998; Gathercole 他 1999; 研究結果の概要については，Croft & Cruse 2004 の12章参照）。この証拠は，非常に特定的な構文から始まり，よりスキーマ的な構文を非常に緩やかに帰納していき，それらのスキーマを用いて新規の発話を生産していくという，非常に緩やかな帰納的プロセスを示唆している。

1.6.7. RCGは構文文法の他のアプローチとは，どのように関係するのか？

　構文文法の他のアプローチと同様，ラディカル構文文法では，極小的なものであろうが複合的なものであろうが，完全に実質的なものから完全にスキーマ的なものに至るまで，文法的構文を記号ユニットとして捉えるという，均一的な一般的概念

が用いられている（1.3.1 節）。したがって，ラディカル構文文法では，統語−レキシコンの連続体が受け入れられている。また，ラディカル構文文法では，ほとんどの他の構文文法理論と同じく，構文の分類的組織化という原理が用いられてもいる（1.3.3 節）。とりわけ，幾つかの構文タイプの多義性（放射状カテゴリ構造）や，構文のメタファ的拡張が認められており，構文の分類的ネットワークを用いて文法的情報を表示するという用法基盤モデルが採用されている。

　ラディカル構文文法が他の構文文法のアプローチと異なる点は，構文のメロノミック構造（すなわち，構文の内部構造）に関してである（1.3.2 節）。ラディカル構文文法では，他の構文文法モデル，特に認知文法（Langacker 1987: 76–86）のように，構文の部分の記号的関係は保持されている。ラディカル構文文法では，カテゴリは構文の中で果たす役割によって規定されており，ゆえに，カテゴリは，各構文にとって固有のものとされる。ラディカル構文文法では，異なる構文の部分間のメロノミックリンクが却下されており，代わりに，別の構文のカテゴリ間の一般化を捉えるのに，別の構文の要素間の分類的リンクが用いられている（1.6.5 節）。

　さらに，ラディカル構文文法では，構文の要素間の統語的関係の仮定も行ってはいない（第 2 部参照）。すなわち，このアプローチにおいては，（構文の要素と，構文の意味構造の対応する成分同士との間にある）意味的関係と記号的関係のみが仮定されている。最後に，第 3 部で議論するように，ラディカル構文文法では，構文は個別言語固有のものだという主張がなされる（第 3 部）。これは全ての構文文法家によって支持される立場ではない（Kay & Fillmore 1999: 1 参照）。

1.6.8.　全てのカテゴリが構文固有のものであり，そして構文が言語固有のものであるなら，どのようにして RCG を文法記述に用いることが可能になるのか？

　典型的な文法書には，品詞のような言語の語彙的カテゴリについて記述する章や，主語や目的語（あるいは能格（ergative）と対格（accusative），あるいは行為者（actor）と受動者（undergoer））というような節内での統語的役割，さらには，主要部名詞（head noun）の異なるタイプの修飾語や補部のような句の統語的役割について記述する章が存在する。

　ラディカル構文文法の観点から言うと，このやり方は人間の言語を記述するには誤解を招きやすい方法である。ラディカル構文文法的に言語を記述すれば，どの章も言語の構文のクラスを記述するものとなるであろう。品詞の代わりに，言語の命題行為（propositional act）構文について記述した章が含められるであろう（2 章；Croft 1990b）。統語的役割の代わりに，言語の項結合構文を記述する章が含められるであろう（4 章；Levin 1993 の第 1 部；Goldberg 1995 参照）。構文の一般的概念

には，形態的構造も含まれるので，ラディカル構文文法における言語の形態論に関する記述もまた，構文の観点からのものとなるであろう。

　ラディカル構文文法的に言語を記述すれば，各構文で各役割を担うことができるものについての記述も詳細なものとなるであろう。なぜなら，カテゴリのラベルとは，それ自体では，役割を担うことが可能なものについての，いかなる重要な情報を与えるものではないからである。伝統的な文法書における構文の記述の多くは，言語の構文間での異なる語彙的意味クラスの振る舞いについて十分詳細に記すものではない。しかし，文法的振る舞いにおける大きな違いは，語彙の下位クラスの中で存在する。「動詞」や「可算名詞」といった単純なものよりも，さらにきめの細かい区別が必要である。様々なタイプの構文と関係する語彙クラスに関する従来の研究には，命題行為構文に関する Croft（1991: 95–98），可算性（countability）構文に関する Wierzbicka（1988, 10 章），（文法上の）性（gender）／有生性（animacy）／分類的（classifying）構文に関する Craig（1986）と Croft（1994b），空間的関係（spatial relation）構文に関する Herskovits（1985），項結合構文に関する Levin（1993, 第 2 部），態（voice）構文に関する Croft（1990c），相の意味クラス（aspectual semantic classes）に関する Croft（2012），節補部（clausal complement）構文に関する Cristofaro（1998, 5 章）が挙げられる。

　最後に，ラディカル構文文法的に言語を記述すれば，構文それぞれの意味と語用（pragmatics）と談話の機能（discourse function）についての記述も詳細なものとなるだろう。なぜなら，構文は記号ユニットであり，構文の機能は，構文の形式と同程度，言語的慣習の一部であるからである。文法のこの側面は，形態統語的構文と分布についての適切な記述と同じくらい重要である。とりわけ，構文の中で役割を担う語または句の意味解釈は，構文に応じて変わることがたびたびあり（2.2.2 節，2.5 節参照），逆に言えば，構文の意味は，構文の役割を担う語または句のクラスに応じて，変化する（3.2.2 節，3.2.4 節参照）。意味解釈におけるこれらの違いが，文法記述においては中心的部分を構成することになる。

　構文は，形態統語的特性においては個別言語固有のものであるが，情報の構造化と伝達の機能においては個別言語固有ではない。ラディカル構文文法的な文法記述では，構文が遂行する機能の観点から，構文についての体系化が行われる。機能に基づく構文の体系化は，文法書でよく見られる慣例と実際それほど異なるものではないだろう。なぜなら，伝統的な文法記述の体系化は，実のところ，形式と同程度，機能に基づくものだからである。

　ラディカル構文文法によって，記述言語学者は言語の構造を言語それ自体の観点から記述することが基本的に可能になるだろう。なぜなら，構文は個別言語固有のものだからである。機能的観点から文法記述の体系化を行うことによって，問題と

する言語について知識をそれほど持たない者であってもその記述を読み進めることがより容易になるだろう。最終的には，本書や，本書で引用する研究論文や参考資料で提示される類型論的一般化によって，フィールド言語学者がより広い文法的文脈の中で，自身が研究対象とする言語の構文を位置付けることが可能になるだろう。

1.6.9. もしカテゴリが構文固有のものであり，また，構文が個別言語固有のものであるなら，普遍文法や言語の普遍性は存在しないということか？

　ラディカル構文文法が，実質的に全ての統語構造は個別言語固有のものであると主張し，さらに，構造を絶対最小値へと減らしてしまうなら，言語の普遍性において残るものはあるのか。普遍文法は，存在しないのか。

　ある意味では，普遍文法は存在しない。すなわち，全ての個別言語の文法が一致する普遍的な統語的テンプレートは存在しない。全ての個別言語の文法が利用する普遍的な統語的なカテゴリや関係の目録など存在しないし，さらには普遍的な構文の目録すら存在していない。これは，実際にはよいことである。なぜなら，前世紀に見られた統語理論の限りなき循環は，「正しい」普遍的テンプレート，あるいは一連の普遍的なカテゴリや関係や統語構造という幻想を求めた無意味な探求の結果もたらされたものだからである。

　言語の普遍性は，存在する。しかし，それは統語構造そのものの中に存在するのではない。言語の普遍性は，意味構造と記号的の構造の中（すなわち，言語機能と言語形式との間の写像）において存在している。2章では，類型論学者の間で市民権を獲得しつつある概念空間（conceptual space）という概念に加えて，形式–機能の写像を支配する類型論的有標性（typological markedness）の原理を紹介する。後続の章では，これらの理論的構成概念を用いて，言語の普遍性に関する肯定的仮説を立てる。これらの仮説の多くは，過去40年間にわたる類型論研究において提案されてきたものであり，真新しいものではない。しかしながら，ラディカル構文文法によって，これらの結果が通言語的に妥当な統語理論の文脈の中で正当な場所を得ることが可能となる。

1.7. 結論と展望

　ラディカル構文文法は，還元主義的統語理論よりも優れた点を多数備えている。ラディカル構文文法では，分布に基づく方法の使用において方法論的御都合主義が抱える矛盾や自己満足的な分析が回避されている。還元主義的な理論によって仮定される全体的なカテゴリに合致しない分布に関する事実を，無視したり，棄却した

り，あるいは例外的なものとして扱ったりする必要はない。ラディカル構文文法により，言語の構文について話者が持つ知識の豊かさと多様性に対して適切な形で焦点を当てることが可能になる。さらに，ラディカル構文文法により，複数言語間におけるのと同様，同一言語内において異なる構文によって規定されるカテゴリ間の相違点と類似点の両方を捉えることも可能になる。

　言語内部と通言語的に見られる分布上の不一致は，実際には，体系的パタンに収まるものである。これらのパタンは，類型論学者が分析してきたものであり，それには含意的階層（implicational hierarchies），類型論的プロトタイプ，文法化の経路などの現象が含まれる。これに対して，還元主義者の統語理論は，不一致の問題でつまずくだけでなく，彼らが主張する統語表示モデルは，分布上の不一致が示す決まったパタンをも捉えないという問題がしばしば起こる。

　還元主義的な統語表示理論に対して異論を唱える同様の議論は，音韻的表示や意味的表示（semantic representation）に関する還元主義的理論についても当てはまることを指摘しておく必要があるだろう。音韻論（phonology）では，「母音」vs.「子音」について定義を与えたり，特定の音節が特定の韻律的な過程（「韻律外性」（extrametricality））に存在するのか，またはそうでないのかについて決定を下したり，さらには，音声学的観点から「分節音」（segment）と「音節」（syllable）を定義づけることに関しても，問題が生じている。非還元主義的な音韻理論では，音声学的に特定の語形と，それから一般化されたスキーマ的な音素配列（phonotactic）（と韻律）に関わるテンプレートが表示の基本要素となり，音節と分節のカテゴリは派生的なものとなるであろう。

　意味論では，分布に基づく分析が，意味カテゴリを特定するのに用いられる（たとえば，Cruse 1986 参照）。当然のことながら，様々な種類の意味カテゴリや，語の意義の同一性や個別性のような基本的概念も，規定するのには問題が生じる。非還元主義的な意味理論では，フレームのような複合的意味構造や，構文に見られる複合的意味構造が表示の基本要素となり，意味フレーム（semantic frame）や他の複合的意味構造の成分の意味カテゴリは派生的なものとなるであろう。

　ラディカル・テンプレート音韻論（Radical Templatic Phonology）とラディカル・フレーム意味論（Radical Frame Semantics）の開発が，非還元主義的な言語理論にとっては優先事項となる必要がある。本書は，そのどちらの理論をも提示するものではない。しかし，統語表示の重要な1つの側面は，対応する側の意味解釈である。構文文法では，構文は記号的なものである。すなわち，構文は，形態統語的構造と意味構造との組み合わせから成り立つのである。ゆえに，本書は統語表示に焦点を当てるものではあるが，意味表示の問題を完全に避けることはできない。とりわけ，意味表示の通言語的妥当性（cross-linguistic validity）に取り組むことなく，統語表

示の通言語的に妥当な基準を議論することは不可能である。この議論については，3章で取り組む。

　私は，特定構文の意味構造は，ユニットとして機能すると考える。これらのユニットがラディカル・フレーム意味論の基本要素となるであろう。1.3.3 節で述べたように，これらのユニットは，概念空間で互いに関係し合うことが可能である。概念空間については，2.4 節で述べており，本書の第 1 部から第 3 部にわたってこの概念を使用することになる。第 2 部では，構文の内部構造と構文の意味に関して，構文の慣習的意味の意味構造について最小限の想定の下で話を進める。私は，意味構造は，成分や，成分同士の間にある関係から成り立つものであり（1.3.2 節も参照），また，形態統語的要素は，意味的成分あるいは意味的関係を表すことができるということだけを仮定する。したがって，第 2 部で行う意味表示は，意味的成分とその関係を単に示すだけのものである。より正確な意味表示を提案し，その提案を擁護するためには，もう 1 冊別の研究書が必要となるであろう。

　実際，本書は長さにおいては，類書（すなわち，Givón 1984, 1991; Langacker 1987, 1991a; Van Valin & LaPolla 1997）の半分にすぎない。その 1 つの理由は，これらの類書（特に Langacker のもの）では，意味の問題について，本書で行うよりも長い議論が展開されているからである。それにもかかわらず，本格的な意味理論を提示せずに，それどころか，前の 2 つの段落で提示した最小の前提のみを仮定するだけでも，統語理論の根本的問題についての議論を行うことは可能であり，その問題を解決することも可能である。それが，本書が成し遂げようとすることなのである。

2章

品　詞

2.1.　はじめに

　名詞や動詞や形容詞といった主要な統語カテゴリである品詞に関しては，（1a–b）に挙げる2つの主張が統語理論の不可欠な要素となるという見解が，類型論学者や他の多くの統語論者達の間で広く受け入れられているように思われる。

（1）　a. 名詞や動詞や形容詞は，個別言語で見られる普遍的（通言語的）なカテゴリである。

　　　b. しかし，名詞や動詞や形容詞は，言語の普遍性ではない。すなわち，全ての言語が，名詞や動詞や形容詞という品詞を持つわけではない。

本章では，先行研究と同様（Croft 1984, 1986, 1991, 2000b），（2a–b）に挙げる正反対の主張が統語理論の不可欠な要素となるべきだと論じる。

（2）　a. 名詞や動詞や形容詞は，個別言語のカテゴリではない。

　　　b. しかし，名詞や動詞や形容詞は，言語の普遍性である。すなわち，名詞や動詞や形容詞と呼ぶべき類型論的プロトタイプ（Croft 1990a, 6章）が存在する。

（2a–b）には，ラディカル構文文法的な分析の概要が述べられている。以下では，まず問題のおぜん立てとして，伝統文法（traditional grammar）における品詞分析の紹介から始め，それが持つ明らかな不備について指摘する。その後は，その問題解決のためになされた最近の試みを紹介し，さらにその欠陥に目を向ける。これらの一連のことを行った後で，ラディカル構文文法の分析を提示する。

　品詞についてなされた伝統的な，いわゆる概念的，あるいは**意味クラス**に基づく分析は，（3a–c）に挙げるとおりである。

（3）　a. 名詞は，**物体**（OBJECTS）（人・もの・場所）を表す。

[74]

b. 形容詞は，**属性**（PROPERTIES）を表す。

c. 動詞は，**動作**（ACTIONS）を表す。

このような意味クラスの定義は，形態統語的振る舞いではなく，語彙項目の意味クラスに基づくものであり，ゆえにそれが不十分なものであることが長い間指摘されてきた（たとえば，Radford 1988: 57 参照）。実際，(3a–c) のどの意味クラスの語も，〈名詞〉(4a)，〈形容詞〉(4b)，あるいは〈述語〉(4c) として見いだすことができる（これらのものは，他の言語では完全な〈動詞〉となりうる。2.3.1 節参照）。

（4） a. movement, eruption, kiss, strength, whiteness, size

b. waste (incinerator), electrical (appliance), sleeping (child), broken (mirror)

c. (be) happy, (be a) doctor

このような概念的分析（notional analysis）は，上記の理由から，これまで却下されてきた。しかし，多くの場合，いかなる説明も実際に概念的分析にとって代わるものとはなってはいない。何らかの形態統語的振る舞いが，個別言語での品詞を確立するであろうことや，全てではないが多くの言語において，〈名詞〉や〈動詞〉や〈形容詞〉という用語を用いて品詞にラベル付けすることが可能であろうことが，単に推測されているだけなのである。Langacker が述べるように，「どの言語学者も，これらの概念に依存してはいるものの，適切で明示的で意義深い方法でもって，これらを定義付ける準備が整っている者は，いるとしてもごくわずかである」（Langacker 1987: 2）。

　たとえば，大抵の生成的な統語理論や，またそれと関連する統語理論において，〈名詞〉，〈動詞〉，〈形容詞〉，〈前置詞〉を規定するのに，$[\pm N, \pm V]$ という 2 つの二項素性が仮定されている。これらの素性を用いる目的は，4 つの品詞間の統語的振る舞いの類似点と相違点を捉えることとされている。しかし，これらの素性によって，そもそも 4 つの品詞を決定するのに，どのような振る舞いが必要であるかについて語られることはない。実際，生成統語論の X バー理論（X-bar theory）でなされた努力はそのほとんどが，主要な品詞と，より最近では，マイナーな品詞（minor parts of speech）と，さらに屈折接辞の統語的様式の**正体**を明らかにすることに当てられてきた。しかし，個別言語で品詞を**区別する**方法についての指針は，何も与えられてはいない。$[\pm N, \pm V]$ という素性は生得的に与えられており，ゆえに，品詞の目録は普遍的であると単に仮定されているだけなのである。

　生成理論が品詞を決定することに関心がないことは，標準的テキストにおいて品詞を扱う範囲が不足していることからも示される。Haegeman は，語が〈名詞〉や〈動詞〉という統語カテゴリに属することを単に仮定するだけであり，品詞を構築す

るためのいかなる基準も提供していない (Haegeman 1994: 36–7)。Radford は，形態統語的振る舞いがカテゴリを特定するのに使用されうることを仮定し，多くの事例について論じているものの (Radford 1988: 57–63)，どのような種類の形態統語的振る舞いがその目的に役立つのかについては，それ以上具体的なことは何も述べていない。どうやら生成理論では，品詞を確立するための理論的に動機付けられた一連の基準が存在していないようである。

　状況は，通言語的研究に目を転じるとさらに悪くなる。外来の言語 X で確立されている統語カテゴリが，よく知られたヨーロッパ言語の〈名詞〉，〈動詞〉，またはその両方，あるいはそのどちらでもないカテゴリと対応するものであることを，我々はどのようにして知りうるというのか (1.4.1 節)。Schachter は，品詞体系に関する調査において，文法的基準を採用する必要があると主張する (Schachter 1985: 3)。しかし，Schachter は，カテゴリのラベル付けにおいては，上掲の (3a–c) の概念的定義に基づく意味的発見法を提案している (Schachter 1985: 4)。しかし，発見法に基づく定義は，正当な方法論や理論の代替物にはならない。

　Stassen は，スンダ語 (Sundanese) が〈形容詞〉を持つかどうかに関して，二人の別々の言語学者がどのように正反対の結論に達したのかについて述べ，品詞についての基準が何もないことに対する不満を表明している (Stassen 1997: 32)。Stassen は，「文法家は誰もが，異なる実際的解決法を提案可能だが，こういった解決法の全てに，必ずある程度の恣意性が含まれるであろう」と結論付けている (Stassen 1997: 32)。

　後続する二節では，より一般的なレベルにおいて，ここで述べたのと同じ問題について観察する。品詞については理論的に動機付けられた基準が存在していないのだが，それゆえに，品詞の分析では 2 つの対立した流れがあることを見ることになる。言語学者の中には，「一括主義者」と呼ぶべき研究者がいる。一括主義者とは，個別言語において主要な品詞が欠如していること，あるいはより正確に言うなら，品詞を 1 つまたは 2 つのより広いカテゴリへと融合することを主張する者のことを指す。また，言語学者の中には，「分割主義者」と呼ぶべき研究者もいる。分割主義者とは，全言語において主要な品詞が存在することに加えて，数多くのマイナーな品詞も存在することを主張する者のことを指す。2.2 節では，Hengeveld (1992) によるおそらくもっとも洗練された「一括主義的」なアプローチについて議論する。そこでは，一括主義は，分析対象の言語に関する重要な事実を無視することによってのみ成立可能であることを主張する。続いて 2.3 節では，「分割主義」のアプローチについて議論する。そこでは，ひとたび分割主義を受け入れるなら（経験的には，そうしなければならないのだが），可能となる分割には原理上終わりがないことを示す。

　実のところ，本当の問題は，品詞は個別言語の文法カテゴリではないということ

である（上掲の (2a) 参照）。ひとたびこの考え方を受け入れるなら，分析上の問題
は解消し，その結果，2.4 節で詳細に説明する概念空間における類型論的パタンで
ある品詞理論の適切な領域に取り掛かることが可能になる。2.5 節では，品詞の類
型論と認知的な理論を手短に比較する。

2.2. 主張される個別言語における品詞の欠如

2.2.1. 品詞の「一括主義的」な類型論理論

〈形容詞〉を欠く言語が存在することや，あるいは〈名詞〉–〈動詞〉の区別でさえも
欠く言語が存在することが，多くの言語学者によって論じられている。〈形容詞〉が
欠如しているという主張は，とりわけ広く見られる。質（qualities）を表す語は，形
態統語的特性に応じて，〈（状態）動詞〉（(Stative) Verbs）や〈名詞〉として記述され
る。言語には，〈名詞〉–〈動詞〉の区別さえないものがあると言われている（とりわ
けヌートカ語族（Nootkan），セイリッシュ語族（Salishan），イロコイ語族（Iroquian），
フィリピン語群，ポリネシア諸語（Polynesian））。これらの主張は，言語の文法書
ではよく見られるが，ほとんどの文法書は，特定理論に基づく統語的アプローチを
念頭におくことなしに書かれている。しかし，最近の類型論研究には，「一括主義
的」アプローチに依拠して，品詞の分析を始めたものがある。

品詞体系の類型論に関する「一括主義的」アプローチの中で最も詳細かつ体系的
な調査は，Hengeveld (1992) である。Hengeveld は，〈動詞〉（V），〈名詞〉（N），
〈形容詞〉（A），〈副詞〉（Adv）（Hengeveld 1992: 58）という 4 つの品詞を規定する
のに，機能文法のアプローチを用いている。Hengeveld は，(5) に挙げるように品
詞を定義付けている。

(5)　a. 動詞的述語（verbal predicate）とは，さらなる処置を講じることなく，叙
　　　　述的用法（predicative use) のみを持つ述語のことである。
　　　b. 名詞的述語（nominal predicate）とは，さらなる処置を講じることなく，名
　　　　辞（term）（指示表現（referring expression））の主要部として使用可能な述
　　　　語のことである。
　　　c. 形容詞的述語（adjectival predicate）とは，さらなる処置を講じることな
　　　　く，名詞的主要部（nominal head）の修飾語として使用可能な述語のことで
　　　　ある。
　　　d. 副詞的述語（adverbial predicate）とは，さらなる処置を講じることなく，
　　　　非名詞的主要部（non-nominal head）の修飾語として使用可能な述語のこ
　　　　とである。

78 第1部 統語カテゴリから意味地図へ

Hengeveld が与える品詞の定義における，述語や修飾語や名辞（指示表現）の役割
は，実際には，**命題行為**機能のことである。一方，叙述や指示（reference）や修飾
（modification）は，語用論的（伝達に関する）機能，あるいは Searle が言い表した
ように，**命題行為**のことである（Searle 1969: 23–4; Croft 1990b; Croft 1991:
109–11）。**指示**という行為は，指示対象を同定して，指示対象の認知的ファイル
（cognitive file）を確立し，それによって最初に現れる指示表現と同一指示的である
次に現れる指示表現を可能にする。**叙述**という行為は，何かを指示対象に帰するも
のである。叙述とは，叙述する事態（state of affairs）のために認知的ファイルを確
立するのではなく，典型的には比較的一過性の事態について（よくあるのは一連の
物語の中で）報告を行うものである。(指示対象の)**修飾**という行為は，修飾語によっ
て表される指示対象の付加的な特徴によって，指示対象の身元を豊かにするために
機能する。

　Hengeveld が用いる「さらなる処置を講じることなく」という文言は，特定の機
能（叙述，名辞主要部，修飾語）で語彙項目を使用するために付加的な形態素が義務
的に存在することについて述べるものである。Hengeveld は，*intelligent detective*
における名辞修飾語の *intelligent* を，*the sing**ing** detective, the detective **who** is
singing, the detective **from** London* における名辞修飾語と対比している。修飾語で
ある *sing* と *London* は，さらなる処置を要求するが（事例では太字で表示されてい
る），*intelligent* はそういったものではない。ゆえに，*intelligent* は〈形容詞〉だが，
一方 *sing* や *London* はこれとは異なることになる（Hengeveld 1992: 58–9）。これ
らのさらなる処置とは，私が先行研究で「機能を示す形態統語」（function indicating
morphosyntax）と呼んだものであり（Croft 1991: 58），ここでは命題行為機能の**構
造的符号化**（STRUCTURAL CODING）と呼ぶものである。構造的符号化は，屈折を含ま
ない。屈折とは，私が特定の統語的役割における語幹（stem）の**振る舞い可能形**
（BEHAVIORAL POTENTIAL）と呼ぶものである（2.4.2 節参照）。

　Hengeveld は，任意の言語がどの品詞を持つのかを決定するために，(5) の基準
を用いている。Hengeveld によると，多くの場合，言語は品詞の区別を欠く。すな
わち，特定の機能で語彙項目を用いるために，さらなる処置が構じられる必要はな
いということである。Hengeveld は，そうした言語は 2 つのタイプに収まると論じ
る。

　Hengeveld は，第一のタイプを**柔軟な**（FLEXIBLE）言語と呼ぶ。このタイプには，
複数個の品詞機能のための顕在的な構造的符号化（overt structural coding）は全く
存在しない。Hengeveld は，〈名詞〉–〈形容詞〉の領域に関して，ケチュア語（Quec-
hua）を柔軟な言語の一例として挙げている（Hengeveld 1992: 63 [Schachter 1985:
17 より]；どちらの出典も，引用するケチュア語の多様性については示していない）。

（ 6 ） rikaška: **alkalde** -ta

see.PST.1SG **mayor** -ACC

'I saw the mayor.'（私は市長を見た）

（ 7 ） rikaška: **hatun** -ta

see.PST.1SG **big** -ACC

'I saw the big one.'（私は大きなものを見た）

（ 8 ） chay **alkalde** runa

that **mayor** man

'that man who is mayor'（市長であるあの男）

（ 9 ） chay **hatun** runa

that **big** man

'that big man'（あの大きな男）

Hengeveld は，この一括化したカテゴリに N/A というラベルを付けている。なぜなら，Hengeveld にとって，柔軟な言語では，あるラベルが別のラベルよりも優先されることはないからである。

　第二のタイプは，Hengeveld が**厳格な**（RIGID）言語と呼ぶものである。このタイプでは，品詞機能の顕在的な構造的符号化は存在するが，同じ形態統語が複数個の基本的意味クラス（伝統文法のラベルを用いると，物体，属性，動作）について用いられる。Hengeveld は，〈形容詞〉（より正確には，属性語（property words））と〈動詞〉（動作語（action words））に関して，北京官話（標準中国語）（Mandarin Chinese）を厳格なタイプの事例として挙げる。動作語と属性語の両方が，叙述では顕在的な構造的符号化を欠くが，名辞を修飾する際には，顕在的な〈関係詞節標識〉（Relativizer）を必要とする（Hengeveld 1992: 63 ［Schachter 1985: 18 より］；どちらの出典にも音調は示されていない）。

(10) neige nühaizi **liaojie**

that girl **understand**

'That girl understands.'（あの女の子は理解している）

(11) neige nühaizi **piaoliang**

that girl **beautiful**

'That girl is beautiful.'（あの女の子は美しい）

(12) **liaojie** de nühaizi

understand REL girl

'a girl who understands'（理解している女の子）

(13) **piaoliang** de nühaizi
      beautiful REL girl
      'a beautiful girl'（美しい女の子）

Hengeveld は，この一括化したカテゴリを V として記述している。なぜなら，A と呼ぶような顕在的な構造的符号化なしの名辞修飾語タイプが存在しないからである。

2.2.2. 「一括主義的」な品詞理論の批判

　Hengeveld の分析は，明確な理論的基盤を備えている。しかし，彼の分析は，通言語的に首尾一貫して適用されたものではなく，ゆえにその有用性について疑う理由が存在している。最も根本的な問題が起きる原因は，Hengeveld の分析（および，品詞に対する他の全ての「一括主義的」アプローチ）では，語彙項目が複数の機能で使用される際に，語彙項目の**意味**に何が起きるのかについての考慮がなされていないことである。

　たとえば，上記のケチュア語の事例では，語彙項目の *hatun* は，(9) では修飾機能において属性（大きさ）を表すが，(7) では名辞あるいは指示機能において属性を持つ物体（大きいもの）を表す。これは，大きな意味的相違である。しかし，Hengeveld は，「ケチュア語は，形容詞的および名詞的な述語の機能を 1 つの品詞に結合している」と書くだけである（Hengeveld 1992: 64）。言い換えると，「大きい」（属性）と「大きいもの」（物体）との意味的相違は，Hengeveld にとっては無関係なものと考えられている。

　Hengeveld が容認する意味的相違は，極めて柔軟，あるいは極めて厳格な言語だと主張されるものにおいては，さらに大きい。Hengeveld は，以下のデータに基づき，トンガ語（Tongan）を「極めて柔軟な言語」として記述している（Hengeveld 1992: 66［事例は Tchekhoff 1981: 4 より］）。

(14) na'e **si'i** 'ae **akó**
      PST **small** ABS **school**:DEF
      'The school was small.'（学校は小さかった）

(15) 'i 'ene **si'í**
      in POSS.3SG **childhood**:DEF
      'in his/her childhood'（彼／彼女の子ども時代に）

(16) na'e **ako** 'ae tamasi'i **si'i** iate au
      PST **study** ABS child **little** LOC 1SG
      'The little child studied at my house.'（幼い子どもは私の家で学んだ）

(14)〜(16) に挙げる *si'i* と *ako* の様々な用法では，顕在的な構造的符号化が欠如し

ている。Hengeveld は，これをトンガ語では N/V/A という 1 つのカテゴリが存在することを示すものとみなす。(14)～(16) の事例における意味的変化には，*si'i* の「小さい」(small) と「子どもの頃」(childhood) と，*ako* の「学校」(school [名詞]) と「勉強する」(study [動詞]) がある。

Hengeveld は，ツカロラ語 (Tuscarora) を，次のデータに基づき，「極めて厳格な言語」として記述する (Hengeveld 1992: 66, 67 [事例は Williams 1976: 32, 234, 256 より；注釈と翻訳は Hengeveld 1992 より])。

(17)　ra-　　**kwá:tihs**

　　　M.SBJ-　**young**

　　　"He is young." (彼は若い)

　　　'boy' (男の子)

(18)　ka-　　**téskr**　-ahs

　　　N.SBJ-　**stink**　-IMPF

　　　"It stinks." (それは臭い)

　　　'goat' (ヤギ)

(19)　ra-　　**kwá:tihs**　wa-　hr-　ө-　atkáhto　-ʔ　ka-

　　　M.SBJ-　**young**　　PST-　M.SBJ-　OBJ-　look.at　-PNCT　N.SBJ

　　　téskr　-ahs

　　　stink　-IMPF

　　　"He is young, he looked at it, it stinks" (彼は若い，彼はそれを見る，それは臭い)

　　　'The boy looked at the goat.' (男の子はヤギを見た)

kwá:tihs と *téskr* が全ての用法で同じもの (すなわち，外見上は叙述的屈折) をとることに関して，Hengeveld は，ツカロラ語では V という単一の品詞があることを示すものと考えている (イロコイ語族での全ての機能における形態的接辞の正体についてなされる主張に対する批判については，Mithun 2000 参照)。(17)～(19) の事例における意味的変化には，*kwá:tihs* の「若い」(be young) と「男の子」(boy) と，*téskrahs* の「臭い」(stink [動詞]) と「ヤギ」(goat) がある。

構造的符号化のみを用いて，またいかなる意味的変化 (semantic shift) であってもそれを容認することによって，品詞体系の類型論的分類を構築することは当然のことながら先験的には可能である。しかし，Hengeveld は，この基準を一貫して適用しているようには見えない。ゆえに，これらの基準は実行不可能なものであり，重要な一般化を見逃すことにつながると考えるのは適切である。

もしケチュア語やトンガ語やツカロラ語の事例で示される意味的変化の類いが容

認されるのなら，ヨーロッパ言語においても同じ基準による評価がなされる必要がある。たとえば，スペイン語も，(20) のように，〈形容詞〉が指示表現として機能することを許す言語である (Hengeveld 1992: 61)。

(20) prefiero   es   -a   **modern**   -a
      prefer:1SG.PRS   that   -F.SG **modern**   -F.SG
      'I prefer that modern（one）.' (私はその現代的な方が好きだ) [たとえば，家について]

しかし，Hengeveld は，「*moderna*（現代的な）を名詞と考えるのは正しくないだろう。なぜなら，[14] で示すように，形容詞の絶対的用法（absolute use）は，主要部名詞が文脈から理解される文脈に制限されているからである」と述べている (Hengeveld 1992: 61–2)。しかし，ケチュア語の *hatun* という語が生じる文脈も，それが指示する物体が文脈から理解されることを含意するのである。

　Hengeveld がスペイン語をケチュア語と同じように分析しないことには，正当な理由がありそうである。なぜなら，全体的に見て，スペイン語の〈名詞〉（物体語（object words)）は，顕在的な構造的符号化なしでは，修飾語として使用できないからである。しかし，スペイン語の〈形容詞〉（属性語）が名辞として使用可能であることを否定することはできない。スペイン語には，**一方向の**（ONE-WAY）柔軟性が見られる。すなわち，〈形容詞〉は名辞になることが可能だが，〈名詞〉は修飾語にはなれないのである。英語は，たまたま反対の一方向の柔軟性を見せる言語である。すなわち，いかなる〈名詞〉も修飾語（*piano trio* のような，いわゆる〈複合名詞類〉（Complex Nominal）表現）になることができるが，〈形容詞〉は one（*the big one*）なしでは，名辞にはなれない。Hengeveld のアプローチには，一方向の柔軟性を扱うための明白な方法は存在しない。

　同様に，もし品詞の分析において意味的変化を許可するのなら，英語は N/V/A の柔軟性を持つ言語として有力な候補となるであろう。英語の語彙項目の多く（特に，最も頻度が高く基本的な語彙）は，叙述や名辞として使用可能である。(21)～(23) の英語の事例と，(14)～(16) のトンガ語の事例を比較してみるといい。

(21) a. The **school** was small.   [〈名詞〉]
          （学校は小さかった）
      b. We **schooled** him in proper manners.   [〈動詞〉]
          （我々は彼をきちんと教育した）
(22) a. The little child **studied** at my house.   [〈動詞〉]
          （幼い子どもは私の家で勉強した）

　　　　b. I retired to my **study**.　　　　　［〈名詞〉］
　　　　　（私は自分の書斎に引きこもった）
(23)　a. The school was **small**.　　　　　［〈形容詞〉］
　　　　　（学校は小さかった）
　　　　b. the **small** child　　　　　　　　［〈形容詞〉］
　　　　　（小さな子ども）
　　　　c. There are a lot of **smalls** at this fair.　［〈名詞〉］
　　　　　（この見本市にはたくさんの小物がある）

しかし，Hengeveld は，英語という言語を，品詞の語類について全て完全に備えたものとして分析している（Hengeveld 1992: 69）。

　Hengeveld が，英語を極めて柔軟な言語として分析しないことには，正当な理由がありそうである。なぜなら，N/V の柔軟性は，名辞として機能する全ての英語の語彙項目において起こりうるものではないからである。実際，Hengeveld は，全体的な類型的分類に影響を与えることなしに，任意の言語が柔軟な，あるいは厳格な一括主義的タイプとして，マイナーな品詞クラスを持ちうる可能性を認めている。彼は，「ツカロラ語では，真正の名詞の数が少ない」（Hengeveld 1992: 67）と述べ，次のように書いている。

　　ここで留意すべきは，言語は，これらのタイプのうちの１つのタイプについての強い傾向を示すにすぎないということである。私が，この分類において，言語に特定の位置を与えたのは，これらの傾向に基づいている。たとえば，厳格な言語であるワンボン語（Wambon）は，様態副詞を持たない言語として記載されているが，同言語には，少なくとも１つの様態副詞が存在する。別の厳格な言語である標準中国語は，形容詞を持たない言語として記載されているが，実際には，極めて限られた数の形容詞的述語は存在する。柔軟な言語においては，状況はさらに複雑である（Hengeveld 1992: 69）。

一方，Hengeveld は，より大きな品詞クラスを持つ言語については，分類上は中間的言語となる可能性を認めている（Hengeveld 1992: 69–70）。

　しかし，もし小さな品詞クラスを無視することを容認するのであれば，この基準を定量化して，それを一貫して利用する必要がある。英語は，柔軟な N/V 言語としてみなすには，N/V の語彙項目が少なすぎるのだろうか。少なすぎることはないというのなら，幾つあれば十分であるのか。基本的語彙あるいは最も高頻度の語幹は，あまり一般的および基本的でない語彙よりも加重して計算するのか。我々が無名でよく分からない「柔軟な」言語 X の文法書を読む際には，どういった比率であれば柔軟と呼べるのかを特定するのに，その文法書の著者が語彙について体系的に調査

84 第1部 統語カテゴリから意味地図へ

したことを，我々はどのように知りうるのだろうか。もし英語がコルドファンの丘
の小部族によって話される言語であり，我々が手にする資料が50年前に書かれた
150ページの文法書だけだとすると，英語は高度に柔軟な言語のように見えるだろ
うか。たとえこれらの質問に答えることができたとしても，「マイナー」な品詞クラ
スを無視することはできない。それをすると，複数言語間と言語内部の両方におい
て方法論的御都合主義を生じさせることになるだろう。

2.2.3. 意味的変化とゼロ符号化

こういった実際上の問題は，非常に多くの問題を抱えた理論上の決定によりもた
らされる。すなわち，様々な品詞構文（指示表現や叙述構文や限定（attributive）構
文）で見られる，語彙項目の意味的変化を無視することが，こういった問題を引き
起こす原因となっているのである。Hengeveld は，トンガ語のように極めて柔軟な
言語では，「異なる［品詞の］機能で述語を使用することにおける唯一の制限は，意
味的適合性（semantic compatibility）と関係する」と論じる（Hengeveld 1992: 67）。
この基準が抱える第一の問題は，実のところ，それが空虚なものであるということ
である。すなわち，もし「臭い」（stink［動詞］）と「ヤギ」（goat），あるいは「学
校」（school［名詞］）と「勉強する」（study［動詞］）が，容認可能な意味的変化であ
るなら，品詞機能と語彙項目の意味的適合性に関する制限はなさそうだということ
である。

意味的変化・適合性の基準が抱える第二の問題は，意味的変化は実のところ，別
の品詞機能における意味的適合性には求められないということである。意味的適合
性は，*hatun* のような属性語が，「その大きいもの」（the big one）という意味で，指
示的に用いられることは許可するが，「家」（house）のような物体語が限定的に用い
られることは許可しない（Kees Hengeveld との私信）。しかし，ケチュア語とトン
ガ語で見られる品詞用法における意味的変化は，様々な品詞構文との意味的適合性
を達成するために必要なものではない。英語の〈名詞〉である *size* や *largeness* に見
られるように，「大きい」（big）という属性概念は指示可能である。同様に，英語の
〈名詞〉の *studying* に見られるように，「勉強する」（study）という動作概念は指示
可能である。*largeness* と *studying* と翻訳上対応する語が，ケチュア語の *hatun* と
トンガ語の *ako* に真の意味で対応する指示表現である。しかし，これらは Hengeveld
によっては記述されてはいない。また，これらは，ほとんどの場合，英語の ***largeness***
や ***studying*** のように，典型的には顕在的な構造的符号化を要求するものである（Croft
1991: 68–74）。

意味的変化・適合性の基準の第三の，おそらく最も重大な問題とは，意味的変化
は，個別言語固有の慣習であるということである。上述のように，英語の *school* は，

トンガ語の翻訳上の対応語である *ako* とちょうど同じように，〈動詞〉として用いることができる。しかし，英語の *school* は，*ako*［動詞］（勉強する（study））と同じものを意味しない。逆に，*ako*［動詞］の英語の翻訳上の対応語である *study* は，〈名詞〉として用いることができる。しかし，*study* は，*ako*［名詞］（学校（school））と同じものを意味しない。英語の〈動詞〉*stink* は，〈名詞〉として使用可能だが，それはツカロラ語の対応物である *téskrahs*（ヤギ（goat））と同じものを意味しない。トンガ語の *si'i*［形容詞］（小さい（small））の英語の翻訳上の対応語は〈名詞〉としても使用可能だが，それは *si'i*［名詞］（子どもの頃（childhood））と同じものを意味しない。*small*［名詞］は，イギリス英語（British English）では，骨董品取引における家具ではない骨董品について述べたり，洗濯の下着について述べるのに用いられる（Carolyn Cook との私信）。これら全ての個別言語固有の意味的相違は，ちょうど英語におけるのと同様，トンガ語とツカロラ語の語彙項目が複数の慣習的意味を持っており，各々がたまたま別の品詞に該当することを含意する。

　より一般的な意味的変化のパタン（ケチュア語と他の言語における，属性語が属性を所有する物体を表すものへと一般的に変化するようなもの）が，柔軟な品詞を持つ言語タイプのより良い例だと論じることができるかもしれない（Hengeveld との私信）。しかし，そのような一般的な意味的変化もやはり個別言語固有のものである。すなわち，英語のような言語では，*the big という句を，何か大きいものについて述べるのに用いることはできず，the big one とすることが必要である。したがって，そのような一般的な意味的変化は，（14）〜（23）で示したより固有の意味的変化と同じくらいに言語の慣習によるものなのである。

　1 つの語彙項目が自由に意味を変化させるのを容認する分析では，語幹が 2 つの用法において曖昧であり，意味の変化は一般的な語用論的原理（pragmatic principles）によって支配されるという主張を行う必要があるだろう。しかし，この分析に見られる一般的意味と語用論的原理という両側面に問題がある。

　曖昧性分析（vagueness analysis）では，語について，語の全てのまた唯一の用法を規定する一般的意味が存在すると考えられる。一般的意味は，語が特定の用法で使われる際に変化する意味的特徴について中立的なものと考えられている。問題が生じるのは，一般的意味の指定においてである。語幹は，「一括主義」を採用する理論家によって論じられるタイプの語幹がまさに現れる用法間において，曖昧にはなりえない。たとえば，'big' と 'the big one'，あるいは 'school' と 'study' との間では語幹は曖昧にはなりえない。'big' と 'the big one' の全てのまた唯一の意味，また 'school' と 'study' の全てのまた唯一の意味をカバーするような一般的な意味的規定は存在しない。「大きいサイズ／勉強することと関連する何らかの概念」のような曖昧な定義では，一般的すぎる。もし語が曖昧なものであるなら，大きいサイズ

86　第 1 部　統語カテゴリから意味地図へ

と関係するいかなる概念も *hatun* にとって同等に容認可能となり，また勉強するこ
とと関係するいかなる概念も *ako* の同等に容認可能な用法となるであろう。

　言い換えると，そのような一般的定義は，ケチュア語の *hatun* やトンガ語の *ako*
のような語を適切に使用するには，必要ではあるものの不十分な条件しか与えてい
ないのである。十分条件を特定することができないということが，全ての曖昧性あ
るいは単義性の定義が抱える最大の問題点である（Cruse 1992 と 3.2.2 節参照）。代
替案は，個々の用法はその表現の慣習的意味を表すこと，すなわち問題とする語に
は 2 つの意義が存在しており，それらの意義の各々のものが別の品詞に属する可能
性を規定することである。

　加えて，一般的意味の分析が求める語用論的原理は，一般的なものではない。す
なわち，この語用論的原理は，個別言語やその言語共同体の慣習となる必要がある。
これは，（共有された，または共有されていない）一般的知識を含む，対話者同士の
相互作用を支配する一般原理から派生可能な言語使用の側面としての語用論の定義
に反するものである。慣習とは，話者が，*hatun* のような形式を，一般的な語用論
的原理（すなわち，聞き手が話者の意図した意味を認識することを可能にする非慣
習的調整装置）に基づくことなく（Lewis 1969: 33–6, 83–8, 119–120; Clark 1996:
80–1; Croft 2000b: 99–104），言語共同体の文脈において，その形式が以前に使用
されたものと一致した特定文脈において使用することを意味する（Lewis 1969; Clark
1996: 62–71; Croft 2000a: 95–8）。「語用論的慣習」（pragmatic convention）の結果
としての用法の記述は，多義性分析（polysemy analysis）と同等のものである（Croft
1998a も参照）。すなわち，*hatun* のような語の慣習的意味には，属性についての指
示と，その属性を持つ物体への指示がある。後者を「語用論的」な慣習と呼ぶこと
によって，後者の意味が前者の意味よりも，あまり慣習的ではないもの，すなわち
意味的なもの（Ariel 1998）となることはない。

　絶対的確実性を伴って，ある形式の特定の用法が慣習的であると述べることは不
可能である。しかし，ある使用が高い頻度を持つということは，その使用が慣習的
であることを含意する。さらに，慣習とはある程度は恣意的なものである。すなわ
ち，言語共同体によって採用された慣習に対して別の可能性が存在するということ
である（Lewis 1969: 68–76）。ゆえに，恣意性の程度とは，慣習が存在することを
含意するものでもある。また，恣意性は，上述の意味的変化における通言語的多様
性によって示され，さらに，曖昧な語だと言われるものについて一般的意味を考え
つくことが不可能であることからも示される。

　意味的変化の分析には，さらに別の問題もある。すなわち，この分析では，大切
な経験的事実が無視されている。すでに上で，Hengeveld の分析は，小さな品詞ク
ラスを無視した点において方法論的御都合主義を含むものであると述べた。しかし，

意味的相違の無視もまた，一種の方法論的御都合主義を含むものである。この結論については，品詞の変化を伴わない事例を用いることによって，示すことが可能である。1.5.1.1 節では，次の事例のように，英語の〈動詞〉の *weigh* は，〈受動態〉構文では生起不可能であることを見た。

(24)　*106 pounds is weighted by Jack.

しかし，実際には，*weigh* は「熟考する」(consider) というメタファ的意味においては，〈受動態〉構文で生じることができる。

(25)　This argument has to be weighted seriously.（この議論は真剣に受け止められるべきだ）

換言すれば，分布に基づく分析は，分析対象の語と構文の**意味に関連して**分布に関する事実を考慮に入れる必要があり，それを怠る場合には，言語の重要な一般化を見逃すことになるであろう（この観察については，大堀壽夫氏に感謝している）。したがって，意味的変化がある場合には，そこに分布的相違が存在することも当然予想可能であり，観察される分布的相違は意味の違いを認める分析を必要としているのである。場合によって，品詞を規定するのに用いられる構文間での分布上の違いの発生により，*hatun* や *ako* のような事例は複数の意味を持つ他の語と同様のものとなる。

　複数の意味を想定する分析に対してなされる反論は，そのような分析では，大規模なゼロ派生 (zero derivation) の存在が必要となるというものである (Kees Hengeveld との私信)。しかし，構文文法理論を含む多くの統語理論では，2 つの意味の関係を表示するのに，派生的プロセスを行使することはしない。その代わり，意味的変化は，たとえば属性的意味と属性を持つ物体の意味との体系的**多義性**として示される（多義性についてのさらなる議論については，3.2.2 節参照）。体系的多義性の表示は分かりやすい。加えて，体系的多義性は言語ではよく見られるものである (Nunberg 1979)。たとえば，Nunberg は，全ての語が，タイプについての指示（たとえば，種について述べる *lion*）とタイプの事例（個々のライオンについて述べる）の間の体系的多義性や，使用 (use)（動物としての *lion*）と言及 (mention)（*Lion is a four letter word* のように，その語について述べる *lion*）の間の体系的多義性を持つことを指摘している。

　しかし，いかなる意味的変化であっても，それを容認することに対してなされる，おそらくもっとも重大な反論は，意味的変化を無視することによって，重要な言語的普遍性が見落とされるというものである。語彙項目が，顕在的な形態的派生はないものの，重要かつ多くの場合において体系的な意味的変化を持つ複数の命題行為

88 第 1 部 統語カテゴリから意味地図へ

機能で用いられることが，通言語的にはよくある。意味的変化は，（26）の言語の普遍性によって制限されている。

(26) 品詞構文で語の発生のゼロ符号化（すなわち，柔軟性）における意味的変化がある場合には，たとえそれが散発的で不規則なものであっても，それは常に**命題行為機能**と**典型的**に関係する意味クラス，すなわち，（3）の品詞の意味クラスに向かう変化である（2.1 節参照）（Croft 1991: 74–7）。

言い換えると，（3）の品詞に関する伝統的な意味クラスの定義は，部分的には正しいのである。すなわち，この定義は，上述のように，非典型的な意味クラスも品詞カテゴリに属することができるが，品詞カテゴリの典型的成員を規定するのである。**プロトタイプ**（PROTOTYPE）は，カテゴリの「最良」の事例を表すカテゴリの成員の特権的部分のことである。多くの心理学的現象は，プロトタイプ性の現れである（調査については，Rosch 1978 参照）。プロトタイプの理論的概念は，（26）のような言語の普遍性にも関係する。プロトタイプ性に敏感な他の言語普遍性については，2.4.4 節で挙げる。

　次のパタンは，通言語的に特に一般的なものである。指示表現として使用される属性語は，（7）の事例におけるケチュア語の *hatun-ta* と同様，属性を持つ物体（人あるいは物）へと意味を変える。指示表現で使用される動作語は，（16）の事例におけるトンガ語の *ako*，または（27）のキチェ語（K'iche', Quiché）の *tixoh*（食べる）と同様（Mondloch 1978: 198），意味フレーム（Fillmore 1982 における意味で）における動作において典型的に際だちの高い参与者である人や場所，あるいは物へと意味を変える。

(27)　**lē**　k-　　ā-　　　∅　　　　tixoh
　　　　the　PRS-　2SG.ERG-　3SG.ABS-　eat
　　　　'what you eat'［直訳：'the you-eat-it'］（あなたが食べるもの）

反対に，叙述構文で使用される物体語は，英語でよくあるように，意味フレームにおける物体と，典型的にまたは顕著に関係する動作へと意味を変える（Clark & Clark 1979 参照）。

(28)　**pocket** the change, **tree** a cat, **staple** and envelope, *etc*.

叙述における物体語のより単純な意味的変化は，（29）のマカー語の事例のように，「（物体）になる」というプロセスへの変化である（Jacobsen 1979: 114）。

(29)　**ła·x̣ukšʔal**
　　　　man:MOM:NOW:IND:3

'He's gotten to be a man.' (cf. *ta·xuk* 'man') (彼は男になった)

同様に，叙述構文で使用される属性語が，「（属性）になる」という起動相 (inchoative) のプロセスへと意味を変えることは頻繁に見られることである (Stassen 1997: 163–4)。聖書ヘブライ語では，(30) の（内的な母音の変化による）〈動詞的〉屈折は，起動相の解釈をもたらす (Stassen 1997: 158 [Lambdin 1971: 193, 14 より])。これは，(31) の状態的〈非動詞〉叙述 (Nonverbal predication) とは対照的である。

(30)　zāqēn
　　　old.3SG.**M.PRF**
　　　'He became old.' (彼は年をとった)
(31)　tôb̲　　-îm　　　hā-　　ănāśîm
　　　good　-**M.PL**　ART-　man.PL
　　　'The men are good.' (その男たちは素晴らしい)

たとえ際立った意味的変化が見られない場所であっても，命題行為機能にとって典型的な意味クラスに接近する微妙な意味的変化が通常存在する。たとえば，述語名詞類 (predicate nominals) は，それ自体は物体ではなく関係を表す。典型的な関係は，*She is a musician* のように，物体クラスでの成員性の関係として考えられる (Croft 1991 と Stassen 1997 参照)。しかし，*She is the mayor* のように，同定の関係もあるし，さらに様々な別の関係もある (Croft 1991: 69–71; Hengeveld 1992: 75–91; Stassen 1997: 100–6 参照)。

　修飾語としての物体語は，関係的 (relational) なものとしても解釈される必要があり，統語的により修飾語のようなものになればなるほど，物体的なものではなくなる (Croft 1991: 103–4; 日本語でのより複雑なパタンについては，Uehara 1998: 105–29 参照)。たとえば，〈属格〉(Genitive) 接尾辞が付いたトルコ・エザーフェ語 (Turkish Izafet) の構文は，より特定的な物体の意味を持つが，〈属格〉なしのエザーフェ語の構文は，修飾語をより属性的なものとして扱う (Lewis 1967: 42–3)：

(32)　üniversite　-**nin**　profesörler　-i
　　　university　-GEN　professors　-3SG.POSS
　　　'the professors of the university' (その大学の教授たち)
(33)　üniversite　profesörler　-i
　　　university　professors　-3SG.POSS
　　　'university professors' (大学教授)

同様のことが，トルコ語の文の英語注釈についても当てはまる。すなわち，(33) の

〈複合名詞類〉（Complex Nominal）構文の中のゼロ符号化の名詞の前に置かれた〈名詞〉は，（32）の後置された〈属格〉NP よりも属性的である。

　同様に，叙述において物体語と属性語の統語がより述語的であればあるほど，述べられる属性は，より一時的であり，また，それほど内在的なものではなくなる（Wierzbicka 1986; Bolinger 1967, 1980a, b; Croft 1991: 105–6）。Bolinger は，英語で〈動詞〉から〈形容詞〉，そして〈名詞〉へと至るにつれて内在性のスケールが増大していくことを示す好例を挙げている（Bolinger 1980b: 79）。

（34）　a. Jill fusses.（ジルはつまらないことで悩む）

　　　　b. Jill **is** fussy.（ジルは小うるさい）

　　　　c. Jill **is a** fussbudget.（ジルは口やかましい人だ）

最後に，Langacker は，動作の名詞化（nominalizations）でさえ，静的な全体（static whole）として，動作の代わりとなる概念化あるいは解釈（construal）を表すと主張する（Langacker 1987: 207–8）。

2.3.　一括主義から分割主義へ

2.3.1.　分布に基づく分析と品詞の分析

　Hengeveld や他の一括主義者達は，様々な言語の品詞に関する分析を行った。彼らの分析については，より広範囲にわたる批判を展開することが可能である。すなわち，彼らが行った分析では，他の関連する形態統語的証拠が無視されていると批判可能である。構造的符号化構文は，〈名詞〉や〈動詞〉や〈形容詞〉のような品詞が存在することの証拠となる 1 つか 2 つの構文のみしか表せない。分布に基づく分析によって，**隠在的な**（COVERT）カテゴリ（すなわち，顕在的な構造的符号化によって義務的に標識が与えられていないカテゴリ）が明らかになることがよくある。たとえば，〈二重目的語〉（Ditransitive, Double-Object）構文で生じるかどうかに照らして，所有権の移動（transfer of possession）を示す，（英語の〈動詞〉としては）同じ形式をとる 2 つの異なるクラスの述語を区別することができる。

（35）　a. Ellen gave/sent the books to Laura.（エレンは本をローラにあげた／送った）

　　　　b. Ellen donated/contributed $500 to the Save-the-Redwoods League.（エレンは 500 ドルをレッドウッド保護連盟に寄付／提供した）

（36）　Ellen gave/sent Laura the books.（エレンはローラに本をあげた／送った）

（37）　*Ellen donated/contributed the Save-the-Redwoods League $500.

形式の違いはカテゴリ化における違いを伴うものだが，形式の独自性はカテゴリ化

の独自性を伴うものではないという根本的事実が見過ごされている（3.2.2 節も参照）。

　この事実についての明快な説明は，マカー語と他のヌートカ語族には，いかなる主要な品詞の区別も存在しないという主張に対して，Jacobsen が行った優れた批判の中に見いだすことができる（Jacobsen 1979）。Jacobsen が批判する主張は，1.4.1.2 節の事例で説明したように，叙述という 1 つの分布的文脈に基づく（Jacobsen 1979: 110–11）。ここでは，(38)〜(41) として再掲する。

(38)　**k'upšil**　　　　baʔas　　ʔu·yuq
　　　point:MOM:IND:3　house　　OBJ
　　　'He's pointing at the house.'（彼は家を指差している）

(39)　**babaɬdis**
　　　white.man:IND:1SG
　　　'I'm a white man.'（私は白人男性だ）

(40)　**ʔi·ʔi·x̣ʷʔi**
　　　big:IND:3
　　　'He's big.'（彼は大きい）

(41)　**hu·ʔax̣is**　　　haʔukʷ'ap
　　　still:IND:1SG　　eat:CAUS
　　　'I'm still feeding him.'（私はまだ彼に食事を与えている）

これらの事例において，述語となった語は，統語的に全て同じ最初の位置に生じており，「動詞的」屈折をとっている。にもかかわらず，マカー語での他の分布的文脈を見れば，〈名詞〉や〈動詞〉や〈形容詞〉が特定可能であるだけでなく，〈副詞〉や〈助動詞〉についても特定可能である。Jacobsen (1979) は入手困難な論文だが，少し詳しく概観してみる価値がある。

　〈名詞〉（一般的には，物体語）は，述語としても特有の振る舞いを見せる。〈述語名詞〉(Predicated Nouns) は，（ゼロ符号化された）〈継続相〉(Durative Aspect) でのみ，意味的変化を伴わずに生じることができる（Jacobsen 1979: 114; 上の (39) の事例参照）。Jacobsen は，この事実については言及していない。しかし，彼の論文（同書: 114）で挙げられる全ての事例において，〈瞬間相〉(Momentaneous Aspect) での〈名詞〉の使用には，起動相プロセス（2.2.3 節の (29) の事例のように），あるいは関係する動作（(42) のように）への意味的変化が見られる。

(42)　**p'atqčil**
　　　baggage:MOM:IND:3
　　　'He's packing'（cf. *p'atuq* 'baggage'）（彼は荷造りしている）

92　第 1 部　統語カテゴリから意味地図へ

言い換えると，マカー語の事例は，(26) の普遍性と一致しているのである。
　指示表現として使用される際には，〈名詞〉は，ゼロ符号化された「〈継続相〉」の
ように思える形で生じている。しかしながら，Jacobsen は，「対立がない場合には，
名詞が継続相になっていると述べることには語弊がある」と指摘する（Jacobsen
1979: 114）。すなわち，指示表現としての〈名詞〉のゼロ符号化形式が，述語で見い
だされる〈継続相〉だと仮定する理由は存在しないのである。
　〈名詞〉は，修飾語としては，〈所有格〉の接尾辞（あるいは，接尾辞の *i·c*（〜に属
する））を要求する（Jacobsen 1979: 139；事例は同書: 136 より）。

(43)　**quʔaci·c**　　　　　　t'aši
　　　human: BELONGING.TO　　trail
　　　'human trails'（人間の跡）

　〈動詞〉（一般的には，動作語）は，〈継続相〉と〈瞬間相〉の両方で述語として生じ
る。〈動詞〉は，-°*iq* の接尾辞が付加された場合にのみ，〈主語〉の指示表現として機
能できるが，〈名詞〉は -°*iq* なしで生じうるものであり，〈動詞〉とは異なる。その
場合でさえ，-°*iq* の形式は，動作それ自体ではなく，動作と関係する人・場所・物
について言及する。

(44)　da·sʔits　　　　　**t'iqʷ'asiq**
　　　see:PASS:IND:1SG　　**sit:on.ground**:ART
　　　'The one sitting on the ground sees me.'（地面に座っている者が私を見てい
　　　る）

さらに，-°*iq* の形式は，限られた一連の〈指示詞〉（Demonstratives）をとる（同書:
122）。〈動詞〉が修飾語として使われる際には，〈動詞〉は -°*iq* の形式（あるいは，接
頭辞（prefix））を要求する（同書: 123）。

(45)　**t'iaqʷ'asiq**　　　　　λ'icuxʷadi
　　　sit:on.ground:ART　　person
　　　'the person who is sitting on the ground'（地面に座っている人）

　〈形容詞〉（一般的に，属性語）は，追加的な形態を伴うことなく修飾語として生じ
る（同書: 136）。

(46)　ʔusubas　　　　　**ʔi·ʔi·x̣ʷ**　　baʔas
　　　REF:need:IND:1SG　　**big**　　house
　　　'I need a big house.'（私は大きな家が必要だ）

〈形容詞〉は，指示表現として機能する際には -°*iq* を要求する。〈形容詞〉はまた，ちょうどケチュア語とスペイン語におけるように，属性それ自体ではなく，属性を持つ物についても言及できる（同書：138）。

(47)　waha·ʔal　　**ʔi·ʔi·x̣ʷʔiq**
　　　go:now:IND:3　**big**:ART
　　　'A large one goes.'（大きなものが行く）

　特定のマイナーな品詞は，分布的理由によって特定可能でもある。たとえば，〈助動詞〉は，〈絶対格〉（Absolutive）の形で後続する〈動詞〉を伴う構文にのみ生じる（同書：133）。

(48)　**wiki·s**　　　haʔuk
　　　not:IND:1SG　eat（ABS）
　　　'I'm not eating.'（私は食べていない）

〈助動詞〉は，他の述語の修飾語としては生じない（同書：134）。別のマイナーな品詞クラスである〈副詞〉は，修飾語として述語の後に生じることができ（同書：131），叙述時に〈目的語〉接辞をとることは決してない。

　マカー語の品詞に関する議論において，Jacobsen は次のように述べる。「しかしながら，これらの品詞が存在すると言う際に，私は，複数のクラスへの帰属や，非典型的な役割での散発的な生起，そして特に，語彙化（名詞として用いられた内的動詞構造）を排除してはいないが，これら全てのものがどうやら生じるようである」（Jacobsen 1979: 107）。実のところ，英語はそれほど違った言語ではない。英語には，多義的項目の複数のクラスへの帰属や，非典型的役割での語の散発的な生起や，さらには動詞の語彙化の多くの事例が存在する。たとえば，*forget-me-not*（わすれな草）と *They'll ask me **heaven knows what** question next*（彼らは，私に神のみぞ知る質問を尋ねてくるだろう）と比較するとよい。

　分布に基づく分析によって，言語の文法的パタンに関するより完全な状況が与えられる。品詞の「一括主義的」分析は，分布パタンを無視することによってのみ成功するものである。ヌートカ語族やセイリッシュ語族（Kuijpers 1968; Kinkade 1983）やイロコイ語族（Sasse 1988, 1991）のような，〈名詞〉–〈動詞〉の区別を欠くという主張がなされる語族でさえ，詳細な分布に基づく分析の下では，通常の品詞を持つものとして論じることが可能である（ヌートカ語族についての Jacobsen 1979 に加え，セイリッシュ語族については，van Eijk & Hess 1986 と Croft 1991: 42–5 を，また，イロコイ語族については，Mithun 2000 を参照のこと）。

94　第1部　統語カテゴリから意味地図へ

2.3.2.　分割：どこで止めるのか？

　経験的事実は，「分割主義者」を支持するように思える。しかし，「分割主義者」
は，彼ら自身の問題を抱えている。すなわち，分割を止める方法がないのである。
たとえば，マカー語のデータは，主要な品詞（〈名詞〉，〈動詞〉，〈形容詞〉）と，マイ
ナーな品詞（〈助動詞〉，〈副詞〉，〈前置詞〉）の区別を許してくれない。さらに悪いこ
とに，注意深く分布に基づく分析を行うと，伝統的品詞ですら分割する必要がある
ことが判明する。

　簡単な通言語的に一般的な事例として，ランゴ語（Lango）のような言語における
複数の〈形容詞〉〈属性語〉クラスの存在が挙げられる（Noonan 1992）。ここでも，
少し詳しく事例を検討してみる。なぜなら，それが，2.4.2 節において品詞の普遍類
型論理論を説明するのに用いられるからである。分布的には，ランゴ語は属性語の
クラスを2つ，そして動作語のクラスを1つ持つ。属性語の1つ目のクラスには，
区別可能な〈単数〉（Singular）と〈複数〉の語幹形がある。それら全てが，(49) に挙
げてある（Noonan 1992: 105）。

(49)　SG　　　　　PL

　　dìt　　　　*dìtò*　　　'big, old, important'

　　dwôŋ　　*dɔ̀ŋɔ̀*　　'large, old'

　　ràc　　　*ràcù*　　　'bad'

　　bèr　　　*bècò*　　　'good'

　　cèk　　　*cègù*　　　'short'

　　tídi　　　*tínò*　　　'small'

　　bòr　　　*bòcò*　　　'long, high, far away'

このクラスは，修飾では，〈限定〉不変化詞（Attributive particle）のみを通常用い，
〈主要部名詞〉との〈一致〉では，〈単数〉または〈複数〉のどちらかの語幹形を用い
る。これは，後者が数において屈折するかどうかにかかわらず起こることである
（Noonan 1992: 155）。Noonan は，これらの形式を，〈三人称単数習慣〉（3rd Person
Singular Habitual）における〈関係詞節〉として解釈する。しかし，「〈三人称単数〉」
はゼロ接頭辞（zero prefix）であり，「〈習慣〉」（Habitual）はゼロ接尾辞（zero suffix）
である。非対照ゼロ（noncontrastive zero）の解釈についての，上の Jacobsen の忠
告を思い起こすといい。

(50)　gwôkk　　**à**　　**bèr**

　　　dog.SG　　AT　　(3SG)**good**.SG (HAB)

'the good dog'（良い犬）

(51) gwóggî　**à**　**bɛ̀cò**
dog.PL　AT　(3SG)**good**.PL（HAB）
'the good dogs'（良い犬たち）

　叙述時には，最初の属性のクラスは，〈主語の一致〉（Subject Agreement）接頭辞と屈折する。しかしながら，〈主語の一致〉接頭辞は，〈習慣相〉（Habitual Aspect）でのみ屈折する（同書：104）。〈連結詞〉は，〈完了〉（Perfective）形と，屈折なしの（〈単数〉の）〈形容詞〉と共に，過去の時間指示を示すために，このクラスの語と一緒に用いることができる（同書：146）。

(52) án　àrâc
I　1SG:bad:HAB
'I am bad.'（私が悪い）

(53) án　**àbédò**　rác
I　1SG:**stay**:PRF　bad
'I was bad.'（私が悪かった）

　第一の属性語のクラスは，〈動名詞〉（Gerund）以外の〈習慣相〉の屈折では，独立した音調（tone）を持つ。このクラスはまた，〈不定詞〉（Infinitives）と〈仮定法〉（Subjunctives）を形成するのに連結詞を要求するが，これらの文脈では〈複数〉の語幹を誘発することはない（同書：105）。

(54) ómìttò　**dɔ̀kɔ̀**　bɛ̀r
1PL:want:PROG　**become**:INF　good.SG
'We want to be good.'（私たちは良くなりたい）

　第二の属性語のクラスは，第一のクラスとは異なり，明確な単数の語幹形と複数の語幹形を持たない。この第二の属性語のクラスの振る舞いは，その他の点では，第一の属性語のクラスと同じである。第二の属性語のクラスは，叙述の際には，〈主語の一致〉接頭辞と屈折する。第二のクラスは，非現在〈時制〉と，〈不定詞〉と〈仮定法〉については〈連結詞〉を用いて，〈習慣相〉でのみ屈折する。第二のクラスは，〈非動名詞習慣相〉（Nongerund Habitual）屈折で独立した音調を持つ。修飾では，第二のクラスは，〈限定〉不変化詞のみを通常用いる（同書：103）。

(55) kùll　**à**　ɲwé
warthog　AT　(3SG)smelly（HAB）
'a smelly warthog (='a warthog that's smelly')'（臭いイボイノシシ）

96 第1部 統語カテゴリから意味地図へ

　第三の語類は，ほとんどが動作語である。第一，第二の属性語のクラスのように，動作語のクラスは，叙述では，〈主語の一致〉接頭辞と屈折する。このクラスは，第二の属性語のクラスのように，区別可能な〈単数〉の語幹形と〈複数〉の語幹形を欠く。またこのクラスは，どちらの属性語のクラスとも異なり，〈完了〉相，〈進行〉(Progressive) 相，〈習慣〉相で屈折する。すなわち，*àgikó/àgikô/ágikkò* [1SG.stop:PRF/HAB/PROG] ('I stopped/stop/am stopping something'（私は，何かを止めた／止める／止めている））（同書: 92）となる。動作語のクラスは，決して〈連結詞〉を要求することはない。動作語のクラスは，〈非動名詞習慣相〉屈折では〈習慣相〉の音調を持つ（二音節語には H HL，単音節語には HL；同書: 91, 97）。

(56)　nɛ́nɛ̂
　　　3SG:see:HAB
　　　'he sees it'（彼はそれを見る）

動作語のクラスは，〈不定詞〉と〈仮定法〉を直接形成し (Noonan 1992: 213)，〈複数形仮定法〉屈折形を用いる（最初の属性語のクラスとは異なって；同書: 92–3）。

(57)　àdâg　　　　　kwànnò　　bukkì
　　　1SG:refuse:HAB　read:INF　book:this
　　　'I refuse to read this book.'（私はこの本を読みません）

　修飾においては，動作語のクラスは，〈関係詞節〉で生じ，〈限定〉不変化詞 +〈関係代名詞〉(Relative Pronoun)，あるいは〈限定〉不変化詞，またはゼロとですら，どんな時制・相でも屈折可能である（同書: 217–18）。

(58)　gwókk　　**àmɛ̂/à/Ø**　　òtɔ́ɔ̀
　　　dog　　　**AT:REL/AT/Ø**　3SG:die:PRF
　　　'the dog that died'（死んだ犬）

これら3つの選択肢は，2つの属性語のクラスにおいても可能だが，限定属性概念語を伴う〈限定〉不変化詞 +〈関係代名詞〉は，属性クラスにとってはそれほど一般的ではない。しかし，動作語のクラスには好まれる (Noonan との私信)。

　言語学者なら誰もが，動作語のクラスを〈動詞〉と呼ぶであろう。しかし，2つの属性語のクラスは，どうであろうか。もし第二のより大きな属性語のクラスを〈形容詞〉と呼ぶなら，第一のクラスは何と呼ぶべきだろうか。〈形容詞〉というクラスには，2つの下位クラスがあるといえるかもしれない。しかし，2つの下位クラスがあると言うための唯一の理由とは，理論的に動機付けられた原理ではなく，単に意味的発見法によるもの（すなわち，属性語のクラスは，〈形容詞〉と呼ばれるべき

ものだという）である。（ランゴ語における2つの属性語のクラスの主な違いは，形態的なものだと論じる者がいるかもしれない。しかし，形態的特性は，品詞を定義するのによく用いられるものではあるものの，下で述べる日本語のような他言語では，統語的方法によって属性語のクラスを区別している。）

　標準的なヨーロッパ言語においてさえ，同じ問題が存在する。英語の属性語である〈形容詞〉は，部分的には，〈単純級〉(Simple Degree)，〈比較級〉(Comparative Degree)，〈最上級〉(Superlative Degree)での生起により規定可能である。しかし，級は，英語では3つの方法で表現され，属性語の3つの異なるクラスを規定する。[4]

(59)　クラスI：　　〈補充法〉(Suppletive) 級形—*good/better/best, bad/worse/worst*

　　　クラスII：　　〈屈折〉(Inflectional) 級形—*tall/taller/tallest, small/smaller/smallest*

　　　クラスIII：　〈迂言法〉(Periphrastic) 級形—*loquacious/more loquacious/most loquacious*

この場合もやはり，分布に基づく分析では，これらを3つの品詞として扱うべきか，あるいは1つの品詞の3つの下位クラスとして扱うべきかについては不明である。ただ意味的発見法によってのみ，これら3つの級が形容詞の下位クラスであることが示唆されるのであるが，この発見法は，品詞の文法的基準としては信頼できないものと長い間みなされてきたものである。

2.3.3.　分布に基づく分析と品詞に関するさらなる問題

　1つの主要な品詞のように思えるものを複数のクラスへと分割することは，重大な理論上の問題である。しかし，単一言語の文法において品詞を確立することの問題は，それで済むものではない。

　伝統的な日本の文法家達は，ずっと以前に，日本語には3つではなく，4つの品詞があると考えた。すなわち，〈名詞〉，〈動詞〉，〈形容詞〉，〈名詞的形容詞〉(Nominal Adjectives) の4つである。これは，前節で述べた問題のもう1つの現れである。しかし，日本語の〈名詞〉，〈形容詞〉，〈名詞的形容詞〉というカテゴリを確立する通常の分布的基準を適用すれば，これら3つのみならず，それ以上のカテゴリが存在することが明らかになる。

　〈名詞〉は，叙述では〈連結詞〉構文によって，そして修飾では〈属格〉不変化詞の

4　クラスIIとクラスIIIとの区別は，音韻的なものではない。*ill/*iller/*illest, whole/*wholler/*whollest* を参照していただきたい。クラスIIは，英語の歴史では縮小の傾向にある。すなわち，シェイクスピアの時代には，ずっと多くの属性語がクラスIIに分類されていた。

98　第 1 部　統語カテゴリから意味地図へ

no を伴う構文によって，特徴付けられる（Uehara 1998: 64, 56）。

(60) Hon　　**da**.
　　 book　　COP
　　 'It is a book.'（それは本だ）

(61) Ainu-go　　　**no**　　kenkyuu
　　 Ainu-language　GEN　　research
　　 '(the) study of the Ainu language'（アイヌ語の研究）

〈名詞的形容詞〉も，叙述では〈連結詞〉構文を用いるが，修飾では結合不変化詞（linking particle）の *na* を用いる（同書：88）。

(62) Kirei　　**da**.
　　 pretty　COP
　　 'It is pretty.'（それはかわいらしい）

(63) kirei　　**na**　　hon
　　 pretty　LNK　　book
　　 'a pretty book'（かわいらしい本）

〈形容詞〉は，叙述と修飾では〈形容詞的〉屈折（Adjectival inflection）を用いる（同上）。

(64) Yasu　　**-i**.
　　 cheap　-INFL
　　 'It is cheap.'（それは安い）

(65) yasu　　**-i**　　hon
　　 cheap　-INFL　book
　　 'a cheap book'（安い本）

しかし，別の分布パタンによって規定される他のクラスも存在している。タイプ I〈名詞的形容詞 / 形容詞〉と呼ぶクラスは，叙述では〈形容詞的〉屈折または〈連結詞〉構文のどちらか，また修飾では〈形容詞的〉屈折または *na* と共起する（同書：89）。

(66) Atataka　**-i**.　　／　Atataka　**da**.
　　 warm　　-INFL　／　warm　　COP
　　 'It is warm.'（暖かい）

(67) atataka　**-i**　　hi　／　atataka　**na**　　hi
　　 warm　　-INFL　day　／　warm　　LNK　　day
　　 'a warm day'（暖かい日）

タイプ II〈名詞的形容詞 / 形容詞〉と呼ぶ第五のクラスは，叙述では〈形容詞的〉屈折とのみ生じるが，修飾では〈形容詞的〉屈折または *na* と共起する（同ページ）。

(68)　Tiisa　**-i**.　　/　*Tiisa　**da**.
　　　small　-INFL　/　small　COP
　　　'It is small.'（それは小さい）

(69)　tiisa　**-i**　hon　/　tiisa　**na**　hon
　　　small　-INFL　book　/　small　LNK　book
　　　'a small book'（小さい本）

最後に，〈名詞的形容詞〉と〈名詞〉の間で交替するクラスがある（同書：106）。

(70)　heiwa　　**na**　kuni
　　　peace(ful)　LNK　country
　　　'a peaceful country'（平和な国）

(71)　heiwa　**no**　sisya
　　　peace　GEN　messenger
　　　'a messenger of peace'（平和の使者）

(72)　kenkoo　**na**　hito
　　　health(y)　LNK　person
　　　'a healthy person'（健康な人）

(73)　kenkoo　**no**　zyootai
　　　health　GEN　condition
　　　'health condition'（健康状態）

(70)〜(73) の英語の対応する翻訳では，同じ語根（lexical root）が用いられているが，これらは別の統語カテゴリ形式のものである。すなわち，ここで挙げる事例の両方において，基底〈名詞〉形と派生〈形容詞〉形がある。しかしながら，日本語の語彙形式は，統語的発生を除いては同一である。ここでの統語的発生は，英語の〈名詞類〉–〈形容詞類〉の形式的違いに対応して，〈名詞〉と〈名詞的形容詞〉の振る舞いにおいては曖昧である。

　〈名詞〉や〈名詞的形容詞〉や〈形容詞〉を定義するのに用いられる構文間での日本語の語の分布パタンは，1.1.2 節で紹介したフォーマットを用いれば，表 2.1 のように要約できる。

100　第1部　統語カテゴリから意味地図へ

表2.1.　日本語での〈名詞〉–〈名詞的形容詞〉–〈形容詞〉のクラスの分布パタン

	no Mod	*na* Mod	*i* Mod	*da* Pred	*i* Pred
hon, etc.	√	*	*	√	*
kirei, etc.	*	√	*	√	*
yasu, etc.	*	*	√	*	√
atataka, etc.	*	√	√	√	√
tiisa, etc.	*	√	√	*	√
heiwa, kenkoo, etc.	√	√	*	√	*

　伝統的に〈名詞〉や〈名詞的形容詞〉や〈形容詞〉と名付けられた3つの語類だけが存在しており，上で記述した3つの付加的クラスは複数のクラスへの帰属を表すものだと論じることができるかもしれない。しかし，分布に基づく分析は，後者の3つのクラスを，複数のクラスへの帰属の事例として記述すべきか，あるいは異なる分布パタンを持つ3つの付加的クラスの事例として単に記述すべきかどうかについて，何も述べていない（1.5.1.2節）。

　これに加えて，どの語がどんな分布を持つかについては，話者によって様々である。また，語は，様々な程度の（非）文法性を伴って種々の構文に収まる（Uehara 1998: 98–9, 103–15）。したがって，カテゴリの成員性は，個々の語彙項目についてでさえ明確ではないのである（1.5.1.3節）。分布に基づく分析によって，多くの統語的クラスについて明らかになるだけでなく，時にこれらのクラスの境界の曖昧なカテゴリの振る舞いについても明らかになるのである。

　品詞（実際には，文法カテゴリ全般）についての標準的アプローチが抱える基本的問題は，次のように要約できる。分布に基づく分析は，何のカテゴリが言語に存在するのかについて決定を下すための基本的方法である。この分析法は，品詞について明らかにするだろうと想定されている。実際，この分析法は，統語理論が文法を記述するのに用いる基本的な極小要素として解釈可能な文法カテゴリについて明らかにするものと仮定されている。しかし，この分析法，すなわち分布に基づく分析によって，それが達成されることは決してない。

　まず，分布に基づく分析によって，無数のクラスが明らかになるが，分布に基づく分析が，品詞とマイナーな統語カテゴリのどちらを選ぶべきかを決める方法を提示することはない（1.5.1.2節）。次に，分布に基づく分析の体系的適用によって，明確な境界を持つ少数の品詞がもたらされることはない（下位クラスや複数のクラスへの帰属の修正はさておき。これらは他の方法によって動機付けられなければならない）。この後者の事実によって，分布に基づく分析が定義するカテゴリは，伝統的な品詞ではないということが分かるし，さらにはそれらのカテゴリは，個別言語に

ついて統語表示モデルの基礎的要素として用いることができそうな極小の基本要素でないことも示唆される。

2.4. 概念空間，意味地図，品詞の普遍的理論

全ての言語に当てはまる適切な品詞理論は，それが成功を収めるものであるためには，次の3つの条件を満たす必要がある。まず第一に，品詞と他の形態統語的に規定された下位クラスとを区別するための基準を持つ必要がある。第二に，品詞の区別の普遍性を評価するための通言語的に妥当で一貫した一連の形式的な文法的基準を持つ必要がある。第三に，言語の普遍性と個別言語の事実について明確な区別を持つ必要がある。

これまで議論してきた品詞理論において最初の条件が欠落していることは，2.2.3節の最後の議論から明らかなはずである。第二の条件は，最初の条件と密接に結びつくものだが，Hengeveld の理論を除く前述のどの理論においてもあまり議論されてこなかった。なお，私は Hengeveld の理論はあまりにも制限されすぎていると言いたい。品詞理論にとって，第三の条件が重要であること，あるいはそれが品詞理論に関連していることは，多くの読者にとって明確ではないかもしれない。しかし，私は，言語の普遍性と各言語に特有な事実を区別することの重要性の認識不足が，最初の2つの条件を満たし損なう直接の原因だと考える。ゆえに以下では，まず第三の条件について検討する。

2.4.1. 普遍性と言語個別性の区別

2.3 節で提起した矛盾については，二通りの回答がよく見られる。まず最初の回答は，統語理論では品詞は存在しないというもので，Joos の有名な一節にあるように，「言語は，制限なく，また予想不可能なやり方でもって，それぞれ異なる」というものである（Joos 1957: 96）。これは実質的に，個別言語で品詞（あるいは，他のどんな文法的現象）を記述する上で，言語普遍性が存在することを否定するものである。

もう1つの回答は，基本的には方法論的御都合主義によるものである。Haegeman (1994) は，カテゴリの成員性が分布を決定するのであって，その逆はないと考える（1.2.1 節参照）。実のところ，Haegeman と他の大多数の研究者達は，自分たちが想定する理論上の仮説にとって都合が良いと思われる文法的パタンのみを用いている。このような研究者達は，幾つかの分布パタンについては無視して，一部の少数の構文（あるいは，叙述のように，単に1つの構文のみ）に重点的に取り組み，それら少数の構文を用いることで，品詞と他の極小の統的基本要素を備えた統語理論の

構築に取り組んでいる。こういった戦略は,「一括主義的」なアプローチにつながる傾向にある。たとえば,叙述において,構造的符号化構文の存在／欠如だけを見ることは,マカー語には,ただ1つしか品詞がないという考えにつながるものである。Hengeveld（1992）の理論は,指示表現と連体修飾語（adnominal modifiers）と副詞的修飾語（adverbial modifiers）について検討しているが,これは依然として構造的符号化構文のみについてしか検討していない。意味的変化を許容することと並び,Hengeveld の理論は,依然として概して「一括主義的」なアプローチにつながっている。「一括主義的」なアプローチとは,本章の最初の（1b）の仮説に記されたもので,すなわち,品詞は全ての言語で必ずしも見つかるものではないということである。

　第三の方法がある。それは,先の2つの回答が持つ好ましい特徴を組み合わせるものである。ただし,この第三の方法に達するためには,先の2つの回答が持つ負の特徴を放棄しておく必要がある。分布に基づく分析を選択法に基づいて放棄する目的は,2.1節での（1a）の仮説を保持することである。すなわち,〈名詞〉や〈動詞〉や〈形容詞〉などという名前を付ける品詞は,個別言語で事例化される普遍的なカテゴリである,という仮説である。しかし,この考え方を維持する必要はない。実際,分布に基づく分析によると,その考え方を放棄することが必要であることが明らかである。それが,Joos のアメリカ構造主義の解釈の好ましい特徴である（Anward他 1997: 168 には失礼ではあるが）。1章で議論したように,個別言語のカテゴリは,言語の構文によって規定されるものである。構文が,統語表示の基本要素である。すなわち,カテゴリは構文から由来するのである。

　ラディカル構文文法とは,経験的な精度と完全性を損なうことなしに,個別言語の統語的なカテゴリや関係や構文を表示するという問題に対する解決法を提示するアプローチである。ラディカル構文文法では,Joos の見方は真摯に受け止められている。しかし,ラディカル構文文法では,品詞は個別言語のカテゴリとはなりえないものとされる。特定の英語構文が規定する特定の英語の統語カテゴリについて,それを,〈名詞〉や〈動詞〉や〈形容詞〉と名付けることは選択可能なことであろう。しかし,その結果,他のいかなる言語の構文が規定するカテゴリについても,同じラベルを用いて名前を付ける理論的動機は存在していない。我々に与えられているのは,疑わしい意味的発見法または用語上の利便性のみなのである（Dryer 1997a）。いずれにせよ,英語の構文とは総じて,伝統的な文法書で通常見られる,3つの主要な品詞よりも（あるいは1ダースよりも）多くの品詞クラスを規定するものであろう。

　さて,ここから,上で批評した品詞の分析に立ち戻って,ラディカル構文文法的視点から問題の分析の再検討に入ることが可能である。私は,Jacobsen に従い,品

詞を定義するのに叙述構文だけを用いて，たとえばマカー語には品詞はない（あるいは，〈動詞〉だけ）と論じた言語学者達を批判した。しかし，このような言語学者達の分析でまずい点が，彼らがマカー語と他の言語について発見した内容ではない。彼らの分析の問題点は，彼らが自分たちの発見が品詞に関するものだと考えたことである。彼らが発見したことは，品詞についてのものではなく，叙述構文についての類型論的パタン，あるいは，より正確には，叙述を規定するために彼らが用いた屈折構文の一群（主語および目的語の一致，時制—相—法の屈折など）であったのである。さらに具体的に言うと，彼らが発見したものは，叙述構文と叙述構文に収まる語彙項目の意味クラスの関係についての類型論的パタンであったのである。

ここで批判した言語学者達による発見は全てが，正当で，興味深く，重要な経験的・理論的な言語研究である。それがどのくらい興味深いものであるのかは，*Intransitive Predication*（『自動詞叙述』）と適切に名付けられた，様々な意味クラスの叙述に関する Stassen による大規模で素晴らしい研究の中に見いだすことができる（Stassen 1997; Wetzer 1996 も参照）。（残念ながら，Stassen と Wetzer は，依然として，統語カテゴリのラベルを使って意味クラスについて言及しており，「名詞的」（nouny）や「動詞的」（verby）のような潜在的に語弊がある用語を用いている。）しかし，そのような研究を行ったり，あるいはそれを正当に評価するために，品詞について言及する必要性はない。

Hengeveld（1992）の研究は，叙述以外にも指示（彼が用いる術語では，名辞）や修飾についても検討しているという点で，取り扱う範囲では，より広範なものといえる。Hengeveld の研究に対して私が唱える異議は（2.2.2 節で取り上げた経験的・方法論的・意味論的問題に加え），自身の研究が品詞に関するものであるという Hengeveld の主張である。Hengeveld の研究は，実際には，連結詞構文と非連結詞構文，関係詞化（relativizing）構文や他の限定構文，それに名詞化構文という，構造的符号化構文についてのものである。それにもかかわらず，Hengeveld のモデルは（それが適切に実行された場合），構文の一群と語彙項目（彼の術語では述語）の意味クラスの一郡との相互作用を実際に調査したものである。

しかしながら，先行研究で提示した普遍類型論理論（universal-typological theory）（Croft 1984, 1986, 1991）（この前身となるのは，形容詞に関する Dixon の重要な研究（Dixon 1977）である）は，さらにより一般的なものである。実のところ，普遍類型論理論は，言語の普遍性としての品詞に関する理論とみなすには，十分一般性を備えた理論だと私は考える。この理論は，それほど詳細に述べられたものでもなく，またずっと小さな標本に基づいて検証がなされたものではあるが，Stassen や Hengeveld のモデルよりも広範である。（Stassen と Hengeveld による，より大規模な研究の結果は，より小規模な研究である Croft（1991）の結果と矛盾しない。）普遍

104 第1部 統語カテゴリから意味地図へ

類型論理論は，より広範囲の構文群における類型論的相互作用についての分析が行われている点において，より広がりを持つものである。普遍類型論理論は，独立した根拠を持つ類型論的原理の観点から表現されているという点では，より一般性を備えたものである（これによって，結果を他の類型論的パタンと比較することが可能となる）。2.4.2節では，この理論について概説する。また，2.4.3節では，個別言語の構文についての個々の話者の知識と，言語の普遍性についての話者の知識を表示する方法として，概念空間モデルを紹介する。

2.4.2. 品詞の普遍類型論理論

　品詞に関する本当に普遍的な理論を構築するためには，Joosのアプローチ（と，アメリカ構造主義の次に勃興した生成文法のほとんどのもの）の主要な悪しき特徴を放棄しておく必要がある。ここで言う悪しき特徴とは，言語の普遍性は，全ての（またはほとんど全ての）言語で見られるカテゴリと構造のみであるという狭い見方のことを指す。すなわち，言語の普遍性とは，類型論学者が**無制限の普遍性**（UNRESTRICTED UNIVERSALS）と呼ぶもの（全言語に当てはまる特性）だけを指すという見方を放棄する必要がある。この狭い見方においては，普遍文法は，前もって与えられた統語的なカテゴリと構造の単なる鋳型にすぎず，個別言語はその鋳型に組み込まれ，個別言語の文法はその鋳型から統語カテゴリや構造を選び出すということになる（1.6.9節参照）。普遍文法についてのこの見解は，狭すぎるだけではない。ラディカル構文文法では，その見解が全く受け入れ難いことが示される。個別言語の文法カテゴリは，還元不能なほどに個別言語に固有のものである。実のところ，文法カテゴリは構文固有のものでもある。むしろ，普遍文法は，類型論で発見される類いの**含意的普遍性**（IMPLICATIONAL UNIVERSALS）において明示される。本節では，品詞の普遍類型論理論と，意味クラスと談話機能の相互作用における品詞の普遍類型論理論の基盤について述べる。

　品詞の普遍類型論理論が扱う構文領域には，Hengeveld（1992）のモデルと同様，叙述と指示と修飾の構文が含まれる。これら3つの命題行為機能（2.2.1節）が，実のところ，伝統的な主要品詞を三方向で区別するための基盤となる。これが，上で述べた第一の条件を満たすための最初の段階であり，他の「それほど主要でない」カテゴリ（言語普遍性と言語個別性のどちらも）とは対照的に，主要な品詞を特定するための方法である。叙述構文と指示構文と修飾構文は，命題行為を符号化する。すなわち，これら3つの命題行為を符号化するいかなる言語の構文を記述するのにも，「叙述」（predicative）と「指示」（referring）と「限定」（attributive）という（英語）小文字（本訳書では〈　〉でくくらないもの）による用語を用いることにする（1.6.2節参照）。

命題行為構文で関連する役割を担う語彙項目は，意味クラスに分けることが可能である。Croft (1991) の仮説は，**物体・属性・動作**という意味クラスは，それぞれが，指示構文・限定構文・叙述構文の**類型論的プロトタイプ**であるというものである。以下では，まず上の 3 つの意味クラスを定義付けて，類型論的分析に取り組む。

物体・属性・動作という意味クラスは，人間の言語で見られる語の意味クラスのほんの一部にすぎない。これらの意味クラスは，4 つの意味特性の観点から規定可能である。第一は，**関係性**（RELATIONALITY）である。すなわち，ある概念の定義が，本質的に別の概念について述べることを要求するかどうかである（Langacker 1987: 214–16）。たとえば，走ることのような動作については，走者の関与なしで考えたり，あるいは高さのような属性については，何か高いものなしに考えることはできない。一方，椅子あるいは犬については，別の概念の関与なしで考えることが可能である。第二の特性は，**状態性**（STATIVITY）である。すなわち，概念が状態 (state) あるいは過程 (process) を表すのかどうかである。第三の特性は，**一時性**（TRANSITORINESS）である。すなわち，概念が問題となる存在物の一時的状態または過程，あるいは本質的状態または恒常的状態（状態だけが，恒常的となれる）を表すのかどうかである。最後の第四の特性は，**段階性**（GRADABILITY）である。すなわち，存在物が高さのような，尺度次元に沿って段階的なものであるのかどうかである。下に挙げる図 2.1 の 3 つの意味クラスは，表 2.2 の 4 つの意味的特性によって規定される（Croft 1991: 65 の表 2.4 から採用）。

表 2.2.　典型的な品詞の意味的特性

	関係性	状態性	一時性	段階性
物体	非関係的	状態	恒常的	非段階的
属性	関係的	状態	恒常的	段階的
動作	関係的	過程	一時的	非段階的

言語内部あるいは通言語的に語彙項目を比較する際には，意味はできる限り一定のままに保つようにする。これによって，Hengeveld の理論とは対照的に，語彙項目の意味について一貫性を備えた体系的な通言語的比較が可能になる（2.2.2 節参照）。

類型論的なプロトタイプカテゴリは，関係する構文に関する，類型論的に無標 (unmarked) の機能的に規定されたカテゴリである。品詞の場合，関係する構文には，上述のように，指示・修飾・叙述について用いられる構文が含まれる。表 2.3（Croft 1991: 67 の表 2.6 参照）では，表 2.2 で規定した 3 つの意味クラスと結合した 3 つの命題行為構文に通常用いられる伝統的ラベルが与えられている。

106　第 1 部　統語カテゴリから意味地図へ

表 2.3.　品詞の顕在的にマークされた構造的符号化構文

	指示	修飾	叙述
物体	**無標の名詞**	属格，形容詞化（adjec-tivalizations），名詞に付く前置詞句	述語名詞類（predi-cate nominals），連結詞
属性	形容詞由来の名詞（deadjectival nouns）	**無標の形容詞**	述語形容詞（predi-cate adjective），連結詞
動作	動作名詞類（action nom-inals），補部，不定詞，動名詞	分詞，関係詞節	**無標の動詞**

　Hengeveld が検証した構文は，構造的符号化構文（すなわち，実際には命題行為機能を符号化する構文）である。Hengeveld が検証した構文は，問題となる機能を符号化するのに用いられる形態素の数によって，2 つのタイプに分けることができる。機能を符号化するのに，1 つまたはそれ以上の形態素が用いられる場合には，その言語での**顕在的**な構造的符号化について述べることができる。たとえば，英語は，指示表現として使われる際には属性語と動作語の顕在的〈名詞化〉（Nominalization）を用いる（74a–b）。英語はまた，修飾語として物体語を伴って用いられる〈属格〉前接辞の -'s と〈前置詞〉を用い（75a–b），項（（76a）の〈定形補部〉（Finite Comple-ments））や修飾語（（76b）の〈定形関係詞節〉（Finite Relative Clauses））として動作語に用いられる〈補文標識〉（Complementizer）の that を用いる。英語はまた，項（（77a）の〈動名詞〉）や修飾語（（77b）の〈分詞〉（Participle））として動作語の -ing 形を用い，修飾語として動作語の〈関係代名詞〉（Relative Pronoun）を用いる（78）。英語はさらに，述語としての物体語と属性語の〈連結詞〉の be（79a–b）や，物体語叙述の〈冠詞〉の a（79a）も用いる。

(74)　a. good**ness**, happi**ness**（良いこと，幸福）
　　　b. destruc**tion**, produc**tion**（破壊，生産）
(75)　a. Bill**'s** book（ビルの本）
　　　b. the book **on** the dresser（化粧台の本）
(76)　a. She realized **that** he was not going to leave her.（彼女は彼が彼女のもとを去らないことを悟った）
　　　b. the man **that** left the party early（パーティから早く出た男）
(77)　a. Runn**ing** is bad for your knees.（ランニングは膝に悪い）

b. the woman runn**ing** down the road（道を走っている女性）

(78) the tree **which** fell on my house（私の家に倒れた木）

(79) a. That **is a** cypress.（あれは糸杉だ）

b. That cypress **is** big!（あの糸杉は大きい）

　他の指示構文と修飾構文と叙述構文では，命題行為機能を表す機能を持つ形態素は何も用いられない。これらを，**ゼロ構造的符号化**（ZERO structural coding）構文と呼ぶ。英語のゼロ構造的符号化構文の事例には，物体の指示（80），属性による修飾（81），動作の叙述（（82）；2.2.1 節から屈折は構造的符号化の一部ではないことを思い出してほしい）が含まれる。

(80) I found the **ring**.（私がその指輪を見つけた）

(81) The **big** cookie is hers.（その大きなクッキーは彼女のものだ）

(82) I **ate** it.（私がそれを食べた）

　これらの構造的符号化構文は，英語のパタンを示すものだが，これは通言語的に広く見られるパタンでもある。すなわち，命題行為のゼロ符号化がある場合には，それは物体の指示や属性の修飾や動作の叙述で見られるのである。意味クラスと命題行為のこれら 3 つの組み合わせは，**類型論的に無標**の結合である。すなわち，これらは，類型論的プロトタイプを形成するのである。私は，**名詞**や**形容詞**や**動詞**（英語小文字；本訳書では〈　〉でくくらないもの）という用語は，これらの類型論的プロトタイプを記述するのに用いることが可能だと考える（Croft 1991）。

(83) a. 名詞＝物体についての指示

b. 形容詞＝属性による修飾

c. 動詞＝動作の叙述

名詞と動詞の類型論的プロトタイプは，対照的カテゴリとして高度な手がかり妥当性を持つ（Rosch 1978）。すなわち，物体と動作は，表 2.2 の最初の 3 つの意味的特性に関して異なり，最も対立する命題行為機能と関係するのである。

　上に挙げた品詞のプロトタイプを支持する類型論的証拠は，**類型論的有標性**（TYPOLOGICAL MARKEDNESS）の理論によって与えられる（Greenberg 1966a; Croft 1990a, 1996a）。類型論的有標性の理論は，複数言語間における形式と意味の関係についての一般理論である。類型論的有標性の理論と，有標性に関するプラハ学派（Prague School）の理論との間には重要な違いが存在するが，この違いが原因となって，前者の理論が誤解されることがたびたびある（歴史的議論については，Croft 1996a 参照）。（分布に基づく方法に加えて）類型論的有標性の理論は，上で挙げた

第二の条件を満たすものである。すなわち、類型論的有標性の理論は、個々の言語について 3 つの品詞の普遍性を検証するための妥当な通言語的な文法的基準を提供する。

類型論的有標性には、プラハ学派の有標性と区別可能な重要な特徴が 2 つある。第一に、類型論的有標性は、**概念的**（CONCEPTUAL）カテゴリの普遍的特性であり、プラハ学派の有標性のように、個別言語固有の文法カテゴリという個別言語に特有の特性ではない。物体指示が類型論的に無標だと論じられる際に、そこで提出される仮説によって提案されることは、世界の言語で符号化される物体指示（あるいは、名詞）という概念的カテゴリに関するものであって、英語や他のいかなる個別言語における〈名詞〉と名付けられる文法カテゴリに関するものではない。

命題行為と意味クラスのいかなる他の結合も、類型論的には有標である。これらの無標と有標の結合は、概念的カテゴリである。(83) の結合は無標であり、他の全ての結合は有標であるという主張は、それらの概念的カテゴリが通言語的にはどのように符号化されるのかに関する多様性のパタンについての仮説である。

類型論的有標性の形式的基準は、構造的符号化構文と、問題となるカテゴリの振る舞い可能形を示す構文に当てはまる。類型論的有標性が持つ構造的符号化の基準の適切な定義によって、類型論的有標性とプラハ学派の有標性の間の第二の重要な違いが明らかになる。プラハ学派の有標性では、無標のカテゴリはゼロによって表され、有標のカテゴリは顕在的形態素によって表される。もしこれが類型論的普遍性の主張であるなら、それは絶対的普遍性（absolute universal）を意味するだろう。プラハ学派の定式化は、通言語的には受け入れ難い。すなわち、反例が多く存在しているのである。

代わりに、構造的符号化の基準が指定するのは、有標の成員は無標の成員と少なくとも同じ数の形態素で符号化されるということのみである（Croft 1990a: 73）。この一般化は、含意的普遍性である。

(84)　**構造的符号化**（Structural Coding）：ある言語が n 個の形態素（$n \geq 0$）によって文法カテゴリの類型論的に無標の成員を符号化する場合には、その言語は、少なくとも n 個の形態素によってそのカテゴリの類型論的に有標のメンバーを符号化する。

(84) の形式化は、任意の言語で無標概念と有標概念の両方の顕在的な構造的符号化を認めたり（たとえば、日本語とランゴ語の属性を含む様々な修飾語のクラスの顕在的符号化）、両方のゼロ符号化を認めるものである（たとえば、顕在的な派生や連結詞なしで属性と物体クラスの叙述を許可するマカー語のような言語）。唯一除外されるタイプは、たとえば、もしある言語が動作の叙述については連結詞や助動詞を

要求するが，属性および物体のクラスの叙述のゼロ符号化を持つものである場合に，無標の成員が有標の成員よりも多くの形態素で表される言語である。

2.4.1 節では，品詞の普遍類型論理論と関係するさらに別の構文が，構造的符号化を超えたところに存在すると述べた。この構文は，何らかの他の概念的側面を符号化しながらも，問題とする概念空間における概念カテゴリについて二次的に言及する構文である。この構文は，概念空間で規定されるカテゴリの**振る舞い可能形**を示すものである。

たとえば，時制・相・法の屈折構文は，状況の時間的・相的・法的な特性を符号化する。しかし，屈折構文は，意味クラスと命題行為に関しても規定可能である。たとえば，上で紹介した3つの意味クラスの中では，英語では動作語のみが時制の屈折を許可する。したがって，これらの屈折構文は，品詞の普遍理論と関係するのである。これらの構文は，品詞と関係する通常の屈折的カテゴリである。すなわち，指示表現については，格・数・（文法上の）性・大きさ・所有者 (possessor) の一致などがあり，修飾語については，級と（文法上の）性・格・数の一致があり，また，叙述については，時制・相・法・項の一致がある。

類型論的有標性は，問題とするカテゴリの振る舞い可能形を示す構文の分布にも制約を与える。英語は，振る舞い可能形を支配する含意的普遍性に適合している。

(85)　振る舞い可能形 (Behavioral Potential)：ある文法カテゴリの成員が持つ振る舞い可能形を符号化する構文が，そのカテゴリで見られる場合には，それはその構文のそのカテゴリの少なくとも無標の成員において見られる。

振る舞い可能形の基準は，無標の成員が有標の成員と**少なくとも同じ幅の**文法的振る舞いを示すことを規定している。ここでもまた，振る舞い可能形の基準は，含意的普遍性として形式化されている。振る舞い可能形の基準は，たとえば，ランゴ語の全ての述語の類における〈主語の一致〉のように，有標の成員の可能形が，任意の言語において無標の成員と同じ屈折的可能形を持つことを認めるものである。振る舞い可能形の基準は，有標の成員が無標の成員よりも，**さらに多くの**屈折的可能性を持つという事態のみを除外する。

類型論的有標性では，級における違いについても考慮に入れてある。2.3.2 節の最後で述べたように，英語では属性語は，級表現のタイプに応じて，補充法タイプ・形態タイプ・迂言法タイプという3つのクラスに分けられる。これらの様々な表現方法は，たとえば，補充法 (suppletion) は最も非有標的であり，また迂言法 (periphrasis) は最も有標的であるというように，有標性の階層について規定するものである (Croft 1990a: 79–80)。したがって，英語の形容詞について，*good/bad* を最小の有標性を持つものとして，また迂言法的な *more/most* を要求する属性語を最大に有

標のものとして，振る舞い可能形の尺度上に位置付けることが可能である。

　品詞の普遍類型論理論では，構造的符号化や振る舞い可能形におけるいかなる非対称性であっても，関連する命題行為構文での意味クラスの類型論的無標性の証拠となりうる。したがって，小さな閉じたクラスであっても，またいかなる大きさを持つより大きなクラスであっても，この理論と関係するのである。経験的な通言語的データのいずれのものも無視されることはない。ただし，語の意味の通言語的分布は，表2.3に示すプロトタイプ・パタンに適合するだろうという仮説が立てられている。

　類型論的有標性は，言語形式による機能の符号化に関する通言語的普遍性を表す。類型論的有標性は，構文の形態統語的特性の通言語的比較（cross-linguistic comparison）を可能にする形で定式化される。構造的符号化は，構文によって，問題とする機能を符号化するのに用いられる形態素の数を比較する。振る舞い可能形は，関係する機能を表現する文法的区別（屈折的形態あるいは迂言法構文という方法によって）が存在するかどうかを比較する。したがって，類型論的有標性は，1章で異議を唱えた普遍的な文法カテゴリの存在を前提してはいない。

　また，類型論的有標性によって，構文間でのカテゴリに関する一般化の構築が可能になる。名詞・動詞・形容詞の類型論的プロトタイプは，言語の様々な構造的符号化と振る舞い可能形の構文間における通構文的カテゴリである。2.4.4節で見るように，関係する構文によって規定されるプロトタイプ・パタンは，複数言語間におけるのと同様，言語内部においても見られる。

2.4.3. 概念空間と意味地図

　1章では，話者の言語知識には，構文とカテゴリ（構文中で関係する役割を担うもの）の間の多対多の写像が含まれることを論じた。また1章では，分布パタンを示しながら表を用いて，カテゴリ—構文の写像に関する説明も行った。2.3.3節では，表2.1を用いて日本語について説明し，2.4.1節では，品詞の普遍類型論理論を提示して，指示・叙述・修飾という命題行為を符号化する構文の構造と分布における一連の多様性を規定して，それに制約を与える一連の普遍性を提案した。本節では，個別言語固有の分布パタンと品詞構文の普遍性を，話者自身の言語に関する知識の一般モデルに組み入れる。それを行うための方法が，類型論における意味地図理論である。

　2.4.1節（および，そこで引用した文献）で提唱した品詞理論は，単に機能的特性のリストではない。機能的特性は，心的地図（mental map），認知的地図（cognitive map），意味地図，あるいは意味空間（semantic space）としても知られる**概念空間**を規定するものである。品詞の概念空間（単純化された形式でのもの）は，表2.3の

構造と実質的に同一である。品詞の概念空間を，表 2.3 の行と列の見出しを保持したままで，図 2.1 に示す（以下で議論する 2 つの追加的機能が，概念空間の右側に付け加えられている）。

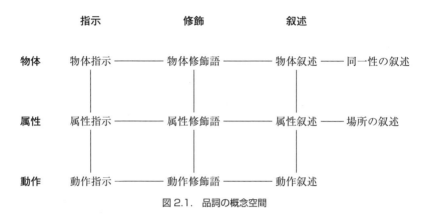

図 2.1. 品詞の概念空間

　最近の通言語的研究では，通言語的研究に対する概念空間基盤のアプローチの重要性が増してきている（たとえば，L. Anderson 1974, 1982, 1986, 1987; Croft 他 1987; Croft 1991; Kemmer 1993; Haspelmath 1997a, b, 2003; Stassen 1997; Kortmann 1997; van der Auwera & Plungian 1998 参照）。実際，概念空間とは，類型論理論一般にとって，特にラディカル構文文法にとって，中心的なものである。類型論における通言語的研究を通じて発見されるように，言語で普遍的なものの大半について，概念空間の構造による表示が可能である。
　概念空間は，機能的構造とその互いの関係を構造化して表示したものである。ここでは，2 つの理由から，「意味」という用語の代わりに，「概念」という用語を選んだ。第一の理由は，概念空間の構造は，伝統的な狭義の真理機能的意味での単に「意味的」なものではないことを強調したいからである。概念空間は，文法的形式あるいは構文の使用の慣習的，語用論的，あるいは談話機能的，さらには，情報構造的，または文体的，そして社会的な側面をも表すものである (1.3.2 節参照)。第二の理由は，言語普遍的な概念構造 (conceptual structure) と，個別言語固有の意味構造とを区別するための妥当な理由が幾つか存在するからである。なお，この用語は，Langacker (1976; さらなる議論については，3.1.3.3 節参照) が使用するものに依拠している。また，ここでは，普遍的な概念空間と，概念空間上に写像される個別言語のカテゴリの地図とを区別するために，「地図」という用語の代わりに，「空間」という用語を選択している（下記参照）。
　図 2.1 のような概念空間表示は，概念空間のほんの一部（あるいは，一領域）を表

すものにすぎない。便宜上，概念空間の一領域についても概念空間と呼ぶことにして，以下では言語が表す別の機能の**概念空間**について述べる。概念空間は，多次元でもある。すなわち，概念空間が持ついかなる領域についてもそれを規定する，様々な意味的・語用論的・談話機能的側面が多く存在している。もちろん，書記媒体は二次元にすぎない。ゆえに，やむを得ず，概念空間表示を二次元に落とすことになる。

　さらに，言語のいかなる特定領域についても，概念空間の関係領域に関してのみ述べる必要がある。概念空間の関係する側面とは，分析したい構文の機能または慣習的意味と，構文において関係する役割を担う要素の意味である。

　本書で記述する概念空間は，それほど精密なものではない。本書では，分析対象とする機能を符号化する構文について，二次元の概念空間図の横軸に沿った形で表示していく。図2.1では，これは，指示・修飾・叙述という命題行為について用いられた構文である。横軸の値は，ゴシック体（原書ではスモールキャピタル）で表示されている。図の縦軸は，空間の横軸に沿って並べられた構文において関係する役割が規定するカテゴリの成員を表すのに用いられる。これは，図2.1では，命題行為構文において関係する役割を担う語の意味クラスである。縦軸に沿った値も，ゴシック体（原書ではスモールキャピタル）で表示されている。関係する役割は，通常は命題行為構文の**主要部**として記述される役割である。もちろん，これには主要部性（headhood）の意味的定義が必要であるが，そのような定義については，7章で提示する。現時点では，読者は，構文それぞれの主要部としての内容語（content word）という伝統的分析を想定しておけばよい。

　品詞に関する概念空間の縦軸には，表2.1の3つの狭義に定義されたクラスではなく，全ての意味クラスを当然含める必要がある。実のところ，縦軸は，必要ならば，語の概念と同じくらいに細分化することが可能であろう。表2.1の分布が表す日本語の概念の表現における多様性を捉えるためには，きめ細かい区分が必要となるであろう（図2.2参照）。また，縦軸は，実際には，表2.2では少なくとも4つの意味的側面と，おそらく他の意味的側面も示す多数の側面を含んでいる。

　品詞に関する概念空間の横軸についても，精密化することが可能である。図2.1は，指示対象の修飾について示すだけだが，述語の修飾（副詞的修飾）についても表示する必要があるだろう。他の命題行為を仮定する必要があると論じることも可能であろう。たとえば，Croft（1990b）では，分類（classification），選択（selection）（数量化（quantification）を含む），位置付け（situating）（冠詞と指示詞が持つ決定（determination）機能を含む）などの一連のマイナーな命題行為（minor propositional acts）が提案されている。したがって，図2.1は，概念空間のこの領域の構造に関する最終的分析と捉えられるべきものではない。

いかなる言語の品詞構文の分布パターンも，図2.1の概念空間上に**写像**（MAP）することが可能である。たとえば，表2.1の日本語のカテゴリを，図2.1の概念空間の右上の小領域（すなわち，修飾と叙述における物体と属性の小領域）に写像することができる。図2.2では，これがなされている。

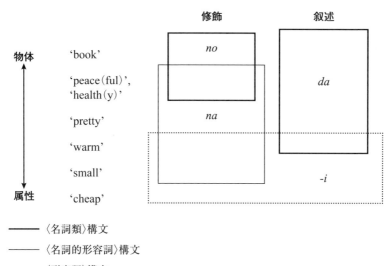

図2.2．日本語の〈名詞類〉構文，〈名詞的形容詞〉構文，〈形容詞〉構文の意味地図

図2.2は，関係する概念空間での個別言語のカテゴリの**意味地図**を表している。すなわち，概念空間は下層の概念構造であり，意味地図は概念空間上の個別言語固有のカテゴリの地図である（上記参照）。図2.1の概念空間の2つの要素は，図2.2では視覚的明瞭さのために省略されている。概念空間の各地点が表す名前も省略されている。修飾と叙述という横軸と，異なる意味クラスという縦軸（実際には，Uehara の事例からの特定の語の概念）についての概念空間の側面のみに，名前が与えられている。当然，概念空間は，「修飾語としてのbook」，「叙述としてのbook」，「修飾語としてのpeaceful」などと名付けられる地点から成り立つものと考えられるべきである。また，図2.1の概念空間における地点同士の間の結合は，図2.2では省略されているが，それはここでは地点が省略されているからである。以下では，概念空間の表示において，これらの結合が果たす役割について述べる。

図2.2の図式では，表2.1が持つ全ての情報が捉えられている。hon（本）のような〈名詞〉カテゴリの成員は，修飾ではnoと結合し，叙述ではdaと結合する（事例(60)～(61)参照）。このことは，noの意味地図には，図2.1の概念空間の左上にあ

る「修飾語としての book」の領域が含まれ，*da* の意味地図には，右上にある「述語としての book」の領域が含まれることから推察可能である。*yasu*（安い）のような〈形容詞〉カテゴリの成員は，修飾と叙述の両方で，接尾辞の *-i* と結合する（(64)～(65) 参照）。このことは，*-i* の意味地図には，概念空間の下部で，「修飾語としての cheap」と「述語としての cheap」の両方が含まれることから推察可能である。日本語の他の様々なカテゴリが，図 2.2 の中央部分で表示されている。重なり合った意味地図は，代わりとなる修飾構文が特定の語彙項目にとって可能であることを示している。たとえば，*atataka*（暖かい）は，修飾構文では *-i* か *na* と共起することができ，また叙述構文では *-i* か *da* と共起することができる。

　図 2.2 は，文法のこの部分について日本語話者の知識を表示する手段としては，表 2.1 の分布表よりも優れたものである。図 2.2 では，構文と構文に生じる語彙項目の意味を表す概念空間の構造によって，さらに多くの構造が話者自身の言語知識に与えられている。図 2.2 の概念空間の構造は，多くの一般原理に適合することを目指しており，言語とそれが伝える世界についての話者の知識の一部として意味をなす概念空間をもたらすことを目的としている。

　(86) に，概念空間の表示を支配する中心的原理を挙げる。

(86)　意味地図接続性仮説（Semantic Map Connectivity Hypothesis）：関係する個別言語固有で構文固有のカテゴリはいかなるものも，概念空間の**結合領域**（CONNECTED REGION）上に写像する。

理論的には，文法的領域で形式の機能への一貫した写像が存在する場合には，どの言語のいかなる関係する文法カテゴリであっても，この空間内で結合領域を形成するように，概念空間における概念配置を行うことが可能なはずである。空間を構築することは，経験的に可能であるだけではない。概念空間の構造は，意味的・語用論的・談話機能的観点において，意味をなす必要もある（下記参照）。ラディカル構文文法を含む類型論理論の仮説は，ほとんどの文法的領域は，一貫した概念空間として表示可能な形式–機能の写像の普遍性をもたらすというものである。実のところ，1 章の方法論的議論を仮定すると，これが言語の普遍性にとっては唯一の望みである。

　図 2.1 における結合は，認知空間では何が結合領域であるのかについて特定するのに必要である。概念空間の二次元の視覚的表示から，連続する地点が実際に結合することを仮定してはいけない。地点同士は，視覚的利便性のために単に隣接することがある。しかしながら，図 2.1 の概念空間では，縦軸あるいは横軸において連続する地点同士は結合すると考えることができる（同一性（identity）の叙述と場所（location）の叙述を除き）。

図2.2は，日本語の語類と構文の関係する部分に関して，意味地図接続性仮説が，図2.1の品詞の概念空間に成り立つことを示している。次節では，この仮説が，品詞と関係する英語とランゴ語の品詞と構文についても成り立つことを見る。

品詞の概念空間は，概念的に道理にかなうものでもある。たとえば，品詞の概念空間は，属性が物体と動作の中間物であることを含意する。これらの仮説の両方を支持する類型論的証拠が存在している。連結詞や（動作語の叙述に付随して生じるさいの呼び名である）助動詞という叙述の顕在的表現は，物体＜属性＜動作という階層に従うように思える（Croft 1991: 130; Stassen 1997: 127）。Stassenは，物体と動作の間の属性のより詳細な階層の広がりについても提案している。すなわち，物体（*object*）＜物質（*material*），（文法上の）性（*gender*）＜価値（*value*），年齢（*age*），形（*form*）＜寸法（*dimension*），色（*color*）＜物理的属性（*physical properties*）＜人間の性向（*human propensity*）＜動作（*action*）というものである（Stassen 1997: 168–9）。[5] Stassenの研究により，詳細な通言語的研究が（彼のサンプルは410言語から構成されている），他のやり方だと発見できないような概念空間の地形に関するより詳しい調査を可能にすることが示される。

品詞の概念空間は，修飾とは指示と叙述の中間のものであることも含意する。動作を伴う命題行為機能の顕在的表現（名詞化）は，指示＜修飾＜叙述という階層に従うように思える。すなわち，名詞化された形式が動作の修飾において見られる場合には，それは動作の指示においても見られるのである。ただし，この仮説を裏付けるためにはさらなる研究が必要である。さらに，分詞（修飾）の派生は，名詞化の存在に依存するように思えるが（Croft 1991: 131），そのことにより，修飾が中間的なものであることがさらに示唆される。

最後に，属性と修飾が中間的なものであることについて，妥当性の高い機能的説明（functional explanation）を与えることができる。属性とは，（動作のように）関係的なものだが，（物体のように）状態的で恒常的なものである（表2.2とCroft 1991: 131–2参照）。修飾は，指示を豊かなものにすることと（Wierzbicka 1986参照），指示対象について二次的断定を与えることの両方に役立つ（Croft 1991: 131）。

当然のことながら，図2.1の二次元の概念空間は，意味クラスと命題行為機能が実際に持つ関係についての完全なる過度の単純化にすぎない。他にも多くの意味クラスがあるが，それらは，命題行為機能に関して，必ずしも一次元上できれいに並べられない。Stassen（1997）による自動詞叙述についての説明（これは，ここで提示した品詞の普遍類型論理論を偶然にも支持するものである）は，場所の叙述のカ

---

5 Wetzerは，属性の階層では，色が，年齢・価値・寸法の左側に属すると論じる（Wetzer 1992: 242）。

テゴリを含み，属性の叙述と結びつくが，動作や物体の叙述とは直接結びつかない「枝」（branch）を表すものである。Stassen は，同一性の叙述は，物体の叙述と結びつくが，他の意味クラスの叙述とは直接結びつかないとも述べる。Stassen の発見は，図 2.1 に含まれている。

　先行研究で私は，属性と修飾は次元において中間的であるだけでなく，形容詞は名詞と動詞よりも類型論的プロトタイプとしてはそれほど際だちが高くはないと論じた（Croft 1991: 130–3）。数量化，列挙（enumeration），直示（deixis），決定などの他の種類の修飾（属性修飾の観点で）の正確な文法的地位は，依然として興味深い未解決の問題である。ゆえに，ここで概観した品詞の普遍類型論理論は，概念空間のこの領域のより包括的な写像と，その空間を占める統語的構文の動的パタンにおける，ほんの最初の段階にすぎない。

　概念空間モデルは，通言語的に特定可能な機能的カテゴリ（すなわち，命題行為機能と意味クラス）を，個別言語内でその統語的表現（すなわち，様々な意味クラスの命題行為機能を表すのに使用される構文と，それらの意味クラスの領域横断的な概念的区別を表すのに使用される構文）と関係付けることを可能にする。概念空間は，類型論的に妥当な言語普遍性を表すものである。すなわち，統語カテゴリ（構文固有のものであり，そして個別言語固有なもの）は，概念空間で結合領域を形成する概念カテゴリ上に写像されるという普遍的概念構造と普遍的制約を表すものである。

　概念空間上の各地点は，それぞれが特定の構文の意味構造を表し，地点の結合は構文的意味の意味的関係を表す。概念空間の地点同士の結合は，知識表示の活性化ネットワークモデル（activation network models）に見られるように（Elman & McClelland 1984; Elman 他 1996），概念構造のネットワーク表示に適している。

　次節では，類型論的有標性理論で見られる，形式–機能の写像の普遍性という，別の一連の類型論的に妥当な普遍性について述べる。

2.4.4.　類型論的有標性と概念空間の地形

　品詞の類型論的普遍性理論（typological-universal theory）は，図 2.1 の品詞の概念空間の普遍的地形に影響を与える。類型論的有標性理論では，概念空間における機能の文法的符号化に関して，次の予測が立てられる。

(87)　構造的符号化地図仮説（Structural Coding Map Hypothesis）：機能を符号化する構文は，その機能を，概念空間で類型論的に無標の地点におけるものと少なくとも同数の形態素で，概念空間で類型論的に有標の地点において符号化する。

(88) 振る舞い可能形地図仮説（Behavioral Potential Map Hypothesis）: カテゴリの振る舞い可能形を表す構文は，概念空間の少なくとも類型論的に無標の地点で見受けられる。

図 2.3 は，構造的符号化と振る舞い可能形の両方の構文を含む，英語の主要〈品詞〉構文の意味地図である。

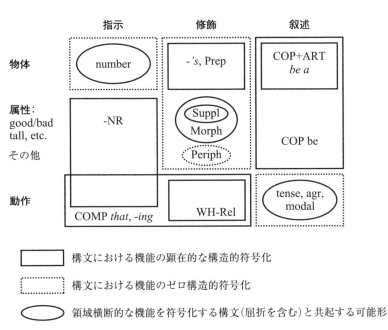

図 2.3. 英語の〈品詞〉構文の意味地図

　図 2.3 の実線のボックスは，2.4.2 節で記述したように，英語で指示・修飾・叙述を顕在的に符号化する構文の分布を示している。〈顕在的名詞化〉（図 2.3 では，-NR によって示される；2.4.2 節の事例 (74a–b) 参照) は，指示においては属性語と動作語と共に見られる。修飾語としての〈名詞〉は，〈属格〉前接辞の -'s，あるいは〈前置詞〉（Prep によって示される；事例 (75a–b) 参照) を用いる。〈補文標識〉の that は，項（〈定形補部〉）と修飾語（〈定形関係詞節〉）としての動作語に用いられ，-ing 形は項（〈動名詞〉）と修飾語（〈分詞〉）としての動作語に用いられる。この分布は，図 2.3 では，'COMP that, -ing' によって示されている（事例 (76)〜(77) も参照）。〈関係代名詞〉（WH-Rel）は，修飾語としての動作語に用いられる（事例 (78) 参照）。最後に，〈連結詞〉の be は，物体叙述のための〈冠詞〉の a の付加を伴って，述語と

118　第1部　統語カテゴリから意味地図へ

しての物体語と属性語に用いられる。図 2.3 では，前者は 'COP be' によって示さ
れ，後者は 'COP+ART be a' によって示されている（事例 (79b) と (79a) をそれぞ
れ参照）。これらのパタンの全てが，構造的符号化地図仮説に従っている。

　点線のボックスは，英語で指示・修飾・叙述のゼロ符号化を用いる構文の分布を
示している。指示と叙述については，ゼロ符号化構文は，予想通り，物体語と動作
語だけにそれぞれ見られる。修飾については，英語の物体語修飾語のゼロ符号化構
文も存在する。すなわち，*piano stool, music stand, chamber music recital* などに
よって例示される〈複合名詞類〉構文である。このパタンは，構造的符号化地図仮説
に反するものではない。構造的符号化地図仮説は，ゼロ符号化構文の意味地図がプ
ロトタイプを含むことだけを指定する。

　英語で品詞の振る舞い可能形を表す構文は，図 2.3 では楕円形によって示されて
いる。英語の振る舞い可能形構文は，概念空間では関係するプロトタイプ領域に制
限されているが，それは，振る舞い可能形地図仮説に従うものである。さらに，英
語の級の形式上の表し方における違いによって，形容詞としてのより典型的，ある
いはそれほど典型的ではない属性語の特定が可能になる。典型性の程度は，Dixon
(1977) の一般化と一致する。すなわち，最も典型的な形容詞（形態的あるいは補充
法的な級形式を伴う英語の属性語）には，価値（*good/better/best, bad/worse/worst*），
年齢（*older/oldest, younger/youngest, riper/ripest*, etc.），寸法（*taller/tallest, wider/
widest*, etc.）の概念が含まれる。

　さてここからは，2.3.2 節のデータに基づき，ランゴ語の属性語と動作語の意味地
図という，文法的形式による機能の符号化を支配する，類型論的有標性の原理のさ
らに複雑な事例に取り組む。ランゴ語には，2 つの属性語のクラスがある。それら
を中心的属性（小さな閉じたクラス）と周辺的属性と呼ぶことにしよう。ランゴ語に
は，動作語のクラスも存在するが，これは属性語と文法的パタンを幾つか共有する
ものである。ランゴ語の属性語と動作語のクラスの分布を，表 2.4 に挙げる。

　この分布パタンは，ランゴ語の文法に関する事実を表したものだが，言語の普遍
性と言語の個別性を区別するものではない。したがって，これは，ランゴ語の話者
がランゴ語について何を知っているのかに関する記述としては不適切なものである。
表 2.4 のランゴ語の語彙クラスと構文の分布パタンを，図 2.4 のように，品詞の概
念空間上に写像することによって，品詞の普遍性を組み込んだ形で説明することが
可能になる（Croft 2000b: 92 の図 2 から採用）。

　ランゴ語における構文間での意味クラスの分布は，英語と同様，概念空間と個別
言語固有の意味地図を支配する普遍的原理に従う。それぞれの構文の分布パタンは，
概念空間の結合領域を占める。すなわち，意味地図結合仮説に従う。顕在的な構造
的符号化構文には，構造的符号化地図仮説と合致して，概念空間の非典型的領域が

表2.4. ランゴ語の属性語と動作語の分布

	I	II	III	IV	V	VI	VII
中心的属性	√	√	√	√	*	*	*
周辺的属性	*	√	√	√	*	*	*
動作	*	*	√	(√)	√	√	√

I: 明確な単数／複数語幹
II: 非習慣的連結詞
III: 主語の一致
IV: 限定不変化詞（(√) = 限定不変化詞＋関係代名詞が望ましい）
V: 非動名詞習慣的形式での習慣的音調
VI: 非習慣的形式についての屈折
VII: 明確な不定詞・仮定法の形式を持つ

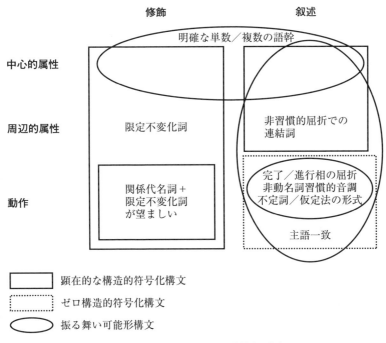

図2.4. ランゴ語の叙述・修飾構文の分布

含まれる。さらに，修飾（すなわち，〈限定〉不変化詞）の顕在的な構造的符号化構文は，典型的領域である属性修飾にも広がっている。しかしながら，動作修飾のそれほど典型的でない領域では，〈限定〉不変化詞と〈関係代名詞〉を結合する構文（ゆ

えに，〈限定〉不変化詞だけのものよりも，機能を符号化する多くの形態素付きのもの）がより好まれる。最後に，叙述のゼロ構造的符号化構文には，概念空間の典型的領域（動作叙述）が含まれる。

ランゴ語の振る舞い可能形構文には，概念空間の典型的領域が含まれる。明確な〈単数〉と〈複数〉の語幹の使用は，中心的属性叙述の非典型的領域でも見られ，主語の一致の使用は，属性叙述の非典型的領域でも見られる。これらの事実は，やはり振る舞い可能形地図仮説に従う。

類型論的普遍性に対する概念空間アプローチとラディカル構文文法とを結び付けることによって，類型論的有標性のパタンの動的化（dynamicization）という一般原理に従い（Croft 1990a: 214），ここで主張した品詞の普遍類型論理論を**動的なものにする**ことも可能となる。（顕在的）構造的符号化構文と振る舞い可能形構文の両方において，2つの変化の方向が可能である。図2.5を参照していただきたい。

a. 顕在的な構造的符号化　　　　b. 振る舞い可能形

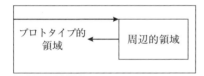 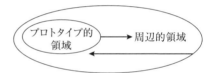

図2.5.　構造的符号化・振る舞い可能形地図の仮説の動的化

顕在的な構造的符号化構文（修飾あるいは叙述のようなもの）は，まず概念空間の有標／非典型的領域に生じ，後に無標／典型的領域へと広がる可能性がある（図2.5aの左向きの矢印）。反対に，まず概念空間の無標／典型的領域から失われていき，最後に有標／非典型的領域が失われる可能性もある（図2.5aの右向きの矢印）。これらのシナリオのうちの1つが，ランゴ語の〈限定〉不変化詞で起きたことだと考えられる。〈関係代名詞〉は，今は属性語へと広がっているように思われる。〈関係代名詞〉は，この意味クラスにとっては，可能であるもののそれほど好まれない構文である。同様に，〈連結詞〉は，ランゴ語の全ての〈時制〉には現時点ではまだ広がっていないが，叙述属性語と共に生じたように思える。あるいは，〈連結詞〉構文は，後退しているということなのかもしれない。

同様に，振る舞い可能形構文は，まず概念空間の無標／典型的領域において生じ，後に有標の文脈へと広がる可能性がある（図2.5bの右向きの矢印）。反対に，まず概念空間の有標／非典型的領域から失われていき，最後に無標／典型的領域が失われる可能性もある（図2.5bの左向きの矢印）。これらのシナリオのうちの1つが，ランゴ語の〈主語〉一致と補充法の〈数の一致〉（Number Agreement）でおそらく起き

2章 品 詞 121

たことであろう。補充法の〈数の一致〉は，叙述ではほんの限られた方法で用いられ
る。たとえば，それは〈仮定法〉では見られない。このことは，今はそれが有標の叙
述機能へと広がっていること，あるいは，それから後退していることを示唆する。
どちらにしても，補充法の〈数の一致〉がいかなる叙述属性語の構文においても見つ
かる場合には，ランゴ語では修飾語としての中心的属性語で，補充法の〈数の一致〉
が見られることが予想されよう。

2.4.5. 機能的プロトタイプと文法カテゴリ構造仮説

2.4.2 節では，品詞とは個別言語固有の文法カテゴリではなく，むしろ機能的プロ
トタイプとして特定される必要があることを論じた。これまで，この見方を示した
者がいなかったわけではない。実際，Sapir は，75 年前に同じ見解を表明していた。

> 何か語るべき事柄がなければならない。そして，ひとたび談話の主題が選ばれたのな
> ら，それについて何事かを述べる必要がある。この区別は，根本的に非常に重要なこ
> とであり，ゆえに，大多数の言語が，この命題の 2 つの名辞の間に何らかの形式的障
> 壁を設定することによって，この区別を強調してきた。談話の主題は，名詞である。談
> 話の最も一般的な主題は，人あるいは事物であるので，名詞がこの種の具体的概念の
> 周りに集まっている。ある主題について叙述される事柄は，一般的には，最も広義の
> 行為，すなわち，存在の一瞬間から別の瞬間への移行であるので，叙述を行うために
> 残しておいた形式，換言すれば動詞が，行為の概念の周りに集まる。名詞と動詞の区
> 別を全く欠く言語は，1 つも存在しない。ただし，特別な場合には，この区別の特性
> が曖昧なものもある。(Sapir 1921: 119)

ラディカル構文文法では，名詞や動詞や形容詞といった用語は，個別言語固有の文
法カテゴリを記述するものではない。これらの用語は，そもそもそれらが何かにつ
いて記述するのなら，機能的プロトタイプについて記述するのである。プロトタイ
プは，カテゴリの中心を記述し，カテゴリの境界については何も述べない（Cruse
1992; Croft & Cruse 2004 参照）。実際，品詞の普遍類型論理論は，品詞のプロトタ
イプのみを規定するにすぎず，境界については規定しない。境界とは，個別言語固
有のカテゴリの特性である。

プロトタイプカテゴリの境界は，明確なものとも曖昧なものともなりうる。ラン
ゴ語の叙述における〈動名詞習慣相〉音調の存在 vs. 欠如によって規定されるカテゴ
リは，少なくとも利用可能な記述によると，明確な境界を持つ。一方，〈形容詞〉と
〈名詞的形容詞〉という言語固有の日本語のカテゴリ間の境界は，2.3.3 節で述べた
ように，曖昧なものと思われる（Uehara 1998 と，そこでの参考文献参照）。言語固
有の文法カテゴリの境界の地位は，言語話者に関する経験的に行われる言語学的お
よび心理学的調査の問題であって，品詞の普遍的理論によって決定される問題では

ない。

　振る舞い可能形の基準はまた，普遍類型論的意味で，周辺的成員がカテゴリの中に「入った」ものか，あるいは「入っていない」ものかという問題に関わる必要なしに，カテゴリの周辺的成員の制限された，あるいは「問題のある」振る舞い（たとえば，叙述属性語での時制／相の標示の欠如，指示における動作語付きの指示詞の制限された範囲など）を認めるものである。ランゴ語の叙述された属性について再び考えてみよう。これは，特定の動詞的屈折（〈動名詞習慣相〉音調）のようなもの）は欠くものの，他の動詞的屈折（〈主語の一致〉のようなもの）を持ち，なおかつ，特定の時制／法の形式では〈連結詞〉を必要とする。これは，動詞なのか，あるいは形容詞なのか。この問題は，言語個別性の観点からは全く意味をなさない。異なる屈折は，異なる構文を表す。すなわち，ランゴ語の属性語は，単にランゴ語の動作語とは異なる分布を持ち，ゆえに動作語とは異なる各言語に特有な文法カテゴリ（実際には，2つの異なるカテゴリ）に属するものである。

　品詞の普遍的理論は，3つの主要な品詞の普遍的プロトタイプを規定し，これらのカテゴリの境界は規定しない。境界は，分布に基づく分析によって決定される各言語に特有な文法カテゴリの側面である。境界は，言語が持つ単語と共に見いだされる分布パタンに依存した形で，明確なものとも曖昧なものともなりうる。Croft & Cruse (2004) のより一般的な提案に従って，普遍性と個別言語固有性との関係に関して，次の仮説を提案する。

(89)　文法カテゴリ構造仮説 (Grammatical Category Structure Hypothesis)：文法カテゴリの内部のカテゴリ構造（たとえば，概念空間におけるプロトタイプの地点と，その拡張へのリンク）は，文法の普遍的理論によって与えられるが，境界は個別言語の文法によって与えられる。

最後に，なぜ品詞の概念空間では，特定の領域が典型的であるのかという問いを立てることができる。ここでも，この質問の答えは，類型論的有標性の理論の中に見いだすことができる。類型論的有標性の理論では，構造的符号化と振る舞い可能形は，談話における概念的カテゴリのトークン頻度がもたらした結果である。すなわち，類型論的に無標のカテゴリは，類型論的に有標のカテゴリと，談話においては少なくとも同じ数のトークン頻度を持つ。Croft (1991: 87–93) では，4つの多様な言語（英語，キチェ語，ソッド語 (Soddo)，シグナ語 (Nguna)）の話し言葉 (oral narratives) の意味クラスと命題行為機能の9つの結合について，テキストデータを計算した結果が報告されている。テキストデータを数えることによって明らかになったのは，物体指示と動作叙述が圧倒的により高い頻度を持つということに加え，属性が持つ他の命題行為機能と比べると，修飾語としての属性がかなり高い頻度を持

つことであった（属性は，修飾語としては高頻度だが，常に最も高頻度の修飾語でないことが判明した：同上：93）。

2.4.6. 品詞の普遍類型論と認知文法の理論

Langacker（1987）は，本節で提示した品詞の普遍類型論理論と大枠において互換性の高い品詞に関する概念的分析（conceptual analysis）を提案している。Langackerにとって，名詞とは，概念的にはモノ（thing）である。すなわち，それは，非関係的なものであり，そして一括的にスキャニングされたもの（summarily scanned）（すなわち，静的に，そして全体的に心に描かれたもの）として解釈される概念である。動詞は，過程である。すなわち，それは，関係的なものであるものの，連続的にスキャニングされたもの（sequentially scanned）（すなわち，時系列的に心的にスキャニングされたもの）として解釈される概念である。形容詞を含む修飾語は，関係的だが一括的にスキャニングされたものとして解釈される概念である。

2.2 節で記述した意味的変化は，Langacker の概念的分析と合致するものである。しかしながら，特定概念の解釈は，個別言語では慣習的に（また，個別の語彙項目で頻繁に）確立されたものであることを指摘しておく必要がある。たとえば，荷造りの過程としての「手荷物」（baggage）のマカー語における語の解釈は，各言語に特有なものである。英語では，この過程を述べるために，*pack* の代わりに *baggage* を使用することはない。そして，2.2.2 節で述べたように，言語には，（英語のように）属性を有する物体を示すのに，属性語の一般的解釈を許さないものもある。

それにもかかわらず，これら 2 つの品詞理論間に不一致は存在しない。解決方法とは，言語学者が〈名詞〉・〈動詞〉・〈形容詞〉と呼ぶ各言語に特有のカテゴリは，Lakoff（1987）が**放射状カテゴリ**（RADIAL CATEGORIES）と呼ぶものであることを認識することである。放射状カテゴリには，内部構造がある。すなわち，概念的に動機付けられているものの，言語的には慣習的な拡張を伴うプロトタイプを典型的に備えている。これらの拡張それ自体が概念化の程度を含み，時にかなり大きな意味的変化となる。

品詞に関する認知的理論と類型論的理論との違いは，主に強調点に関する問題である。認知的理論は，命題行為機能を表す構文に関して，通言語的に何度も見られる意味的解釈の一貫性を強調する。一方，類型論理論は，言語内部と複数言語間における構文と語彙クラスの分布パタンに見られる多様性と，類型論的普遍性の根底にある概念空間の多様な地形に焦点を当てる。

2.5. 文法知識の表示における言語の個別性と普遍性との統合

本章では，ラディカル構文文法を用いて，語彙的統語カテゴリ（品詞）の分析を行った。言語内部と通言語的に見られる矛盾した分布パタンを考えると，統語カテゴリに対する他のアプローチは，分布に基づく分析とは語類の一括化についても，語類の分割についても，先験的基準を与えるものではないという点において，完全に失敗している。ラディカル構文文法は，分布に基づく分析が下す評決を受け入れ，品詞とは普遍文法のカテゴリであるという考え方については言うまでもなく，それが個別言語の文法の全体的カテゴリであるという考え方を退ける。各言語に固有のカテゴリは，むしろ構文固有である。品詞体系に関する現存の類型論研究は，それが注意深くかつ体系的に行われるなら，指示・叙述・修飾という命題行為機能を符号化する構文における類型論的一般化として再解釈することが可能である。

ラディカル構文文法ではまた，言語の普遍性と各言語に特有な分布パタンを表示するのに，類型論理論における意味地図モデルを採用している。言語の普遍性は，概念構造と，文法形式上への概念的機能の写像の中で見られる。類型論理論では数多くの普遍性が提案されているが，それらはラディカル構文文法でも採用されている。

- 概念空間は，人間がコミュニケーションを行うために必要な概念的知識の普遍的構造を表す。
- 個別言語固有かつ構文固有の文法カテゴリは，概念空間の結合領域上へと写像する（意味地図結合仮説）。
- 構文の分布における通時的変化は，概念空間において結合した軌道に従う（意味地図結合仮説を動的化した版）。
- ある機能について符号化を行う構文は，その機能を，概念空間内の類型論的には有標の地点におけるものと少なくとも同数の形態素で，概念空間内の類型論的に無標の地点において符号化する（構造的符号化地図仮説）。
- カテゴリの振る舞い可能形を表す構文は，概念空間内の少なくとも類型論的に無標の地点で見つかる（振る舞い可能形地図仮説）。
- 概念空間内で類型論的に無標の地点を符号化する構文は，概念空間内で類型論的に有標の地点を符号化する構文と，談話においては少なくとも同じ数のトークン頻度を持つ（頻度の基準）。
- 概念空間は，文法カテゴリの内部構造を規定する。文法カテゴリの境界は，各言語固有に規定され，曖昧なものともなりうる（文法カテゴリ構造仮説）。

さて今や，どのようにすれば，普遍性と言語個別性の双方のものを言語話者が持つ文法知識の表示において融合可能となるのかが理解できる。話者は全員が，概念空間の地形を含む（たとえば，典型的 vs. 非典型的領域），概念空間の普遍的構造を有して（あるいは，習得して）（1.2.1 節参照）いる。言語の習得（と使用）には，習得がなされる各構文の分布パタンの同定が関係する。この過程が，構文に関する意味地図の発見である。この過程は，2.4 節で提示した仮説によって制約が与えられている。この結果が，言語の構文の分布パタンを示す意味地図である。

　1.5.3 節で概要を述べた，文法知識には何があるのかということに関する仮説に立ち戻ってみよう。同じものを下に再掲する。

(90)　a. 特定の構文によって規定されるカテゴリと関係
　　　 b. これらの構文固有のカテゴリと関係における類似性
　　　 c. これらの類似性の機能的・認知的・意味的説明
　　　 d. 通構文的な意味でのカテゴリと関係

ラディカル構文文法では，(a) のカテゴリ（と関係）（4 章参照）が個別の構文によって規定されるということは，概念空間上の個々の意味地図によって示される。項目 (b) の構文固有のカテゴリの類似性は，意味地図の重なりの量と性質によって示される。項目 (c) の類似性の機能的・認知的・意味的説明というのは，概念空間それ自体の普遍的地形と，地形を説明するために提示する類いの説明によって表される。これら全てが，(d) の全体的なカテゴリあるいは関係への言及なしに達成されている。

　同じことが，通言語的比較にも当てはまる。1.4.3 節では，普遍文法に何があるのかに関する Dryer の独創的な主張を提示した。同じものを下に再掲する。

(91)　a. 個別言語におけるカテゴリと関係
　　　 b. これらの各言語に固有のカテゴリと関係における類似性
　　　 c. これらの類似性の機能的・認知的・意味的説明
　　　 d. 通言語的な意味でのカテゴリと関係

ラディカル構文文法では，(a) の個別言語におけるカテゴリ（と関係）は，通言語的に機能として同等の構文が規定するカテゴリの意味地図によって示される。項目 (b) の各言語に固有のカテゴリと関係における類似性は，概念空間の領域上の意味地図の重なりの量と性質によって示される。項目 (c) の類似性の機能的・認知的・意味的説明は，概念空間それ自体の普遍的地形と，地形を説明するために提示する類いの説明によって表される。これら全てが，(d) の普遍的なカテゴリあるいは関係への言及なしに達成されている。

　読者はきっと，各言語に固有のレベルと通言語的なレベルにおいてラディカル構

文文法的分析が持つ類似点に気づいたことであろう。上の二段落は反復性が高いものだが，ここには実際に重要な洞察が含まれている。**言語内部の文法的多様性と，複数言語間における文法的多様性は，同じ普遍的な構造と原理によって支配されているのである。**（このことは，言語内部において同等に重要ではあるものの異なる社会的多様性を無視することではない；Croft 2000a の特に 7 章を参照。）

　さらに，ラディカル構文文法は，単一言語内の文法的多様性に基づいて類型論的普遍性を提案することすら可能となることを明らかにする。叙述に関する英語の符号化構文では，物体語については 2 つの形態素 (*be a*) が必要であり，属性語については 1 つの形態素 (*be*) が必要である。またこの構文は，動作語（図 2.3）については何も必要としない。これらの事実は，言語内部と同様，通言語的に，物体＜属性＜動作という含意的階層が存在することの証拠である。換言すれば，ラディカル構文文法は，類型論と単一言語の分析を統合する。

　4 章では，ラディカル構文文法と類型論理論を，統語的役割（「文法関係」）に対して適用する。しかし，統語的役割に移る前に，人間のコミュニケーションの普遍性としての概念空間の本質について，より詳しく検証しておく必要がある。

3章

統語カテゴリと意味の相対性

3.1. 形式と意味の関係

　これまで，統語カテゴリは構文固有のものであると主張してきた。この議論がもたらす1つの帰結は，言語の普遍性は，統語構造自体の中で見つかるのではないということである。言語の普遍性は，むしろ，概念空間の構造や類型論的有標性といった，形式—機能の写像の一般原理の中で見つかるのである。概念空間を用いる場合にその根底にある仮説は，あるレベルでは意味構造は普遍的だという考え方である。実際，意味の普遍性は，通言語的な比較対照研究の根底に見られる基本原理である。この原理は，類型論では明示的な形で行使されているが，他の統語理論では非明示的に行使されている。分析者は，自分が依拠する理論で，〈名詞〉が普遍的統語カテゴリだと仮定されている場合には，通言語的に名詞をどのように特定するのだろうか。研究者の中には，指示表現における物体の符号化を見て，当該の構文は問題とする言語の〈名詞〉カテゴリを規定すると考える者がいるが，このようなやり方はSchachter (1985) が述べるところの発見法的方法だといえる (2.1 節参照)。

　ラディカル構文文法の主張によれば，統語表示においては全ての構文の分布に対して説明がなされなければならない。しかし，重要なポイントは，このアプローチにおいては，構文の分布は概念空間上の意味地図であるというように，概念空間という概念を用いることで構文の分布の体系化が可能であるという主張がなされていることである。ラディカル構文文法にとって普遍的意味仮説が持つ極めて重要な点は，統語構造からの意味の独立である。ラディカル構文文法では，統語構造は個別言語固有のものとされる。したがって，仮に統語構造が意味構造を決定するのであるなら，言語は，形式と同様，意味においても比較不可能ということになるだろう。

　実際，類型論の学者達は，どちらかといえば，形式と意味の因果関係は反対のものだという仮説を想定してきた。すなわち，「言語の構造は，経験の構造，言い換えると，（大多数の機能主義者の見方において）話者によって世界に課された見方を含む，世界の構造を何らかの方法で反映する」(Croft 1990a: 164) といった仮説がこ

[127]

れまで考えられてきた。この仮説は，意味に関する形式の**類像性**（ICONICITY）という
名で知られている（Haiman 1980a, 1983c, 1985）。類像性の原理は，統語構造と意
味構造が平行したものであることを意味する。さらに言えば，この原理は意味構造
が文法構造を決める（あるいは，動機付ける）ことまでも意味している。

　とはいうものの，意味の普遍性は一般的に受け入れられた考え方ではない。意味
の全ての側面が普遍的とは限らないとする見解が伝統的に見られる。この考え方は，
少なくとも Humboldt にまで遡る。この見解は，より正確に言うと，言語表現の意
味は，統語構造によって少なくとも部分的に決定されるというものである。これに
は，様々な仮説（意味の相対性（semantic relativity）仮説，サピア・ウォーフ（Sapir/
Whorf）の仮説）やその変種が見られる（これに関連する調査については，Lucy
1992a; Lee 1996 参照）。

　文法的意味に対する最近のアプローチは，認知言語学によって進められているが，
そこでは意味の相対性が支持されているようである。伝統的文法家および生成文法
家は，〈名詞〉や〈主語〉のような多くの文法カテゴリについては，「意味を持たない」
ものとする分析を行ってきた。このような分析を進めることが正しいのなら，これ
らの要素の存在は類像性にとって問題となるであろう。なぜなら，これらの要素は，
意味構造における対応物を持たないからである。認知言語学の重要な仮説の1つは，
全てではないものの大多数のカテゴリには実は意味があるというものである。この
場合のカテゴリが持つ意味とは，概念的なものを指す。すなわち，ここでの意味は，
言語を用いて経験を符号化して表現する過程における経験の概念化の仕方を示す。

> 意味とは，概念化のレベルにまで下げることができる。... 意味構造には，慣習的な
> 「イメージ」（imagery）が含まれる。すなわち，意味構造とは，特定の仕方による状況
> の解釈なのである。... したがって，言語の語彙的・文法的リソースは，意味的に中立
> 的なものとはならない。言語の語彙的・文法的リソースの特質には，記号としての目
> 的を果たすために，概念内容の構造化が内在している（Langacker 1988: 49, 50, 63）。

> もし，ある言語では *I am cold* と言い，また，別の言語では *I have cold* と言い，さら
> に別の言語では *It is cold to me* と言うのなら，たとえこれらの表現が同じ経験につい
> て述べるものであっても，意味は異なる。なぜなら，これらの表現は，同じ基本的な概
> 念内容を構造化するのに異なるイメージを用いているからである（Langacker 1987: 47）。

Langacker の見解（これは，より以前の論文（Langacker 1976）では十全に明確な形
で述べられている）は，意味の普遍的表示と各言語に固有の表示の両方を組み合わ
せるというものである。Langacker にとって，意味構造は個別言語固有である。す
なわち，意味構造は，表現の統語構造によって形作られる。ただし，意味構造は，
普遍的で人間の経験の豊かさを示す**概念構造**（CONCEPTUAL STRUCTURE）の慣習的解釈
（「イメージ」（image））をも表す。図 3.1 に，Langacker のモデルを示す。

図 3.1. 統語と意味と概念化の関係 (Langacker 1976)

　統語構造は，対応する意味構造を直接表す。ゆえに，認知文法における意味構造は，意味構造を記号で表す統語構造と同形である。意味構造は，概念構造の解釈（すなわち，伝達がなされている経験を解釈するための様々に異なる方法のうちの1つ）を表すものなのである。

　それにもかかわらず，Langacker は，意味構造の慣習的な解釈，あるいはイメージが，思考にとっては重大な影響力を持つとは考えていない（次の一節を指摘してくれたことに対して，Ewa Dąbrowska に感謝している）。

　我々が特定の構文や特定の文法的形態素を用いる際に何をしているのかというと，伝達の遂行を目的として，心に描いた状況を構築するために特定のイメージを選択しているのである。言語とは文法構造において異なり，ゆえに言語的慣習に従う際に話者が使用するイメージに関しては言語は様々に異なる。相対的な見方それ自体は，語彙文法的構造が我々の思考のプロセスに対して重要な制約を与えることを含意しない。実のところ，私はそれがかなり表面的なものだと考えている (Langacker 1976 参照)。言語が持つ記号的リソースは，一般的には，ある場面を述べるために数々の別のイメージを提供する。我々は次から次へとそれらのイメージをとても器用に切り替えていくのだが，とかく1つの文中でそれを行うことがよくある。言語表現が喚起する慣習的イメージは，我々の思考の中身を規定することも，さらにはそれに制約を与えることもない，つかの間のものである (Langacker 1991b: 12)。

　一方，概念化については，よりラディカルな解釈も存在する。すなわち，文法構造は意味構造を決定するものではあるけれど，他言語の意味構造が基礎を置くような基盤は存在しないという考え方である。すなわち，このアプローチでは，図 3.1 の下端の普遍的な概念構造が排除されることになる。このラディカルな相対主義のアプローチ (radical relativist approach) は，Sasse (1991) によって明確に主張されている。

　表現に違いがあるなら，意味にも違いが存在する。表現と意味におけるこの基本的統一性は，意味を個別言語固有のものとして規定することを求め，普遍的意味論についてはそれをまともな研究分野として扱うことを否定する (Sasse 1991: 93)。

意味の相対性仮説の強い説が正しいのなら，ラディカル構文文法（さらに他の統語

理論も）は，言語同士の比較を行うことが不可能となり，そもそも言語の普遍性の根拠は存在しないということになるだろう。

　しかし，意味の相対性の議論についてより緊密に検証してみると，この議論には重要な隠れた前提が幾つか存在していることが明らかになる。これによって，意味の相対性の最もラディカルな説（Sasse が主張するもの）は最終的には弱体化することになる。本章では，普遍主義者の立場は，Langacker が論じるように，慣習化した構文については概して妥当だが，この立場は，新しい非慣習的表現の使用において一定程度の意味の相対性を許容するためには弱める必要があることを論じる。ここではこれを，**慣習的普遍主義**（CONVENTIONAL UNIVERSALIST）の立場と呼ぶ。

3.2. 意味の相対性を支持する議論における隠れた前提

　意味構造が表す経験の概念化は統語構造によって決定されるというラディカルな相対主義の結論には，一連の隠れた前提が含まれている。これらのうち最初の 3 つには，全て議論の余地がある。実際，以下では，これら全てが妥当ではなく，ゆえにラディカルな相対主義を掲げる者にはそれを立証する責任があることを主張する。仮にたとえ最初の 3 つの隠れた前提が支持できるものだとしても，後述する 4 つ目の隠れた前提は，それほどラディカルでない立場にとっては矛盾とはならないものの，ラディカルな相対主義の立場にとっては回避不可能な意味の不確実性原理（Semantic Uncertainty Principle）という矛盾を抱えることになる。

3.2.1. 対立

　冷たさの感覚を表す 3 つの方法について，Langacker が用いる事例から説明を始めよう。次の事例は，実際に Langacker が述べる通りに異なる 3 言語の具体事例である。

（ 1 ）　a. 英語： I **am** cold.（私は寒い）
　　　　b. フランス語： J'**ai** froid.［直訳： 'I have cold'］（私は寒気を持っている）
　　　　c. ヘブライ語： Kar l-i.［直訳： 'It is cold to me'］（私には寒い）

これらの構文は意味的に異なるという結論は，対立の原理（Principle of Contrast）に基づく。この原理は，認知言語学者のみならず，他のアプローチを採用する言語学者からも広く受け入れられている（たとえば，Bolinger 1977; Haiman 1980c; Clark 1993 参照）。

（ 2 ）　対立の原理： 同じ言語で，「同じ」経験を述べるのに 2 つの文法構造が生じる場合，それら 2 つの文法構造は，2 つの構造の違いに合致した形で，経験

の概念化においても異なる。

対立の原理は，2つの同義的な語や構文は，ほとんどの場合において異なる意味や社会的／文体的相違を発達させるという，同義回避の原理（principle of synonymy avoidance）と密接に関係している（Croft 2000a: 175–8）。

　もちろん，定式化されている対立の原理と，意味の相対性を支持する議論におけるこの原理の使用との間には，大きな違いがある。対立の原理は，言語内部の原理である。この原理は，対立的な語や構文がある場合には，個々の話者は意味や社会的文脈での何らかの違いを特定しようと努めるという仮説によって動機付けられている。一方，意味の相対性を支持する議論は，言語内部ではなく複数言語間におけるものである。したがって，意味の相対性を支持する議論には，ある隠れた前提が存在しているのである。

（3）　隠れた前提1：言語内部に対立が存在しない場合でも，他の言語の別の構造と比較すると，概念化における違いは依然として存在している。

しかし，もし2つの文法構造が同じ言語内部では生じておらず，ゆえに，いかなる特定話者の心の中にも対立が存在していない場合でも，概念化における同様の違いが成り立つというのだろうか。むしろ，言語がどの方法を選択したのか（たとえば，'I am hungry' か 'I have hunger' かなど）が，この経験（**身体的状態**（BODILY STATE）と呼ぶもの）を表すための唯一の慣習的方法なのである。すなわち，その場合には，話者は身体的状態を概念化するための別の方法を持ちあわせていないのである。したがって，言語が選択した慣習的表現が，その言語の話者にとって身体的状態のいかなる特定の概念化をも符号化するという考え方は正しくない可能性がある。

　実際，Langacker 自身が，このような主張を別の文法的現象に関して行っている。言語には，使役（causative）構文の被使役者（causee）参与者役割（すなわち，*Mary made John bake a cake* における *John*）が，対格（accusative case）か斜格（oblique case）（通常は与格（dative case）か具格（instrumental case））のどちらかで符号化されうるが，中には，被使役者の格標示（case marking）の選択肢を持たない言語もある。対格の使用 vs. 斜格の使用（与格か具格）に見られる意味的違いについて，Langacker は次のように述べている。

　　すなわち，言語が［被使役者について，対格と斜格のどちらかを選ぶ］選択権を認める場合，言語はそうする［斜格が，より大きな意志の程度を被使役者に与える］のである。同じ格が全ての事態で使用される場合は，その意味は，動作主性（agentivity）と因果関係（causation）の直接性については中立的となる（Langacker 1991: 412，脚注 14）。

132 第 1 部 統語カテゴリから意味地図へ

　隠れた前提 1 が妥当でない可能性は非常に高い。つまり，別の言語の話者は似た
やり方でもって同様の経験を表している可能性がとても高いのである。これは，そ
ういった経験に関する慣習的な言語表現が様々に異なっている場合においてもそう
である。これが，慣習的普遍主義の立場（conventional universalist position）であ
る。なお，隠れた前提 1 に対して異議を唱えるこの議論に対して，妥当と思われる
相対主義の回答も見られるが，その回答自体に，実はさらなる隠れた前提が含まれ
ている。

3.2.2.　一対一の形式−意味の写像

　隠れた前提 1 に反対する主張への回答として，本当の対立の原因が特定されてい
る。寒さや飢えなどを表現するための別の方法が同じ言語内に存在するという現象
は，通言語的に見られる。説明を簡単にするために，'I am cold' と 'I have cold' と
いう最初の 2 つの可能性についてのみ考える。たとえ，ある言語が，'I am cold' と
いう表現のみを使用しても，その言語には，'I am cold' と対立をなす，'I have X'
やあるいは何らかの適切な所有構文が存在するであろう。反対に，もっぱら 'I have
cold' を使用する言語には，'I have cold' と対立をなす，'I am X' やあるいは何らか
の適切な述語形容詞（predicate adjective）構文が存在するであろう。概念化は，[SBJ
PRED ADJ] vs. [SBJ POSS OBJ] という構文（あるいは，述語形容詞構文や所有
（possession）構文であるなら何でも可）によって符号化されている。これらの構文
も，通言語的に多種多様である。

英語
（4）[SBJ PRED PROPERTY]
　　　a. I am **American**.（私はアメリカ人だ）
　　　b. I am **cold**.（私は寒い）
（5）[SBJ POSS OBJECT]
　　　I have **a car**.（私は車を持っている）

フランス語
（6）[SBJ PRED PROPERTY]
　　　Je suis **Américain**.
（7）[SBJ POSS OBJECT]
　　　a. J'ai **une voiture**.
　　　b. J'ai **froid**.

意味の相対性を支持する議論では，寒さや飢えなどといったものの概念化は，それ

が属性の帰属（述語形容詞構文）としてカテゴリ化されるか，あるいは物体の所有（所有構文）としてカテゴリ化されるかによって決まる。言い換えると，構文の文法によって経験の概念化が与えられるのである。

上掲の議論には，別の隠れた前提が含まれている。すなわち，それが論理的に展開するためには，文法的要素は同じであり，またそれが全ての用法においても同じ意味を持つことを想定する必要がある。意味論のこのアプローチは，**単義性**（MONO-SEMY）と呼ばれる。

（8） 隠れた前提2: 言語形式の全ての分析は，単義性を仮定するものでなければならない。すなわち，言語形式と言語の意味との間には，一対一の対応がなければならない。

Sasse はこの前提を脚注で明確に主張している。

言語分析における基本的な発見法的戦略の1つは，形式的な言語現象のそれぞれについて均一な機能あるいは意味を見つけるための試みとなるべきである。すなわち，形式と機能の間に不規則な写像関係があることを先験的に仮定するのではなく（同音異義（homonymy）など），原則として，そこには一対一の関係が存在しており，形式はそれぞれが唯一の基本的機能を持ち，副次機能（subfunction）は環境との関係で決定され，説明可能であるという前提から開始すべきである。同音異義を仮定することは，均一的な意味を発見することが不可能であることの結果としてのみ初めて受け入れ可能であり，それはすなわち，いわゆる最後の手段としてであり，容認可能な実用的原則としてでは決してない（Sasse 1991: 94, 脚注8; 強調は原文通り）。

隠れた前提2に対しては，2つのレベルで疑問を呈することが可能である。問題とされる意味の単一の単義性分析の必要性，あるいはその妥当性についてさえ，疑義を呈することが可能である。このような異議申し立ては，広く行われてきたことである（下記参照）。しかし，実は，問題とする言語**形式**の単一的分析に対しても異議を申し立てることが可能である。この問題は，意味の相対性の議論ではめったに取り上げられてこなかったが，相対主義の分析にとってはかなり致命的な問題である。

外見上同一に見える2つの構文の厳密な形式的な統語表示に，微妙な違いが存在することがたびたびある。ある場合には，使用文脈が異なると，同一形態素のように思えるものの具現化において，音声的あるいは音韻論的違いが存在することがある。たとえば，（9a）の英語の*going to*〈未来〉（Future）は，（9b）の*go* +〈目的地〉（Destination）構文と同一のように見える。しかし，前者は*gonna*（10a）という縮約を許すが，後者では縮約は容認されない（10b）（Heine 1993: 51）。

（9） a. John is **going to** get sick soon.（ジョンはすぐに病気になるだろう）

b. John is **going to** town soon.（ジョンは間もなく町に行くつもりだ）

（10） a. John is **gonna** get sick soon.（ジョンはすぐに病気になるだろう）

b. *John is **gonna** town soon.

また，統語カテゴリに関して形式の分布上の違いが存在する場合も見受けられる。たとえば，標準中国語には，〈前置詞〉という別個のカテゴリが存在しないと論じられることがある。すなわち，「〈前置詞〉」が，単に〈動詞〉として記述されることがある。*cháo*（面する）に見られるように，「〈前置詞〉」カテゴリの多くの成員が，「〈前置詞〉」や〈動詞〉として生じることがある（Li & Thompson 1981: 363）。

（11） [S_BJ [**"PREP"** O_BJ] V_ERB]

tā **cháo** nán bài

3SG **face** south worship

'She worships facing [towards the] south.'（彼女は南に向かって礼拝を行う）

（12） [S_BJ V_ERB O_BJ]

tā de wūzi **cháo** hǎi

3SG GEN room **face** sea

'Her room faces the sea.'（彼女の部屋は海に面している）

しかしながら，「〈前置詞〉」カテゴリの他の成員は，〈動詞〉としては生じない。

（13） [S_BJ [**"PREP"** O_BJ] V_ERB]

bié **hé** wǒ kāiwánxiào

don't **with** 1SG joke

'Don't joke with me.'（私をからかうな）

（14） [S_BJ V_ERB O_BJ]

*bié **hé** wǒ

換言すると，[S_BJ [＿＿ O_BJ] V_ERB] 構文で空欄（下線部分）の役割によって表示されるカテゴリは，[S_BJ V_ERB O_BJ] 構文の〈動詞〉カテゴリとは同一でない。したがって，[S_BJ [＿＿ O_BJ] V_ERB] 構文の空欄の役割のカテゴリは，〈動詞〉とラベル付けしてはいけない。すなわち，それは異なる統語カテゴリであり，〈前置詞〉とラベル付け可能なものである（もちろん，ラディカル構文文法でのカテゴリのラベルは，単なる簡略記憶記号にすぎない；ここでの要点は，単に2つのカテゴリが同一でないということである）。

さらには，問題とするカテゴリの振る舞い可能形における違いが存在するケースも見られ，そこでは，元のものと問題とするカテゴリが区別される。たとえば，多

くの言語の方向詞副詞 (directional adverbs) は，方向詞 (directional) の動きの経路を記述する動詞と形式上は同一である。たとえば，キチェ語の〈動詞〉の *ca:n* (とどまる) は，〈方向詞〉(後ろに) でもある (Mondloch 1978: 168)。

(15)　x-　　e:-　　**ca:n**　-aj　**ca:n**　le:　ajchaqui:b
　　　PST-　3PL.ABS-　remain　-TR　behind　the　workers
　　　'the workers remained behind.' (その労働者たちは後ろにとどまった)

しかしながら，キチェ語の〈方向詞〉は，〈動詞〉として用いられる際に同形式において見られる接頭辞と接尾辞を伴う屈折は認められない。

　上で最初に挙げた，英語とフランス語の「寒さ」に関する異なる構文の事例では，構文は，英語の属性と身体的状態でも，フランス語の所有と身体的状態でも同一であるように見える。しかし，構文は，統語的振る舞いにおいては同一ではない。フランス語の〈身体的状態〉(Bodily State) 構文は，*très* (とても) のような〈程度副詞〉(Degree Adverbs) を許容するが，所有構文はそれを許容することはない。

(16)　[S<small>BJ</small> *avoir* (*très*) S<small>TATE</small>]
　　　a. J'ai froid.
　　　b. J'ai **très** froid.
(17)　[S<small>BJ</small> *avoir* O<small>BJECT</small>]
　　　a. J'ai une voiture.
　　　b. *J'ai **très** une voiture.

同様に，英語の〈身体的状態〉構文は，*always* のような〈定量的副詞〉(Quantifying Adverb) を許容するが，属性構文では許容されない。

(18)　[S<small>BJ</small> *be* (*always*) S<small>TATE</small>]
　　　a. I am cold. (私は寒い)
　　　b. I am **always** cold. (私はいつも寒い)
(19)　[S<small>BJ</small> *be* P<small>ROPERTY</small>]
　　　a. I am American. (私はアメリカ人だ)
　　　b. *I am **always** American.

したがって，フランス語の [S<small>BJ</small> *avoir* (*très*) S<small>TATE</small>] 構文と [S<small>BJ</small> *avoir* O<small>BJECT</small>] 構文は，同じではないといえる。また，英語の [S<small>BJ</small> *be* (*always*) S<small>TATE</small>] 構文と [S<small>BJ</small> *be* P<small>ROPERTY</small>] 構文も同じではない。

　実際には，英語とフランス語の身体的状態構文の文法的振る舞いの違いは，身体的状態の意味による。つまり，身体的状態とは，属性 (生来のもの) や所有 (段階的

でないもの）とは異なり，段階的な一時的状態のことである。これこそが，慣習的普遍主義の仮説（すなわち，身体的状態の意味（属性や所有の意味とは異なる）が，身体的状態を符号化する構文の文法構造の少なくとも幾つかの側面を決定するという）において期待されるであろうものである。

　言い換えると，言語形式における微妙な違いが，相対主義の見解に反するだけでなく，違いそれ自体が，普遍主義の見解を採用することによって説明可能となるのである。これが，ラディカルな相対主義の見解に対して行いうる最も強い反論の1つである。形式に関するこの分析を真剣に捉えるならば（実際そうする必要があるのだが），言語の相対性について主張されるほぼいかなる事例においても，普遍主義の見解を支持する形式上の違いの特定が可能となるであろう。

　それでもなお，形式上の正体を明らかにすることがたとえ可能だとしても，言語的意味の単一的分析（すなわち，単義性分析）の問題は依然として残されたままである。Sasse は，意味分析には，単義性と同音異義性という2つのタイプのみが存在可能だと仮定している。しかし，単義性と同音異義性が，語や形態素や構文的意味に対する唯一可能な分析ではない。同音異義性とは異なる，言語的要素の意味に関する別の分析は，**多義性**（POLYSEMY）に関するものである（たとえば，Lakoff 1987; Croft 1998a 参照: 2.2.2 節も参照）。語や構文に対する多義性分析は，1つの形式が持つ2つの用法は意味的に同一（＝1つの包括的意味を持つ）ではなく，むしろ，それらは何らかの意味的プロセス（たとえば，メタファなど）によって互いに意味的に関係し合っているという提案を行うのである。元の意味を拡張的意味へと広げる意味的プロセスは歴史的に起きたものであり，ゆえに，それら2つの用法について話者が持つ知識を依然として支配する可能性もある（Gibbs 1990）。

　多義性分析は，認知言語学では中心的役割を果たす。たとえば，Lakoff (1987) は多義性分析を詳細に論じており，放射状カテゴリという呼び名を与えている。通言語的比較を行うことによって，文法的要素の多義性分析に関する重要な視点を与えることが可能となる。この視点については，Dahl (1979/1987) が行ったロシア語とフィンランド語の分析を用いて説明可能である。

　ロシア語とフィンランド語では，場所と動作（motion）を区別するのに異なる格が用いられる。場所については，ロシア語では〈所格〉（Locative Case）を用い（20b），フィンランド語では〈内格〉（Inessive）（20c）を含む一連の〈格〉を用いる。動作については，ロシア語では〈対格〉を用い（21b），フィンランド語では〈入格〉（Illative）を含む別の一連の〈格〉が用いられる（21c）（Dahl 1987: 151–2）。

(20)　a. John lives in London.（ジョンはロンドンに住んでいる）
　　　b. *Džon živët v London*e.〈所格〉

c. *John asuu Lontoossa.*〈内格〉
(21)　a. John went to London.（ジョンはロンドンに行った）
　　b. *Džon poexal v London-Ø.*〈対格〉
　　c. *John meni Lontooseen.*〈入格〉

一方，「とどまる」（remain），「滞在する」（stay），「（何かをどこかに）残す」（leave
[something somewhere]）を含む述語のクラスについては，ロシア語では〈所格〉を
用いるが（22b），フィンランド語では〈入格〉を用いる（22c）（同上）。

(22)　a. He remained in London.（彼はロンドンにとどまった）
　　b. *On ostalsja v Londone.*〈所格〉
　　c. *Hän jäi Lontooseen.*〈入格〉

　Dahl はまず最初に，関係する述語の空間的属性と時間的属性を利用して，各言語
における 2 つの格の単義性分析を検討している。場所には，時間における 1 つの点
と 1 つの場所（すなわち，空間における 1 つの点）が含まれる。動作には，時間に
おける少なくとも 2 つの点と，少なくとも 2 つの異なる場所が含まれる。すなわち，
人は，1 つの場所から別の場所へと時間的間隔をへて移動する。上で見た変則的な
述語では 1 つの場所しか含まれないが，それは幅のある時間（すなわち，時間にお
ける少なくとも 2 つの点）においてである。
　述語に関してこの意味分析を仮定するなら，ロシア語とフィンランド語の格につ
いては，次に挙げる単義性分析の定式化が可能である。

(23)　ロシア語：〈対格〉＝少なくとも 2 つの異なる場所を含む（「行く」）
　　　　　　　　〈所格〉＝ 1 つの場所のみを含む（「住む」，「とどまる」）
(24)　フィンランド語：〈内格〉＝時間における 1 つの点のみを含む（「住む」）
　　　　　　　　　　　〈入格〉＝時間における少なくとも 2 つの点を含む（「行く」，
　　　　　　　　　　　「とどまる」）

　ロシア語とフィンランド語の格に対する単義性分析は，1 つの結果をもたらす。そ
れは，これらの格は全く異なる意味的パラメータに基づいて規定されているように
思われるということである。すなわち，ロシア語の格は，空間において規定され，
一方，フィンランド語の格は，時間において規定されているように思われる。類型
論的観点からは，このことは奇妙なことに思える。なぜなら，類型論的観点から見
れば，格の体系においては，この単義性分析が示すものよりも多くの類似性が予想
されるからである。一方，この違いは，相対主義の分析を支持するものとみなすこ
とができる。

単機能的／単義性分析には，重大な欠点がある。すなわち，この分析では，カテゴリの成員性について，必要かつ十分な条件 (necessary and sufficient conditions) を見いだすことが，ほとんど不可能なのである。十分条件なしに，話者の言語知識をこの分析を用いて捉えることはできない (Cruse 1992 も参照)。たとえば，前述のロシア語とフィンランド語の格には，(20)〜(22) の事例で説明したものよりも多くの他の用法があり，これらの用法を上で挙げた単義的定義の下に組み込むことは不可能である。これらの格は，より広い観点では多義的である必要があるが，このことは，これらの格が (20)〜(22) でも多義的である可能性を高めるものである。

Dahl は，ロシア語とフィンランド語の格の両方にとって代替案となる多義性分析を提案している。図 3.2 は，Dahl の説明をグラフを用いて図解したものである。

図 3.2.　〈地〉(Ground) の役割の普遍的多義性分析

Dahl が進める多義性分析では，動作と場所についての 2 つの**プロトタイプ**に加えて，図 3.2 で**非活動的動作** (INACTIVE ACTIONS) と呼ぶ非プロトタイプ的な中間のタイプが仮定されている (Croft 1991: 97)。動作のプロトタイプは，時間と空間の両方において少なくとも 2 つの点を含むと規定されている。ロシア語の〈対格〉とフィンランド語の〈入格〉は共に，動作のプロトタイプを符号化する。場所のプロトタイプは，時間と空間の両方で 1 つの点のみを含む。ロシア語の〈所格〉とフィンランド語の〈内格〉は共に，場所のプロトタイプを符号化する。非活動的動作という中間的な非プロトタイプ的カテゴリは，空間では 1 つの点を含むが，時間においては少なくとも 2 つの点を含む。ロシア語では，場所のプロトタイプの格は，空間的属性の観点での類似性に基づき，非活動的動作へと**拡張**されている。一方，フィンランド語では，動作のプロトタイプの格は，時間的属性の観点での類似性に基づき，非活動的動作へと拡張されている。

このプロトタイプ分析には，多くの優れた特徴がある。この分析は，動作と場所は，際立ちの高い時空を表す状況タイプであるという我々の直感を捉えている。我々は，動作と場所の状況に，より頻繁に直面し（かつ，それについて伝達し）やすい。また，動作と場所は，空間と時間の両方の側面で対立する。多くの識別上の特性で

対立するカテゴリは，高い手がかり妥当性を持ち，それゆえ基本レベルのカテゴリ（basic-level categories）としてより自然である（Rosch 1978）。非活動的動作は状況タイプとしては，それほどありふれたものではなく，動作と場所からあまり明確に区別されない。ゆえに，このタイプのものは，カテゴリのプロトタイプにとっては，あまり起こりそうにない候補なのである。

　さらに，プロトタイプ分析では，全てとはいえないまでも多くの言語で，文法は，話者が経験上遭遇するより際立ちの高い一般的な状況を符号化するために，話者によっていわば設計されていることが示唆される。意味的普遍性（プロトタイプ）は，この点において言語で表現されており，DuBois の名文句を用いれば，「文法は，話者が最も多く行うことを，最もうまく符号化する」ということである（DuBois 1985: 363）。一方，あまり典型的でない状況タイプは，通言語的には表現が多種多様である（おそらく恣意的に多様なものとなっており，類型論学者にとっては問題とならない; 1.1 節参照）。

　このプロトタイプ分析によると，ある経験的予測を立てることも可能である。3つの状況タイプによって，単純な一次元の概念空間が規定されている。図 3.2 は，概念空間上でのロシア語とフィンランド語の格の意味地図を示している。2.4.2 節で論じたように，言語には概念空間の結合領域を写像するカテゴリがあることが予測される（意味地図結合仮説）。ゆえに，「行く」と「住む」の場所項は同じやり方で符号化するが，「とどまる」の場所項については別の方法で符号化する言語タイプは生じないことが予測される。（これは，有効な競合的動機（competing motivations）分析である; Croft 1990a: 193 参照。）

　プロトタイプ分析では，文法カテゴリの普遍的側面と個別言語固有の側面の両方が捉えられている。カテゴリの普遍的側面とは，概念空間の基礎をなす構造のことである。カテゴリの個別言語固有の側面とは，概念空間の結合領域の範囲を定める個別言語固有のカテゴリの境界のことを指す。したがって，このプロトタイプ分析は，文法カテゴリ構造仮説（2.4.5 節）を例証するものである。

　このプロトタイプ分析によると，文法的格の選択に影響を与えるのは，語彙項目が符号化する状況タイプの特性であって，文法的格が状況タイプの「空間的」または「時間的」な解釈を課すのではないことが示唆される。プロトタイプ分析はさらに，周辺的カテゴリの成員の意味的個別性を重んじることによって，プロトタイプと周辺的カテゴリの間に形式的相違が存在することも予測している。構文の形式的構造におけるこの違いは，形式の統一性という隠れた前提を問題視する際には上で論じたように，まさに一般的なケースである。

　ロシア語とフィンランド語の話者が，両方の分析を同時に持つというのはありえることである。すなわち，これらの言語の話者が，プロトタイプとその拡張とを区

別する一方で，格については単義的な意味カテゴリを形成するということである。これは，事実かもしれない。しかし，上述のように，それはここで述べた用法の一部に当てはまるだけであろう。各言語に特有な一般的意味の存在によって，カテゴリ内部のプロトタイプ—拡張のパタンの存在が否定される必要はない。実際，文法カテゴリ構造仮説（2.4.5 節）は，文法カテゴリの内部構造は普遍的であり，個別言語固有のものであるのは境界だけであることを示唆している。この点については，3.4 節で再び論じる。

3.2.3.　表現における冗長性

　英語のような言語とは対照的に，数詞が名詞を修飾する際に常に使用される（ソータル）助数詞（(sortal) numeral classifiers）を持つ言語が存在する。この両者の言語タイプの違いに関して，上で紹介したものとは異なる類いの相対性に関する議論がなされることがある。全ての言語において，質量名詞と通常呼ぶものが符号化する存在物を数える際には，部分類別詞（partitive classifier）や計量類別詞（measure classifier）が使用される。

(25)　部分類別詞：two pieces of bread, three slices of cheese, four blades of grass
　　　計量類別詞：two cups of sugar, three pounds of chocolate, six yards of muslin

これに加え，全ての言語において，可算名詞と通常呼ぶものが符号化する存在物の集合を数える際には，グループ類別詞（group classifiers）や配列類別詞（arrangement classifiers）が使用される。

(26)　グループ類別詞：two flocks of sheep, a box of chocolates
　　　配列類別詞：three rows of trees, four stacks of paper

　助数詞言語と非助数詞言語の区別は，数詞が修飾を行う際には，可算名詞と通常呼ぶものでさえ，ソータル類別詞（SORTAL classifier）と呼ぶ類別詞を必要とするという要件に基づきなされる。次の事例が示すように，ユカタン・マヤ語（Yucatec Mayan）では，数に対して接尾辞となった類別詞が文法的に要求される（Lucy 1992b: 52）。

(27)　'un-　　**túul**　　　　máak
　　　one-　　CLF.ANIM　　man
　　　'one man'（一人の男）

(28)　'um-　　**p'éeh**　　　nàah
　　　one-　　CLF.GENL　　house
　　　'one house'（一軒の家）

分類に関しては，英語とマヤ語にはこのような文法的違いが見られるが，このことから，多くの研究者は，ソータル助数詞を持つ言語では，質量名詞と可算名詞の区別が全くなされないという分析を行ってきた。そのような分析の下では，ソータル助数詞を持つ言語は，全ての名詞を非有界的な（unbounded）（数えられない（uncountable））ものとして解釈し，また，類別詞（部分，計量，グループ，配列，ソータル）は，名詞が表すものについて，それが数えられるように**ユニット化する**（UNITIZE）ものということになる。そういった言語の特徴について，Lucy は次のように述べる（たとえば，Rijkhoff 1992: 77, 79–80 も参照）。

類似点を求めて英語に目をやると，たとえば，*two zincs* や *two cottons* のように，通常は数詞によって修飾されない *zinc* や *cotton* のような語彙名詞で同様の現象が存在する。これらの語彙名詞は，伝統的に「質量」名詞と呼ばれてきた。... 一般的に，こういった質量名詞は，指示的意味の一部として，ユニットとしての意味を何も持たないものと考えられている。... 英語の質量名詞のこの解釈は，ユカテク語（Yucatec）の数詞の修飾パタンの理解に役立つ。すなわち，類推により，ユカテク語の全ての語彙項目は，ユニットに関しては未指定であることが示唆される。なぜなら，それら全ては補助的標示（すなわち，数詞的修飾の文脈での助数詞）を必要とするからである。この分析では，助数詞は，語彙名詞の指示対象のユニットあるいは有界性を特定する働きを担うということになる。つまり，助数詞は，数詞の修飾を受け入れるように，語彙名詞の主要部の意味を補うユニット化を行うのである（Lucy 1992b: 73）。

言語形式に統一性は存在しない（3.2.2 節）。この事実に基づき，英語のような言語とユカタン・マヤ語のような言語の違いに関する相対主義の議論を批判することが可能である。すなわち，部分／計量類別詞付きの「質量名詞」構文が，ソータル類別詞付きの「可算名詞」構文と統語的に同一だというのは，全くもって明らかなことではないのである。たとえば，ソータル類別詞は，特定の可算名詞と関係するが，特定の質量名詞と関係する類別詞は存在しない。なぜなら，様々な部分類別詞や計量類別詞がそれぞれの類別詞と共に使用されるからである（Greenberg 1977）。この統語的違いは，ソータル類別詞と計量類別詞の意味的違いによってもたらされる。すなわち，計量類別詞が物質の時間的状態を記述するのに対し，ソータル類別詞は物体の固有の状態を記述するのである（Berlin 1968: 175）。さらに，計量類別詞は開いたクラスであるのに対し，ソータル類別詞は閉じたクラスである（De León 1987: 84［Aikhenvald 2000: 116 に引用されている］）。

言語には，ソータル類別詞が選択的な（すなわち，それが全ての場合に見られない）ものもある。たとえば，ソータル類別詞が，より大きな数詞と共に見られない場合がある（Aikhenvald 2000: 117）。たとえば，Aikhenvald は，「ミナンカバウ語（Minangkabau）の類別詞は，日常言語ではよく省略されるが，これによって数詞句

（numeral phrase）の意味が変わることはない」と述べている（同上）。これとは対照的に，計量名詞（measure nouns）は，数詞表現では，意味的にも統語的にも必要である（同上：116）。これらの違いの全てが示唆することは，計量類別詞構文とソータル類別詞構文は統語的に異なり，統語的違いのうちの幾つかは，ちょうど普遍主義の見解において予測されるように，不可算の実体と可算の物体の意味上の違いによるということである（3.2.2 節）。

　ソータル類別詞と他の類別詞に見られる形式上のこれらの違いをたとえ見落としたとしても，意味の相対性を支持するこの議論には，ある隠れた前提が存在していることが分かる。

(29)　隠れた前提 3：言語分析は，統合的冗長性（syntagmatic redundancy）を最小限にする必要がある。

この隠れた前提 3 は，先に指摘した隠れた前提 2 と同様，言語の本質と話者の文法知識の表示に関して必要な前提ではない。これとは別の分析は，意味の冗長性は存在するというものである。ここで論じる類別詞の場合について言えば，冗長性分析では，類別詞と可算名詞は両方とも意味におけるユニット化（unitization）を行うものということになる。意味の冗長性は，可算名詞がそれ自体で数詞と**統語的**に結合可能であることを含意しない。助数詞（numeral classifier）構文で類別詞が要求されることは，助数詞構文に関する統語的事実であり，可算名詞の意味に関する意味的事実ではない。

　隠れた前提 3 は，文法構造の表示における非冗長性の原理を表している。表示における非冗長性では，発話とそれによって事例化される構文タイプにおける情報の表現の**統合的単純さ**（SYNTAGMATIC PARSIMONY）の定理が仮定されている。しかし，言語的表示が統合的単純さを最大限にすることを仮定するための先験的理由は存在しない。統合的単純さを仮定することによってもたらされる 1 つの帰結は，発話の計算に複雑性が加わることである。ここで扱う事例では，ソータル類別詞構文の主要部名詞がソータル類別詞と結合して解析される際に，その主要部名詞がユニット化されることを聞き手は計算しなければいけなくなるだろう。

　普遍主義の分析では（ここでは，可算名詞は，英語のような類別詞言語ではユニット化されている），構文の意味的情報の記憶における冗長性が認められている（ユニット化は，ソータル類別詞の意味と同様，名詞の意味でも見られる）。しかし，冗長な記憶とは，名詞がすでに可算名詞として指定されているという点では，より単純な計算を可能にするものである。

　したがって，単純さを根拠に，どちらかの分析を先験的に選り好みすることはできない。むしろ，心理言語学的証拠によって支持される傾向にあるのは，冗長性や

3章　統語カテゴリと意味の相対性　143

単純な計算の方である（Barsalou 1992: 180）。一方，非冗長性を仮定する場合には，
重大な分析上の問題が生じることに成る。

　もし分析を行う際に非冗長性を仮定するなら，実は英語にも，可算名詞と質量名
詞との違いが欠如していると述べるための証拠が，ユカテク語の場合と同様に，あ
るいは少なくとも同程度存在することになる。英語には，可算名詞と質量名詞を区
別すると考えられる構文が2つある。〈計数〉（Counting）構文は，〈可算名詞〉と結
合する〈不定冠詞〉（Indefinite Article）や〈数詞〉から成る。

(30)　[*a*(*n*)/NUM NOUN {-Ø, -*s*}]

　　　A dog/Two dogs came out of the alley.（一匹の／二匹の犬が裏通りから出て
　　　きた）

　〈原形単数〉構文は，〈質量名詞〉と結合して，〈冠詞〉なしの単純〈名詞〉語幹から
成る。

(31)　[Ø NOUN -Ø]

　　　I spilled **soup** on my shirt.（私は自分のシャツにスープをこぼした）

　しかしながら，実は，下に挙げる（ほとんど）実際に確認される事例が示すよう
に，どちらの構文も，ほぼいかなる〈名詞〉とも一緒に原理上使用可能である。

(32)　a.　"When you're 6 or 7 years old, that's quite a lot of **dog** bearing down on
　　　　　you. [Maggie W., 16.2.94]（あなたが6，7歳なら，それはかなり多くの
　　　　　犬があなたに襲い掛かっていることになりますね）
　　　b.　"They figured they needed that much **car** to ferry everybody around." [Carol
　　　　　T., 14.3.00]（彼らは，全員を連れ回すには多くの車が必要であることがわ
　　　　　かった）
　　　c.　We'd like three **soups**, two white **wines** and an **orange juice**, please.（スー
　　　　　プ3つと白ワインを2つ，それにオレンジジュースを1つお願いします）
　　　d.　"That's one of the best . . . **lightnings** I've ever seen." [Debra, 12.4.96]（あ
　　　　　れは私がこれまでに見た稲妻の中で最も素晴らしいものの1つだった）

これらの英語の事実に関して，Lucyがユカテク語について分析するのと同じ方法を
用いて分析することができる。すなわち，〈名詞〉が固有の可算性を持つのではなく，
むしろ可算性（あるいはその欠如）は，〈名詞〉が結合する構文においてのみ表示さ
れるというものである。英語とユカテク語の唯一の違いは，ユカテク語にはユニッ
ト化と関係付けられる別の形態素が存在するが，英語ではユニット化は構文全体と
関係付けられるということである。しかし，構文文法モデルでは，この違いはとる

に足らない。還元主義の文法モデルでも，意味解釈の規則は，英語〈計数〉構文と関係付けられており，ユニット化は，たとえば，数詞と関係付けることが可能である。ゆえに，ユカテク語と英語には違いは存在していないのである。非冗長性を仮定するかどうかによって，どちらの言語も可算—質量の区別を持つ言語として，あるいはそういう区別を欠くものとして分析することが可能なのである。

　しかし，（英語〈計数〉構文ではなく）助数詞構文の分析においてなされるように，非冗長性を仮定すると，他の文法領域で重大な問題が生じることになる。助数詞構文の非冗長性分析では，ユニット化は文法的要素（ソータル類別詞）に起因するはずだと考えられる。なぜなら，仮にそうでない場合には，この文法的要素は意味を持たないことになるからである。したがって，ユニット化は，内容語（名詞）の意味の一部とはならない。

　もしこの議論を文法により広く適用すると，奇妙な結果に陥る。次の英語の文法的構文に関する非冗長性分析について検討してみよう。

(33)　a. **Three** books（3 冊の本）
　　　b. **She** lives here.（彼女はここに住んでいる）
　　　c. **Yesterday** I bik**ed** to work.（昨日私は自転車で仕事に行った）
　　　d. I **insert**ed the floppy **into** the drive.（私はフロッピーディスクをフロッピードライブに差し込んだ）
　　　e. I **gave** her a book.（私は彼女に本をあげた）

(33a) の〈数〉の接尾辞は，複数を符号化することに他ならない。非冗長性分析では，複数は，〈数詞〉の *three* の意味の一部ではないと結論付けなければならないだろう。(33b) の〈動詞〉の接尾辞の *-s* は，三人称単数を符号化する。非冗長性分析では，三人称単数は，〈人称代名詞〉（Personal Pronoun）の *she* の意味の一部ではないと結論付けなければならないだろう。（またこの接尾辞は，現在時制を示すが，これは非三人称単数現在 -Ø とは対立的なので，何らかの他の意味，すなわち三人称単数を持つ必要がある。）(33c) の〈動詞〉の接尾辞 *-ed* は，過去の時間指示を符号化するに他ならない。非冗長性分析では，過去の時間指示は，〈時間的副詞〉（Temporal Adverb）の *yesterday* の意味の一部ではないと結論付けなければならないだろう。(33d) の〈前置詞〉*into* は，物体の内部への貫通を符号化する。非冗長性分析では，物体の内部への貫通は，〈動詞〉*insert* の意味の一部ではないと結論付けなければならないであろう。(33e) の〈二重目的語〉構文は，所有権の移動を符号化する（Goldberg 1995: 32）。構文 vs.〈動詞〉の意味の非冗長性分析では，所有権の移動は，*give* の意味の一部ではないと結論付けなければならないだろう。

　これらの非冗長性分析はどれも意味をなさない。すなわち，意味の非冗長性の前

3章　統語カテゴリと意味の相対性　145

提自体に重大な問題があるといえる。(33a–e)で意味の冗長性を仮定しないなら，(27)〜(28)ではソータル類別詞構文で意味の冗長性を仮定する理由はない。

　非冗長性を仮定するアプローチは，品詞分析における他の議論でも役割を果たしている。名詞句のみが指示機能を持ち，名詞はそれ自体では指示機能を持つものではないと論じられることがたびたびある。この議論は，〈名詞〉が〈冠詞〉を要求するという英語の統語的な分布に関する事実と，〈冠詞〉が指示を特定するのに機能するという意味的事実に基づいている。

(34)　a. **The cat** is scratching the furniture.（猫が家具を引っかいている）
　　　b. *****Cat** is scratching the furniture.

これら2つの英語の事実と，非冗長性を仮定することによって，英語の〈名詞〉のみならず，一般的に名詞というものが指示機能を持たないと結論付けられている。全ての理論家が，こういった見方をするわけではない。たとえば，Langacker は，名詞と冠詞の両方を，同じ意味タイプのもの（彼の用語では，モノ）として分析している。しかしながら，この見解（名詞は指示機能を持たないという考え）は，大抵の形式的意味分析で見られるものであり，限定詞（determiners）を句の主要部とするという，より最近の分析は，そもそもこの分析から起こるのである（7章参照）。
　この分析（すなわち，名詞は指示機能を持たないという考え）は，2.4.2 節で紹介した品詞の普遍類型論理論に対して疑問を呈するのにも利用されてきた（1992 年の Ewald Lang との私信：2000 年にドイツのマールブルクで Nikolaus Himmelmann が行った講義）。品詞の普遍類型論理論では，典型的名詞とは指示で用いられる物体語であるという仮説が立てられている。名詞句／限定詞句の非冗長性分析では，名詞は指示機能を持たない。すなわち，限定詞のみが指示機能を持つとされる。実のところ，この批評は，普遍類型論理論を正確に表したものではない。なぜなら，概念空間の構造は，構文全体によって規定され，主要部名詞だけでなく，構文全体が指示機能を遂行するからである（7章も参照）。しかし，名詞の意味に対する非冗長性分析には，可算名詞の意味に対する非冗長性分析と同様の欠点がある。
　まず，指示表現において，名詞が単独で生起する言語がある。すなわち，ロシア語のような冠詞を持たない言語である（Pulkina & Zakhava-Nekrasova, 日付なし：93）。

(35)　Nesmotrja　na　**morozy**　**jabloni**　　　ne　　pogibli.
　　　in.spite.of　on　**frost:PL**　**apple.tree:PL**　NEG　perish:PST.PL
　　　'In spite of **the frosts**, **the apple trees** did not perish.'（霜にもかかわらず，リンゴの木は滅びなかった）

146 第 1 部　統語カテゴリから意味地図へ

相対主義の分析では，ロシア語の名詞は，英語の名詞とは対照的に，意味的に指示機能を持つと結論付けられるであろう。実のところ，この相対主義の分析は，ロシア語について通常主張されてはいない。だが，ユカテク語の類別詞の場合には相対主義の分析を適用するが，ロシア語の名詞の場合にはそれを適用しないという先験的理由は存在しない。

　通常代わりに行われているのは，英語に基づく分析をロシア語にも同様に適用するということである。この分析では，ロシア語の〈名詞〉は，英語の〈名詞〉のように指示機能を持たないものとされる。むしろ，ロシア語の〈名詞〉とは〈名詞句〉内で見られるものであり，これらの〈名詞句〉は，ゼロ〈限定詞〉を持つものと分析されたり，〈限定詞〉の枝を何も持たない N ノード上の NP ノードを持つものと分析されたり，またさらには，N から D の位置への名詞の主要部から主要部への移動（head-to-head movement）を受けたものと分析されたりする。このアプローチが一貫して適用されたのなら，英語を含む全ての言語について類別詞句を仮定し，ゆえに英語には空の〈助数詞〉を仮定する必要が出てくるだろう。ここでも先と同様に，英語の〈名詞〉の非冗長性分析はロシア語の〈名詞〉にまでは広げるのに，ユカテク語の〈名詞〉は英語の〈名詞〉にまでは広げないことを正当化するための先験的理由は与えられていない。

　さらなる問題は，英語のような言語において冠詞の用法が示す実際の分布パタンに関するものである。英語では，質量名詞や原形複数形可算名詞の使用において，〈冠詞〉が用いられない状況がある。

（36）　a. **Arsenic** is poisonous.（ヒ素は有毒だ）
　　　 b. **Cats** have tails.（猫にはしっぽがある）

このような状況について，非冗長性分析では，空の〈冠詞〉を仮定する必要があるだろう。あるいは，非冗長性分析を想定するなら，〈名詞〉はある事態では指示表現だが，他の事態ではそうでないといったことを仮定する必要が出てくるであろう。

　最後に，現代ギリシャ語（Modern Greek）のように，固有名詞の使用において，冠詞を用いる言語がある（Holton 他 1997: 278）。

（37）　**o**　　**Días**　　íne　　planítis
　　　 the　 Jupiter　 is　　 planet
　　　 'Jupiter is a planet.'（木星は惑星だ）

この場合には，非冗長性分析に基づくと，ギリシャ語の〈固有名詞〉は指示機能を持たないことになるだろう。(33a–e) の事例についてもそうだったが，この分析は理にかなうものではない。これらの事実の全てが示すことは，相対主義の分析の代わ

りに，英語と他の言語の名詞は指示的であるという普遍主義の分析を選ぶ必要があるということである。

3.2.4. 意味の不確実性原理

これまで述べてきた一連の隠れた前提はどれも，言語の文法的違いに基づいて意味の相対性を唱える最もありふれた議論の多くに疑問を投げ掛けている。しかし，たとえこれらの前提が特定の場合に正当化されたとしても，意味の相対性の議論には論理的欠陥が依然としてある。以下では，普遍主義の意味論（universal semantics）に対して異議を唱える Sasse の議論を交えながら，これを説明する（Sasse 1991）。

Sasse は，名詞–動詞の区別を欠く（すなわち，語の全ての意味クラスが同じ屈折を持ち，指示表現あるいは叙述として生じることが可能な）言語が存在すると論じているが，そのような言語の全てが，同様の振る舞いを見せるわけではない。Sasse によると，(38) の事例について彼自身の「直訳」が示すように，トンガ語は全ての〈節〉が名詞句である言語である（Sasse 1991: 79）。

(38) na'e **ui** 'a Sione
  PRT **call(ing)** ABS/GEN S.
  'It was calling of Sione.'（シオーネの呼び声であった）［Sasse による「直訳」］
  'Sione called/was called.'（シオーネが呼んだ／呼ばれた）

一方，カユーガ語（Cayuga）は，Sasse の見解では全ての語が動詞文（verbal sentences）である言語である。このことは，上と同様，(39) に挙げる Sasse の「直訳」の事例によって示される（Sasse 1991: 84）。

(39) a- hó- **htǫ:'** ho- **tkwę't** -a' nę:kyę h-
  PST- 3SGN/3SGM- **lose** 3SGN- **wallet** -NR this 3SGM-
  ǫkweh'
  man
  'It was lost to him, it is his wallet, this one, he is a man'［Sasse による「直訳」］
  'The man lost his wallet.'（男性は財布をなくした）

実際，「名詞的」用法と「動詞的」用法は，同一でないことを示す分布上の違いが存在する。トンガ語の「名詞的」〈動詞〉は，時制–法の〈助動詞〉をとるが，他の名詞類はそのようなことはない。同様に，'[it is his] wallet' のカユーガ語の「動詞的」〈名詞〉は，〈動詞〉がとらない〈名詞的〉接尾辞をとり，一方，〈動詞〉は，カユーガ語では「動詞的」〈名詞〉では見られない時制接頭辞をとる（カユーガ語に対する Sasse の分析に関するより詳細な批評については，Mithun 2000 参照）。これらの分

布上の違いは，実のところ，この二言語では，〈名詞句〉構文と〈動詞節〉構文は，文法的に別個であることを意味している。すなわち，これらが意味上同一であるという主張は受け入れ難いものなのである。しかしながら，たとえこれらの分布上の違いを無視したとしても（これにより，Sasse の議論は強化されることになる），この議論には論理的欠陥が依然存在している。

　Sasse の分析を仮定してみよう。Sasse は，トンガ語の発話は全て名詞句であり，一方カユーガ語の語は全て動詞文だと述べる。彼はこのことを，経験に関して根本的に異なる根底にある概念化の反映だと分析する。Sasse は一体どのようにして，この結論に達したのだろうか。Sasse は，屈折や結びつく文法的不変化詞という文法的要素を見ることによって，この結論に達している。しかし，この結論は，これらの文法的要素が，おなじみのヨーロッパ系言語での意味と同じ意味をトンガ語とカユーガ語でも持つことを仮定することによってのみ達することが可能である。トンガ語の〈属格〉標識は，英語や他の言語のそれと同一視可能であり，またそれによってトンガ語の〈節〉の「名詞性」(nominality) が明らかになると想定されている。同様に，カユーガ語の〈代名詞的〉接辞 (Pronominal affixes) は他の言語のそれと同一視可能であり，またそれによってカユーガ語の〈名詞句〉の「叙述的」(predicational) な特徴が明らかになると想定されている。すなわち，語彙項目が示す概念の意味（概念化）が，根本的に相対的であることを明らかにするためには，これらの文法的要素の意味が普遍的であることを仮定する必要があるのである。

　この議論は，「寒さ」(cold) の場合にも当てはまる。状態／感覚の概念化において申し立てられる違いは，述語形容詞構文と所有構文の普遍的意味を仮定することによってのみ主張可能である。フランス語の述語形容詞構文と所有構文が，英語の述語形容詞構文と所有構文と概念的に異なることを主張することは，同様に可能であろう。結局のところ，フランス語の構文は，英語の構文とは異なる一連の状況タイプまでカバーする。同様に，類別詞言語における名詞の相対主義の解釈は，部分詞・計量詞・グループ詞表現の普遍意味を仮定することによってのみ主張可能なのである（それらの表現をソータル類別詞と同一視することも同様である）。

　しかし，文法的要素が常に普遍的であると仮定する先験的理由は存在しない。語彙項目の意味が普遍的であり，文法的要素の意味は，少なくとも部分的には，語彙項目の意味によって決定されるのかもしれない。すなわち，トンガ語の ‘a という「名詞的」な文法的要素は，（名詞的）〈属格〉の意味と，（動詞的）〈絶対格〉(Absolutive) の項の意味を巡って多義的である。また，カユーガ語の〈代名詞的〉接頭辞は，（動詞的）一致の機能と，（名詞的）性の機能を巡って多義的である。同様に，身体的状態の意味は普遍的であり，人の身体的状態を叙述するのに用いられる構文の意味は，少なくとも部分的には，身体的状態語の語彙的意味によって決定されると仮定

することは，まさに同じくらい簡単にできるだろう。そして，個別化可能な物体の意味は普遍的であり，物体を数えるのに用いられる構文の意味は，少なくとも部分的には，物体語（すなわち，可算名詞）の語彙的意味によって決定されるということを，まさに同じくらいの容易さを伴って仮定することができるだろう。

　これが，ラディカルな言語の相対性の議論における中核的な隠れた前提であり，これを意味の不確実性原理と呼ぶ（Croft 1993a: 374–5）。

(40)　隠れた前提 4: 意味の不確実性原理: 任意の構文的要素が与える概念化の相対性を決定することは，構文中の別の要素が与える概念化の普遍性を仮定することによってのみ実行可能である。

　意味の不確実性原理によってもたらされる 1 つの重要な結論は，全ての言語学者が想定する普遍的意味に関する何らかのモデルが存在するというものである。すなわち，意味は完全に相対的ではないのである。問題は，普遍的意味と個別言語固有の概念化の関係とは何であるのか，ということである。次節では，言語の動的な性質について我々が知る内容に合致する，言語の相対性と概念化に関する 1 つの解釈を提示する。

3.3.　言語の「相対性」が持つ動的で流動的な特徴

　トンガ語とカユーガ語で見られるようなパタンが，どのように生じるのかについて考えてみると，類像性—概念化の謎について 1 つの解決法が浮かび上がる。これについては，類型論学者が盛んに研究を行う文法化のプロセスを用いて説明することができる（たとえば，Lehmann 1982b/1995; Heine 他 1991; Traugott & Heine 1991; Hopper & Traugott 1993 参照）。文法化というプロセスにおいては，構文は時間の経過と共に新しい意味的用法を獲得し，（置換，更新，あるいは分割を通して）統語的にも逸脱しうる。たとえば，名詞化を経た動詞形式とその属格従属部（genitive dependent）は，主動詞叙述（main verb predication）とその中核項へと文法化しうる。このようなことが，ポリネシア諸語（Polynesian languages）で起こったと考えられ，それが，主要叙述（main predication）の中核項の符号化をも行う〈属格〉前置詞（これ自体は動作名詞類と同一のもの）の発生をもたらしたのである。同様に，代名詞は，動詞上の項指標接辞（argument indexing affixes）（「一致」接辞）へと変化し，その後は限定詞へ，さらにその後は名詞上の（文法上の）性の標識へと文法化することがよくある。これらのプロセスの両方が，ほぼ同一の元の〈代名詞〉についてイロコイ語族で起こった（実際，動詞的指標と名詞の（文法上の）性の標識への文法化は，イロコイ語族の歴史では別々の段階で起こった: Mithun 2000）。

ミクロ・レベルでは，この文法化のプロセスには3つの段階が含まれると考えられる。プロセスの最初の段階は，構文が新しい機能へ拡張するというものである（その機能は以前は別の構文によって符号化されていたが）。この最初の段階は，極めて重要である。なぜなら，そこでは，古い構文と新しい構文が，問題の機能に関して対立をなすからである。多くの言語学者は，同じ言語内に1つの機能に対して2つの異なる構文が存在する場合には，その2つの別々の構文は同じ経験に関する別の概念化を表すものだと論じる。すなわち，両構文は，用法上対立をなすことが可能な範囲において，機能の別々の側面を互いに際立たせようとしていると考えられている（3.2.1節）。つまり，新しい構文は，それが持つ元の構造や機能の概念化を，少なくとも部分的には課すものなのである。新しい構文がまだ慣習化されていない場合には，このことが（もし起こるなら）プロセスの最初の段階で起こりやすい。

次の段階では，新しい機能を持つ古い構文は排除されるか，あるいはそれが古いものともはや顕著な対立をなさないところまで周辺化される。この時点で，その「新しい」構文は，新しい機能での慣習化がなされており，今や標準的機能の1つとなっている。またこの時点では，文法的対立が欠如しているために，新しい構文が表す機能の特定の側面が強調されなくなる。構文に見られる語彙項目（内容語）によって符号化される経験の概念化は，強いて言うなら，新しい機能で再び自己主張するようになるのである。

この時点で，その構文は新しい機能で慣習的になっている。その構文は，元の意味については多義的になっている。その構文が新しい機能で独立しているということは，文法化のプロセスの最後の段階で示される。すなわち，その新しい構文は，新しい機能と調和した形で，文法構造と振る舞いにおいて変化を遂げる。これらの変化は，新しい機能におけるその構文のみに生じる統語的・形態的・音韻的変化として現れ，これを通して新しい構文を元の意味での古い構文から区別することになる。実際，これらの文法的な違いは急速に現れるものである。本章で議論した事例の全てにおいて，文法的違いが見られる（Mithun 2000; Croft 1998a も参照）。

いかなる実際の発話にも，語彙項目と文法的構文によって示される概念化の複雑な相互作用が見られる。全ての発話には，それが新奇なものであろうと，あるいは慣習的なものであろうと，多くの文法ユニットの結合が含まれる。文法的システムは，ゆえに常に緊張状態にある。単一言語の言語構造における多様性と変化は，異なる構造に内在する概念化が比較可能であることのみならず，それがいかなる時点においても言語話者にとって同時に利用可能であることを示唆する。

別の概念化が同時に利用可能であることは，時に一貫性のない文法的振る舞いによって直接表される。次の事例は，イギリス英語での集合体（collective entity）を表す名詞の概念化が競合的であることを例証するものである。

(41) Section 278 of the Highways Act 1980, therefore, provides that if **a** highway authority **are** satisfied that it would be of benefit to the public for the authority to enter into an agreement with any person ... for the carrying out of highway works, the authority may do so on terms that person pay the whole or part of the cost (Victor Moore, *A Practical Approach to Planning Law*, 6th edn London 1997, p. 262). (その結果，高速道路法 1980 の第 278 項では，もし高速道路局が，高速道路の工事を行うために，誰であっても契約を結ぶことが人々のためになるということに納得する場合には，当局はその人が全額あるいはその一部を支払うという条件でそれを行いうると書かれている)

　集合体は，概念的には，単数と複数の両方になりうる。すなわち，集合体は，単一のユニットとして機能するという点で単数となりうる一方，それは多くの個体によって構成されているという点においては複数でもある（この場合は，高速道路当局によって雇用された人々を指す）。少なくともイギリス英語で集合名詞 (collective noun) 構文ができた当時は，単数の概念化は，〈不定冠詞〉の *a* の使用を動機付け，複数の概念化は，〈複数動詞〉(Plural Verb) 形の *are* の使用を動機付けた。しかし，現時点においては，〈単数の冠詞〉と〈複数動詞〉形が英語の慣習となっている。

　この事例が示すことは，普遍主義の分析は，全ての言語の全ての話者に対して妥当な，経験を概念化するための一律の方法を決して仮定してはいけないということである。ここで提唱した慣習的普遍主義の分析では，全ての話者が利用可能な集合体（あるいは身体的状態，あるいは個別化可能な物体など）に関して，同じ理解を本質的に有することになる。しかし，その理解は異なる概念化に役に立つものであり，そういった異なる概念化のどれか 1 つが経験を伝達するための新たな慣習的方法として確立されうるのである。文法的変化 (grammatical change) とは，異なる概念化によって経験が再解釈を受けることである。

　統語論と意味論と概念化の関係は，図 3.3 のように集約可能である（図 3.1 参照）。

統語構造

⇓ ⇑

意味構造

⇓ ⇑

概念構造

図 3.3.　統語と意味と概念化の関係

　話者は誰もが，およそ同じ概念構造（概念空間を含む）を有している。しかし，概念構造 (Langacker はこれを言語学的意味論によって形作られる原材料として扱う)

は，それ自体が単一の分解可能な構造ではない。概念構造はむしろ経験であり，代わりとなる相反する概念化は，その経験の中で同時に内在するのである。別の概念化は，文脈での話者の発話を形作る（語彙項目から文法的構文に至る）様々な文法的要素によって利用可能になる。

　経験は多次元的なものだが，その多次元性が，ある概念的経験についてその意味構造を新しいやり方で解釈することを可能にする。意味構造の新たな再解釈は，その経験についての非慣習的な統語構造の使用（たとえば，身体的状態についての *avoir*（持つ）の最も古い用法など）によって表されるが，それは本節で記述したプロセスにおける再解釈を符号化するものである。プロセスのこの部分は，図 3.3 では下向きの矢印によって表示されている。

　しかしながら，いったん新しい統語構造が慣習化すると，その経験の他の普遍的特性は再び自己主張し始める。経験のこういった他の特性（たとえば，身体的状態が持つ段階性の特徴など）は，それが持つ新たに慣習化した機能で構文の意味構造を変える。また，これは次にその形式的統語構造の変化をもたらすことになる。プロセスのこの部分は，図 3.3 では上向きの矢印によって表示されている。普遍性と相対性の相互作用に関するこの分析が，慣習的普遍主義の分析である。

3.4. 意味の普遍性と相対性とラディカル構文文法

　本章では，一連の隠れた前提が存在することを明らかにした。そして，これらの前提を明らかにすることを通して，意味の相対性を支持する議論に対する批判的検討を行った。隠れた前提はその全てが，相対主義の分析が妥当でないことを示唆する。第一の前提は，通言語的に見られる統語的違いは意味的違いを含意するというものである（隠れた前提 1）。しかし，もし言語内部に対立が存在しておらず，また当該の構文が意味を表すための通常の慣習的方法であるなら，その構文はいかなる特定の概念化も符号化しないと仮定することは，少なくとも同程度妥当なものとなる。

　このような批判に対しては，任意の言語内部の構文同士を比較することによって反論することが可能であろう。しかし，そういった比較では，形式と意味について一対一の関係を前提としなければいけない（隠れた前提 2）。実際には，典型的機能で用いた文法的構文と，概念化を課すと主張する別の機能で用いた文法的構文の間には，ほとんど常に形式上の違いが存在する。さらに，形式上の違いは，その構文が拡張される先の機能が持つ意味の普遍的側面を反映する。

　意味の相対性を支持する議論で見られるもう 1 つの前提は，構文の統合的な意味分析は，要素の意味間の意味の冗長性を最小にする必要があるということである（隠

れた前提3)。しかし，非冗長性分析だと，言語同士は類似しており，違いはないという結論につながる可能性がある（ユカテク語の〈助数詞〉構文 vs. 英語〈計数〉構文のように）。多くの領域において，非冗長性分析は全く意味をなさない。

　最後に，たとえ上で述べた隠れた前提の全てについての正当化が可能であったとしても，様々な言語における内容語の意味に対する相対主義の分析は，内容語の意味に概念化を課すと主張する文法的屈折や不変化詞や構文の意味の普遍性を仮定している（意味の不確実性原理）。しかし，もし通時的な見方を採用するなら，変化のパタンは，どちらかと言えば，文法的屈折とそれが生じる構文の進化に影響を与えるのは内容語の意味の普遍的特徴であるということを含意していることが分かる。

　ラディカル構文文法にとって，本章の議論はどのような帰結をもたらすのだろうか。それは，たとえ概念構造が多面性を持つものであったとしても，人間の経験の普遍的側面を表す概念構造が存在するということである。したがって，人間にとっては大部分が同じものであるという（多次元の）概念空間を仮定することが可能なのである。構文の拡張が示すように，構文の表す状況が言語の以前の段階のものとは異なってくることがあるが，このことは，経験を別の形で概念化することを概念空間が許容する必要があるということである。これは，概念空間の構造によって捉えることができる。新しい用法への構文の拡張は，構文の分布上の変化であり，そのような変化は概念空間では結合した経路をたどるものとして理論化される。たとえば，身体的状態の叙述は，固有の属性の叙述と所有の叙述との間に位置付けられるであろうが，このやり方によって，身体的状態の叙述が概念的に中間的（で，概念的に曖昧）な地位を持つことが示されることになる。概念空間の構造は，空間内において隣接する地点の類似点と相違点を捉える必要がある。別の概念化は隣接する地点によって引き起こされるのである。

　構文の拡張の少なくとも初期の慣習化されていない段階で見られる相対的な概念化は，個別言語の意味地図の構造が話者の行動に影響を与えうることを含意する。すなわち，特定の状況について用いられる文法上の形式的類似性が，それら特定の状況の類似性に着目することを可能にするのである。逆にいえば，形式的違いは，異なる構文によって表現される状況タイプ同士の違いに着目することを可能にするのである。

　言語の意味地図が実際に話者の振る舞いに影響を与えるという心理言語学的証拠がある（Kay & Kempton 1984; Choi & Bowerman 1991; Bowerman 1996）。たとえば，Choi & Bowerman は，英語と朝鮮語における置く（putting）構文の意味と，子どもによるその構文の習得の比較を行っている。両言語において，置かれる物（Talmy 1974 の言葉で言えば，図（figure））と，図が置かれる／入れられる先の地（ground）の物体との間の関係に関して，何らかの形態素が動作の経路の符号化を行

う。英語では，経路（path）は *in* や *on* のような前置詞によって表現される。一方，朝鮮語では，経路は *kkita* や *nehta* のような動詞によって表現される。英語の構文では，格納（containment）vs. 接触（contact）あるいは接着（attachment）に着目する，*in* や *on* のような前置詞が用いられる。

(42)　a.　put a wallet in a handbag, a ball into a box, a cassette into a cassette case（財布をハンドバッグに，ボールを箱に，カセットをカセットケースに，入れる）

　　　 b.　put a top on a pen, ring on a finger（ペンにキャップを，指に指輪を，はめる）

一方，朝鮮語の動詞は，かみ合いのぴったり感（*kkita*）vs. かみ合いのゆったり感（*nehta*）による特定がなされる。他の動詞は，図と地の物体の他の空間的配置を特定する（Choi & Bowerman 1991: 163）：

(43)　a.　*kkita*：　ある三次元の物体を別の物体「に合わせる」/「から外す」ことを引き起こす（カセット—カセットケース，ふた—ペン，指輪—指）

　　　 b.　*nehta*：　何かをゆったり感のある容器に入れる（財布—ハンドバッグ，ボール—箱）

　Choi & Bowerman は，イギリス人と韓国人の子どもたちによる空間的用語の最も初期の用法について，両者とも 2 歳になるかなり以前に観察を行った。子どもたちは，自分たちの言語の空間的用語を，最も初期の年齢から意味的に適切なやり方で用いていた（英語を話す子どもたちは，動作についての最初の発話では前置詞のみを典型的に用いた：Choi & Bowerman 1991: 96）。イギリス人の子どもたちは，*in* と *on* の最初の用法から，格納と表面接触／接着とを一貫して区別している（Bowerman 1996: 166）。一方，韓国の子どもたちは，*kkita* と *nehta* の最初の用法から，かみ合いのぴったり感とかみ合いのゆったり感を一貫して区別している（Bowerman 1996: 166）。

　加えて，Choi & Bowerman は，韓国の子どもたちは，最も初期の発話で，朝鮮語でなされるのと同様に，自発的運動と引き起こされた運動とを区別し，一方，イギリスの子どもたちは，最も初期の発話から，英語でなされるのと同様に，自発的運動と使役移動（caused motion）の両方で，*in* と他の経路表現を用いたことを観察した。同様に，イギリスの子どもたちは，英語でなされるのと同様に，様々な文脈で垂直運動について *up* と *down* を用い，一方，韓国の子どもたちは，彼らが学ぶ最も初期の動詞に合致した形で，動作の様態あるいは経路に応じて垂直運動を区別する。イギリスの子どもの *up* と *down* の学習と比べて，韓国の子どもたちは，かなり

後になるまで，'go up'（上がる）(*olla kata* あるいは使役の *ollita*) や 'go down'（下がる）(*nayle kata* あるいは使役の *naylita*) を意味する一般的な動詞を学ぶことはない (Choi & Bowerman 1991: 107)。

　言い換えると，イギリスと韓国の子どもたちは，自分の言語に特有のカテゴリを写像する一連の普遍的な意味上の基本概念（これらは通常，英語の前置詞の意味と疑わしいほどの類似性を見せる）と合致する形では，空間的状況のカテゴリ化を行っていないという証拠が広範囲にわたって存在しているのである。英語と朝鮮語は，むしろ，空間的状況を異なる仕方で，また言語の特定のカテゴリと一致する形で，カテゴリ化を行っている。これは，普遍的な基本要素が存在しないというラディカル構文文法の観点からは予測可能なことである。

　要するに，話者の振る舞いは，普遍的な概念空間と概念空間上の個別言語固有の意味地図の両方から影響を受けるのである。意味地図モデルでは，人間の言語的振る舞いの普遍的側面と相対的側面の両方がうまく捉えられている。本章では，意味地図の方法論の確立に真剣に取り組んだ。したがって，次は別のタイプの基本統語カテゴリとされる統語的役割のカテゴリに目を向けることにする。

4章

節の統語的役割（「文法関係」）

4.1. はじめに

　伝統的に「主語」や「目的語」と呼ばれる統語的役割（「文法関係」）は，言語の最も精力的に研究されてきたカテゴリの1つである。統語的役割は，節の構造や，節が表す事態の意味構造にとっては，当然のことながら中心的なものである。また同じ理由により，これまで「主語」や「目的語」の地位は，統語理論にとって中心的なものとみなされてきた。

　「主語」や「目的語」という用語は曖昧である。なぜなら，これらの用語は，項構造構文における節の統語的役割（clausal syntactic roles）を記述することに加えて，項と動詞の統語的関係の記述に対しても用いられるからである（1.3.2節）。本章では，節の統語的役割としての主語と目的語について議論する。統語的関係としての主語と目的語については，第2部で論じる。実のところ，本章で行うのは，**中心**（CORE）的な節の項（すなわち，典型的に主語役割や目的語役割として記述されるものを担う項）の統語的役割に関する検証のみである。とはいうものの，本章で行う議論は，1章で示した一般原理に基づくものであり，したがって，本章で展開する中心的な節の統語的役割に関する分析は，全ての統語的役割についても当てはまると考えられる。

　形式主義の統語理論と，機能主義の統語理論の間には様々な論争が見られるが，その中心的問題の1つが，品詞や統語的役割のような様々な種類の統語カテゴリの地位に関するものである。形式主義の統語理論と機能主義の統語理論は，それぞれ異なる立場をとる。両者の違いは，通常次のような形で表される。すなわち，形式主義の理論では統語的役割のようなカテゴリは純粋に統語的なものだと論じられ，一方，機能主義の理論ではそういったカテゴリは純粋に意味的なものだと論じられる。しかし，こういったやり方は，この問題の説明には不適切である。実際，通常なされる定式化が原因となり，実質的に的外れな論争がこれまで生み出されてきた。

　Chomskyによる，形式主義の見解の最初の主張の1つから検討してみよう。

[156]

もし意味が文法から独立した概念であると真剣に考えるなら，"John received a letter" や "the fighting stopped" という文によって，主語–動詞という文法関係が行為者–動作という「構造的意味」(structural meaning) を持つという主張が支持できないことが分かる。同様に，"I will disregard his incompetence" や "I missed the train" のような文によって，動作–着点という構造的意味を動詞–目的語の関係へと割り当てることは不可能になる (Chomsky 1957: 100)。

実は，この Chomsky の主張を解釈するための 1 つの方法は，それが完全な誤りであると捉えることである。Chomsky がこの一節で挙げる事例は，どれも〈主語〉と〈目的語〉の統語的役割の意味が分かりやすいものばかりである。

（1） John received a letter.（ジョンは手紙を受け取った）
（2） The fighting stopped.（戦闘は終わった）
（3） I will disregard his incompetence.（私は彼の能力のなさを気にしない）
（4） I missed the train.（私は電車に乗り遅れた）

統語的役割が符号化する参与者役割の呼び名として最も一般的に使用される用語を用いると，(1) の〈主語〉は受容者で，〈目的語〉は所有された物になる。一方，(2) の〈主語〉は受動者である。(3) の〈主語〉は経験者 (experiencer) で，〈目的語〉は刺激 (stimulus) である（4.3.3 節参照）。(4) の〈主語〉はここでも経験者であり，〈目的語〉は刺激である。言い換えると，これらの文については，統語的役割が符号化する参与者役割は全て明確である。

　Chomsky の主張に関する上記の解釈は，形式主義者には的外れなものと感じられるかもしれない。しかし，私がここで意図的に行おうとしているのは，統語的役割の意味に関して Chomsky と他の研究者（たとえば，Rosen 1984）が打ち立てた隠れた前提を浮き彫りにすることである。ここで言う隠れた前提とは，3 章で挙げた前提 2 のことを指す。すなわち，統語的役割について意味的観点から説明を行うと，全てが単義的であることを仮定しなければいけないのである。換言すれば，意味的説明によると，単一の一般的意味を各統語的役割に対して仮定する必要があるということである。しかし，意味的説明は単義的なものとなる必要はない。実のところ，統語的役割の意味を記述するには，多義的説明が言語内部と複数言語間における多様性の説明にとって必要である。[6]

6　統語的役割を参与者役割の均一的解釈と規定する認知言語学的分析がある (Croft 1991, 1998b; Langacker 1991a)。たとえば，私は，主語役割とは動詞が表す因果連鎖の開始者としての参与者の解釈を表すものと論じている。しかし，統語的役割に関するこういった認知言語学的分析は，特定の参与者役割の個別言語固有の慣習的解釈を必要とするものである。2.5 節で述べた品詞の認知言語学的分析や，より一般的には 3 章で論じた解釈の分析と同様，慣習化された解釈を仮定することは多義的分析と同等である。

158　第1部　統語カテゴリから意味地図へ

　したがって，統語的役割に関する形式主義の説明と機能主義の説明との間に見られる論争は，かなり異なった形でなされるべきである。統語的役割の意味が存在するのかどうかは問題とすべき事項ではない。実際，それは存在している。形式主義の主張は，どちらかと言うと，統語的役割に対する意味的説明では均一性を欠く（すなわち多義性）説明が必要となるが，統語的観点から言えば全ての主語（あるいは目的語）が統一的で均一な統語的振る舞いを持つことになるというものである。すなわち，統語的役割に対する意味的分析を用いる限り，統語的役割の統一的で均一の統語的振る舞いを捉えることはできないであろうとみなされている。

　統語的役割に関する標準的な形式主義の分析が問うべき真の問題とは，主語役割の均一的特徴付けは，意味論ではなく統語論においてよりうまく達成可能なのか，ということである。本章では，この問題に対する答えは否であることを主張する。主語や目的語といった統語的役割は，統一的で均一な統語カテゴリではない。統語的役割はむしろ構文固有であり，したがって統語的役割についての統語的説明と意味的説明は同等である。これは，統語的役割を支配する言語の普遍性の存在を否定するものではない。しかし，品詞と同様，統語的役割の普遍的特性は，実はそれらの役割を符号化する特定の構文の特性であり，構文が写像される先の概念空間なのである。

4.2.　普遍的な統語的役割を持たない言語の普遍性

4.2.1.　「対格」言語 vs.「能格」言語

　多くの統語理論では，普遍的な統語的役割の存在が想定されている。普遍的な統語的役割とは，伝統的に主語や目的語と名付けられているものを指す。幾つかの理論（とりわけ，生成統語理論）では，統語的役割の規定は，より基本的な統語上の構築物の観点からなされている。生成理論では，主語は文中の動詞句に対して姉妹（sister）となる項の句（argument phrase）のことであり，一方，目的語は動詞句内で動詞に対して姉妹となる項の句のことを指す（1.3.2 節の図 1.7 参照）。どちらの場合においても，統語的役割は通言語的に特定可能な普遍性として扱われている。

　しかし，世界には，統語的役割が大抵のヨーロッパ言語の統語的役割とはかなり異なるカテゴリを規定するように思える言語も多く見られる。ユワラライ語（Yuwaalaraay）の (5) と (6) の事例と，それを英語に翻訳したものである (7) と (8) とを比較してみよう（Williams 1980: 36）。

（5）　ḏuyu　　-gu　　ŋama　**ḏayn　-Ø**　　yi:　　-y
　　　 snake　　-ERG　that　**man**　　-ABS　　bite　　NFUT

4章　節の統語的役割（「文法関係」）　159

'The snake [A] bit **the man** [P].' （蛇が男をかんだ）

（6）　wa:l　ŋama　**yinar**　-Ø　banaga　-ɲi

　　　NEG　that　**woman**　-ABS　run　-NFUT

　　　'**The woman** [S] didn't run.' （女は走らなかった）

（7）　**The snake** [A] bit the man [P]. （蛇が男をかんだ）

（8）　**The woman** [S] didn't run. （女は走らなかった）

ユワラライ語では，（5）の「他動詞目的語」（transitive object）の *ɖayn*（男）は，（6）の「自動詞主語」（intransitive subject）の *yinar*（女）と同じ格標示によって符号化されているが，「他動詞主語」の *ɖuyu*（蛇）は，特別な格標示である *-gu*（「能格」）によって符号化されている。英語では，（8）の〈自動詞主語〉の *the woman* は，（7）の〈他動詞主語〉*the snake* と同じやり方で符号化されている。すなわち，両方が〈動詞〉の前で生じており，〈過去時制〉での〈主語の一致〉を引き起こしている。(7)の〈他動詞目的語〉の *the man* は，それとは異なるやり方で符号化されている。すなわち，*the man* は〈動詞〉の後に生じており，〈一致〉を引き起こしてはおらず，もし仮にそれが〈代名詞〉である場合には，〈目的語〉の形をとる。

　ユワラライ語と英語の違いについては，分布パタンの観点からの記述が可能である。まず，比較を行うための共通の基準を持つ必要がある。Comrie（1978）と Dixon（1979）に従い，他動詞と自動詞の統語的役割を担うものについて，次の略語を用いる（Dixon は，P の代わりに O を用いている）。

（9）　A＝他動詞の「主語」（ヨーロッパ語を中心とする見方に基づき）

　　　P＝他動詞の「目的語」

　　　S＝自動詞の「主語」

（5）〜（8）の事例では，2つの異なる分布パタンの比較を容易なものとするために，これらの略語を用いた。ユワラライ語の〈格〉標示構文では，表 4.1 の分布が見られる。

表 4.1.　ユワラライ語における格標示の分布

	＿ -Ø	＿ -gu
A	*	√
S	√	*
P	√	*

　英語では，統語的役割を符号化する構文において，図 4.2 の分布が見られる（〈代名詞〉の〈格標示〉を含む。主に位置に関して）。

160 第1部 統語カテゴリから意味地図へ

表 4.2. 英語における NP の位置の分布

	[__ V NP]	[NP V __]
A	√	*
S	√	*
P	*	√

図 4.1 では，英語とユワラライ語の分布が比較されている。

英語:　　　　　主語 ⇒ | A　　　S | P | ⇐ 目的語

ユワラライ語: ??? ⇒ | A | S　　　P | ⇐ ???

図4.1. 英語とユワラライ語における統語的役割の分布上の特性（統語的位置での／格接辞との生起）

　ここで問題となるのは，次のことである。すなわち，ユワラライ語には，〈主語〉や〈目的語〉といった統語的役割があるのか。もしこれらが存在するなら，どちらがどちらであるというのか。ここで直面している問題は，1.4.1.2 節で述べたものと同じ問題である。すなわち，通言語的に同一の，あるいは類似する構文が見せる，非常に異なる分布に関する問題である。格標示構文は，英語では P に対して A+S を対立させるが，ユワラライ語では A に対して S+P を対立させている。

　この問題には，幾つかの選択肢がある（1.4.1.2 節）。一つの可能なやり方は，ユワラライ語には，〈主語〉や〈目的語〉といった統語的役割があることを否定することである。一方，別の方法は，ユワラライ語には，〈主語〉のカテゴリがあると述べることである。しかし，そうする場合には，〈主語〉を A カテゴリ，あるいは S+P カテゴリとみなすべきかどうかについて決める必要性が生じる。あるいは，ユワラライ語において，A+S カテゴリを規定する別の構文を探して，そのカテゴリを，英語の〈主語〉と同様，〈主語〉と呼ぶことも可能である。

　しかし，これらの選択肢のいかなるものにも，先験的な動機付けは存在していない。ユワラライ語の〈主語〉を A や S+P のどちらかのものとして規定することは，主語のカテゴリについて大多数の言語学者が持つ直感に反し，この概念におけるいかなる理論的中身も確実に弱体化することにつながる。ユワラライ語で A+S を分類する何か別の構文によって〈主語〉を規定することは，4.3.1 節で見るように，よく見られる戦略であるが，これは英語のカテゴリが普遍的な〈主語〉であることを単純に仮定するものである。同様に，英語や英語に似た他の言語には，普遍的（通言語的）なカテゴリである主語があると主張しながらも，ユワラライ語に主語というカテゴリがあることを否定すること（普遍文法の寄せ集め的アプローチ（1.2.1 節））は，ユワラライ語のカテゴリに同等の地位を与えることを否定しながら，英語のカテゴ

リを普遍的な理論的地位へと高める考え方である。

ラディカル構文文法が提示する代替案は，Dryer (1997b) が提唱するものと同じである。すなわち，言語はそれぞれが，統語的役割については独自のカテゴリを有するというものである。英語の〈主語〉が持つ理論的地位は，ユワラライ語の S+P のカテゴリが持つ理論的地位と何も変わらない。すなわち，両方が個別言語固有のカテゴリなのである。実のところ，統語的役割とは構文固有のものでもある（4.3 節）。ラディカル構文文法では，品詞に見られるような普遍性を発見するために，個別言語固有のカテゴリ間の類似点と相違点についての検証が代わりに行われることになる。

通言語的に統語的役割の比較を行うには，意味に基づく比較を進めることが必要である。すなわち，A, S, P という用語は，**意味的**に解釈される必要がある。A, S, P はそれぞれ，1 つの参与者が関わる状況（S）と 2 つの参与者が関わる状況（A, P）における意味的な**参与者役割**の集合によって構成される多義的カテゴリを表している。2 つの参与者が関わる状況タイプの多くについて，参与者役割は通言語的に同様に分類される。すなわち，1 つの参与者を A 役割として特定し，もう一方の役割を P 役割として特定することが可能である。A と P は，実際にはそれぞれが動作主と被動作主を示す簡略記号である。しかし，他の参与者役割は，通言語的にそれほど容易に特定可能なものではない。すなわち，A, S, P という用語を用いることによって，意味的な参与者役割を統語的役割へと付与することにおいては，かなり多くの言語的多様性が覆い隠されてしまうのである。特に S のカテゴリには，広範囲の意味的な参与者役割が含まれている。ここでは，多様性の多くについては議論しない（ただし，より詳細な議論については，4.3.3 節〜4.3.4 節と 4.4.1 節参照）。複数言語間と言語内部において，プロトタイプ的な A, S, P の参与者役割は多様な分布パタンを見せる。統語的役割についてはラディカル構文文法のアプローチを採用することが妥当だと主張するには，こういった多様性の豊かさを見るだけで十分である。

また，英語やユワラライ語のような言語において参与者役割の共通する集合を記述するには，より中立的な用語が必要である。参与者役割のより高次の集合については，広く用いられる (10) の用語を採用する。

(10)　A+S　**主格**　　　 P　**対格**
　　　 S+P　**絶対格**　　A　**能格**

ここでは伝統的な格の用語を用いているが，これらは意味カテゴリでもある。たとえば，主格 (nominative) は，A と S のカテゴリに含まれる参与者役割 (participant roles) の集合によって構成される多義的な意味カテゴリである。これらは意味カテ

ゴリであり，ゆえに，ここではこれらの役割名は小文字（本訳書では＜　＞でくくらない）で表示している。なお，同じ名前が付いた個別言語固有のカテゴリについては，大文字（本訳書では〈　〉でくくる）で表記していく（1.6.3節参照）。

　また以下では，参与者役割のどれか一方の分布パタンを有する構文を持つ言語について述べる際にも，通常よく見られる慣習に従うことにする。すなわち，英語のように，主格と対格の役割を規定する構文を持つ言語は，**対格言語**（ACCUSATIVE languages）と呼び，一方，ユワラライ語のように，能格と絶対格の役割を規定する構文を持つ言語については，それを**能格言語**（ERGATIVE languages）と呼ぶ。これらの用語は，実際には誤った名称であるものの（4.3節参照），差し当たり，本節の目的にとってはこれで十分である。

　さてこれまでA, S, Pを意味役割として規定してきたが，これによって，今や図4.1に描くものは，実は，英語とユワラライ語の両方に関する意味地図を含む，意味役割に関する単純な概念空間であることが分かる。したがって，図4.1は，ラディカル構文文法において統語的役割の普遍性を構築するための最初の段階と位置付けることができる。A, S, Pの概念空間に関するより正確な表示を，図4.2に挙げる。

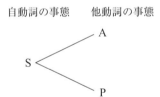

図4.2. 他動詞と自動詞の状況における参与者役割の概念空間

　図4.2では，2章で紹介した概念空間のように，横軸は構文（すなわち，自動詞の事象と他動詞の事象（transitive event）を符号化する節の構文）を表し，縦軸は各事象タイプに特有の意味的な参与者役割の集合を表している。

　A, S, Pの関係によって，可能な格標示の体系（case marking systems）が示されている。統語カテゴリが概念空間の結合領域に写像されるという前提の下では，図4.3に示す格標示の体系が存在することが予想される。

　図4.3の最初の2つの意味地図は，本章ですでに説明してある。英語のような多くの言語の非代名詞的名詞句（nonpronominal noun phrases）は，図4.3の3つ目の意味地図によって表されるが，これは全名詞句にとっては，はるかに珍しいパタンである。なぜなら，代名詞は通常はAとPを区別するからである。

　図4.3の4番目の意味地図では，3つ全てが区別されている。これは，S, A, Pの一部の下位クラスに関する場合を除いては，かなり珍しいものである（たとえば，

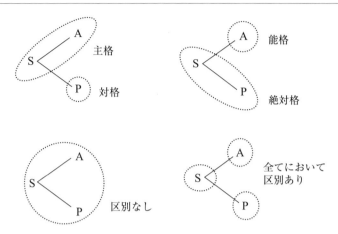

図4.3. 格の符号化によって規定される統語的役割の意味地図

4.4.3節の表4.11のカシナワ語（Cashinawa）の〈三人称代名詞〉参照）。Dixonは，三分割型標示（tripartite marking）が，名詞の一部または文脈の一部で見られる言語がいくつかあると報告している。その中で，全ての名詞句が，S, A, Pについて別々の形式を伴って一貫した標識付与がなされる言語が1つだけあることが報告されているが，それは，ワンクマラ語（Wangkumara）とガラリ語（Galali）を含む，南東クイーンズランドの幾つかのオーストラリア諸語である（Dixon 1994: 41）。

発生が予測されないタイプとは，1つの標示がAとPについて用いられ，一方で別の標示がSについて使用されるというタイプである。このパタンを持つものとして私が知る唯一の事例は，ルシャン語（Rushan）というイランの言語の〈過去時制〉においてのもののみである（Payne 1980: 155; Dixon 1994: 39, 脚注1参照）。なお，この特異なパタンは，若い世代には，主格–対格の〈現在時制〉のパタンによって置換されつつある。

以下の節では，普遍的な統語的役割の存在を仮定することなしに，統語的役割の普遍性が正当であることを主張するためのさらなる証拠を提供する。すなわち，以下では，「主語」や「目的語」といった普遍的な統語的基本要素の存在を仮定することなしに，節の統語的役割が概念空間上へとどのように写像されるのかに関する通言語的普遍性を示していく。

4.2.2. A/S/Pの役割のカテゴリの階層

ユワラライ語のような能格言語の存在は，普遍的な統語的役割を仮定する統語理論にとっては問題である（4.2.1節）。普遍的な統語的役割の概念を保持することは

164　第1部　統語カテゴリから意味地図へ

可能であるが，ユワララィ語に対して行われる代替案的な分析の中にそれを求める
先験的基盤はない。ラディカル構文文法では，普遍的な統語的役割の存在を否定す
ることによって，この問題を解消する。なお，普遍的な統語的役割を放棄すること
で，この問題を解消すること以上の効果ももたらされる。すなわち，普遍的な統語
的役割を用いる限り捉えることができない言語の普遍性の発見や，またその説明が
可能になるのである（下で説明する普遍性に関する詳細な調査については，Siewi-
erska 1997 参照）。

　通言語的に参与者役割を符号化する格標示構文は，構造的符号化の観点から2つ
の形式タイプへと分類することが可能である。すなわち，役割のゼロ符号化 vs. 顕
在的符号化という2つである（2.4.3 節）。意味役割のゼロ vs. 顕在的符号化の分布
は，ほとんど例外なしに，表 4.3 に示すパタンに分類できる（Croft 1990a: 104）。[7]

表4.3.　対格言語でのゼロ vs. 顕在的な格符号化の分布

	主格 A+S	対格 P	注釈
ラトヴィア語	*ruden-s*	*ruden-i*	'autumn'
ハンガリー語	*ember-Ø*	*ember-t*	'man'

ラトヴィア語（Latvian）：Lazdiņa（1966: 302）；ハンガリー語：
Whitney（1944: 18–19, 22）

　表 4.3 のパタンは，次の含意的普遍性を用いて記述可能である。

（11）　ある言語に主格の参与者役割の集合の顕在的符号化があるなら，その言語に
　　　は対格の参与者役割の集合の顕在的符号化が存在する。

　（11）の含意的普遍性は，（12）の階層によって要約可能である。

（12）　主格 < 対格 . . .

　階層とは，通言語的な文法的多様性のパタンに照らして，概念カテゴリを相対的

7　言語で実際に用例が存在するものの，表4.3 には含まれないという論理的可能性は存
　在する。すなわち，A, S, P のゼロ標識である。しかしながら，A, S, P のゼロ標識が，
　「本当に」A+S と P のゼロ標識であるのか，あるいは A と S+P のゼロ標識であるのか
　について決定を下すことは不可能である。実際，4.3 節では，この問題を解決すること
　が不可能であることを論じる。なぜなら，統語的役割は構文固有のものであり，ゆえ
　にゼロ標識は A, S, P においては全く中立的であるからである。それゆえ，中立的な
　格標識を持ち，一致なしという言語は，本節と目的語の役割に関する次節での議論か
　らは除外されている。

に順位付けしたものである。多様性のパタンは，問題とする概念カテゴリ上に見られる構文タイプの分布パタンに関する含意的普遍性の連鎖的集合を用いることにより記述可能である。今回の場合，階層は対格言語におけるゼロおよび顕在的な格標示構文の分布パタンの通言語的多様性に関して規定されている。これはもちろん，類型論的有標性の構造的符号化の基準であり，ゆえに (12) の階層は，**対格標示階層**（ACCUSATIVE CASE MARKING HIERARCHY）と呼ぶことができる。

同じ階層が，対格言語では，ほとんど例外なしに，動詞の一致[8] の分布において見られる。動詞の一致の通常のパタンは，次の事例に挙げられる（Croft 1990a: 106）。

主格 (A+S) 項のみとの一致: スペイン語

(13) Los   soldado -s   quebr -**aron**   las   ventana -s
     the.M.PL soldier.M -PL break -3PL.SBJ.PST the.FPL window.F -PL
     'The soldiers broke the windows.' (兵士たちは窓を割った)

主格 (A+S) と対格 (P) の項との一致: カヌリ語 (Kanuri) (Hutchison 1981: 135)[9]

(14) **nzú-**   rú   **-kə́**   -nà
     2SG.OBJ-   see -1SG.SBJ -PRF
     'I saw you.' (私はあなたを見た)

一致を引き起こすのは，階層でより高次（左方）にある役割である。すなわち，動詞が対格の役割と一致するなら，それは主格の役割とも一致する。動詞による一致は，参与者役割の振る舞い可能形の一部であるが，振る舞い可能形は類型論的にそれほど有標でないカテゴリと関係するものである。

さらに，能格言語に目を向けると，参与者役割のゼロ vs. 顕在的な格標示の分布に関する通言語的普遍性も観察可能である。ここでもほとんど例外なしに，表 4.4

8　ここでは，「一致」（agreement）という用語を接辞について述べるのに用いている。接辞とは，通常は人称のカテゴリを表すものであり，通常は動詞に見られ，動詞の事象の参与者の指標となり，通常は動詞の名詞句の項として参与者を表すことを可能にするものである。特定の状況下において，たまたま拘束形態素となっている代名詞（指示表現）として接辞を分析する一致に関する分析が多く存在している。6.3.1 節では，一致の全ての場合がこのようなやり方で分析されるべきだと主張する（Barlow 1988 参照）。ここでは慣習に従い，「一致」という用語を使用し続けるが，それについては，Barlow が前方照応一致（anaphoric agreement）と呼ぶ意味においてのものと解釈する必要がある。

9　オレアイ語のように，A+S の一致の標識は動詞の語幹に形態的に拘束されないものの，P の一致の標識は拘束されるというオセアニア諸語（Oceanic languages）が多く存在する（Sohn 1975: 93）。私は，これを一致として分析する（5.4.1 節の事例 (68) 参照）。

の分布パタンが存在している (Croft 1990a: 105)。

表 4.4. 能格言語でのゼロ vs. 顕在的な格符号化の分布

	絶対格 S+P	能格 A	注釈
トンガ語	*'a he talavou*	*'e ha talavou*	'a young man'
ユピック語	*nuna-Ø*	*nuna-**m***	'land'

トンガ語 (Churchward 1953: 66, 68)；ユピック語 (Yup'ik) (Reed 他 1977: 41)

ここで見られる分布パタンは，(15) の含意的普遍性に従う。(15) は，(16) の階層によって記述可能である。

(15)　ある言語に絶対格の役割の顕在的符号化が存在するなら，その言語には能格の役割の顕在的符号化が存在する。

(16)　絶対格＜能格 ...

対格言語の場合と同様，動詞の一致を引き起こすという振る舞い可能形は，格標示による参与者役割の構造的符号化と同じ階層に従う。ここでもまた，ほとんど例外なしに，次の一致の分布パタンが見られる (Croft 1990a: 106)。

絶対格のみとの一致: チェチェン・イングーシ語 (Chechen-Ingush) (Nichols 1984: 186)

(17)　bier　　-Ø　　d-　　ielxa　　　　　[CM は 'child' と一致]
　　　child　-ABS　CM-　cries
　　　'The child is crying.' (子供が泣いている)

(18)　a:z　　yz　　kiniška　-Ø　　d-　　ieš　　[CM は 'book' と一致]
　　　1SG.ERG　this　book　　-ABS　CM-　read
　　　'I'm reading this book.' (私はこの本を読んでいる)

絶対格と能格との一致: キチェ語 (Mondloch 1978: 46)

(19)　c-　　　**at-**　　　**in-**　　　tzucu:　　-j
　　　PRES-　2SG.ABS-　1SG.ERG-　look.for　-TR
　　　'I look for you.' (私はあなたを探す)

役割の有標性の階層と関係する分布パタンは他にもある。その一つが，関係詞節の形成である。関係詞節は，参与者の修飾語として機能する動作の符号化として規定され (2.4.3 節)，そこには，分詞のように，機能を遂行する非定形 (nonfinite) 構文も含まれる。多くの言語が，修飾される参与者役割に応じて異なる関係詞節構文

を持ったり，あるいは順行形 (direct form) でどの役割が修飾されるかについて制限を持っていたりする。

　たとえば，英語では，〈非定形分詞〉(Nonfinite Participles) は，主格と対格の役割に用いられるが，他の参与者役割には〈定形関係詞節〉が要求される。

(20)　a. the sleep**ing** boy [S]（寝ている男の子）
　　　b. the boy read**ing** a book [A]（本を読んでいる男の子）
(21)　the book read by the boy [P]（男の子が読んだ本）
(22)　the boy **that** I gave the book to **-Ø**.（私が本をあげた男の子）

英語では通常，全ての〈関係詞節〉の顕在的符号化を行う（ただし，英語の〈定形節〉(Finite Clauses) は顕在的な〈補文標識〉を欠く）。関係詞節の符号化は (12) の階層に従うが，これは非対称の類型論的有標性の関係を示す肯定的証拠とはならない。しかし，類型論的有標性にとって実際に肯定的証拠となるような関係詞節形成の能格的パタンを持つ言語は多く存在する。

　たとえば，アガカテック語（Aguacatec）は，ゼロ符号化の〈能動態動詞〉形を伴うSまたはPの項を修飾する〈関係詞節〉を形成するが，A項を修飾する〈関係詞節〉は顕在的に符号化された〈焦点逆受動態の動詞〉(Focus Antipassive Voice Verb)形を必要とする（Larsen 1981: 131）。

(23)　ja　　　Ø-　　　w-　　　il　　　xnaʔn　　(ye)　　m-　　　Ø-
　　　PRPST　　3SG.ABS-　1SG.ERG-　see　　woman　　(the)　　PRPST-　　3SG.ABS
　　　uʔl
　　　arrive.here
　　　'I saw the woman who arrived.' [S]（私は到着した女を見た）
(24)　ja　　　Ø-　　　w-　　　il　　　b'uʔy　　(ye)　　n-　　　Ø-
　　　PRPST　　3SG.ABS-　1SG.ERG-　see　　rag　　　(the)　　PRPST-　　3SG.ABS-
　　　x-　　　tx'aj　　xnaʔn
　　　3SG.ERG-　wash　　woman
　　　'I saw the rag that the woman washed.' [P]（私は女が洗ったぼろ切れを見た）
(25)　ja　　　Ø-　　　w-　　　il　　　xnaʔn　　n-　　　Ø-　　　tx'aj
　　　PRPST　　3SG.ABS-　1SG.ERG-　see　　woman　　PRPST-　　2SG.ABS-　wash
　　　-oon　　b'uʔy
　　　-FOC　　rag
　　　'I saw the woman who washed the rag.' [A]（私はぼろ切れを洗った女を見た）

本節で述べた通言語的事実は，特定の構文（すなわち，格標示，動詞の一致，関係

詞節化）の分布パタンによって規定される言語の普遍性が存在することを示している。これらの構文は，普遍的な統語的役割を仮定する必要がない。実際，能格言語を主語と目的語という普遍的な統語的役割に無理やり収めてしまうと，本節で述べた言語の普遍性は覆い隠されてしまうであろう。能格言語は，対格役割の階層に対して反例を提供するであろう（たとえば，ユピック語における A の顕在的な格標示 vs. P のゼロ格標示）。さらに，能格言語とみなされる言語が示す能格役割の階層も見落とされることになるであろう。

　対格と能格の階層は，対格言語と能格言語では，実質的に同じタイプの構文で見つかる。実際，この 2 つの階層は，1 つの一般的説明に組み入れることができる。類型論的有標性における構造的符号化と振る舞い可能形の要因は，使用上のトークン頻度である。すなわち，階層におけるカテゴリの順序付けは，トークン頻度におけるカテゴリの順序付けと一致することが予測される。このことは，対格と能格の階層の両方に当てはまる。主格 (A+S) カテゴリは，対格 (P) カテゴリよりも高いトークン頻度を持つ。なぜなら，主格カテゴリは，他動詞節と自動詞節の両方で見られるのに対し，対格カテゴリは他動詞節でのみ見られるものだからである。同様に，絶対格カテゴリ (S+P) は，能格 (A) カテゴリよりも高いトークン頻度を持つ。その理由は，絶対格カテゴリは，他動詞節と自動詞節の両方で見られるのに対し，能格カテゴリは他動詞節でのみ見られるものだからである。

　次節では，別の目的語の統語的役割のカテゴリを用いながら同じパタンについての観察を行う。

4.2.3.　目的語役割を符号化する階層

　4.2.2 節では，二重目的語動詞 (ditransitive verbs) については議論に含めなかった。英語では，(27)〜(28) に示すように，二重目的語動詞は，2 つの異なる構文で項を符号化する。

(26)　I saw Mira [P]. (私はミラを見た)
(27)　I gave the book [T] to Mira [G]. (私は本をミラにあげた)
(28)　I gave Mira [G] the book [T]. (私はミラに本をあげた)

　(27) の〈間接目的語〉(Indirect Object) 構文では，*the book* は (26) の対格の P 役割のように符号化されるが，*Mira* は顕在的な〈前置詞〉を伴って〈斜格〉として符号化される。この符号化のパタンは，〈直接目的語〉(〈対格〉) と〈間接目的語〉(〈与格〉) という伝統的カテゴリと一致する。一方，(28) の〈二重目的語〉構文では，*Mira* は〈動詞〉のすぐ後ろに続く最初の項となり，(26) の〈対格〉の P 役割のように符号化されるが，*the book* は〈動詞〉に続く二番目の項として符号化される。

ここでは，二重目的語動詞に見られる参与者役割のグループに対して次の名称を
用いる（Croft 1990a: 102）。

(29)　P＝単一目的語動詞（monotransitive verb）の「目的語」
　　　T＝二重目的語動詞の「主題」目的語
　　　G＝二重目的語動詞の「着点」目的語

P, T, G は，意味的な参与者役割の集合を示す多義的な意味カテゴリである。Dryer
（1986）に従い，参与者役割の高次グループについては次の名称を用いる。

(30)　P+T　**直接目的語**　　　　　G　**間接目的語**
　　　P+G　**第一目的語**　　　　　T　**第二目的語**
　　　　　（PRIMARY OBJECT）　　　　　　（SECONDARY OBJECT）

上と同様，これらも多義的な意味カテゴリであり，これらは通言語的に比較可能で
ある。
　今回の場合，英語は両方のパタンを示すが，このことから統語的役割が個別言語
固有のものであるのと同様に，それが構文固有のものであることもわかる。次に挙
げる分布表の表4.5と表4.6を通じて，2つの英語のパタンを比較することができる。

表4.5.　英語〈間接目的語〉構文での目的語役割の分布

		[Verb __]	[Verb NP *to* __]
〈直接目的語〉：	P+T	√	*
〈間接目的語〉：	G	*	√

表4.6.　英語〈二重目的語〉構文での目的語役割の分布

		[Verb __ NP]	[Verb NP __]
〈第一目的語〉：	P+G	√	*
〈第二目的語〉：	T	*	√

　目的語の役割が構文固有のものであることは，差し当たり棚上げすることにして，
本節の残りでは，どちらか一方のパタンのみを用いる言語に取り組む。
　表4.7のデータは，(31) の直接目的語と間接目的語の階層の証拠である。

(31)　直接目的語＜間接目的語

直接目的語が顕在的に格標示されるなら，間接目的語も格標示がなされる。そして，
動詞が直接目的語と一致しないなら，動詞は間接目的語とも一致しない。

170　第 1 部　統語カテゴリから意味地図へ

表 4.7.　直接目的語言語におけるゼロ vs. 顕在的な格符号化の分布

	直接目的語 P+T	間接目的語 G	注釈
ハンガリー語	*ember-t*	*ember-**nek***	'man'
大ナンバ語（Big Nambas）	Ø *dui*	*a dui*	'person'

ハンガリー語：Whitney（1944: 18–19, 22）；大ナンバ語：Fox（1979: 41, 125–126）

直接目的語のみとの一致：キチェ語（Mondloch 1978: 200; 4.2.2 節の（19）の事例
と比較せよ）

(32)　k-　　**Ø-**　　（ii-）　　yaa　　xun　　nu-　　　　kej

　　　IMPF-　**3SG.ABS**　2PL.ERG　give　one　1SG.POSS-　deer

　　　'Give me a deer.'（私にシカをくれ）

直接目的語と間接目的語との一致：アメレ語（Amele）（Roberts 1987: 279, 280）

(33)　uqa　　qet　　**-ud**　　　　-i　　　　-na

　　　3SG　　cut　　**-3SG.DO**　-PRED　3SG.SBJ.PRS

　　　'He is cutting him.'（彼は彼を切っている）

(34)　uqa　　jo　　　ceh　　　**-ad**　　　**-ut**　　　-en

　　　3SG　　house　build　**-3PL.DO**　**-3SG.IO**　-3SG.SBJ.REMPST

　　　'He built houses for her.'（彼は彼女のために家を建てた）

　格標示によって規定される分布パタンが，第一目的語と第二目的語とを区別する
言語はほとんど存在しない。ヨルバ語（Yoruba）は，第二目的語を〈所格前置詞〉
(Locative Preposition) の *ní* で符号化する（Rowlands 1969: 21）。

(35)　a　　　fẹ́　　　ówó

　　　we　　want　money

　　　'We want money.'（我々はお金が欲しい）

(36)　nwọ́n　　kọ́　　wa　　**ní**　　yorùbá

　　　3PL.SBJ　teach　1PL.PO　**SO**　Yoruba

　　　'They taught us Yoruba.'（彼らは我々にヨルバ語を教えた）

ヨクツ語（Yokuts）は，第一目的語を〈目的格〉（Objective）の形式で符号化し，第
二目的語は接尾辞 *-ni* によって符号化する（Newman 1944: 198, 201）。

4章　節の統語的役割（「文法関係」）　171

(37)　ka:ʔyu'　　te:w　　-a　　'amin　　　xatta
　　　Coyote　　rabbit　-PO　　3SG.POSS　ate
　　　'Coyote ate his cottontail rabbit.'（コヨーテは彼のワタオウサギを食べた）

(38)　'ama'　ṭan　　　kaʔyiw　wana:　-'an　　　　heẋa:　**-ni**　'amin
　　　and　　DEM.PO　Coyote　give　　-DUR.PRS　fat　　**-SO**　3SG.POSS
　　　'And Coyote gives him his fat.'（そしてコヨーテは彼に脂肪をあげる）

表4.8に見られるように，これら2つの言語によって，類型論的有標性の構造的符号化の基準に関する証拠が与えられる（Croft 1990a: 105）。

表4.8.　第一／第二目的語のゼロ vs. 顕在的な格符号化の分布

	〈第一目的語〉(P+G)	〈第二目的語〉(T)	注釈
ヨクツ語	heẋa:-**in**	heẋa:-**ni**	'fat'
ヨルバ語	Ø yorùbá	**ní** yorùbá	'Yoruba'

ヨクツ語: Newman 1944: 201; ヨルバ語: Rowlands 1969:21

この格標示のデータによって，(39)の目的語役割の階層に対する証拠が与えられる。[10]

(39)　第一目的語＜第二目的語

第一／第二目的語の分布パタンにおける動詞の一致は，通言語的にはさらにより高い頻度で見られる。(40)と(41)に挙げるのは，広く確認可能なタイプである。[11]

10　マラーティー語と他の幾つかのインド語派（Indic languages）は，この一般化に対する反例であるかのように思われる：
(i)　mi　　hyA　mANsa　**-lA**　　　mazi　　mulgi　　　geto
　　I　　this　man　　**-ACC/DAT**　my　　daughter　give
　　'I give this man my daughter'（私はこの男に自分の娘をあげる）
しかしながら，このパタンが見つかる理由は，Gの指示対象を符号化するのに使われる〈与格〉の格標識の -lA が，有生性／定性において高次のP+Tの指示対象へと拡張されるからである（マラーティー語の場合は，代名詞と人間と定の有生物（animates））。言い換えると，この〈与格〉は，高次の有生性／定性のP+Tの指示対象から始まり，汎用的なP+T+G標識となってきているのである。しかしながら，〈二重目的語〉節では，人間の名詞類のGがある場合には，人間の名詞類のTに〈与格〉の格標識は与えられない（これらの事例を指摘してくれたことについて，柴谷方良氏に感謝する）。
11　私は，第一目的語-第二目的語のパタンにおいて，TとGの両方と一致するような言語を何も知らない。キニヤルワンダ語（Kinyarwanda）は，TとGの両方と動詞が一致することを許すが，一致の形式は同一である。代名詞の順序は，動詞複合体（verb

172　第 1 部　統語カテゴリから意味地図へ

第一目的語のみとの一致：ウイチョル語（Huichol）（Comrie 1982: 99, 108）

(40)　uukaraawiciizi　tiiri　　　me-　　**wa-**　　　zeiya
　　　women　　　　　children　3PL.SBJ-　**3PL.PO-**　see
　　　'The women see the children.'（女性たちが子供たちを見る）

(41)　nee　uuki　uukari　ne-　　　**wa-**　　　puuzeiyastia
　　　I　　man　girls　　1SG.SBJ-　**3PL.PO-**　show
　　　'I showed the man to the girls.'（私はその男を女の子たちに見せた）

これらの一致のパタンは，(39) の階層を支持する。

　ここでも，統語的役割のカテゴリに通言語的多様性が見られるにもかかわらず，構文（実際，4.2.2 節で議論したのと同じ構文）の分布パタンの普遍性を目にすることができる。そしてここでも先と同様，通言語的なカテゴリが多様であるにもかかわらず，このパタンについてのただ一つの説明が存在する。直接目的語 (P+T) 役割のカテゴリは，間接目的語 (G) 役割のカテゴリよりも高いトークン頻度を持つ。なぜなら，直接目的語の役割は他動詞節と二重目的語節で見られるが，間接目的語の役割は二重目的語節でのみ見られるものだからである。第一目的語 (P+G) の役割カテゴリは，第二目的語 (G) の役割カテゴリよりも高いトークン頻度を持つ。なぜなら，第一目的語の役割は他動詞節と二重目的語節で見られるが，第二目的語の役割とは二重目的語節でのみ見られるものだからである。

　より一般的には，次のように一般化することが可能である。言語は，それが有する範列的な (paradigmatic) カテゴリの集合によって規定される分布パタンに関しては様々に異なりうる。しかし，類型論的有標性は，カテゴリの分布パタンが何であっても，次の含意的普遍性が通言語的に成り立つことを予測する（2.4.2 節と比較されたい）。

(42)　**構造的符号化**：より低いトークン頻度のカテゴリは，より高いトークン頻度のカテゴリと少なくとも同じ数の形態素によって符号化される。

(43)　**振る舞い可能形**：より高いトークン頻度のカテゴリは，より低いトークン頻度のカテゴリと少なくとも同じくらいの文法的振る舞いを示す。

これらは，構文における記号的関係の普遍性（すなわち，形式による機能（概念的カテゴリ）の符号化）だが，これが命題行為機能の符号化に作用することは 2 章ですでに見た。

---

complex）の中では固定されているが，それでも，もっとも単純な一般化は，P+T は〈動詞〉における最後の要素であるということである（受容者 (beneficiary) の一致は，G との一致に先立つことができる）(Kimenyi 1980: 182)。

現段階において，参与者役割については図4.4の概念空間が存在している。

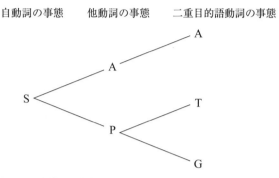

図4.4. 自動詞，他動詞，二重目的語動詞の参与者役割の概念空間

4.2.4. 結論

本節では，言語の参与者役割の符号化における，より一般的な多様性の幾つかに焦点を当てた。ここで検証した構文に関しては，A, S, P, T, G の組み合わせによって規定されるカテゴリのいずれもが，全ての言語で見られるカテゴリという意味では普遍的ではないことが分かった。これらの意味役割の集合には，理論的に特権を持つ結合は存在しない。特に，主語 (A+S)，直接目的語 (P+T)，間接目的語 (G) は，能格 (A)，絶対格 (S+P)，第一目的語 (P+G)，第二目的語 (T) と比べ，統語理論においてより特権的な地位を与えるべきではない。これらの結合は全て，(42) と (43) に挙げる構造的符号化と振る舞い可能形を支配する一般原理に従うのである。

これらの一般原理によって，言語が参与者役割を統語的役割へと符号化するやり方に見られる多様性は，文法の普遍性の存在を除外しないということが明らかになる。文法の普遍性は存在する。しかし，それは文法によって符号化される概念との関連においてのみである。言語における統語的役割の分布パタン（意味地図）は，事象と参与者役割の概念空間の構造を反映する。参与者役割の符号化は，形式−機能の写像という前述の一般原理をおおむね遵守する。

本節で示した分析と議論では，統語的役割は人間の言語においては全体的なものであることが，すなわち，全ての構文が言語では同じ統語的役割について述べるということが想定されている。1章で論じたように，これは実際には正しいことではない (4.2.3 節の (33) と (34) の事例も参照)。以下では，この問題に取り組む。

4.3. 全体的な統語的役割を持たない言語の普遍性

　単一言語内で見られる構文は，様々に異なる分布パタンを持つ。このことは，他のどの統語カテゴリについても当てはまるのとちょうど同じように，統語的役割について述べる構文についても当てはまる。これが，言語内部と通言語的に統語的役割が存在することを支持する議論において方法論的楽観主義を招いてきた。本節では，この事実について扱う分析の大多数が，方法論的楽観主義の罪を犯しており，また参与者役割の符号化の重要な普遍性を見落としていることを論じる。

4.3.1. 全体的（かつ普遍的）な統語的役割に関する賛成と反対の議論

　英語や他の言語には，参与者役割に関して分布パタンを規定する多くの構文が存在する。これらの構文の全てが，言語で統語的役割を規定することに潜在的に関連している。表 4.9 に挙げるのは，英語に〈主語〉という全体的（通構文的）カテゴリが存在することを支持するのによく用いられてきた幾つかの構文である（Croft 1990a: 8 からの改作: 1.2.2 節も参照）。

　英語の〈主語〉という統語的役割に関する基準として用いられる構文についてなされる統語分析は，形式主義理論では長年にわたり大きな変化を見せており，現在では大きく枝分かれしている。しかし，こういった変化は，主語カテゴリの存在を支持する統語論の議論で見られる分布に基づく分析（また，その楽観主義的使用）という方法論的原理には影響を与えてこなかった。

　表 4.9 では，主語の地位についての分布的基準が，**符号化**（CODING）の基準と**振る舞い上**（BEHAVIORAL）の基準とに分けられているが，これは主語性に関して初期に発表された重要論文（Keenan 1976）からのものである。符号化の基準とは，その主な機能が事象と参与者の符号化である構文（広義の構文文法的意味で）のことである。これらの構文には，格標示や一致や線形順序が含まれる（5.3 節～5.4 節）。したがって，Keenan の用語は，類型論的有標性で用いられる同じ用語とは異なる。なぜなら，類型論的有標性では格標示のみが真に符号化（coding）構文であると考えられているからである。

　振る舞い上の基準とは，事象と参与者の符号化というよりも，むしろ参与者について述べるのがその主な機能である構文のことを指す。たとえば，再帰（reflexive）構文は，2 つの別々の参与者役割の指示対象の同一性を表す機能を果たす。しかし，ほとんどの言語の再帰構文は，この構文内の統語的役割を規定するやり方で，可能な同一指示的参与者役割に制約を与える。同様に，等位接続構文は，（数ある中でも特に）等位節（conjoined clauses）によって表される事象において，指示対象の同一

4章　節の統語的役割（「文法関係」）　175

表 4.9.　英語で〈主語〉(S+A) という全体的カテゴリがあることを支持する議論

〈自動詞〉文 (S)	〈他動詞〉文 (A)
符号化：	
〈主格〉/〈対格〉の格標示：	
She/*Her slept.	**She** congratulated him.
〈主語の一致〉	
Teresa sing-**s**/*sing-Ø	Teresa like-**s**/*like-Ø horses.
〈動詞の前〉の位置	
Teresa sang/*Sang Teresa.	**Teresa** ate the muffins.
振る舞い：	
再帰代名詞の「支配」：	
N／A	Teresa$_i$ cut herself$_i$/*Herself$_i$ cut Teresa$_i$.
〈非定形〉での「空の NP」：	
Jack told Fred$_i$ **Ø**$_i$ to leave.	Jack told Fred$_i$ **Ø**$_i$ to buy a house.
	*Jack$_j$ told Fred$_i$ to give **Ø**$_{i,j}$ \$50.
〈命令文〉での「空の NP」：	
Ø Sing!	**Ø** Learn Hungarian!
	*Mary teach Ø Hungarian!
〈等位構造〉での「空の NP」とその制御子 (controller)：	
She$_i$ died and **Ø**$_i$ went to heaven.	**She**$_i$ fell and **Ø**$_i$ broke her hip.
	*She$_i$ died and they buried Ø$_i$.
	*She found them$_i$ and Ø$_i$ were starving.

性を追跡するという機能を果たす。しかし，英語や他の言語では，指示追跡 (reference-tracking) の可能性は，等位接続構文内の統語的役割を規定するやり方で，参与者に制約が与えられている。ここでもまた，Keenan が使用する用語は類型論的有標性で用いられるものとは異なる。

　表 4.9 では，全ての英語の構文が，〈主語〉役割という同じ統語的役割に集結しているかのように見える。しかし，これは実際には下で見るように，英語の事実を過度に単純化したものに過ぎない。この過度の単純化が，英語（と他の言語）の文法が，全ての統語構造や構文の構築を可能にする極小の基本的なカテゴリと関係を備えた統語理論を支持する，という考え方の長きにわたる持続を可能にしてきた。それにもかかわらず，これらの構文の分布パタン上の違いは，能格言語における参与者役割の統語的役割への区分に見られる非常に大きな違いと比べると，比較的小さいものである。

　能格言語では，中心的な参与者役割のカテゴリ化において異なった特質が見られ

る。このことは，多くの言語学者達を，主語（A+S）と目的語（P）を普遍的な統語的役割として保持するために能格性（ergativity）を説明するようにと導いてきた。この目標は達成可能であるかのように思えた。なぜなら，A+S を P と区別する大多数の能格言語では別の構文が存在するからである。しかし，そのような目標が達成可能となりうるのは，方法論的楽観主義を通してのみである。すなわち，それは，多くの言語で実際に存在する能格的パタンを持つ構文を無視することによってのみ達成可能なのである。方法論的楽観主義を用いていることが原因となり，こういった分析は経験的には不適当なものとなる。さらに，こういった分析は，主語性を「規定している」構文の振る舞いを実際に支配する言語の普遍性を見逃してもいる。なぜなら，そうした普遍性は，まさに全体的な統語的役割を放棄して，統語的役割が構文固有のものであることを受け入れる場合にのみ，捉えることが可能だからである。ここでは，普遍的な主語役割を支持する議論について述べ，それを批判することから始める。4.3.2 節と 4.3.3 節では，この探求が見逃してきた普遍性である主語構文階層（Subject Construction Hierarchy）について，それが共時的・通時的に発現する事例について記述する。4.3.4 節では，概念空間の構造の制約に関して，主語構文階層のラディカル構文文法的説明を行う。

　S. Anderson（1976）は，影響力の大きい論文である。Anderson はこの論文で，実質的に全ての能格言語が主語のカテゴリ（実際には，英語と他のヨーロッパ言語のように，S+A として規定される主語のカテゴリ）を持つことを論じた。Anderson の議論は，実質的に全ての能格言語では，A+S vs. P のパタンに従う分布を持つ構文が存在するという事実に基づくものである。たとえば，トンガ語では，符号化の基準の1つである項の格標示は，〈前置詞〉‘a が S+P を符号化する一方で，〈前置詞〉‘e は A を符号化するというように，能格／絶対格の分布パタンに従う（S. Anderson 1976: 3–4）。

(44) na‘e 　 lea 　　‘a 　　etalavou
　　 PST 　 speak 　 ABS 　 young.man
　　 'The young man spoke.'（若い男が話した）
(45) na‘e 　 ma‘u 　‘e 　 siale 　‘a 　 e 　 me‘a‘ofa
　　 PST 　 receive 　 ERG 　 Charlie 　 ABS 　 DEF 　 gift
　　 'Charlie received the gift.'（チャーリーは贈り物を受け取った）

しかしながら，lava（可能な）のような〈動詞〉の〈不定詞補部〉の支配は，表 4.9 の英語の〈不定詞〉と同じパタンに従う（同上：13）。

4 章　節の統語的役割 (「文法関係」)　177

(46)　‘oku　lava　**‘a　mele**　‘o　hū　ki　hono　fale
　　　PRS　possible　ABS　**Mary**　TNS　enter　to　his　house
　　　'Mary$_i$ can Ø$_i$ [S] enter his house.' (メアリーは彼の家に入ることができる)

(47)　‘okul　ava　**‘e　siale**　‘o　taa‘i　‘a　e　fefine
　　　PRS　possible　ERG　**Charlie**　TNS　hit　ABS　DEF　woman
　　　'Charlie$_i$ can Ø$_i$ [A] hit the woman.' (チャーリーはその女を殴ることができる)

(48)　*‘oku　lava　**‘a　e　fefine**　‘o　taa‘i　‘e　siale
　　　PRS　possible　ABS　DEF　**woman**　TNS　hit　ERG　Charlie
　　　*'The woman$_i$ can Charlie hit Ø$_i$ [P]'

　〈補部〉の「欠落した」項は，(46) の〈補部動詞〉(Complement Verb) hū (入る) の S 役割，あるいは (47) の〈補部動詞〉taa‘i (打つ) の A 役割である。しかし，この欠落項は，taa‘i の P 役割にはなれない ((48) 参照)。

　同様のパタンが，北西コーカサス言語のアバザ語 (Abaza) でも見られる。アバザ語では，〈動詞〉の一致は，S+P を符号化する三人称一致の接頭辞 d- と，A を符号化する三人称接頭辞 l- を伴い，能格／絶対格の分布パタンに従う。

(49)　a-　ph°əs　**d-**　qa-　c°’a　-d
　　　the-　woman　3.ABS-　hither-　sit　-PST
　　　'The woman sat up.' (女は起き上がった)

(50)　a-　ph°əs　a-　qac’a　**d-**　**l-**　šə́　-d
　　　the-　woman　the-　man　3.ABS-　3SG.ERG-　kill　-PST
　　　'The woman killed the man.' (女は男を殺した)

　しかし，(51) の〈再帰形〉(Reflexive) 接頭辞 c- によって置換されるのは，ちょうど英語の翻訳では〈再帰代名詞〉(Reflexive Pronoun) herself によって置換されるのが対格 (P) の項の句であるように，対格 (P) の項の一致の接頭辞である (同上)。

(51)　**c-**　l-　ba　-x　-d
　　　REFL　3SG.ERG.F　see　-back　-PST
　　　'She$_i$ saw **herself$_i$**.' (彼女は自分を見た)

　Anderson が論じるこれらの言語やさらに他の言語では，能格の分布パタンは符号化構文に制限され，一方，対格の分布パタンは振る舞い構文 (behavioral constructions) において見られる。Anderson は，これらの事実に基づき，問題とするこれらの言語には，主語や目的語といった普遍的な統語的役割が実際存在していると結論付ける。符号化構文で能格パタンを持つトンガ語やアバザ語のような言語は，「形態

的には能格」だが「統語的には対格」であるもの，あるいは「表面的には能格」だが「深層では対格」であるものという記述がなされている。すなわち彼は，「ほとんどの…形態的な能格言語は，表面的にのみ能格である。統語的観点では，それらは対格である」（Anderson 1976: 18）と述べている。

　格標示や一致のパタンといったものが統語論の一部として表示される代わりに，文の構造が表層構造（surface structure）とは全く異なりうる深層構造（deep structure）の配置から派生されるという分析が行われる時代があった。Andersonの分析は，そういった時代の統語理論を反映している。多くの現代の統語理論では，形態論と統語論について同じ明確な区別は設けられていない。さらに，多くの理論では，深層構造という明確なレベルも用意されていない。したがって，Andersonの分析に見られる文言は，統語表示における変化によって破棄されてしまったと言うことができる。

　とはいうものの，Andersonの分析の精神自体は，言語が参与者役割を符号化するやり方に見られる多様性をないがしろにする点において，依然として広く受け継がれている。その理由は，Andersonの分析の精神は，1.4節と1.5節で述べた一般的によく用いられる分布に基づく方法の楽観的使用にあるからである。Andersonは，いわゆる能格言語で主格／対格の分布パタンを持つ構文についてまず述べ，次にこのパタンを能格言語における主語と目的語という全体的な統語的役割の存在を正当化するのに用いている。さらに，これらの言語には全体的な統語的役割としての主語や目的語が存在するという主張を，言語理論には普遍的な主語や目的語という統語的役割が存在することを正当化するのに用いている。

　Andersonの方法論的楽観主義には，1.4節と1.5節で述べた理論的欠陥もしくは経験的欠陥が見られる。Andersonの分析では，能格の分布パタンを規定するトンガ語とアバザ語の構文が軽視されている。これらの構文が軽視される1つの理由は，個別言語の文法において全体的カテゴリが存在することを想定する還元主義的統語理論へ先験的にコミットしようとする姿勢にある。すなわち，トンガ語とアバザ語は均一の一貫した統語的役割の集合を持つ必要があり，相容れない証拠は軽視されるのである。

　不定詞構文や再帰構文の代わりに符号化構文が軽視される別の理由は，普遍文法では個別言語の文法に利用可能なカテゴリや関係が仮定されるという普遍主義の統語理論へ先験的にコミットしようとする姿勢にある。符号化構文が規定するカテゴリは，振る舞い構文が規定するカテゴリよりも，通言語的にはそれほど均一的ではない。

　経験的に言えば，トンガ語やアバザ語のような言語で能格の分布パタンを規定する符号化構文は，これらの言語で対格の分布パタンを規定する振る舞い構文と同等

の理論的地位を持つ。さらに重要なことに，符号化構文は，4.2 節で述べた類いの言語の普遍性に従うが，この事実についてはいかなる統語理論によっても説明がなされる必要がある。最後に，たとえ統語的役割を規定する上で振る舞い構文のみに注意を限定した場合であっても，これらが能格的なパタンを持つ言語が見られる。

オーストラリアの先住民言語の 1 つであるジルバル語（Dyirbal）では，〈等位接続〉構文を含む振る舞い構文が，S+P カテゴリを規定する。〈等位接続文〉（Coordinate Sentence）では，二番目の〈節〉の P 項が最初の〈節〉の S 項と同一指示的である場合には，(52) のように基本的な〈動詞〉形が用いられる。二番目の〈節〉の A 項が最初の〈節〉の S 項と同一指示的である場合には，(53) のように顕在的に符号化された〈逆受動態的動詞〉（Antipassive Verb）形が用いられる（また，P 項は次に〈与格〉としてコードされる）（Dixon 1994: 162, 164）。

(52)　ŋuma　　banaga　-ɲu　　　yabu　　-ŋgu　　**bura**　-n
　　　father　 return　 -NFUT　 mother　 -ERG　　**see**　 -NFUT
　　　'father$_i$ [S] returned and mother saw him$_i$ [P]'（父が戻り，母は彼を見た）

(53)　ŋuma　　banaga　-ɲu　　　**bural　-ŋa**　　-ɲu　　　yabu　　-gu
　　　father　 return　 -NFUT　　**saw**　 -ANTI　 -NFUT　 mother　 -DAT
　　　'father$_i$ [S] returned and Ø$_i$ [A] saw mother'（父が戻り，母を見た）

Anderson は，このケースについて認識していた（Anderson 1976: 17）。実は，ここで我々はある選択を迫られている。すなわち，全ての言語に主語は存在するものの，全ての主語が A+S であるわけではないと述べるか（これが Anderson の見解のように思われる），あるいは，主語とは A+S であり，全ての言語に主語が存在するわけではないと述べるかという 2 つの選択肢である。言うまでもなく，これは，人間の言語の類型論的事実に直面する際に，全体的で普遍的なカテゴリが存在することを前提とする全ての統語理論が経験するジレンマである。

4.3.2.　主語構文階層

1970 年代後半には，能格性（ergativity）の問題が大きな注目を集めたが，その際に，ラディカル構文文法の考え方につながるような（少なくとも）2 つの提案がなされた（2 つ目の提案については，4.4.2 節で論じる）。Dixon は，統語的役割について述べる構文に沿う形で，統語的役割の分解に着手し始めた（Dixon 1979）。彼は，S と A と P［= Dixon の O］が普遍的な「意味的–統語的」カテゴリであると提案した（Dixon 1979: 59; なお，Dixon は「意味的 – 統語的」の定義が何であるのかは述べていない）。Dixon は，軸（pivot）という概念，すなわち指示追跡等位接続構文（reference-tracking coordinate constructions）のような特定のタイプの構文に特有の

180　第1部　統語カテゴリから意味地図へ

カテゴリの概念を紹介している。彼は，能格的パタンを「表面的」な現象として扱っている。この「表面的」という言葉自体には問題があるが，少なくとも彼の分析では符号化構文は同じカテゴリを軸構文として規定する必要がないことが認識されている。(Dixon はまた，1.2.1 節で言及した普遍文法の寄せ集め的アプローチに似たやり方で，「主語」は A+S として規定され，常に文法にとって利用可能であると主張した。)

　Dixon は，表 4.9 に載せる幾つかの検証が，統語的役割以外のカテゴリを示すことについても認識している。たとえば，英語の〈命令〉構文は，参与者役割の能力 (ability) と意志 (volition) に対しては微妙な振る舞いを見せる。すなわち，幾つかの S 役割や，さらにはたとえ A 役割であってもその幾つかのものは，〈命令文〉としては容認できない。

(54)　a.　*∅ Be tall!
　　　b.　*∅ Understand catastrophe theory!

　英語で〈主語〉役割を規定するのに用いられる構文（基準）には，別の不一致が存在する。たとえば，英語の〈再帰〉構文の〈再帰代名詞〉役割が規定するカテゴリは P 項とは一致しないし，再帰代名詞を支配する NP が規定するカテゴリも A 項とは一致しない。

(55)　a.　**Paul**$_i$ shaved **himself**$_i$.（ポールはヒゲを剃った）
　　　b.　**Paul**$_i$ sent a letter **to himself**$_i$.（ポールは手紙を彼自身に送った）
　　　c.　I talked to **John**$_i$ **about himself**$_i$. [McCawley 1998: 367]（私はジョンに彼自身について話した）

(55a) は，〈再帰代名詞〉を表す典型的な P 項の事例である。これとは対照的に，(55b) では，〈再帰代名詞〉が符号化する役割は P 役割ではない。さらに，(55c) では〈再帰代名詞〉が符号化する項の制御子は A 項ではない。

　Dixon の提案は，全体的な統語的役割の概念から一歩前進したものといえる。しかし，経験的事実はより複雑である。すなわち，究極的には構文固有の統語的役割への変化が求められるのである。こういった変化が必要である理由の 1 つとして，言語内部の構文間に分布パタン上の多様性が見られることが挙げられる。しかし，こういった変化が必要とされるさらに別の理由もある。それはすなわち，構文固有の統語的役割を用いることによってはじめて記述可能となる，言語の普遍性が存在するということである。

　まず第一に，統語的役割の符号化の基準は，常に整然としたものではない。ワダマン語を含む多くの言語で，〈格標示〉は能格パタンに従うが，〈一致〉は対格パタン

4章 節の統語的役割(「文法関係」) 181

に従う(Merlan 1994: 110)。

(56) ...　wurre　-wuya　**-Ø**　**ngawun-**　da　-wa
　　　child　-DU　**-ABS**　1SG.NOM/3NONSG.ACC-　see　-FUT

　　　ngayug　**-ji**
　　　1SG　**-ERG**

　　'... I have to see the two children myself.'(私は自分で二人の子供たちを見なければいけない)

A 項の *ngayug*(私)は,P 項の *wurrewuya*(子ども—双数の(DUAL))に付く〈絶対格〉のゼロ接尾辞とは対照的に,〈能格〉の接尾辞 *-ji* をとる。〈一致〉の接頭辞は分析が難しいものだが,分析可能な範囲内においては,主格—対格のパタンに従う。このパタンは,「分割形態的能格性」(split morphological ergativity)と呼ぶことができるであろう。ここで重要な事実は,通言語的に,このパタンは常に対格の動詞の一致と結合する能格の格標示であり,その反対ではないということである。

　驚くことではないが,全体的な「深層の主語」を同定するのに発動される振る舞い上の基準も常に整然としたものではない(Croft 1991, 1 章; Kazenin 1994)。たとえば,多くのマヤ諸語(Mayan languages)には,能格的なパタンを見せる抽出(extraction)構文がある。抽出構文とは,語用論的に 1 つの参与者に焦点を当てたり,前景化を行う構文であり,焦点が当たった/前景化された参与者を表す構成素と残りのものとの間で,構文を統語的に分けるものである。抽出構文の事例には,関係詞節,分裂文,情報疑問文,構成素否定(constituent negation)が含まれる。英語の事例を(57a–d)に示す。ここでは,統語的区分を垂直線を用いて表示している。

(57)　a. the woman | that I gave the documents to(私が資料をあげた女性)
　　　b. It was Sally | that I gave the documents to.(私が資料をあげたのはサリーだった)
　　　c. Who | did I give the documents to?(私が資料をあげたのは誰だった?)
　　　d. It wasn't Sally | that I gave the documents to.(私が資料をあげたのはサリーではなかった)

　英語と同様,アガカテック語においても,〈分裂〉構文は〈関係詞節〉を伴って形成される。S や P の項が分裂する(焦点が置かれる)場合には,〈動詞〉はゼロ符号化された〈能動態〉のままとなる(Larsen 1981: 137)。

(58)　yaaj　|　m-　　Ø-　　**uʔl**
　　　man　　PROX.PAST-　3SG.ABS-　**arrive.here**

'It was the man [S] that arrived'（到着したのはその男性ではなかった）

(59) b'uʔy | n- Ø- x- **tx'aj** xnaʔn
　　　rag　　　　PROX.PAST-　3SG.ABS-　3SG.ERG-　**wash**　woman
'It was the rag [P] that the woman washed.'（その女性が洗ったのはそのぼろ切れだった）

　A項が分裂する場合には，〈動詞〉は顕在的に符号化された〈焦点逆受動態〉で生じる必要がある（同上：上の（31）の事例参照）。

(60) xnaʔn | n- Ø- **tx'aj** **-oon** b'uʔy
　　　woman　　　　PROX.PAST-　3SG.ABS-　**wash**　**-ANTI**　rag
'It was the woman who washed the rag.'（そのぼろ切れを洗ったのはその女性だった）

一方，アガカテック語で不変化詞 -tz を伴う〈等位接続〉は，対格パタンに従う。不変化詞 -tz は，AまたはSの参与者と，それより前に位置する〈節〉のAまたはSの参与者との同一指示を示すのに用いられる。このパタンは，談話の次の一節を用いて例示可能である（Larsen 1981: 141; -tz は，同一指示的な〈名詞句〉に接尾辞として付く必要がないことに注意されたい）。

(61) b'een tilool Luʔ ye teeleʔn tzaaj chichoojoʔn kob'ox
　　　he.saw.it　　Pedro　the　its.leaving　hither　their.pay　　some
　　　ajpayaaj
　　　merchant
'**Pedro** [A] saw some merchants receiving their pay, . . .（ペドロは何人かの商人たちが支払いを受け取っているのを見た）

　niin tzun b'een iiʔ **-tz** tan k'otleʔn juun jul
　and　then　he.went　he　　to　its.being.dug　one　hole
　tzi b'eeʔ
　at.edge　road
'**he** [S] went to dig a hole at the side of the road,'（彼は道の脇に穴を掘りに行った）

　niin kyaaj kyeen tq'ol q'aaq' **-tz** tk'uʔl jul
　and　he.left.it　　　fire　　　in.it　hole
'and **he** [A] left a fire inside the hole; . . .'（そして彼はその穴の中に火を残した）

4章　節の統語的役割（「文法関係」）　183

　ここでもまた，アガカテック語やその他の言語で見られる「分割統語的能格性」
(split syntactic ergativity) は，類型論的パタンに従う。能格抽出構文は，対格等位
接続構文と組み合わさっているが，その反対はない。Kazenin は，等位接続と目的
(purpose) 構文と関係詞節について検証した。私は，等位接続と関係詞節と一致と
格標示についての検証を行った。検証対象となった言語では，能格 vs. 対格の分布
パタンの選択は次の含意的階層に従う。

(62)　主語構文階層 (Subject Construction Hierarchy)
　　　等位接続＜目的節 (purposive)＜関係詞節化＜動詞の一致[12]＜格標示

主語構文階層に含まれる構文は，1.6.3 節で論じたように，通言語的に規定される。
すなわち，通言語的に比較がなされる構文は，問題とする機能を含む構文である（一
致と格標示の機能的特徴付けについては，5.4 節参照；等位接続と目的節について
は，9.3 節と 9.4 節をそれぞれ参照）。主語構文階層は，階層上に見られるいかなる
構文についても，構文が能格的パタンを見せるなら，階層上の右側の全ての構文も
能格的パタンを見せるというように，また，構文が対格的パタンを見せるなら，階
層の左側の全ての構文も対格的パタンを見せるというように，含意的階層を規定し
ている。
　表 4.10 は，主語構文階層について，Kazenin と私自身が検証した言語のデータを
要約したものである。
　主語構文階層は，我々を次の 2 つの結論へと導く。第一の結論は，統語的役割は，
構文個別的に規定する必要があるということである。なぜなら，2 つの構文はいか
なるものも，単一言語の統語的役割に関しては，分布パタン上異なる可能性がある
からである。第二の結論は，いったん統語的役割が構文個別的に規定されることを
受け入れたなら，構文固有の統語的役割の分布を支配する言語の普遍性を探求して
見つけ出すことが可能になるということである。私は，主語構文階層を記述する際
には，「主語」という用語を用いることが適切だと考える。なぜなら，主語構文階層
は，通言語的に広がる統語的役割に関する仮説だからである。いずれにしても，ラ
ディカル構文文法では，主語構文階層が，伝統的に理解されている主語に最も近い
概念である。

───────────
12　シャバンテ語 (Chavante) とソクレ語 (Xokleng) のように，対格の名詞格標示を除
　き，能格の動詞の数の一致を持つ言語も存在する。しかし，動詞の数の一致は，人称
　の一致とは異なる振る舞いを見せる (4.4.1 節参照)。ヒッタイト語 (Hittite) やシュメー
　ル語 (Sumerian) のように，能格の人称の一致を除き，対格の代名詞の格標示を持つ言
　語もある。Anna Siewierska には，これらの事例について教えてくれたことに感謝した
　い。

184 第1部 統語カテゴリから意味地図へ

表4.10. 主語構文階層を支持するデータ

	〈等位接続〉	〈目的〉	〈関係詞節化〉	〈一致〉	〈格〉
ジルバル語	E	E	E	E	(E)
イデン語（Yidiny）	E/A	E	E	–	(E)
カルカトゥング語（Kalkatungu）	n	E	E	–	E
マム語	n	E	E/n	(E)	–
アガカテック語	A	E	E	(E)	–
ハカルテク語（Jacaltec）	A	E	E	(E)	–
アジア・エスキモー語（Asiatic Eskimo）	A	A	E	n?	E
海岸ツィムシアン語	n	n	E	?	?
アバール語	A	?	?	E	E
チュクチ語	n	n	n/E	n	(E)
バスク語	n?	A	A	E	E
トンガ語	?	?	A	n	E
ワルング語	n	(E/n)	?	A	A/E?
ワルピリ語	A	A	A	A	E
英語	A	A	A	A	A

E＝能格／絶対格　　　　　　　　n＝どちらでもない
A＝主格／対格　　　　　　　　　－＝構文は存在しない
E/A＝用いる方法に入れ替えあり　　?＝情報無し
(E)＝形態的分裂能格性（有生性，相；4.2.6 節参照）
ワルピリ語（Warlpiri）は Bresnan & Simpson（1982）からのデータであり，ジルバル語，ア
バール語（Avar），バスク語（Basque），トンガ語は，Anderson（1976）からのデータである。
それ以外のものは，Kazenin（1994: 92）からのデータである。

4.3.3. 主語構文階層の通時的実在性

　少なくとも主語構文階層の簡略版であっても，それが言語の統語的役割の分布に
おける通時的変化に制約を与えるものであるという証拠が存在する。その証拠は，
能格パタンの獲得あるいは喪失における通時的パタンではなく，より特定的な参与
者役割（すなわち，心的動詞（mental verbs）あるいは心理動詞（psych verbs）にお
ける経験者）の変化に由来する。
　心的動詞は，典型的には，情動（emotion），認知（cognition），知覚（perception）
という心理的な状態や過程を表すものである。心的状態が述べられている人は，経
験者と呼ばれる。一方，心的状態をもたらしたり，心的状態の注意の対象である存
在は，刺激と呼ばれる。(63) と (64) に，心的状態動詞（mental state verbs）の事例

を挙げる。

(63)　a. **I** like classical music.（私はクラシック音楽が好きだ）
　　　b. **I** remembered the answer.（私は答えを思い出した）
　　　c. **She** saw me.（彼女は私を見た）

(64)　a. Classical music pleases **me**.（クラシック音楽は私を楽しい気分にする）
　　　b. The dog frightened **her**.（犬は彼女を怖がらせた）
　　　c. The music is barely audible **to me**.（その音楽は私にはわずかに聞こえる）

(63a–c) の事例では，〈主語〉として符号化された経験者が見られる。(64a–c) の事例では，〈目的語〉として，あるいは〈前置詞〉 *to* によって支配される〈斜格〉として符号化された経験者が見られるが，ここでは刺激は〈主語〉として符号化されている。経験者を符号化するこれらのパタンの両方が，世界の言語では見られる（心的動詞における項結合の意味論と類型論の議論については，Croft 1991: 213–25, 1993b 参照）。

　ここで興味深いことは，経験者が主語構文階層，あるいは少なくとも (65) に挙げた階層の簡略版に沿って移動するような，文法関係における通時的変化の証拠が存在することである（Keenan の用語を使用）。

(65)　振る舞い構文 < 符号化構文

　Cole 他 (1980) は，その過程を「主語性の獲得」と記述しており，その現象をゲルマン語派 (Germanic) とグルジア語 (Georgian) を用いて説明している。過程の最初の段階では，経験者は〈斜格〉として符号化され，〈斜格〉の振る舞いを持つ。たとえば，ゴート語 (Gothic) では，経験者の *uns*（私たち）は〈与格〉であり，〈動詞の一致〉を引き起こすことはない（Cole 他 1980: 721）。

(66)　galeikaida　　**uns**　　　ei　　　biliþanai　weseima
　　　pleased.3SG　　**1PL.DAT**　that　　left　　　might.be.1PL
　　　'It pleased us that we might be left.'（我々が置き去りにされたのは良かった）

同様に，〈等位接続〉において二番目の節で欠落した項を支配するのは，経験者ではなく刺激である（同上）。

(67)　hwaiwa　　**skuluþ**$_i$　　gaggan　jah　　$\emptyset_i$　galeikan　　guda
　　　how　　　**should.2PL**　go.INF　and　　$\emptyset_i$　please.INF　god.DAT
　　　'how you$_i$ should live and $\emptyset_i$ please God' (I Thess. 4:1)（どのように暮らし，神を喜ばせるべきか）

同じ事態は，ドイツ語についても当てはまる。同言語では，ゴート語のように，経験者 *mir*（私に）は〈与格〉であり，〈動詞の一致〉を引き起こさない（同上：727–8）。

(68) **Mir** gefallen diese Damen
　　 1SG.DAT please:3PL these ladies
　　 'I like these ladies.'（私はこれらの婦人たちが好きだ）

経験者は，〈主格〉（Nominative Case）の先行詞（antecedent）を伴う〈等位〉構文で削除することはできない（同上：Martin Haspelmath との私信）。

(69) **Er**$_i$ kam und Ø$_i$ besuchte die Kinder
　　 3SG.M.NOM came and visited:3SG the children
　　 'He$_i$ came and Ø$_i$ visited the children.'（彼は子供たちに会いに来た）

(70) *****Er**$_i$ sah die Damen und Ø$_i$ gefielen sie
　　 3SG.M.NOM saw the ladies and please:3PL they
　　 '*He$_i$ saw the ladies and they pleased Ø$_i$.'

　過程の第二段階では，経験者は斜格として符号化されるが，ここでは主語の振る舞い上の特性を持っている。すなわち，経験者は今や主語構文階層の左側の構文の分布パタンに含まれており，同様に重要なことだが，刺激は分布パタンから除外されている。たとえば，初期中英語（Early Middle English）では，経験者はここでも〈対象（対）格〉で符号化される（同上：729–30）。

(71) a foreward þat þe mai full well like
　　 an agreement that **you.**ACC may full well please
　　 'an agreement that may full well please you'［1275 年］（あなたを十分に喜ばせるであろう合意）

　しかし，経験者は〈等位接続〉では，二番目の節の空項（null argument）になることが可能である（同上）。

(72) **Us**$_i$ sholde neither lakken gold ne gere But Ø$_i$ ben
　　 1PL.ACC$_i$ should neither lack:3PL gold nor gear but Ø$_i$ be
　　 honoured whil we dwelten there
　　 honored while we dwelt there
　　 'We should not lack gold nor gear, but be honored while we dwelt there.'
　　 (Chaucer, *Troilus and Criseyde*, IV: 1523)（私たちは金貨や道具を欠くべき

ではなく，そこに住む間は光栄に思うべきだ）

(73) **Arthur**$_i$ loked on the sword and Ø$_i$ liked it passynge well （Malory, *Morte D'Arthur*, 1470 年）

第三段階では，経験者は主語として符号化され，主語の振る舞いを持つ。すなわち，経験者は，主語構文階層の幅広い部分で構文の分布パタンに含まれる。第三段階は，近代英語（Modern English）によって例証される。経験者は〈主語代名詞〉形を用いて，〈動詞の一致〉を支配する。

(74) I liked the sword. （私は刀が好きだった）
(75) **We** do not lack anything. （我々は何も不足していない）

〈等位接続〉では，刺激ではなく，経験者が空項として容認される。

(76) **She**$_i$ saw the house and Ø$_i$ liked it. （彼女は家を見て気に入った）

グルジア語のデータが証拠となり，主語構文階層における一致と格標示の相対的位置の裏付けが得られる。古グルジア語（Old Georgian）では，振る舞い構文の分布パタンにおいて，経験者はすでに〈主語〉として含まれていた（Cole 他 1980: 736）。古グルジア語では，経験者は〈与格〉が付与されたが，〈動詞〉の〈三人称主語数一致〉（3rd Person Subject Number Agreement）は刺激によって引き起こされた（Cole 他 1980: 739–40）。

(77)　me　　　　miqvar**an**　　　isini
　　　1SG.DAT　me.love.**they**　　they.NOM
　　　'I love them'（私は彼らが大好きだ）

現代標準グルジア語（Modern Standard Georgian）では，経験者は依然として〈与格〉を伴って符号化されている。しかし，経験者と刺激の両方が三人称である場合には，(78) のように，経験者は〈三人称主語数一致〉を引き起こす。刺激が〈一人称〉あるいは〈二人称〉である場合には，(79) のように，経験者は〈三人称主語数一致〉を引き起こさない（Cole 他 1980: 739–40）。

(78)　mat　　　uqvar**t**　　　　is
　　　3PL.DAT　them.love.he.**PL**　3SG.NOM
　　　'They love him.'（彼らは彼が大好きだ）

(79)　mat　　　vuqvarvar　　　　me
　　　3PL.DAT　him.loves.I.(**SG**)　1SG.NOM
　　　'They love me.'（彼らは私が大好きだ）

188 第1部 統語カテゴリから意味地図へ

　現代口語グルジア語（Modern Colloquial Georgian）では，経験者は依然として
〈与格〉標示が付与されるが，〈三人称〉の経験者は刺激の〈人称〉に関係なく，今や
〈三人称主語数一致〉を引き起こす（同上）。

(80)　mšoblebs　　　vuqvarvar**t**　　　　me
　　　parents.DAT　them.love.I.**PL**　　1SG.NR
　　　'My parents love me.'（私の親は私を愛している）

　読者は，英語のような言語における斜格の経験者から主語の経験者への一方向的
変化は，経験者が属する「自然」なカテゴリが，主格あるいは主語のカテゴリであ
ることを意味するという印象を抱くかもしれない。もしこれが真であるなら，最終
的には全ての言語が主語の経験者を持つことになるだろう。しかし，実際には，古
い斜格の経験者構文が完全に主語の経験者になったにもかかわらず，新しい斜格の
経験者構文が英語では生じた。その新しい構文には，*to* によって支配される経験者
が含まれている。

(81)　a.　The performers were barely visible **to the ticketholders** in the second
　　　　　gallery.（演奏者たちの姿は，第二天井桟敷席のチケットの所有者たちには
　　　　　ほとんど見えなかった）

　　　b.　It seems **to me** that you should move it a couple of feet to the left.（それを
　　　　　数フィート左に動かすべきだと私には思える）

　　　c.　The news of their engagement was already known **to everyone**.（彼らの婚
　　　　　約の知らせは既に皆に知られていた）

斜格の経験者の「主語」への一方向的変化とは，斜格の経験者の文法化と更新の単
なる絶え間ない循環なのである。

4.3.4.　主語構文階層の概念空間表示

　ラディカル構文文法では，主語構文階層の説明は，階層における構文の機能と統
語的役割カテゴリの意味との関係の中に求められる。Givón は，自身が進める文法
の機能類型論研究において，次のような説明を行った。「『深層』の能格言語の振る
舞いを規定するのに用いられる，いわゆる主語の特性の大部分は，様々な文法的環
境における同一性に基づく削除（deletion）と関係する語用論的トピックの特性であ
ることが分かる」（Givón 1984: 166）。

　主語構文階層の3つの振る舞い構文は全てが，他の節の項と同一指示的な別の節
の項の空表現を含む（これは，以前の変形文法（transformational grammar）では同

一性に基づく削除として表された）。

(82)　a. 関係詞節：the man$_i$ that Ø$_i$ came to dinner（夕食に来た男）

　　　b. 目的：She$_i$ went downtown Ø$_i$ to find some shoes.（彼女は靴を探しに町に出た）

　　　c. 等位接続：She$_i$ went downtown and Ø$_i$ bought some shoes.（彼女は町に出て靴を買った）

　全体的に見て，A 項は P 項よりも話題的なもの（topical）であることが，広く受け入れられている。すなわち，一般的には，A 項は人間（human）または有生物であるのに対し，P 項は無生物（inanimate）のもの，または少なくとも非人間（nonhuman）である。そして，話題性（topicality）は，有生性の階層では共感（empathy）と関係付けられる。S 項は全体として見ると，話題性においては中間的である。なぜなら，S 項は全ての意味的な指示対象タイプに広く見られるからである。ゆえに，主格の A+S カテゴリは，絶対格の S+P カテゴリよりも話題的なものとなる。同様に，経験者（Ex）は常に人間だが，刺激（St）は人間でも非人間でもよく，ゆえに経験者は全体としては刺激よりも話題的なのである。このような理由から，A+Ex カテゴリは，A+St カテゴリよりも話題的なものとなる。

　Kazenin は，自身が検証対象とする振る舞い構文は，前景化（foregrounding）の程度において様々に異なると論じている（Kazenin 1994: 93）。等位接続された節は，最も前景化されている。なぜなら，等位接続された節は，両方の事象をおよそ同等に表現するからである（9.2.3 節参照）。関係詞節は，最も背景化されている。なぜなら，それが符号化する事象は，主節の事象の指示対象を単に同定するために使われており，ゆえにグラウンディング（grounding）の機能を持つからである（9.3 節参照）。目的節（purpose clauses）は，それらの中間にある。目的節が述べる事象は，関係詞節の事象のように背景化されてはいないが，最初の節の動作主の意思としてのみ存在する（9.4.2 節参照）。節は前景化されればされるほど，参与者は話題的なものとなりやすい。なぜなら，話題となっている参与者は，一般的には前景化された事象上で追跡されるからである。実のところ，指示対象の話題性とは，前景化された事象への相対的に連続する参加によって知らされるものなのである（Givón と比較）。

　一致と格標示は，節同士にまたがる指示追跡を含まず，それゆえ話題性と前景化の程度との相互関係は存在しない。一致が，人間および定の指示対象への慣習的制限を含む，より高い話題性と関連する重要な証拠は存在している（Givón 1976; Croft 1988）。一方，格標示は，より高い話題性とは特に関係してはいないが，むしろ指示対象のタイプ（発話行為参与者，人間，無生物）と事象の指示対象が果たす参与者

役割との関係に敏感である（Silverstein 1976; Dixon 1979, 1994；8 章も参照）。

ラディカル構文文法では，主語構文階層のようなパタンが，概念空間の関連領域の構造内において表示される必要がある。Kazenin の仮説によると，状況タイプは，（少なくとも振る舞い上の特性について）別の事象に関連した形で，事象の前景化の程度に対応した概念的側面に並べることが可能である。また，参与者役割の指示対象の話題性に対応する概念的側面上に参与者役割を並べることが可能である。これらの2つのパタンを結合させると，図 4.5 の概念空間が得られる。

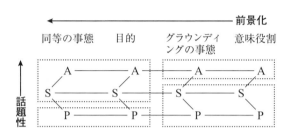

図 4.5. 主語構文階層の概念空間表示（アジア・エスキモー語の意味地図付きで表示）

2章では概念空間を構築するための原理を紹介したが，図 4.5 は，その原理に従って描かれたものであり，図の横軸では構文の機能が表示され，縦軸では構文の関係する役割を担う要素の意味が表示されている。主語構文階層の構文は，各々が何らかの状況タイプを符号化している。

図 4.5 の概念空間の構造では，主語構文階層は可能な意味地図に対する制約として示されている。図 4.5 では，概念空間図の左側の構文の参与者役割の意味地図間の境界が，同じ概念空間図の右側の構文の参与者役割の意味地図間の境界よりも高い位置の意味地図を容認しないことが示されている。前景化と話題性との自然な意味的相互関係は，この表示法を通じて示されている。図 4.5 は，アジア・エスキモー語の意味地図を加えた主語構文階層を示している（なお，アジア・エスキモー語での〈一致〉は，能格パタンも対格パタンも持たないので，この図では省略されている）。

4.4. さらなる厄介な問題

本章でこれまでに示したデータは，参与者役割を統語的役割へと写像することにおいて見受けられる，よく知られている通言語的・通構文的多様性に焦点を当てるものであった。ラディカル構文文法の分析では，この多様性は，統語的役割を構文特有（かつ個別言語固有）のものとして分析することによって認識される。一方，参

与者役割階層や主語構文階層のように，統語的役割が個別言語固有かつ構文固有の
ものであることを受け入れることによってのみ発見可能な参与者役割の符号化の普
遍性も存在する。こういった普遍性は，階層が概念空間で連続的に結合された領域
を反映するような形で概念空間を構造化することによって捉えることができる。

　もちろん，これまでに示したデータは，実際の事態を単純化したものにすぎない。
ＡやＳやＰは，参与者役割の粗雑な分類であり，経験者と刺激は，ＡやＰというラ
ベルの下で単純に分類することができないことは既に見てきた通りである。参与者
役割に関する，よりきめの細かい分析を行うことによって，さらに複雑な概念空間
が明らかになるであろう。4.4.1 節では，概念空間の構造（すなわち，主語のプロト
タイプ（subject prototype）の可能性）にとって重要な意味合いを持つ具体事例につ
いて記述する。

　同様に，主語構文階層にあるもの以外の構文を見てみると，事態はさらに複雑な
ものとなる。他の多くの構文が，諸言語では一般的に能格の分布パタンを持つこと
は明らかである。そういった構文の幾つかについては，4.4.2 節と 4.4.3 節で議論す
る。

4.4.1.　自動詞分裂と主語のプロトタイプ

　4.2 節で扱った参与者役割に関する類型論的有標性のデータを検証すると，主語
のプロトタイプを提案することが可能のように思える。Ｓに包含される参与者役割
のクラスター（1 つの参与者事象の単一の役割）は，対格の階層と能格の階層の両方
の一番上にある。その理由は，Ｓは主格カテゴリ（A+S）と絶対格カテゴリ（S+P）
によって共有されるからである。これら 2 つの階層では，Ｓは，もしそれがある場
合には，ゼロ格標示を持ち，動詞の一致を引き起こす最初のカテゴリである。ゆえ
に，2 章で提案した品詞のプロトタイプのように，Ｓは主語のプロトタイプの候補
なのである。

　しかしながら，参与者役割や格標示，さらには動詞の一致といった類型論的有標
性に含まれる構文は，多くの言語でＳの参与者役割を分裂させる。たとえば，ラコ
タ語（Lakhota）の〈他動詞〉は，ＡとＰの両方と一致するが，それぞれに**行為者**と
受動者という注釈が付く（Croft 1991: 9）。

(83)　ó-　　**ma-**　　**ya-**　　kiye
　　　LOC-　**1.UNDR-**　**2.ACTR-**　help
　　　'You help/helped me.'（あなたは私を手伝う／手伝った）

一方，〈自動詞〉は，〈行為者一致〉（Actor Agreement）の接頭辞を用いるもの（事例
(84) におけるように）と，〈受動者一致〉（Undergoer Agreement）の接頭辞を用いる

ものとの間で分裂している（事例 (85)：同上）。

(84) **wa-** ?u
　　 1.ACTR- come
　　 'I am coming.'（今行くよ）

(85) **ma-** khuže
　　 1.UNDR- sick
　　 'I am sick.'（私は病気だ）

この現象は，**自動詞分裂**（SPLIT INTRANSITIVITY）という名で知られている。

　自動詞分裂に内在する意味は，通言語的にかなり様々に異なりうるもののように思える。しかし，この多様性の幾つかは，S の 2 つの下位グループ（ここでは，これらを Sa（行為者自動詞）と Su（受動者自動詞）と略す）が，全体的で普遍的なカテゴリであるという理論的前提が原因となって生じる。たとえば，一致と格標示における分裂は，様々なヨーロッパ言語では完了構文での 'be' 助動詞や 'have' 助動詞の選択における分裂とひとまとめにされることがたびたびある（たとえば，Van Valin 1990 参照）。

　しかし，完了（perfect）構文は，格標示構文や一致構文とは異なる構文である。すなわち，それは別の機能（すなわち，アスペクト的機能）を果たすものである。完了構文での助動詞選択における分裂は，動詞的事象のアスペクト的特性によって規定されるか，あるいは少なくとも動機付けられているように思える。一方，格標示と一致における分裂は，一般的な項結合と同様，事象の因果関係の構造によって動機付けられている（Croft 1991, 1994a, 1998b：特に Croft 1998b: 50–5 参照）。言い換えると，Sa と Su は，他の統語カテゴリと同様，構文固有のものなのである。

　Sa と Su は個別言語固有のものでもある。すなわち，Sa と Su は，格標示や一致という同様の構文を比較する際にも，通言語的に同じ分布にはならない。私は，Croft (1998b) において，Holisky（1987）や Mithun（1991）や Gregores & Suárez（1967）が提示したデータに関する調査を行い，次のような，事象の意味クラスの観点から規定された，部分的に順序付けを施した自動詞参与者役割（intransitive participant roles）階層を提案した（Croft 1998b: 53）。

(86) 自動詞参与者役割の A のような標示から P のような標示までを捉える階層
　　　支配された行為＜　非活動的動作＜　身体的活動，　　　　＜一時的状態
　　　　　　　　　　　　　　　　　　支配されていない行為，
　　　　　　　　　　　　　　　　　　性質／属性，
　　　　　　　　　　　　　　　　　　起動

自動詞分裂階層が含意する自動詞の参与者役割の概念空間は，完全な線形にはならないであろう。なぜなら，自動詞の事象の意味クラスは，部分的に順序付けられているだけだからである（図4.6）。

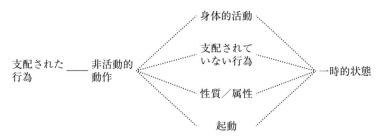

図4.6. 自動詞の事象（intransitive event）の参与者役割の概念空間

図4.6の概念空間では，特定の統語的役割のカテゴリを持つ自動詞参与者役割構文が，全ての並列の破線のリンクへと拡張するより先に，2つの連続的破線のリンクを超えて通時的拡張を起こすことを抑制する制約が求められている（(87)の部分的順序付けは，この制約によって捉えられている；これを指摘してくれたことについて，柴谷方良氏に感謝する）。

分裂した自動詞の格標示や動詞の一致を持ついかなる個別言語についても，どの参与者役割がどのクラスターに含まれるのかに関しては，今のところ，明確にはしない。その代わり，ここでは，概念空間におけるこの領域について，自動詞の参与者役割のクラスターのペアとして単純化するだけに留めておく。

自動詞分裂と心的動詞の経験者と刺激の参与者役割とを組み入れると，図4.7の概念空間が得られる。

図4.7の横軸では，事象の意味クラスの大まかな区分が表示されている。この事象の意味クラスは，参与者の数によっておおよそ分けられたものであるが，この事象のクラスの他動性が参与者の数と関連しているのは明らかであろう。たとえば，二重目的語を持つ事象（ditransitive events）は様々なタイプの移動の事象だが，他動詞的事象は典型的には，原因–変化–状態の事象であり，自動詞的事象は図4.6に挙げるタイプのものである。

図4.7の縦軸は，事態の因果連鎖（causal chain）（Talmy 1976, Croft 1991），あるいは力動的構造（force-dynamic structure）（Talmy 1988, Croft 1998b）における参与者役割の位置に対応している。すなわち，一番上の参与者は力を伝達することにおいては，始発者（initiator）としての特性がより強いものであり，一方，下方の参与者は各事象タイプにおける力の伝達においては，終点（endpoints）としての特性がより強い。

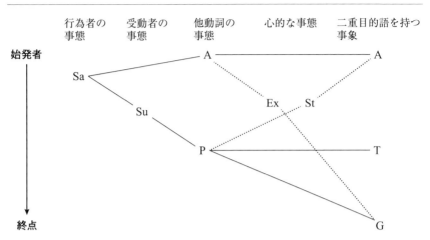

図 4.7. 選択した「中核的」な参与者役割の単純化した概念空間

このパタンには例外がある。それは心的な事象であり、図 4.7 では破線のリンクによって示されている。私は Croft (1993b) で、心的な事象は 2 つの対立する力動的パタンを含むことを論じている。第一のパタンは、経験者は、他動詞の A–P（動作主–被動作主）タイプと同様、刺激に関心を向ける。第二のパタンでは、刺激は経験者の心的状態における変化をもたらすが、それは他動詞の A–P タイプあるいは与格の経験者を示す目標を伴う A–G（動作主–着点）パタンに吸収可能である。

この二方向的な因果関係が経験的に明らかにするのは、言語は経験者や刺激のどちらかを因果的に先行する参与者として符号化するということである（同じ格標示によって経験者と刺激を符号化する言語も存在する）。それゆえ、図 4.7 では、項結合における通言語的多様性を捉えることを目的として、経験者と刺激から、動作主–被動作主の事象タイプに加えて、動作主–着点（与格の経験者）タイプという両方への結合が見られるのである。

今や、Sa と Su のどちらが主語の類型論的プロトタイプなのかと問うことが可能である。ここでは、A と P の状況とは異なり、格標示と一致の証拠は対立している。東部ポモ語（Eastern Pomo）は、第一／第二代名詞で顕在的な Su+P の格標示の痕跡を持つが、スヴァン語（Svan）やラズ語（Laz）や標準チベット語（Lhasa Tibetan）は、Sa（A を加えて）の顕在的符号化と Su（P を加えて；Siewierska 1997: 192）のゼロ符号化を持つ（McClendon 1978: 2）。しかしながら、ケワ語（Kewa），ツォウ語（Tsou），アラワック語（Arawakan），タリアナ語（Tariana），バレ語（Bare）では、A+Sa だけとの一致が見られる（Anna Siewierska, 私信）。どうやら問いの答えは、どちらも明確に主語の類型論的プロトタイプではないということ、より正確

4章　節の統語的役割（「文法関係」）　195

に言えば，格標示と一致は異なる機能的特性に影響を受けやすいということのようである（Croft 1988; 6.4.1 節参照）。

　すなわち，個々の格役割のクラスターに関する類型論的有標性のパタンに基づけば，（87）の部分的順序付けがなされた有標性の階層が得られる。

(87)　参与者役割クラスターの類型論的有標性の階層：
　　　Sa, Su < A, P < T, G

この階層は，図 4.7 の参与者役割に関する概念空間の横軸とおおよそ同一視可能である。すなわち，ゼロ格標示と一致が空間の左上側で起こり，それが右方向や下方へと広がっていくのである。

4.4.2.　能格性と数量化

　4.3.2 節では，構文タイプによって統語的役割を分解するという提案を行った，1970 年代に発表された 2 つの論文について述べた。1 つ目の論文（Dixon 1979）については，4.3.2 節で議論した。2 つ目の論文（Moravcsik 1978）は，能格性とは，言語全体としてではなく，構文の特性だと論じており，したがって，これはラディカル構文文法が採用する統語カテゴリについての見解に先行するものといえる。

　Moravcsik が用いる構文固有の能格性の事例の 1 つが，ロシア語の特定の構文である。これらの構文の全てが，動詞の事象と関係する数量化を含んでいる。数量化構文において使用可能な参与者役割は，絶対格の役割である（S+P; Moravcsik 1978: 249–50; Anastasia Bonch-Osmolovskaya, 私信）：

(88)　cvet　　**-ov**　　narvali
　　　flowers　**-GEN**　pick:PST.PL
　　　'We picked a lot of flowers.'（我々はたくさんの花を摘んだ）

(89)　vod　　**-y**　　nateklo
　　　water　**-GEN**　flowed
　　　'Lots of water flowed.'（たくさんの水が流れた）

(90)　Vanja i　　Saša　　kupili　　**po**　　pjat'　　biletov
　　　Vanja and　Sasha　bought　**DSTR**　five　　tickets
　　　'Vanja and Sasha bought five tickets each.'（ヴァーニャとサーシャはそれぞれ 5 枚のチケットを買った）

(91)　U　nix　　bylo　　**po**　　zolotomu　kol'cu
　　　at　them　was　　**DSTR**　golden　　ring
　　　'They each had a golden ring.'（彼らはそれぞれが金の指輪をしていた）

（92） On **ne** čitaet stix **-ov**

　　 he **not** read:PRS.3SG poetry **-GEN**

　　 'He doesn't read poetry.'（彼は詩を読まない）

（93） Otvet **-a** **ne** prišlo

　　 answer **-GEN** **not** arrive:PST

　　 'No answer came.'（何も返事は来なかった）

（88）と（89）の事例は，〈部分詞〉（Partitive）構文の例である。この構文では，事象の遂行は P 項（88）や S 項（89）の一部においてなされている。ロシア語では，S や P は〈属格〉によって表現される。（90）と（91）の事例は，〈配分詞〉（Distributive）構文の例である。この構文は，ロシア語では，P 項（90）や S 項（91）と結合した〈配分詞前置詞〉（Distributive Preposition）*po* によって表現される。（92）と（93）の事例は，〈否定要素〉構文の例である。ロシア語では，〈否定された動詞〉（Negated Verb）の P 項（92）や S 項（93）は〈属格〉によって表現される。

　多くの言語で観察されてきた他の能格の数量化のパターンは，動詞の数（verbal number）の表現である。たとえば，海岸ツィムシアン語（Coast Tsimshian（Sm'algyax とも言う；Mulder 1994: 74–5））では，〈複数形動詞〉の形式は，〈複数形〉の S 項（（94）参照）や〈複数形〉の P 項（（95）参照）が原因となって起こる。

（94） ła **mik-** **miig** -a ma̱gooxs di -ł

　　 about **PL-** **ripe** -CONN.PRED salmonberry and -CONN

　　 maayi

　　 huckleberry

　　 'The salmonberries and huckleberries are almost ripe.'（サーモンベリーとハックルベリーはほぼ熟している）

（95） ada wil -t ksa- **has-** **hayts** -tga sm'ooygyit

　　 and then -3A out- **PL-** **send** -CONN.PRED chief

　　 -ga hana̱na̱x -t -ga

　　 -CONN.PRED women -3.POSS -DEM

　　 'Then the chief sent out his women.'（そしてボスは彼の女性たちを送り出した）

このパターンが，通言語的に見られる唯一のものではない。すなわち，他の言語を見れば，複数形の動詞の形式を引き起こすのは，A と S の項である。Durie は，絶対格（S+P）の項が動詞の数の一致を引き起こす言語では，動詞の数は項ではなく事象の複数性を表すと述べるが，これは説得力のある議論だといえる（Durie 1986）。事象の項が数量化される際には，事象も数量化されうる。たとえば，複数の対象物に

対する行為と複数の対象物を伴う自動詞の事象は，たとえ複数の対象物に作用する単一動作主の場合においても，実際には複数の事象である。

事象の数量化 (event quantification) と関係する能格パタンは，主語構文階層には適合しない。たとえば，ロシア語は主語構文階層上のどの構文にも能格的分布がなく，海岸ツィムシアン語では〈一致〉においてほんの幾つかの能格パタンがあるだけである (Mulder 1994: 111)。ラディカル構文文法の分析では，この事実に対応可能であるだけでなく，それを予測することも可能である。

ラディカル構文文法では，全ての統語的役割が構文固有のものであり，ゆえに本節で説明した構文の能格的な分布パタンは，これらの構文に特有のカテゴリとして容易に表示可能である。これらの能格的パタンが主語構文階層に適合しない理由は，これらの構文の機能は，前景化あるいは話題性とは無関係であり，ゆえに概念空間のそういった側面に入り込まないからである。むしろ，これらの構文の機能は，数量化，特に事象の数量化と関係する。事象の数量化の類型論に関しては，ほとんど何もなされてきていない。したがって，概念空間のこの領域に関してモデルを提案することは不可能である。とはいうものの，原理上そうすることは可能である。

4.4.3. 分裂能格性

統語的役割の分布パタンにおける別のタイプの構文基盤の多様性は，**分裂能格性**（SPLIT ERGATIVITY）という名で知られている。「分裂能格性」という用語は，実際には，統語的役割における 2 つのかなり異なるものについて用いられている。分裂能格性の 1 つのタイプは，有生性に基づく (animacy-based) 分裂，または人間に基づく (person-based) 分裂と呼ばれるものであり，そこでは，能格と対格の格標示パタンは，指示対象の人または有生性に依存している。表 4.11 に，カシナワ語の有生性に基づく分裂した能格の格標示システムの事例を挙げる (Dixon 1979: 87; ...ṽ は，最後の語幹の母音の鼻音化 (nasalization) を示す)。

表 4.11. カシナワ語の有生性に基づく分裂

	A	S	P
一／二人称代名詞	-Ø	-Ø	-a
三人称代名詞	habũ	habu	haa
固有名詞，普通名詞	...ṽ	-Ø	-Ø

カシナワ語の格標示体系は，このパラダイムにおいては能格と対格のパタンの間で分裂している。第一／第二代名詞の形式を比較すると，〈主格〉(A+S) ゼロと〈対格〉(P) -a の間に対立が存在している。〈普通名詞〉(Common Noun) の形式を比較

198 第 1 部 統語カテゴリから意味地図へ

すると,〈能格〉(A) の鼻音化と〈絶対格〉(A+S) のゼロの間に対立が存在している。
　しかし,能格と絶対格のパタンは,抽象的なパラダイムでのみ見受けられる。す
なわち,カシナワ語の実際の文では,A と P のいかなる結合も見られる。ゆえに,
たとえば,〈一／二人称代名詞〉の A と,〈普通名詞〉の P は,両方ともゼロ符号化
されるし,〈普通名詞〉A と〈一／二人称代名詞〉の P は,(異なる格形態素を伴うに
もかかわらず) 両方とも顕在的に符号化される。カシナワ語の格のパラダイムでさ
え,きちんと分裂した能格ではない。〈三人称代名詞〉が,A と S と P について違う
形式を持つように,〈三人称代名詞〉では〈能格〉の鼻音化と〈対格〉の -a の接尾辞
(語幹末尾の b の喪失を伴って) に重複がある。カシナワ語のパタンは (関連しては
いるものの) はっきりと異なる現象を示すものであるが,これについては 8.4.3 節で
議論する。
　別のクラスの分裂した能格的パタンに相に基づく (aspect-based) 分裂,あるいは,
時には時制に基づく (tense-based) 分裂があるが,これは異なる分布パタンを持つ
別の構文を表している。たとえば,チョール語 (Chol) では,〈現在時制〉構文は,
A と S について接頭辞が付いた〈一致〉vs. P について接尾辞が付いた〈一致〉((96)
と (97) の事例) を用いるが,〈過去時制〉構文は,単に A について接頭辞が付いた
〈一致〉vs. S と P についての接尾辞が付いた〈一致〉を用いる ((98)〜(99) の事例；
Comrie 1978: 352–3)。

(96)　mi　　**h-**　　　　k'el　　**-et**
　　　PRS　**1SG.NOM-**　see　　-2SG.ACC
　　　'I see you.'（私はあなたに会う）
(97)　mi　　**a-**　　　　čəmel
　　　PRS　**2SG.NOM-**　die
　　　'You are dying.'（あなたは死にかけている）
(98)　ca　　**h-**　　　　k'eley　　**-et**
　　　PST　**1SG.ERG-**　see　　　-2SG.ABS
　　　'I saw you.'（私はあなたに会った）
(99)　ca　　čəmiy　　**-et**
　　　PST　die　　　-2SG.ABS
　　　'You died.'（あなたは死んだ）

　相と時制に基づく分裂能格性の構文固有の特徴は,ラディカル構文文法では容易
に捉えることが可能である。相と時制に基づく分裂能格性が変則的に見える理由は,
英語と他のヨーロッパ言語では,単一節での項結合は他の節のレベルの構文から独
立しているからである。たとえば,英語では,どの述語の項を符号化する構文も,

図 4.8 に示すように，〈完了相〉や〈進行相〉のような，時制—相—法のカテゴリを表現するのに用いられる〈助動詞〉と〈非定形動詞〉の形式を位置付ける構文からは独立している。この図では，ボックスを使った表記法を採用している。なお，最小のユニットについてはボックスの使用を控えている（1.3.3 節の図 1.12 と比較されたい）。

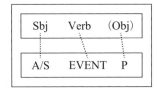
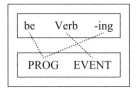

図 4.8. 英語の項結合と相の構文

一方，チョール語では，相や時制を符号化する構文には，動詞の項を符号化するための別の方法もある。ゆえに，英語とは異なり，チョール語の項結合構文では，時制—相の区別を抽象化することはできない。むしろ，チョール語には，2 つの時制／項結合構文が存在しているのである（図 4.9）。

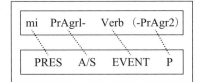
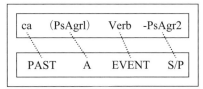

図 4.9. チョール語の時制／項結合構文

主語構文階層と同様，時制—相構文における統語的役割の分布に関する通言語的な多様性のパタンに対する機能的説明がある。通言語的には，相の分裂は，ほとんど常に現在時制や未完了相では対格の分布を持ち，一方，過去時制や完了相では能格の分布を持つ。チョール語が持つような時制構文は，（過去時制は完了から生じ，完了相と現在時制はおそらく未完了（imperfective）相から生じるというように）たぶん相構文の文法化を経て，時制へと至るものなのであろう（Bybee & Dahl 1989; Bybee 他 1994，3 章と 5 章）。DeLancey (1981, 1982) は，このパタンは，因果関係構造と相構造（と人称直示；8.5.2 節参照）を結び付ける局所主義のメタファ（localist metaphor）によるものだと論じる。表 4.12 に，DeLancey の分析を挙げる（DeLancey 1982: 172 から改作）。

表 4.12. 事象構造と相を結び付ける局所主義のメタファ

事象構造	〈動作主（始発者）〉	→	〈被動作主（終点）〉
有生性	〈開始（未完了相）〉	→	〈終了（完了相）〉

相構文の意味と参与者役割カテゴリの意味との関係は，主語構文階層と同じ方法によって概念空間上に表示可能である（図 4.10）。

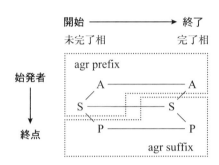

図 4.10. チョール語の意味地図を付した相と参与者役割の概念空間

主語構文階層に対して課したのと同じ制約を，この概念空間についても課す必要がある。概念空間の左側の構文の参与者役割に関する2つの意味地図間の境界は，概念空間の右側の構文の参与者役割に関する意味地図間の境界よりも，空間上で高い位置にくることはできない。図 4.10 には，チョール語の意味地図が示されている。この言語では，〈現在時制〉と〈過去時制〉については，同じ対の〈一致〉接辞が用いられる。これが理由となり，両方の参与者役割の集合の意味地図が，この概念空間図式内の幅一杯に及ぶ広がりを見せている。チョール語については，ちょうど上で示した制約によって，カテゴリ間の境界が右側よりも左側でさらに高くはならないことが規定されている。

4.5. 結論

さて今や，本章の最初の部分で提起した問いに立ち戻ることが可能である。そこで述べた問題とは，純粋に形式的な文法カテゴリとしての統語的役割は，通言語的に構造と振る舞いに関して，各統語的役割の下に分類された参与者役割のクラスターよりも統一されているのか，というものであった。

この問題の答えは，否である。統語的役割は，構文個別的に規定される必要があり，規定される分布パタンは，言語内部と通言語の両方のレベルにおいて多様であ

る。「主語」や「目的語」のような用語は，何らかの固定されたカテゴリや統語構造を規定するものではない。言語内部には，生起する構文から独立して，統語的役割によって規定されるカテゴリは存在しない。むしろ，構文が統語表示の基本的ユニットであり，構文が分布的に規定するカテゴリとは，それが持つ意味や機能の観点から規定される互いの関係の中に見いだされるものなのである。

したがって，統語的役割／文法関係の統語的および意味的な特徴付けは，同じ基盤にあるといえる。統語的な特徴付けと意味的な特徴付けは，両方が不均一であり，言語内部と通言語の両方のレベルにおいて多様である。統語理論においては，一方が他方よりも優れているとする何らかの想定上の優位性ではなく，むしろ形式と機能の相互作用に対して焦点が与えられるべきである。

ラディカル構文文法（より一般的には，類型論理論）では，統語的・意味的な多様性の複雑なパタンは，構造化された概念空間上の意味地図として，形式と機能の相互作用を表すことによって捉えられる。統語的役割は，事象に含まれる参与者役割の意味的に関係した分類を表す概念空間の領域によって規定される。参与者役割を表す概念空間の側面は，参与者役割について述べる様々な構文の機能について表す概念空間の側面と相互作用する。概念的側面には，事象構造それ自体（格標示と一致），指示対象の際立ち（一致），前景化／指示追跡（関係詞節，目的節，等位接続節），事象の数量化（部分詞，配分詞，否定要素，動詞の数），時制／相（完了相／過去と未完了相／現在）が含まれる。概念空間の構造によって，複数言語間と言語内部におけるこれらの構文の参与者役割の分布パタンを支配する含意的関係の階層が映し出される。

第2部

統語的関係から記号的関係へ

5章

依存関係と構成素性と線形順序

5.1. はじめに

5.1.1. 構文の内部構造

本書の第1部では，ラディカル構文文法における統語的な構造や構成については，ほとんど何も想定せずに話を進めてきた。すなわち，これまでは，構文の統語構造は，(i) 全体としての構文それ自体 (独立して表示される存在物) と，(ii) その部分または**要素** (統語的なカテゴリまたは**役割**を規定するもの) (1.3.3 節参照) からのみ構成されることを想定した形で議論を進めてきた。言い換えると，これまで想定してきた構文に関する唯一の統語構造とは，役割と構文の間にある部分—全体の関係のみである。第1部では，構文は基本的なものとみなすべきであり，構文中のカテゴリや役割は，それらが生じる場所である構文によって規定される派生的なものであることを主張した。したがって，単一言語の文法には全体的な統語カテゴリは存在せず，また普遍文法にも普遍的カテゴリは存在しないことになる。

本書の第2部では，ラディカル構文文法での構文の内部構造に関するより詳細な検討を行う。通常の構文文法では，図 5.1 の分解図が示すような構文の内部構造 (1.3.2 節の図 1.6 参照) が想定されている (Langacker 1987: 84 の図 2.8b と比較されたい)。

この図では，形式的 (統語) 構造と機能的 (意味) 構造の両方が幾つかの部分から構成されており，それによって構文の役割が規定されることが示されている。統語的関係 (ここでは，以下で説明する理由により点線の矢印で表示している) は，統語構造の要素間で成り立ち，一方，意味的関係は，意味構造の成分間で成り立っている。また，統語的要素とそれに対応する意味的成分との間と，さらに構文全体の統語構造とその意味構造との間には，記号的関係が存在している。

ラディカル構文文法は，統語的関係 (すなわち，構文の統語的要素間の関係) を排除する点において，他の構文文法や成分的統語理論とは異なる。端的に言えば，ラディカル構文文法が考える文法ユニットの構造は，図 5.1 の構造から統語的関係の

[205]

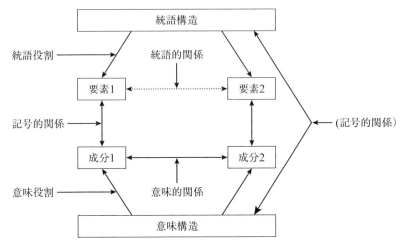

図 5.1. 構文の内部構造（分解図）

点線の矢印を引いたものである。

もちろん，統語的関係の顕在的現れと考えられる特定の形態統語的な特性は存在する（1.3.2 節）。したがって，統語的関係の存在に対して異議を唱える議論はどれも，統語的関係の存在を示す証拠とみなされる構文の形態統語的な特性について説明し，また構成素性と依存関係の分析に対して批判するものでなければならない。

本章では，統語的関係の存在を支持する証拠は，符号化された依存関係と連語的依存関係という 2 つのタイプに収まることを論じる。5.2 節では，連語的依存関係は実際には統語的関係ではなく，意味的関係の顕在的現れであるという Nunberg 他（1994）の議論を提示し，彼らの分析がラディカル構文文法で自然に解釈可能であることを示す。本章の残りの部分では，構成素性と符号化された依存関係に対する手短かな批判を試みる。そして，どちらの場合も，構文にとっては単一の構成素性や依存関係が存在しないことを示す。

続く 6 章では，構成素性を含み符号化された依存関係は，統語的関係ではなく，記号的関係が存在する証拠であることを論じる。そして 7 章では，主要部−従属部（dependent）の関係と，項−付加詞の区別についてのラディカル構文文法の分析を行う。

5.1.2. 符号化された依存関係と連語的依存関係

統語的関係が存在すると主張する議論は，2 つの別々のクラスに収まる文法的証拠に基づきなされている。1 つのクラスは，**符号化された依存関係**と呼ばれるもの

から構成されている。符号化された依存関係とは、(1a)のような、発話の文法的構造が持つ何らかの顕在的側面によって表される統語的関係を指す。

(1) a. She understands him.（彼女は彼のことを理解している）
    b.

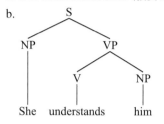

(1a)では、she と understands との間（〈主語〉関係）や、understands と him との間（〈目的語〉関係）には、統語的関係の符号化された依存関係による文法的証拠が存在すると考えられている。この例文内の〈代名詞格〉の形式は、2つの統語的関係を符号化している。she との〈動詞の一致〉の存在も、〈主語〉関係を符号化している。ここで見られる2つの〈代名詞〉の線形順序（あるいは位置）も、〈主語〉関係（動詞の前）と〈目的語〉関係（動詞のすぐ後）を符号化している。最後に、(1a)の構成素構造（句構造）の分析は、(1b)に示すように、〈主語〉関係（VPの姉妹であるNP）と〈目的語〉関係（VP内部の動詞の姉妹であるNP）を規定している。こういった特性の全てのものが、主語関係と目的語関係という2つの統語的関係の存在を示す証拠とみなされている。

統語的議論では、統語的関係の存在を訴えるのにさらに別の種類の証拠が提示されることがある。それは、**連語的依存関係**と呼ぶものから構成されている。連語的依存関係とは、(2)に示すように、文中の一語または複数の語による、文中での語の選択に関わる制約を指す。

(2) The cherry trees **burst into bloom**.（桜の木が一斉に花開いた）

前置詞句（prepositional phrase）*into bloom* における名詞の選択は、動詞 *burst* から制約を受けている。すなわち、ここでは *bloom* あるいは *flower* のみが唯一可能となる。こういった連語的関係が、〈動詞〉と〈前置詞句〉（支配された斜格句（oblique phrase））に何らかの依存関係があることの証拠とされる。同様に、*burst* の〈主語〉の〈名詞句〉の選択は、この文脈では *burst* から制約を受けている。すなわち、ここでの主語の名詞句は顕花植物（花の咲く木を含む）である必要がある。こういった連語的関係が、最初の〈名詞句〉と〈動詞〉に何らかの依存関係が存在することの証拠とみなされる。（なお、Kim Allen が私に指摘したことだが、*The cherry trees burst into flames*（桜の木がパッと燃え上がった）に見られるように、*burst* との異なる連

語的依存関係も実際には存在する。この構文では，〈名詞句〉はどんな可燃物であっても表すことが可能である。そういった事実があるにもかかわらず，最初の〈名詞句〉に対する制約は，最初の〈名詞句〉と〈動詞〉の依存関係を依然として示している。）

　連語的依存関係の中には，単一の語彙項目（あるいは句）や，*burst into bloom/flower* のような複数の語彙項目／句の統語カテゴリの制約として記述するのが最善に思えるものもある。連語的依存関係の中にはさらに，*The cherry trees/apple trees/etc. burst . . .* のように，複数の語彙項目／句の意味クラスに対する制約として記述するのが最善に思えるものもある。連語的依存関係の中に，統語的なものがあったり，あるいは意味的なものがあったりするように思えるというのは，分析を行う上では問題である。この問題については，5.2 節で扱う。

　連語的依存関係の特性を規定することに関して，上記のような問題があるにもかかわらず，従来から，より統語的な性質を持つ連語的依存関係が統語的議論においては重要な役割を果たしてきた。なぜなら，連語的依存関係と符号化された依存関係がうまく一致しないことがたびたびあるからであった。

（3）　a. Tom **spilled** the **beans**.（トムは秘密を暴露した）
　　　　b. The **beans** were **spilled** by Tom.（秘密はトムによって暴露された）

（3a）では，*spill* と *beans* の間に連語的依存関係がある。ここで意図されるイディオム的意味では，*spill* は *beans* という語だけを許す。この連語的依存関係は，**イディオム・チャンク**（IDIOM CHUNK）と呼ばれるものであり，これが *spill* と *beans* に何らかの関係が存在することの証拠とされている。この関係はまた，（3a）では符号化された依存関係（動詞直後の位置と，〈動詞〉と NP との間の構成素性関係）によっても支持される。連語的依存関係と符号化された依存関係の両方が，（3a）の *spill* と *beans* に成立する〈目的語〉関係を支持するように思われる。これとは対照的に，（3b）では，〈目的語〉のような連語的依存関係は，〈主語〉の符号化された依存関係（動詞の前の位置，助動詞の一致など）とは対立している。

　変形文法では，連語的依存関係と符号化された依存関係との間に生じる不一致は，2 つの統語的関係の集合を構築することによって解決された。統語的関係の 1 つの集合は，**表層構造**（SURFACE STRUCTURE）（後の S 構造（S-structure））と呼ばれたものであり，これは符号化された依存関係によって支持される。もう一方の統語的関係の集合は，**深層構造**（DEEP STRUCTURE）（後の D 構造（D-structure））と呼ばれたものであり，これは連語的依存関係によって支持される。変形（移動）規則は，表層構造を派生するために深層構造に作用する。たとえば，〈受動態〉の D 構造は，〈動詞〉*spill* に対する〈目的語〉の統語的関係においては連語的〈目的語〉（*beans*）を持つ。

5 章　依存関係と構成素性と線形順序　209

移動規則は次に，その連語的〈目的語〉を S 構造での〈主語〉の統語的関係へと移動し，受動文（passive sentence）を生みだすのである。

　生成文法はまた，1970 年代以降は，移動した要素とその要素の移動元の位置との間に（統語的な）照応関係を仮定している。次の事例は 1992 年のテキストからであるが，そこでは照応関係が示されている（Cowper 1992: 84）。

（ 4 ）　a. The **book** was **taken**. （その本は持っていかれた）

　　　 b. [[ ] was [taken [the book]]] → [[The book]$_i$ was [taken t_i]]

ここでは，*the book* と，*take* との連語的依存関係を表す動詞の後の位置との間に照応関係が成立していることになる。

　連語的依存関係は，変形理論では何の移動も起きないと考えられる時であっても，顕在的に表された統語的要素とゼロ要素との間に照応関係を要求する場合もある。たとえば，（5a）の〈不定詞補部〉は，〈主動詞〉（Main Verb）の〈目的語〉と前方照応的に関係する（連語的に適切な）〈主語〉を持つものとして分析される（事例は Cowper 1992: 162 より）。[13]

（ 5 ）　a. George begged **Judith** to **feed** the baby. （ジョージはジュディスに赤ちゃんに食べ物を与えるよう懇願した）

　　　 b. [George$_j$ [begged [Judith$_i$] [PRO$_i$ [to feed [the baby]]]]]

　連語的依存関係の存在は，生成文法とそれと関係する一連の統語理論では，要素間の統語的関係が存在することを支持するための論拠として広く用いられてきた。連語的依存関係が符号化された依存関係と一致しない場合には，他の統語的関係を表す方法を見いだす必要があった。そうすることが必要であるという認識が，生成的統語表示に見られる複雑性の多くをもたらしてきたのである。

　5.2 節では，連語的依存関係は，統語的関係ではなく，実は意味的関係の証拠だと主張する Nunberg 他（1994）の議論について述べる。この議論は，統語表示についてただ 1 つのレベルあるいは階層を用いて済ませる**非変形的**（NONTRANSFORMATIONAL）な統語理論を支持するものである。非変形的理論には，主辞駆動句構造文法やラディカル構文文法を含む，全ての構文文法が含まれる。

　それゆえ，非変形的理論における統語的関係の証拠は，符号化された依存関係（構成素性と他の符号化された依存関係の両方）に基づくものである必要がある。5.3 節から 5.4 節では，符号化された依存関係に対する批判を示す。符号化された依存関係についての証拠は，全体的な基本カテゴリの存在を支持する証拠と同様，様々な

13　この理論ではかつて，（5a）の深層構造には，〈主節目的語〉（Main Clause Object）との同一性に基づき削除された〈不定詞〉句の顕在的〈主語〉があった。

210 第2部 統語的関係から記号的関係へ

検証（または基準）に基づくものである。そういった様々な検証は，全体的な基本カテゴリの基準と同様，他言語では見られないことがたびたび起こり，また一致しないこともたびたびある。ゆえに，全体的な基本カテゴリに対して異議を唱える議論とは，実のところ，全体的な構成素性や依存の関係に対しても同様に反対するものなのである。依存関係や構成素性に対する検証の数と同数の依存や構成素性の関係のタイプが存在する。これまでのように，我々にとっての目標は，通言語的に妥当な検証（より正確には，「統語的関係」の通言語的に妥当な形式的符号化の特性）を特定することであり，また，そういった検証が適用される領域において，どの要因が言語内部の多様性と通言語的な多様性を決定するのかについて検証を行うことである。

5.2. 意味的関係としての連語的依存関係

連語的依存関係の中には，統語的観点から記述すべきであるように思えるものや，あるいは意味的観点から記述すべきであるように思えるものがある（5.1.2 節）。しかし実際には，「統語的」な連語的依存関係と，「意味的」な連語的依存関係の間には連続体が存在している。両者の間には連続体が存在しているので，全ての連語的依存関係については，単一の連続的パラメータ上で様々に異なりうるものとして均一的に処置することが必要となってくる。問題は，このパラメータが何であるのかということである。

連語的依存関係の中で最も「意味的」なものは，通称，**選択制限**（SELECTIONAL RESTRICTIONS）と呼ばれるものである。選択制限とは，語が表す概念の意味によってのみ決定される語の可能な結合に対する制限のことである。たとえば，(6) と (7) の *mud* と *car* の使用に関する制限は，泥は粘性のある物質であり，そして車は機械である，という事実から得られる。

（6） a. **Mud oozed** onto the driveway.（泥が私道まで流れ出た）
　　 b. ?*The **car oozed** onto the driveway.
（7） a. The **car started**.（車が発進した）
　　 b. ?***Mud started**.

mud と *car* に対する制約は，これらの概念が表現される慣習的形式に依存しているわけではない。たとえば，*mud* の代わりに *goo* という語を用いたり，あるいは *car* の代わりに *lawnmower* という語を用いたとしても，(6) と (7) での判断は同様のままであろう。(6a) と (7a) における結合は，**意味的に合成的**（SEMANTICALLY COMPOSITIONAL）なのである。すなわち，構文全体の意味は，構文の要素が持つ意味の関数

5章　依存関係と構成素性と線形順序　211

である。より正確には，構文全体の意味は，言語の表現の意味構成の一般的規則に従うのである。文法の成分モデルでは，意味部門に意味構成の一般的規則が存在している。一方，構文文法モデルでは，意味構成の一般的規則は，言語で最もスキーマ的あるいは一般的な構文で形式と意味を結び付ける記号的関係に対応している。

　連語的依存関係の連続体の中間点は，厳密な意味で**連語**（COLLOCATIONS）と呼べるものによって構成されている。連語とは，意味的には同等のように見える他の結合よりも好まれる語の結合のことを指す。たとえば，Matthews は，*toasted* と *roasted* は実質的には同じ過程について述べるものだが，容認可能な結合については制限があると指摘する（Matthews 1981: 5）。

（8）　a. roasted meat（ローストした肉）
　　　 b. toasted bread（トーストしたパン）
（9）　a. ?*toasted meat
　　　 b. ?*roasted bread

大抵の言語学者は，（8a–b）を意味的に合成的なものとして分析するだろう。どちらの場合も，全体の意味は部分の意味から予測可能である。英語の話者は，慣習的に *toasted* を *bread* と共に用い，また *roasted* を *meat* と共に用いることはあるが，その反対はないというだけのことである。この慣習は，（8a–b）の表現の意味的合成性（semantic compositionality）には影響を与えない。

　しかしながら，（8a–b）の連語的事実は英語の文法において表示される必要がある。構文文法のモデルでは，これらは，[*roasted* MEATNOUN] や [*toasted* BREADNOUN] のような 2 つの構文として表示されるだろう。どちらの構文も，その上位構文である [TRVERB-PASSPART NOUN] の事例である。

　連語とは，典型的には，文脈から大体は正しく解釈可能だが，もしその慣習的表現が言語共同体にとって既知でない場合には，正しく産出されえない表現である（Nunberg 他 1994: 495）。たとえば，（10a）と（10b）の表現は，同じ種類の物体に関するアメリカとイギリスでの用語である。これら 2 つの英語方言の話者にとっては，それぞれの表現が合成的である。しかし，一方の方言を話す者にとっては，どちらの慣習的表現がここで問題とする物体タイプ（すなわち，画鋲）を述べるのに用いられるのか知ることはできないであろう。

（10）　a. thumb tack [アメリカ英語]
　　　　b. drawing pin [イギリス英語]

　Nunberg 他は，連語について上で挙げたのと全く同じ分析が，彼らが**イディオム的に結合する表現**（IDIOMATICALLY COMBINING EXPRESSIONS）と呼ぶ連語の大多数のも

のについても当てはまると主張する。イディオム的に結合する表現では，連語の統語的な部分（たとえば，*spill* と *beans*）を，連語の意味的解釈の部分（「暴露する」と「情報」）と同一視することが可能である。

一般的に受け入れられている考え方とは対照的に，Nunberg 他は，イディオム的に結合する表現は意味的に分析可能であり，またそれらは意味的に合成的なものでもあると論じている。イディオム的に結合する表現は，語の選択においては概して固定化されている。たとえば，（11b–c）と（12b）に示すように，語のいかなる置換によっても表現は非文法的となる。

（11）　a. Tom **pulled strings** to get the job.（トムはその仕事を得るために陰で画策した）

　　　b. *Tom pulled ropes to get the job.

　　　c. *Tom grasped strings to get the job.

（12）　a. She **spilled** the **beans** about Tom.（彼女はトムについての秘密を漏らした）

　　　b. *She spilled the succotash about Tom.

しかしながら，イディオム的に結合する表現の語の意味を考えると，表現全体の意味は合成的といえる。

> 慣習により，... *strings* は，それが *pull* の目的語である際には，人間関係について言及するのに比喩的に用いることが可能であり，*pull* は，その目的語が *strings* である際には，搾取あるいは権力の利用について言及するのに比喩的に用いることが可能である（Nunberg 他 1994: 496）。

> たとえば，我々は，*spill the beans* が「情報を漏らす（暴露する）」の意味で用いられるのを聞いた場合，なぜ *succotash*（サッコタシ［トウモロコシや豆などを入れた野菜料理］）ではなく *beans*（豆）がこの表現で使われなければならなかったのかについて述べることができなくとも，*spill*（こぼす，ばらまく）が暴露するという関係について表すこと，そして *beans* が暴露される情報を表すことを想定することはできる。もちろん，これは，*spill* が *the beans* と共起しない場合には「暴露する」という意味を持つことができるというわけではなく，また *beans* が *spill* なしで「情報」の意味を持つことができるというわけでもない。各構成成素のこれらの意味の利用可能性は，「情報を暴露する」という意味が，VP 全体に直接付与されることを要求することなしに，他の項目の存在に依存している可能性がある。正しくは，各構成要素のこれらの意味の利用可能性は，部分同士が共起する際に，特定の意味を部分に付与するという慣習を通して生じるのである（同上：497）。

最初，Nunberg 他の分析は異様なものと思えるかもしれない。*pull* と *strings* がそれぞれが *pull strings* でのみ見られる意味を持ち，またこれらの語の意味が，このイディオム的に結合する表現においては合成的だと言うのは，その場しのぎの分析

であるかのような印象を与えるものかもしれない。これよりも自然な記述とは，このイディオム的に結合する表現の意味は非合成的だとする伝統的記述のように思われる。実際，独立した統語的対象としての構文が存在することの最も強力な証拠の1つは，構文の意味にはある程度の非合成性（noncompositionality）が存在するというものである。しかし，Nunberg 他が行う分析が正しいことを示す証拠は存在している。

　英語には，*pay heed*（注意する）の *heed*（注意）のように，イディオム的に結合する表現でのみ存在する語がある。*heed* が，当然のことながら *pay heed* でのみ見られる意味を持つと述べるのは理にかなったことである。*heed* の分布は，特有なもののように思われる。なぜなら，*heed* は *pay attention* での *attention* と基本的に同義であるが，それと同様に振る舞うわけではないからである（Nunberg 他 1994: 505[Radford 1988 の議論を引用]）。

(13)　a. You can't expect to have my **attention**/***heed** all the time.（いつも気に留めてもらえると思ってはいけないよ）

　　　b. He's a child who needs a lot of **attention**/***heed**.（彼はあれこれと世話が必要な子だ）

Nunberg 他は，実は *heed* は，*attention* が *pay* の目的語である場合には，*attention* と同じものを意味しないと主張する（Nunberg 他 1994: 505）。

(14)　a. You can't expect to have my **attention**/***heed** all the time.（いつも気に留めてもらえると思ってはいけないよ）

　　　b. He's a child who needs a lot of **attention**/***heed**.（彼はあれこれと世話が必要な子だ）

(15)　a. The children paid rapt **attention**/?***heed** to the circus.（子供たちはうっとりと聞き入った）

　　　b. I pay close **attention**/?***heed** to my clothes.（私は細心の注意を払う）

　意味的な違いは，*attend* と *heed* という動詞の違いに関係している。「我々は，気に掛け（heed）ないことの多くに，明らかに関心は向けている（attend to）。人は留意する（take heed）ことはできるが，気を引く（take attention）ことはできない。また，関心（heed）ではなく注意（attention）はそれる（wander）ことが起こりうる」（同上: 506）。言い換えると，*pay heed* における *heed* は，（名詞として）その結合においてのみ生じるが，それ自体の意味を持っているのである。Nunberg 他は，次のように書く。

214 第2部 統語的関係から記号的関係へ

［*heed* と *dint* に見られる］非常に制限された分布は，それらの意味が，1つまたは2つの述語のみと相性が良いというように，高度に特殊化していることを示している。こういった依存関係は，単に選択制限の極端な場合であるが，選択制限とは本来意味的なものとして認識されるものである。(Nunberg 他 同上: 506)。

このような理由から，他の語はイディオム的に結合する表現において特殊化された意味を持ち，それらの語の意味は意味的に合成的だと考えることは妥当な考え方なのである。

　イディオム的に結合する表現が合成性を持つことの別の証拠は，心理言語学的研究から得られる。英語話者は，イディオム的に結合する表現における語の意味を認識しており，たとえ比喩的意味がその表現でのみ見つかるものであっても，それらの語の意味を比喩的 (figurative) 意味として認識している (Gibbs 1990)。この事実が最も明快に現れているのは，*My life rug had been pulled out from under me*（「私が人生で頼りにしているものが急に取り上げられた」，Jerry Garcia の死についてのある女性による発話; AP 通信，2000 年 8 月 9 日）におけるような，イディオム的に結合する表現の部分間に見られる統語的修飾である。これら2つの証拠は，Nunberg 他による「イディオム的に結合する表現の部分間の依存関係は，このように本来は基本的に意味的なものである」(Nunberg 他 1994: 505) という結論が正しいものであることの根拠となる。

　イディオム的に結合する表現に対する Nunberg 他による分析は，成分的文法 (componential grammar) よりも構文文法では自然に受け入れ可能である。*spill the beans* のようなイディオム的に結合する表現は構文である。それは構文として独自の統語を有している。すなわち，動詞は *spill* でなければならないし，また目的語は *the beans* である必要がある。さらにこの表現は，特定の意味的解釈（すなわち，「情報を暴露する」）を持つ。Nunberg 他が述べるのは，この構文は，*spill* を「暴露する」へと写像し，*the beans* を「情報」へと写像する，それ自体の意味解釈規則を持つということだけである。図 5.2 に，この構文的分析を示す。

　spill the beans という構文は全体として，「情報を暴露する」(DIVULGE THE INFORMATION) という意味を持つ。図では，これは，*spill the beans* と［DIVULGE THE INFORMATION］を結ぶ記号的関係と，構文全体を示すボックスによって示されている。統語構造は2つの要素に分けられ，意味構造は2つの成分に分けられている。太線のボックス内の2つの記号ユニットは，イディオム的に結合する表現の文脈における *spill* と *the beans* に対して Nunberg 他が行う意味分析を表している。図 5.2 が示すように，*spill* と *the beans* の連語的依存関係は意味的なものである。

　Nunberg 他の分析は，還元主義的構文文法よりもラディカル構文文法においては自然な形で受け入れ可能である。ラディカル構文文法では，構文全体が表示の基本

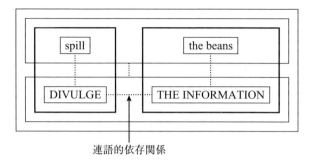

図 5.2. イディオム的に結合する表現の構文文法的表示

的ユニットであり,部分は派生的なものとみなされる。したがって,この構文全体の意味である [DIVULGE INFORMATION] が基本的であり,部分へと分ける分析(この場合は,[*spill*/DIVULGE] と [*the beans*/INFORMATION])は,全体の意味と,さらには全体を部分へと分解することから派生する。

　Nunberg 他は,慣習性と非合成性を分けて考えた。イディオム的に結合する表現は非合成的なものではない。本当に非合成的な表現は存在している。すなわち,*saw logs*(いびきをかく)や *kick the bucket*(死ぬ,くたばる)のような**イディオム的フレーズ**(IDIOMATIC PHRASES)は非合成的表現といえる。しかし,イディオム的フレーズは,イディオム的に結合する表現よりずっと一般的でないように思える。これについては,Nunberg 他(1994: 532, 事例 70)が挙げるイディオム的フレーズのリストと,彼らの論文のイディオム的に結合する表現の付録とを比較されたい。

　他の分析者達は,イディオム的に結合する表現は非合成的なものであると想定してきた。なぜなら,イディオム以外の表現で部分が生じる場合には,全体の意味は部分の意味からは予測不可能だからである。しかし,イディオム的に結合する表現に関して特異なことは,これらの表現が非合成的であるという点ではなく,むしろその意味が,*spill the beans* の場合には [VERB OBJECT]$_{VP}$ のような,よりスキーマ的な統語構造の意味解釈規則に従わないという点である。*spill the beans* は,実際合成的である。すなわち,この統語表現の部分は,図 5.2 に示すように,このイディオムの意味の要素へと写像可能なのである。*spill the beans* が,通常の統語表現と異なるのは,この構文とのみ関係する意味解釈規則が存在しており,またその規則は,*spill the beans* が事例であるところの,その上位に位置する [VERB OBJECT]$_{VP}$ 構文からは派生不可能であるという点である。換言すると,イディオム的に結合する表現は,それらが持つ合成性**ではなく**,むしろそれらに見られる**一般性の欠如**において,より通常の表現とは異なるのである。すなわち,一般性の程度こそが,連語的依存関係が様々に異なりうるパラメータなのである。

216　第2部　統語的関係から記号的関係へ

　したがって，特定の構文は，それが非合成的であるという理由から，独立した統語ユニットとして表示する必要があるという共通認識は正しくはない。イディオム（イディオム的フレーズ以外のもの）は合成的である。イディオムを独立した構文として表示しなければならない理由は，構文文法学者が注意深く述べるように，構文と関係する意味解釈規則が非常に特有であり（実際には，構文固有といえる），別のより一般的な統語的パタンから派生不可能であるということなのである（たとえば，Goldberg 1995: 13 と Michaelis & Lambrecht 1996: 219 参照）。

　反対に，言語の最もスキーマ的な構文を，一般性の高いイディオム的に結合する表現とみなすことができる。たとえば，(16) に示す英語の〈述語形容詞〉構文とその意味解釈について考えてみよう。

(16)　Hannah **is smart**.（ハンナは利口だ）

英語の〈述語形容詞〉構文は，ラディカル構文文法では，[PREDADJSBJ *be* PREDADJ]の形式を持つ。PredAdj カテゴリの成員は，(〈動詞〉とは異なり) 属性を指示対象に帰属させるものとして解釈されるために，成員が〈連結詞〉*be* と結合することを求める意味を有している。〈連結詞〉*be* は，〈主語〉句に (属性を) 帰属させる役割を担うものとして解釈されるために，PredAdj のカテゴリの成員との結合を求める意味を有している。

　この分析は，上掲のイディオム的に結合する表現が持つ意味の記述と同様のものである。実のところ，この分析は，Langacker が主張するものと実質的に同じ意味的分析である（Langacker 1987: 214–22, 1991a: 204–5）。Langacker の用語を用いると，PredAdj は非時間的関係 (atemporal relation) を表し，〈連結詞〉*be* は過程を表す。また，PredAdj の意味は述部化のために，〈連結詞〉*be* と結合する必要がある。なお，範疇文法では，PredAdj は，*be* と結合する場合には，何らかの命題を生み出すために，結果として Sbj のタイプの構成素と結合可能な意味タイプである必要があるという分析がなされるが，それもまたここで示す分析と同様であろう。

　連語的依存関係に関して Nunberg 他が行う分析によってもたらされる結論は，統語理論にとっては重要である。符号化された依存関係は統語構造内で表示され，一方，連語的依存関係は意味構造内で表示される（図 5.2 参照）。これによって，連語的依存関係と符号化された依存関係の衝突は消滅することになる。なぜなら，前者は意味的なものだが，後者はそうではないからである。（統語理論が抱える重大な皮肉の1つは，生成文法は統語表示が意味表示から自律していると主張するが，生成文法の統語的装置の多くは，実際には統語的証拠ではなく，意味的証拠に基づいて正当化されていることである。）Nunberg 他の論拠によって，統語表示に関して非変形理論を押し進める主張がかなり強固なものとなる。当然のことながら，Nunberg

他はこの結論に達したのだが，その理由は彼らがコミットしているモデルが非変形的統語理論であるからである。上記に加え，Nunberg 他の論拠によって，統語構造の表示について単一のレベルのみを用いる構文文法の主張も強固なものとなる。

　連語的依存関係を意味的に扱うことは，それを統語的に扱うことよりも道理にかなっている。たとえば，(17) の *mad inventor* のような連語あるいはイディオム的に結合する表現の事例が見られるが，この事例では，連語的依存関係の統語表示を用いる場合には，非常に抽象的な深層構造が必要とされることが分かる。

(17)　Mr Wichterle, a Czech, was a bit **mad** in an **inventor**ish sort of way (*The Economist*, 1998 年 9 月 5 日, p. 107) (チェコ人の Wichterle 氏は，発明家のように少々狂っていた)

　Nunberg 他による議論が統語論における論証の方法に及ぼす影響も大きい。もちろん，特定の統語的関係についての議論 (すなわち，構成素性と線形順序と顕在的に符号化された依存関係 (overtly coded dependencies) についての議論) は依然として残ったままである。さらに，これらのものを特定する通言語的に妥当な方法を探求することも必要である。しかし，これらのものは統語的文献で通常主張されるものよりも少数となるであろう。とはいうものの，本章の残りで論じるように，統語的関係の残りの基準は，言語内部においてもうまくマッチしないのである。

5.3.　構成素性と線形順序

5.3.1.　構成素性を支持する議論

　構成素構造 (CONSTITUENT STRUCTURE) (句構造とも呼ばれる) とは，統語構造における要素の集合のことである。統語理論ではこれらの集合を，(18a) のように構成素を角括弧に入れたり，あるいは (18b) のように樹形図を用いて表示するのが一般的である。

(18) a. [I [put [the book]_NP [on [the shelf]_NP]_PP]_VP]_S（私は棚に本を置いた）
   b.

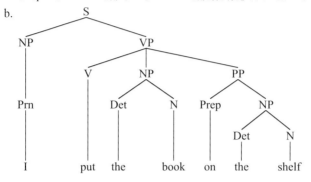

　(18)に示す構成素構造は，生成文法の初期のアプローチで用いられたより単純な構造を表すものである．より最近の生成文法理論では，様々な理由によって，連語的依存関係を捉える空の要素（null elements）の表示や，一致や格のような屈折カテゴリの統語表示を含むさらに精密な構造が用いられている．本書ではこれまで，連語的依存関係は，実は意味的な依存関係であると論じてきた（5.2節）．一致と格標示については，以下の5.4節を参照していただきたい．本節で検証する中心的問題は，(18)に示す類いの構成素の地位に関するものである．
　構成素構造とは，任意の文についての統語的な構成素関係の全体的（1.5.3節）な抽象的構造を表すものと考えられている．したがって，文の構成素構造に関する議論を行う必要がある．構成素性が存在することを主張する教科書では（たとえば，McCawley 1998），構成素性関係を構築するための様々な基準が用いられている．しかし，そういった主張は，言語内部の方法論的楽観主義を表すものである（1.5.2節）．本節の残りの部分では，構成素性が存在することを主張する数多くの論証について述べる．また，そういった論証が，構成素性関係と主張されるものにとっては，いかに通言語的に妥当な基準の条件を満たしていないものであるかを示す．
　なお，先に進む前に，まず方法論的に1つ重要なことを述べておく必要がある．意味的関係（当然，連語的依存関係を含む）とは，統語的構成素性（あるいは，他のいかなる種類の統語的関係）の存在を支持する証拠でも，あるいはそれを否定する証拠でも**ない**．したがって，(19b)のような(19a)の意味構造は，たとえ *the girl* や *a new violin* が2つの別々の指示対象を表すものだとしても（これらの指示対象の各々が主動詞の事象の参与者である），[*the girl*]や[*a new violin*]が，別々の構成素である証拠とはならない．

(19) a. Mary gave **the girl a new violin**.（メアリはその女の子に新しいヴァイオリンをあげた）

b. *Give* (*Mary, girl, violin*)

しかしながら，文の基本的な構成素性関係について我々が持つ直観は，ほぼ完全に意味に基づくものである。構成素性の意味的基盤は，類像性の原理（3.1 節，6.4 節参照）である。すなわち，ほとんどの場合において，統語的連続性が意味的関係を反映するということである。この原理は，大抵の場合当てはまるが（6.5.1 節），統語的関係が意味的関係を反映しないことも起こりうる。

　実は，意味に基づく直観と，構成素性の基準としての統語的連続性との対立は，いわゆる「不連続構成素」（discontinuous constituents）によって説明可能である。(20) に挙げるワルピリ語の事例における角括弧付きの要素のペアは「不連続構成素」を表す事例である（Hale 1973: 214）。

(20)　[**tjaṇṭu-ŋku**]　Ø-tju　　　yaḷku-ṇu　　[**wiṛi-ŋki**]
　　　　dog-ERG　　　（AUX）-me　bite-PST　　**big-ERG**
　　　　'The big dog bit me.'（その大きな犬が私を嚙んだ）

この事例では，〈形容詞〉*wiṛi-ŋki*（big-ERG）は，〈名詞〉*tjaṇṭu-ŋku*（dog-ERG）の修飾語であるように見える。なぜなら，*wiṛi-ŋki* は犬の属性を述べており，〈格〉においては *tjaṇṭu-ŋku* と一致するからである。言い換えると，〈形容詞〉プラス〈名詞〉は，構成素となっているように見えるのである。しかし，この 2 つの語は連続していない。

　しかし，「不連続構成素」とは，統語的な矛盾語法（oxymoron）である。これが意味するのは単に，連続性の基準と，構文の意味構造内で対応する構成要素間で成立する意味的関係の間には不一致が見られるということにすぎない。(20) の 2 つの要素が構成素として扱われる唯一の理由は，犬と，大きいサイズという犬の属性との間に成立する意味的関係である。

　ワルピリ語も含まれるが，言語には，それぞれの不連続要素が，関連する〈格〉前接辞について語形変化を起こさなければいけないものが存在する。これとは対照的に，次の事例が示すように，2 つの要素が連続している場合には，1 つの〈格〉前接辞のみが見られる（Hale 1973: 214）。

(21)　[**tjaṇṭu**　**wiṛi-ŋki**]　Ø-tju　　　yaḷku-ṇu
　　　　dog　　**big-ERG**　　（AUX）-me　bite-PST
　　　　'[The big dog] bit me.'（その大きな犬が私を嚙んだ）

ここでの構造的違いが示すことは，(20) には，それぞれが〈格〉前接辞によって標示される，2 つの別々の構成素が含まれることである。

220　第２部　統語的関係から記号的関係へ

　(20) では，２つの構成素が文の先頭と末尾の位置で生じている。このパタンは，「不連続構成素」を持つ言語では，たびたび起こるように思われる。これら２つの構成素は，別の談話的機能を果たしている。ポーランド語 (Polish) では，以下の二重対照文 (double-contrastive sentence) のように，先頭と末尾の要素は，対照的焦点 (focus) と対照的話題という機能を持つ (「どうやら，彼らは美しい家を持っているようだ」(Apparently they have a beautiful house) のような発言に対する返答として：Siewierska 1984: 60)。

(22) Nie!　　[**Piękny**]　　mają　　[**ogród**].　　[**Dom**]　　mają　　[**kiepski**]
　　　 no　　**beautiful**　have　　**garden**　　**house**　have　　**crummy**
　　　 'No! They have a beautiful garden. Their house is crummy.' (いや，彼らの庭は美しい。家は安っぽい)

　ワダマン語では，２つの構成素は，ほとんど常にイントネーション・ユニット (intonation units) の先頭と末尾で見られる (Merlan 1994: 241)。

(23)　[**lege**　　　**walanja**]　　nga　-ga　-ndi　go　　　[**yidinen**　-**bi**]
　　　one(ABS)　**goanna**(ABS)　1SG-　take　-PST　3SG.DAT　**whole**　　-ART
　　　'I took one goanna for him whole (i.e. one whole goanna)' (私は彼のために一匹のオオトカゲを丸ごと持っていった)

Merlan は，最初の要素は主題的なもの (thematic) だが，最後の要素は情報焦点 (information focus) (たとえば，対照的なものなど) であると論じる (Merlan 1994: 242)。
　言い換えると，文法ユニットの構造は情報構造に従うけれど，それは目的語–属性の関係と矛盾するのである。目的語–属性の関係はむしろ，符号化された依存関係の顕在的表現 (すなわち，ポーランド語とワダマン語における２つの構成素の同一の格形式) によって符号化される。「不連続名詞句」は，固有の構文である (ワダマン語では，[TopicNP-case$_i$ . . . FocusNP-case$_i$])。いわゆる「不連続構成素」の他の事例は，固有の談話機能や要素の連続性や位置に対するそれ自体の制約を伴う別の構文である可能性がある (Siewierska 1984: 70)。
　さて以下では，McCawley (1998, 3 章) の議論に部分的に基づきつつ，構成素性の統語的基準について本格的に取りかかろう。構成素性に関してよく用いられる基準は，代名詞化 (PRONOMINALIZATION)，すなわち，複合的ユニットの代わりに語ユニットを用いる可能性である (McCawley 1998: 67)。たとえば，(24) で角括弧付きの２つの構成素と目されるものは，(25) のように，単純〈代名詞〉によって置換可能である。

(24) [**The little girl**] sat [**on the couch**]. (その小さな女の子は長椅子に座った)

(25) [**She**] sat [**here**]. (彼女はここに座った)

しかし，代名詞化とは構成素性に関する完全に普遍的な検証方法ではない。代名詞化は，構成素と目されるものには普遍的な代用形が存在していることを仮定している。代名詞のような代用形 (pro-forms) は，句から成る項 (phrasal arguments) や付加詞についてはおそらく普遍的だが，定形節と非定形節の項と付加詞については，おそらく常に普遍的なわけではないであろう。他の提案された構成素 (たとえば，(26) の角括弧付きの事例) については，顕在的な代用形は通言語的に広く見受けられるわけではない。

(26) a. the [**blue flowers**]$_{N'}$ (青い花)

　　 b. I [**bought some bread**]$_{VP}$. (私はパンを買った)

しかし，たとえ代用形が存在する場合でも，代用形の構文は完全な句の構文とは異なりうる。たとえば，スペイン語では，〈目的語名詞句〉の構成素は〈動詞〉に後続する ((27) の *compré* (私が買った)) が，〈目的語代名詞〉は〈動詞〉の前の位置で後接辞 (proclitic) 構文で生じる (28)。

(27) Compré [**el libro**]$_{NP}$ ayer.

　　 'I bought the book yesterday.' (私はその本を昨日買った)

(28) [**Lo**]$_{Prn}$ compré ayer.

　　 'I bought it yesterday.' (私はそれを昨日買った)

構成素性について，他によく用いられる検証方法は，**省略** (ELLIPSIS) である。これは，空代名詞化と考えることができる (McCawley 1998: 67)。英語での典型例は，〈動詞句削除〉(Verb Phrase Deletion) (あるいは V′ 削除 (V′-Deletion)) と呼ばれるものである。

(29) Lyndia won't [**go to San Francisco**]$_{VP}$, but I will [**Ø**]. (リンディアはサンフランシスコに行かないが，私は行く)

世界の大多数の言語で，項の句は空となれるが ((30) のスペイン語の事例参照)，このことが項の句が構成素であるという証拠になりうるように思える。

(30) a. [**Los gatos**]$_{NP}$ estaban durmiendo.

　　　 'The cats were sleeping.' (その猫たちは寝ていた)

　　 b. [**Ø**] Estaban durmiendo.

'(They) were sleeping' (彼らは寝ていた)

　構成素性の一基準としての省略は，代用形と同じ問題を抱えている。すなわち，省略 (elliptical) 構文は，構成素と目されるもののうちほんの一部にしか見られないのである。省略構文は，それに対応する非省略構文とは異なる構文である。そのため，省略構文で省略されているものに基づき非省略構文の構成素構造について推察することは妥当でない可能性がある。

　最後に，VP 削除のように，省略された要素が構成素だという主張がなされる構文と，(31) の〈ストリッピング (除去)〉(Stripping) 構文のように，省略された要素が構成素ではないという主張がなされる構文とを区別するための通言語的に妥当な基準を特定する必要があるだろう (McCawley 1998: 55)。

(31)　John plays poker on Fridays, but not bridge. (ジョンは金曜日にポーカーをするが，ブリッジはしない)

(31) では，省略された要素は，*John plays . . . on Fridays* という不連続の文字列である。

　構成素性に関してよく用いられるさらに別の検証方法は，等位接続構文で構成素を**結合する** (CONJOIN) 能力である。すなわち，構成素だけが結合可能だと考えられている (McCawley 1998: 58)。(32) の事例は，英語の等位接続構文において様々な構成素と目されるものについて示している。

(32)　a. [**The boys**] NP and [**the girls**]NP should come to the front. (男の子と女の子は前に来なければいけない)

　　　b. I [**went outside**] VP and [**looked for my cat**]VP. (私は外に出て自分の猫を探した)

　　　c. I'm not going because [**I'm tired**]S and [**my feet hurt**]S. (私は疲れているし，足が痛むので，行きません)

しかし，全ての言語が，多くの構成素タイプについて等位接続構文を持つわけではない (Mithun 1988: 336)。また，英語の等位接続構文には，他の基準によっては支持されない「構成素」を支持するものも含まれる (ここの事例では，変形文法的な名称が構文に与えられている)。

(33)　空所化変形: Jenny gave [**the books to Randy**]?? and [**the magazines to Bill**]??.

(34)　右ノード繰り上げ: [**Jenny makes**]?? and [**Randy sells**]?? the prints.

Wierzbicka（1980, 7章）は，〈空所化変形〉（Gapping）や〈右ノード繰り上げ〉（Right Node Raising）において結合されたユニットのタイプも含めて，文法ユニットの等位構造は，特定の種類の概念的グループ化（conceptual grouping）（彼女はこれを「一般的定式」（general formula）と呼ぶ）を表すと論じる（9.2.3節参照）。この種の概念的分類は，それ自体で1つの言語現象である。しかし，それは等位接続構文の特性であり，全体的な構成素構造の標識ではない。

本節でこれまでに述べてきた構成素性に関する基準は，全体的な構成素構造のための通言語的に妥当な基準として役には立たない。これまで紹介してきた検証方法は，全ての言語に必ずしも存在するわけではない。検証に用いられる構文が異なれば，別の結果が生み出されるのである。空の照応詞（null anaphora）に関しては，〈VP削除〉を〈ストリッピング〉と比較してみるとよい。等位接続に関しては，〈等位構造縮約〉を〈空所化変形〉や〈右ノード繰り上げ〉と比較してみるとよい。構成素性の「基準」として，何らかの任意の構文を他の構文の代わりに選ぼうと決めるのは楽観主義的である。多くの場合，構成素性の基準として構文を選ぶことは，統語的関係ではなく，意味的関係についての直観に基づいている。しかし，意味的基準を使用すると，連続性（contiguity）（「不連続構成素」）のような統語的基準との不一致が生じることになる。

要約すると，全体的な構成素構造を見つけるという目標は捨てる必要がある。代わりに，構成素性のようなものに関する真に通言語的に妥当な基準について考察する必要がある。また，そういう基準によって単一の全体的な構成素構造がもたらされると仮定してはならない。実際，「構成素性」という用語が持つ含意を考慮すれば，この用語を使う代わりに，Langackerが1997年の論文で論じたように，**(形式的) グループ化**（(FORMAL) GROUPING）について語るのがおそらく最善だと考えられる。

> 構成素は，言語構造にとって絶対必要でも基本的でもない。構成要素は，特別な事態において現れるのである。構成要素は，連続性と類似性というゲシュタルト原理によって導かれるグループ化の基本的な心理的能力を映し出している。（Langacker 1997: 9, 強調は原文の通り）。

次節では，要素の形式的グループ化の3つの通言語的に妥当な基準について述べる。

5.3.2. 構成素性から形式的グループ化へ

形式的グループ化に関する通言語的に妥当な統語的基準とは，発話における要素の**連続性**である。連続性の反対は，**分離可能性**（SEPARABILITY）である。これはすなわち，問題とする2つの要素同士の間に他の要素を挿入する能力のことである。と

はいうものの，連続性／分離可能性は，一見したところ容易に見えるかもしれないが，実際にはそれほど単純な基準ではない。

分離可能性とは，構成素と目されるものの中に何が割り込むのかによって決まる。

(35) a. I found [the Ø tieclasp]（私はネクタイピンを見つけた）

b. I found [the **gold** tieclasp]（私は金色のネクタイピンを見つけた）

c. I found [the ***yesterday** tieclasp]

d. I found [the **whatsitcalled** tieclasp]（私はいわゆるネクタイピンを見つけた）

(35a) の *the* と *tieclasp* という語は連続している。一方，(35b) では修飾語 *gold* によって両者は分離されている。(35b) に対して通常なされる分析は，*gold* は (35c) の *yesterday* とは対照的に，*the* と *tieclasp* と同じ構成素の一部であるというものである。大抵の場合，挿入句とは何らかの形で連続する要素（この場合は，*tieclasp*）を修飾する。しかし，この分析では，(35d) の *whatsitcalled* のような挿入句 (parentheticals) の問題が残る。

英語は一般的に，線形順序と構成素性に関して言えば，比較的厳格な言語だと考えられており，ゆえに連続関係は比較的特定しやすい。(36) に，英語でさえ，構文での連続関係が，構成素構造の分析が含意するほどしっかりと固定されてはいないことを示唆する実例を挙げる（さらなる事例については，McCawley 1991: 75 を参照，「置き違え」(Misplacements) の欄）：

(36) a. "I never [got **really** the full story]"—Carol T., 1984 年 5 月 24 日（私は決して［本当に詳しい話を聞いたわけではない]）

b. "and [the father **in the meantime** of this family] ..." ［話者が父親について述べ始めた]—Melissa B., 1998 年 5 月 31 日（そして，［一方この家族の父親]）

c. "These things aren't yet in [wide **enough** spread] use"—Terry W., 1984 年 4 月 23 日（これらのものは，まだ［十分に一般的に]使用されてはいない）

(35) と (36) の事例は，連続性は程度の問題であり，ゆえにそれは連続体に沿って規定する必要があること，またその連続体で最も高い度合いの連続性が形態的結合であるということを示唆している。(36a–c) の事例は，パフォーマンス (performance) 上の誤りが原因だと論じる者がいるかもしれない。しかし，パフォーマンスに関する独立した根拠を備えた理論を持たずして，このような事例をそういったやり方でもって却下することはできない。なお，私が知る限り，実際の談話での統語的連続性のパタンに関する詳細な研究はこれまでのところなされてはいない。

連続性とは，構文の統語構造が持つ 1 つの特性である。そのため，異なるパタン

の連続する要素を持つ2つの文が，同じ構文の事例であるのかどうかを決めること
が重要である。2つの異なる文が，1つの構文または2つの別個の構文の事例であ
るのかどうかが明らかでないこともある。たとえば，(37a–b) は，構成素の置換を
たまたま許容する同じ構文の事例として分析されることがあろう。

(37)　a.　**A guy [who I hadn't seen since high school]** came in.（高校以来会って
　　　　いない男が入って来た）

　　　b.　**A guy** came in **[who I hadn't seen since high school]**.（男が入って来た
　　　　が，彼とは高校以来会っていなかった）

もし，(37a–b) が同じ構文の事例であるなら，(37b) の〈名詞句〉*a guy* と〈関係詞
節〉*who I hadn't seen since high school* の分離は，[*a guy who I hadn't seen since
high school*] を，(37a) の構文の統語的グループとして分析することに反対する証
拠となるだろう。

　しかし，より注意深く構文的分析を進めてみると，(37a) と (37b) が2つの異な
る構文の事例であることが判明する。(37a–b) が関係詞節の可変的位置（variable
positions）を持つ単一の構文の事例であることを明らかにするためには，上位の構
文の構造のスキーマ的な特徴付けを考え出す必要がある（1.6.4 節）。これは，(37a–
b) については可能ではない。まず，(37a) と (37b) の両方を含む構文のスキーマ的
な記述とは，〈関係詞節〉の位置が自由であることを述べるものであろう。しかし，
実際には，〈関係詞節〉はそれが修飾する〈名詞句〉の隣りか，あるいは〈文〉の最後
のどちらかでのみしか生起できない。次に，(37a) が例示する構文タイプでの対応
する表現を持たない，(37b) によって例示される構文の事例がある（McCawley 1998:
771）。

(38)　**A man** entered and **a woman** left **[who had met in Vienna]**.（男が入り，女
　　　が去った [二人はウィーンで出会った]）

(37a) と似た (38) に唯一対応する表現は，実際にはかなり異なっている。実のとこ
ろ，それにはさらに別の構文タイプが含まれている。

(39)　**A man and a woman [who had met in Vienna]** entered and left **respective-
ly**.（[ウィーンで出会った] 男と女は，それぞれが入り出て行った）

ゆえに，(37b) は (37a) とは別の構文（〈外置関係詞節〉(Extraposed Relative Clause)
構文）を表している。したがって，(37b) の構成素構造は，(37a) の構成素構造につ
いては何も語ってはくれないのである。

　統語論における別の種類の形式的グループ化は，（単に）統語的連続性によってだ

けでなく，韻律の一体性によっても規定される。すなわち，単独の**イントネーション・ユニット**（INTONATION UNIT）での文法ユニットの発生である。イントネーション・ユニットでの文法ユニットの発生パタンについては，英語（Quirk 他 1964; Crystal 1975; Chafe 1980, 1994; Altenberg 1987; Croft 1995c）とワダマン語（Merlan 1994; Croft 1997）に関して詳しい調査がなされてきた。英語とワダマン語は類型論的にはかなり異なる言語であるが，イントネーション・ユニット上の文法ユニット（grammatical units: GUs）の分布を支配するのと同じ一般原理が，両言語に当てはまるように思える。これは通言語的に妥当なレベルの文法記述を実現していることの現れである。

まず，両言語はおおむね次の条件を満たしている。

(40)　完全な文法ユニットの条件（The Full Grammatical Unit（GU）Condition）：実質的に全てのイントネーション・ユニットが文法ユニットである。なぜなら，後者は統語的および意味的な基準において通常分析されるからである（Croft 1995c: 845）。

完全な文法ユニットの条件は，調査がなされた英語のイントネーション・ユニット（IUs）の 97 パーセントのものに，またワダマン語のイントネーション・ユニットの 96.5 パーセントのものに当てはまる。完全な文法ユニットの条件は，韻律的構造（prosodic structure）と文法的構造との間に密接な関係があることの現れである。

イントネーション・ユニットでの文法ユニットの発生に関する 3 つの一般的制約が，英語とワダマン語の両言語で成り立つことが発見されている。まず一つ目の制約は，等位接続や同格（apposition）における等位項（conjuncts）のような**並列する**（PARALLEL）ユニットが，別々のイントネーション・ユニットへと分解されるというものである（Croft 1995c: 851 と Merlan 1994: 494; 数字はテキストの番号を示す。行にはテキストから抜粋したものが挙げられている）。

(41)　10,186　　[1.0] I mean it's just .. it wasn't .. I didn't get a specific feeling like **this is [1.8 [.95] u—m [.5]] this is Mexico,**

　　　　10,187　　**or this is [2.3 [1.2] u—m [.6] the southern part of the United States,**

　　　　10,188　　or anything like that.

(42)　XVI,10

wujujurlma	-ya	Ø-	gaygba	-rri	-ya	**lege**
pocket.RDP	-LOC	3SG-	call	-PST	-NARR	**one**
-yi						
-ADVR						

XVI,11   **ngarnaj   -bi**
          self   -ART
          'in the pocket he called alone, by himself'

この並列性（parallelism）制約が意味するのは，韻律（prosody）に関しては，並列するユニットが別々の構成素であるということである。この考え方は，並列するユニットは単一のより大きな構成素を形成するという，並列するユニットに対してなされる最も一般的な構成素構造分析とは対照的である。単独の概念的ユニットとみなされる並列的な文法ユニットのみが（9.2.3 節参照），単独のイントネーション曲線の下で見られる（Mithun 1988: 331–6）。たとえば，グルン語（Gurung）では，ケープ（肩マント）とドレスは，グルン民族の少女の衣装を構成するものであり，女の赤ちゃんが着るほつれたドレスに取って代わるものである。ゆえに，「ケープとスカート」（cape and skirt）という句は，単独のイントネーション・ユニットで見られる（Mithun 1988: 332, Glover 1974: 210.22 より）。

(43)   jxa·lé   **ŋxywí   coló**   pị   -m
        then   **cape   skirt**   give -NPST
        'The (we) give (the girls) a cape and skirt.'（我々は少女たちにケープとスカートをあげる）

　第二の制約は，文法ユニットとそのタイプ（語彙，句，節）における要素数に関して，文法ユニットが**複合的**なものであればあるほど，それは別々のユニットにわたって分解される傾向にあるということである。(44) と (45) の事例では，2 つの重〈名詞句〉（heavy NPs）と 2 つの〈副詞〉を伴う〈関係詞節動詞〉（英語）（Croft 1995c: 859）と，〈句〉修飾語（Phrasal modifier）を伴う〈名詞句〉（ワダマン語）（Merlan 1994: 410，グロスは修正）によって，この原理が示されている。

(44)   14,100   [1.55 [.95] a—nd [.15]] then you switch back to the ma—n,
        14,101   **that's** [.4] **climbing down out of the tree,**
        14,102   **again with another .. pouchful of .. of pears.**
(45)   III,338   **yibarnang**
                  FZ(ABS)
                  'aunties'

        III,339   **nganinggin   -gu   yibiyi   wu**
                  mine   -DAT   **father** -DAT
                  'my father's'

228　第２部　統語的関係から記号的関係へ

III,340　　wok　　wurr-　　yana　　-rri　　-ya
　　　　　　work　　3NSG-　　do　　　-PST　　-NARR
　　　　　　'worked'
　　　　　　'My father's aunties worked [for whites].'

　第三の一般的制約は，**距離** (DISTANCE) である。すなわち，文法ユニットの２つの要素間の意味的距離が大きくなればなるほど，それらの要素は別々のイントネーション・ユニットへと分解されやすいのである。たとえば，(46) と (48) の太字で示す意味的により離れた状況的従属部 (circumstantial dependents) は，(47) と (49) の太字で示す動詞の従属部 (verbal dependents) とは対照的に，別々のイントネーション・ユニット内にある (Croft 1995c: 863 と Merlan 1994: 465, 446)。

(46)　13,86　　　[.2] and **in exchange,**
　　　　13,87　　　.. the boy gives him three pears.
(47)　7,85　　　and they each have a pear **in their hands,**
(48)　XI,32　　　**alibala**　　**-wan**　　**wirrig**　　na
　　　　　　　　　early　　　-DISC　　　**tomorrow**　　now
　　　　XI,33　　　Ø-　　　galma　　-rri　　na
　　　　　　　　　3SG-　　mount　　-PST　　now
　　　　　　　　　'and early the next day he got on a horse'
(49)　IX,37　　　**yi-**　　　**wol**　　　　Ø-　　na　　-rri　　nangarrij　　-marla
　　　　　　　　　YI.CL-　　**shadow**(ABS)　　3SG-　　see　　-PST　　shift　　　-ITER
　　　　　　　　　'he saw the shadow moving'

　私はかつて，単独のイントネーション・ユニットで生じる文法ユニットは，構文全体として心の中で記憶されており，それによって，記憶された言語ユニットの統語的複雑性には上限が課されるという仮説を立てた（イントネーション・ユニット記憶仮説 (IU Storage Hypothesis; Croft 1995c: 872)。複数のイントネーション・ユニットにわたって分解された構文の計算が行われている。すなわち，少なくとも複合的構造にとっては，別々のイントネーション・ユニットでの生産をもたらすのはより大きな処理負荷といえる。

　並列する構成素やより離れた構成素については，おそらく別の種類の処理が関与しているのであろう。すなわち，**拡張** (EXTENSION) である (Ford 他 1997)。拡張とは，相互作用上の理由から閉塞点後に生じる文法ユニットの追加のことである。閉塞点は，文法ユニットの完成によって規定される。ゆえに，拡張要素は，閉塞に先行するユニットよりも文法ユニットから離れた形で関係付けられている。拡張要素

は，典型的には意味的付加詞だが，等位句（conjoined phrases）や同格句（appositive phrases）がそれぞれ表す付加や精緻化といったものも拡張の機能的定義を満たしている。

　自然に生じる談話の構造に由来する形式的グループ化の他の基準は，**第一ポジション自己修正のユニット**（UNIT OF FIRST-POSITION SELF-REPAIR）である（Fox & Jasperson 1995）。会話における修正の主因とは，話者が発話を再実行したいと願うことだが，大抵の場合，常に発話の文法的構造の変更を伴うことはない（ゆえに，「誤りを修正すること」という記述は，完全に適切な呼び名とはいえない）。修正の最大要因には，聞き手のフィードバックへのリアルタイムの返答や，一方的に話すことや，さらには，同時ではあるものの独立した相互作用的目標を認識することにおける問題やメモリ障害が含まれる（Fox & Jasperson 1995: 125）。

　Fox & Jasperson は，第一ポジション自己修正について調査している。これは，すなわち，伝えられる発話の閉塞点前に見られる同じターンの構文的ユニット（turn constructional unit: TCU）について話者が行う修正に関する調査である。Fox & Jasperson は，完全な文法ユニットの条件も修正に当てはまると述べる。すなわち，「発話の修正部分は，通常の統語を用いて統合される。... 修正の開始の場所に後続する部分は，我々のデータでは常に統語的に一貫したもの，すなわち統語的な構成素を形成する」と述べている（Fox & Jasperson 1995: 108）。聞き手は修正部分を以前の要素と調和させる必要があるのだが（これには通常は繰り返しを伴う），このことによって修正部分の選択は動機付けられている。しかし，特定の統語的選択のみが，実際に第一ポジションの自己修正において見られる。

　Fox & Jasperson は，（50）の事例のように，修正は常に語のレベルで生じることが可能だと述べる（Fox & Jasperson 1995: 103, 99；彼らの用語では，タイプ A とタイプ B；修正を受けた部分は角括弧内に，修正部分はイタリック体で表記している）。

(50)　a. ^C: He's a [good-*] *good* student
　　　 b. ^G: .hh VI (1.0) [is:*] (1.2) *h-has* (0.2) modes associated with it.

さらに，修正は TCU 全体のレベルで生じることが常に可能である（Fox & Jasperson 1995: 101；彼らの用語ではタイプ G；（51）での彼らの表記法は修正の程度を示すために修正してある）。

(51)　^M: [You have to figure out the uh-*] (1.0) *I don't know what it was.*

　残りの修正タイプは，特定の文法ユニットの**再利用**（RECYCLING）（文法ユニットの先頭まで戻ってやり直すこと）を表すものである。句内部の修正は，〈名詞句〉の先頭，あるいは〈前置詞句〉の先頭までの再利用が可能である（すなわち，NP または

230　第 2 部　統語的関係から記号的関係へ

PP の再利用が見られる；Fox & Jasperson 1995: 101, 102, 103）。

(52)　B:　.hh Hey do you see [V-*] (0.3) *fat old Vivian* anymore?
(53)　^K: Now I'm going to look (0.5) [at my*] (1.1) *at this,*
(54)　H:　.hh And tshe- this girl's fixed up on [a da-*] *a blind date.*

節内の修正では，〈動詞〉から前方に向かう修正は，〈動詞句〉ではなく，〈節〉全体を再利用する（〈動詞〉プラス項；Fox & Jasperson 1995: 98, 97）。

(55)　^D: you know you got this 300 electron volts, [and you go-*] *and you always go,* oh my god what (0.4) is an electron volt
(56)　^M: Taking physics 302. [I didn't have-*] (0.4) *I had* 301, but I had it a long time ago at Arizona State.

言い換えると，第一ポジションの自己修正は，〈動詞句〉ではなく，英語の〈名詞句〉や〈前置詞句〉，さらには〈節〉における一種の形式的グループ化を規定するのである。[14]
　Fox & Jasperson のデータによって，「挿入句」表現には，文法ユニットの一部であるものが含まれること，すなわち「挿入句」表現には，構成素性のこの基準に関して，構成素であるものが含まれることも示される。

(57)　^D: for instance- [you might have*], in this case you don't, but *let's say you might have* the mass, of one of these things on both sides
(58)　^G: Now this terminal (1.2) is smart enough to show you (0.4) that you're in (1.6) [ins-*] *what they call insert* mode or append mode.

すなわち，第一ポジションの自己修正は，それが修飾するユニットと挿入句の要素を形式的にグループ化するのである。
　第一ポジションの自己修正は，より複雑な構文を特定するのにも用いることができる。Hopper は，Collins Cobuild corpus of spoken English から次の事例を含む〈擬似分裂〉文 (Pseudocleft sentences) について説明している（Hopper 2000）。

(59)　And in defense I mean [what snakes or what animals try -*] *like what most animals try to do is* if they tha have got a poisonous property is another animal attacks them they give them er a dose of venom which will not kill them it will

---

14　Fox & Jasperson の論文の事例には，交絡因子となりうるものも存在している。すなわち，節の再利用の全ての事例には，〈代名詞的主語〉(Pronominal Subject) が含まれている。英語の〈代名詞的主語〉は実際には後接辞であり，それゆえ，再利用が〈主語〉の前で止まらないということなのかもしれない。

5章 依存関係と構成素性と線形順序 231

just deter them next time

(59) では，第一ポジションの自己修正は，〈擬似分裂〉（Pseudocleft）構文の分裂した〈節〉（*what . . .*）の始めに戻って再利用されている。

　本節では，構文の要素の形式的グループ化に関する3つの通言語的に妥当な基準について検討した。すなわち，3つの基準とは，統語的連続性／分離，単独のイントネーション・ユニットでの生起，そして第一ポジションの自己修正のユニットである。これら3つの特性の全てが，発話を集めたコーパスや，関連する韻律的特性があれば，いかなる言語であっても確認可能である。そういうわけで，本節で述べた様々な形式的グループ化の特性は，いかなる抽象的な構成素構造を仮定しなくとも，聞き手にとって利用可能なものなのである。3つの基準は合致するものではなく，異なる形式的集合を生みだしている。また，少なくとも最初の2つは連続的なものである。しかし，このことは独自の抽象的な構成素構造を想定しないラディカル構文文法のような理論では問題にはならない。むしろ，構文が持つ形式的構造は，要素の分離可能性と韻律的分類を示している。

5.3.3. 線形順序と形式的グループ化

　形式的グループ化と同様，線形順序も，発話の統語構造に見られる通言語的に観察可能な特性である。また，形式的グループ化と同様，構文中の要素の線形順序は，構文の意味における意味役割を符号化することも可能である。たとえば，広東語（Cantonese）では，線形順序は顕在的に符号化された依存関係を何も伴わずに意味役割を符号化するのに用いられる（Matthews & Yip 1994: 68）。

(60) **ngóh** ngoi **kéuih**
　　1SG　　love　3SG
　　'I love her.'（私は彼女を愛している）

(61) **kéuih** ngoi **ngóh**
　　3SG　　love　1SG
　　'She loves me.'（彼女は私を愛している）

(60) と (61) では，どのNPがAの意味役割を持ち，そしてどのNPがP役割を持つのかを示すことに関しては，〈代名詞〉と〈動詞〉に形式上の変化は見られない。ここでは，意味役割は線形順序のみによって示されている。

　線形順序とは，形式的グループ化を示す様々な特性よりもずっと直接的な発話の特性である。しかし，線形順序は，統語表示では構成素構造に通常組み込まれている。すなわち，[NP [V NP]] のような句構造の統語表示は，[V NP] が [NP [V

NP]] の下位構成素であることを指定することに加え，要素の順序が表示に与えられた順序であること（すなわち，NP < V < NP であること）も指定している。しかし実は，線形順序は，形式的グループ化とは無関係に異なりうるという証拠が存在している。すなわち，連続性という慣習的な文法的制約は，連続的要素の相対的順序については指定しない可能性が考えられる。

　たとえば，ウテ語 (Ute) のように多くの言語では，定形節 (finite clause) 構文の要素の相対的順序は固定されていない。(62) の事例では，〈主語〉は〈動詞〉に後続するが，(63) では〈主語〉は〈動詞〉に先行し，〈目的語〉は〈動詞〉に後続する。また，(64) では，〈主語〉と〈目的語〉の両方が〈動詞〉に先行する (Givón 1980a: 318–19)。

(62) 'u-náàg̣a　kwaví-　-p̣oṛo　-p̣ugá　tuá-ci-u　'úmu̱
　　　there.in　lie.PL-　-go　　-REM　child.PL　they.SBJ
　　　　　　　　　　　V　　　　　　　**S**
　　　'they were swimming in there, the children were' （彼らはそこで泳いでいた，その子供たちが）

(63) 'ú　　　　paví　　-ci̱　　páay　-p̣ugá　-amu̱　'umu̱　　tuá-ci-u-av
　　　that.SBJ　Beaver　-SBJ　call　-REM　-them　them.OBJ　child.PL.own
　　　S　　　　**V**　　　　　　　　　　　　　　　　　　**O**
　　　'so Beaver called them, those children of his' （それでビーバーは彼らに電話をかけた，彼の子供たちに）

(64) xwa̱-'urá　ta'wá　-ci̱　　'u　　　piwá　-av　　'uwáy　　máy
　　　then　　　man　　-SBJ　that.SBJ　spouse　-own　her.OBJ　say
　　　　　　　　S　　　　　　　　**O**　　　　　　　　　**V**
　　　-p̣ugáy　-u
　　　-REM　　-her
　　　'so then one day the man told his wife ...' （それである日，男は彼の妻に〜を告げた）

ウテ語の全ての〈節〉に広がる高度にスキーマ的な構文は，[SBJ, OBJ, VERB] の形式となるであろう（この表記法におけるコンマの使用は，要素の順序が固定していないことを明示的に示している）。

　ウテ語のように，いわゆる「自由な語順」(free word order) の言語における語順が，実際には「自由」ではなく，むしろ談話機能（情報構造）を符号化したものであることは，多くの分析者が観察してきたことである。たとえば，ウテ語と密接に関

係する言語のオーダム語 (O'odham)（パパゴ語 (Papago)）では，Payne が行ったテキストコーパスの分析によれば，実質的に〈主語〉と〈目的語〉のどの順序も見受けられたが，〈焦点が与えられた NP〉(Focused NPs) と〈不定の NP〉(Indefinite NPs) は一貫して動詞の前にあり，〈定の NP〉(Definite NPs) は一貫して動詞の後にあることが示された (Payne 1987: 788, 794–5)。この一般化は，項構造ではなく，情報構造のみを示す [INDEF/FOCUSNP < VERB < DEFNP] のような構文スキーマを抽象化することによって捉えることができる。したがって，参与者を統語的役割に結合する項構造構文は，要素の線形順序の指定を欠くことになる。

英語のような比較的厳格な語順を持つ言語でさえ，線形順序は多くのよりスキーマ的な構文において指定されてはいない。たとえば，二重目的語構文 [SBJ, VERB, OBJ1, OBJ2] のようなスキーマ的な項構造構文では，要素の線形順序は指定されていない。代わりに，線形順序は，他の英語の構文によって指定されている。

(65)　a.〈能動宣言〉：I gave Becky a bottle of champagne.（私はベッキーにシャンペンのボトルをあげた）

　　　b.「〈話題化〉」(Topicalization)：Becky I gave a bottle of champagne.（私がシャンペンのボトルをあげたベッキー）

　　　c.〈情報疑問〉：What did you give Becky?（ベッキーに何をあげたのか？）

　　　d.〈関係詞節〉：the bottle of champagne that I gave Becky（私がベッキーにあげたシャンペンのボトル）

このような理由から，線形順序とは形式的グループ化という理論的概念から分離されるべきものといえる。

5.4.　顕在的に符号化された依存関係

5.4.1.　顕在的に符号化された依存関係の類型論的分類

統語的関係は，その主な機能が依存関係を表すことであるかのように思える形態素によって，明示的あるいは顕在的に符号化されることがたびたびある。Nichols (1986) は，形態素が接辞される要素の統語的地位に基づき類型論的分類を行うことを提案している。しかし，この分類には問題がある。実は，むしろ，依存関係を表す形態素の意味に基づいて分類を行うことによって，符号化された依存関係のタイプを通言語的に特定する方法が得られるのである (Croft 1988)。

Nichols は，主要部標示型 (head-marking) 言語と従属部標示型 (dependent-marking) 言語を区別する類型論的分類を提案している。Nichols は，言語全体を主要部

234　第2部　統語的関係から記号的関係へ

標示型または従属部標示型として分類する。しかし，Nichols によるこの分析では，単一言語内で，ある構文は主要部標示型だが，別の構文は従属部標示型であるという場合に問題が生じる（Croft 1990a: 33–4）。それゆえ，私は Nichols の分類を特定の構文群に適用する。

　主要部標示型構文は，主要部とその要素の従属部との間の依存関係を符号化する。一方，従属部標示型構文は，従属部要素の依存関係を符号化する。ロシア語の〈定形節〉構文は，主要部標示型と従属部標示型の両方を示す。

(66)　pis'm　　　-o　　　　　lež　-it　　　　　na　　stol　　　　　-e
　　　letter.N　-NOM.SG　lie　-3SG.PRS　on　table.M　-LOC.SG
　　　'The letter is lying on the table.'（その手紙はテーブルの上にある）

ここでの主要部は〈動詞〉の 'lie' であり，従属部のうちの1つは〈主語〉の 'letter' である。この〈主要部〉は，〈主語〉との〈三人称単数一致〉の標示を受けている（接尾辞の -it）。これが，主要部標示型の典型事例である。ここでは従属部は，'letter' と 'lie' の間に成立する統語的関係を示す〈主格〉接尾辞の -o で標示されているが，これが従属部標示型の典型事例である。

　けれども，符号化された依存関係に関してなされるこの類型論的分類には多くの問題がある。この分類では，通言語的に主要部と従属部を特定することが可能であることが求められる。すなわち，実は，この分類では，主要部と従属部の統語理論が仮定されている。しかし，「主要部」という概念は，これまで論じてきた他の統語的概念と同様の問題を抱えている（7章参照）。したがって，この分類の根拠は疑問視可能である。

　Nichol が提案する分類には別の問題も見られる。それは，依存関係を符号化する形態論的に独立した要素の地位に関するものである。ルーマニア語（Rumanian）（Nandris 1945: 145）や，あるいは言うまでもなく英語のように，多くの言語では，格標示は名詞上で見られず，むしろ接置詞（adpositions）によって依存関係は符号化される。

(67)　pune　　　cartea　　pe　　masă!
　　　put:IMP　book:DEF　on　table
　　　'Put the book on the table!'（本をテーブルの上に置きなさい）

言語には，オレアイ語（Woleaian）のように，人称一致の形式が動詞に接辞添加されない，形態論的に独立した要素であるものも存在している（Sohn 1975: 93）。

5章 依存関係と構成素性と線形順序　235

(68)　Sar　　kelaal　**re**　sa　　tangiteng
　　　 child　those　3SG　ASP　cry.RDP
　　　 'Those children over there cried and cried.' (向こうの子供たちは泣き続けた)

　最後に，主要部標示型 vs. 従属部標示型という対立が有用な自然な区分であるか
どうかは明確ではない。類型論研究では，「主要部標示型」は，事実上，動詞とその
核の項との人称の一致 (person agreement)，また，名詞とその所有者との人称の一
致，さらには，接置詞とその補部との人称の一致などと関連付けられている。一方，
「従属部標示型」は，事実上，同じ構文内での名詞句従属部の格標示と関連付けられ
ている。しかし，モキレ語 (Mokilese) のように，格のような機能が，主要部に接
辞された形態素によって表される言語が存在する (Harrison 1976: 164)。

(69)　Ngoah　insingeh　**-ki**　kijinlikkoau　-o　　 nah　pehnn　 -o
　　　 I　　　 write.TR　**-with**　letter　　 -DET　his　pen　　-DET
　　　 'I wrote that letter with his pen.' (私はその手紙を彼のペンを使って書いた)

さらには，ウテ語のように (事例 (70) [Givón 1980a: 311 より])，一致に似た機能
が，主要部ではなく，節の最初の構成素に接辞添加した形態素によって表される言
語もある。あるいは，バルタンギー語 (Bartangi) のように (事例 (71) [Payne 1980:
163, 165 より]; Sadock 1991: 46 で引用されているサンターリー語 (Santali) も参
照)，一致に似た機能が，(一致した構成素を含む)あらゆる構成素に接辞添加した
形態素によって表される言語も見られる。

(70)　kavzá　 -yi　　**-amu**　-'ura　magâ　 -x̂a　 -páa-ni
　　　 horse　 -OBJ　**-3PL**　-be　　feed　　-PL　-FUT
　　　 'They are going to feed the horse.' (彼らはその馬に餌を与えるつもりだ)

(71)　āz　　**-um**　tā　　-r　　 kitob　vuj
　　　 I　　**-1SG**　you　-to　 book　 bring.PRF
　　　 'I have brought you a book.' (私はあなたに本を持って来た)

言い換えると，格機能を持つ要素と，一致機能を持つ要素の両方が，独立した不変
化詞として，従属部に接辞添加したり，あるいは主要部に接辞添加した状態で見つ
かるのである。
　そのため，顕在的に符号化された依存関係 (overtly coded dependencies) は，意
味的により適切に分類可能なのである。意味的分類は意味的区別に基づいており，
ゆえに通言語的に首尾一貫して使用可能である。顕在的に符号化された依存関係の
最も明白な意味分類では，顕在的に符号化された依存関係が**関係的** (RELATIONAL) で

あるか，**指標的**（INDEXICAL）であるかによって（後者は「直示的」（deictic）と呼ばれる，Croft 1988 参照），依存関係が分割されている。

　関係的な符号化された依存関係（relational coded dependencies）は，**格標示**構文とも呼ばれる。関係的な形態素は，それが関係付ける要素の外延（denotations）の意味的関係を符号化している。関係的な形態素には，（接置詞を含む）格標識（case markers）や，おそらく幾つかの所有類別詞（possessive classifiers）が含まれる（Lichtenberk 1983）。

　指標的な符号化された依存関係（indexical coded dependencies）は，**一致構文**とも呼ばれる。指標的形態素は，依存関係の成員の1つの指示対象に指標を与えるものである。指標的形態素には，一致の標識（agreement markers）（動詞や所有された名詞や接置詞で典型的に見られる人称の一致と，名詞の修飾語で典型的に見られる非人称一致（nonperson agreement）の両方）や，さらには助数詞と所有類別詞が含まれる。

5.4.2. 顕在的に符号化された依存関係と連続性と線形順序における不一致

　様々な顕在的に符号化された依存関係を用いる言語も存在している。構文文法では，単一言語における様々なタイプの符号化された依存関係は，別々の構文として扱われる。複数の顕在的に符号化された依存関係を持つ言語では，統語的関係と主張されるものを確立するための基準が複数個存在するという理由から，複数言語間におけるのと同様，言語内でも不一致（mismatches）が見られることを想定する者がいるかもしれないが，実際それがまさに見受けられるのである。

　第一に，異なる顕在的に符号化された依存関係構文が，1つの要素が2つの別々の要素を持つ統語的関係を持つことを含意する言語が存在する。たとえば，(72) のロシア語の〈関係代名詞〉*kotoraja* は，2つの異なる符号化された依存関係を示す（Pulkina & Zakhava-Nekrasova, 日付不明: 569）。

(72)　my　　pošli　　　po　　　doroge　　　**kotor**　**-aja**
　　　we　　went:PST:PL　along　road:F:DAT.SG　**which**　**-FSG.NOM**
　　　vela　　　　k　　　　reke
　　　lead:PST.**FSG**　towards　river:FSG.DAT
　　　'We went along the road that leads to the river.'（私たちは川へと続く道をずっと進んだ）

一つは，〈関係代名詞〉*kotoraja* が，〈性〉と〈数〉（〈女性単数〉（Feminine Singular））において，〈関係詞節〉の〈主要部名詞〉の *doroge*（道）と一致するというものである。もう一つは，*kotoraja* は，〈関係詞節動詞〉*vela*（つながる）に関しては，〈格〉

について屈折し（*kotoroja* は，〈動詞〉の〈主語〉であるので〈主格〉である），〈関係詞節動詞〉における〈主語の一致〉（〈女性単数〉）も引き起こすというものである。

　第二に，2つの異なる顕在的に符号化された依存関係は，同じ2つの要素を結合することが可能だが，これら2つの符号化は要素を異なったやり方でカテゴリ化する。たとえば，能格標示と対格一致を持つ言語では（4.3.2 節），格標示と一致の両方が動詞で項の依存関係を示すが，その依存関係を別のやり方でカテゴリ化する。(73) のワダマン語の事例では（4.3.2 節から），P 項は格標示（すなわち，絶対格）によってS 項を伴ってカテゴリ化されるが，A 項は動詞の一致によって（すなわち，主格）S 項を伴ってカテゴリ化されている。

(73)　. . .　wurre　-wuya　**-Ø**　**ngawun-**　　　da　-wa　　ngayug
　　　　　　child　-DU　　**-ABS**　**1SG.NOM/3NONSG.ACC-**　see　-FUT　　1SG
　　　-ji
　　　-ERG
　　　'. . . I have to see the two children myself.'（私は自分自身で二人の子供に会う必要がある）

　他の場合においては，依存関係のカテゴリ化は，線形順序が規定する統語的関係と目されるものとは調和しない。この不一致に関してよく知られている例が，英語の *There* 構文である。英語の *There* 構文では，大抵の方言における〈動詞の一致〉は，〈動詞〉と〈動詞〉の後の NP（(74) では太字で表示）との間の〈主語〉の統語的関係を示すが，線形順序は〈動詞〉と〈動詞〉の前の *There*（イタリックにより表示）との間の〈主語〉の統語的関係を示す。

(74)　*There* **are** [PL] **fifteen geese** [PL] in your geraniums.（あなたのゼラニウムには 15 羽のガチョウがいる）

　初期中英語では，〈目的格〉標示を伴って符号化される経験者は，動詞の前の位置に置かれるが，他の場合には，〈主格〉標示を伴って符号化される項と関係付けられる（4.3.3 節より）。

(75)　a　　forward　þat　**þe**　　　mai　　full　　well　　like
　　　an　　agreement　that　**you.OBJ**　may　　full　　well　　please
　　　'an agreement that may full well please you'［1275 年］（あなたを十分に喜ばせるであろう合意）

すなわち，動詞の前の項のカテゴリは，初期中英語では，〈主格〉の項のカテゴリとは一致しない。

238 第2部 統語的関係から記号的関係へ

(76) のいわゆる「不連続構成素」の事例 (5.3.1 節から) は，顕在的に符号化された依存関係と連続性との間の不一致を表している。(5.3.1 節では，統語的連続性と意味的関係との間の不一致を表すものとして不連続構成要素を記述した。)

(76)　[tjaṇṭu-**ŋku**]　　　Ø-tju　　　yaḻku-ṇu　　[wiṟi-**ŋki**]
　　　dog-**ERG**　　　　　（AUX)-me　bite-PST　big-**ERG**
　　　'The big dog bit me.' (その大きな犬が私を嚙んだ)

(76) では，共有された〈能格〉前接辞で見られるように，*tjaṇṭu-ŋku* (犬) と *wiṟi-ŋki* (大きい) の間には，顕在的に符号化された依存関係があるが，2つの要素間に連続性はない。

　形式的グループ化と顕在的に符号化された依存関係の間でよく見られる別の不一致の原因は，1つは意味的な述語—項構造の符号化によるものと，もう1つは情報 (談話) 構造の符号化によるものである。たとえば多くの言語で，情報疑問は連続性／分離可能性によって規定される2つの形式的グループから構成される。この構造は，情報疑問が持つ情報構造に対応している。情報構造についての連続性／分離可能性の使用は，次のツトゥヒル語 (Tzutujil) の事例と，その英訳によって説明可能である (Dayley 1985: 333)。

(77)　[**naq**]Focus　[n-　　　Ø-　　　ee-　　　choy　-b'ee　　-j　　ja
　　　what　　　　INCMPL-　3SG.ABS-　2PL.ERG-　cut　　-INST.FOC　-TR　the
　　　q'aayiis]Presupp.
　　　weed
　　　'[What] [do you all cut the weeds with]?' (皆さんは雑草を何で切りますか)

最初の要素は，情報疑問の焦点化された部分 (すなわち，要求されている情報) に対応し，〈節〉の残りは情報疑問の背景的部分 (すなわち，前提された情報) に対応する統語的グループを形成する。事象—参与者の関係は，形式的連続性ではなく，〈人称の一致〉という顕在的に符号化された依存関係と，焦点化された要素の参与者と動詞の事象との意味的関係を符号化する〈具格の焦点〉(Instrumental Focus) 接尾辞の *-b'ee* によって，符号化されている。したがって，顕在的に符号化された依存関係は，ツトゥヒル語と英語の情報疑問では，統語的な連続性／分離可能性と一致しない。

　他の言語では，統語的な連続性／分離可能性が意味的な述語—項の構造を映し出すことになり，情報構造は別のやり方によって表される。たとえばウサン語 (Usan) のように多くの言語で，情報疑問は平叙文 (declaratives) と同じ形式的グループ化の関係と線形順序を持つ (Reesink 1987: 295)。

5章 依存関係と構成素性と線形順序 239

(78) [[munon wonou bur sig âib **mâi-mâi**]₍Object₎ guma -ib

      man his pig very big **how.many** spear -FUT.SG

      -â]₍Clause₎

      -3SG

      'How many of the man's very big pigs will he spear?'（その男の非常に大き
な豚の何匹を彼はやりで突くのか？）

(78) では，情報疑問は〈不定〉形の *mâi-mâi* によって表されているが，これは〈節〉
の残りから分離されているというよりも，むしろ定量化されたユニットを表す〈名
詞〉と連続的であるように思われる。

5.5. 結論

　統語的関係を支持する議論は，連語的依存関係からの証拠に基づくものと，符号
化された依存関係の証拠に基づくものの2つのタイプに収まる。連語的依存関係は，
実際には，統語的関係ではなく意味的関係の証拠となる（Nunberg 他 1994）。Nun-
berg 他の分析は，成分的文法理論や還元主義的な構文文法理論よりも，ラディカル
構文文法において自然に受け入れ可能である。
　したがって，符号化された依存関係（構成素性と線形順序を含む）のみを，統語的
関係の適切なタイプの証拠として唯一残すことができる。構成素性は，構文の統語
の抽象的な全体的構造ではない。統語的研究において構成素性を支持する議論は，
方法論的楽観主義の罪を犯している。構成素性に関する検証方法が異なれば，相容
れない結果がもたらされる。全ての検証が構文固有のものなのである。構文には言
語によって存在しないものも含まれており，ゆえにそういった構文を通言語的に妥
当な検証として用いることはできない。全体的な構成素構造ではなく，むしろ，発
話の様々な特性によって規定される別のタイプの形式的グループ化が存在している。
これには，連続性／分離可能性，単独のイントネーション・ユニットでの生起，そ
して第一ポジションの自己修正のユニットが含まれる。
　顕在的に符号化された依存関係については，それが符号化する意味（指標的なも
のと関係的なもの）の観点から分析するのが最善である。この分類により，複数言
語間において顕在的に符号化された依存関係を比較するための通言語的に妥当な基
盤が与えられる。しかし，依存関係の「証拠」については，よく見られる不一致が
幾つかある。すなわち，単一言語での異なる顕在的に符号化された依存関係間にお
ける不一致や，顕在的に符号化された依存関係と線形順序との間における不一致，
さらには顕在的に符号化された依存関係と形式的グループ化との間における不一致

である。符号化された依存関係を規定する構造の各タイプによって，それ自体の符号化された依存関係の集合が規定される。

　次章では，符号化された依存関係は，統語的関係ではなく，記号的関係を符号化することを論じる。

6章

統語的関係に対するラディカルなアプローチ

6.1. 統語的関係の存在に反対する論理的な主張

　本章では，統語表示の理論は，統語的関係を実質的に何も仮定すべきでないと主張する。すなわち，構文の統語構造の表示においては，構文を構成する要素間にいかなる統語的関係も含めてはいけないということである。換言すると，構文における唯一の統語構造とは，構文とその要素間の部分—全体の関係である。ラディカル構文文法は，この点において現代の他の統語理論とは根本的に異なる。

　読者の中にはこの仮説が最初からあまりにも受け入れ難いと感じる人もいるかもしれない。そういった印象を抱くことがないように，幾つか重要な点について述べておこう。まず一点目として，構文の部分—全体構造は，依然として維持されている。さらに，構文の部分—全体構造は，入れ子にすることが可能である。たとえば，節の要素には，節が表す事象の参与者を表す句が含まれるが，句はそれ自体で複合的構文をなす。このように，構文には何らかの入れ子型の階層的構造が存在していることが想定されている（6.4.1 節参照）。

　以上の点に加え，5.4 節で述べた連続性，線形順序，韻律的構造といった発話の形式的特性の存在を否定しているわけでもない。こういった構造の特性は，もちろん存在している。しかし，それらは抽象的な統語的関係を表すものではなく，むしろ実際には，特定の発話で事例化される構文タイプの形式的特性である。

　そして最後に，構文とは記号ユニットであることを忘れてはならない。構文は，意味構造と対になった統語構造により構成されている。したがって，統語的関係を用いない理論においても，構文の要素は成り行きまかせで決められているわけではない。構文の要素は，上の2つの段落で述べた方法に基づく構造化に加え，記号的関係によって意味構造と結びつけられている。文法に関する興味深い事態は，記号的関係の中に見られるのである。

　以下ではまず，言語使用（すなわち，言語の理解と産出）において構文文法の使用をモデル化するのに，統語的関係は不必要なものであることを示すための論理的な

主張を展開する。統語的関係は不要であるという主張は，構文文法で見られる構文について話者が持つ知識のモデルから直接に派生するものである。言い換えれば，この論理的な主張は，ラディカル構文文法と同様，通常の構文文法についても当てはまるのである。

構文とは，複合的な統語構造と複合的な意味構造との組み合わせである。複合的な統語構造が構文の要素のみから構成され，またその構文の要素間には何の統語的関係も存在しない構文について考えてみよう。図6.1は，この構文を図示したものである（これは，図5.1から統語的関係をなくしたものと同一である）。

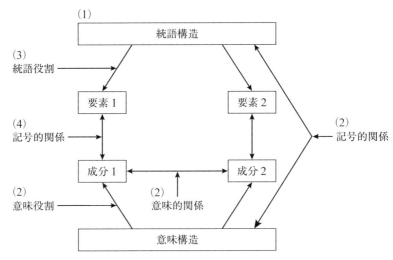

図6.1. 統語的関係を持たない構文の内部構造

なお，図6.1の構文の複合的な意味構造は，意味構造の成分と，意味構造の成分間に成り立つ意味的関係の両方から成る。

構文を表示する際には，構文の記号的関係（すなわち，構文の統語構造の要素間と意味構造の適切な成分との一致）について指定を行うことも必要である。記号的関係の存在は，構文文法を文法の成分モデルから区別する主な特徴の1つである（1.3.2節の図1.3と図1.4参照）。

このような構文表示を仮定すると，コミュニケーションには統語的関係が存在することを仮定する必要がないことが簡単に示せる。図6.1のように構造化された文法知識を持つ聞き手の状況について考えてみよう。聞き手とは，発話を耳にする者である。コミュニケーションが成功するためには，聞き手は発話において伝達された意味を理解する必要がある。理解の過程は，図6.1の(1)～(4)に示すように，4

つの段階によって記述可能である（当然のことながら，これらの段階は必ずしも連続的なものではない）。

　第一段階では，聞き手は，発話を特定の構文の一事例として認識する。すなわち，聞き手は，図 6.1 で「統語構造」（syntactic structure）と名付けるボックスを，特定の構文の統語構造として特定可能である。第二段階では，聞き手は，全体としての統語構造と，全体としての意味構造との間の記号的関係を通じて，自らの記憶の中のその構文の意味構造にアクセスする。この段階で，聞き手は意味的成分と成分間の意味的関係にもアクセスしている。第三段階では，聞き手は統語的構文に含まれる要素を，構文の統語的役割を通すことによって特定する。最後となる第四段階では，聞き手は各統語的要素に対応する適切な意味的成分を特定するために記号的関係を利用する。

　言い換えると，聞き手は今や話し手が何を言ったのか（すなわち，意味構造全体とその構造の成分）を，統語的関係に一切頼ることなく理解しているのである。コミュニケーションの目標は，発話の意味を理解することである。この目標を達成するために，統語的関係は必要ではない。

　もちろん，この論理的な主張は，（話し手の文法知識が構文文法におけるように表示されると仮定して）話し手が統語的関係なしで済ますことが可能であることを単に示すだけのものである。したがって，これによって構文文法家が統語的関係を放棄しなければならないことにはならない。先の段落で展開した主張は，分析を簡潔に，かつより「明快」（elegant）にするためのオッカムのかみそり（Ockham's razor）を用いたものである。オッカムのかみそりとは，もし理論的存在物が分析をする上で必要でない場合には，その不必要なものを削除せよというものである。ここでは，その「不必要な」（unnecessary）理論的存在物は，構文の要素間の統語的関係を指す。

　しかし，我々がここで構文を通して論じているのは，心理的存在物（すなわち，構文に関する話し手の知識）に関する問題である（1.2.1 節）。分析の簡潔さや明快さといったものは，何か特定の心理的存在物が存在しないことを主張するための十分な論拠にはならない。心理的表示には余剰な情報が含まれていることを強く示唆する心理学的研究がかなり多く報告されている（Barsalou 1992: 180 と，そこで言及されている文献参照）。上の段落が意味することは単に，もし統語的関係を放棄するための経験的な言語学的理由が存在するなら，統語的関係を放棄することによって，文法知識に関するモデルが言語使用の目的にとって不適切なものとなることはないということである。

　統語的関係を用いなくてもよいと仮定する場合には，統語的関係を放棄するための何か良い肯定的理由を持つ必要がある。すなわち，統語的関係を想定する案より

も，図6.1で示すモデルが経験的に優れていることを明示的な形で示す必要がある。

1つの妥当な代替モデルは，形式と意味はそれぞれが別々の成分内に収まるものという理屈に基づき，記号的関係の代わりに統語的関係を利用する文法の成分モデルである（1.3.1節と1.3.2節参照）。このモデルでは，代替案として形式と意味が一般的な結合規則によって結び付けられている。上では，要素をその対応する意味的成分へと写像するのに記号的関係を利用すれば，統語的関係を用いずに済ませられることを論理的な主張として示した。反対のことが真であるかどうか，すなわち統語的関係を利用すれば，記号的関係を用いなくてもよいのかと問う者もいるかもしれない。言い換えれば，この場合に問題となるのは，記号的関係とは単に統語的関係の表記上の変異形であるのかどうかということである（この問題を提起してくれたことについて，John A. Hawkins に感謝する）。

6.2節では，構文文法が想定する記号的関係は，成分モデルで想定される統語的関係の表記上の変異形でないことを論じる。妥当な成分モデルでさえも，人間の言語における形式—意味の写像に見られる複雑さの前では，一般的な結合規則を維持することは不可能であろう。一般的な結合規則は，せいぜい，構文固有のものとする必要があるだろう。すなわち，「一般的な結合規則」（general linking rules）とは，ちょうど図6.1のように，特有の構文の記号的関係ということになるであろう。言い換えると，図6.1のモデルは，通言語的事実を説明することにおいて，成分モデルよりも優れたものなのである。

もう1つ別の妥当な代替モデルは，統語的役割の代わりに統語的関係を用いるというものである。上で行った論理的な主張では，構文の要素を特定するのに統語的役割を利用すれば，統語的関係を用いずに済ますことが可能となることを示した。反対のことが真であるかどうか，すなわち統語的役割を用いる代わりに，統語的関係のみを利用することが可能かどうかと考える者がいるかもしれない。言い換えれば，ここで問題となるのは，統語的役割とは単に統語的関係の表記上の変異形であるかどうかということである（この問題を提起してくれたことについて，Matthew Dryer に感謝する）。

6.3節では，統語的役割は統語的関係の表記上の変異形でないことを論じる。実のところ，統語的関係とは付加的な統語構造を構文に課すものである。しかし，広範かつよく目にする通言語的現象の存在により，統語的関係を仮定することで想定される付加的な統語構造は，非常に重大な（まさに致命的な）問題に陥るのである。一方，統語的役割のみを用いるモデルでは，こういった現象を扱うことが容易である。言い換えれば，図6.1のモデルは，通言語的事実を説明することにおいて，統語的関係を用いるモデルよりも優れたものなのである。

6.2. 統語的関係 vs. 記号的関係

6.1 節では，統語的関係の代わりに記号的関係を用いる文法表示モデルは，コミュニケーションの機能を果たすことが可能であり，ゆえに記号的関係を持つモデルにとって，統語的関係は論理的に不必要であることを示した。この結果，次の疑問が生じる。すなわち，その逆は可能なのか。言い換えると，統語的関係を使えば，記号的関係を用いずに済ませることはできるのか。仮にそれが正しいなら，記号的関係は単に統語的関係の表記上の変異形ということになる。

記号的関係の代わりに統語的関係を用いるモデルは，図 6.2 に示す関係のみを想定するものであろう（図 6.1 参照）。

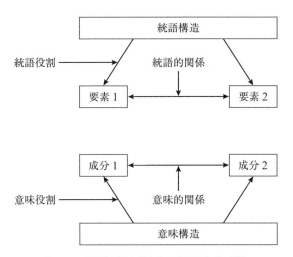

図 6.2. 記号的関係を持たない統語と意味の構造

厳密に言えば，記号的関係なしに統語的関係を持つことは不可能である。話し手と聞き手には，自分たちが耳にする発話を，伝達されることが意図される意味と結び付けるための方法が与えられていない。しかし，成分モデルでは，統語構造を意味構造と結び付けるための結合規則を仮定することによって，この欠陥が埋め合わされている。したがって，記号的関係を用いない説明とは，構文文法ではなく，文法の成分モデルの一例ということになるであろう。

1.3.1 節では，成分モデルの考え方に反対する主張の要約を示した。本質的には，全ての発話を十分注意深く分析するなら，各構文について結合規則を最終的に仮定する必要が生じてくる。そのようなモデルは，実際には，構文文法の表記上の変異

246 第2部 統語的関係から記号的関係へ

形となるものであろう。すなわち、構文固有の結合規則とは、単に構文文法表示の記号的関係なのである。言い換えると、文法表示のモデルは、たとえ統語的関係を用いずに済ませることが可能であっても、記号的関係を用いずに済ますことは不可能なのである。

1.3.1 節で行った批判に対してなされうる可能な反論が1つ考えられる。すなわち、（統語的役割によって与えられる構造に加えて）統語的関係によって与えられる付加的な統語構造のおかげで、構文から独立した結合規則（意味的成分とそれらの間に成り立つ意味的関係をうまく特定するもの）を持つことが可能になる<ruby>かもしれない<rt>・・・・・・</rt></ruby>、というものである。議論を進めるために、1.3.1 節で行った批評はここでは脇に置き、以下では、このなされうる反論について取り組むことにする。

統語的関係によって与えられる付加的構造が、発話の意味解釈を特定するのに役立ちうる最も明白な形は、意味的関係への写像によるものである。統語的関係が意味的関係に写像するなら、統語的要素は対応する意味的成分として特定可能である。たとえば、もし発話中に要素 A–B を結び付ける統語的関係が存在しており、我々はこの統語的関係が何らかの結合規則のおかげによって意味的関係 X–Y へと写像し、さらに両方の関係が非対称的であることを知っている場合には、聞き手は A と X の特定や、B と Y の特定が可能であり、それによって発話が理解可能となる。

言い換えると、統語的関係に加え、統語的成分と意味的成分の間に結合規則を想定する成分モデルにおいて、コミュニケーションの機能を遂行するためには、統語と意味の結合において**類像性**（より正確に言うと、**ダイアグラム的類像性**（DIAGRAMMATIC ICONICITY））を想定する必要がある。類像性の原理については、3.1 節で詳しく説明した。すなわち、統語構造は意味構造を映し出す、というものである。とりわけ、統語的要素と統語的関係は、意味的成分と意味的関係への写像がなされる必要がある。

類像性という概念は、機能主義の統語理論と関連付けられるものだが、この概念はまた成分モデルを主張する形式主義の統語理論の一部を構成するものでもある（Newmeyer 1992）。形式主義の理論において最も一般的な写像規則は、本質的に類像的である。形式主義の類像的写像規則の一例が、統率・束縛理論の θ 基準（Theta Criterion）である。これはすなわち、「各項に唯一つの θ（シータ）役割が付与され、各 θ 役割が唯一つの項に付与される」（Haegeman 1994: 73）という考え方である。他の重要な形式主義の原理は、意味を含む語彙的情報を統語構造に結び付けることによって、間接的に意味を統語に結び付けるということである。これらの原理には、統率・束縛理論の投射原理（Projection Principle）（Chomsky 1981: 29; Haegeman 1994: 55）や、語彙機能文法の独自性（Uniqueness）と完全性（Completeness）と首尾一貫性（Coherence）の条件（Kaplan & Bresnan 1982: 181, 204）が含まれる。

6章　統語的関係に対するラディカルなアプローチ　247

　本節では数多くの構文の事例を挙げながら，統語的関係と目されるものに対応す
る意味的関係が存在することを主張する議論が信憑性の低いものであることを示す。
以下で示す事例には，類型論的に珍しいものや，またかなり一般的なものも含まれ
ている。これらのデータは，意味的関係と結びつける一般的な結合規則を通じて統
語的関係を保持する可能性に対して疑問を呈するものである。統語的関係を用いる
成分モデルは，せいぜい，特異な統語的関係を持つ構文のみについて結合規則を必
要とするだけであろう。これは，成分モデルにとって問題のようには見えない。結
局のところ，成分モデルとは，普遍的な類像性を仮定しないアプローチである。し
かし，論理的結論（すなわち各構文についての結合規則）を考えると，このモデルは
構文文法に帰着することになり，統語的関係を仮定することによって証拠もなく主
張される付加価値は失われることになる。
　しかし，もし統語的関係を放棄するなら，統語的関係と意味的関係の間の非類像
的写像の問題は消失する。全ての統語構造が意味構造の対応する部分に一致すると
いう原理を維持し続けることは可能である。これが可能な理由は，仮に統語的関係
が存在しないのなら，意味的関係への非類像的写像は存在しえないからである。

6.2.1.　疑わしい意味的依存関係

　最初に挙げる事例は，通常は所有者上昇（possessor ascension）として記述される
現象に関係するものである。言語の中には，指示対象の意味上の所有者が，その指
示対象を表す名詞句ではなく，動詞に対して統語的関係を持つように思えるものが
ある。ツォツィル語（Tzotzil）は，そういった言語の1つである（Aissen 1980: 95）。

（1）l-　　**i-**　　　　k'as　　-b　　　　-at　　　**j-**　　　　　k'ob
　　　PF-　**1SG.ABS-**　break　-IO.APPL　-PASS　**1SG.POSS-**　hand
　　　'My hand was broken.'（私の手は骨折していた）

（1）では，〈一人称〉（1st Person）の意味上の所有者は，〈一致〉の接頭辞 i- を伴って
動詞の〈（受動態）主語〉として符号化されている。さらに，この〈一人称〉の意味上
の所有者は，被所有物（possessum）（j-）を表す NP の形態統語的〈所有者〉（Posses-
sor）としても符号化されている。
　このタイプの動詞を伴う所有者上昇は，通言語的に一般的に見られるタイプの所
有者上昇である。これについては，〈一人称〉の指示対象と動作の間には意味的関係
が存在すると論じることができる。すなわち，自分の手の骨折が自分に影響を与え
るという分析である。
　このような類像的分析は，多くの言語で見られる多くの同様の事例には妥当だと
思われる。しかし，ツォツィル語を含む幾つかの言語では，動詞の間接目的語／意

248 第２部 統語的関係から記号的関係へ

味上の所有者が見られるが，動詞-所有者の意味的関係はそれほど妥当ではない
（Aissen 1987: 130;〈三人称単数絶対格〉標示はゼロだが，〈間接目的語〉接尾辞 -be
は，これが〈所有者上昇〉の一例であることを示す）。

（ 2 ）　ta　　　j-　　　　nujan　　　　　　-be　　s-　　　　　p'in　　-al
　　　　IMPF　1SG.ERG-　turn.face.down　-IO.APPL　3SG.POSS-　pot　-POSS
　　　　'I'll turn its［the soup's］pot face down.'［i.e. the pot that the soup was cooked in］
　　　　（私はそれの［スープの］深鍋をひっくり返すつもりだ）［すなわち，スープが
　　　　料理されていた深鍋］

スープはすでに料理され，深鍋から出されているので，スープが料理された場所で
ある深鍋を誰かがひっくり返すことによって，スープが影響を受けると仮定するの
は妥当でない。
　　数量詞遊離（quantifier float）として一般的に記述される現象について，同様の観
察がなされうる。数量詞遊離では，数量詞（quantifier）は，数値で表す指示対象の
名詞句ではなく，むしろ動詞と明らかな統語的関係にある。数量詞遊離を示す１つ
の言語が，ピマ語（Pima）である（Munro 1984: 273）。

（ 3 ）　hegai　'uuvi　'o　　**vees**　ha-　　ñeid　**hegam**　**ceceoj**
　　　　that　　woman　3.AUX　**all**　them-　see　**those**　**men**
　　　　'The woman saw all the men.'（女性は男性を全員見た）

(3) では，〈数量詞〉vees（全て）は，〈動詞〉の直前に生じており，〈名詞句〉hegam
ceceoj（それらの男たち）の〈修飾語〉というより，むしろ動詞の〈修飾語〉として機
能している。
　　(1) の所有者上昇の事例と同様，(3) の事例で数量詞と事象の間に意味的関係が
あると論じることは妥当である。すなわち，見るという事象は集合的なものであり，
ゆえに「全て」がその全体性を記述するか，あるいは動詞＋数量詞が女性が男性を
見るという個々の見る事象の全てを総括するかのどちらかである。
　　ここでも，類像的分析は，文献における数量詞遊離のほとんどの場合について当
てはまる。しかし，ピマ語を含む幾つかの言語では，〈数量詞遊離〉構文は，対応す
る意味的関係を仮定することが妥当でないケースにまで拡張されている（Munro
1984: 275）。

（ 4 ）　**vees**　ñei　'ant　　heg　**heñ-**　**navpuj**　ha-　　maakaika
　　　　all　see　1SG.AUX　ART　**my-**　**friends**　their-　doctor
　　　　'I saw the doctor of all of my friends.'（私は自分の友人全員の医者にかかった）

6章　統語的関係に対するラディカルなアプローチ　249

一人の医者にかかることを，「全て」と記述できる集合的事象あるいは総括的事象と
解釈できるというのは，妥当でないように思われる。

　他の非類像的パタンとしては，**変則的一致**（ANOMALOUS AGREEMENT）が挙げられ
る。変則的一致では，統語構造の1つの要素が別の要素と一致しており，その一致
パタンが規定する統語的関係と目されるものに対応する妥当な意味的関係は存在し
ない。ここでも先と同様，何らかの意味的関係がうまく想定できそうなケースが存
在する一方で，一致パタンが規定する統語的関係と目されるものに対応する意味的
関係が存在するとは思えないケースが見られる。

　たとえば，コーカサス（Caucasus）の幾つかの言語と，インド・アーリア諸語
（Indo-Aryan）においては，アバール語の次の事例が示すように，〈副詞〉は〈絶対
格〉NP と一致する（Elena Kalinina との私信）。

（5）　roq'o　　　=b　**video**　　b=　　ugo
　　　at.home　　=N　**video.N**　N=　　be.PRS
　　　'There is a video at home.'（家にはビデオがあります）

（5）では，〈副詞〉*roq'o*（家に）は，〈絶対格〉NP の *video*（ビデオ）と一致している。
この事例では，〈副詞〉と〈絶対格〉NP の間に直接的な意味的関係を仮定することは
妥当である。ビデオと家の間には，ビデオが所格関係の図として機能し（9.2.2 節参
照），家は地として機能するという所格関係が存在している。

　しかし，〈副詞の一致〉は，〈副詞〉と〈絶対格〉NP との間の意味的関係があまり
妥当でない他の状況にまで拡張されている。(6) の事例は，インド・アーリア諸語
のマラーティー語（Marathi）における同様の事例である（Hook & Chauhan 1988:
179）。

（6）　ti　　haa　　**bhaag**　　　**tsaangLaa**　　vaatsel
　　　she　this　　**part.MSG**　　**good.MSG**　　will.read
　　　'She will read this part well.'（彼女はこのパートをうまく読むだろう）

（6）では，〈副詞〉*tsaangLaa*（うまく）は，*bhaag*（部分）と一致するが，部分と読
書の質の間には，せいぜい間接的な意味的関係しかない。

　次のツァフル語（Tsakhur）の事例では，〈副詞〉と〈絶対格〉NP の間に意味的関係
があるというのは，妥当性がさらに低いといえる（Elena Kalinina との私信）。

（7）　ma　-na　zaˤfa　　　sa<r>k'yl　　　t'ufli　-bi　-shi　　lqa
　　　this　-AT　woman.CL2　<CL2>-turn.PF　shoe　-PL　-OBL.PL　-LOC

250 第２部 統語的関係から記号的関係へ

aˤlh	-a:	-nɢaˤ	ibrehim-pashe		javash	**=ba**
go	-IMPF	-TEMP	Ibrahim-Pasha.CL1		quiet	**=ADV.CL3**
sumk'a	alja<p'>t'	-u	qyʁych'	-u	wo	=r
handbag.CL3	<CL3>-take	-PF	go.out	-PF	FOC	=CL1

'When this woman turned back and went to fetch the shoes〔直訳：went for/after the shoes〕, Ibrahim-Pasha quietly took the handbag and went out.'（この女性が引き返して，靴を取りに行った時，イブラヒム・パシャはハンドバッグを取って，外へ出て行っていた）

(7) では，〈副詞〉*javash*（静かに）は，〈絶対格〉NP の *sumk'a*（ハンドバッグ）と一致するが，動作の静かな様態とハンドバッグの間に直接的な意味的関係を仮定することは妥当だとは考えられない。

さらに別の種類の変則的な一致も見られる。チュルク諸語 (Turkic) には，次のウズベク語 (Uzbek) の事例が示すように，〈関係詞節〉の〈主要部名詞〉が〈人称〉と〈数〉において〈関係詞節主語〉(Relative Clause Subject) と一致するものも見られる (Sjoberg 1963: 141)。

(8)

men	-iŋ	oqi	-gan	kitɔb	**-im**
1SG	-GEN	read	-PART	book	**-1SG.POSS**

'that book that I read/have read'（私が読んだ／読んだことのあるその本）

(8) では，〈主要部名詞〉*kitɔb*（本）の〈所有格一致〉の接尾辞は，〈主語〉*men*（私）と一致するが，それ自体は〈分詞〉*oqi-gan*（読むこと）の〈属格〉従属部として符号化されている。実際，この〈主語名詞句〉(Subject Noun Phrase) は，「本」の明らかな統語的従属部として，述語の〈一人称〉の意味的項 (semantic argument) を残して削除することが可能である（同上）。

(9)

oqi	-gan	kitɔb	**-im**
read	-PART	book	**-1SG.POSS**

'that book that I read/have read'（私が読んだ／読んだことのあるその本）

別のコーカサス言語であるツェズ語 (Tsez) では，〈名詞クラス〉(Noun Class) における，〈主節動詞〉(Main Clause Verb) と，〈動詞〉の〈補文〉(Sentential Complement) の〈絶対格〉NP との〈一致〉が見られる (Polinsky & Comrie 1999: 117; Haspelmath 1999 参照)。

(10)

eni	-r	〔už	-ā	**magalu**	b-	āc'	-ru	-λi〕
mother	-DAT	boy	-ERG	**bread.CL3:ABS**	CL3-	eat	-PSTPRT	-NR

```
b-      iy      -xo
CL3-    know    -PRS
```
'The mother knows that the boy ate bread.'（母親は少年がパンを食べたことを知っている）

(10)では，〈動詞〉iy（知る）は，〈絶対格〉NP の magalu（パン）と一致するが，知ることとパンの間に何ら妥当な直接の意味的関係はない。

上に挙げた数々の事例では，統語的関係と目されるものに対応する意味的関係を特定することは困難に思われる。しかし，統語的関係が存在するという前提を放棄すれば，残りの統語構造（すなわち，部分―全体の関係）は，意味構造と類像的なものとなる。そして，聞き手が意味的関係を理解するのに克服できない困難は存在しないことになる。聞き手は，所有者上昇構文や数量詞構文において，所有者や数量詞を十分容易に見つけることが可能であり，また所有者の指示対象や数量詞が当てはまる外延を持つ NP 項の特定も可能である。同様に，聞き手は変則的な一致パタンの制御子を見いだすこともできる。図 6.3 は，(2) のツォツィル語の〈所有者上昇〉構文についての分析を図解したものである。

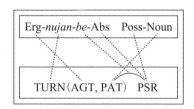

図 6.3. 事例 (2) のツォツィル語の〈所有者上昇〉構文の記号的リンク

図 6.3 では，関係的な符号化された依存関係の -be- は，何らかの意味的関係を表している。[15] しかし，〈所有者上昇〉構文では，関係的な符号化された依存関係の -be- は，動詞の事象と〈絶対格〉の指標付きの指示対象との間の（存在しない）意味的関係ではなく，〈絶対格〉の指標付きの指示対象と所有された名詞によって表された刺激との間の所有者関係である。

当然のことながら，このパタンを成分的文法を用いて説明することは不可能ではない。〈間接目的語〉の指示対象を〈直接目的語〉の指示対象の意味上の所有者に結

---

15 このため，所有者と被動作主の間の意味的関係は，図 6.3 の〈所有者上昇〉構文の意味構造では顕在的な表示がなされている。統語的要素が意味的関係を符号化しない場合には，意味的関係は，図で用いる単純化した述語計算法的意味表示では明らかにされない。（ラディカル構文文法を支持する議論では，意味表示を成分と意味役割へと分けることのみを仮定する必要があることを思い起こしてほしい。1.7 節参照）

252　第 2 部　統語的関係から記号的関係へ

合する特別な結合規則を考案することが可能であろう。しかし，そういった結合規則は，〈所有者上昇〉構文に特有であり，図 6.3 で示す構文文法的分析の表記上の変異形であろう。言い換えると，統語的関係を仮定しても，統語的関係の代わりに記号的関係を用いるラディカル構文文法的表示に勝る利点（より一般的な一連の結合規則のようなもの）は何も見られないのである。6.2.2 節と 6.2.3 節と同様，同じ結論が本節の事例についても当てはまる。

　最後に，これらの非類像的（noniconic）構文がどのようにして生じたのかに関するもっともな説明がある。すなわち，これらの構文は，明らかな統語的関係に内在する動機付けられた意味的関係が存在する場合において生じた，というものである。たとえば，ほとんどの場合，所有者上昇構文に内在する被作用性（affectedness）であったり，あるいは数量詞遊離構文に内在する事象の数量化といった明らかな意味的関係が存在している。それゆえ，これらの事象が広く見受けられるのである。その後，幾つかの言語では，この構文は，所有者／数量詞が動詞によって表された状況と直接的な意味的関係にない他の動詞クラス（verb classes）へと拡張された。これらの事例は，類像的であるように思える事態が同様に見られる言語でのみ見受けられる。まだ裏付けられてはいないが，同様のシナリオが変則的一致構文に当てはまる可能性がある。

　本節で扱う最後の事例として，英語に立ち戻ることにしよう。英語には，（11）が示すように，変形的分析にちなんで，〈否定辞繰り上げ〉（Neg-raising）と呼ばれる構文がある。

（11）　I **don't** think［she's coming back］.［=‘I think she isn't coming back’］（［彼女が戻ってくる］とは私は思わない）

（11）について提案された分析の 1 つは，（11）はその字義通りの意味（彼女が戻ってくると私が考えているというのは真実ではないという意味）を持つというものである。否定辞繰り上げと関係する意味（（11）の弧部内参照）は含意である。すなわち，もし私が実際に彼女が戻ってこないと思っていないなら，私はあなたに，彼女が戻ってくると思っていないと伝えることはないだろう。ゆえに，あなたは，私は彼女が戻ってこないと思っているという，より情報に富んだ断定をしてよい，ということである。

　しかし，この含意分析は，アメリカの新聞の女性遺産相続人 Patty Hearst の誘拐に関するテレビ解説からの実例である（12）については受け入れられない（Horn 1979: 168）。

（12）　"I **don't** think that［ever before have the media played such a major role in a

6章　統語的関係に対するラディカルなアプローチ　253

kidnapping]". ([かつてメディアが誘拐についてそれほどまでに大きな役割を
果たしたことがある] とは私は思わない)

(12) では，含意分析は役に立たない。なぜなら，〈従属節〉の〈副詞〉ever の生起と，
have と the media の倒置 (inversion) は，節では否定要素が存在する場合において
のみ通常起こることだからである。このように，(12) の〈否定辞〉(Negator) -n't
は，意味的には〈従属節〉が述べることと関係するが，統語的には（実際には，形態
的には）〈主節動詞〉と関係するのである（これは，別の非類像的構造である）。

　この場合もやはり，(12) のような文の生起に関するもっともな通時的シナリオが
存在する。〈主節〉I don't think は，(11) のような文の含意的解釈に基づいて，否定
の認識的標識 (negative epistemic marker) へと文法化しつつある可能性が考えられ
る。否定の認識的標識として，I don't think は，英語の〈否定要素文〉(Negative
Sentence) 構文に典型的な〈否定副詞〉(Negative Adverb) の ever と，〈主語〉-〈助
動詞〉の倒置 (Subject-Auxiliary inversion) を引き起こす。

6.2.2. 命題 vs. 主語–述語の解釈

　本節では，まず節の要素を〈主語〉と〈述語〉という 2 つの別々の部分に分ける統
語的構文について説明し，次に，これらの統語的構文において，2 つの部分へと統
語的区分けを行うことによって，統語構造を意味構造へと写像することについて何
がもたらされるのかを論じる。

　(13b) の文は，〈目的語への繰り上げ〉(Raising to Object)（ここでも変形的名称
に従うが）という名が付く構文の例である。

(13)　a. I believe [**that he ate the bagel**]. ([彼がそのベーグルを食べたはずだ] と
　　　　私は確信している)

　　　b. I believe [**him**] [**to have eaten the bagel**]. ([彼が] [そのベーグルを食べ
　　　　たことを] 私は確信している)

(13a) では，believe の目的語は〈節〉であり，そこでは私が確信している命題 (prop-
osition) が符号化されている。(13b) では，代わりに 2 つのユニットが見受けられ
る。そのうちの 1 つは〈直接目的語の名詞句〉として符号化されており，もう一方
は〈不定詞述語〉(Infinitival Predicate) として符号化されている。〈目的語への繰り
上げ〉構文の意味構造についてなされうる類像的分析の 1 つは，信じることはここ
では（〈不定詞補部〉の中にある）属性を believe の〈目的語〉の指示対象に帰属させ
るものとして解釈可能だというものであろう。実際，Langacker は，まさしくその
ような分析を行っている (Langacker 1995)。

254 第2部 統語的関係から記号的関係へ

　（14b）のいわゆる〈Tough 移動〉（Tough-Movement）構文に対しても同様の分析を行うことが可能である。

（14）　a. It is hard **to find Tina**. (ティナを見つけるのは難しい)
　　　　b. **Tina** is **hard to find**. (ティナは見つけるのが難しい)

（14a）では，〈述語〉*be hard* の〈補部〉は〈不定詞補部〉であり，それは一般的な事態を符号化し，*be hard* が表す属性をその一般的な事態に帰属させている。（14b）では，一般的な事態は，*be hard* の〈主語〉として符号化される〈名詞句〉と，〈目的語〉をなくしている〈不定詞補部〉へと区分けされている。（14b）の意味解釈を，*be hard to find* が表す複合述語（complex predicate）の〈主語〉の指示対象への帰属として分析することは妥当である。

　そのような分析を進めることは，（15）のムース・クリー語（Moose Cree）の事例については不可能ではないものの，あまり妥当とは思えない（James 1984: 210; 下記の（23）と（27）の事例も参照）。

（15）　ālimēliht　　-ākosi　　-w　　**mēri**　　[kihči-　　tot　　　-aw　　-iyan　　[kihči-
　　　　be.hard　　　-AI　　　-3　　**Mary**　　SUB-　　　make　　-TA　　-2→1　　SUB-
　　　　tāpwē　　　-ht　　-amān　　[ē-　　**āhkosi**　　-t]]]
　　　　believe　　-TI　　-1　　　　SUB-　　**sick**:AI　　-3
　　　　[直訳] 'Mary is hard to you make me believe (she) is sick.'

　（14）の英語の〈Tough 移動〉構文と，（15）のムース・クリー語の〈Tough 移動〉構文の両方において，〈主節動詞〉*ālimēliht*（難しい）の明白な〈NP 従属部〉（NP Dependent）としての Mary の統語的役割は，むしろ構文の情報構造の結果である。〈Tough 移動〉構文では，述べられるのは Mary についてであり，難しいという記述がなされる事態についてのものではないという意味では，Mary が話題である。

　節を〈主語〉と〈述語〉とに分ける別の構文としては，（16）のような〈連結詞〉構文が挙げられる。

（16）　Susan **is** tall/intelligent/etc. (スーザンは背が高い／知性がある／など)

（16）では，たとえ Susan に帰属されているものが高い身長と知能であっても，〈主語〉の統語的関係と目されるものは，*Susan* と *tall/intelligent* ではなく，*Susan* と *be* との間に成り立つ。それにもかかわらず，〈連結詞〉は叙述（すなわち，叙述された属性を〈主語〉に帰属すること）を符号化している（5.2 節参照）。ゆえに，〈主語〉と〈連結詞〉との間に意味的関係が存在すると考えることは妥当に思える。

　動詞 *be* は，英語の〈受動態〉構文での〈受動態助動詞〉としても見受けられる。

6章　統語的関係に対するラディカルなアプローチ　255

（17）　a. The neighbor's kid broke the window.（隣の家の子供が窓を割った）

　　　　b. The window **was** broken by the neighbor's kid.（窓は隣の家の子供によっ
　　　　　て割られた）

　　　　c. the window broken by the neighbor's kid（隣の家の子供によって割られた窓）

（17b）の〈述語受動態〉（Predicated Passive）では，〈受動態主語〉は（17a）の〈能動
態主語〉とは異なりP項である。この視点（perspective）上の転換は，〈受動態〉構
文に関してなされた多くの研究で論じられるように（たとえば，Kuno 1987），話題
性に起因する。（17b）の〈助動詞〉*be* は，ちょうどそれが（16）に見られるように，
P項への過程の叙述を符号化している。〈連結詞〉は，〈受動態〉がP項の修飾語とし
て機能する時には，（17c）に見られるように不在となる。

　しかしながら，（17b）と，おそらく（16）の単純〈非動詞叙述〉構文においてさえ，
〈主語〉を連結詞 *be* の意味的項と考える根拠はかなり弱い。他の言語では，叙述と
受動態の機能は，一致する助動詞による符号化はなされない。たとえば，古典ナワ
トル語（Classical Nahuatl）では，〈非動詞叙述〉には連結詞がない。その代わり，語
幹（word stem）が直接屈折する（Andrews 1975: 148）。

（18）　ah-　　**ni-**　　**tīcitl**
　　　　NEG-　　1SG-　　**doctor**
　　　　'I am not a doctor."（私は医者ではない）

　ヘブライ語（Hebrew）では，〈受動態〉*gudal*（育てられる）は，〈連結詞〉なしの
〈動詞〉の形態的派生である（Keenan 1985: 252）。

（19）　ha-　　yeled　　**gudal**　　　　al　　yedei　　ha-　　saba
　　　　the-　　child　　bring.up.PASS　on　　hands　　the-　　grandfather
　　　　'The child was brought up by the grandfather.'（その子は祖父によって育てら
　　　　れた）

　トク・ピシン（Tok Pisin）では，*inap*（できる）（英語の *enough* から派生したも
の）のような〈助動詞〉は屈折しない（Verhaar 1995: 138）。

（20）　bai　　yupela　　**inap**　　kisim　　graun　　bilong　　ol
　　　　FUT　　2:PL　　　**can**　　get:TR　　land　　POSS　　them
　　　　'You [pl.] will be able to get their land.'（あなた方は彼らの土地を手にする
　　　　ことができるだろう）

したがって，トク・ピシンでは，〈主語〉と〈助動詞〉（Auxiliary Verb）の間には統

語的関係の顕在的符号化は存在せず，ゆえに inap は〈動詞操作詞〉(Verbal Operator) として，また yupela については kisim の〈主語〉として分析可能である。

最後に，(21) のルガンダ語 (Luganda) の文では，〈助動詞〉と〈動詞〉の両方が，〈主語名詞句〉の olu-kiiko（評議会）と一致する (Ashton 他 1954: 292)。

(21) ku   ssaawa ennya   olu-   kiiko   lu-   naa-   ba
     LOC   ten.o'clock   LU.CL-   council   LU.CL-   NEAR.FUT-   be
     lu-   tudde
     LU.CL-   sit.PART

'At 10 o'clock the council will be in session [直訳：will be sitting].'（10 時に会議が始まります）

NP と be の間の統語的関係と目されるものが示すように，英語は〈主語〉の NP を〈受動態の助動詞〉／〈連結詞〉の be の意味的項として解釈するが，古典ナワトル語やヘブライ語やトク・ピシンやルガンダ語では，同様の解釈は得られない，と論じることができるかもしれない。しかし，そのような分析を支持するには，3 章で論じた一連の隠れた前提に取り組み，またそれらを擁護する必要があるだろう。すなわち，対立の欠如，統語形式または振る舞いの同定，構文の単義性，非冗長性，意味の不確実性原理といった問題である。

ラディカル構文文法で行う分析は，主語の統語的関係などというものは存在しないというものである。この分析に基づくと，(17b) のような事例は図 6.4 のように表せるだろう。

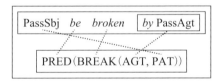

図 6.4．(17b) の事例における英語の〈述語受動態〉構文の記号的リンク

図 6.4 では，符号化を行う形態統語は，〈連結詞の主語〉役割における句を，構文の意味構造における〈述語〉((17b) の〈受動態動詞〉(Passive Verb)) が表す事象と関係する参与者に単純に結び付けている。この非類像的構造は，もちろん，ただ部分的に非類像的である。なぜなら，それは事象 — 参与者構造 (event-participant structure) ではなく，発話（図 6.3 では明示的に示されてはいない）の情報構造を映し出すものだからである。

この場合にも，非類像的な明白な統語的関係に対して通時的説明を与えることが

できる。助動詞や連結詞動詞は，はじめは参与者を伴う事態を表す実動詞（full verb）
として用いられる（連結詞と受動態助動詞の典型的な動詞の起源については，Clark
1978; Keenan 1985; Siewierska 1984 参照）。しかし，この動詞形は，単に叙述機能
と態機能を符号化するところまで文法化されてきているが，それら（叙述機能と態
機能）は補部の述語が表す事態についての意味的操作である。しかし，文法化のプ
ロセスにおいては，この助動詞／連結詞は，補部の述語が表す事態の参与者の指標
となる統語的一致を含み，元の構文の形態統語を保持している。

6.2.3. 節の崩壊

　最後に一連の事例を挙げておく。これらの事例は，同様の理由により，6.2.2 節で
挙げた事例と同様の問題を引き起こす。時制，相，法，証拠性（evidentiality）を示
す英語の構文クラスもまた，事態を表す〈節〉を分裂する。

(22)　a. **[Sara]** wants **[to sit down]**.（［サラ］は［座り］たい）
　　　b. **[Janet]** seems **[to be ill]**.（［ジャネット］は［病気］のようだ）
　　　c. **[The cats]** will **[scratch the furniture]**.（［その猫たち］は［家具を引っか
　　　　く］だろう）
　　　d. **[Sara]** began **[to sing]**.（［サラ］は［歌い］始めた）

(22a–d) では，一見したところ統語的に〈主動詞〉（または，(22c) では〈助動詞〉）
に依存しているかのように見える〈主語〉NP と，〈主語〉が何らかの参与者役割を持
つ事態を表す〈主動詞〉または〈助動詞〉の〈非定形補部（Nonfinite Complement)〉
（サラが座る，ジャネットが病気である，猫たちが家具をひっかく，サラが歌う）へ
と，事態は分裂している。
　(22a–d) の構文を類像的分析を用いて分析する場合，事態から主語の指示対象を
引いたものは，〈主節〉の述語の意味的なスコープ内にあるものとして解釈する必要が
生じるが，〈主語〉の指示対象は〈主動詞〉や〈助動詞〉が表す事態の意味的項という
ことになる。そのような意味分析の妥当性は，(22a) から (22d) に向かうにつれて
徐々に失われていく。
　(22a) では，主語の指示対象は，〈補部〉で述べられる欲望を持つ人である。(22a)
では，意味構造は統語的関係と目されるものを実際に映し出している。メンタル・
スペース（mental space）理論の用語を用いると（Fauconnier 1985），〈主語〉の指示
対象は，〈主動詞〉*want* によって構築されたメンタル・スペースを支えるものとい
うことになる。
　(22b) の *seem* のような証拠語（evidentials）もまた，メンタル・スペースを構築
している。ここでは，メンタル・スペースは，〈主語〉の指示対象ではなく，話者に

よって支えられている。すなわち，この事態（ジャネットが病気である）が唯一真であるように思われるのは，(22b) の話者にとってだけである。ゆえに，証拠となるのにふさわしい事態に関しては，〈主語〉の指示対象の特別な地位はない。実際，ムース・クリー語では，〈主語〉と〈目的語〉の NP のどちらも，〈主節動詞〉の明らかな統語的従属部として生じることができる（James 1984: 209，注釈は James のもの）。

(23) **ni-** itēliht -ākosi -n ［ē- **kiskēli** -m -iyan］
　　 1- seem -AI -1 SUBR- **know** -TA -2→1
　　 'I seem to be known by you.' ［直訳：'I seem you know me'］（私はあなたに知られているようだ）

(22c) の時制標示については，事象それ自体と事象の時間的位置は，〈主語〉の指示対象に属するものとみなされている。これは道理にかなったことである。すなわち，(22c) では，猫が家具を引っかくという事象が将来生じることを，私は猫について述べているのである。しかし，これは，〈主語〉の指示対象だけでなく，述語のどんな項にとっても同等に真である。ゆえに，この事態を〈主語〉と〈補部〉に対応する部分へと分ける意味的動機付けは存在しない。同じことが，(22d) の相についても当てはまる。すなわち，相の局面は，主語だけでなく，どんな参与者にも帰属可能である。

　要するに，ほとんどの事例において，〈主語〉と〈補部〉を主動詞／助動詞の意味的項として扱うことは妥当でない。一方，〈主語〉の指示対象を〈補部〉が表す事態における残りの参与者として特定することは，(22a–d) で示す構文では容易である。

　この場合にも，(22a–d) の項の非類像的写像に対して通時的説明を与えることができる。これらの構文は，**節の崩壊**（CLAUSE COLLAPSING）とも呼ばれる文法化のプロセスの真っただ中にある。すなわち，主動詞と補部動詞を持つ複文構造は，時制，相，および法を示す形式（前の主動詞）と主動詞（前の補部動詞）を持つ単一節として再分析されているのである。この通時的変化は，緩やかなプロセスであり，(22) と (23) の事例は，幾つかの言語にとっては，このプロセスの最後の段階の 1 つが，統語的項を前の補部動詞へと配置転換することであることを示している。他の言語では，〈補部〉の他の参与者を表す項の句は，むしろ主節の中へと配置転換されている。

　イタリア語では，〈接語上昇〉（Clitic Climbing）構文と呼ばれるものにおいて，〈補部〉の事態の参与者を表す接語〈代名詞〉は，あたかも助動詞と統語的関係にあるように見える。以下，2 つの事例を挙げる。どちらも〈直接目的語〉の接語 *lo* のものである（Napoli 1981: 861, 863，これらの事例は，実際に用例が確認されている）。

(24) l'-　　 ho　　　 appena　 finite　　 di　　 **fare**
　　 it-　　 I. have　 just　　　 finished　 of　　 **do**:INF
　　 'I just finished doing it.'（私はちょうどそれをやり終えたところだ）

(25) me　　 **lo**　 sa　　　　 **dire?**
　　 to.me　 **it**　 you.can　 **tell**:INF
　　 'Can you tell it to me?'（私にそれを言ってくれますか）

(24) の〈完了助動詞〉（Perfect Auxiliary）ho（（私は）した）や (25) の〈助動詞〉sa（（あなたは）できる）と，〈目的語〉接語（clitic）が表す参与者との間には，直接的に成り立つ意味的関係はない。

　アンカシュ・ケチュア語（Ancash Quechua）では，(26) の Huaraz-chaw（ワラスで）のような，〈不定詞補部〉の完全な〈名詞句〉の項は，〈主節動詞〉muna（欲しい）の明らかな従属部として現れることができる（Cole 1984: 111）。

(26) noqa　 **Huaraz**　 **-chaw**　 muna　 -a　 [wayi　 -ta　 **rura**　 -y
　　 I　　　 **Huaraz**　 **-in**　　 want　 -1　 house　 -ACC　 **make**　 -INF
　　 -ta]
　　 -ACC
　　 'I want to make a house in Huaraz.'（私はワラスで家を作りたい）

(26) では，ワラスに位置するのは，欲しいことではなく，家を建てることである。

　(24) から (26) の様々な非主語（nonsubject）項が，'have', 'can', 'want' の意味的な項だと論じるのは妥当でないように思われる。しかし，統語的関係を持たない構文文法では，図 6.4 のモデルによって，構文の統語構造の項の句を，構文の意味表示の適切な参与者役割の中へと写像することは，先と同様に容易なことである。

　2つの特に複雑な事例を用いて締めくくることにする。まず1つ目の事例として，ムース・クリー語では，二重埋め込み〈動詞〉（すなわち，〈動詞〉「病気である」）が表す事態の参与者は，〈主節動詞〉の明らかな従属部として符号化可能である（James 1984: 210）。

(27) itēliht　 -ākosi　 -w　 **mēri**　 [ē-　　 kī-　　 alamotam　 -ātan
　　 seem　　 -AI　　 -3　 **Mary**　 SUBR-　 PST-　 tell　　　　 -TA:1→2
　　 [ē-　　 **ākhkosi**　 -t]]
　　 SUBR-　 **sick**:AI　 -3
　　 [直訳] 'Mary seems that I told you that (she) is sick.'（メアリは，私があなたに（彼女が）病気であると告げたと思っているようだ）

また，日本語では，証拠〈動詞〉(evidential Verb) の〈補文〉の〈主語〉の指示対象は，証拠〈動詞〉の〈受動態〉の明白な〈主語〉の項として符号化可能である (Tsukiashi 1997: 49; 実際に確認された事例)。

(28) **watasi**　wa　[**hait**　-te-iru　-koto]　o　satorarenu　　　　-yoni
　　　 I　　　TOP　**be.in**　-PROG　-COMP　OBJ　notice:PASS:NEG　-so.that
　　　[直訳] 'so that I will not be noticed to be in'

ここでは，主節の要素として，より話題となっている参与者を符号化することと，証拠となる意味を持つ複文の崩壊における最初の数段階との組み合わせが起きているように思える。

　これらの事例全てにおいて，統語的関係と目されるものと一致する意味的関係を仮定することは，大なり小なり，常識的な妥当性を押し付けることである。何らかの妥当な類像的分析を特定の場合に示すことは時に可能であり，場合によっては構文の創造を動機付けるけれど，私は妥当な類像的動機付けを与えることが常に可能なわけではないと考える。一方，これらの事例全てにおいて，もし統語的要素と意味的成分の間に記号的関係のみを規定する構文知識を仮定するなら，これらの文の意味の常識的直観においては，聞き手が，誰がどこで誰に何をしたのかを特定することは難しいことでは全くない。図6.5は，日本語の〈証拠補部主語受動態〉(Evidential Complement Subject Passive) を示したものである。

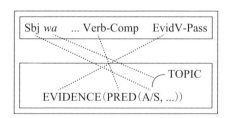

図6.5. 日本語の〈証拠補部主語受動態〉構文の記号的リンク

　もし統語的関係を放棄するなら，残りの統語構造は類像的なものということになる。最も重要なのは，ラディカル構文文法で残存する構文構造の知識を用いれば，聞き手は話し手が何を言ったのかについて理解することが依然可能なことである。

　統語的構造と意味的構造の間には非類像的関係が存在するが，このことは意味分析を行う上で問題となる要因である。形式—意味の写像は非類像的なものとなりうる場合がある。この事実を前にして，事態の別の解釈を反映しながら，写像はいつ非類像的となり，またいつ類像的となるのかを，我々はいったいどうやって決定す

るというのか。この疑問は，3章で挙げた理由により，先験的に決定可能ではない。構文は，競合する別の概念化の存在により，意味構造において変化しうるものである。意思決定は，3章で論じたやり方に沿った形で，個別になされる必要がある。

1つの事例として，英語の〈受動態〉の構造について考えてみるといい。P項は，〈助動詞〉*be* における〈一致〉を引き起こし，〈動詞〉の〈過去分詞〉形との直接的な統語的関係は示さない。それにもかからわず，*be* を欠く述部受動態との対立は存在しないという理由から，P項は〈助動詞〉の意味の項でないと結論付けてよい（3.2.1節）。一方，P項の〈受動態主語〉役割は，〈能動態〉構文の〈能動態目的語〉役割とは対立しており，その対立は意味構造の中で表されるべきである。この対立は，通常は，情報構造的観点から述べられるが，それは事象の代わりとなる解釈を表すものとして分析することも可能である（Croft 1998b）。

より一般的には，多くの一見したところ非類像的なパタンは，構文が表す事態の事象–参与者構造と同様，統語構造が情報構造を映し出すという事実に起因すると述べることができる。2つのものは常に一致するわけではないので，発話の構造は類像的にある時には一方を反映し，また別の時には他方を反映することがある（5.4.5節参照）。

6.3. 統語的関係 vs. 統語的役割

6.2 節で示したデータは，統語表示に対する構文基盤的アプローチの議論が妥当であることを支持している。さらに，前節で用いたデータによれば，統語的関係を仮定することが，記号的関係を仮定することに優るものでないことも明らかである。実際，統語的関係を仮定する場合，構文固有の記号的関係をより一般的な結合規則と取り換える試みはどんなものであれ問題を抱えたものとなる。なぜなら，統語的関係の意味的関係への単純な同一構造を持つ／類像的な写像は存在しないことが多々見受けられるからである。

1.3.1 節と 6.2 節の議論に基づき記号的関係が存在することを受け入れるなら，次のステップとして，6.1 節で行った論理的な主張が持つもう一方の必要な前提である統語的役割の検証に取り掛かることが可能となる。ここで関係する構造は，図 6.6のように図解できる。

統語的役割は，統語的要素を構文全体に関係付ける。一方，統語的関係は，統語的要素を別の統語的要素と関係付ける。6.1 節では，もし（記号的関係と同様に）統語的役割を仮定するなら，統語的関係を用いずに済ますことができることを論じた。ここでも，問題を逆にして，もし統語的関係を仮定するなら，統語的役割を用いずに済ませることができるのかと問うことができる。すなわち，統語的役割と統語的

図 6.6. 統語的役割と統語的関係

関係は表記上の変異形であるのかという問いを立てることが可能である。

　厳密に言うと，統語構造のモデルは，統語的役割を用いずに済ますことはできない。少なくとも一般的な部分–全体の関係を仮定することが必要である。本当の問題とは，統語的関係は，構文の要素を独自に指定する〈主語〉や〈述語〉のような特定の統語的役割に取って代わることができるのかということである。以下の節では，そうすることは不可能だと論じる。統語的関係を仮定するなら，統語的役割以上により多くの構造を構文に課すことになる。しかし，そういった追加的に必要となる構造が疑わしいということ，あるいは，致命的なことに，そういったものが全く存在しないということを示唆する非常に強い証拠が存在している。

6.3.1. 3つまたはそれ以上の要素の相対的順序

　統語的役割と統語的関係は，図6.6に示すように，二項的分岐（binary branching）メロノミック（部分–全体）構造における表記上の変異形にすぎない。2つの要素XとYのみを持つ構文Cについて考えてみよう。CにおけるXとYの役割についてはX/CとY/Cとして記述可能だし，XとYの関係についてはX–Yとして記述可能である。もし，XとYがCの部分を構成し，またX–Yの関係についても我々が知っているなら，これら2つの要素の役割を統語的関係X–Yのそれぞれ一番目と二番目の成員として規定可能である。もし，二項的分岐メロノミック構造において2つの要素の役割のみ（すなわち，X/CとY/C）を知っているという場合には，統語的関係はX/CとY/Cの間に成り立つものとして規定可能である。

　しかし，もし問題とする構文が2つの部分よりも多いものから成り立つ場合には，統語的役割の表示は統語的関係の表示の表記上の変異形とはならない。そういった場合の統語的関係は，統語的役割のみからは推測不可能である。図6.7のような3つから成る分岐メロノミック構造について考えてみよう。

　図6.7aは，要素X, Y, Zと構文Cの間に成り立つ統語的役割を示している。図6.7b–eでは，図6.7aの役割が推測可能な統語的関係の全ての可能なモデルが示されている。すなわち，図6.7b–eのどの構造においても統語的関係を知ることによって，図6.7aの役割X/C, Y/C, Z/Cを導くことが可能である。しかし，図6.7aの情

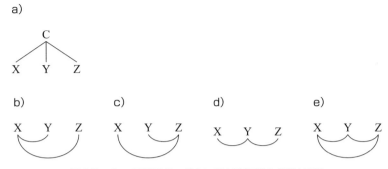

図 6.7. 3つの要素を持つ構文における統語的な役割と関係

報のみを仮定する場合には,図 6.7b–e のどの部分が正しい表示であるのかについて決定を下すことはできない。すなわち,統語的関係とは,統語的役割よりも豊かな統語構造を表すものなのである。

しかしながら,追加の統語構造が存在しないと考えるためのもっともな理由が存在している。キリヴィラ語 (Kilivila) の具体例について考えてみよう (Senft 1986: 110)。

(29) eseki   luleta   yena   guyau
     he.give his.sister fish   chief
     VERB   NP₁   NP₂   NP₃
     'The chief gives his sister the fish.' (ボスが彼の妹に魚をあげる)

Senft によれば,〈動詞〉の後ろの最初の〈名詞句〉が受容者 (ボスの妹),二番目が贈り物 (魚),三番目が贈与者 (ボス) であるというように,項の順番は固定している。今回の場合,4つの要素が存在している。推定される統語的関係は,線形順序によって符号化されることになるであろう。しかし,どの統語的関係が実際に示されるべきかを正当化するための方法はない。1つのもっともらしい分析は,それぞれの〈名詞句〉が〈動詞〉と統語的関係にあり,統語的関係はそれぞれの〈名詞句〉の相対的位置によって符号化されるというものである。しかし,この分析は本質的には,統語的根拠ではなく意味的根拠によって正当化されるものである。別のもっともらしい分析は,二項的分岐構成素性の分析を仮定することである。しかし,(30) の二項的分岐分析のうち,どれが正しいものであるのかを納得させるための方法はない。なぜなら,線形順序が固定されているためである。(30a–e) の二項的構造間において行う選択は,いずれも恣意的である。

(30)　a. [V [NP₁ [NP₂ NP₃]]]

b. [[[V NP₁] NP₂] NP₃]
c. [[V NP₁] [NP₂ NP₃]]
d. [V [[NP₁ NP₂] NP₃]]
e. [[V [NP₁ NP₂]] NP₃]

二項的分岐分析とは，(29)で実際に存在するものより大きな統語構造を単に課すものである。

統語的役割分析では，構文について容易に統語的記述を行うことができる。すなわち，相対的位置が，NPの統語的役割と，それぞれの参与者役割との記号的リンクを直接符号化する。要素の相対的順序は，図6.8のように，構文によって指定されており，それぞれの要素は，適切な参与者役割へと写像される。

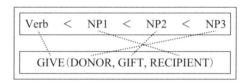

図6.8. (29)の事例における記号的関係

6.3.2. 二番目の位置

5.3.3節では，主語に関するほとんどの統語的文献にあるように，線形順序の指定は相対的であることを想定した（すなわち，図6.8のキリヴィラ語の事例のように，要素の位置は他の要素の位置と関係して指定されるということ）。幾つかの構文においては，特定の要素の位置が，（最初または最後の位置というように）絶対的な位置に生じるものとして単純な記述がなされている。たとえば，英語の〈補文標識〉は，平たく言えば，〈補文〉(Complement Clause)の最初の位置に生じるものとして記述されている。

(31) She thought [**that** perhaps Bill would come in the afternoon].（[ひょっとするとビルは午後に来るだろう]と彼女は思った）

同様に，標準中国語の〈関係詞節標識〉は，最後の位置に生じるものとして簡易に記述されている（Li & Thompson 1981: 580からの事例）。

(32) [zhòng   shuǐguǒ   **de**]   nóngrén
     grow   fruit   REL   farmer
    '(the) farmer(s) who grow fruit'（果物を栽培する農夫（たち））

6章　統語的関係に対するラディカルなアプローチ　265

　最初と最後の位置については，相対的観点からの記述が可能である。すなわち，最初の要素は，構文の他の全ての要素の前で生じ，一方，他の全ての要素は構文の最後の要素に先行して生じるということである。しかし，構文では二番目の位置でのみ生じる要素がある。たとえば，オーダム語では，〈助動詞〉は〈節〉の二番目の位置で生じるが（(33) の事例参照），構文の他の要素は全てがどんな順番でも生じることが可能である（(34) の事例；Zepeda 1983: 31）。

(33)　huhu'id　'o　　g　　ban　　g　　cu:wĭ
　　　chase　　AUX　DEF　coyote　DEF　jackrabbit
　　　'The coyote is chasing the jackrabbit.'（コヨーテはジャックウサギを追っている）

(34)　a. ban 'o g cu:wĭ huhu'id.
　　　b. cu:wĭ 'o huhu'id g ban.
　　　c. huhu'id 'o g cu:wĭ g ban.
　　　d. cu:wĭ 'o g ban huhu'id.

　二番目の位置で生じる要素が存在するということは，構文の統語構造において絶対的位置の表示を認める必要があることを意味している。しかし，二番目の位置の要素は，統語的関係を規定することにおいて潜在的な問題となりうる。なぜなら，二番目の位置の要素は，明らかな統語的構成素を解体するからである。たとえば，オーダム語の自由な語順は，〈動詞句〉の構成素を規定することを妨げており，ゆえに〈動詞〉プラス NP 項は構成素全体となる。もし〈助動詞〉が〈節〉とは別の構成素（操作詞のようなものとして）であるなら，〈節〉の「構成素」は〈助動詞〉によって妨げられる。

　同じことが，ブルガリア語の〈名詞句〉での二番目の位置の〈定冠詞〉(Definite Article) について当てはまる (Scatton 1983: 314)。

(35)　nóva　　　**-ta**　　　mi　　kníga
　　　new:FSG　**-the:FSG**　my　book:FSG
　　　'my new book'（私の新しい本）

〈冠詞〉を〈名詞句〉の残りのものとは別の構成素だとする通常の分析では，〈名詞句〉の残りの部分は〈冠詞〉によって妨げられることが含意されるであろう。

　構成素構造の分析にとってさらに悪いことに，二番目の位置は，(36) と (37) の事例のように，構文中の二番目の語として（二番目の構成素ではなく）規定されることもある。

二番目の位置の助動詞／代名詞複合体：セルビア・クロアチア語 (Serbian-Croatian) (Comrie 1989: 22)：

(36) [[taj **mi** pesnik] čita knjigu danas]
    that **to.me** poet reads book today
    'That poet reads the book to me today'（あの詩人が今日僕にその本を読んでくれる）

二番目の位置の前接辞の冠詞：マケドニア語 (Macedonian) (Sadock 1991: 118 [Koneski 1967: 327 より])：

(37) [[četiri **-te** stotini] lug'e]
    four **-the** hundred people
    'the four hundred people'（400人の人々）

(36) と (37) では，二番目の位置の要素は，主な構文の構成素と同様に下位構成素の分割も行っている。

絶対的位置による要素の指定は，二番目の位置の要素を構文全体と関係付けることによって最も自然に行われる。言い換えると，二番目の位置を，[... Def$_{2nd}$ ...] という統語的役割として扱うことによって，最もうまく指定することが可能である。二番目の位置を統語的役割を用いて表示することによって，聞き手は二番目の位置の要素と関係する意味的成分を特定することが容易になる。マケドニア語における [Num < Base] や [NumP < Noun] のような相対的位置の慣習も，統語的役割を用いると容易に表示可能であり，意味構造の他の成分の特定が可能となる。図 6.9 では，これらの構造が図解されている。この図では，二番目の位置の〈定〉(Definite) 構文が〈数詞〉構文と結合している。

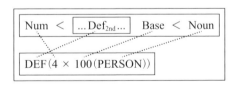

図 6.9. (37) の事例が示す構文の記号的関係

6.3.3. 入れ子型の関係的な符号化された依存関係

統語的関係 vs. 統語的役割に関する別の問題は，関係的な符号化された依存関係に関わっている。5.4.1 節では，特定の顕在的に符号化された依存関係（すなわち，

6 章　統語的関係に対するラディカルなアプローチ　267

関係的な符号化された依存関係）は，構文の関連する成分同士の意味的関係を符号
化するものとして分析可能であると論じた。たとえば，ロシア語の〈属格〉の格標識
は，(38) では所有関係を符号化している。

(38)　kniga　　Ivan　 -a
　　　 book　　 Ivan　 -GEN
　　　 'Ivan's book'（イヴァンの本）

　5.4.1 節で述べたように，関係的な顕在的に符号化された依存関係は，(39) のマ
ルギ語（Margi）の事例のように，独立した要素（すなわち，接置詞）にもなれる
(Hoffman 1963: 240)。

(39)　bzə́r　　n_índà　　 **ár**　　wù
　　　 boy　　 sits　　　 LOC　 tree
　　　 'The boy sits in the tree.'（その男の子はその木に座る）

しかし，(39) では，所格前置詞 *ár* の地位に関して問題が生じている。*ár* は，〈動
詞〉*n_índà* と〈名詞〉*wù* の間の統語的関係の標識にすぎないのか，あるいは，*ár* は
それ自体で，一方では *n_índà* と，また他方では *wù* と統語的関係を持つ統語的要素
であるのか。通常は，後者の解決法が採用されるが，その分析が意味するのは，「座
る」と「木」の間には直接的な意味的関係は存在するものの，両者の間に直接的な
統語的関係はないということである。
　このことは，重大な問題ではないかもしれない。しかし，そうは言うものの，接
置詞で止める理由はないのである。すなわち，(38) の格の接尾辞を，なぜ一方では
kinga として，また他方では *Ivan-* と統語的関係を持つ，それ自体で独立する統語
的要素として扱わないのか。実際，これが現代の生成文法が，屈折接辞によって率
いられた統語的構成素を仮定することによって，進んだ方向である。結果として，
(40) のロシア語の事例のような句は，(41) のような統語構造を持つことになる。

(40)　nadejat'sja　**na**　　pobed　 -u
　　　 hope　　　　 **for**　 victory　-ACC
　　　 'to hope for victory'（勝利を期待すること）

(41)

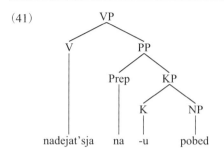

(40) では，〈動詞〉nadejat'sja が〈前置詞〉na の選択を決定し，一方，〈前置詞〉は〈対格〉接尾辞 -u の選択を決定している．しかし，〈動詞〉-〈前置詞〉と〈前置詞〉-〈格〉の関係は，連語的依存関係である．連語的依存関係は，語の選択において，同じ構文内で他の語を選択することによって課される制約である (5.1.2 節参照)．また，連語的依存関係は意味的でもある (5.2 節)．ゆえに，接置詞と格の接辞に基づく統語的関係の証拠は存在していない．

この結論は，ラディカル構文文法にとって問題ではない．ラディカル構文文法では，接置詞と格の接辞は，記号的関係 (すなわち，接置詞と格の接辞によって支配された名詞句の指示対象の参与者役割) を符号化するために存在する．図 6.10 では，これらの記号的リンクが図解されている．

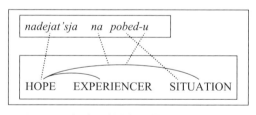

図 6.10. (40) の事例が示す構文の記号的リンク

ここで見られる連語的関係は，表現された感情とその感情の中身との間に意味的関係が成り立つことの証拠である．すなわち，接置詞と格の接辞は，聞き手にとっては，構文中のどの〈名詞句〉の指示対象がどの参与者役割を担っているかを特定するのに役立つのである．

6.3.4. 統語的関係においてユニットが 1 つ不足していること

6.3.1 節から 6.3.3 節において述べた問題は，特定の統語的役割ではなく統語的関係を用いるモデルにとっては，重大な問題を提起する．すなわち，全ての事例においてどの統語的関係が成り立つのか決めることが不可能なのである．しかし，統語

的関係を用いる統語表示モデルにとって，断然重大かつおそらく致命的な問題は，統語的関係のある部分が全く存在しないということである。だが，これは人間の言語では非常によく起こることである。多くの場合，統語的関係と目されるものにおける要素の1つが欠如している。本節では，そうした問題について議論する。さらに，統語的関係と目されるものを符号化する形態素が欠如している場合も多く見られるが，この問題については次節で論じる。統語的関係のある部分が欠如していることがもたらす問題は重大で，かつ，統語的関係を用いるモデルにとってそれは本質的に回避不可能な問題である。

5.4.1 節では，一致としても知られる指標的な符号化の依存関係について説明した。一致において，2つの要素間の統語的関係は，一方の要素（**制御子**（CONTROLLER））と一致するか，あるいは指標を与えるもう1つの要素（**ターゲット**（TARGET））の形態素によって顕在的に符号化される。たとえば，(42) のワルピリ語の事例では，〈一人称単数一致〉の接尾辞 *-rna* は，〈主語名詞句〉*ngajulu-rlu*（私）と一致するか，またはそれに指標を付ける（Jelinek 1984: 49 [Kenneth Hale により訂正，私信]）。

(42)　**ngajulu** -rlu　kapi　**-rna**　**-Ø**　　　wawirri　**-Ø**　panti
　　　 I　　　-ERG　FUT　**-1SG.SBJ** -3SG.OBJ kangaroo -ABS　spear
　　　 -rni　　yalumpu　**-Ø**
　　　 -NPST　that　　　 -ABS
　　　 'I myself will spear that kangaroo.'（私自身がそのカンガルーをやりで突くつもりだ）

しかし，世界の言語で非常に一般的に見られる現象は，(43) のワルピリ語の事例に見られるように，制御子と目されるものが文中に存在しないことである（Jelinek 1984: 43 [Hale 1983: 6 より]）。

(43)　wawirri　 **-Ø**　　kapi　**-rna**　**-Ø**　　　panti　-rni　yalumpu
　　　 kangaroo -ABS　FUT　**-1SG.SBJ** -SG.OBJ spear　-NPST　that
　　　 -Ø
　　　 -ABS
　　　 'I will spear that kangaroo.'（私はそのカンガルーをやりで突くつもりだ）

同じ現象は，修飾語と名詞との非人称一致においても確認可能である。スペイン語では，〈指示詞〉と〈形容詞〉は，〈性〉と〈数〉において〈主要部名詞〉と一致する（Hengeveld 1992: 61）。

270 第2部 統語的関係から記号的関係へ

(44) es -a **casa** modern -a
that -Fsg **house:F**(sg) modern -Fsg
'that modern house'（その現代的な家）

しかし，適切な談話的文脈を与えれば，〈名詞〉をなくすことは可能だが，〈指示詞〉と〈形容詞〉は，その存在しない〈名詞〉と依然として「一致」する（同上：2.2節参照）。

(45) prefier -o es -a modern -a
prefer -1sg.prs that -Fsg modern -Fsg
'I prefer that modern one.'（私はその現代的なものの方が好きだ）

　構文で制御子が存在しないことは，統語的関係を示すものとして一致の標識を分析することにとって重大な問題となる。もしもう一方の要素が存在しないなら，どうして2つの要素間に統語的関係が存在すると言えようか。この問題に対しては，数多くの解決策が提案されてきた。しかし，それらの全ては色々な点で受け入れ難いものである。

　提案されうる1つの解決策とは，(43)のような文には，実は制御子として働く空の〈主語代名詞〉が存在すると論じるものである。この解決策は，多くの言語学者にとって受け入れ難いといえる。なぜなら，空要素を仮定することは，制約なしの理論的装置であるからである。他に考えられうる解決策は，(43)のような文においてターゲットと目されるものは，実は拘束代名詞（bound pronoun）であり，ゆえに統語的関係は拘束代名詞の位置と形式によって符号化されると論じるものである。このアプローチでは，(42)のような事例が問題となる。すなわち，(42)の接辞を〈一致〉の接辞として分析せざるをえなくなるであろう。そこでは，同じ接辞が，ある文脈では〈一致〉の接辞となり，別の文脈では〈拘束代名詞〉となってしまうであろう（Bresnan & Mchombo 1987のチェワ語（Chichewa）の分析参照）。あるいは，〈独立した主語の代名詞〉を，動詞の項ではなく，「付加詞」として分析せざるえなくなるであろう（Jelinek 1984; Jelinek & Damers 1994; Foley 1991: 227–8）。しかし，どういった意味で〈独立したNP〉が「付加詞」であるのかは不明である。

　人称接辞（person affixes）が，少なくとも幾つかの言語では拘束代名詞だとする見方は，独立した名詞句（independent noun phrase）が存在する場合には，人称接辞が使用されない言語が存在するという事実によって支持される。たとえば，ブルトン語（Breton）では，〈一人称単数の独立した代名詞〉（1st Person Singular Independent Pronoun）がある場合には，〈動詞〉は〈一人称単数〉の接尾辞とは共に生じない（Stump 1984: 290, 291）。

(46)　levrioù　a　　**lennan**
　　　books　PTCL　read:1SG
　　　'I read books.'（私は本を読む）

(47)　**me**　a　　　lenn [*lenn**an**]　levrioù
　　　I　PTCL　read [*read:1SG]　books
　　　'I read books.'（私は本を読む）

しかし，〈強調〉（Emphatic）文では，〈一人称単数〉の接尾辞は，〈一人称の強調的〉前接辞とでさえ共に使用可能である（同上：302）。

(48)　levrioù　a　　**lennan**　**-me**　　　[*lenn　-me]
　　　books　PTCL　read:1SG　**-1SG.EMPH**　[*read　-1SG.EMPH]
　　　'*I* read books.'（私は本を読む）

(49) と (50) の事例が示すカヌリ語（Kanuri）のような言語では，〈人称〉接頭辞は選択的である（Hutchison 1981: 139）。

(49)　**nyí**　-à　　　rú　　-kə́　-nà
　　　2SG　-ASSOC　see　-1SG　-PRF
　　　'I saw/have seen you.'（私はあなたに会いました）

(50)　**nyì**　-à　　　**nzú-**　rú　　-kə́　-nà
　　　2SG　-ASSOC　2SG-　see　-1SG　-PRF
　　　'I saw/have seen you.'（私はあなたに会いました）

　同様の問題は，名詞句における主要部名詞の欠如についても生じる。Lehmann は，名詞句での非人称一致は，主要部名詞とではなく，修飾語がその一部となる名詞句と起こると論じる（Lehmann 1982a: 221–3）。言語の中には，修飾語が「一致する」属性が，制御子では顕在的に表現されないものもある（同上：204）。たとえば，ラシ語（Rushi）では，〈格〉は〈主要部名詞〉ではなく〈指示詞〉において表現される。また，リトアニア語（Lithuanian）では，〈定性〉（Definiteness）は，〈主要部名詞〉ではなく〈形容詞〉において表現される（同上：204–5）。この分析では，たとえ主要部名詞が不在であっても名詞句は常に存在している。Lehmann は，これを NP 内部の一致（NP-internal agreement）として記述する。しかし，Lehmann は，この解決策は受け入れ難い結論につながると述べる。すなわち，もしカテゴリを表す名詞句の唯一の要素が主要部名詞であるなら，その主要部名詞は名詞句と一致すると述べる必要が出てくる。（同上：223–4）。

272 第2部 統語的関係から記号的関係へ

　これらの問題は，広く受け入れられている前提が原因となって生じる問題である。その前提とは，1つの節中には，意味上の指示対象ごとにちょうど1つの統語的項（syntactic argument）が存在するというものである。この前提は，とりわけ，統率・束縛理論の θ 基準（Haegeman 1994: 73; 6.4 節参照）や，語彙機能文法の独自性の条件（Kaplan & Bresnan 1982: 181）の中に見られる。したがって，（42）のような事例では，〈一人称〉の接尾辞は，「単に」一致の標識として分析される必要がある。あるいは，〈一人称の独立した代名詞〉は，「単に」付加詞として分析される必要がある。しかし，これらの分析の1つについて，それが他の分析よりも優れたものとして受け入れる先験的理由は存在しない。反対に，（43）の事例で，独立した項の句が存在しないということは，〈一人称〉の接尾辞を拘束代名詞の項として分析することを要求するものである。しかし，独立した名詞句として，あるいは人称一致接辞としても，項の顕在的表現を全く欠く言語が多く見られる。(51) の日本語の文は，この現象の一例である（Gundel 他 1993: 298）。

(51)　toori　　e　　dete　　　shibaraku　　　hashitteku
　　　street　to　go.out　for.some.time　run
　　　‘[**He**] goes out onto the street and runs for some time.’（［彼は］通りに出て，しばらくの間走って行く）

　提案可能な代替案とは，この前提を放棄して，一致の接辞を統語的関係ではなく記号的関係を表すものとして扱うことである。すなわち，一致は，指示対象を表す句ではなく，指示対象に指標を与えるものということである。その結果，「一致」とは，単に，独立した項の句と一致の接辞という2つのものによる二重の指標化（double indexation）ということになる。いつ二重の指標化が禁じられたり（(47) のブルトン語の事例），あるいはそれが選択的となったり（(49) と (50) のカヌリ語の事例），または義務的となったり（(42) のワルピリ語の事例と (48) のブルトン語の事例）するのかというのは，個別言語固有の構文が規定する問題である。
　言い換えると，全ての指標が指示を行うのである。独立した名詞句と代名詞的接辞の間には，非対称性が存在する。修飾語の性／数／格の接辞と主要部名詞の間にも，非対称性が存在する。しかし，その非対称性は，指示表現（「項」）vs. 非指示表現（「単なる一致」）のようなものではない。
　この分析は，Barlow (1988) によって提案された。Barlow は，一致のパタンに関する調査において，局所的文脈（すなわち，一致が統語的関係を表現すると考えられる所）と，前方照応の文脈（一致の標識が代名詞として分析される所で，その特徴は意味的な同一指示的関係によって決定される）における様々な特徴の一致のパタンを比較している（Barlow 1988: 139–52）。Barlow は，「局所的一致（local agree-

ment）と前方照応的一致（anaphoric agreement）には，多くの類似性があり両者に大きな差異はない」と結論付けている（同上：154）。

Barlow は，指示関係は，統語的要素（すなわち，名詞句，代名詞，一致の接辞）と**談話の指示対象**（DISCOURSE REFERENT）の間に成り立つと論じている。談話の指示対象とは，指示表現（指標的表現を含む）が使われる時にはいつでも対話者によって構築される概念的存在物である。談話の指示対象は，同一の先の談話の指示対象と意味的に（文法的にではなく）結び付けられている（Barlow 1988, 5 章）。Barlow は，談話の指示対象は，意味的指示対象に関する「見方」（perspective）を表しており（Barlow 1988: 188–9；下記参照），ゆえに単独の現実世界の指示対象が，複数の談話の指示対象という形で現れうると論じる。

Barlow の分析に対して提示可能な主な異論は，一致は意味的というより，むしろ多くの場合文法的なものであるということである。たとえば，スペイン語の *casa*（家）の〈性〉は，意味に基づいてはいない。すなわち，家が女性になる明白な方法は存在しない。ゆえに，〈指示詞〉と〈形容詞〉の「家」の〈性〉との一致は，意味構造ではなく，統語構造において（すなわち，統語的関係の標識として）記述されるべきである。しかし，一致が文法的である統語的領域と，一致が意味的である統語的領域との間に，明確な境界を定めることは不可能である。換言すると，「文法的」vs.「意味的」という区別が，これら 2 つの一致タイプの記述として最善のものであるのかどうかは明らかではない。

Corbett は，(52) に挙げる一致の階層に関するデータを示している（Corbett 1979）。

(52)　一致の階層（Agreement Hierarchy）：
　　　限定＜述語＜関係代名詞＜人称（前方照応）代名詞

もし，ある構文がこの階層上の何らかの構文について文法的一致（grammatical agreement）を起こすのなら，その構文は階層内の左側にあるどの構文についても文法的一致を起こすであろう。そして，もし，ある構文が，階層上の何らかの構文について意味的一致を起こすのなら，その構文は階層内の右側にあるどの構文についても意味的一致を起こすのであろう。

　以下に挙げる事例は，セルビア・クロアチア語での〈数の一致〉に関する階層を連続的に例示したものである。〈数詞〉の 2 から 4 は，特別な文法的一致の形式を要求するが（「〈双数サバイバル〉」(Dual Survival)），それは〈名詞〉と〈限定的形容詞〉(Attributive Adjective) で必要とされるものである（Corbett 1979: 206）。

(53)　ova dva dobra［**双数**］čoveka.
　　　'these two good men'（これらの 2 人の良い男たち）

〈双数サバイバル〉形も，〈複数〉形も，〈述語〉と〈関係代名詞〉で見られることはある。しかし，テキスト分析を行ったところ，〈双数サバイバル〉形は，〈述語〉では82パーセントの確率で見られるが，〈関係代名詞〉ではたった38パーセントの確率でしか見られない（Corbett 1979: 206）。〈前方照応の代名詞〉（Anaphoric Pronoun）は，常に〈複数〉の oni でなければならない（同上）。これらの事実は，一致の階層に従う。

　言い換えると，言語現象の領域を「文法」と「意味論／語用論」とに分け，「文法的」な一致は前者で見られ，「意味的」な一致は後者で見られると仮定することはできないのである。指示対象の特徴の指定を含む，いかなる，あるいは全ての構文タイプが，文法的一致あるいは意味的一致を見せうるのである。

　しかし，これらの2つの一致タイプの違いを，「文法的」vs.「意味的」なものとして記述することが最善かどうかという点については問題がある（Barlow 1988: 220–5）。むしろ，これら2つの一致タイプは，2つの異なる意味的特性を表している。たとえば，3.3節では，〈単数〉と〈複数〉の一致の両方が，イギリス英語では〈集合名詞〉（Group Nouns）と共に見られることを見た（すなわち，*... if a highway authority **are** satisfied that ...*）。しかし，〈単数〉と〈複数〉の特徴は両方が意味的に動機付けられている。なぜなら，集合とは，単独のユニットでもあるし，またそれは個々の集合でもあるからである。

　Barlow は，多くの同様の事例を挙げている。(54) のチェワ語の事例では，〈所有代名詞〉（Possessive Pronoun）の〈複数の一致〉は，指示対象（話者の父親）についての尊敬を示している（Barlow 1988: 95 [Corbett & Mtenje 1987: 10 より]）。

(54)　bambo　　**anga**
　　　father.SG　　my.POSS.**PL**
　　　'my father'（私の父親）

(55) の現代標準アラビア語（Modern Standard Arabic）の事例では，〈動詞〉における〈女性単数一致〉（Feminine Singular Agreement）は〈複数主語〉（Plural Subject）が人間以外のものであることを示す（Barlow 1988: 124）。

(55)　ʔal-　jimaalu　　　naam　　**-at**
　　　DEF-　camel.M.PL　sleep　　**-F**SG
　　　'The camels slept.'（ラクダたちは寝た）

　これらの全ての場合において，「制御子」の形式は，何らかの意味的特徴を指示対象の記述に対して与え，「ターゲット」の形式は，別のタイプの意味的（あるいは，語用論的）特徴を指示対象の記述に対して与えている。これらの場合，2つのタイ

プの指標については，指示対象に対する別の見方（Barlow 1988: 189）を提供するものとして分析するのがより好ましい。

スペイン語のような言語の文法的性のように，それほど意味的に動機付けられていない一致パタンの場合であっても，意味的分析を行うことは可能である。まず，スペイン語での文法的性を文法的なものとして（すなわち，意味的ではないものとして）記述することは，（文法上の）性の単義的意味分析に対する反論を意味するだけである（3.2.2 節と 4.1 節参照）。しかし，性の単義的分析が唯一可能な意味分析ではない。その代わりに，「文法的」な性については，記号的関係を符号化するものとして，多義的，あるいは少なくとも同音異義的な分析を行うことが可能である。すなわち，たとえ異成分から成るクラスであっても，性とは指示対象の1つのクラスを表すものであり，ゆえに記号的関係は，性と指示対象の間に確立可能なのである。これが，**女性のクラス内 (X)**（IN-FEMININE-CLASS (x)）などのような談話の指示対象の特性を仮定する Barlow によって提案された分析である（Barlow 1988: 182, 事例 211e）。

特性は，相互排他的である必要はない。なぜなら，それは談話の指示対象の特性であり，基調となる現実世界の存在物の特性ではないからである。たとえば，*an authority are ...* では，*an authority* の談話の指示対象は，**個人 (X)**（INDIVIDUAL (x)）という特性を持ち，一致の形式 *are* の談話の指示対象は，**個人から成る (X)**（COM-POSED-OF-INDIVIDUALS (x)）という特性を持つ。これらの特性は，別々に保たれている。なぜなら，それぞれの談話の指示対象が異なる見方を集合存在物に課すからである。同様に，フランス語の *le vélo*（〈男性の〉（Masculine）自転車）の談話の指示対象は，**男性のクラス内 (X)**（IN-MASCULINE-CLASS (x)）という特性を持ち，談話の指示対象である *la bicyclette*（〈女性の〉自転車）は，**女性のクラス内 (X)** という特性を持つ。これらの特性は，別々に保たれている。すなわち，ここで見られる2つの見方は，この対象物がフランス語で持つ2つの名前なのである。[16]

指標的な符号化の依存関係を，統語的関係ではなく記号的関係を示す個別の統語的役割として分析することによって，関係の欠如した要素の問題を回避することができる。この分析では，指標的要素は全てが指示機能を持ち，一致とは構文の意味構造における同一指示関係として分析されることになる。このような記号的分析を，現代標準アラビア語の事例 (55) に応用した場合の状況は，図 6.11 に示す通りであ

16　Barlow の分析では，一致の階層は再形式化される必要がある。Barlow は，一致の階層を次のように再形式化している。すなわち，一致の階層に沿って，談話の指示対象が，言及されている存在物の名詞の名前と関係するものに由来する新しい特性，あるいはその存在物のさらに際立ちの高い特性を示す可能性が存在するというのである（Barlow 1988: 217–24）。

る。この図では，*jimaalu* と *-at* の談話の指示対象の同一指示的結合は，意味表示中の点線によって示されている。

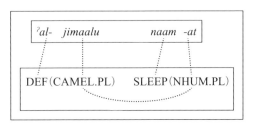

図 6.11．（55）の事例で示される構文の記号的リンク

6.3.5. 顕在的に符号化された依存関係の選択性または欠如

通言語的によく見られる別の現象は，顕在的に符号化された依存関係の存在を示す形態素が選択的なものであったり，あるいはそれが欠如しているというものである。たとえば，一致は，6.3.4 節の (49) と (50) のカヌリ語の事例が示すように，幾つかの言語では選択的になされる。一方，助数詞は，より低次の数詞でのみよく見られ，語基 (bases) では見られない (Aikhenvald 2000: 117; 3.2.3 節参照)。

この現象の別のかなり一般的な事例は，接置詞または格標示の存在／不在における多様性である。たとえば，ルーマニア語の P 項は，〈前置詞〉*pe*（〈所格前置詞〉）によって標示されることもあるし，またそうでないこともある (Nandris 1945: 183–5)。規則は複雑であり，ここでは，ほんの少数の事例しか挙げることができない。*pe* は，〈代名詞〉や，普通〈名詞〉や，〈固有名詞〉が，人間や定的要素である P について述べる場合や，定性に関する特定の構文においては義務的である。すなわち，*pe* は，P が人間かつ特定的（指示的）な不定要素である場合，あるいは非人間や〈代名詞的要素〉である場合には，選択的となる。*pe* は，非特定的（非指示的）な不定要素，あるいは部分詞または総称的 (generic) な P については使用できない。

(56) a întrebat **pe** al diolea copil
 PRF ask.PART ACC POSS.ART second child:DEF
 'He asked the second child.'（彼は二番目の子供に尋ねた）

(57) îşi alese mire (**pe**) un fiu de împărat
 REFL choose.PST groom (ACC) a son of emperor
 'She chose as her bridegroom an Emperor's son.'（彼女は花婿として皇帝の息子を選んだ）

(58) n'a   avut   (*pe)   copii   niciodată
    NEG'PRF have.PART (ACC)   children   never
    'She has never had children.' (彼女は子供を産んだことが一度もない)

　顕在的に符号化された依存関係が存在したり／しなかったりするのは，統語的関係にとっては問題である。これはまるで，選択的に，あるいは関係する要素の固有の特性（有生性，動詞の他動性，数の大きさなど）に左右されて，統語的関係を示す形態統語が現れては消えるように，統語的関係も現れては消えるということを意味しているようである。特定の統語的関係が，そのようなやり方で現れては消えると述べるのは奇妙なことであろう。

　顕在的符号化の形態素は，裏に潜む統語的関係の表面的な現れにすぎないと答える者がいるかもしれない。しかし，符号化された依存関係に基づかない統語的関係の議論は，連語的依存関係に基づいているが，それは統語的ではなく意味的なものである（5.2節）。代わりに，構文の他の形式的特性（語順のようなもの）が，統語的関係を符号化すると論じる者がいるかもしれない。しかし，異なるタイプの符号化された依存関係の基準はうまく調和してはおらず（5.4.2節），ゆえにそれぞれの符号化された依存関係をそのまま持ち込む必要がある。統語的関係と目されるものについては，符号化された依存関係しか頼れるものがない。しかし，これらは現れては消えるのである。

　ラディカル構文文法では，顕在的に符号化された依存関係の形態素があったりなかったりするということは問題にはならない。顕在的に符号化された依存関係の形態素が存在する際には，顕在的に符号化された依存関係は何らかの意味的関係を表しており，それ自体が，問題とする統語的要素と意味構造の対応する成分との間の記号的関係を特定するのに役立つ。幾つかの文脈において顕在的に符号化された依存関係がないというのは，意味的関係が消えていることを意味するわけではない。意味的関係が単に顕在的に符号化されていないだけである（意味的関係は，むしろ構文または談話文脈の他の情報から復元可能である）。もちろん，顕在的に符号化された依存関係が存在する／しない条件が何であるかを理解することは重要であり，ゆえに6.4.1節ではこの問題に取り組む。

6.4. 統語的関係なしで構文を理解すること

　6.2節と6.3節では，構文文法において話者は発話を理解する際に統語的関係を必要としないと述べた。そして，実際のところ，統語的関係を仮定することによっていかに多くの問題（そのうちの幾つかは，致命的となるほど重大である）が生じるか

278 第2部 統語的関係から記号的関係へ

を論じた。しかし，もし統語的関係を放棄するなら，これらの問題は本当の問題ではなくなり，あっさり消え失せるのである。本節では，統語的関係を持たない統語構造のラディカル構文文法モデルの含意について詳述する。

6.4.1. 形態統語的装置による意味役割の特定

6.1節で述べたように，ラディカル構文文法が想定する統語構造は，完全にフラットなものではない。すなわち，ラディカル構文文法では，構文は他の構文の中で入れ子構造となることが許されている。これを説明する普遍的事例は，節構文で入れ子となった句の構文である。したがって，ラディカル構文文法では，構文に対して何らかの階層的構造が存在している。また，私が明確な異議を唱えているのは，構文の要素間の統語的関係に対してであり，統語的要素には構文全体に対する形式的関係（すなわち，統語的**役割**）が依然としてある。結局のところ，聞き手は構文のどの部分がどれであるのかについて特定可能である必要がある。

6.1節で示した統語的関係に反対する論理的な主張は，聞き手が発話を聞き，構文（第一段階，6.1節参照），意味（第二段階），構文の要素（第三段階），そして要素と意味構造の成分との間の一致（第四段階）の特定が可能な場合に限り成立する。本節の残りでは，標準的な統語理論において統語的関係が存在することの証拠として解釈される構文の形式的特性は，第一段階，第三段階，第四段階で聞き手を補助するものとして分析可能であること，またさらにはそのようなものとして分析するのが得策であることを論じる。

5.4節で符号化された依存関係と呼んだもの（すなわち，格標示，接置詞，一致の標識，類別詞（classifiers）などのような形態素や，連続性や韻律などに基づくグループ）は，当然のことながら世界中の言語に存在している。6.2節と6.3節では，顕在的に符号化された依存関係は，統語的要素間で関係を符号化するのでないことを論じた。しかし，顕在的に符号化された依存関係は実は他の重要な機能を果たしている。まず，顕在的に符号化された依存関係は構文のどの要素がどれであるのかを特定するのに役立つ（第三段階）。しかし，同様に重要なのは，顕在的に符号化された依存関係が，構文中の統語的要素と，それと対応する意味的成分との一致関係を符号化する（第四段階）ことである。言い換えると，顕在的に符号化された依存関係は，統語的関係ではなく記号的関係を符号化するのである。

ラディカルなアプローチによって，なぜ「統語的関係」がそれほどまでに多義的なのかが明らかとなる。統語的関係は，構文の統語的要素が表す成分の意味役割を特定するのに必要とされる最小限のものにすぎない。また，ラディカルなアプローチでは，符号化された依存関係によって与えられた指示がうまくいかない時（たとえば，間違った線形順序）や，あるいは指示が見当たらない時においてさえも，文

がなぜ解釈可能となるのかについて説明がなされる。符号化された依存関係は，構文の記号的関係を知らせる手がかりにすぎない。すなわち，符号化された依存関係は，構文をまとめる接着剤ではない。記号的関係と意味的関係が，構文をまとまる接着剤なのである。

　構文では，なぜこのような様々な符号化された依存関係が現れるのだろうか。通言語的には，符号化された依存関係は，聞き手がそれを必要とする時に現れ，聞き手がそれを必要としない時にはなくなる傾向がある。

　顕在的な関係的符号化（すなわち，格標示と接置詞）は，指示対象が事象内で果たす参与者役割にとって予測されないものである場合に，節内で典型的に見られる（Croft 1988；その研究で私は，「予測されない」(unexpected) という用語の代わりに「それほどプロトタイプ的でない」(less prototypical) という用語を用いた）。たとえば，ルーマニア語の〈目的語前置詞〉pe は，〈目的語〉の指示対象が〈主語〉の指示対象と間違われる可能性が最も高い時（すなわち，それが人間および／あるいは定的要素である時）に存在する。

　顕在的な格標示は，聞き手が事態内に含まれる指示対象の参与者役割の特定が困難となりそうな時に存在する。一般的に，顕在的な関係的符号化は，参与者役割が4.4.1 節で提示した参与者役割の階層において低次にある時に見受けられる。これは，より低次の参与者役割は事象においてはそれほど際立ちは高くなく，ゆえに話者によって顕在的に表現されることがあまり期待されないためである。顕在的な関係的符号化は，A 項が有生性および定性に関して低い時や，あるいは P 項が有生性および定性に関して高い時（これがはるかに一般的である）にも見られる（8.4.3 節参照）。ただし，これらは，A や P の参与者役割を担うものとしては，それほど典型的ではない。

　同様に，場所を表す句が所格役割を担う際には，顕在的な関係的符号化は所格役割についてはそれほど生じやすくはないが，人を表す句が所格役割を担う際にはより生じやすい。たとえば，現代東部アルメニア語 (Modern Eastern Armenian) は，4 つの場所の関係的符号化の手段を持つ。すなわち，-Ø, -um (-LOC), -i mej (-GEN in), -i vəra (-GEN on) である（Comrie 1986: 86–9［Minassian 1980 より］；Aristar 1997 も参照）。（役割を）担うものが場所であり，「住む」のように，事態が際だちの高い所格役割である時にはゼロが用いられる（Comrie 1986: 86）。

(59)　Aprum　　em　　　Yerevan　-Ø
　　　living　　I.am　　Erevan　　-(LOC)
　　　'I live in Erevan.'（私はエレバンに住んでいる）

ゼロあるいは単形態素のどちらであっても，(60) のように，（役割を）担うものが

場所で，事態に際だちの高い所格役割が含まれない場合や，（61）のように，（役割を）担うものが場所ではなく，事態に際だちの高い所格役割が含まれる場合には，接辞が添えられた〈所格〉形態素 *-um* が用いられる（同上：87, 88）。

(60) Utum　　em　　　Yerevan　**-um**/?-**Ø**
　　 eating　I.am　　Erevan　　**-LOC**
　　 'I am eating in Erevan.'（私はエレバンで食べている）

(61) gəndaseɣ　-ə　　　tupʰ　**-um**　e
　　 pin　　　　-DEF　box　**-LOC**　is
　　 'The pin is in/*on the box.'（ピンは箱の中に入っている）

最後に，2つの形態素を持つ〈後置詞〉（Postposition）プラス〈属格〉の接尾辞は，（役割を）担うものが人である時に用いられる（ここでは，人は単に比喩的な場所としての役割を果たしている）（同上：88）。

(62) ays　 avazak　　**-i**　　**mej**　mi kʰani lav　hatkutʰyunner　kan
　　 this　brigand　**-GEN**　**in**　some good　　qualities　　　　there.are
　　 'There are some good qualities in this brigand.'（この盗賊には良い所がある）

　プロトタイプ的な役割の担い手による顕在的な関係的符号化は必要ない。なぜなら，それらの役割は，動詞が表す事態の意味と，項の句が表す参与者の意味タイプから再構築可能だからである。

　指標的な符号化の依存関係（つまり，一致）は，際だちの高い指示対象について用いられる（Givón 1976; Croft 1988）。すなわち，際だちの高い指示対象とは，参与者役割の階層において高次のもの，または有生性あるいは定性において高次のもののことである。こうした指示対象は，聞き手が談話において経過を追うことを最も必要とする指示対象である。多くの場合，際だちの高い指示対象は，NP として表現されないままになりがちである。なぜなら，際だちの高い指示対象は，利用可能性が非常に高いからである（Ariel 1990）。これは，4.4.1 節の参与者役割階層で高次の位置にある参与者役割を担うものにおいて最も起こりやすい（Croft 1988）。階層でより低い位置にある参与者役割を担うものは，利用可能性がそれほど高くはなく，ゆえに典型的には項の句として顕在的に表現される。この場合，一致は通言語的にはさらにまれになる（あるいは，斜格の場合には，ほとんど存在しない）。一致の標識はゆえに，指示対象が別のやり方で表現されていない状態の時に一番生じやすい。

　また，6.2 節では非類像的な統語構造の事例が数多く存在することを示したが，世界の言語の構文の大部分は，統語構造と意味構造の間でかなりの類像的関係を実際持ち合わせているという事実を見落としてはならない。多くの「非類像的」なパタ

ンは，事態の構造を反映する文法構造と，意味構造の成分の情報構造的地位を反映する文法構造との間の競合を映し出したものである（5.4.2 節参照）。

統語構造は，なぜほとんどが類像的なのだろうか。その理由は，聞き手が構文の統語的要素に対応する意味的成分を特定することを可能にする最も簡単な方法の 1 つが，機能と形式の間の類像的写像だからである。しかし，6.2.1 節から 6.2.3 節の事例が示すように，類像的写像が唯一の方法ではない。聞き手が，話者の発話から記号的関係を得るための妥当な方法は，どんなものであっても役立つのである。

6.4.2. 構文の特定

これまで，聞き手がどのようにして，構文の統語構造の要素の特定や，構文の統語的要素と構文の意味的成分との間の記号的関係の特定を行い，それによって統語的要素の関係する意味役割の特定がいかにして可能になるかを論じてきた。このタスクは，聞き手がそもそも構文を特定し（第一段階），その結果，構文の意味構造にアクセスすること（第二段階）が可能であることを前提にしている。しかし，このタスクにおいても，聞き手に役立つ手がかりは構文の構造の中にある。

たとえば，英語の〈受動態〉構文は，〈助動詞〉be と〈過去分詞の動詞〉形という 2 つの特有の部分から成る。これら 2 つの部分は共同で，この構文が〈受動態〉であること（そして，それが〈進行形〉や〈完了形〉ではないこと）の指定を行っている。〈動作主の句〉によって，〈前置詞 by〉という 3 つ目の特有の部分がもたらされる。これらの手がかり全体によって，聞き手が〈受動態〉構文を全体として特定する（理解における第一段階）のに役立つ構造的ゲシュタルトが与えられる。

これまで，機能主義者による文法構造の分析は批判にさらされてきた。その理由は，言語がかなりの量の冗長性を備えており，またこの冗長性は非機能的だと考えられているためである。たとえば，Durie は，機能的な「やり過ぎ」（overkill）の事例として，冗長性について次のように述べる。

The farmer killed a duckling（農民はアヒルの子を殺した）に関しては，アヒルの子が農民を殺さないことは明らかであり，たとえ英語が「自由」な語順を持っていたとしても，話者がその文をさらに明確にする必要性はないであろう。そのようなさらなる明確化は冗長になるだろう。明確化の手段として，英語の SVO の語順は，機能的な過剰一般化，あるいはやり過ぎなのである。すなわち，英語の SVO の語順は，必要でない時においてさえ存在するのである（Durie 1995: 278，強調は原文通り）。

しかし，語順や他の役割を特定する手段には，役割の特定に加えて，構文を全体として特定する（Durie の事例では，英語の〈非話題化平叙他動詞能動態〉（Nontopicalized Declarative Transitive Active）構文）という別の機能もある。構文の特定ができない場合には，意味役割の特定は，はるかに困難となるだろう。言語の多くの

機能的な「やり過ぎ」は，冗長ではない。なぜなら，それは構文を特定するという機能にとって（も）役立つからである。それが存在する理由は，聞き手が依然としてそれを必要とするからである。（逆に言えば，機能的な「能力不足」(underkill)（多義性を含む曖昧性）は，聞き手が大抵の場合構文の意味構造上指示対象の意味役割が理解できるという理由から許容される。）

　談話の構造でさえ，反復 (repetition) の存在が重要な決め手となり，聞き手による構文の特定を手助けするための重要な役割を果たせる。たとえば，Weiner & Labov は，英語の〈動作主なしの受動態〉(Agentless Passive) について研究を行い，他の語用論的／談話的要因とは独立して，直前の節での〈動作主なしの受動態〉構文の発生が，〈動作主なしの受動態〉の使用においては，重要な要因であることを発見した (Weiner & Labov 1983: 52–4)。〈動作主なしの受動態〉は，〈能動態〉よりも談話では，はるかに珍しい。このため，その認識にはより多くの努力が必要とされることが予想され，ゆえに反復が認識を容易にするのである。

　反復は，自己修正においても見られる。Fox & Jasperson は，次の事例のように，「修正可能なものの置換を除き，修正部分はこれまでの TCU の正確なフォーマットを注意深く複製する」と述べている (Fox & Jasperson 1995: 106)。

(63)　^G: That's something [you] can* (.) *each individual user can* change.

　Tannen は，「反復と変化（すなわち，違う語を使って構文を繰り返すこと）により，意味的にあまり難しくない談話が与えられることになり，その結果理解が容易となる」と述べる (Tannen 1989: 49)。さらに反復によって，統語的にそれほど難しくない談話が与えられることになる。「この円滑化は，プライミング効果による。すなわち，活性化されたばかりの材料は，再びアクセスすることがより容易である」(Bybee 1988: 431)。

　最後に，談話の文脈と話者と聞き手の共有知識 (shared knowledge)（両者のすぐ身の回りのものに関する知識を含む）は，話者の発話の意味構造が何であるのかに関する手がかりを与えてくれる。言い換えると，何らかのスキーマ的形式をとる構文の意味構造でさえ，文脈があれば聞き手には特定可能となりうる。話し手が会話中の任意の時点で言うであろうことは，完全に予想不可能ではない。実のところ，話し手が言うであろう多くのことは，たいていの場合，おそらくかなり予想可能であろう。話者が何を言うかが予測可能な限り，特定の構文が聞き手の心の中ではプライミング状態となり，それによって発話が実際に起こる際には，話し手による発話の統語の認識が容易となるのであろう。

6.4.3. 足場のメタファと統語論の半類像性

　統語的関係を放棄することによって，統語分析における多くの重大な経験的問題を免れることが可能になる。問題の幾つかについては，6.2 節から 6.4 節で説明した。統語的関係を放棄することは，文法知識の統語構造を劇的に簡略化することを意味する。その代わり，構文の記号的関係に焦点が置かれることになる。記号的関係は，すなわち，構文全体と，それが表す複合的な意味構造との間の関係のことであり，統語構造の要素と意味構造の対応する成分との間の関係のことを指す。実のところ，記号的関係こそが話者の文法が実際の言語使用において本当に仕事を行う場所である。また，統語理論ではこの記号的関係こそが本当の研究が行われるべき場所なのである。

　統語構造から意味構造への写像に関してより緊密な検証を行うと，写像とは大多数の理論が示唆するものよりも，実はさらに複雑であることが明らかになる。Langacker は，次のように，複合的な言語表現の意味に対してなされる 2 つのアプローチを比較している。

> 基礎的要素のメタファ（building block metaphor）... では，複合表現の意味は，何らかの適切な方法で部分を単純に積み重ねることによって，部分の意味から構築されると考えられている。... 基礎的要素のメタファの代わりに，我々は足場のメタファ（scaffolding metaphor）を採用することができる。すなわち，構成要素の構造を，複合的表現を構築するために組み立てられた足場と考えるのである。いったん複合的な構造が配置されれば（ユニット（構文）としての構築），足場はもはや必要でなくなり，最終的には放棄されることになる（Langacker 1987: 452, 461，強調は原文のまま）。

Langacker は，ユト・アステカ語族（Uto-Aztecan）の東モノ語（Eastern Mono）の〈使役動詞〉（Causative Verb）構文の事例を用いて，足場のメタファを説明している。東モノ語の〈使役〉は，〈自動詞〉に付いた〈具格〉接頭辞によって形成される（Langacker 1987: 292)。

(64)　ma-　　**ma'-**　　**-kʷacaʔi**　　-'ti
　　　it-　　**hand-**　　**-descend**　　-TNS
　　　'He dropped it.'（彼はそれを落とした）

しかし，(64) の使役的意味は，その翻訳が示すように，部分の総和以上のものである。すなわち，落とすこととは単に人の手が下りることではない。

　本章では，統語的関係の符号化のように見えるものが，実際には，構文のどの要素が，構文の意味構造内のどの成分を記号化するのかを聞き手が特定するのに役立つ足場となることを論じた。(64) のような事例は，構文の主な要素の符号化でさ

284 第2部 統語的関係から記号的関係へ

え，より豊かな意味構造の足場にすぎないことを示唆している。

　(64) のような事例は他にも挙げることができる。多くの分析者が述べてきたように，(65) が示す英語〈複合名詞類〉構文の2つの名詞は，2つの〈名詞〉の間にあるはるかに明確な意味的関係の単なる足場にすぎない (Clark & Clark 1979: 767)。

(65)　"Ruling in death of **Ferrari woman**"（フェラーリ（に埋葬されることを望んだ）女の死についての判決）

　(65) の事例は，新聞の見出しである。*Ferrari woman* は，自分のフェラーリの中に埋葬されることを自身の遺書の中に明記した女性を指示している。
　統語的により複雑な構文も，詳しい意味解釈のための単なる足場であることが分かる。

(66)　The shop managed to run out of yogurt.（店はヨーグルトを切らしてしまった）

(66) の解釈は，店のマネージャー側が事前に立てた不十分な計画のせいで（話者の意見），客が前述の店からヨーグルトを全部買ってしまったということである。
　構文の統語的形式に見られる足場としての特性を示す興味深い事例は他に，オーストラリアの先住民言語のグンウィング語（Gunwinggu）における〈名詞編入〉（Noun Incorporation）でも見受けられる。グンウィング語の〈名詞編入〉は，〈編入された名詞〉（Incorporated Noun）と，それが生じる構文の他の要素の間にある幅広い意味的関係を表す。(67) では，〈編入された名詞〉は，分類的あるいは同意的な機能を示す（Oates 1964: 110; 113 の注釈）。

(67)　galug　　bene-　　wam　　bene-　　**ṛed-**　　naŋ　　**ṛed**　　**-gereŋe**
　　　 then　　 3DU-　　 go:PST　 3DU-　　 **camp-**　 see:PST　**camp**　 **-new**
　　　 -ni
　　　 -this
　　　 'Then they came close to the camp which they saw was newly made . . . '（そして，彼らは，見たところ新しくできたキャンプ場に近づいた）

　(68) では，〈編入された名詞〉は，分類的機能を持つものとして解釈可能だが（カシュー・ナッツに対して，カシューの木），(67) とは異なり，(68) は部分—全体関係のものとして解釈できる（Oates 1964: 104, 112 の注釈）。

(68)　bene-　　**dulg-**　　naŋ　　**mangaralaljmayn**
　　　 3DU-　　 **tree-**　　 saw　　**cashew.nut**
　　　 '. . . They saw a cashew tree.'（彼らはカシューの木を見た）

（69）では，部分−全体関係は（68）の逆である。すなわち，〈編入された名詞〉が〈外部の名詞〉（External Noun）の指示対象の一部を表している（同上：99, 103 の注釈）。

(69) dja **baɳdadgen** **ɳale-** baye -ŋ galug **baɳdadgen**
and **stone.axe** **handle-** (3SG)bite -PST then **stone.axe**
ɳale- wogdayn
handle- (3SG)speak:PST
'[the chicken hawk] bit the handle of his stone axe and rattled its handle [arousing himself to kill the wirwiriyag].' （[家禽を襲うタカは]彼の石斧の取っ手に嚙みつき，その取っ手をカタカタ鳴らした[それによって彼自身でウィルウィリヤグを殺す気にさせた]）

（70）では，2 つのかなり違う種類の関係が見られる。最初の〈編入された名詞〉の *gele-*（恐怖）は，行為の様態を示す。二番目の〈編入された名詞〉の *gug-*（肉体）は，言及されているものが，感覚のある，あるいは意志のある生き物ではなく，物理的対象（肉体）としてのフクロネズミ（ポッサム）であることを示す（同上：92, 95 の注釈）。

(70) galug namaɳde **gele-** waʔwume -ŋ dja **djorggun**
then devil **fear-** (3SG)call.out -PST and **possum**
gug- babalnʔmey …
body- (3SG)drop:PST …
'Then the devil called out in fear and dropped the [dead] possum…' （そして，悪魔は怯えて叫び声を挙げ，[死んだ]フクロネズミを落とした）

S 項は編入可能であり，〈代名詞的〉指標を保持することが可能である。その結果，それは〈編入された名詞〉と同一指示的である（Oates 1964: 105, 112 の注釈）。

(71) **bene-** **gug-** mangaŋ
3DU- **body-** fall:PST
'Their bodies fell together.' （彼らの身体は共に落ちた）

　グンウィング語の〈名詞編入〉は，文法領域のより慣習化された部分の足場の良い例となる。しかし，足場は，文法領域の至る所で（談話の非常に広範な慣習に至るまで）見られるものである。たとえば，誰かが何をしていたのかという質問に答える際には，カラム語（Kalam）の話者は行為自体のみならず，行為の場所までの動作や行為の場所からの動作も報告しなければならない（Pawley 1993: 111）。

286 第2部 統語的関係から記号的関係へ

(72) a. nad   etp   g   -ab   -an   o   -p   -an?
you   what   do -REC.PST   -2SG   come   -PF   -2SG
'What have you been doing?'（どうしていましたか？）

    b. **am**   wog-day   olok   kpl   g   -ab   -yn **o**
    go   garden   here.and.there   weeding   do -REC.PST   -1SG **come**
    -p   -yn
    -PRF   1SG
    'I went to the garden, weeded here and there, and came here.'（私は庭に行き，あちこちで雑草を取ってから，ここにやって来た）

英語話者ならば，行為のみを報告する。すなわち，(72)の質問に対する典型的返答は，*I weeded*（私は草むしりをした）となるであろう。

　対照的に，オジブエ語（Ojibwe）の話者は，最初の下位行為のみを報告する（Rhodes 1977: 508）。

(73) a. a:ni: -š   ga:-   ž-   bi-   dogšnan   ma:npi:?
how   -then   PST-   like-   come-   arrive   here
'How did you get here?'（どうやってここに到着したのか？）

    b. n-   gi:-   bi-   **bo:z**
    1-   PST-   come-   **embark**
    'I set out.'（私は出発した）

英語話者ならば，たとえば，*I got a ride*（私は車に乗せてもらった）のように，移動の手段を報告して，最初の下位行為を表現することは通常は全くないであろう。

　カラム語とオジブエ語の両方の返答パタンは，行為を述べるには非常に一般的であるが，これらのパタンは個別言語固有の慣習を表している。ゆえにこの通言語的多様性は，英語の返答も個別言語固有の慣習を表していることを示す。言語は各々，他の話者に対して行為を伝達する際，行為の異なる部分を足場として選択しているのである。

　構文の要素は意味伝達の足場として機能する。これは，構文の要素と構文の意味解釈の成分との間の記号的関係にとっては，例外ではなく，むしろ規範的なことである。統語構造は，主に意味構造の成分との一対一の写像関係において類像的である。成分間の意味関係と，発話の意味の他の表現されていない成分との意味的関係は複雑であり，またしばしば非常に文脈依存的である。統語的関係を放棄することにより，統語的関係と目されるものをこれらの複雑で可変的な意味構造に結びつけるという厄介な問題を回避することが可能になる。

7 章

主要部と項と付加詞

7.1. はじめに

本章では，ラディカル構文文法の観点から，主要部，項，付加詞といった統語的関係に関する概念の批判的検証を行う。7.2 節から 7.6 節では，主要部という統語的概念に対する批判的検証を行い，6 章で示した提案に基づき，「主要部」(head) とは統語的役割と意味的成分の間の記号的関係であるという代替案の理論的分析を提案する。続く 7.7 節では，項–付加詞の区別について批判的検証を行う。そこでは，項と付加詞の意味的対応物は連続体を形成するものであるが，これら 2 つのタイプの記号的関係に関しては，項と付加詞の通言語的に妥当な区別が存在することを主張する。

主要部という現代の統語的概念は，伝統文法での一致や統率 (government) や修飾といった概念を一般化したものである。最も一般的に言うと，主要部性 (headhood) とは，構文 (統語構造) 内のいかなる非対称的な統語的関係にも**支配的** (DOMINANT) な成員があり，それにはある一定の一般的性質が存在するという仮説を表している。すなわち，主要部は全体的な統語カテゴリと考えられており (1.4.3 節)，その規定は統語的関係にある他の成員との比較を通してなされている。なお，構文 (統語構造) 内の他の成員は**従属部** (DEPENDENT) と呼ばれており，従属部は**項**と**付加詞**という 2 つのタイプにさらに分類されている。

提案された他の全体的カテゴリと同様，主要部の分析についても，基準または検証と呼ばれる概念が提案されてきた。主要部性の基準に関してこれまでになされた最も綿密な議論は，Zwicky が行ったものである (Zwicky 1985, 1993; Hudson 1987 も参照)。Zwicky は，1985 年の論文で，主要部性に関して 6 つの基準を示した。彼は，1993 年の論文では，さらに 4 つの基準を付け加えている (下の表 7.1 参照)。Zwicky は 1985 年の論文において，彼が論じる主要部性に関する基準のほとんどのものが実は無関係であると論じている。彼のこの見解は，7.3 節で示すラディカル構文文法で行う批判的検証とよく似たものである。しかし，Zwicky は 1993 年の論

[287]

文では，彼が機能辞（functor）や主要部やベース（base）と呼ぶ 3 つの別々の全体的な統語カテゴリが存在すると論じている。

7.2 節では Zwicky が提案する基準を示す。続いて 7.3 節では，それに対する批判的検証を行う。基準のうちの幾つかは，明確な定義付けがなされていないことが判明するだろう。残りの基準はうまく一致しないものだが，このことは現時点においては驚くべき結論ではない。ラディカル構文文法では，統語的関係は認められていない。したがって，ラディカル構文文法における主要部という概念のいかなるものも，統語的役割と意味的成分の間にある記号的関係として形式化される必要がある。7.4 節と 7.5 節では，プロファイル等価性（profile equivalence）と，主要情報負担ユニット（primary information-bearing unit: PIBU）いう 2 つの意味的特性の交わりが，主要部という概念を表すことを主張する。7.6 節では，語レベルにおいては，関連する役割は語根（vs. 接辞）であり，語根は PIBU の地位との関係においてのみ規定されると論じる。

7.2. 主要部性の基準

Zwicky（1985）は，主要部性を決める候補として幾つかの文法的基準に関する検証を行っている（ただし，Zwicky は 1993 年の論文では，さらに別の基準を追加している）。彼は，これらの一連の基準を，次に挙げる英語の構成素の組み合わせに対して当てはめている（Zwicky 1985: 4）。

（1） a. Det + N
　　　b. V + NP
　　　c. Aux + VP
　　　d. P + NP
　　　e. NP + VP
　　　f. Comp + S

Zwicky が用いる基準について説明するために，ここでは（1b）の V + NP のみを用いることにする。Zwicky が論じる 6 つの構文の中では，この組み合わせがおそらく最も広く受け入れられた依存関係の分析を表すものであろう。それはすなわち，〈動詞〉が主要部であり，そして〈目的語〉NP が従属部であるという規定である。実際，Zwicky が用いる基準の全てが一般的にはこの結論を示している（なお，問題のある事例については，次節で考察する）。Zwicky が示す統語的基準は，彼の 1993 年の論文における機能辞，ベース，主要部という三方向の分類法に従えば，表 7.1 のように示すことができる（Zwicky の意味的基準については，7.4.1 節で論じる）。

7章 主要部と項と付加詞 289

表7.1. 主要部性に関する Zwicky の基準 (Zwicky 1985, 1993)

機能辞

一致のターゲット（Zwicky 1993: 295;「一致の決定」(determination of concord)
［Zwicky 1985: 8–9］）

下位範疇化要素（Subcategorizand）(Zwicky 1985: 5;「語彙的下位範疇化」(lexical
subcategorization) による置換［Zwicky 1993: 295］)

支配要素（Governor）(Zwicky 1985: 7–8; 1993: 295–6)

ベース（Base）

義務性（Obligatoriness）(Zwicky 1985: 13; 1993: 297, 310)

分布的等価物（Distributional equivalent）(Zwicky 1985: 11;「外的表示」(external
representation) の改名［Zwicky 1993: 297］)

主要部

形態統語的中心（Morphosyntactic locus）(Zwicky 1985: 6–7; 1993: 298)

統語カテゴリ決定子（Syntactic category determinant）(Zwicky 1993: 297)

Zwicky は，さらに 3 つの他の基準についても記述しているが，それら全てが表
7.1 に挙げる基準よりも弱い。Zwicky は，狭義の主要部は，**語の階級**（WORD RANK）
から成るとも論じている（Zwicky 1993: 297）。しかし，語の階級は，主要部の地位
にとって十分条件ではない。たとえば，*very happy* における *very* のような〈副詞〉
の修飾語は，語の階級から成るものだが，これは Zwicky が意味する〈形容詞句〉
(Adjective Phrase) の主要部ではない。Zwicky 自身，主要部は単に「語の階級から
成るものとして，概して規定可能だ」と述べている（同上）。

　独自性（UNIQUENESS）とは，ただ 1 つの要素のみが関連する役割を担うことができ
るという特性である。たとえば，〈主語〉句は 1 つだけ存在可能である。一方，それ
とは対照的に，〈形容詞的〉修飾語は数多く存在しうる。Zwicky の分析では，ある
統語タイプのみが独自性を持たないと考えられている。すなわち，修飾語のことで
ある。しかし，〈形容詞〉でさえも，独自の下位グループに意味的に分けることが可
能である。〈名詞句〉の *little red book* は，2 つの〈形容詞的〉修飾語を持つことがで
きるが，それらは異なるタイプに属する。たとえば，*big large book* や *red pink
book* と言うことはできない。一方，5.4.3 節と 6.3.1 節で見たように，独自性とい
うものが特定のタイプの構文が持つ要素にとっての普遍的特性であると仮定しては
いけない理由は存在している。

　選択性（OPTIONALITY）は，要求されないユニットにのみ当てはまる概念である
（Zwicky 1993: 310）。Zwicky は，英語には選択的なものも義務的なものもあると
述べるが，彼は，この見解からは言語に普遍的な一般化（また，個別言語固有の一

290　第2部　統語的関係から記号的関係へ

般化でさえ）を何も導いてはいない。ラディカル構文文法における選択性の分析については，7.7.3節で示す。

7.2.1.　機能辞の基準

Zwicky（1993）は，ある一連の基準を意味的**機能辞**（semantic FUNCTOR）（すなわち，項に対立するものとして，形式意味論の理論で機能辞として分析される要素のこと）とみなしている。この意味的概念については，7.4.1節で論じる。本節では，Zwickyが機能辞と関連するものとみなす形態統語的基準について述べる。

1つ目の機能辞の基準は，機能辞における**一致**の存在である（「一致の決定」については Zwicky 1985: 8–9 参照;「一致のターゲット」（target of agreement）については Zwicky 1993: 295 参照）。これはすなわち，機能辞の項が，機能辞による一致を引き起こすということである（5.3.3節，6.3.1節参照）。この基準は，英語ではV + NP については成り立たないが，イマス語（Yimas）のように，NP が一般的にV の呼応に関わる特性を決める〈目的語の一致〉（Object Agreement）を持つ言語で見受けられる（Foley 1991: 203）。

（2）　**wanwa**　　　　**wa-**　　　　ka-　　　tar-　　　wapi
　　　　knife.CL.IX.SG　**CL.IX.SG.O-**　1SG.A-　CAUS-　sharp
　　　　'I sharpened the knife.'（私はナイフを研いだ）

クラスIX の〈目的語〉の接頭辞 *wa-* の選択を決めるのは，クラスIX の〈名詞〉*wanwa*（ナイフ）である。

　機能辞の二つ目の基準は，**下位範疇化要素**であることである（Zwicky 1985: 5–6）。[17] この基準に従えば，下位範疇化フレーム（subcategorization frame）を要求する構文中の要素は機能辞ということになる。この項目は，Zwicky の統語論のモデルでは語彙的である必要がある（Zwicky 1985: 5）。なぜなら，下位範疇化フレームは，レキシコンにリストアップされているからである。V + NP の場合，統語上，下位範疇化フレームの典型的使用が見られる。すなわち，〈動詞〉と関係する項構造が表されており，V が下位範疇化要素である。

（3）　[*hit* NP]：
　　　a. Tina **hit** the ball.（ティナはボールを打った）
　　　b. *Tina **hit**.

17　Zwicky（1993）は，この概念を**語彙的下位範疇化**という用語に置き換えている。彼は，語彙的下位範疇化を「構文中でその機能で仕えるのにふさわしい語彙項目のクラス」への制限と記述している（Zwicky 1993: 295; Pollard and Sag 1987: 136 も参照）。

（4）［*sleep* ＿］：
  a. Tina **slept**. （ティナは寝た）
  b. *Tina **slept** the ball.

　Zwicky は，機能辞は下位カテゴリの構成素の文法的形式を**統率**する構成素だと論じる（Zwicky 1985: 7–8; 1993: 295–6）。Zwicky は下位範疇化の定義付けにあたり，それを要素（必然的に語彙的なもの）がどの姉妹構成素（sister constituents）を持つかを指定する際に存在するものと規定している。一方，統率は，構成素が，たとえば目的語の対格 vs. 具格において，いかなる**形式**に見られるかを示す。Zwicky はさらに，下位範疇化と関係する意味解釈規則も存在すると論じている。

　Zwicky は，2 つのタイプの統率についても両者を区別している。第一のタイプでは，形態的形式は構文自体によって決定される。第二のタイプでは，主要部の語彙クラスが従属部の形式を決定する。英語の V＋NP は，第一のタイプを表している。すなわち，〈代名詞の目的語〉の形式は，〈代名詞〉が〈動詞〉の〈目的語〉であるという理由によって必要となる。第二のタイプは，ロシア語のような，英語よりも豊かな〈格〉体系を持つ言語によって説明できる。

（5）　a. *čitat' gazetu*（ACC）'to read a/the magazine'（雑誌を読むこと）
  b. *pravit' mašinoj*（INST）'drive a car'（車を運転すること）
  c. *mešat' rabote*（DAT）'to interfere with the work'（仕事の邪魔をすること）

（5a）の事例（〈対格〉）は，デフォルト的なパタンとして通常分析されている。これは，Zwicky の最初のタイプの統率を表している。一方，（5b–c）における〈目的語〉NP の〈具格〉と〈与格〉の形式の選択は，〈動詞〉によって決定されており，ゆえに第二のタイプの統率の事例となる。

7.2.2.　ベースの基準

　Zwicky（1993）は，主要部の概念の規定にさいして，主要部の特性とは異なる特性を持つものとして**ベース**というカテゴリを提案している（7.2.3 節参照）。ベースは，何らかの意味的特性を持つものとして規定されており，Zwicky によるとその意味的特性は「分類的」（classifying）（Zwicky 1993: 310）または「特性記述的」（characterizing）（Zwicky 1993: 296）なものとして記述される。この意味的特性については，7.4 節で再び論じる。ここでは，形態統語的基準に関して述べる。

　主要部性に関して元々 Zwicky が提案した基準の 1 つは，構文における**義務的構成素**（OBLIGATORY CONSTITUENT）である（Zwicky 1985: 13）。Zwicky は後に義務性という概念を再規定し，この基準はベースに当てはまると論じている（Zwicky 1993:

297, 310)。Zwicky（1985）は，先行文献では定義上のものとして扱われてきた義務性という概念を，操作上の基準として特徴付けている。主要部は，ユニットでは義務的構成素でなければならない。次の事例では，V が主要部であることが示唆される。なぜなら，V は義務的だが，NP は義務的ではないからである。

（6） a. Janet ate lunch.（ジャネットは昼食を食べた）

　　 b. Janet ate.（ジャネットは食べた）

　　 c. *Janet lunch.

Zwicky（1993: 297）は，この基準を**必要な**（REQUIRED）構成素として再規定している。これはすなわち，存在する構成素，あるいは不在の場合には省略的に理解される必要がある構成素のことを指す。たとえば，(7) の VP の *turkey* は〈動詞〉を欠くが，(6b) は〈動詞〉が *ate* として省略的に理解される場合にのみ容認可能である（同上）。

（7） I ate chicken, and Kim [Ø turkey]ᵥₚ.（私はチキンを食べ，キムはターキーを食べた）

この基準に関する Zwicky の再規定は，7.7.3 節で提案する統語的項の定義と同じである。

　ベースに関する最後の基準は，Zwicky が元々は**分布的等価物**と呼び（Zwicky 1985: 11），後に外的表示（Zwicky 1993: 297）と名付けたものである。Zwicky は，この基準を，「同じ形式クラス」（same form class）という Bloomfield が用いた概念（Bloomfield 1933: 194; Zwicky 1993: 297 参照）から得ている。Zwicky（1985）は，この基準を，「構成概念全体とおよそ同じ分布を持つカテゴリに属する構成素」と記述している（Zwicky 1985: 11）。もちろん，多くは，Zwicky の定義における「およそ」という語をどのくらい厳密に解釈するかによる。V は VP と同様の分布を持つが，NP はそうではないと説明するのに，再び (6a–c) を用いることができる。

7.2.3. 主要部の基準

　Zwicky は，最後の一連の基準と関係する要素を記述するのに「主要部」という名称を用いる。Zwicky は，この概念をいかなる意味的特性とも規定していない。代わりに彼は，主要部という概念を**形態統語的中心**の基準に最も緊密に関係付けている（Zwicky 1985: 6–7; Zwicky 1993: 298）。つまり，構成素をより高いレベルの構成素と結び付ける形態統語的マークを持つ構成素中の要素が，主要部ということになる。Zwicky は，これを構成素の主要部上の単なる顕在的な屈折的符号化とはみなさない。彼はむしろ，これを統語分析において主要部の構成素と目されるものに

起因する抽象的な統語的特性と考えている。このことは，ここで扱う事例では，V + NP が埋め込まれる構成素によって決定される形態統語的特性（時制や定性（finiteness）のようなもの）が，V + NP の NP ではなく，V の上に位置付けられるという点から説明可能である。

（8） a. I barbecu**ed** the steak. （私はステーキをじか火焼きした）
　　 b. *I barbecue the steak**ed**.

　Zwicky（1993）は，一連の主要部の基準に，**統語カテゴリ決定子**というさらに別の主要部の基準を加えている（Zwicky 1993: 297）。彼は，統語カテゴリ決定子は，（階級ではなく）カテゴリを主要部と共有する要素だと論じている。ここで扱う事例では，〈動詞〉と〈動詞句〉は，同じカテゴリ（〈動詞〉）に属するが，別の階級のものである。すなわち，〈動詞〉は語だが，〈動詞句〉は句である。
　さて，以下では，これらの異なる基準の批判的検証に取り組む。

7.3. 主要部の分解

　これまでの章で示した経験的事実に基づけば，Zwicky が提案する主要部に関する様々な基準に不一致が確認できることは驚くべきことではないだろう。Zwicky（1985）では，主要部性に関して 1 つの基準を除く全ての統語的基準が放棄されているが，Zwicky（1993）においては，統語的基準は，3 つの理論的存在物（機能辞，ベース，主要部）にまたがる区分がなされている。
　ラディカル構文文法では，基準とは各々それ自体が独自の分布パタンを潜在的に持つものと考える。以下の節では，各基準について批判的検証を行う。基準の幾つかは妥当でないことが判明するだろう。さらに，基準の中には構文固有のものも含まれており，基準としての目的にかなわないものも存在していることも判明するだろう。
　Zwicky が提案する基準のほとんどには，さらに別の問題がある（ここでは手短に提起するに留める）。すなわち，主要部性の基準に関してはカテゴリ内部の多様性が見られるということである。たとえば，英語の〈限定詞〉は，分布的等価性（distributional equivalence）に関して異なる振る舞いを見せる。〈指示詞〉の *this/that* は，*This is beautiful* において代名詞として生起可能なので，NP の分布的等価物である。しかし，〈冠詞〉の *the* と *a* は，*The/a is beautiful* のように，代名詞として生じることはできないので，NP の分布的等価物ではない。〈限定詞〉の幾つかが代名詞として生起可能であるからといって，〈限定詞〉は分布的等価物の検証に合格すると言うべきであろうか。または，〈限定詞〉の幾つかが代名詞としては生起不可能だから

といって，〈限定詞〉は分布的等価物の検証に合格しないと言うべきであろうか。これは関連した問題である。なぜなら，主要部という概念と共になされる理論的主張は，この概念が文法における全ての非対称的依存関係にとって一般的なものだということだからである。これが意味するのは，主要部を規定するのに用いる基準は，全てのそういった非対称的依存関係に対して比較的容易に適用可能であるべきだということである。別の言い方をすれば，研究がなされている文法的構成概念と理論的に関連したものでなければならないということである。

7.3.1. 一致

一致は，通言語的な主要部性にとっては矛盾した証拠を示している。これは，属格構文で観察可能である。ブルガリア語（Bulgarian）のように，言語には，〈属格の修飾語〉（Genitive Modifier）が〈主要部名詞〉と一致するものがある（Scatton 1983: 317）。

（9） sestr   **-ina**   -ta   **kŭšta**
     sister **-GEN.FSG** -ART.FSG   **house.FSG**
     '[the] sister's house'（姉の家）

言語にはさらに，（10）のマム語（Mam）の事例に示すように，〈主要部名詞〉が〈属格の修飾語〉と一致するものも見られる（England 1983: 142）。

（10） **t-**   kamb'   **meeb'a**
      3SG.POSS- prize   **orphan**
      '[the] orphan's prize'（孤児の賞品）

ここで見られる矛盾に対してなされる説明とは，一致は主要部性から独立している意味的特性に影響を受けるというものである。一致の形態素は，意味的な項と一致する（または，それによって引き起こされる）（Lehmann 1982a）。その理由は，（Barlow 1988 に従い）6.3.1 節で論じたことだが，一致の形態素は談話の指示対象に指標を与えるからである。談話の指示対象は，（それが表現される時には）統語的な項として表現される。

属格構文では，一致における通言語的不一致が見られる。その理由は，属格修飾語は項であり，またそれは，より大きな名詞句（これは項でもある）内の修飾語だからである（Zwicky 1993: 309 も参照）。このような理由から，どちらの項も一致を引き起こすことが可能であり，通言語的にはどちらかがそれを行うのである。

7.3.2. 下位範疇化，統率，構文文法

　Zwicky は，下位範疇化と統率の概念は，彼が定義する意味での主要部ではなく，むしろ意味的機能辞という概念と関係すると主張する（Zwicky 1985: 3, 9–10）。しかし，下位範疇化と統率を意味的機能辞の反映として扱うことは，統語的に困難である。具体的に言うと，統率と下位範疇化を構文文法的に分析するなら，主要部—従属部の非対称性や，あるいは機能辞—項の非対称性ですら，それらを支持する方向性は消滅してしまうのである。

　意味的な機能辞—項の関係と類似する非対称的な統語的関係がどの程度存在するかは，語彙項目とその下位範疇化（あるいは統率のパタン）の統語的関係が，どの程度数学的意味での関数（function）であるのかによる。すなわち，意味的な機能辞—項の関係と類似する非対称的な統語的関係が存在する度合いは，各語彙項目が持つ独自の下位範疇化／統率のパタンがどの程度存在するのかに依存する問題なのである。このことが正しい場合には，機能辞が下位範疇化を決定するという想定を立てることは理にかなったことである。一方，それが正しくない場合には，そのような主張の維持は困難となる。私は，関係は（数学的）関数でないと主張する。

　生成統語論で下位範疇化について特徴付けがなされる際には，下位範疇化要素がそれが要求する下位範疇化を決定するというように，特定の方向性が存在することが通常仮定されている。このような考え方は，下位範疇化が数学的意味での関数でない限り，すなわちそれぞれの語彙的主要部について独自の下位範疇化がある限りは疑わしい。このことは一般的に，特に英語では当てはまらない。たとえば英語では，多くの〈動詞〉は〈目的語〉の有無と関係なく使用可能である。すなわち，英語の〈動詞〉は〈自動詞〉の下位範疇化フレームにおいても，あるいは〈他動詞〉の下位範疇化フレームにおいても生起可能である。

(11)　*eat, drink, smoke*, etc.: [＿] か [＿ NP] のいずれかで

〈二重目的語動詞〉の多くは，2つの下位範疇化フレームのうち1つをとる。すなわち，Zwicky 自身が述べるように，[＿ NP NP] または [＿ NP *to* NP] と規定できる。

(12)　*give, send, tell*, etc.: [＿ NP NP] または [＿ NP *to* NP]

　Levin (1993) は，英語の多くの項構造交替について記述している（「項構造」とは，特定の主題役割（thematic roles）と結び付いた下位範疇化フレームとして一般的に定義付けるもの）。Levin が挙げるリストに基づくと，英語の大抵の〈動詞〉が複数の項構造を許すように思われる。

　〈動詞〉とその下位範疇化フレームの間の数学的な関数の関係を維持するために，

2つの異なる〈動詞〉を仮定することも可能であろう。すなわち，それぞれの〈動詞〉が単独の下位範疇化フレームを持ち，そうすることで語と下位範疇化の関係の関数のような特徴を保持するという方法である。しかし，特定の〈動詞〉がどの下位範疇化フレームと共に用いられるのかによって微妙な意味的違いが生じる場合もあり，そのことは下位範疇化フレーム自体によるものと論じることができる。この見解については，Rice（1987）による〈他動詞〉に関する議論があるし，さらにはGoldberg（1995）による〈二重目的語〉構文や他の幾つかの構文に関する議論もある。下位範疇化間に見られる意味的違いを伴う〈動詞〉1つにつき複数の下位範疇化を見せる別の事例には，有名な〈所格交替〉がある。（Anderson 1971; Dowty 1991）。

［__ NP LocPrep NP］：

(13) a. Mary **sprayed** paint on the wall.（メアリーはペンキを壁に噴霧した）
  b. They **loaded** hay on the truck.（彼らは干し草をトラックに積み込んだ）

［__ NP *with* NP］：

(14) a. Mary **sprayed** the wall with paint.（メアリーは壁にペンキを噴霧した）
  b. They **loaded** the truck with hay.（彼らはトラックに干し草を積み込んだ）

〈直接目的語〉は，〈斜格〉よりも動作によってより完全に影響を受けるものとして解釈される。これは，動詞の意味ではなく，これらの項構造における〈直接目的語〉の地位の影響であるように思える。

　これらの事実については，構文文法では自然な分析が可能である。ここでの下位範疇化フレームは項構造構文であり（1.3.2節），動詞とそれが生じる構文の間には多対多の写像がある。方向性は何も含まれておらず，ゆえに下位範疇化と機能辞の地位の間に直接的関係は存在しない。

　同様の議論が，統率についても当てはまる。Zwickyは，統率がある場合には方向性が存在すると論じる。なぜなら，選択されるのは統率された補部の形式だが，統率する構成素自体にはそのようなマークは見受けられないためである（たとえば，ドイツ語やロシア語で〈目的語〉の〈格〉を統率する〈動詞〉，または英語で〈非定形の動詞〉形を統率する〈助動詞〉）。この場合も，統率された要素の形が主要部の語彙クラスによって独自に決定されておらず，むしろおそらく体系的に主要部との関係で変化する限り，この議論は弱体化されることになる。

　たとえば，英語の〈助動詞〉の *have* と *be* と，それらが支配する〈非定形の動詞〉形（*to*〈不定詞〉（*to* Infinitive），〈原形不定詞〉（Bare Infinitive），〈現在分詞〉（Present Participle），〈過去分詞〉（Past Participle））の関係は多対多の関係にある。

7章　主要部と項と付加詞　297

(15)　*have* + *to* 不定詞：義務
　　　have + 過去分詞：完了
　　　have + NP + 原形不定詞：間接的因果
　　　be + *to* 不定詞：義務
　　　be + 現在分詞：進行形
　　　be + 過去分詞：受動態

　〈助動詞〉と〈動詞〉形の両方の意味が関与することを示唆する関係は存在するが，どちらの方向においても体系的な意味的予測可能性はない。同様に，ロシア語や他の言語での〈目的語〉の〈格〉の選択は，意味解釈に依存することがたびたび見られる。
　さらに悪いことに，伝統的に行われる統率分析の観点からは，統率された交替が生産的な言語もある。たとえば，P項についてのワルピリ語の〈絶対格―与格の交替〉(Absolutive-Dative Alternation) は，被作用性の程度のパタンに従い，かなり一般的である (Hale 1982: 250)。

(16)　kurdu　-ngku　ka　-ju　**ngaju**　paka　-rni
　　　child　-ERG　PRS　-1　**me**(ABS)　strike　-NPST
　　　'The child is striking me.'（その子は私をたたいている）
(17)　kurdu　-ngku　ka　-ju　-rla　-jinta　**ngaju**　-ku
　　　child　-ERG　PRS　-1　AUX　-3SG.DAT　**me**　-DAT
　　　paka　-rni
　　　strike　-NPST
　　　'The child is striking "at" me.'（その子は私に打ってかかっている）
(18)　ngarrka　-ngku　ka　-rla　**karli**　-ku　warri　-rni
　　　man　-ERG　PRS　AUX　**boomerang**　-DAT　seek　-NPST
　　　'The man is looking for a boomerang.'（その男はブーメランを探している）

　ワルピリ語を，ERG-ABS構文 [NP-ERG, AUX, NP-ABS, VERB] と，ERG-DAT構文 [NP-ERG, AUX, NP-DAT, VERB] を持つものとして分析することは可能である。動詞の中には，体系的な意味的変化を伴って，ERG-ABS か ERG-DAT かのどちらかをとることが可能なものもあるが，ERG-DAT構文の意味との意味的互換性が原因となって，ERG-DAT のみをとるものも存在する。ゆえに，動詞―格の統率写像も関数ではない。
　さらに，統率の定義に基づく議論は，幾つかの事例では覆すことが可能である。多くの言語で，〈動詞〉の〈他動性〉は，トク・ピシンの〈他動詞〉の接尾辞 -*im* のように，接辞によって〈動詞〉上に顕在的に符号化される (Verhaar 1995: 304)。

(19)　Yu　　mas　　karamap　　**-im**　　gut　　　　olgeta　　poteto . . .
　　　2SG　　OBLG　　cover　　　**-TR**　　carefully　　all　　　　potatoes
　　　'cover all the potatoes carefully . . .'（全てのジャガイモに注意深くカバーを
　　　かけてください）

〈目的語〉の存在によって，〈動詞〉の形式的特性（すなわち，その〈他動性〉標示）が
引き起こされると論じることができるかもしれない。Zwicky（1993: 296）はそのよ
うに分析する代わりに，*-im* は〈動詞〉の語彙的下位範疇化の指標であると論じ，関
係の方向性を裏返している。しかし，これらの 2 つの分析は同等である。ここでの
関係には本当の意味での方向性など存在していない。

　動詞とその統率のパタンの関係に見られる複雑性と可能性の幅は，動詞とその下
位範疇化フレームの関係と類似している。語彙項目に加えて構文というものを独立
的に記憶された文法的存在物と捉えることによって，統率も分析可能である。統率
は単に，たとえば [Verb NP$_{Instrumental}$] のように，構文についてより正確な構造的情
報を指定するにすぎない。実際，英語の下位範疇化フレームにおける〈前置詞〉は，
ロシア語のように豊富な NP〈格〉形態を持つ言語における〈格〉の「統率」に対応
している。すなわち，2 つの現象は実質的に同一なのである。

7.3.3.　義務性と分布的等価性

　義務性もやはり，複数言語間での主要部性に対して矛盾した証拠を示している。
これについては，形容詞＋名詞構文を用いて説明可能である。英語では，〈名詞〉は
義務的構成素である。すなわち，*the big* とはいえない。これに最も近い構文には，
〈代用形〉（Pro-form）*one* の使用が含まれており，これは *the big ones* のように主要
部として機能する。英語とは異なり，2.2 節で見たように，ケチュア語のような他
言語では，〈名詞〉は〈形容詞〉と同様，統語的に義務的ではない（Schachter 1985:
17）。

(20)　**hatun**　　-kuna　　-ta
　　　big　　　　-PL　　　-ACC
　　　'the big ones [〈目的語〉]'（大きいもの）
(21)　**alkalde**　　-kuna　　-ta
　　　mayor　　　-PL　　　-ACC
　　　'the mayors [〈目的語〉]'（市長たち）

したがって，〈形容詞〉も，それが被る意味変化を無視するなら，ケチュア語では
〈名詞句〉の分布的等価物ということになる（2.2 節参照）。

7章　主要部と項と付加詞　299

　主要部性とは関係しない理由により通言語的多様性が分布的等価性を混乱させる他の事例もある。それは，7.3 節で論じた Det + N の事例である。7.3 節では，英語の〈限定詞〉には分布的等価物であるもの（たとえば，*that*）と，そうでないもの（たとえば，*the*）があることを指摘した。すなわち，*these books*/*these* vs. *the book* vs. **the* の違いである。しかし，これが起こる理由は，*the* の〈代名詞〉の等価物は *he*/*she*/*it* であり，英語では〈冠詞〉と〈三人称代名詞〉の間には補充関係がたまたまあるということにすぎない。一方，他の言語では状況は英語とは異なり，'the' は実際 NP の分布的等価物である。以下の事例は，ルガンダ語からのものである（Ashton 他 1954: 41）。

(22)　eki-　　　kwaso　**eky-**　　**o**
　　　CL.SG-　pin　　CL.SG-　**the**
　　　'the pin'（飾りピン）

(23)　**eky-**　　**o**
　　　CL.SG-　**the**
　　　'it, "the one"'（それ，「選ばれしもの」）

一方，さらに別の言語に目を転じると，限定的指示詞（attributive demonstratives）は，NP の分布的等価物でないものがある。限定的指示詞と代名詞的指示詞（pronominal demonstratives）が，形式上一貫した違いを見せるのである。日本語はそういった言語タイプである（Kuno 1973: 27 参照）。

(24)　限定的指示詞：　**kono** hito　'this man'　vs.　***kono**　　　'this'
　　　代名詞的指示詞：**kore**　　'this'　　　vs.　***kore** hito　'this man'

　少し異なる説明を展開することにより，NP + VP と V + NP という結合に関する振る舞い上の違いを明らかにすることができる。(6b) の英語の *eat* を例にして説明される目的語の選択性は，英語の全ての〈他動詞〉にとって一般的ではない。すなわち，この目的語の選択性は，実際には *eat* [他動詞] と *eat* [自動詞] という 2 つの異なる動詞が存在することを示唆する何らかの別々の意味的特性と関わっている（7.7.3 節参照）。NP + VP と V + NP 全般に関する分布的等価性に関心があるなら，他の言語について見てみる必要がある。そうすれば，VP と V それぞれについての分布的等価性は，言語が空の主語／目的語の照応詞（代名詞主語省略（pro-drop））であるかどうかによることが分かる。

　一般的に，英語には，〈空の主語／目的語の照応詞〉がほとんど見られない（ただし，7.7.3 節参照）。一方，日本語，標準中国語，レネル語（Rennellese）（以下の事例はレネル語から）（Elbert & Momberg 1965）のような他言語では，〈空の照応詞〉

（Null Anaphora）はかなり一般的であり，極めてよく起こることである。

(25) aano   tutuku   i   mu'a   Hangemangama
     and.then spill   in   front H.
     'And then [**he**] spilled [**it** (**earth**)] in front of Hangemangama.'（それから
     [彼は] ハンゲマンガマの前で［それ（土）］をこぼした）

レネル語の〈空の照応詞〉から得られる証拠は，V が分布的等価性と義務性の基準
によって V ＋ NP の主要部であることを示唆している。しかし，ロシア語のように，
もし言語が述語名詞類構文で連結詞の付加あるいは動詞の屈折を伴わずに NP を使
う場合には，NP は VP の分布的等価物になることも可能である。

(26) ona   **čitala**   **knigu**
     she   **read:PRS**   **book**
     'She was reading a book.'（彼女は本を読んでいた）
(27) ona   **spala**
     she   **sleep:PST**
     'She was sleeping.'（彼女は寝ていた）
(28) ona   **student**
     she   **student**
     'She was a student.'（彼女は学生だった）

Aux ＋ V の結合がある場合，〈助動詞〉の義務性／分布的等価性は，言語に〈VP 削
除〉構文が（英語のように）あるか（Zwicky 1985: 13），あるいは（フランス語のよ
うに）ないかに依存している（Zwicky 1985: 14）。

(29) You haven't been to Rumania, but I have **Ø**.（あなたはルーマニアに行ったこ
     とがないが，私はある）
(30) a. *Tu n'es pas allé en Roumanie, mais moi je suis **Ø**.
     b. Tu n'es pas allé en Roumanie, mais moi j'y suis **allé**/mais moi **si**.

言い換えると，義務性は主要部性の何らかの普遍的概念にではなく，むしろ言語で
利用可能な構文（〈空の照応詞〉，〈VP 削除〉，連結詞なしの〈述語名詞〉など）に依
存しているのである。

　7.2.2 節で述べたように，Zwicky は義務性の基準を，義務的というより，むしろ
要求されるものと再規定している。要求される要素は不在となりうる場合があるが，
その場合にはそれは省略的なものと解釈される。Zwicky のこの分析によると，(20)
と (23) と (25) の事例は，彼が提案する基準に適合している。なぜなら，これらは

全て省略的なものだからである。しかし，この方策を用いた場合には，逆の問題が
生じる。すなわち，1つの構文中で複数の要素が要求されるという問題である。た
とえば，Zwicky の分析に基づくと，(25) のレベル語の文では，〈動詞〉とその要求
される項の両方が必要とされる。なぜなら，不在の項は省略的なものだからである。

　複数の要素が要求されるだけでなく，それが義務的である場合もある。パラオ語
(Palauan) では，全ての NP (と，実は全ての VP) には，〈限定詞〉として記述でき
そうな不変化詞を伴う必要がある (Josephs 1975: 113)。

(31)　**a**　ngalęk　a　męnga　ęr　**a**　ngikęl
　　　DET　child　DET　eat　OBJ　DET　fish
　　　'The child is eating the fish.' (子供は魚を食べている)

　〈限定詞〉不変化詞と〈名詞〉(または〈動詞〉) は，共に各構文での義務的要素であ
る。別の事例は，オーダム語でも見られる。これは，全ての〈定形節〉が，〈動詞〉
のみならず〈助動詞〉も含むといった事例である (Zepeda 1983: 8)。

(32)　'i:da　'o'odham　**'o**　ñeok
　　　this　person　AUX　speak
　　　'This person is/was speaking.' (この人は話している／いた)

実際，構文の「分布的等価性」と，そのベースの要素 (base element) (Zwicky の用
語) の概念は意味をなさない。Zwicky は，この基準を適用するためには，形態を無
視する必要があると述べる (Zwicky 1993: 297–8)。しかし，実際には統語につい
ても無視する必要がある。すなわち，英語の〈他動詞句〉(Transitive Verb Phrase)
の [TRVERB OBJECT] は，〈他動詞〉と同じ統語的分布を持っていない。特に，[TRVERB
OBJECT] は，[TRVERB OBJECT] で TRVERB の役割を担うことはできない。言い換え
ると，「分布的等価性」の基準は，首尾一貫して適用することが不可能なのである。
なぜ不可能かというと，「分布的等価性」を規定するためには分布パタンを無視しな
ければならないからである。

　義務的な要素と要求された要素の基準に関しては，これまで私はそれが以下の様々
な文法的事実に起因すると論じてきた。一部または全ての限定詞，あるいは他の修
飾語について別々の限定形や代名詞形があるのかどうか。主語および目的語につい
て，一般的な空の照応詞があるのかどうか。連結詞が，述語名詞類に要求されるの
かどうか。〈動詞句削除〉構文がその言語で存在するのかどうか。複数の要素が要求
されるのかどうか。これらの文法的事実はどれも，何らかの直観的な意味的概念で
あっても，いかなる特定の形式的概念であっても，主要部性に対してはいかなる明
確な関係も持たないのである。むしろ，下位範疇化と統率と同様，構文の要素の義

務性または要求は，構文全体としての特性であり，それは構文のいかなる要素でも，あるいは構文の要素のいかなる特定のクラスでもない（7.7.3 節参照）。言い換えると，Zwicky が提示する意味的定義は生き残るものの，Zwicky のベースについての文法的基準は消滅するのである（7.4.1 節参照）。

7.3.4.　統語カテゴリ決定子と形態統語的中心

　さてそれでは，Zwicky（1993）が狭義の主要部と関係付ける文法的基準について考えよう。すなわち，統語カテゴリ決定子と形態統語的中心についてである。前者の概念について，Zwicky は 1993 年の論文で，ほとんど説明を与えることなしに，「［統語カテゴリ決定子］が，構成物全体の統語カテゴリを決定する」（Zwicky 1993: 297）と述べている。この基準は根拠無しに宣言されたものであり，ゆえにこの基準が実際どのようにして成り立つのかを理解することは困難である。カテゴリが分布によって規定されるのなら（1 章参照），統語カテゴリ決定子は，その分布的等価物と同一であるが，7.3.3 節では，分布的等価物の基準が意味をなさないことを論じた。

　以上の議論の結果，Zwicky が主要部性の標識とみなす形態統語的基準が 1 つ残ったことになる。すなわち，文法的屈折の形態統語的中心である。1985 年の論文でZwicky は，浸透（percolation）と呼ばれるものに主に関心を寄せている。浸透とは，主要部の形態統語的素性は，それが主要部である所の構成素の形態統語的素性と一致するという原理である。ここでの素性は，（文法上の）性・数・時制などの一般的に屈折に関わる素性を指す。しかし，主要部性のこの定義は循環論であるように思える。浸透の目的は（その名が含意するように），あるレベルから別のレベルへと素性を浸透させることであり，ゆえに主要部がそういった素性を持つより低いレベルの要素であることは驚くべきことではない。Zwicky は，形態統語的中心が基本的概念だと述べることにより（Zwicky 1985: 3, 10），この堂々巡りの一部を認識しているようであり，「別の方法で行うよほど正当な理由がないなら，形態統語的中心が，統語的浸透における主要部と認定されなければならない」と結論付けている（同上：10）。

　この場合もやはり，形態統語的中心の基準が通言語的に役に立つものとは言い難い。言語には，屈折的なレパートリーが非常に限られたものもあるし，さらにはおそらくそれが存在しないものもある。したがって，形態統語的中心は通言語的に妥当な基準とはならない。屈折が起こる言語では，どの要素が形態統語的中心の基準によって主要部となるのかに関して通言語的不一致が見られる。

　〈助動詞〉や〈動詞〉が，節と関係する屈折の形態統語的中心であるかどうかに関して言語間では様々な多様性が見られる。形態統語的中心は，時には〈助動詞〉（Aux）

であり，また時には〈動詞〉(V) であり，さらに時にはその両方になったりする。バスク語では，ほんの一握りの〈動詞〉しか屈折しない (Lafitte 1962: 238, 273–4)。すなわち，バスク語では〈動詞〉は様々な〈分詞〉形で現れ，代わりに屈折した〈助動詞〉を要求する (Saltarelli 1988: 227)。

(33) erosketa   -k   gaur   goiz   -ean   egi **-n**   **d-**
     purchase -ABS.PL   today morning -LOC.SG   do   **-PRF**   **3ABS-**
     it-   u   **-t**
     ABS.PL-   TR.AUX   **-1SG.ERG**
     'I did/have done the shopping this morning'. (私は今朝買い物をした／してきた)

カイオワ語 (Kiowa) では，〈動詞〉が屈折する。〈時制〉–〈相〉–〈法〉を示す別々の形式は，屈折のない不変化詞である (Watkins 1984: 146–7, 217–24; 事例は同上: 159 より)。

(34) á·kʰị̀gyà   hègɔ́   **mîn**   gyá-   kʰị̀·   -mà
     flowers   now   **IMM.FUT**   PL-   bloom   -IMPF
     'The flowers are about to bloom' (花は咲こうとしている)

オーダム語では，〈助動詞〉は幾つかのカテゴリ (〈時制〉–〈相〉–〈法〉と〈主語〉) について屈折するのに対して，〈動詞〉は〈目的語〉について屈折する (Zepeda 1983: 33)。

(35) a:ñi   **añ**   g   wipsilo   **ha-**   cecposid
     I   **1SG.AUX**   DET   calves   **3PL.OBJ-**   brand.RDP
     'I am/was branding the calves.' (私は子牛に焼き印を押している／いた)

同様に矛盾する証拠として，名詞句と関係する屈折の形態統語的中心として限定詞 (指示詞および冠詞) と名詞が通言語的に見受けられることが挙げられる。多くの言語で，形態統語的中心は名詞である。すなわち，名詞は，数や (文法上の) 性や格などに関して屈折する。たとえば，ユロック語 (Yurok) では，〈指示詞〉と〈冠詞〉は屈折しないが，〈名詞〉は〈所有者〉について屈折し，少数の名詞は不規則形の〈複数形〉を持つ (Robins 1958)。しかし，他の言語では，屈折的カテゴリの唯一の現れは限定詞において見られる。たとえば，レネル語では，〈限定詞〉は〈数〉と〈定性〉について屈折するが，〈名詞〉は屈折しない (Elbert 1988: 131, 133)。

(36) **te** hage/**naa** hage

'the house/the houses'（家／家々）

　最後に，〈名詞〉と（幾つかの）〈限定詞〉の両方が屈折する英語のような言語もある。次の事例では，〈数〉についての屈折が見られる。

(37)　a. this book/**these** books（この本／これらの本）
　　　b. that book/**those** books（あの本／あれらの本）
　　　c. a book/**some** books（一冊の本／数冊の本）
　　　しかし：
　　　d. the book/the books（その本／それらの本）

　結局のところ，「主要部」を，非対称的な統語的関係の普遍的で全体的な基本的成員として認定するための，通言語的に妥当かつ一定の方法を提供することが可能な統語的基準は，存在しない。というわけで，今疑問となるのは次の問題である。すなわち，構文の「支配的」な要素という一貫した言語学的に意義深い概念はあるのだろうか。もしそれがあるなら，その適切な定義とは何なのか。次の2つの節では，そういった概念が存在することを論じる。

7.4.　「主要部」の意味的定義

7.4.1.　主要部とプロファイル等価物

　主要部という伝統的概念は比較的最近のものである。「主要部」という語を実際に用いて，この概念について最初に言及したのは，私の知る限り，Sweet であった。

> 論理的見解から見て，文中の語同士の間にある最も一般的な関係は，**付加詞語**と**主要部語**の関係である ... book (books) は，book-seller, book-selling, sale of books, he sells books, he sold his books では付加詞語であり，それと一致する主要部語は seller, selling, sale, sells, sold である（Sweet 1891: 16）。

残念ながら，Sweet は主要部語が一般的に何なのかという規定はしていない。すなわち，主要部–付加詞の区別は自明のものとみなされている。主要部や付加詞といった用語が想起させるのは，「支配的」な要素に関する何らかの理論に先行する特徴付けというより，むしろ統語的な非対称性である。すなわち，上の主要部や付加詞といった用語は，どの要素が主要部であるのかを独立的に決定する方法については，何の手がかりも提供していない。なお，特定の形態統語的基準を通じた決定方法については手掛かりが提供されている。しかし，すでに私はこれらの基準がここで扱う問題とは概して無関係であることを論じた。

　Jespersen は，「主要部」という語は用いていないものの，Sweet と同様の見解に

賛成しているように思われる。

> ものや人のいかなる複合的単位においても，他の語が従属部として結合する最も重要な語が存在することを我々は常に目の当たりにする。この主要な語は，別の語によって規定（制限，修飾）されており，その別の語はさらに別の語によって規定（制限，修飾）されうるといった関係が続いていく。このようにして我々は，修飾されるもの，または修飾するものとして，相互関係に応じて異なる「ランク」の語を確立するようにと導かれるのである。*extremely hot weather* の結合では，最後の語である *weather* は明らかに最も重要な考えであり，主要なものと呼べる。すなわち，*weather* を修飾する *hot* は二次的なものであり，*hot* を規定する *extremely* は三次的なものである（Jespersen 1924: 96）。

Sweet と同様，Jesperson も非対称的関係に焦点を当てるものの，彼はどれが関係において「支配的」であるかを決定する特性については取り組んでいない。ただし，Jesperson は自身が用いる事例では少しそれについてほのめかしてはいる。すなわち，「*weather* は明らかに最も重要な考えであり ...」の部分である。

Bloomfield の見解は，主要部性に関する構造主義と生成理論の出発点である。

> 句の形成に用いられる統語的構文が全て内心的（endocentric）である場合，その句には，終極構成素（ultimate constituents）中に，有する形式クラスが句の形式クラスと同一の何らかの語（あるいは，複数の語，等位構造の成員）が含まれるであろう。この語が，その句の中心である。*all this fresh milk* という句では *milk* という語が中心であり，*all this fresh bread and sweet butter* という句では *bread* と *butter* という語が中心である（Bloomfield 1933: 195）。

Bloomfield がこの一節を書いた頃，彼は強固な行動主義者であった。ゆえに，彼はこの一節では分布的等価性の基準（「同じ形式クラス」）を用いている。しかし，それが主要部性とは関係ないことは，これまで論じてきた通りである。なお，Bloomfield は（同じページの別の部分で）「主要部」という用語を使用しているが，ここでは彼は「中心」という用語を用いている。この「中心」という用語は，Jespersen が用いた「最も重要な考え」という概念を想起させる。

　Zwicky は，主要部性に関する形態統語的基準を提示する前に，Jespersen（1924）に触発される形で，意味的定義を提案している。「Jespersen が行うように ... 我々は主要部／修飾語の区別が根本的には意味的なものであると想定してもよいだろう。すなわち，X＋Y の結合では，非常におおざっぱに話すと，もし X＋Y が X によって述べられたようなものについて述べるのであれば，X は『意味的な主要部』である」（Zwicky 1985: 4）。Zwicky の定義では，主要部は統語的役割として記述されている。すなわち，主要部性は，統語的要素と構文全体の関係の観点から定義されている。Zwicky の定義はさらに，統語的要素とそれが表す意味構造との関係につ

いて述べる点では，記号的でもある。

　意味的主要部についての Zwicky の定義は，認知文法における Langacker の主要部の概念と実質的に同じである（Langacker 1987, 8.2.1 節）。Langacker は，構文によって実際に表される意味構造の部分を名付けるのに，**プロファイル**（PROFILE）という用語を用いている。合成的（複合的）な構文のプロファイルが構成要素の部分のプロファイルとどのように関係付けられるのかという疑問について論じる中で，Langacker は次のように書く。「ほとんどの場合，合成構造はその構成要素の 1 つのプロファイルを単に継承する。プロファイルが継承される構成要素構造を，構文の**プロファイル決定子**（PROFILE DETERMINANT）と以下では呼ぶ」（Langacker 1987: 289）。たとえば，*broken vase* という句では，*vase* がプロファイル決定子である。なぜなら，この句全体が花瓶をプロファイルするからである。対照的に，*the vase broke* という節では，*broke* がプロファイル決定子である。なぜなら，この節は破壊の事象をプロファイルするからである。

　Zwicky の基準と，Langacker のプロファイル決定子に対する（遠回しな）定義をまとめると，構文が構文全体のプロファイルを決定する慣習的に特定化された要素を 1 つ持つことが示唆される。この定義では，特定の非標準的な構文タイプを説明することはできない。英語の〈同格〉（Appositive）構文の *my brother the geophysicist*（地球物理学者である私の兄弟）のように，構文には，全体のプロファイルが 1 つだけでなく，部分を構成する NP のプロファイルの両方と同じものも見られる。

　さらには，構文全体のプロファイルと同一のプロファイルを持つ要素が何もないという理由から，構文全体のプロファイルを決定する要素が何も存在しない構文もある。これらは，**外心的**（EXOCENTRIC），または主要部なしの構文と呼ばれる。たとえば，ケチュア語の事例 *hatun*（大きいもの）は物体をプロファイルするが，*hatun* という語は物体の属性をプロファイルする（2 章で提唱した分析を思い出していただきたい）。他の事例としては，(38) のような主要部なしの関係詞節（headless relative clauses）や，(39) のような補文が挙げられる。

(38)　[**What really bothers me**] are all of those square brackets.（私を本当に悩ませるのは，それら全ての角括弧だ）

(39)　I said [(**that**) **I was going to do it**].（私はそれをするつもりだと言った）

(38) と (39) では，角括弧中には構文全体と同じものをプロファイルする要素は存在しない。

　外心的構文の別の事例として，等位 NP（conjoined NP）である *Matt and Rina* のような等位接続構文が挙げられる。この構文では，全体によって表されるのがペアをなす人々である。すなわち，固有名詞がこの複合的存在物を表すのではないし，

また接続語（connective）がそれを行うわけでもない。それゆえ，この構文も主要部なしと呼びたくなる。これが，一般的に受け入れられている分析である（たとえば，Matthews 1981 参照）。

どの構文にも主要部があると論じる唯一の方法は，(38) の *what* と (39) の *that* を，構文全体が表すのと同じものを表していると分析することであろう。同様に，〈等位接続〉では，*and* の意味はそれが合成的存在物を表しており，ゆえに〈等位〉構文にとってはそれがプロファイル決定子だと論じることであろう。このやり方が，おそらく間違いなく，Wierzbicka が行った *and* の分析である（Wierzbicka 1980; 9.2.3 節も参照）。そのような分析では，*and* は等位接続構文の主要部（プロファイル決定子）とみなされるのであろう。なぜなら，その外延は，*X and Y* という構文全体の外延と最も緊密に一致するからである。これらの意味分析は，もちろん妥当だと証明する必要がある。

Langacker は，同様の事例について論じる中で（Langacker 1987: 291），「プロファイル決定子」という用語については，同じ構文中において他の要素に対して関係する特性を持つ単独の要素が存在する構文のために取っておくべきだと提案している。しかし，以下のように，Zwicky や Langacker の定義を修正することによって，いかなる構文についても適用可能とすることができる。

(40) プロファイル等価物（Profile equivalent）：X＋Y の結合では，X＋Y によってプロファイルされる／述べられる種類のものを X がプロファイルする／述べるなら，X は**プロファイル等価物**である。

言い換えると，(40) では主要部性を決定するための方向を，「語から構文へ」から「構文から語へ」へと逆転させているのである。最初に構文 X＋Y を取り上げ，この構文が何をプロファイルするのかを検討しよう。それを行った後，構文の構成素間を見て，どの構成素が（それがある場合），X＋Y のプロファイルに最もよく一致するプロファイルを持つのかを見つけよう。

Zwicky（と Langacker の）定義で主要部性を決定するための方向を逆転させることによって，プロファイル等価物が構文の特性であることが明らかになる。すなわち，プロファイル等価物は，問題とする語が生じる構文との関連でのみ決定可能な，特定の語の特性なのである。この定義は，ラディカル構文文法の考え方とぴったり一致する。なぜならそこでは，構文が統語的な表示と要素の基本要素であり，また要素の文法カテゴリは派生的なものであると考えられているからである。

Zwicky の定義で主要部性を決定するための方向を逆転させることによってもたらされる利点は他にもある。すなわち，彼の定義を修正することによって非標準的な構文タイプを自然に容認することが可能になる。構文には，複数のプロファイル

等価物を持つものも見られる。すなわち、これは、構文全体のプロファイルが構文の要素の複数のプロファイルとたまたま一致する場合に起こりうることである。さらにまた構文には、構文全体のプロファイルとどの要素も一致しない場合にプロファイル等価物を完全に欠くものもある。(40) の定義は、何か特定の要素ではなく構文から始まり、ゆえにこの定義に基づけば、ここで述べる両方の可能性は完全に予測可能である。最後に、プロファイル等価性とは程度問題でもある。すなわち、要素のプロファイルが、意味タイプにおいて全体のプロファイルと一致する程度の問題でもある。つまり、プロファイルにおける一致は完全なものでない可能性がある。この後者の可能性は、もし構文 X + Y の外延が、(独自の)構成要素 X から継承されたものである場合には排除される。

さて以上プロファイル等価性について述べてきたが、主要部という概念には、以下で論じるように、さらに別の問題も関係する。

7.4.3. 主要部と PIBU

プロファイル等価物についての判断には、構文の要素の意味と、それが全体の意味にどのように関係するのかという問題がかかわってくる。構文の要素をより注意深く見てみると、多くの構文で独自のプロファイル等価物が欠如しているように思えてくる。本節では、そういった事例の幾つかについて見直しを行い、通時的な言語的パタンを説明する第二の意味的特性を紹介する。

プロトタイプ的な名詞句において何が主要部であるかに関しては、2つの広く受け入れられた見解が確認できる。まず伝統的に見られる見解は、*turkey* のような名詞が主要部であり、ゆえにその句は名詞句（NP）として適切に記述可能だというものである。もう1つの見解はより最近の提案（Abney 1987 に由来）だが、そこでは、たとえば *the* という冠詞が主要部であり、ゆえにその句は限定詞句（determiner phrase）（DP）として適切に記述可能だというものである。後者の提案は、生成文法では今や支配的になっているが、実はどちらの提案も普遍的には受け入れ難いのである。プロファイル等価物に基づく分析では、何が主要部となるのだろうか。

名詞ではなく冠詞を主要部が見られる句の主要部とみなす分析があるが、この考え方を支持する1つの意味的な論拠は、句は全体として指示機能を持つ一方、単純な名詞はそうではないというものである。ほとんどの英語の NP では、指示表現は〈冠詞〉なしに完全とはなりえない。指示の調整を行い、それによって句全体が表すものと同じもの（すなわち、身元が談話の領域や、話し手と聞き手の共有知識の中で確立され、位置付けられるもの）を最もしっかりと表すのは、〈冠詞〉であるかのように思われる。これが、DP 分析の背後にある直観的な意味的動機付けである。

3.2.3 節では、英語のような幾つかの言語で見られる（ほとんど）義務的な〈冠詞〉

に関する統語的事実は，この意味分析を仮定する十分な理由にならないことを論じた。DP 分析では，一般的には支持不可能な構文の意味の非冗長性分析が仮定されている。より妥当な分析は，冠詞と名詞の両方が，一般的に名詞句において指示機能を持つというものである（Langacker 1991a: 95 の事例参照）。もしこの分析が受け入れられるなら，冠詞がついた句は，冠詞と名詞という 2 つのプロファイル等価物を持つことになる。

　同様の議論が，動詞と助動詞についても当てはまる。屈折した〈助動詞〉を持つ英語の〈節〉は，〈助動詞〉なしでは完全な叙述を表さない。もちろん，屈折した〈動詞〉はあるが〈助動詞〉はないという節は存在するし，〈節〉は〈助動詞〉だけでなく〈動詞〉も要求する。より一般的には，句の中の冠詞と名詞の共同のプロファイル等価性について 3.2.3 節で示したのと同じ議論が，節中の助動詞と動詞にも適用可能である。この場合もやはり，この議論が受け入れられれば，助動詞を持つ節は，助動詞と動詞という 2 つのプロファイル等価物を持つことになる。

　ちょうど今提示した句と節の分析では，全てではないものの大抵の句と節は 2 つのプロファイル等価物を持つことになる。句の形態統語的中心が，典型的には冠詞，名詞またはその両方であり，一方，節の形態統語的中心が，典型的には動詞，助動詞またはその両方であるのはおそらく偶然ではない。形態統語的中心は，実質的にプロファイル等価物の影響を受けやすい。このようなことから，(41) の含意的普遍性を形式化することができる。

(41)　句や節と関係する屈折的カテゴリが言語に存在するなら，その屈折的カテゴリは句／節のプロファイル等価物のうち少なくとも 1 つで表現される。

節と句に 2 つのプロファイル等価物が存在するというのは，節と句について両方向の分析を受け入れる必要があることを意味するのだろうか。言い換えると，ほとんどの構文における単独の「支配的」な要素の探求は，究極的には失敗するということだろうか。そういった探求は共時的には失敗しうるものかもしれない。しかし，通時的には，節と句の 2 つのプロファイル等価物の間には実は非対称性が存在している。

　名詞と動詞の各々には，冠詞と助動詞が持たない意味的特性が見られる。すなわち，名詞と動詞は，句と節それぞれの**主要情報負担ユニット**（PRIMARY INFORMA-TION-BEARING UNITS: PIBUs）である。通常の用語では，PIBU は内容語のことを指す。すなわち，PIBU は冠詞や助動詞といった機能的要素が持たない主要な情報的中身を持っている。それゆえ，私は (42) の主要部性の意味的定義を提案する。

(42)　（意味的）主要部とは，主要情報負担ユニットであるプロファイル等価物であ

る。すなわち，それは構成素全体がプロファイルするものと同じ種類のもの
を最もしっかりとプロファイルする最も内容のある項目である。

PIBU については単純な意味的定義が存在している。すなわち，より正確に言えば，
PIBU をその潜在的な競合相手となる分析（DP 分析など）よりも中身のあるものに
する定義が存在している。つまり，プロファイル等価性の基準によって，主要部性
について 2 つの候補が挙がる場合には，それほどスキーマ的でない意味が PIBU と
いうことである。すなわち，形式意味論的意味においては，PIBU はより狭い外延
（extension）を持っている。

　the violinist のような句における英語の冠詞に関して Langacker が行った分析を
再考してみよう。Langacker の分析では，*the* と *violinist* の両方が，「モノ」（これ
は，Langacker の専門用語であり，名詞がプロファイルするものを指す）をプロファ
イルする。しかし，*the* はモノを非常に高い一般性（スキーマ性）でプロファイルす
る。唯一の制限はそれが談話文脈にいる話し手と聞き手に独特な形で利用可能であ
るということである。一方，*violinist* はもっとずっと特定のものであり，形式意味
論の用語を用いればその外延はよりいっそう制限されている。したがって，*violinist*
も PIBU であり，ゆえに主要部ということになる。

　同様の議論は，助動詞と動詞についてもなされうる。上では，助動詞と動詞は双
方が，節が表す事態をプロファイルすると論じた。助動詞は，プロセスを，メンタ
ル・スペース／可能世界，または談話スペース（現在 vs. 過去の時間指示など）の中
に非常に一般的に位置付けられたものとしてプロファイルする。動詞は，はるかに
特定的な状況タイプをプロファイルし，ゆえに主要部ということになる。

　プロファイル等価性と同様，PIBU の地位に影響を受ける，通言語的に一般的に
見られる文法現象が存在する。すなわち，文法化と再分析（reanalysis）という現象
である。(42) の定義によって主要部性について 2 つの候補がある場合には，PIBU
でないものは文法化を経験することになるだろう。実際，機能的要素となるものが
構文の主要部として生じる場合には，文法化の過程において主要部の地位は徐々に
変化していく。構文のプロファイルは PIBU のそれに向かって変化していき，PIBU
ではないプロファイル等価物はその外延を拡大することができる。すなわち，以前
持っていた情報よりもさらに少ない情報を持つのである。(42) の定義によると，こ
の時点において，以前の従属部の構造が主要部になる。文法化のプロセスが続けば，
機能的要素は自律的な統語ユニットとして地位を失うことになり，語彙的主要部に
添えられることになる。[18]

18　これらのプロセスは，自動語彙統語論（Autolexical Syntax）の接語原理（Clitic Prin-
　ciple）（縮約）や編入原理（Incorporation Principle）（縮約＋誘引）と同様である（Sadock
　1991: 105）。

言い換えると，いわゆる機能的主要部（functional heads）（すなわち，限定詞と助動詞）は文法化していき，文法的振る舞いにおいては縮小されていくのである。語彙的主要部（すなわち，名詞と動詞）は，そうなることはない。この史的な含意的普遍性は次のように形式化できる。

(43)　句／節にとって複数のプロファイル等価物がある場合には，PIBU でないプロファイル等価物は，最終的には縮小したり，PIBU プロファイル等価物（主要部）へと付着したりする。

次節では，(43) の普遍性を支持する証拠を示す。

7.5.　文法化と PIBU のプロファイル等価物

7.5.1.　助動詞と冠詞

7.4.2 節では，プロファイル等価性と PIBU の地位の変化は，限定詞と助動詞の文法化に付随して起こると論じた。このことは，実は文法化のプロセスの初期の段階では状況が異なっていたこと，すなわち，どの要素が（(42) の意味的定義の下で）主要部性の最良の候補であるかは違っていたことを前提としている。このことは，助動詞（少なくとも，主動詞由来の助動詞）についても明確に当てはまる（この過程の広範な調査については，Bybee 他 1994 参照）。

助動詞は主動詞（すなわち，節のプロファイル等価物）に由来することがたびたび確認されている。主動詞となるもの（main-verb-to-be）は従属部である。文法化の過程では，構文のプロファイルは従属部動詞（dependent verb）を含むように変化する。動詞は今や，プロファイル等価物と同様に PIBU となっており，助動詞は以前よりもそれほど重要でない情報負担ユニットとなっている。

この過程の事例は，アバール語で確認可能である（Harris & Campbell 1995: 188–9 [Čikobava & Cercvadze 1962: 328–30 より]）。

(44)　ebel　　　　ret'el　　　　　b-　uq'ule　-y　y-　ugo
　　　mother(ABS)　clothing(ABS)　N-　sewing　-F　F-　is
　　　'Mother is a sewer of clothing/one who sews clothes.'（母は裁縫師だ／服を縫う人だ）

(45)　ebel　**-ał'a**　ret'el　　　　　b-　uq'ule　**-b**　**b-**　ugo
　　　mother　**-ERG**　clothing(ABS)　N-　sewing　**-N**　**N-**　is
　　　'Mother is sewing clothing.'（母は服を縫っている）

(44) の事例は，〈等価〉（Equative）構文である。ゆえに，プロファイル等価物は

〈動詞〉*ugo*（'is'）である。〈等価〉構文には，2 つの〈絶対格〉NP がある。〈動詞〉*ugo* は，〈主語〉*ebel*（母親［女性］）とは，〈女性〉接尾辞 *-y* を伴った形で一致する。〈分詞〉*nq'ule*（縫っている）は，〈目的語〉*ret'el*（服［中性］）とは，〈中性〉（Neuter）接頭辞 *b-* を用いることで一致し，〈主語〉*ebel* とは，〈女性〉接尾辞 *-y* を用いて一致している。

事例（45）は，〈他動詞〉を持つ〈助動詞〉構文である。〈助動詞〉*ugo* と〈動詞〉*uq'ule* の両方がプロファイル等価物だが，*uq'ule* は PIBU である。*uq'ule* のプロファイル等価物の地位は，（45）にとっては〈他動詞〉構文の使用につながる。すなわち，*uq'ule* の A 項は〈能格〉で符号化されており，〈助動詞〉と〈動詞〉の両方が単独の〈絶対格〉の項（A 項）と一致するが，それは〈中性〉である。

助動詞構文での助動詞は，キトゥバ語（Kituba）の話者の最後の三世代において *lenda*（かもしれない）について起こったように，最終的には動詞に添えられる可能性がある（Heine & Reh 1984: 21–2）。

(46)　二世代前：　　　　　　　　　　　現代の人々：

munu	**lenda**	ku-	sala	mu-	**le-**	sala
I	**may**	INF-	work	1SG-	**MDL-**	work

　　　'I may work.'　　　　　　　　　　'I may work.'（私は働くかもしれない）

文法化の過程では，構文全体が意味を変えることになる。すなわち，主動詞となるものが今やプロファイル等価物となり，また助動詞となるもの（auxiliary-to-be）が主動詞となるものによってプロファイルされる状況の時制–相–法のみをプロファイルするように，構文はプロファイルを変えたのである。その時点では，助動詞と動詞の両方がプロファイル等価物だが，動詞は PIBU である。そして，助動詞の縮小と吸収が起こる。

冠詞が辿る歴史的シナリオも同様である（Greenberg 1978a; Heine & Reh 1984; Diessel 1999: 128–9）。冠詞は，指示詞に由来する。ラテン語の〈指示詞〉*ille, illa* がフランス語の〈冠詞〉*le, la* へと進化するといったように，ラテン語を起源とするロマンス語の冠詞の発達はよく知られたケースである。このように，指示詞は冠詞へと姿を変えることがよくある。その後，*ati lá*（その木）が *ati-á* に取って代わられる標準エウェ語（Standard Ewe）のように，冠詞は主要部名詞に接辞として添えられることがよくある（Heine & Reh 1984: 23）。この最終段階に達すると，名詞プラス冠詞の接辞は，指示機能を遂行する単一の語となり，それが唯一のプロファイル等価物となる。接辞付加された冠詞は消失して，名詞が主要部性の唯一の候補である冠詞なしの NP へとつながることもある。

もし限定詞の指示詞としての起源が元々は代名詞であるなら，それは名詞句と同

格となり，名詞句と同じものをプロファイルするだろう（Diessel 1999: 60–2, 129）。指示代名詞（demonstrative pronoun）は，もちろん一般的には典型的な限定詞よりも多くの意味的情報（すなわち，直示的情報と，おそらく何らかの分類的情報）を持ち，ゆえに冠詞よりも PIBU にとっては良い候補である。指示詞が冠詞になり，句の中により緊密に組み込まれていくにつれて，そのプロファイルは名詞のプロファイルと競合するが，それは明らかに PIBU であり，修飾語としての冠詞の再分析と，最終的には冠詞の独立した統語的地位の消失につながる。

7.5.2. 数詞と数量詞と類別詞

　統語的変化についてよく知られる一例を紹介しよう。それは，名詞との結合における数詞と数量詞で見られる事例である（たとえば，***three* books，*many* CDs**）。多くの言語で，特にバルト諸国周辺地域では（Koptjevskaja-Tamm 2001），数量詞と数詞が，伝統的な統語的意味での句の「主要部」に由来することが頻繁に見られる。数量詞と数詞はそれらが生起する節の中では格標示についての屈折を見せるが，定量化が行われている存在物をカテゴリ化する名詞は従属部属格句（dependent genitive phrases）の中で見られる。しかし，名詞は数詞や数量詞の格表示された従属部となっている状態から変化することがよく見られる。この変化は，主要部に太字を用いれば，[**Qnt** [N-ᴄᴀꜱᴇ]] > [Qnt **N**] と記述できる。この統語的変化は一方向的なもののようである。多くの場合，共時的状況とは，より低次の数詞は形容詞の統語的振る舞いをし，それゆえ修飾語に類似し，一方，より高次の数詞は名詞の統語的振る舞いをし，それゆえ名詞句の主要部に類似しているということである（Greenberg 1978b: 285, 普遍性 47）。

　この再分析については，どのように説明したらよいだろうか。数量詞と名詞のプロファイルは実質的に同じものである。すなわち，量が数量詞によって表され，タイプは名詞によって表されるという**複製の集団**（ʀᴇᴘʟɪᴄᴀᴛᴇ ᴍᴀꜱꜱ）である（Langacker 1991a: 83–4）。数量詞と名詞は，両方がプロファイル等価物であるように思われる。1 つまたは他方を主要部として選択することは，複製の集団の量またはタイプに注意を集中することである。量が多い場合，それがより際立ち（salience）の高いものとなり，ゆえに PIBU によりなりやすいことになるが，このことは，もし（PIBU の）「主要」という言葉が意味拡張と同様に際立ちも含むと考える場合にはまさにそうなる。しかし，全体としては，名詞が PIBU であり，文法化が結果として起こる。

　数量詞の文法化には，微妙なプロファイル・シフトが関与する。[Qnt [N-ᴄᴀꜱᴇ]] では，数量詞／数詞のプロファイルは非関係的であり（2.4.2 節参照），複製の集団それ自体を表す。一方，格標示された名詞は，格標識があるので関係的である（5.4.1 節）。すなわち，格標識は名詞タイプを複製の集団に関係付けるのである。非関係的

存在物は，指示表現の最良のプロファイル等価物だが，それ自体非関係的である（2.4.2 節参照）。ゆえに，[Qnt [N-CASE]] では，数量詞のプロファイルは，プロファイル等価物にとってはより良い候補となる。[Qnt N] 構造では，名詞のプロファイルは非関係的であり，対象物自体をプロファイルする。一方，数量詞／数詞は関係的であり，量の計測を表す。ゆえに，[Qnt N] では，名詞のプロファイルは，プロファイル等価物にとってはより良い候補となる。

　プロファイル・シフトについては，英語の〈計量類別詞〉を用いて説明可能である。〈計量類別詞〉は，[**Noun** [*of* Noun]] という統語形式を持つが，（太字が示すように）これは最初の〈名詞〉が〈主要部〉であることを示唆する。しかし，節における 2 つの〈名詞〉の振る舞いは，〈属格〉の「〈従属部〉」が〈主要部〉として機能することを示す。

（47）　a. Tim drank a **cup** of coffee.（ティムは一杯のコーヒーを飲んだ）
　　　　b. *Tim broke a **cup** of coffee.

drink の P 参与者は飲料に適した液体でなければならない。これに対して，*break* の P 参与者は物理的対象でなければならない。*a cup of coffee* という句は，物理的対象ではなく液体を表す。ゆえに，*coffee* は，たとえそれが「〈従属部属格〉」であるかのように見えても，プロファイル等価物である。対照的に，〈複合名詞類〉*coffee cup* のプロファイル等価物は *cup* のプロファイルである。

（48）　a. Tim broke a coffee **cup**.（ティムはコーヒーカップを割った）
　　　　b. *Tim drank a coffee **cup**.

実際，（47a）の〈属格〉の *of* は，今や *a cuppa coffee* へと縮約されて，〈前置詞〉はその統語的独自性を失っており，次の〈名詞〉が従属部であるということを示すと考えることはもはやできない。

　数詞と関係する統語的変化を示す別の事例には，助数詞が挙げられる。助数詞構文では，類別詞はほとんど常に通言語的に数詞と連続している。この [[Num Clf]，Noun] 構造は，同格のものであるように思われる（すなわち，[Num Clf] と [Noun] の両方がプロファイル等価物である）。このことは，助数詞の最も一般的な語源（すなわち，名詞）から明らかである。つまり，過去のある時点では，[Num Clf] は単に [Num Noun] 名詞句であったのである。

　助数詞システムが文法化する際には，（49）のポナペ語（Ponapean）の事例のように，類別詞（あるいは，それの残骸）が，共有するプロファイルの名詞にではなく数詞に付着することが最も一般的である（Rehg 1981: 125–6）。

(49)　a. *waluh*「8つ［無生］」
　　　b. *welimen*「8つ［有生］」
　　　c. *weluhmw*「8つ［山芋またはバナナ］」

　ポナペ語における〈数詞〉と〈類別詞〉の文法化は，かなり遠くまで進行している。(49a–c)では，最初の部分は明らかに元の〈数詞〉だが，形態素の境界を特定することは困難である。最終的に，類別詞システムは崩壊する。すなわち，一般的には，1つの類別詞が他のものを犠牲にして拡散するのである。言い換えると，名詞でなく類別詞が，PIBUの地位を保持する名詞とは対照的に，それが持っていた情報の多くを失う。

　プロファイル等価性とPIBUという概念によって，類別詞の文法化を説明することができる。数詞は，複製の集団の大きさのプロファイルを持つ。名詞と同様，類別詞はプロファイル等価物である。しかし，類別詞と数詞の両方に関して，名詞はPIBUである。PIBUでないプロファイル等価物（すなわち，類別詞）は縮約され，最終的には数詞によって吸収される。最終的に，名詞はプロファイル等価物とPIBUの両方であり，再分析された数詞構文の主要部となる。

　Koptjevskaja-Tammは，多くの言語の数詞と数量詞の句は，数詞／数量詞と名詞の単純な並列（juxtaposition）から成ると述べる（Koptjevskaja-Tamm 2001: 34）。ひょっとすると，こういった場合には，非並列の数量詞構文の文法化を記述するのに引き合いに出したプロファイルの微妙な違いは，実は並列した数量詞構文には存在しないということかもしれない。むしろ，数量詞／数詞と名詞の両方が，（非関係的な）複製の集団をプロファイルするのである。

7.5.3. 接置詞

　主要部性について統語的な定義付けを行おうとする者にとって，接置詞は厄介な事例を提供するカテゴリといえる。生成文法では，接置詞は一般的に接置詞句（adpositional phrases）の主要部とみなされている。一方，機能文法（Dik 1997）や役割指示文法（Van Valin & LaPolla 1997）では，名詞が接置詞句の主要部と考えられている。生成文法の「機能的主要部」に関する最近の文献では，接置詞句の扱い方についていくらか疑念が示されている。Haspelmathは次のように書く。「Abney（1987: 63）は，接置詞は機能的カテゴリと語彙的カテゴリの間の『線をまたいでいる』ように思われると記し，Ouhalla（1991: 202）は『ここで解決した区別については前置詞の地位は明らかではない』と述べている」（Haspelmath 1994: 5）。

　しかし，ここでも通時的事実が明解な説明を与えてくれる。すなわち，接置詞は文法化して，最終的には格標識として名詞と融合しうるのである。この過程は，(50)

のハンガリー語の〈名詞〉*béle*（内臓）（Lehmann 1982b: 85）と，（51）の英語の〈名詞〉*side*（*Oxford English Dictionary*）で示すことができる。

（50）　*bél-e［内臓-DAT］
　　　　> *vilag-bele* 'into the world'（世界の中に）［古い文語］
　　　　> *vilag-ba* 'into the world'（世界の中に）［現代語］
（51）　16 世紀：*in the side of NP* > 17–19 世紀：*inside of NP* > 19–20 世紀：*inside NP*

　ここでは「究極的には」という修飾語が重要である。接置詞に含まれる連続体の両極について考える必要がある。接置詞の通時的な起源は，最も一般的には，具格関係について 'take' または 'use' のような意味を持つ（連続）動詞（(serial) verbs）や，あるいは受益者格関係（benefactive relation）について 'face' のような意味を持つ（関係的）名詞（(relational) nouns），または様々な空間的関係についての身体部分の用語である（さらに，よく知られるように，印欧語では方向詞副詞が起源である）。
　接置詞の発生元である名詞句あるいは動詞句では，連続動詞／関係的名詞が唯一のプロファイル等価物である。それらの主要部の地位は，従属部 NP が関係的名詞の属格従属部，または連続動詞の目的語従属部であるという点で，文法的に反映されている。NP 項は，それが動詞的事象の参与者になっていること，あるいは関係的名詞が関係する存在物になることにより，句のプロファイルとなっているにすぎない。
　しかしながら，文法化が進行するにつれて 2 つのことが起こる。まず，接置詞の意味が外延において広げられる。これによって，接置詞の意味は PIBU としてはそれほど適した候補でなくなる。次に，接置詞の意味が動詞の意味とますます重なり合っていくことが起こる。このことは，接置句あるいは動詞に統率される斜格 NP において最も明確である。*Put the book back on the bookshelf*（その本を本棚に戻しなさい）のような文では，〈動詞〉*put* のプロファイルは，〈目的語〉*book* の目的地を含んでいる。*put* のプロファイルのこの成分は，*put* の〈所格〉PP 項において許容可能な限られた意味の幅（おおよそ，〈直接目的語〉の最終的な位置を示さなければならない）と非常に重複する。この事例では，〈前置詞〉は依然として〈動詞〉よりも動作のその側面について多くの意味的内容を提供している。*Put the picture over the couch*（その写真を長椅子の上に掛けなさい）と比較してみるといい。しかし，*put* の目的語 NP の内容と，〈前置詞〉によって統率される NP は，いずれにしても所格関係の決定に大いに貢献する。
　非空間的関係に目を転ずれば，そこにはより完全な重複が確認可能である。*I agree with you*（私はあなたに賛成です）では，〈前置詞〉*with* は依然として意味を持つが，〈動詞〉のプロファイルへの貢献は最小限である。すなわち，*agree* は *with* が持つ対

称的意味（symmetrical meaning）をすでに持っている。もっとはっきり言えば，*agree* は *with* が持つ他の多くの意味ではなく，対称的意味を選択する。中心的な参与者役割の標識の場合には，そのような標識は非常に広い意味的外延を持ち，動詞はより特定的な意味を提供する。接置詞はゆえに PIBU の地位を動詞に対して失い，項 NP を項の句のプロファイル等価物として残す。結果として，接置詞は縮約され，最終的には名詞に付着することになる。

7.5.2 節では，数量詞句の進化において，数量詞のプロファイルが名詞のプロファイルへと変化することを見た。これとは対照的に，接置詞句の進化においては，接置詞のプロファイルは，それを統率する動詞のプロファイルへと変化して（Croft 2000a: 121–4 も参照），名詞を，いわばデフォルトでは，その句の主要部とする。これが，特に斜格の関係について，接置詞が文法化の後の段階まで，より「主要部」のように見える理由である。斜格やそれほど文法化されていない直接目的語の標識については，PP のプロファイルが何であるかは明らかではない。なぜなら，接置詞のプロファイルは動詞によって吸収され，NP の内在的な特性は，動詞によって表される状況との意味的関係のより多くのものを決定づけるようになるからである。

7.5.4.　補文標識

She said [*that she didn't love him*]（彼女は彼を愛してないと言った）のような，補文標識によって導入される従属節について今日通常なされる分析は，従属節は CP の主要部として補文標識を持ち，補文を統率するといったものである。形式的統語理論では，この分析は補文標識の意味分析に基づいてはいない。こういった分析とは対照的に，Langacker は認知文法の枠組みで補文標識の意味的分析を示している（Langacker 1991a: 417–49）。以下では分析の出発点として，この Langacker の分析を紹介する。

Langacker は，補文標識は補文が表す事態の非プロセス的解釈をプロファイルし，それは補文が項として機能するために必要とされるといった分析を行う。補文標識は，プロファイルを述語と共有するが（これは事態についての非常に抽象的な特徴付けである），補文標識によって述語のプロファイルの非時間的解釈が与えられる。

補文標識の起源は，下の英語の事例（52a–b）に見られるように，代名詞的要素と名詞を含んだり（Lehmann 1982b/1995: 62），またエウェ語（Ewe）の（53）の事例が示すような 'say' という動詞を含む（Lord 1976: 182; Lehmann 1982b/1995: 62; 9.4.5 節も参照）など，多様である。

(52)　a. She said **that**.（彼女がそれを言った）

　　　 b. She said **that** [she didn't love him].（彼女は彼を愛していなかったと言った）

(53) fia   gbé   **bé**   [wómagàvá   o]
     chief   refuse **say** they.PROH.come NEG
     'The chief forbade that they should come.'（ボスは彼らが来ることを禁止した）

代名詞的要素や名詞は，補文の主要部（その述語）と同様，プロファイル等価物であり，それが主節の述語の項として機能するように，補部の事態の解釈に左右される。動詞 'say' と接置詞は，唯一のプロファイル等価物として生じる。補文標識と補部のプロファイルが前段落で述べたやり方で重なり合うように，補文標識の地位への文法化の過程は，'say'/ 接置詞のプロファイル・シフトを引き起こす。これらの全ての場合において，補文の述語は，補文標識が発達する頃には PIBU となっている。ゆえに，PIBU でない補文標識が文法化することが予測されるが，それが実際に起こることである。

　補文標識の運命は 2 つある。1 つ目は，補文標識が，(54) のイデン語の事例における〈与格従位接続〉接尾辞（Dative Subordination suffix）のように，主動詞へと付着するようになることである（Dixon 1980: 459）。

(54) waguja   -ŋgu   gurŋga   wawa   -1   maŋga   **-nyu-nda**
     man   -ERG   kookaburra(ABS) see   -PRS   laugh   **-DAT.SUBR**
     'The man is watching the kookaburra laughing.'（男はワライカワセミが笑うのを見ている）

この場合には，多くの場合，文法化された補文標識は名詞化辞（nominalizers）として最も適切に分析可能である（Lehmann 1982b: 65–6）。

　補文標識のもう 1 つの運命は，英語の *He believes* (*that*) *she is right*（彼は彼女が正しいと信じている）のように単に消失することである。そうなる場合，動詞はこの構文的文脈でのプロファイルにおいて非時間的解釈を受ける。いずれの場合も，補文標識は，本節で記述した他の要素と同じやり方で振る舞う。そして，動詞は最終的に句の唯一のプロファイル等価物になる。

7.5.5.　連結詞

　文法化の別の事例は，連結詞が叙述的な名詞や形容詞と融合することであり，屈折した名詞的叙述（nominal predication）や形容詞的叙述（adjectival predication），または NP に見られる名詞や形容詞の形式とは異なる特別な叙述名詞／形容詞形（predicative nominal/adjectival form）へとつながるというものである。Stassen（1997）は，ベジャ語（Beja）のような，述語名詞類／形容詞に添えられた連結詞の数多くの事例を挙げ，次のように書く。「[ベジャ語は] 叙述的接尾辞を採用するが，

7章　主要部と項と付加詞　319

それは直示代名詞（deictic pronouns）と非常に類似しており，動詞と共に使われる
［一致］接尾辞とは形式的に異なる」（Stassen 1997: 79；事例は同上［Tucker & Bryan
1966: 543 より］）。

(55)　barú:k　　ha'á　　**-bwa**
　　　2SG.M　　sheik　　-2SG.**M**
　　　'You are a sheik.'（あなたは族長だ）

　叙述的な名詞や形容詞と共起する連結詞は，プロファイル等価物であるように思
える。その理由は，節全体によって，述語名詞類のカテゴリに属するものとして主
語を分類したり，あるいは述語名詞類の属性を所有するものとして主語を分類した
りする主張がプロファイルされるからである。しかし，連結詞動詞それ自体は最小
の意味的内容を持ち，S 項の指示対象の最大限にスキーマ的なカテゴリ化に対して
叙述的機能（predicative function）を加えるだけである。節全体のプロファイルは，
部分的には連結詞によって，また部分的には述語名詞／形容詞によって決定される
と論じることができる。すなわち，S の指示対象を，述語名詞がプロファイルする
タイプのものとしてカテゴリ化したり，あるいは述語形容詞によってプロファイル
される属性を帰属させることを行なっているのである。
　考えられうる1つの妥当な通時的分析は，述語名詞／形容詞それ自体が叙述行為
をプロファイルするというものである。述語名詞／形容詞のプロファイルはゆえに，
連結詞のプロファイルと重複するようになる。述語名詞／形容詞は PIBU であり，
それゆえ連結詞を吸収し，それ自体で屈折した述語形式になる。これとは異なるも
う1つの考えられうる通時的分析は，2つの形式は単に形態上融合するのであって，
単独の語として節全体のプロファイルを一緒に与えるというものである。前者の分
析は，述語名詞／形容詞が，規則動詞（regular verbs）がするのと同時に屈折を発展
させる状況においては望ましい。すなわち，動詞形が叙述的プロファイルを獲得し
つつあり，ゆえに非動詞叙述も同じことを行っていると仮定することは理にかなう
ことである。

7.5.6.　他の統語的プロセスにおける PIBU

　プロファイル等価性は，(42) の定義における主要部性に関する必要条件であり，
PIBU は複数個のプロファイル等価物がある時にのみ関与する。このことは統語的
変化を引き起こすことにつながる。なぜなら，冠詞，助動詞，数量詞，接置詞，類
別詞，補文標識，連結詞の意味において，プロファイルが変化して，PIBU である
別のプロファイル等価物と重なりあったり（冠詞，助動詞，数量詞の場合），あるい
は意味的に別の要素と重なり，次にはそれがその意味を吸収して別の語との融合を

引き起こしたり（接置詞，類別詞，補文標識，連結詞の場合）というような変化が起こるからである。通時的プロセスの詳細はそれぞれの場合で大きく異なるが，それら全てに共通点が見られる。すなわち，意味的プロファイルにおける変化は，より高次の情報内容を持つ別の要素がプロファイル等価物となり，PIBU でない要素が文法化することにつながるのである。

しかし，文法化の統語的プロセスは，プロファイルにおける変化なしで起こることは可能なのだろうか。どうやらそれは可能なように思われる。**動詞的誘因**（VERBAL ATTRACTION）と呼ばれる現象は，代名詞的項や，さらには名詞的項を動詞に付与することを伴う現象である（Heine & Reh 1984, 1.1.3.1 節；Mithun 1984 も参照）。Myhill（1988a）は，文の「最も情報的に重要」な要素はそれほど重要でない情報負担ユニットを引き付けると論じる（なお Myhill は，「最も情報的に重要」な要素を核（nucleus）と呼ぶが（Myhill 1988a: 261），これは PIBU と同じものである）。Myhill はこの現象を**クラスタリング**（CLUSTERING）と呼び，表 7.2 で示す事例を挙げる。

表 7.2. クラスタリングの特性

高次の PIBU 核	核に引き寄せられた低次の PIBU 要素（> 拘束形）
動詞	代名詞（> 一致の標識）
動詞	際立ちの低い NP（> 編入された N）
動詞	助動詞（> 時制–相–法の接辞）
前景化された動詞	継続中の話題 NP
前景化された動詞	等位接続詞（coordinating conjunction）（> 物語動詞形）
過程動詞	結果または「フレーミング」（Talmy 1991）の不変化詞（> 接辞）
表象的 NP	存在動詞
叙述的 NP	連結詞（> 拘束述語）
焦点が与えられた NP	分裂での等位型動詞（> 焦点 NP 形）
強調された要素	代名詞

（43）で述べた通時的プロセスにおける低次の PIBU のプロファイル等価物を高次の PIBU のパートナーへと引きつける力は，より一般的なプロセスの一部である可能性があるが，それについては次の通時的な含意的普遍性として提案可能である。

(56)　句または節における 2 つの要素が，情報負担の地位において大きく異なる場合には，PIBU でない要素は縮小され，PIBU の要素へと引き付けられうる。

（56）で提案する普遍性が妥当であるなら，「主要部性」とは単に 2 つの別々の現象の相互作用の結果にすぎないことになる。すなわち，（41）のプロファイル等価物に

ついての共時的な言語普遍性と，(56) の PIBU についての通時的な言語普遍性である。

7.6. 形態論における「主要部」と語根

　形態論に対する統語的アプローチや，認知文法 (たとえば，Langacker 1991a: 76) を含む特定の意味モデルでは，主要部性の概念は，語の外部と同様，語の内部にも適用可能だと一般的に想定されている。このような戦略の妥当性に対して疑問を呈した者もいる (たとえば，Bauer 1990)。このように，主要部は，Bybee (1985) や Anderson (1992) のような形態論に対する語基盤 (word-based) のアプローチにおいては明白な場所を確立していないといえる。

　形態的構造のどの側面が，統語的変化で起きることに相当するのかは，完全に明らかな事案ではない。形態的構成の最も際立ちの高い側面は，少なくとも形態素が容易に分割可能な場合，**語根** (ROOT) と**接辞** (AFFIX) の区別である。ここでは，プロファイル等価物という概念ではなく，PIBU という意味的概念が，語根-接辞の区別に関して語レベルでの形態的構造と関連していることを論じる。この考え方に基づくことで，語のレベルよりも低いレベルで主要部という概念を適用しようとする際に直面する問題の処理が可能となる。拘束形態論 (bound morphology) にとって，関係のある概念は PIBU として意味的に規定される**語根**である。

　語根-接辞の区別は，音韻的観点から規定されるのが一般的である。語根と接辞の定義は，究極的には，接辞は拘束形態素であり，また語根は自由形態素であるといった，構造主義的概念に基づく。しかし，語根の形式が義務的に屈折する必要のある言語 (特に，義務的屈折を持ち，ゼロ符号化された屈折カテゴリを持たない言語) では，直観的意味においては，語根は屈折とちょうど同じように依存的なものということになる。たとえば，キチェ語では，〈動詞〉は常に〈相〉や〈一致〉や〈態〉の接辞と共に現れる必要があり，少なくとも 1 つの顕在的な接辞なしには生じることはない。ゆえに，キチェ語の〈動詞〉の語根は，キチェ語の〈動詞〉接辞と同じように拘束されている。とはいうものの，そのような言語では，どの形態素が語根であり，どれが接辞であるかに関しては，ほとんど疑問の余地がない。語根が PIBU なのである。

　7.5.1 節では，冠詞 (と，その意味と屈折カテゴリ) と主要部名詞との文法的融合や，助動詞と主動詞との融合が，単独の語の内部での両方のプロファイル等価物の統合につながったことを論じた。主要部を提唱する人達は，そのような語の内部では形態的屈折が主要部であると論じてきた。しかし，7.4 節で提示した主要部性の意味的定義に関するのと同様の議論がここにも当てはまる。すなわち，屈折と語根

の両方が，全体のプロファイル等価物である。ただし，語根が PIBU である。

この結論は，Williams（1981）やそれに続く Haspelmath（1992）他で見られる主張とかなり異なっている。Haspelmath は，統語レベルの主要部—従属部の関係は形態レベルまで伸びるものであって，特に統語レベルの機能的主要部は屈折形態（inflectional morphology）のレベルにまで続くと論じる。私は，統語レベルにおける主要部に対しては異なる分析を主張してきた。私は，形態レベルで見つかるものは，ある程度は統語レベルの連続であり，統語論—形態論の区別は段階的であることには賛成する。しかし，段階性（gradience）は連続性（continuity）を必ずしも含意しない。すなわち，統語論と形態論の境界は曖昧かもしれないが，主要部性のような統語論に関係する現象は，語の深層まで途切れることなく延びていない可能性がある。

むしろ重要なのは，関連する意味的基準が統語論と形態論ではどのように作用するのかということである。プロファイル等価性と PIBU は，形態レベルでは異なる振る舞い方をする。ゆえに，プロファイル等価性は，形態的構造（特に，語の語根—接辞の構造）を規定する役には立たない。

Haspelmath が述べるように，統語的な主要部—従属部のパタンと，形態的な語根—接辞のパタンの間には不一致が見られる。いわゆる主要部標示型言語では（5.4.1 節参照），接辞は語源的には従属部（すなわち，代名詞の項）である。たとえば，キチェ語での〈一致〉の接頭辞は，〈独立代名詞〉（Independent Pronouns）と明らかに関係している（Mondloch 1978: 46）。

(57)　c-　　　**at-**　　**in-**　　tzucu:　　-j
　　　PRS-　　**2SG.ABS-**　**1SG.ERG-**　look.for　-TR
　　　'I look for you.'（私はあなたを探す）[*aat*（you）と *'iin*（I）を比較すること]

しかし，いわゆる従属部標示型言語では，接辞は究極的には語源的に主要部（すなわち，以前の助動詞，接置詞など）である。たとえば，ツトゥヒル語の〈前置詞〉*majk*（〜のせいで，〜の理由で）は，〈名詞〉*majk*（罪）から発達したものである（Dayley 1985: 153）。

(58)　xch'ejyi　jar　iixoq　　ruu-　　**majk**　　　jar　aachi
　　　was.hit　　the　woman　3SG.POSS-　**because.of**　the　man
　　　'The woman was hit because of the man.'（女は男のために打たれた）[語源的には，「その男の罪」]

主要部—従属部の区別は，形態素に適用可能な範囲において，語根—接辞の構造を説明しない。その理由は，プロファイル等価性ではなく PIBU の地位こそがこの構造

にとっては最も関係の深い意味的特性だからである。[19]

　プロファイル等価性と PIBU の特性は，多くの派生的形式における形態に関しては一致しない。たとえば，動作主の名詞化（agent nominalizations）では，（動詞的または名詞的）語根は PIBU だが，動作主名詞化の接辞はプロファイル決定子である。動作主の名詞化（と，その他の派生接辞（derivational affixes））（Haspelmath 1992: 71）は，英語の *mailman* や *garbageman* などと同様，複合語（compounds）に由来することがよくあると考えられている。複合語では，両方の形態素が語根である。英語では，動作主複合語は明らかに内心的であり，*-man* がプロファイル等価物である。しかし，通時的発達では，現段階まで *-man* は PIBU ではない。

　このことを示すためには，PIBU の定義を，2 つの候補の要素がプロファイルを共有しない場合（7.5.6 節参照）に当てはまるように拡張する必要がある。2 つの候補の要素がプロファイルを実際に共有する時には，一方の外延（形式意味論的な意味で）が他方より小さいという理由から，意味上どちらがより特定的であるかを決めることは比較的容易である。2 つの候補の要素がプロファイルを共有しない時には，どちらが PIBU であるかを決めるのに**範列的対立**（PARADIGMATIC CONTRAST）という概念を用いることができる。

(59)　より多くの要素と範列的対立をなす形式はどれでも，主要情報負担ユニットである。

前段落での動作主の名詞化の事例によって，語根は (59) の PIBU の定義を満たしている。すなわち，動作主の名詞的接辞をとることが可能な，対立的な動詞的形式や名詞的形式が数多く存在するが，動作主の接辞は，せいぜい少数の他の名詞化接辞（被動作主，道具（instrument），場所，動作の名詞化）と範列的対立をなしているにすぎないのである。

　この基準は，文法化理論で用いられており，文法化理論では，この基準は**範列化**（PARADIGMATICIZATION）と呼ばれている（Lehmann 1982b, 1985）。本質的に，語根が，範列的対立にある少数の他の形式と対比してのみ使用されることになる意味変化は情報内容の消失だが，ここではそれを接辞の地位をよく表す特徴だとみなす。

　仮に，この接辞が，派生（derivation）におけるのと同様，屈折におけるプロファイル等価物だという概念を受け入れたとしても，ここで示した主要部性の意味的説明で，なぜ主要部性という統語的概念が，語のレベルより下においては適用困難であるかが説明されることになる。私は，主要部性という統語的概念は，プロファイ

19　これは，非連結形態（nonconcatenative morphology）に見られる統語論基盤の形態論（syntax-based morphology）が抱える問題を述べているのではない（Haspelmath 1992: 81–2; Anderson 1992; Spencer 1993 参照）。

ル等価性と PIBU の地位が交わることに起因すると論じた。語のレベルより上にお
いては，これら 2 つの意味的特性が合致することがたびたびある。2 つの意味的特
性が合致しない場合には，文法化がそれら 2 つをそろえることがたびたびある。し
かしながら，語のレベルより下においては，プロファイル等価性（もし屈折接辞と
派生接辞がプロファイル等価物として分析されるなら）と PIBU の地位の不整合は
通常のことであり，例外ではない。さらに，通時的な形態的プロセスは，それら 2
つをそろえることには関与しない（語幹と派生接辞の完全な融合を除き）。

　語のレベルより上においては，プロファイル等価性と PIBU の地位は，（語彙的）
主要部を規定するために共同で機能する。語のレベルより下においては，プロファ
イル等価性と PIBU の地位は共同で機能することはない。その代わり，語根と接辞
との主要な形態的区分は，PIBU の地位や，（その名の通り）形態素の拘束性によっ
て決定される。

　本節では先に，語根と接辞の両方が，拘束的形式である際（すなわち，どちらも
他方なしでは生じられない場合）には，PIBU の地位の意味的特性によってどちらが
語根であるのかが特定されると論じた。

　たとえば，人称代名詞と格関係は共に，少数の対立を持つかなりコンパクトな意
味的パラダイムを形成している。言い換えると，人称代名詞と格関係の両方が比較
的低次の PIBU を持つのである。「彼女／彼へ」の意味について考えてみよう。ジャ
プカイ語（Djabugay）のような幾つかの言語では，語根は 'to' を意味する〈格〉接尾
辞が添えられる〈代名詞〉's/he' である（Patz 1991: 275）。

(60)　**gulu**　-nda
　　　s/he　-DAT
　　　'to her/him'（彼女／彼に）

ジャプカイ語の〈格〉の接尾辞は，〈代名詞〉だけでなく〈名詞〉にも添えられる。そ
れゆえ，〈格〉の接尾辞は，〈代名詞〉プラス〈名詞〉よりも少ない対立を持ち，ゆえ
に後者が語根である。

　マム語のような他の言語では，語根は 'to' を意味する〈前置詞〉または〈関係的名
詞〉であり，それに「彼女／彼」を意味する〈人称的〉接頭辞が添えられる（England
1983: 153）。

(61)　t-　　**ee**
　　　3SG-　**to**
　　　'to her'（彼女に）

マム語の〈人称〉接頭辞は，〈前置詞〉だけでなく〈名詞〉（および〈動詞〉）に添えられる。それゆえ，〈人称〉接頭辞は，〈名詞〉や〈動詞〉に付く〈前置詞〉よりも，少ない対立を持ち，ゆえに後者が語根である。

　この現象には他にも通言語的に一般的な事例がある。人称代名詞と助動詞が関わる事例である。すなわち，これらは各々が一般的に比較的小さなパラダイムを形成しており，ゆえに等しく低次の PIBU の地位を持つ。英語のような言語では，縮約された〈助動詞〉は，高次の PIBU の NP への接語化を見せるのと同様，(62a) のような〈主語の代名詞〉(Subject Pronoun) への接語化を起こす。スペイン語のような他の言語では，〈主語の代名詞的〉語尾 (Subject Pronominal endings) は，高次の PIBU の動詞と同様，(62b) のような〈助動詞〉に添えられる。

(62)　a. They're sleeping.（彼らは寝ている）
　　　b. Est-án [3PL] durmiendo.

ここで示す形態的語根の定義上の特性は，7.4 節で示した統語的主要部の定義上の特性とは異なる存在論的地位を持っている。プロファイル等価性は，主要部性の必要条件だが十分条件ではない。すなわち，構成素はプロファイル等価物を複数持ちうるのである。PIBU の地位は，プロファイル等価性と共同という形においてのみ，主要部性の十分条件となる。PIBU がプロファイル等価物でない場合，それは主要部ではない。

　しかしながら，語根にとっては PIBU の地位だけで十分である。語の中のどの形態素も単独で生じない場合には，PIBU が語根である。もし両者の形式が PIBU の地位においてほぼ同等であるなら，他のより高次の PIBU 形式との分布によってその形態素が語根としては不適格なものであることになる。両方の形態素がおよそ PIBU の地位において同等であり，他のより高次の PIBU 形式と共起しない場合には，2 つの語根（すなわち，複合語）を持つことになる。プロファイル等価性は，語根の地位とは無関係である。プロファイル等価性は，原理上は合成 (compounding) と，それほどではないにせよ，派生に対して適用可能だが，屈折への適用可能性は疑わしい。プロファイル等価性が適用可能である場合には，それはほとんど常に PIBU の形態素から分岐したものである。これらの違いが，類型論的および通時的な視点において，語の内部構造と統語構造が何を共通して持ち，またそれらがどのように異なるかを明らかにする。

7.7.　項と付加詞の区別

　さて以上の議論により，ラディカル構文文法での意味的観点からの主要部の特徴

付けがなされたことになる。ゆえに，これからは，構文中の**従属部**（DEPENDENTS）の地位について取り組むことができる。一般的に，統語論者達は**項**（ARGUMENTS）と**付加詞**（ADJUNCTS）という2つのタイプの従属的要素を区別している。「修飾語」という用語は，「付加詞」と等しい。すなわち，付加詞とはその主要部を修飾するものである。

(63) に挙げる項と付加詞の事例は，議論の余地がないものと考えられている。

(63) a. Randy chased [the dog]~Argument~ [in the park]~Adjunct~.（ランディは公園で犬を追いかけた）

　　　b. *Randy chased in the park.

　　　c. Randy chased the dog.（ランディは犬を追いかけた）

　項と付加詞の区別の背景にある直観的な事実とは，項は，ある意味，統語的にも意味的にも必要だが，付加詞はそうではないというものである。本節では，ラディカル構文文法の原理に基づき，項と付加詞の通言語的に妥当な特徴付けを探る。項と付加詞の区別といった直観的な概念は，統語的でも意味的でもあるので，以下では従属部の統語的特性と意味的特性の両方について検証する。

7.7.1. 項と付加詞の区別の基準

　他の文法的現象と同様，通常なされる戦略は楽観主義的なものである。すなわち，項と付加詞の区別を正当化するために，基準のリストを列挙するというものである。ここでも先と同様，ラディカル構文文法では，提案される様々な基準はそれぞれ独立していると考える。以下では，Matthews（1981: 124–6）が提案する基準から話を始める。本節ではまずMatthewsが提案する基準を要約し，後節においてMatthewsの基準の分析に取り組む。

　Matthewsが提案する第一の基準は，従属部とその主要部の間に成立する意味的関係のタイプである。たとえば，(63a) では，犬は事象の参与者だが，公園は**状況的**従属部であり，それは事象が生じた場所について述べているものである。ある意味で，犬は場所よりも事象にとっては「必要」な部分である。この基準は明らかに意味的なものであり，ゆえに意味的な項と付加詞の区別だけを確立するのに用いることができる。

　Matthewsが提案する第二の基準は，**連語的関係**の存在である。*give protection*（守る）はあるが，*give defense* はないというような連語的関係の存在は，統語的従属部が項であることを含意するし，一方，動詞と時間基準を示す副詞類（adverbials）（*yesterday* のようなもの）の間に連語的関係が存在しないことは，統語的従属部が付加詞であることを含意する（Matthews 1981: 124–5）。5.2節で論じたように，連

語的関係は統語的関係ではなく意味的関係の指標であり，ゆえに意味的区別のため
だけに用いることが可能である。

　Matthews の第三の基準は，従属部の表現が**義務的**であるかどうかということである。たとえば，(63a) の *the dog* は，英語の〈他動詞節〉構文の義務的要素である((63b) 参照)。しかし，*in the park* は同じ構文の選択的要素である ((63c) 参照)。この基準は明らかに統語的であり，ゆえに統語的な項と付加詞の区別の基盤となりうる。

　Matthews が論じる最後の基準は，**潜伏** (LATENCY) である。潜伏とは，従属部が統語的に表現されない状態の場合に，従属部の定の解釈を要求することである。〈直接目的語〉の定の指示対象が談話文脈でアクセス可能な場合のみ (仕事，自分が読んでいた本，など)，*I didn't finish* (私は終わらなかった) と言うことができる (Matthews 1981: 126)。潜伏の基準は，要求される要素 (7.2.2 節と 7.3.3 節参照) という Zwicky の概念と同じ事実を捉えている。すなわち，不在の要素は単に選択的なのではなく，省略的なのである。それゆえ，定の解釈を要求するということである。潜伏は，義務的／選択的な区別から切り離すことはできず，7.7.3 節ではそれらを共に扱う。

　項と付加詞の区別については，さらに 2 つの基準が提案されることもある (たとえば，Zwicky 1993: 295–6)。すなわち，項は主要部によって支配あるいは下位範疇化され，付加詞は主要部と一致するというものである。しかしながら，7.3 節で論じた事実は，これらのさらなる基準を放棄することを求めている。統率と下位範疇化は，構文がとる語の特性ではなく，構文の特性である (7.3.2 節)。同様に，一致は項と付加詞の区別とは異なる現象である。すなわち，一致は主要部とも従属部とも起こりうる (7.3.1 節)。ゆえに，項と付加詞の区別については，これらの 2 つの基準を放棄することができる。

　7.7.2 節では，意味的基準は意味的関係に入る個々の語または句の意味の特性だと論じる。項のようなものから付加詞のようなものへの意味的関係の連続体が存在している。その連続体は意味的な主要部と従属部の区別を超えるものである。7.7.3 節では，対照的に統語的基準は絶対的区別を支持するが，それは構文全体と関係する一般的特性であり，これもまた従属部には限られないことを論じる。

7.7.2.　結合価と自律性–依存性の連続体

　項と付加詞の区別に対して標準的になされる意味分析は，項は主要部の**意味的項**だが，付加詞は項が主要部である**機能辞**または**述語**であるというものである。(63a) の事例に戻ると，*chase* は 2 つの項をとる述語を表し，そのうちの 1 つは犬によって担われている。ゆえに，犬は追跡事象の意味的項である。一方，公園にいる，ま

たは公園で起きていることは，1つの項をとる述語だが，それは公園で起きている追跡事象によって担われている。ゆえに，追跡事象の場所は追跡事象の意味的付加詞である。

この標準的意味分析を，2.4.2 節の表 2.2 で用いた意味的観点に照らすと，追跡事象は**関係的**であり，犬は追跡事象で意味役割の 1 つを担うものということになる。反対に，公園にいることは関係的なものであり，追跡事象は公園にいるという関係においては意味役割を担うものである。この事例に見られるように，同一の意味的成分が関係となったり，また同時に関係における役割を担うものともなりうる。この事例では，追跡事象は関係（役割の 1 つは犬によって担われている）と関係における役割を担うもの（公園にいる関係）の両方である。したがって，関係と役割を担うものの区別は，分析者が比較する意味構造の 2 つの意味的成分との関連においてなされる。

Langacker (1987) は，意味的関係，あるいは彼が意味的な**結合価**（VALENCE）と呼ぶものに対する分析を行っている。Langacker の分析では，関係と役割を担うものの区別の相対性に対する説明のみならず，関係と役割を担うものの区別が段階的なものであることも明らかにされている。以下では，まず分かりやすい事例を取り上げ，次に別の意味的関係にまで拡張した Langacker の結合価について検討する。

Hannah sings（ハンナは歌う）のような文では，歌を歌うことは Hannah との関連において関係的といえる。その理由は，歌を歌うことは歌手を要求するからである。ゆえに，*sings* の意味構造には**下位構造**（SUBSTRUCTURE）としてスキーマ的歌手が含まれている。*Hannah sings* では，Hannah が *sings* の歌手の役割を担っている。述語の役割を担う項について Langacker が行う記述は，項は述語の関連する下位構造を**精緻化する**（ELABORATES）というものである。項によって精緻化されうる下位構造は，**精緻化サイト**（ELABORATION SITE または E-SITE）である（Langacker 1987: 304）。図 7.1 では，これらの関係が示されている。

図 7.1. *Hannah sings* の単純化した意味的結合価構造

上で述べたように，構文中のユニットは同時に関係にも，あるいは関係を担うものにもなりうる。このことは，Langacker (1987) が提案する結合価分析では直接捉えられている。たとえば，(63a) では，犬が追跡事象の下位構造（すなわち，参与者役割の 1 つ）を精緻化している。ゆえに，追跡事象は関係である。一方，追跡事象自体は公園の中の生き物という下位構造（すなわち，**図**（FIGURE）と呼ばれる位置付けられた存在物）を精緻化している（9.2.2 節参照；ゆえに，追跡事象は役割を担

うものでもある）。

結合価は，相対的であるだけでなく段階的でもある。前段落で行った (63a) の結合価関係に対する記述は過度の単純化といえる。追跡は，定位が可能な行為である。すなわち，追跡には，それが何らかの場所で起こるということの他に，追跡者と追跡されるものも含まれる。これは，全ての述語に当てはまるわけではない。たとえば，*Randy was widowed in the park や *Randy inherited a million dollars in the park と言うことはできない。ゆえに，追跡事象の場所は，chase という意味構造が持つ 1 つの下位構造であり，in the park もまた chase のその下位構造を精緻化するのである。Langacker が述べるように，「言語表現を結合する結合価関係は，... 要素の共有に依存している。2 つの構成要素の表現が，一貫した複合表現を形成するために統合されうるのは，特定の下位構造を共有することによってのみである」(Langacker 1987: 278)。

とはいうものの，in the park が精緻化する chase の下位構造は，Randy や the dog が精緻化する chase の下位構造よりも，追跡事象の特徴付けにおいては際立ちがはるかに低い。反対に，chase が精緻化する in the park の下位構造は，空間的関係の特徴付けにおいては際立ちが非常に高い。in the park は，項というよりもむしろ chase の付加詞である。なぜなら，chase は in the park の際立ちの高い下位構造を精緻化するが，in the park は chase のそれほど際立ちが高くない下位構造を精緻化するからである。2 つの関係の相対的強度は，図 7.2 のように示すことができる。

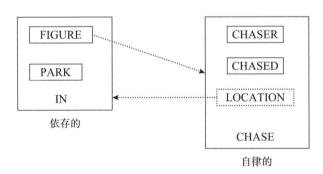

図 7.2. *chase* + *in the park* の意味的結合価構造

Langacker は，述語と項の区別に関する段階的な再解釈を記述するために，**自律的**（AUTONOMOUS）と**依存的**（DEPENDENT）という用語を採用している。自律性（autonomy）と依存性（dependence）の定義は，「A が D の内部の際立ちの高い下位構造の精緻化を構成する限り，D という構造は対をなす片方である A に依存している」(Langacker 1987: 300) ということである。逆に言えば，A はそれが D の際立ちの

高い下位構造を精緻化しない限り，D に対して自律的である，ということである。(63a) では，*in the park* は *chase* に依存している。なぜなら，*chase* は *in the park* という場所的関係の非常に際立ちの高い図の役割を精緻化するからである。反対に，*chase* は *in the park* に対して自律的である。なぜなら，*in the park* は，追跡事象の場所のそれほど際立ちが高くない下位構造のみを精緻化するからである。

どの言語普遍性が，自律性と依存性と関係しているのであろうか。一致（指標的な符号化の依存関係）が，構文の意味構造内の依存的な存在物と関連して，自律的な意味的存在物を記号化するというのが 1 つの可能な一般化かもしれない（7.3.1 節）。しかし，7.3.1 節で論じたように，一致は主要部と従属部の区別に対する合致を見せるわけではない。すなわち，一致は「主要部」でも「従属部」でも見られる。したがって，一致は項と付加詞の区別にとって信頼性のある基準とはいえない。

7.7.3. 構文における記号的な事例化

7.7.1 節での精査に耐え抜いた項と付加詞の区別に関する 2 つの統語的基準は，義務性と潜伏である。これら 2 つの基準は，通言語的に妥当なものである。すなわち，これら 2 つの基準はいかなる言語の文法的現象にも適用可能である。義務性と潜伏は関連している（7.7.1 節）。本節では，Fillmore (1986) と Fillmore & Kay (1993, 7 章) に基づき，**事例化**（INSTANTIATION）という単独の側面において義務性と潜伏を記述するための一般的枠組みについて述べる。その後は，事例化とは常に構文の特性であり，それは主要部の他にも従属部にも当てはまることを論じる。言い換えると，事例化とは統語的要素と意味的成分の間にある記号的関係を特徴付けるものなのである。

Fillmore & Kay は，(64a) に見られるように ((64b) と比較せよ)，要素が構文に不在である場合でも，その不在の要素に関する指示対象が存在しないというわけではないと述べる。

(64)　a. She wrote a letter **Ø**.（彼女は手紙を書いた）
　　　b. She wrote a letter **on blue stationery**.（彼女は青い便せんに手紙を書いた）

Fillmore & Kay は，この現象を**空の事例化**（NULL INSTANTIATION）だと記述する。ゼロ事例化とは，顕在的な表現を何も持たずに指示対象についての事例化を行うことである。

Fillmore & Kay は，指示対象の語用論的地位は文脈が異なれば様々であり，3 つのタイプに区別可能だと論じる。(64a) が示すタイプは，**自由空事例化**（FREE NULL INSTANTIATION: FNI）である。文字が書かれる何かは存在するが，その紙が何であるのかは聞き手によって自由に特定されうるのである。特に，指示対象は文脈におい

てアクセス可能である。

(65) She took some **blue stationery**ᵢ out of the cupboard and wrote a letter Øᵢ. (彼女は戸棚から青い便せんを取り出し，手紙を書いた)

あるいは，(64a) のように，指示対象は前に示されておらず，さらなる特定もなされていない場合がある (文字が書かれた紙について前の部分で言及がないと仮定した場合)。

Fillmore & Kay は，自由空事例化を，(66) が示す**不定の空事例化** (INDEFINITE NULL INSTANTIATION: INI) と対立させて考えている。

(66) The dog just ate Ø. (犬がちょうど食べた)

不定の空事例化では，指示対象は不定である。すなわち，(66) では事例化される何らかの確定不可能な食べ物が存在している。

Fillmore & Kay が議論する三番目の最後のタイプは，**定の空事例化** (DEFINITE NULL INSTANTIATION: DNI) である。定の空事例化では，指示対象はアクセス可能でなければならない。定の空事例化は，Matthews の潜伏や，Zwicky の必要 (だが，不在) のものに対応する。下で繰り返す (25) のレネル語の事例に見られるように，ほとんどの言語で確認可能な，いわゆる代名詞主語省略，あるいは空の照応詞と呼ぶものは定の空事例化である。

(67) aano   tutuku   i   mu'a   Hangemangama
      and.then   spill   in   front   H.
      'And then [he_DNI] spilled [it_DNI — earth] in front of Hangemangama.' (それから [彼は] ハンゲマンガマの前で [それ (土)] をこぼした)

Fillmore & Kay の分析は，統語論と意味論の関係を理解する上で重要な前進である。彼らの分析はまた Matthews や Zwicky のような他の研究者の見解を取り込んでいる。しかし，Fillmore & Kay が提案する分類法は，統語的な項と付加詞の区別を記述するのに用いるには修正を加える必要がある。また，Fillmore & Kay は，空事例化は時には語彙項目と，また時には構文と関係するとも論じるが，私は，空事例化は常に構文と関係すると主張する。

まず，指示対象表現 (referent expressions) の分類に取り組むには，指示対象の顕在的表現を分類に加える必要がある。指示対象の顕在的表現は，**空でない事例化** (NONNULL INSTANTIATION: NNI) と呼ぶことができる。空でない事例化は，顕在的表現によって与えられた情報に従って，聞き手に指示対象へとアクセスすることを求める。空でない事例化は，英語の〈平叙〉構文における〈主語〉役割の特徴である。

332 第2部 統語的関係から記号的関係へ

(68) a. **Tina** slept. (ティナは寝た)
　　 b. ***Ø** Slept.
　　 c. **It** seems that she is sleeping. (彼女は寝ているようだ)
　　 d. ***Ø** Seems that she is sleeping.

(68c) は，*It* に対応する意味的項を持たないものとして，あるいは〈動詞〉に後続する〈補文〉の事態について後方照応的に述べる義務的〈主語〉を持つものとして分析されることが時々見られるが，このような事例においても，〈主語〉は英語の〈平叙〉構文では空でない事例化となる必要がある。

　英語の〈平叙〉構文は，〈主語〉役割（常に聞き手（addressee）として事例化される）の定の空事例化を持つ英語の〈命令〉構文とは対照的である。

(69) **Ø**$_{DNI}$ Come here! (こっちに来い)

　さて次に，どのタイプの文法的実体が，それと関係する特定のタイプの事例化を持つのかという問題に取り掛かろう。私は，全てのタイプの事例化が構文の特性であり，構文の中で役割を担う語の特性ではないと論じるつもりである。

　Fillmore & Kay は，英語における DNI の幾つかのケースは構文的なものではなく，語彙的なものだと論じる。しかし，幾つかの空事例化が「語彙的」(lexical)(Fillmore & Kay 1993: 7.5, 7.11) なもののように見える要因は，問題の構文が限られた語の下位クラスのみを容認するからである。たとえば，Fillmore & Kay は，英語の〈動詞〉の一部 (*arrive, win, lose* など) は，DNI〈目的語〉(DNI Objects) または〈斜格〉を許可すると論じる。

(70) a. The Germans lost **the war**. (ドイツ人は戦争に負けた)
　　 b. The Germans lost **Ø**$_{DNI}$. (ドイツ人は負けた)
(71) a. The children arrived **at the station** at ten o'clock. (子供たちは 10 時に駅に着いた)
　　 b. The children arrived **Ø**$_{DNI}$ at ten o'clock. (子供たちは 10 時に着いた)

他の〈動詞〉(*bend, break, destroy, create, move, lift* のようなもの) は，DNI〈目的語〉を許可しない。

(72) a. She lifted **the corner of the bed**. (彼女はベッドの端を持ち上げた)
　　 b. *She lifted **Ø**$_{DNI}$.

これらの事実には，次のような構文的分析を行うことが可能である。英語には，〈他動詞〉DNI 構文がある。この構文には，[S$_{BJ}$ V$_{ERB}$ Ø$_{DNI}$] という形式と，通常の英語

の〈他動詞〉構文［SBJ VERB OBJ］における顕在的〈目的語〉に対応する非常にアクセス可能性の高い参与者を特定する意味構造が備わっている。しかし，〈他動詞〉構文とは異なり，〈他動詞〉DNI (Transitive DNI) 構文は *win* や *lose* などを含む動詞の下位クラスに制限されている。

（70）と（71）の事例における「語彙的」な DNI に対する構文的分析の妥当性を支持する証拠はさらにある。もし DNI〈目的語〉が構文ではなく語彙項目と関係付けられるなら，DNI〈目的語〉が同じ語彙項目を持つ他の構文に生じることが予測されるだろう。しかし，*win* などの〈目的語〉は〈受動態〉では DNI にはなれない。

(73)　a. The Germans lost $\emptyset_{DNI}$.（ドイツ人は負けた）

　　　b. *$\emptyset_{DNI}$ Was lost（by the Germans）.

（73a）が自動詞だから（73b）が容認不可能だとは，誰も言わないだろう。なぜなら，（73a）は〈自動詞〉でないからである。それは DNI〈目的語〉を持つ〈他動詞〉である。しかし，（73a）は〈受動化〉不可能である。この事実は，事例化が構文の特性である場合は説明可能である。すなわち，DNI は〈他動詞〉DNI 構文の一部だが，〈受動態〉構文は〈主語〉役割について NNI を要求するのである。

Fillmore & Kay が挙げる語彙的 DNI と目されるものの他の 2 つの事例についても，構文的分析が可能である。ある構文では，人称的直接目的語を持つ誘導動作動詞（verbs of induced action）のみに限定され，使役者（causer）によって誘導的に引き起こされる動作を記述する DNI〈補部〉（DNI Complement）が容認されている（Fillmore & Kay 1993: 7.5，特に脚注 4）。

(74)　［NP INDUC.V PRN.OBJ $\emptyset_{DNI}$］：

　　　She didn't want to come back, but I persuaded her $\emptyset_{DNI}$.（彼女は戻って来たくはなかったのだが，私は彼女を説得した）

一方，空間的意味のグラウンド（ground）や参照点について述べる空間的意味での DNI〈前置詞的目的語〉（DNI Prepositional Object）を容認する特定の前置詞に制限される構文もある（Fillmore 1986: 103）。

(75)　［NP SPAT.V SPAT.PREP $\emptyset_{DNI}$］：

　　　I opened the door to the kitchen and walked in $\emptyset_{DNI}$.（私はキッチンへのドアを開け，中に入った）

（69）から（75）に挙げる事例は，英語には「空の照応詞」あるいは「代名詞主語省略」（すなわち，DNI）が存在することを示している。これらの事例はまた，「空の照応詞」と「空でない照応詞」（nonnull anaphora）という 2 つのタイプへと言語

を分けることが全くの過度の単純化であることをはっきりと示している。ほとんど間違いなく全ての言語で，DNI や NNI である様々な程度の一般性を持つ色々な構文が見られる。

　自由空事例化は，定の空事例化とはかなり異なる。実際，FNI は，特定のいかなる構文とも関係するわけではない。FNI は，NNI や DNI によって未指定の構文の意味構造のいかなる成分も，上で規定したように，自由に解釈されるという原理にすぎない。構文の意味的成分に特定の解釈を規定するのは，NNI と DNI のみである。FNI の原理は，全てのタイプの構文の全ての精緻化されていない成分に当てはまる。

　FNI と DNI の区別は，意味的義務性とも関係していない（（依存的な）成分に関する自律性：7.7.2 節参照）。たとえば，英語では〈能動態〉構文は A 参与者の NNI 表現（あるいは，命令法での DNI 表現）を必要とする。

(76)　a. **The kids** let the dogs out of the backyard.（子供たちは犬たちを裏庭から出してあげた）

　　　b. **Ø**$_{DNI}$ Let the dogs out of the backyard.（犬たちを裏庭から出してあげなさい）

しかし，英語の〈受動態〉構文では，A 参与者は FNI によって表現される（Fillmore & Kay 1993: 7.10）。

(77)　The dogs were let out of the backyard **Ø**$_{FNI}$.（犬たちは裏庭から出してもらった）

言い換えると，自由ゼロ事例化または定の空事例化は，構文固有の慣習的特性なのである。

　Fillmore & Kay は，*eat* や *drink* のような事例を用いて，不定の空事例化は英語では語彙的規定がなされると論じる。しかし，DNI について上で行ったのと同じ議論を INI についても行うことができる。すなわち，INI は，制限された分布パターンを持つ構文による産物である。加えて，INI は別の面では自由に事例化される[20] 参与者の意味タイプに対して制約を課す。たとえば，*eat* にとっての食事や，*drink* にとってのアルコール飲料などの場合について考えてみるといい（*drink* は〈他動詞〉

20　Fillmore & Kay は，INI での指示対象は談話ではアクセス可能でないと論じ，次のやりとりを奇妙なものとして引用する。A: What happened to my sandwich?（私のサンドイッチはどうなったの？）B: The dog just ate Ø.（犬が食べたところだ）しかし，FNI も同等に奇妙である。A: What happened to my blue stationery?（私の青い便せんはどうなったの？）B: Diane wrote a letter Ø.（ダイアンは手紙を書いた）［これを指摘してくれたことに対して，Martin Haspelmath に感謝する］。空事例化された指示対象の相対的なアクセス可能性は，自然に生じる談話の分析によって判断する必要がある。

DNI 構文でも生じるが，その場合には空事例化された物体は必ずしもアルコール飲料ではない）。ゆえに，INI 構文は，実際には [SBJ *eat* Ø_{Food.FNI}] や [SBJ *drink* Ø_{Alcohol.FNI}] のような意味的に制限された FNI 構文である。

これらの英語の INI〈目的語〉（INI Objects）の事例は，INI が他の言語で見られる逆受動態（antipassive voice）と特定のタイプの名詞編入という，2 つの構文の機能的等価物だという印象を与える。英語の INI 動詞は，Cooreman（1994）が記述した不定の物体の意味を持つ顕在的に符号化された逆受動態（antipassive）構文とそれほど違わない。1 つの事例が，（78）に挙げるマム語の〈逆受動態動詞〉*aq'naan*（働く）である（England 1988: 533; Cooreman 1994: 53 参照）。

(78) ma　　　chin　　　**aq'naa-**　**-n**　　　-a
　　　REC.PST　1SG.ABS　**work**　　**-ANTI**　-1SG
　　　'I worked.'（私は働いた）

（78）には，何について作業がなされたのかに関する含意はない。すなわち，それは単に動作主が作業行為に従事することを述べるだけである。何かについての作業がなされ（あるいは，飲まれ，または，食べられ）なければならないというのは，これらの行為に関して我々が持つ現実世界の知識の一部である。しかし，この脱他動詞化した動詞形（detransitivized verb form）は，動作主とその人の行為へと視点を移し，行為の対象を脱焦点化する。

英語の INI〈目的語〉は，ポナペ語の（79）の事例が示すように，Mithun が Type I〈名詞編入〉（Type I Noun Incorporation）と呼ぶものと類似している（Rehg 1981: 214; Mithun 1984: 850 参照）。

(79) i　　**keng**　**-winih**　　-la
　　　I　　**eat**　　**-medicine**　-CMPL
　　　'I completed my medicine-taking.'（私は薬の服用を終えた）

（79）では，完了したものは動作主の薬を服用するという行為であって薬ではない。すなわち，この文は，動作主が薬の服用を完了した後に薬がいくらか残っていたとしても容認可能である。

空でない事例化は構文の記号的特性である。空事例化も，奇妙なやり方ではあるが，構文の記号的特性である。すなわち，構文全体が特定の意味役割のために定の（アクセス可能な）指示対象（(accessible) referent）を要求する複雑な意味構造を表しているのである。しかしながら，事例化とは非主要部の成分だけでなく，構文の全ての意味的成分の特性である。（80）の英語〈空所化変形等位〉構文や，（81）の〈主要部なしの所有〉（Headless Possession）構文のように主要部（意味論的な意味で

336 第2部 統語的関係から記号的関係へ

の主要部）の定の空事例化を要求する省略構文は多数存在する。

(80) [[Sheila sells seashells] and [Monica $\mathbf{\emptyset}_{\mathbf{DNI}}$ moonstones]]. （シーラは貝殻を売り，モニカはムーンストーンを売る）

(81) My piece of cake is big, but [Johnny's $\mathbf{\emptyset}_{\mathbf{DNI}}$] is bigger. （私のケーキは大きいが，ジョニーのはもっと大きい）

言い換えると，事例化は，従属部に特有の特性でも主要部に特有の特性でもない（7.3.3節と比較）。むしろ，事例化とは，構文における記号的関係の基本的特性である。

　換言すると，よく調べれば，包括的な統語的役割としての項や付加詞といった概念は消滅するのである。その代わりに浮かび上がるのは，Langacker が展開した意味的結合価という一般的で強力な段階的概念であり，また，構文中の意味的成分の統語的事例化に関する構文中の記号的関係という，同等に一般的で重要な分類なのである。

第3部

普遍的構文から統語空間へ

8章

態の連続体

8.1. はじめに

8.1.1. 言語の普遍性に普遍的構文は必要か？

　本書ではこれまで，構文を統語表示の基本的ユニットとみなす統語表示モデルを提案してきた。本書ではさらに，構文の内部の統語構造を部分—全体の構造として規定してきた。本書で提案するモデルは，したがって，言語処理（language processing）と言語の普遍性（language universals）の両方について形式—機能の写像に対してより大きな重点を置くものである。構文は，統語的な関係ではなく，記号的および意味的な関係によって結び付けられている。カテゴリは構文固有であり，ゆえに分布パタン上の普遍性は概念空間上で規定される。

　第1部では，構文は個別言語固有のものであるとも主張したが，そこではこの点に関して詳述はしなかった。第3部では，この命題に取り組む。第1部と第2部の議論と同様，この命題は統語構造に関連している。構文は，機能（指示や叙述を表すこと，あるいは事態における参与者役割を表すことなど）の観点から，通言語的に比較可能である。ここで取り組むテーマは，形態統語的特性の通言語的に妥当な構造としての構文は存在しないという点にある。

　普遍的な構文タイプという概念は，現代の統語理論においては中心的役割を果たしてはいない（一世代前はそうだったが）（たとえば，Perlmutter & Postal 1983 参照）。しかし実際問題として，特に類型論研究では，個別言語の構文が，特定のタイプ（本章で考察することになる現象を用いれば，たとえば，受動態，能動態，逆行態（inverse voice）など）に属するか，属さないかということに多くの関心が寄せられている。

　類型論学者にとっては，構文の特定自体も1つの問題である。なぜなら，多くの類型論学者は，通言語的に特定可能な構文タイプの観点から，言語の普遍性を形式化するからである。すなわち，何らかのタイプとして受動態構文や逆行態構文についての仮説が立てられているのである（たとえば，Foley & Van Valin 1984: 149–68;

[339]

Klaiman 1991: 182–4 参照)。

　類型論学者は，普遍的あるいは通言語的な構文タイプを特定することに成功しないだろう。構文は個別言語固有であり，通言語的に同様の機能を符号化する驚くべき構造的多様性が構文には見られる。ただし，ここで私が強調したいのは，構文に見られる構造的多様性の存在は，言語の普遍性を発見して，それを形式化する可能性までも排除するものでは決してないということである。第1部と第2部で記述・発展させた手法を用いることにより，構文の統語構造に関連する言語の普遍性についての記述が可能になる。本章では，ラディカル構文文法の視点から，文法的**態**（VOICE）の名で知られる現象の一部について検討する。

8.1.2. 能動態と受動態と逆行態：文法的領域の区切り

　文法的構文について通言語的に妥当な研究を行うためには，検証対象となる文法的表現を持つ概念空間の関連領域を特定する必要がある。ここで論じる概念空間の領域は，図 8.1 のように描ける。

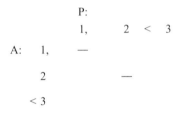

図 8.1.　能動態–受動態–逆行態の概念空間

　この概念空間には，本章の残りの部分で V と呼ぶ 2 つの参与者が関わる事象と，その事象に含まれる A と P という参与者の**発話行為参与者**（SPEECH ACT PARTICIPANT: SAP）の地位（1=話し手，2=聞き手，3=他者）のみが含まれている。SAP の地位は，垂直（A）面と水平（P）面の両方において，部分的な順序付け，あるいは序列によって表現される。SAP の地位は，1, 2 < 3 という表記法が示すように，概念空間では完全に順序付けられてはいない。意味地図には，2 が 1 の前に並べられるものもある。また，1 と 2 のどちらももう片方に対して順序付けることができない意味地図も存在する。A と P は，4.2.1 節で規定したように，参与者役割のクラスターである。ただし，私は，参与者役割のどれが A で，どれが P であるのかを特定する問題に取り組むつもりはない。私は，この概念空間内でダッシュ記号によって示される追加的制限を加えることに取り組む。すなわち，ここで私は，**指示的に非同一な**（REFERENTIALLY DISJOINT）A と P に注意を向けた形での議論を進める。したがって，再帰的な事象タイプや，相互関係を表す事象タイプについてはここでは除外し

て話を進めることになる。

　概念空間のこの領域を符号化する構文は，言語学の文献では態と呼ばれてきたグループを表す。「態」という用語は，時には 3 つの参与者が関わる事象に関する構文（すなわち，使役態（causatives）と適用態（applicatives））に拡張されてきた。これらの場合については，diathesis（訳注：「態」と訳されるが，ギリシャ語で配置や構成を表す語）という用語を用いる者もいる。2 つの参与者が関わる事象の空間においても，ここでは紙幅の都合により，調査範囲には含めない。中間態（middle voice）や再帰態（reflexive voice）についての考察もここでは行わないが，その理由は，これらは図 8.1 の空間で除外される領域と関連するものだからである。逆受動態もこの空間に完全に入り込むので，この場での考察は行わない（ただし，8.5.2 節参照）。その代わりここでなされる議論は，多少論争の余地はあるものの，能動態，受動態，逆行態と通常呼ばれる態タイプ（voice types）についてのものである。

　このような意味空間を仮定する場合，通言語的に態構文を比較するためには，この空間で通言語的に妥当な構造を符号化する構文の構造的特性の特定が必要となる。私は，類型論理論から 2 つの理論的概念を用いる。すなわち，構文の**基本的タイプ**（BASIC TYPE）（Croft 1990a: 34–5）という概念と，構文の**派生構造的**（DERIVED STRUC-TURAL）定義という概念の 2 つである（同上：16）。

　分析の最初の段階で行うのは，可能であるなら，問題とする言語における**基本的**な態構文を特定することである。基本的な態構文とは，その言語における標準的な態タイプのことを指す。多くの基準が広く用いられている。中でも最も単純な基準は，テキスト（トークン）頻度である。すなわち，最も頻度の高いタイプが基本型であるというものである。ほとんどの場合，基本的な態構文の選択は容易であり，私は文法家達による判断に従った。言語には，どの態構文が基本的なものかが明らかでないものもある。そういった言語については，それほど問題でないケースに基づいた分析を行った後に，8.4 節でさらにより詳細な分析を行う。

　通常用いられる専門用語に従い，基本的な態タイプを**能動態**と呼ぶことにする。(1) の事例は，英語の〈能動態〉の文である。

（ 1 ）　They took the boy to school.（彼らは男の子を学校に連れて行った）

この基本的な態タイプによって，〈主語〉役割や〈目的語〉役割や〈斜格〉役割の符号化を規定するための基盤が与えられるだろう。〈能動態〉における A の参与者は，定義上は（〈能動態〉）〈主語〉であり，（〈能動態〉）〈主語〉の符号化は，定義上は〈能動態〉で A と関連する格標示や一致のことである。P の参与者は，定義上は（〈能動態〉）〈目的語〉であり，その符号化は（〈能動態〉）〈目的語〉の符号化である。（以下で私は「〈能動態〉」という修飾語は用いないつもりである。〈主語〉や〈目的語〉に

ついての言及は，言語における〈能動態〉または基本的な態構文に当てはまるものと考えていただきたい。）(1) の *to school* のような項はいずれも，定義上は〈斜格〉であり，その符号化は，定義上は〈斜格〉の符号化である。これらの定義は構文固有であり，〈能動態〉構文の一部として見られる A, P, V の符号化構文が特にそうである。

　言語に見られる他の態構文には（もしそれがある場合には），**派生構造的**（DERIVED STRUCTURAL）定義が与えられている。すなわち，他の態構文は，機能的観点ではなく，能動態（特に，能動態での A, P, V の符号化）と比較して，構造的観点での規定がなされることになる。実際，このようなやり方で，受動態や逆行態に対する普遍的モデルが構築されている。

　たとえば，英語の〈受動態〉を，「標準的」(canonical) な受動態の一事例とみなすことができる。

(2)　The boy was tak**en** to school (**by** his parents). （男の子は［両親によって］学校に連れてこられた）

(3) に示すように，英語の〈受動態〉は，英語の〈能動態〉と対立させた形で記述可能である。

(3)　受動態:
　　　a. A は〈斜格〉のように符号化される（それがそもそも表現される場合）
　　　b. P は〈主語〉のように符号化される
　　　c. V は〈能動態〉の V とは形態的に異なる

この派生構造的定義は，それが究極的に機能的カテゴリ（すなわち，基本的な〈能動態〉という対応物で符号化されるような A, P, V という機能的カテゴリ）に根ざすものである限り，類型論的比較を行う上で容認可能な方法である。

　(3a–c) の 3 つの特性は，英語の〈受動態〉を 1 つの構造的タイプ（すなわち，斜格の A，主語の P，形態的に異なる V）として表している。英語の〈受動態〉はこれら 3 つの特性を持っており，普遍的構文としての受動態の通言語的な構造的特徴付けのモデルとして考えられてきた。他の言語における非能動態の形式は，英語および他のヨーロッパ言語の〈受動態〉との比較において，受動態（または非受動態）と認識されている。普遍的な受動態モデルではまた，(3b–c) の条件は満たされるが，動作主は表現されないという受動態構文が認められている。たとえば，リトアニア語の〈受動態〉がそうである（Mathiassen 1996: 143）。動作主の抑制（agent suppression）は，他の点においては英語のモデルに適合する受動態構文に見られる一般的現象である。英語でさえ，〈受動態〉節の圧倒的多数のものは，顕在的に表現される A を持たずに生じる（Svartvik 1966: 141 によると，あるテキストについて計算し

てみた結果，80% がそういった事例であった [Shibatani 1988: 93 より])。

　しかしながら，記述的研究や類型論研究では，能動態や受動態（これらの普遍的形式と目されるもの）以外の構文タイプの特定が伝統的に長きにわたり行われている。この構文タイプについては，アルゴンキン語族（Algonkian languages）での生起に関するモデル化が行われており，それは**逆行態**（INVERSE）構文と呼ばれている。逆行態構文には，受動態構文のように，派生構造的定義が与えられている。対応する基本的な態の形式は，能動態ではなく，通常は**順行態**（DIRECT）形と呼ばれている。(4) にアルゴンキン語族の 1 つであるクリー語（Cree）の〈順行態〉構文を挙げる（Wolfart & Carroll 1981: 69）。

（4）　ni-　　wāpam　　**-ā**　　　-wak
　　　　l-　　　see　　　　**-DIR**　　-3PL
　　　　'I see them' (私は彼らを見る)

ここでも先と同様，基本的（〈順行態〉）構文における A の符号化を〈主語〉として規定し，P の符号化については〈目的語〉として規定している。〈順行態〉接尾辞を伴う V の表現は，基本的な動詞形として規定している。

　その結果，(5) の〈逆行態〉は，(6) で記述するように，〈順行態〉と比較可能となる（同上）。

（5）　ni-　　wāpam　　**-ikw**　　-ak
　　　　l-　　　see　　　　**-INV**　　-3PL
　　　　'They see me.' (彼らは私を見る)

（6）　逆行態：
　　　　a. A は〈目的語〉のように符号化される
　　　　b. P は〈主語〉のように符号化される
　　　　c. V は〈順行態〉の V とは形態的に異なる

このように，クリー語の〈逆行態〉は，(6a) の特性に関して (3) の受動態タイプとは異なる（(3a) 参照）。

　他の文法的特性によると，クリー語の〈順行態〉とクリー語の〈逆行態〉は，英語の〈能動態〉と英語の〈受動態〉とは区別される。英語の態形式とは異なり，クリー語の〈順行態〉形とクリー語の〈逆行態〉形は，図 8.2 に示すように，図 8.1 の概念空間上に写像する際にはほとんど相補的な分布（complementary distribution）を持つ。

　クリー語の〈順行態〉構文とクリー語の〈逆行態〉構文の分布は，2 < 1 < 3 という SAP 階層（SAP hierarchy）を用いて記述可能である。A が SAP 階層上で P に重要

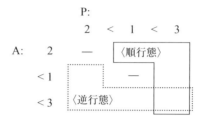

図 8.2. クリー語の〈順行態〉構文と〈逆行態〉構文の意味地図

度において勝る場合には，〈順行態〉構文が要求される．反対に，P が A に重要度において勝る場合には，〈逆行態〉構文が要求される．たとえば，A が〈一人称〉であり，P が〈三人称〉である場合には，(4) のように〈順行態〉形が用いられる．しかし，A が〈三人称〉であり，P が〈一人称〉である場合には，(5) のように〈逆行態〉形が用いられる．〈順行態〉構文が概念空間の右上の角に向かって領域を占め，〈逆行態〉は空間の左隅に向かって領域を占めている．

〈順行態〉と〈逆行態〉のどちらも使用可能であるのは，1 つの文脈しかない（これは，図 8.2 では，〈順行態〉の意味地図と〈逆行態〉の意味地図の重複によって示されている）．この文脈とは，〈三人称〉A が〈三人称〉P に作用する時のことである（このような結合は，これからは，3→3 として表示する）．この場合，構文の分布は，〈近接形〉(Proximate) と〈疎遠形〉(Obviative) という値を持つ**疎遠化** (OBVIATION) という文法カテゴリによって決定される．A が〈近接形〉である場合には，〈順行態〉構文が用いられるが ((7) の事例)，P が〈近接形〉である場合には，〈逆行態〉構文が用いられる ((8) の事例；Wolfart & Carroll 1981: 30–1)．

(7) wāpam -ēw nāpēw -∅ sīsīp -a
    see   -DIR:3SG man -PRXT duck -OBV
    'The man [PRXT] sees the duck.'（男はアヒルを見る）
(8) wāpam -ik nāpēw -a sīsīp -∅
    see   -INV.3SG man -OBV duck -PRXT
    'The man sees the duck [PRXT].'（男はアヒルを見る）

〈近接形〉／〈疎遠形〉の区別は，A と P の意味役割にではなく，((7) と (8) が示すように) 相対的な情報の地位，または A と P の話題性と関係している．すなわち，〈近接形〉とは 2 つの指示対象のうちでより話題的なものである．この点については，8.5.2 節で立ち戻る．

アルゴンキン語族の〈逆行態〉は，通言語的な逆行態タイプのモデルと考えられている．〈受動態〉について用いたのと同じ派生構造的定義を〈逆行態〉について用い

ると，Aは〈目的語〉のように符号化され，Pは〈主語〉のように符号化され，Vは〈順行態〉形とは形態的に異なる。さらに，1, 2 < 3 という SAP 階層への分布パタンの適合性は（図 8.1 の概念空間のように），一般的には逆行態タイプを特徴付ける特性とみなされている。

　本章では，英語の〈受動態〉を手本に構築した構造的受動態タイプと，クリー語の〈逆行態〉を手本に構築した構造的逆行態タイプは，世界の言語の態構文で見られる構造的特徴の唯一の組み合わせでないことを論じる。世界の言語の非〈能動／順行〉態構文では，極めて多様な構造的特徴の組み合わせが見られる。8.3 節では，この多様性について幅広いサンプルを用いて説明を行う。これらの態構文には，〈能動態／順行態〉と非〈能動態／順行態〉の区別を不明瞭にするものも含まれるが，それらについては 8.4 節で説明する。こういった多様性についてそこまで詳細に説明しなければいけない理由は 2 つある。第一の理由は，態構文が見せる広範な構造的多様性を示すためである。第二の理由は，普遍的な構文タイプを想定する理論にとって問題となるケースが存在することは，実はかなり一般的に起こりうることであり，それは構造的な応急処置や，あるいは単に 1 つか 2 つの言語の事実を説明することによって，切り抜けることは不可能であることを示すためである。

　ゆえに，英語の〈受動態〉とクリー語の〈逆行態〉を手本に構築した構造的タイプは，統語理論において特権的地位を与えられるべきではない。むしろ，態構文の構造的多様性が，統語理論では示される必要がある。統語的構文の構造的多様性は，**統語空間**に示すことができる（8.5 節参照）。そして，統語空間は概念空間上へ写像可能である。能動態—受動態—逆行態の構文の場合，概念空間上への統語空間の体系的写像が存在するが，それが世界の言語におけるこの態構文の集合の普遍性を示している。

8.2.　導入部：能動態と受動態における有生性の制約

　8.1.1 節では，類型論学者は一般的に，クリー語の〈逆行態〉構文で見られる SAP 階層制約（SAP hierarchy constraints）を逆行態タイプを特徴付ける特性とみなしていることを述べた。しかし，SAP 階層制約は，上で規定した受動態タイプが持つその他の点においては比較的議論の余地がない事例の構文で見られるものなのである。

　ルンミ語（Lummi）には，それぞれ（9）と（10）が示すように，〈能動態〉と〈受動態〉の構文がある（Jelinek & Demers 1983: 168）。

（9）　xči　　　-t　　　-sxʷ　　cə　　swəyʔqəʔ
　　　know　 -TR　　-2　　　the　　man

'You know the man.'（あなたはその男を知っている）

(10) χči -t -ŋ -sxʷ ə cə swəʔqəʔ
　　 know -TR -PASS -2 by the man
'You are known by the man.'（あなたはその男に知られている）

　ルンミ語の〈受動態〉は，標準的受動態に見られるように，A を〈斜格〉(ə（〜によって）を伴い）として符号化し，一方 P についてはそれを〈主語〉として（動詞の一致を引き起こす）符号化するが，〈他動詞〉と関係する接尾辞の -t は保持する。しかし，図 8.3 に示すように，〈能動態〉形と〈受動態〉形のほぼ相補的な分布が見られる（prn=代名詞，CN=普通名詞）。

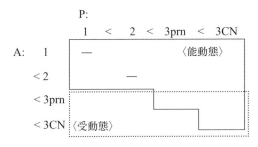

図 8.3. ルンミ語の〈能動態〉構文と〈受動態〉構文の意味地図

　ルンミ語の〈能動態〉は，A が〈一人称〉もしくは〈二人称〉（2nd Person）である場合に必須であり，P が〈普通名詞〉である場合や，あるいは A と P の両方が〈三人称代名詞〉である場合に使用可能である。一方，ルンミ語の〈受動態〉は，A が〈三人称〉である場合には常に可能であり，併せて P が〈一人称〉あるいは〈二人称〉である場合や，P が〈三人称〉代名詞であり A が〈普通名詞〉である場合に必須である。

　ルンミ語の〈能動態〉の意味地図は，クリー語の〈順行態〉の意味地図のように，概念空間の右上隅を含んでいる。一方，ルンミ語の〈受動態〉の地図は，クリー語の〈逆行態〉の意味地図のように，概念空間の左下隅を含んでいる。

　他の言語では，概念空間において〈能動態〉構文と〈受動態〉構文のより大きな重複が許されているが，場合によっては，クリー語とルンミ語で見られるパタンと同様に分布に制限を持つものもある。たとえば，キチェ語には，(11) のような〈斜格〉A と〈受動態〉V の形式を伴う標準的〈受動態〉がある（全ての事例は Mondloch 1978: 46, 59 より）。

(11) ca- cun -ax la r- uma:l
　　 PRS- cure -PASS 2SG.FRM 3SG.POSS- by

'You (formal) are cured by him.'（あなた［文語体］は彼によって治療された）

しかしながら、〈能動態〉は、3→2〈文語体〉(Formal) については禁じられている（(11) と (12) を比較されたい）。一方、〈受動態〉は 1, 2→3 については禁じられている（(13)〜(15) と (16) を比較されたい）。

(12) *c-   u-   cun   la
     PST-   3SG.ERG-   cure   2SG.FRM
     'He cures you (formal).'（彼はあなた［文語体］に治療を施す）

(13) c-   Ø-   a:-   tzucu:j
     PRS-   3SG.ABS-   2SG.ERG-   look.for:TR
     'You look for him.'（あなたは彼を探す）

(14) c-   at-   u:-   tzucu:j
     PRS-   2SG.ABS-   3SG.ERG-   look.for:TR
     'He looks for you.'（彼はあなたを探す）

(15) x-   Ø-   in-   cunaj   le: achi
     PST-   3SG.ABS-   1SG.ERG-   cure:TR   the   man
     'I cured the sick man.'（私は病気の男に治療を施した）

(16) *x-   Ø-   cun   -ax   le: yawa:b   w-   **uma:l**
     PST-   3SG.ABS-   cure   -PASS   the   sick.one   1SG.POSS- **by**
     'The sick one was cured by me.'（病人は私によって治療された）

図 8.4 にキチェ語の制約を図解する（F＝文語体，f＝一般的 (familiar)）。

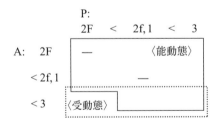

図 8.4. キチェ語の〈能動態〉と〈受動態〉の意味地図

クリー語の〈順行態〉およびルンミ語の〈能動態〉と同様、キチェ語の〈能動態〉の意味地図には空間の右上隅が含まれている。一方、クリー語の〈逆行態〉およびルンミ語の〈受動態〉と同様、キチェ語の〈受動態〉の意味地図には左下隅が含まれている。

英語の〈受動態〉にも、キチェ語の明確な制約とよく似て、〈受動態〉に対しては

わずかな SAP 制約が見られる。すなわち、英語の〈受動態〉は 1, 2→3 に関しては辛うじて容認可能である（DeLancey 1981: 638）。

(17) ?? Mary Summers was flunked by me.（メアリー・サマーズは私によって不合格とされた）

　クリー語、ルンミ語、キチェ語、英語で見受けられるパタンは、SAP 制約が態構文に関して存在する所であればどこでも見られる。すなわち、基本的な態の形式は図 8.1 の概念空間の右上隅を含んでおり、一方、基本的でない態の形式は左下隅を含んでいる。まさにこれが態構文の基礎となる類型論的普遍性の一部を構成するものである（8.5.2 節参照）。しかし、この普遍性を詳細に説明する前に、異なる態の形式の構造的多様性について検討しておく必要がある。

8.3. 能動態と受動態の構造的多様性

　本節と次節では、まず各言語の基本的・非基本的な態構文の事例を示し、次に非基本的な態形式の構造的特性を手短に記述し、また (3) の受動態タイプおよび (6) の逆行態タイプとの比較を行う。

8.3.1. 幾つかのいわゆる受動態

　(18) と (19) はそれぞれウェールズ語（Welsh）の〈能動態〉と〈非人称の受動態〉（Impersonal Passive）の事例だが、このようにいわゆる受動態には P の符号化において (3) の受動態タイプと異なるものがある（Comrie 1977: 55）。

(18) fe'**i** lladdodd draig
　　 PTCL'**OBJ** killed.ACT dragon
　　 'A dragon killed him.'（竜が彼を殺した）
(19) fe'**i** lladdwyd **gan** ddraig
　　 PTCL'**OBJ** killed.PASS **by** dragon
　　 'He was killed by a dragon.'（彼は竜によって殺された）

(19) では、A は〈斜格〉であり、V は形態的に特異だが、P は〈目的語〉のように符号化されている。これは、〈代名詞〉の P について最も明確である。これに対して、非代名詞の P は〈直接目的語〉が通常受けるような軟音化（lenition）を受けることはない。
　フィンランド語の〈不定〉（Indefinite）（「〈受動態〉」（Passive））はウェールズ語と同様である（Shore 1988: 156, 157, 158）。

8章 態の連続体　349

(20) Miehet　　　　vietiin　　　　poliisiasemalle
man:PL.NOM　　took:INDF　　police.station:to
'The men/Men were taken to the police station.'（男たちは警察署に連れて行かれた）

(21) **Hänet**　　vietiin　　　　poliisiasemalle
3SG:ACC　　took:INDF　　police.station:to
'The men/Men were taken to the police station.'（男たちは警察署に連れて行かれた）

(22) **Heitä/Miehiä**　　　　vietiin　　　　poliisiasemalle
3SG:PRTT/**men**:PRTT　　took:INDF　　police.station:to
'Some of them/the men were taken to the police station.'（彼らの数名／男たちは警察署に連れて行かれた）

　(20) から (22) のフィンランド語の〈不定〉では，多くの標準的受動態と同様に A は表現されていない。すなわち，A は不定の人間として解釈される（時には文脈によって違うやり方で示されることもある；Shore 1988: 160）。P は，(20) では〈主語〉のように符号化されるが，(21) では〈対格〉（代名詞）を，また (22) では〈部分格〉（Partitive Case）（しかるべき時には，〈名詞〉）をそれぞれ伴い，〈目的語〉のように符号化される。ウェールズ語のように，非代名詞の P は〈主格〉で見られる（Comrie 1975）。V は〈非人称〉（非〈一致〉）であり，〈能動態〉の V とは形態的に異なる（Shore 1988: 154）。

　(24) のロシア語の〈非人称〉構文は，A が〈斜格〉として表されるという点では，英語の〈受動態〉といくぶん類似している（Zolotova 他 1998: 127）。

(23) voln　　-y　　　　unes　　　-li　　　　lodk　　-u
waves.F　-NOM.PL　carry.away　-PST.PL　boat.F　-ACC
'The waves carried away the boat.'（波がボートをさらった）

(24) voln　　**-ami**　　unes　　　**-lo**　　　lodk　　**-u**
waves.F　-INST.PL　carry.away　-PST.IMPR　boat.F　-ACC
'The boat was carried away by the waves.'（ボートは波にさらわれた）

　しかし，P は〈目的語〉として符号化され，動詞は〈非人称〉（〈三人称単数中性〉）の形式に収められている。さらに，ロシア語の〈非人称〉構文は自然の力（natural forces）を表す A に制限されている（同上）。

(25) *Mal'čik　　**-om**　　sloma　　**-lo**　　vetk　　**-u**
boy.M　　-INST.SG　break.off　-PST.IMPR　branch.F　-ACC.SG

350　第３部　普遍的構文から統語空間へ

‘*The branch was broken off by the boy.’

このように，ロシア語の〈非人称〉は概念空間の図の左下隅を含んでおり，右上隅を排除している（この事例については，Östen Dahl に感謝する）。

　マサイ語（Maasai）の〈受動態〉は，このテーマに関してはさらに別の多様性も存在することを明らかにしてくれる。(26) と (27) はマサイ語の〈能動態〉を示し，(28) は〈受動態〉を示す事例である（ナイル・サハラ語族（Nilo-Saharan）; Greenberg 1959/1990: 413)。

(26)　a-　　　　dɔl
　　　1SG.SBJ-　　see
　　　‘I see him/her/them.’（私は彼／彼女／彼らを見る）

(27)　aa-　　　　dɔl
　　　1SG.OBJ-　　see
　　　‘He/she/they see me.’（彼／彼女／彼らは私を見る）

(28)　**aa-**　　　dɔl　　**-i**
　　　1SG.OBJ-　see　　**-PASS**
　　　‘I am seen.’（私は見られている）

マサイ語の〈受動態〉では A は表現されない（Payne 他 1994: 301–2)。ただし，以前は A を表現することは可能であった（Tucker & Mpaayei 1955 参照）。P は，〈名詞類〉の P については，〈一致〉((28) と (27) を比較されたい）と〈格〉の両方において，〈目的語〉として符号化される。V は形態的に特異である。しかし，*-i* 接尾辞は語源的には〈三人称複数主語〉形である（Greenberg 1959/1990)。同様の構文は，言語の中でも特にトゥルカナ語（Turkana）（Dimmendaal 1983: 72, 131–4）とキンブンド語（Kimbundu）（Givón 1979: 211–12）で見られる。

　メノミニ語（Menomini）には，〈逆行態〉構文に加えて，〈受動態〉構文がある。このことは，これら２つが相互排他的でないことの現れである（Bloomfield 1962: 152, 154–5)。メノミニ語の〈受動態〉は，構造的にかなり異なる。典型的な〈能動態順行態〉形は (29) に，また〈受動態順行態〉形は (30) に，それぞれ挙げる通りである。

(29)　ke-　　na·n　　　-a·　　-w　　-ak
　　　2-　　fetch　　　-IND　　-3　　-PL
　　　‘You [sg] fetch them.’（あなたがそれらを行って取ってくる）

(30)　na·n　　-a·　　**-w**　　-ak
　　　fetch　　-IND　　**-3**　　-PL

'They are fetched.'（それらが取ってこられる）

〈順行態受動態〉（Direct Passive）では A は表現されず，P は〈目的語〉のように符号化されている。動詞の活用は，〈一人称／二人称の主語の一致〉の接頭辞 ke- を欠くこと以外は，(29) と (30) のどちらも同じである（〈他動詞有生〉（Transitive Animate）[21]）。最後に，V は形態的に特異ではない。

　メノミニ語の〈逆行態能動態〉（Inverse Active）と〈逆行態受動態〉（Inverse Passive）は，それぞれ (31) と (32) に示す通りである。

(31)　ke-　　nɛ·qn　-ek　　-o　　　　　-q
　　　2-　　kill　 -INV　-IND·3INAN　-1IN
　　　'It kills us [incl.].' [〈他動詞有生逆行態〉無生行為者形]（それは我々を苦しめた）

(32)　ke-　　na·tom　-ek　　**-ɛ·**　　　　　-q
　　　2-　　call　　-INV　**-IND.1/2PASS**　-1IN
　　　'We [incl.] are called.' [〈他動詞有生逆行態〉一／二人称受動態形]（我々は呼ばれている）

〈逆行態受動態〉では A は表現されず，P は〈主語〉のように符号化され（なぜなら，それが〈逆行態〉であるから），接尾辞の -ɛ· が〈逆行態受動態〉を〈逆行態能動態〉と区別する。

　マンデ諸語（Mande languages）の幾つかで見られる別の受動態タイプは，V が〈能動態〉の形式と同一であることを除き，(3) の受動態タイプと同じである。その1つの事例がバンバラ語（Bambara）である（Chris Culy との私信，および Bailleul 1977 より）。

(33)　n'ye　　　　kini　dun
　　　1SG'CMPL.TR　rice　eat
　　　'I ate rice.'（私はご飯を食べた）

(34)　o　　fo'ra　　　　　dugutigi　**fè**
　　　3SG　greet'CMPL.INTR　chief　　**with**
　　　'S/he was greeted by the chief.'（彼女／彼はボスに挨拶された）

バンバラ語の「〈受動態〉」では，A は〈斜格〉であり，一方 P は〈主語〉である。バンバラ語の「〈受動態〉」は，〈自動詞〉と関係する相の屈折を用いる。しかし，V は

21　この構文は，〈他動詞無生〉（Transitive Inanimate）の活用動詞とも共に見られる（Bloomfield 1962: 157–8）。

〈能動態〉の V とは形態的に異なるものではない。

スペイン語の〈再帰的受動態〉（Reflexive Passive）（多くのヨーロッパ言語で見られるタイプ）では，P は〈主語〉と〈（再帰的）目的語〉として同時に符号化される（Stockwell 他 1965: 235）。

(35)　**Se**　　abri　**-eron**　las　　puertas
　　　3REFL　open　**-3PL**　the　windows
　　　'The windows were opened.'（窓は開けられた）

スペイン語の〈再帰的受動態〉では，A は〈斜格〉として表現可能である。A を顕在的に表現することを受け入れない話者もいるが，(36) の事例は実際に用例が確認された発話である（2000 年 3 月 23 日に聞いた発話）。

(36)　**Se**　　am　　**-a**　　**por**　la　　gente
　　　3REFL　love　**-3SG**　**by**　the　people
　　　'He［King Juan Carlos］is loved by the people.'（彼［フアン・カルロス国王］は民衆から愛されている）

P は V の〈一致〉によって〈主語〉として符号化され，〈再帰的目的語代名詞〉によって〈目的語〉として符号化される。V は形態的に特異ではなく，少なくとも〈能動態再帰〉の V と異なってはいない。しかしながら，スペイン語と他のヨーロッパ語での〈再帰的目的語〉標示は，〈動詞〉の派生的カテゴリ（すなわち，〈再帰的中間態〉（Reflexive Middle Voice））として再分析されている。〈再帰的中間態〉は，*bañarse*（入浴する），*vestirse*（服を着る），*peinarse*（髪をなでつける），*romperse*（壊れる），*arrodillarse*（ひざまずく）などの 1 つの参与者が関わる事象を表す多くの V と共起する。というわけで，〈再帰的受動態〉の V は〈自動詞〉であり，〈再帰的〉形式は（非再帰的）〈能動態〉とは形態的に異なると論じることができるだろう。

　上流地域ハルコメレム語（Upriver Halkomelem）の〈受動態〉も同様で，スペイン語の〈再帰的受動態〉とは異なっている。〈能動態〉と〈受動態〉の事例を，(37) と(38) にそれぞれ挙げる（Galloway 1993: 425–6）。

(37)　tás　　　　-l　　　　-əxʷ　　　-əs　　　θúλ'à　tə　　swíyəqə
　　　bump.into　-ACCID　-3SG.OBJ　-3SG.SBJ　she　ART　man
　　　'She bumped into the man'［V–A–P の順］（彼女はその男にぶつかった）
(38)　tás　　　　-l　　　　**-əm**　　θúλ'à　tə　　swíyəqə
　　　bump.into　-ACCID　**-3SG.PASS**　she　ART　man
　　　'She was bumped into by the man'［V–P–A の順］（彼女はその男にぶつけら

れた）

　(37) の〈能動態〉では，要素の順序は V–A–P となっている。これが基本的な態の〈動詞〉–〈主語〉–〈目的語〉の順序である。〈受動態〉では，A は位置に関しては（〈動詞〉の後の二番目の NP），〈目的語〉のように符号化されるが，それは〈目的語一致〉を引き起こすものではない。P は，位置に関しては，〈主語〉のように符号化され，V における一致を引き起こす。しかし，P は〈能動態〉の A と〈能動態〉の P の〈一致〉接尾辞のどちらとも異なる〈一致〉接尾辞を引き起こす。この特殊な構造的特性（すなわち，特別な P〈一致の形式〉(special P Agreement Forms)）は，(3) の受動態タイプとも (6) の逆行態タイプのどちらとも適合しないが，広範に見られる現象である（Payne 1999: 249–52）。〈三人称単数受動態一致〉接尾辞 -əm は，〈中間態〉標識へと発展してもいる。その中にはたとえば，xʸak'ʷəm（入浴する），ʔiθ'əm（服を着る），líc'əqʷəm（髪をなでつける），yá·k'ʷəm（(自発的に) 壊れる），θ'q'əlxé·m（ひざまずく）(Galloway 1993: 301–7) などがある。

　(37) と (38) では，V は他では〈能動態の他動詞〉とのみ見られる -l（偶然に）のような〈コントロール〉接尾辞（Control suffixes）と共起しており（Galloway 1993: 244），したがって，V は〈能動態〉とは形態的に異なってはいない。この〈受動態〉はまた，SAP 階層制約を幾つか持っている。この〈受動態〉は，3→2 である場合や，あるいは ((38) のように) P が〈三人称代名詞〉である場合に使用されるべきで，また〈能動態〉も，P が〈一人称複数形〉である場合に使用されるべきである（同上：187）。上流地域ハルコメレム語の〈態〉構文についての意味地図は，図 8.5 に挙げる通りである。

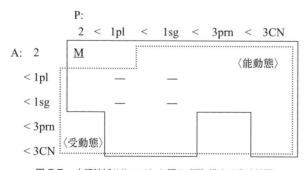

図 8.5．上流地域ハルコメレム語の〈態〉構文の意味地図

　上流地域ハルコメレム語の〈態〉構文の意味地図に対する制約の幾つかは類型論的に特異だが，上流地域ハルコメレム語の〈態〉構文は，〈受動態〉の地図は少なくと

も概念空間の左下隅を含み，〈能動態〉の地図は少なくとも概念空間の右上隅を含む
という普遍的原理に実際従っている。

　別のセイリッシュ語族であるベラクーラ語 (Bella Coola) の〈受動態〉は，上流地
域ハルコメレム語の〈受動態〉とは構造的に少し異なる。ベラクーラ語の〈受動態〉
の事例は，(39) に挙げる通りである (Forrest 1994: 151–2)。

(39)　k'x　　**-im**　　　ci-　　xnas　　-cx　　**x-**　　ti-　　ʔimlk　　-tx
　　　see　**-3SG.PASS**　ART-　woman　-ART　**PREP-**　ART-　man　　-ART
　　　'The woman is seen by the man.'（女は男に見られている）

上流地域ハルコメレム語の〈受動態〉のように，ベラクーラ語の〈受動態〉の V は，
〈能動態〉の V と形態的に異なっていない。さらに，P は位置については〈主語〉の
ように符号化されるが，特別な P〈一致〉の形式をとる。しかし，上流地域ハルコメ
レム語の〈受動態〉とは異なり，P は決して〈主格〉の -s をとらず（同上），A は〈斜
格〉として符号化される。また，ベラクーラ語の〈態〉システムも SAP 階層制約を
持っている。すなわち，クリー語の〈逆行態〉とは異なり，〈受動態〉は 3→1/2 の場
合に使用され，〈受動態〉は 3→3 についてはより話題的な P と共に使用される。

　要するに，本節で説明した構文は，(3) の受動態タイプの全ての点において様々
な様相を呈しているのである。すなわち，A が〈斜格〉として符号化されるかどう
か，あるいは P が〈主語〉のように符号化されるかどうか，あるいは V が〈能動態〉
の V とは形態的に異なるかどうかに関して，構文は様々に異なるのである。さらに，
少なくともいわゆる受動態のうち幾つかのものは，SAP 階層制約を示している。次
節では，同様の事態がいわゆる逆行態についても当てはまることを見る。

8.3.2.　幾つかのいわゆる逆行態

　逆行態としてカテゴリ化される構文は，受動態としてカテゴリ化されてきたもの
と同じくらいに，少なくとも構造的に様々に異なりうる。その 1 つの理由は，SAP
階層制約を示すほとんど全ての非受動態のような構文が，構造が何であれ逆行態と
して記述されてきたということにある。

　〈受動態〉(Kroskrity 1985) と〈逆行態〉(Klaiman 1991) の両方として記述されて
きたアリゾナ・テワ語 (Arizona Tewa) の構文から始めよう。(40) と (41) に，ア
リゾナ・テワ語の〈受動態〉/〈逆行態〉の 2 つの事例を挙げる (Kroskrity 1985: 311,
313)。

(40)　hẹ'i　sen　**-di**　　néi　kʷiyó　**'ó:-**　　　tú　　-'án　　-'i
　　　that　man　**-OBL**　this　woman　3SG/3.PASS-　say　-CMPL　-REL

	dó-	tay					
	1SG/3.ACT-	know					

'I know the woman who was spoken to by the man.'（私は男に話しかけられた女を知っている）

(41) ụ kʰóto hẹ'i sen **-di** **wó:-** mɛ́gi
   you bracelet that man -OBL 2/3.PASS- give
   'You were given a bracelet by that man.'（あなたはその男にブレスレットをもらった）

アリゾナ・テワ語の〈受動態〉／〈逆行態〉では，Aは〈格〉標識 -di を伴って〈斜格〉のように部分的に符号化される（Kroskrity 1985: 314）。Pは〈格標示〉に関しては部分的に〈主語〉のように符号化される。Pは関係詞節化可能であり，その指示が追跡される項でもある（同上：313–14; 4.3.2 節参照）。しかし，AとPは，特別なかばん語（portmanteau）の〈一致〉形式で符号化される。Vを〈能動態〉の形式と区別する形態は何もない。

アリゾナ・テワ語の〈受動態〉／〈逆行態〉は，図 8.6 に説明するように，SAP 階層に従う。アリゾナ・テワ語の〈受動態／逆行態〉構文は〈能動態〉構文よりも広い分布を持つが，〈受動態〉／〈逆行態〉の分布は概念空間の左下隅を含み，一方〈能動態〉の分布は概念空間の右上隅を含むという点では，それは上で論じた他の構文の分布と類似している。

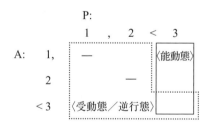

図 8.6. アリゾナ・テワ語の〈受動態〉／〈逆行態〉構文の意味地図

本節の残りの事例は全て，他動詞構文の構造的に複雑なパラダイム（paradigms）を表すものである。これらの体系は通常，単に言語の〈能動態の他動詞〉Vの形式の集合として分析されている。ただし最近では，これらの体系の幾つかのものは，パラダイムの色々な形式が持つ構造に対するより綿密な調査を通じて，AとPの順行態 vs. 逆行態の符号化の事例として再分析されている。

最初の事例は単純なものである。すなわち，タングート語（Tangut）の〈逆行態〉である（Kepping 1979; Comrie 1980b; DeLancey 1981）。タングート語の〈逆行態〉

は1つの項だけが動詞の〈一致〉接辞 (-nga (〈一人称〉), または -na (〈二人称〉)) を伴って指標が与えられるという点においては, クリー語の〈逆行態〉とは異なる. 下に幾つかの事例を挙げよう (Kepping 1979: 273; DeLancey 1981: 631 参照)。

(42) nı   tın   nga   ın   ldıə   thı   **-nga**
     you   if   I   ACC   indeed   chase -1
     ku   that   tsı   viə-thı   **-na**
     then   her   also chase   -2
     'If indeed you are chasing me, then chase her too.' (もし本当に私を追いかけているのなら, 彼女も追いかけなさい)

(43) ni   pha   ngi-mbın   ndı-siei   **-na**
     you   other   wife   choose   -2
     'You choose another wife." (あなたは別の妻を選ぶ)

(44) mei-swen   manə   na   khe   **-na**
     Meng Sun   formerly you   hate   -2
     'Meng Sun formerly hated you." (メン・サンはかつてはあなたが嫌いだった)

これらの事例から分かるように, V は A と P のどちらとも一致する. 図8.7は, タングート語における V の〈一致〉の分布を描いたものである.

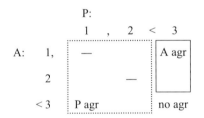

図8.7. タングート語の〈動詞の一致〉の意味地図

動詞の一致を〈主語〉の地位の指標として解釈するなら, 8.1.2節で述べた意味では (すなわち,「基本的」態形式における A の符号化), 図8.7はタングート語の〈動詞〉が唯一1つの項と一致することを除き, 図8.1のクリー語の事例と大して違わない.〈主語〉のような (Subject-like) P は, 空間の左下隅の部分と関係しており,〈主語〉のような A は空間の右上隅と関係している.[22]

---

22 併せて注目すべきことは, A は選択的な〈能格〉の形式 *ndźe-vie* をとることが可能であり, P は選択的な〈対格〉の形式 *In* をとることが可能であるということである (Comrie 1980b). さらに,〈一致〉は常に選択的であり, T や G や〈所有者〉は〈一致〉を引き起こすことが可能である (同上).

8章　態の連続体　357

　次に挙げる事例は，AとPの両方とのVの一致が持つ複雑なパターンを表している。Robins（1980）が分析したユロック語の〈他動詞〉構文を先に取り上げよう。ユロック語には3つの異なる〈他動詞〉構文がある。〈二重人称〉（Bipersonal）構文はAとPと一致するVを持つ（Robins 1980: 361, 363）。

(45)　ki　　kemeyonem　-es　　　　-ek'
　　　FUT　take.home　　-3SG.OBJ　1SG.SBJ
　　　'I'll take him home.'（私が彼を家に連れていく）

〈単一人称〉（Unipersonal）構文は，Aとのみ一致するVを持つ。

(46)　(nek)　　　nekcen　　-ek'　　neto:ʔmar
　　　(1SG.SBJ)　meet　　　-1SG　　my.friend
　　　'I meet my friend.'（私は友人に会う）

〈受動態〉構文は，Vについては形態的に特異な形式を用いる。

(47)　(yoʔ)　　nowkʷoy　　　(nekah)
　　　(3SG)　　care.PASS　　　(1PL.OBJ)
　　　'He/she cares for us.'（彼／彼女は我々を大事に思っている）
(48)　neto:ʔmar　kelac　　　nowkʷoy　　-eʔm
　　　my.friend　2SG.OBJ　care.PASS　-2SG.SBJ
　　　'My friend cares for you.'（私の友人はあなたを大事に思っている）

〈受動態〉構文では，Aは〈主語〉の格標識を伴うが，〈一致〉を引き起こすことなく〈主語〉のように符号化される。Pは〈目的語〉の格標識を伴って〈目的語〉のように符号化されたり，〈主語の一致〉を引き起こし〈主語〉のように符号化されたりもする。
　図8.8に見られるように，〈二重人称〉の形式と，〈単一人称〉の形式と，〈受動態〉の形式は，三人称複数（3PL）→一人称単数（1SG）を除き相互排他的であり，一人称単数（1SG）のP形式を除きSAP階層1＜2＜3をおおむね遵守している。
　〈二重人称〉構文は最も「順行態」的であり，一方，〈受動態〉構文は最も「逆行態」的である。〈単一人称〉構文はこれら2つの中間に位置付けられる。〈二重人称〉構文はAとPが両方とも人であり，Pが〈代名詞〉である時にのみ用いられる（同上: 361, 362）。一人称（1SG）Pの〈二重人称〉形式は，この体系では「異例」（anomalous）である。なぜなら，一人称Pの〈二重人称〉形式は，概念空間の左下隅の他に右上隅とも関係しており，意味地図は概念空間の結合領域を規定しないからである。しかしながら，三人称複数（3PL）→一人称単数（1SG）では，〈受動態〉の形式は「異例」な〈二重人称〉形式に取って代わりつつある（同上: 363）。実質的に，現

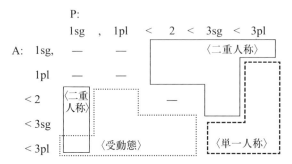

図8.8. ユロック語の〈二重人称〉構文，〈単一人称〉構文，〈受動態〉構文の意味地図

に起きていることは，〈受動態〉構文が一般的なユロック語の〈他動詞〉のパラダイムに統合されつつあるということである。

同様の分析を他の一致体系について行うことが可能だが，それが示唆するのはかつての「受動態」構文あるいは「逆行態」構文を他動詞のパラダイムに統合するという同様の歴史的シナリオの存在である。たとえば，グアラニ語 (Guaraní) の〈動詞の一致〉屈折は，完全ではないものの，主として単一形態素的であるように思える (Gregores & Suárez 1968: 131–2)（図8.1）。

表8.1. グアラニ語の一致形式の分布

A:	P: 1SG	1PE	1PI	2SG	2PL	3
1SG	—	—	—	ro-	po-	**a-**
1PE	—	—	—	ro-	po-	**ro-**
1PI	—	—	—	—	—	**ya-**
2SG	*še-*	*ore-*	—	—	—	**re-**
2PL	*še-*	*ore-*	—	—	—	**pe-**
3	*še-*	*ore-*	*yane-*	ne-	pene-	**o-**

表8.1では，最も「順行態」的な形式は太字で示されており，一方最も「逆行態」的な形式はイタリック体で示されている。中間的な形式は，ローマン体で示されている。表8.1の形式は，表8.2のように分析可能である。

一致接頭辞は，一人称または二人称のA（順行態），あるいはP（逆行態）を符号化するものとして容易に分析される。2つ目の列のPの〈一致〉形式は，逆行態のPの〈一致〉体系のようである。接頭辞はSAP階層1 < 2 < 3に従うが，1→2については特別な形式が存在する。(49) と (50) に，〈順行態〉と〈逆行態〉の一致接頭辞の事例を挙げる (Gregores & Suárez 1967: 156, 131)。

8章 態の連続体 359

表 8.2. グアラニ語の一致形式の分析

〈順行態〉	〈逆行態〉	〈かばん語〉
a-: 1SG	še-: 1SG	po-: 1→2PL
ro-: 1PE	ore-: 1PE	ro-: 1→2SG
ya-: 1PI	yane-: 1PI	
re-: 2SG	ne-: 2SG	
pe-: 2PL	pene-: 2PL	
o-: 3		

(49) **ho-** ʔú soʔó
　　　3.DIR- eat meat
　　　'He eats meat'（彼は肉を食べる）

(50) **ne-** peté
　　　2.INV- hit
　　　'He/she/it/they hit thee.'（彼／彼女／それ／彼らは汝をたたいた）

D. Payne（1994）は，接頭辞 *ne-* は歴史的には〈逆行態〉の顕在的表現から派生しうると主張する（ただし，下記参照）。

　Payne 他（1994）は，マサイ語の〈他動詞〉のパラダイムの一部を逆行態の体系として分析する。(51) と (52) に，〈順行態〉構文と〈逆行態〉構文をそれぞれ示す（Payne 他 1994: 291, 294）。

(51) á- tá- dɔ́ -a ntáy
　　　1.DIR- PRF- see -PRF 2PL.ACC
　　　'I see you (PL).'（私はあなた方を見る）

(52) **kí-** nyál -á ntáy nánú
　　　1/2PL.INV- spoil -PF.PL 2PL.NOM 1SG.ACC
　　　'You (PL) insulted me.'（あなた方は私を侮辱した）

(51) の〈逆行態〉構文では，A は音調に関しては（音調が〈格〉を符号化する）〈主語〉のように符号化されているが，〈主語〉とは異なり V〈一致〉を引き起こしてはいない。P は〈格〉の音調に関しては〈目的語〉のように符号化されており，〈主語〉のように〈一致〉を引き起こすが，ここでも特別な形式を伴っている（セット II）。この特別な形式は〈逆行態〉の形式として解釈できる。V は形態的に特異ではない。〈逆行態一致〉の形式は，ある部分では SAP 階層に従い，また別の部分では単数＜複数という数の階層（number hierarchy）に従っている。すなわち，〈逆行態一致〉の形

式は，二人称 (2)→一人称単数 (1SG)，三人称単数 (3SG)→二人称単数 (2SG)，全て複数 (all plural)→二人称単数 (2SG) について使用されている (Payne 他 1994: 295)。

動詞の一致についての他の複雑な例は，Comrie (1980a, 1980b) が分析したようなチュクチ・カムチャツカ語族 (Chukotko-Kamchatkan) の〈他動詞〉のパラダイムである。チュクチ語 (Chukchi) の〈現在 I〉(Present I) 時制には，〈動詞の一致〉形式の複雑なシステムが存在する。〈一人称〉形式は不変であり，Comrie はこれを〈順行態〉形式として解釈している。彼は，接頭辞 *ine*- と接尾辞 *-tku* を単一人称の〈逆受動態〉形式として分析する (Comrie 1980a: 64)。彼は，接頭辞 *ne*- は〈逆行態〉標識 (Inverse marker) であるという仮説を立てている。すなわち，彼は，接頭辞 *ne*- は〈三人称主語〉接頭辞として再分析される過程にあるかもしれないと主張しているのである (同上: 65; しかし，以下参照)。P は，人称接尾辞 (personal suffixes) によって常に符号化されるが，人称接尾辞は〈自動詞〉では S の符号化も行う。すなわち，接尾辞は〈絶対格〉である。チュクチ語では，*ine*- は 3→3 形式では一般的な〈逆受動態〉についても使用可能である (Comrie 1980b: 230–1)。[23] 図 8.9 に，チュクチ語の〈他動詞〉形の意味地図を示す。

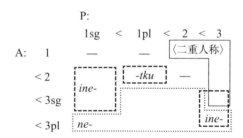

図 8.9．チュクチ語の〈他動詞〉構文の意味地図

最も逆行態的な構文は *ne*- 構文である。この構文では，A は〈主語〉(〈一致〉を欠く) や〈目的語〉(〈目的語の一致〉なし) のように符号化されない。A が有生性が低い場合には，その〈名詞句〉は〈斜格〉として符号化される。P は，〈順行態主語〉(Direct Subjects) とは異なり，いかなる接頭辞の〈一致〉も伴わずに，〈絶対格〉の接辞の〈一致〉を伴い〈主語〉として符号化される。V は形態的に特異である (*ne*- が

23　この分析は，チュクチ語の〈現在 I〉時制についてのみ当てはまる。〈現在 II〉(Present II) 時制では，*n(i)*- が接頭辞の位置を占め，1/2→3 については〈動詞〉が〈逆受動態〉であり，接尾辞は A と一致するが，A とは SAP 階層上ではより高い参与者である (Comrie 1980b: 231)。密接に関係した言語であるコリヤーク語 (Koryak) は，*-tku* の代わりに *ne*- を用いる点でチュクチ語とは異なる (Comrie 1980a: 65)。

〈三人称主語〉の形式でない場合)。

　同様のパタンが，チヌーク語 (Chinook) (Silverstein 1976)，ンガンディ語 (Ngandi) とヌングブユ語 (Nunggubuyu) (Heath 1976)，さらにはワダマン語 (Merlan 1994) について報告されている。これは実際，A と P がどちらも動詞における人称の一致によって表現される言語ではかなり一般的な現象である。

　西オーストロネシア語族 (Western Austronesian) の 1 つであるセコ・パダン語 (Seko Padang) の一致のパラダイムは，逆行態パタンの中には三人称の A 標識から生じるものが存在することを示唆している。セコ・パダン語は，〈動詞〉への一連の〈主要〉(Primary) な〈人称〉後接辞 (Person proclitics) を持つが，この点で A の後接辞は P の後接辞よりも〈動詞〉により近いのである (Payne & Laskowske 1997: 427–8)。

(53)　u=　　ki=　　kini'
　　　2=　　1EX=　　pinch
　　　'We (excl.) pinch you.' (我々はあなたをつねる)

(54)　ki=　　u=　　kini'
　　　1EX=　　2=　　pinch
　　　'You pinch us (excl.).' (あなたは我々をつねる)

とはいうものの，A が〈三人称〉である場合には，後接辞〈代名詞〉na= が〈主要〉なØ= 後接辞の代わりに用いられる (同上)。

(55)　ki=　　**na=**　　kini'
　　　1EX=　　**3A=**　　pinch
　　　'He/she pinches us (excl.).' (彼／彼女は我々をつねる)

さらに，(56) のように，A が〈一人称〉の場合には特別な形式である (u)du= が〈二人称〉P で選択的に用いられる。また，(57) のように，A が〈二人称〉である場合には，特別な形式である mi= が〈一人称〉P で用いられる (同上) ((57) では接辞の順序も変わることに留意されたい)。

(56)　(**u**)**du=**　　ki=　　kini'
　　　2.P=　　1EX=　　pinch
　　　'We (excl.) pinch you.' (我々はあなたをつねる)

(57)　u=　　**mi=**　　kini'
　　　2=　　**1.P=**　　pinch
　　　'You pinch me/us.' (あなたは私／我々をつねる)

特別な形式の mi= は，3→1 の状況についても用いることができる（同上）。

図8.10に，セコ・パダン語の後接辞の意味地図を示す（Pr.= 主要な他動詞後接辞，実線にて表示）。

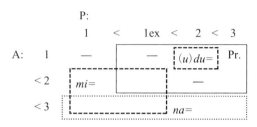

図 8.10. セコ・パダン語の後接辞構文の意味地図

最も逆行態的な構文は 3A na= 後接辞である。一方，最も順行態なのは〈主要〉な後接辞である。概念空間の中間的領域は特別な mi= と (u)du= の後接辞によって占められている。この状況を他のやり方で記述するなら，〈三人称〉A は特別な後接辞を持ち，〈一人称／二人称〉の P も特別な後接辞を持つが，その場合 1/2P 形式は逆行態のようなものでもあるといった記述となる。しかし，1/2P 形式は左下隅の領域で始まったようには思われないのに，そこまで拡張されてはいる。このことは，1/2P 形式を中間的地位と位置付ける分析がより正確であることを示唆している。na= 後接辞は逆行態標識として再分析されたのかもしれない。グアラニ語とチュクチ語，そして Payne (1999) が議論するパナレ語 (Panare) の場合も，同様に再分析がなされたのかもしれない (D. Payne と Comrie 参照)。

より微妙な SAP に制約を受けたパタンが，パプア諸語 (Papuan languages) のイマス語で見られる (Foley 1991)。イマス語の動詞は，下で論じる1つの例外を伴うものの，A と P の両方と一致する。〈一人称双数 (Dual)〉を除き，各〈人称〉についての A と P の形式は特異である。しかしながら，一致接頭辞の順序と形式は SAP 階層と一致しており，その現れ方は様々である。(58) のように，全て→3 について接頭辞の順番は [P–A–Verb] である。そして，(59) のように，全て→1 と 3NPL→2 については接頭辞の順序は [A–P–Verb] である (Foley 1991: 206)。

(58)　na-　　kay-　　tay
　　　3SG.P-　1PL.A-　see
　　　'We saw him.'（我々は彼を見た）

(59)　ma-　　kra-　　tay
　　　2SG.A-　1PL.P-　see
　　　'You saw us.'（あなたは我々を見た）

3PL→1, 2 の場合には，〈三人称複数〉の標識の P の形式が用いられる（Foley 1991: 201）。

(60) **pu-**　　ŋa-　　tay
　　　3PL."P"-　1SG.P-　see
　　　'They saw me.'（彼らは私を見た）

1→2 の形式は異例である。すなわち，1→2SG については，かばん語の接頭辞が用いられており（(61)；Foley 1991: 207），一方 1→2NSG については〈二人称の非単数（Nonsingular）一致〉接頭辞のみが許され，〈一人称〉の A は文脈から推測される（(62)；同上）。

(61) **kampan-**　tay
　　　1/2SG-　　　see
　　　'I/we two/we saw you.'（私／我々2人／我々はあなたを見た）

(62) **ŋkul-**　cay
　　　2DU-　　see
　　　'I/we two/we saw you two.'（私／我々2人／我々はあなた方2人を見た）

イマス語の〈一致〉構文の意味地図を図 8.11 に示す。

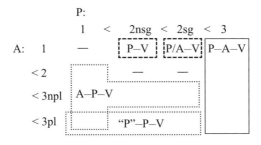

図 8.11．イマス語の〈一致〉構文の意味地図

P 接頭辞の前に並べられた A 接頭辞を持つ構文は，概念空間の左下隅を含み，A の前の P を持つ構文は右上隅を含む。2 つの異例の構文は中間にある。2 つの P 形式を持つ構文は，概念空間の最も「逆行態」的な隅において A–P–V 構文と重なり合っており，これは A–P–V 構文のより極端なケースとみなすことができる。

本節で記述した構文は，(6) に挙げた逆行態タイプの全ての特性に関して，すなわち，A が〈斜格〉として符号化されるかどうか，また P が〈主語〉のように符号化されるかどうか，さらには V が〈順行態〉形とは形態的に異なるかどうかについて

様々に異なっている。これら全ての構文が，少なくともある程度はSAP階層と交わっているのである。

8.4. 能動態–非能動態の区別の曖昧化

8.3.2節の最後で挙げた一連の事例は，言語の基本的な他動詞構文のパラダイムの一部を実際に形成する形式を「逆行態」として扱っている。言い換えれば，厳密にはこれらの全ての形式が〈能動態〉ということである。構造的な違いを観察するために，任意の言語で他動詞構文の幅を検証すれば，多くの他の構文タイプが同じ態の連続体に属することが判明する。

8.4.1. 幾つかのいわゆる「受動態」と能格

アチェ語（Acehnese）には，(3)で挙げた受動態タイプと共通する構造的特性を有するかのように見える構文であるにもかかわらず，Durie (1985, 1988) が受動態ではないと主張する構文が存在している。私はこれをアチェ語の〈能格〉（Ergative）構文と呼ぶ。(63)にこの〈能格〉構文の事例を示す（Durie 1988: 105）。

(63)　lôn　ka　**geu-**　côm　**lé-**　gopnyan
　　　 1　　INCH　3-　　kiss　PREP-　she
　　　 'I was kissed by her.'（私は彼女にキスされた）

アチェ語のこの〈能格〉構文では，Aは〈主語の一致〉を引き起こすという点において，部分的に〈主語〉のように符号化されている。[24] しかし，Aは前置詞lé- を伴い，一見〈斜格〉のように符号化されてもいる。Pは〈目的語〉のように符号化されている。Pが前接辞である場合には，Aはlé- を省略してもよい（Durie 1985: 194）。Vは形態的に特異ではない。しかしDurieは，lé- は〈斜格〉ではなく単にA NP上の〈能格〉の格標識だと論じている（Durie 1985: 111）。

Durieの分析によって，アチェ語は比較的平凡な言語，すなわち，もう一つの能格標示言語（ergative case marking language）ということになった。しかし，ここには依然として謎が潜んでいる。もし〈能動態の他動詞〉構文の代わりに，〈能動態の自動詞〉構文を〈主語〉を特徴付ける構文として考えるなら，能格言語では〈能動態他動詞〉のA項はSと同じやり方で符号化されないことになる。むしろ，〈能動態他動詞〉のA項は，斜格の格標示と共時的にはしばしば（通時的には常に）同じ格

24　より正確には，動詞はA+Sa（すなわち，〈行為者〉項）と一致する（Durie 1985: 41; 4.4.1節も参照）。

標示を持つということになる。

　確かに，A が（〈一致〉を含む）他の構文で S と実際に分布パタンを共有することは，たびたび起こる（4.3.2 節参照）。しかし，ラディカル構文文法では各構文の分布パタンを検証することが可能である。ラディカル構文文法のアプローチの利点は，〈能動態〉構文が何であるのかが明確でない言語を検証して，任意の言語が持つ他の他動詞構文を本章で述べた構造的特性と概念空間に従って容易に比較したり，より大きな類型論的パタンへと収めることが可能となることである。

　したがって，能格構文を（3）の受動態タイプと基本的な能動態構文の間の何か中間的なものとして独自に見ることが可能だということである。幾つかの能格は受動態から発生したと信じられているので，（3）の受動態タイプと能動態タイプの間に構造的に中間的であるかのように見える構文が幾つか確認できるのは驚くべきことではない。

　そのような事例の 1 つがおそらくプカプカ語（Pukapukan）であろう（Chung 1977: 15–16）。プカプカ語には，Chung が〈能動態〉や〈受動態〉や〈能格態〉として記述する 3 つの他動詞構文がある。（64）にこの〈能動態〉構文を示す。

(64)　tulituli　loa　Lua　Tulivae　ia　i　tana　wawine　ma
　　　chase　EMPH　Lua　Tulivae　that　ACC　his　woman　and
　　　na　tama
　　　the.PL　boy
　　　'Lua Tulivae chased his wife and the children.'（ルア・トゥリヴァエは妻と子供を追いかけた）

(65) は〈受動態〉構文を示したものである。

(65)　kai　**-na**　loa　na　tamaliki　**e**　te　wui　aitu　pau
　　　eat　-PASS　EMPH　the.PL　children　AGT　the　PL　spirit　done
　　　'The children were all eaten by the spirits.'（子供たちは悪魔たちによって全員食べられた）

　この〈能動態〉構文を比較の基準として用いる場合には（実際これまで検証してきた他の言語ではそうしてきた），この〈受動態〉構文は（3）の受動態タイプにきっちり従う。すなわち，A は〈斜格〉として符号化されており，一方 P は〈主語〉として符号化されている。そして，V は接尾辞 *na-* を伴う形態的に特異なものとなっている。

　しかしながら，プカプカ語の〈能動態〉とプカプカ語の〈受動態〉との機能的関係は，英語の〈能動態〉と英語の〈受動態〉の機能的関係と同一ではない。プカプカ語

の〈能動態〉は文語体のレジスター（formal register）でのみ使用されるが，そのことはそれが古い構文であることを示唆している。プカプカ語の〈受動態〉は，2つの参与者が関わる事象に用いられる標準的構文である（Chung 1977: 16）。言い換えると，プカプカ語の〈受動態〉は基本的な〈他動詞〉構文である。一般的に，ポリネシア諸語の〈受動態〉は高いテキスト頻度（text frequency）を持ち，〈能動態〉よりも高い頻度を持つことさえ時には起こりうる（Chung 1977: 13–14）。さらに，A は依然として階層上にある幾つかの構文にとっては可能な役割の担い手ではあるが，プカプカ語の受動態の P はすでに主語構文階層（4.3.2 節）を上に上がっている。

(66) にプカプカ語の〈能格態〉構文を示す。

(66) lomilomi ai   **e**   tana   wawine ma   na   tama   lua
      massage   PRN **ERG** his   woman   and the.PL boy   two
      tulivae   ia
      knee   that
      'His two knees were massaged by his wife and the children.'（彼の両膝は妻と子供によってマッサージされた）

この〈能格態〉構文は，〈受動態〉の V 形式と〈能動態〉の V 形式を区別する接尾辞 -na を欠くことを除いては，〈受動態〉構文と同一である。この〈能格〉構文は，普段の話し方（casual speech）では，通常の 2 つの参与者が関わる事象の構文でもある。こういった事実により，この構文が〈受動態〉接尾辞 -na の消失（すなわち，ゼロ符号化された基本的な他動詞の V 形式になる最終段階）の結果生じたことが示唆される。

　同様の現象が，他のオーストロネシア語族（Austronesian languages）で見られる。(67) に，カロ・バタク語（Karo Batak）の〈受動態〉構文を示す（Woollams 1996: 191）。

(67) itimai   Raja Aceh denga Putri Hijau
      PASS:wait.for King Aceh still   Putri Hijau
      'The King of Aceh still waited for Putri Hijau.'（アチェの王はプトゥリ・ヒジャウをまだ待っていた）

カロ・バタク語の〈受動態〉では，P は〈主語〉として符号化されるが，A は〈主語〉や〈斜格〉のようには符号化されない。A を符号化する NP は「編入」されている。すなわち，NP は (67) の *denga* のように助動詞に先行するのである。〈代名詞〉の A は，特別な〈一致〉の接辞によって符号化される。これは，8.2 節と 8.3 節で述べた特別な P 一致接辞の鏡像である。V は〈能動態〉形式とは形式的に異なっている。

　しかし，テキスト頻度は，カロ・バタク語の〈受動態〉が実際には基本的な他動詞

節のタイプであることを示している。Svartvik（1966）および Woollams（1996）の計算によると，カロ・バタク語では A は〈受動態〉節の 85% に存在する（Woollams 1996: 193）のに対して，英語〈受動態〉では 20% である（Svartvik 1966: 141 ［Shibatani 1988: 93 より］）。〈受動態〉は〈能動態〉の二倍の頻度でテキストに現れる（同上：212）が，〈能動態〉は従属節（dependent clauses）ではより一般的である。カロ・バタク語の〈受動態〉は，英語のテキストではたった 12% の〈受動態〉にしか一致しない（Svartvik 1966: 46 ［Shibatani 1988: 94–5 より］）。カロ・バタク語には〈主語なしの受動態〉（Subjectless Passives）もあるが，それは英語では〈斜格 PP〉を持つ〈自動詞〉に通常置き換えられる（Woollams 1996: 197）。

(68) É   maka   turiken   Bunga Ncolé   me   kerna   nipina
     and   then   PASS:relate Bunga Ncole   EMPH   about   dream.her
     é
     that
     'And so Bunga Ncole told about the dream that she had.'（そしてブンガ・ヌコールは彼女が抱いた夢について語った）

カロ・バタク語の〈受動態〉構文は，英語の〈受動態〉構文とは機能的にかなり異なっている。基本的な態形式のテキスト頻度の基準を用いると（8.1.2 節参照），カロ・バタク語では〈受動態〉構文が基本的な〈他動詞〉構文である。従属節で〈能動態〉がより高い頻度を持つことは，〈能動態〉構文が用いられなくなりつつあることを示唆している。

　ナイル・サハラ語族のシルック語（Shilluk）は，〈能動態〉構文と〈受動態〉構文で同様のパタンを見せる（Westermann 1912/1970；この事例について気づかせてくれたことに対して Matthew Dryer に感謝する）。シルック語の〈能動態〉構文では，A は動詞の前の〈代名詞〉や NP によって符号化され，P は〈代名詞的〉接尾辞（Pronominal suffix）や動詞の後の NP によって符号化される（Westermann 1912/1970: 61, 76）。

(69) á   chwòl   -à
     ASP   call:PRF   -1SG
     'He called me.'（彼は私を呼んだ）
(70) yá   màtì   pi
     1SG   drink:PRF   water
     'I drank water.'（私は水を飲んだ）

（69）のように，A が〈三人称代名詞〉である場合，A は〈相〉不変化詞である *a* に
よって置換される。

　A が〈完了能動態〉（Perfect Active）構文で V に後続する場合は，〈代名詞的〉接
尾辞が A について使用される（Westermann 1912/1970: 74）。

（71）　á　　　chwọ́l　　-í

　　　ASP　call:PRF　-2SG

　　　'You called [. . .]' （あなたは [. . .]を呼んだ）

　シルック語の〈受動態〉構文では，V は典型的には下降調（falling tone）となる。
P は〈能動態〉では A のように（すなわち，名詞の前の〈代名詞〉または NP によっ
て）符号化され，A は名詞の後ろに置かれる。A が〈代名詞的要素〉である場合，そ
れは〈能動態〉での P，あるいは〈動詞の後の能動態完了〉（Postverbal Active Perfect）
での A について用いられるのと同じ接尾辞によって符号化される。ただし，〈単数〉
接尾辞のみが使われる。〈複数〉は〈単数〉接尾辞を用い，語根の最後の子音を無声
化する（Westermann 1912/1970: 78）。

（72）　á　　　kwộp　　　　-à

　　　ASP　speak.**PASS.PL**　-1SG

　　　'It was spoken by us.' （*kwob* は speak）（それは我々によって話された）

A が〈名詞類〉である場合は，〈前置詞〉*yị*（〜によって）を伴い，〈斜格〉NP によっ
て符号化される（Westermann 1912/1970: 78）。

（73）　byél　a　　châm　　**yị̀**　　jál　　ẹ́ní

　　　dura　ASP　eat.PASS　**by**　this　man

　　　'The dura was eaten by this man.' （アズキモロコシはこの男によって食べら
　　　れた）

シルック語の〈受動態〉は，P を〈能動態〉での動詞の前の A のように符号化する。
しかし，A の形式は，アチェ語の〈能格〉とよく似て〈前置詞〉をとったり，あるい
はカロ・バタク語の〈受動態〉とよく似て部分的に固有の〈代名詞的〉屈折をとった
りする。しかし，カロ・バタク語ではシルック語の〈受動態〉が実際望ましい態の形
式である（Westermann 1912/1970: 78）。

　インドネシア語（Indonesian）の〈受動態〉は，カロ・バタク語の〈受動態〉と似て
いるが，幾つかの A については〈斜格〉標示を伴う（Myhill 1988b: 113–14）。イン
ドネシア語の態体系は，フィリピン語群の態体系とよく似て全ての〈態〉形式の顕在
的符号化を元から有する（8.4.2 節参照）が，それは少なくとも古典マレー語（Clas-

sical Malay）まで遡る。過去 3 世紀の間に，〈受動態〉（より正確には，被動作主志向のもの）の形式が接頭辞 *di-* を伴って次第に発生していった（Ariff 2000）。これが，（74）と（75）に示す形式である（Myhill 1988b: 113–14）。

(74) dalam   rapat   itu   **di-**   majukan   pertanyaan   **oleh/*Ø**
     at   meeting   that   PASS-   put.forward   question   PREP
     orang-orang   Nippon
     people   Japanese
     'At the meetings, questions would be asked by the Japanese.'（会議では，質問は日本人によって尋ねられるだろう）

(75) dan   letnan   Gedergeder   **di-**   bunuh   Jepang
     and   Lieutenant   G.   PASS-   kill   Japanese
     'And Lieutenant Gedergeder was killed by the Japanese.'（そしてゲデルゲデル大尉は日本人に殺された）

インドネシア語の〈受動態〉では，P は〈主語〉として符号化されており，V は接頭辞 *di-*（〈受動態動詞〉形へ比較的最近になって付加されたもの）を伴い形態的に特異である。A は〈斜格前置詞〉*oleh* によって符号化されるが，それは A が V にすぐ先行する場合を除いてのことであり，その場合 A は編入されて *oleh* による標識は付かない。*oleh* は〈受動態〉についてなされた最近の変化である（Myhill 1988b: 132）。

上の事例によって，能動態のタイプよりも（3）の受動態のタイプと緊密に対応する構文は，幾つかの「受動態」の形態統語的特性を保持しているものの，言語の基本的な他動詞構文である（あるいは，そうなる）可能性があることが明らかである。とりわけ，この構文は A の〈斜格〉標示を保持することが可能だが，それは次に能格標示として再分析されることになる。

8.4.2.　フィリピン語群の態体系

多くのフィリピン・オーストロネシア語族（Philippine Austronesian languages）では，英語が表すおなじみの能動態–受動態の体系とはかなり違って見える態システムが見られる。本章で精査した類いの通言語的多様性との関連では，フィリピン語群の態システムはそれほど奇妙なものには見えない。

フィリピン語群には，典型的に V のどの参与者が「〈焦点〉（Focus）にある」のかに応じて変化する〈動詞〉形がある。A の〈焦点〉形は，伝統的に〈行為者焦点〉（AF）と呼ばれており，一方 P の〈焦点〉形は〈着点焦点〉（GF）と呼ばれている。焦点とは，フィリピン語群や個別言語内で機能が変化する文法的カテゴリのことである。ある場合には焦点は話題性と関係するように見えるが，他の状況では焦点は統語的

370　第３部　普遍的構文から統語空間へ

要因や意味的要因に左右される（たとえば，T. Payne 1994: 320 参照）。

　ここで最初に検討する言語はセブアノ語（Cebuano）である（T. Payne 1994; Shibatani 1988）。〈行為者焦点〉構文と〈着点焦点〉構文の事例を（76）と（77）にそれぞれ挙げる（Shibatani 1988: 88–9）。

（76）　ni-　　hatag　si　　Juan　sa　　libro　sa　　bata
　　　　AF-　　give　TOP　Juan　GEN　book　OBL　child
　　　　'Juan gave the book to the child.'（ホアンは本を子供にあげた）

（77）　**gi-**　　hatag　**ni**　　Juan　ang　libro　sa　　bata
　　　　GF-　　give　GEN　Juan　TOP　book　OBL　child
　　　　'Juan gave the book to the child.'（ホアンは本を子供にあげた）

セブアノ語の〈着点焦点〉構文では，A は〈行為者焦点〉構文の P 項のように，〈属格〉不変化詞（（77）の *ni*）で符号化され，P は焦点として符号化される。V は〈行為者焦点〉形とは形態的に異なる。すなわち，各々の V がそれ自体が持つ接辞を用いている。この点においては，〈行為者焦点〉–〈着点焦点〉の対立はクリー語の〈順行態〉–〈逆行態〉の対立とそっくりに見える。すなわち，A と P が符号化を逆にしており，両方の V が顕在的かつ異なった形で符号化されている。唯一の違いは SAP 階層効果がないことである。

　T. Payne（1994）は，〈完了的主節〉構文を除く全ての構文において，AF または GF の選択は統語的要因あるいは意味的要因によって決定されると論じている。しかし，これらの要因は，AF, GF,〈焦点〉一般の地位を示すものである。〈関係詞節〉と〈分裂〉のような項前景化構文では（4.3.4 節参照），他のフィリピン語群のように，関係詞化された（あるいは焦点が置かれた）要素は〈焦点〉要素となる必要がある（T. Payne 1994: 328–30）。4.3.4 節では，この要素はより話題的なものであると論じた。この見解は，〈焦点〉が持つ重要度の高さは〈主語〉が持つ重要度の高さと類似するという仮説と一致している（ただし，フィリピン語群では異なった文法化が見られる）。他の〈従属節〉では，Hopper & Thompson（1980）によれば，他動詞節の地位とクラスターをなす意味的特性に関しては GF 形は他動性（transitivity）において AF 形よりも高い。この事実は，カロ・バタク語の〈受動態〉（GF と類似）は，〈能動態〉というよりはむしろ基本的な他動詞構文のようなものであることを示唆している。

　〈完了的主節〉（Perfective Main Clause）構文では，GF 形と AF 形はほぼ同じくらい一般的である（Shibatani 1988: 96; T. Payne 1994: 336）。GF–AF の区別は，前景化（foregrounding）–背景化（backgrounding）には一致していないが，もし GF–AF の区別が語用論的であるなら本来は一致が予想されるはずである（T. Payne 1994: 337）。しかし，一致が見られない原因は，〈着点焦点〉構文は実際には２つの異なる

構文であることに起因するように思われる。すなわち，動詞にすぐ後続するPと選択的なAを持つ〈着点焦点〉P（A）構文と，その反対の〈着点焦点〉A（P）構文という2つである。〈着点焦点〉P（A）構文は平均的により高い話題性Pを持つが，〈着点焦点〉A（P）構文はより高い話題性Aを持つ（T. Payne 1994: 321）。したがって，〈着点焦点〉A（P）構文はここで論じた他の構文と機能的に最も類似しているといえる。(78)にこの構文を示すが，ここでは英語〈受動態〉を用いて翻訳してある（T. Payne 1994: 352）。

(78)　gi-　　pilde　　gayod　siya　　**ni**　　Iyo Baresto
　　　GF-　defeat　INTS　　3SG:FOC　**GEN**　Iyo Baresto
　　　'He was really defeated by Iyo Baresto.' （彼は本当にイヨ・バレストに負けた）

このように，〈焦点〉の地位は文法化されてはいるものの話題性と関係しており，〈着点焦点〉形が基本的〈他動詞〉構文であるという証拠が存在しているのである。この状況は，〈着点焦点〉構文がAとPの句の相対的順序に基づき2つの構文に分かれているように見えるために，分かりにくくなっている。しかし，この後者の事実は，GF形が基本的な節の形式であり，それが異なる談話機能を伴う新しい構文を生み出しうるというさらなる証拠なのである。

　さらに別のフィリピン語群であるパンパンガ語（Kapampangan）は，別の構文ではAおよびPによって引き起こされる〈代名詞的一致〉接語が存在するという点において，セブアノ語とは構造的にいくらか異なる。これについては，AおよびPが〈一致〉を引き起こす他の〈態〉の形式と比較可能である。(79)と(80)の事例は，パンパンガ語の〈行為者焦点〉構文と〈着点焦点〉構文をそれぞれ例示している（Mirikitani 1972: 166–7; Shibatani 1988: 128 も参照）。

(79)　mi-　　garal　　ya　　　　ng　　Ingles　　i　　Nena
　　　AF-　　studied　she$_i$.SBJ　NSBJ　English　SBJ　Nena$_i$
　　　'Nena studied English.' （ニナは英語を勉強した）

(80)　pi>garal<an　　ne（=**na** + ya）　　　　ng　　Nena　ing　Ingles
　　　<GF>-studied　she$_i$.AGT.NSBJ + it$_j$.SBJ　NSBJ　Nena$_i$　SBJ　English$_j$
　　　'Nena studied English.' （ニナは英語を勉強した）

もし〈行為者焦点〉構文を標準的なものと考えるなら，〈主語〉の不変化詞と〈一致〉の接語を伴うAが〈主語〉であり，Pは〈目的語〉ということになる。あるいは，Pとは少なくとも〈非主語〉（Nonsubject）の不変化詞を伴う非主語ということになる。〈着点焦点〉構文ではPは〈主語〉として符号化され，〈行為者焦点〉構文におけるのと同じ〈一致〉の接語を生じさせる。Aは〈非主語〉として符号化されるが，〈非主

語〉の P とは異なり，特別な非〈焦点の A 一致〉接語を引き起こす（これはカロ・バタク語とよく似ている）。V は形態的に特異である。ここでもまた，A と P が「〈格〉」標示を逆にする点においてはクリー語の〈順行態〉-〈逆行態〉のパタンと類似性が見られる。しかし，〈一致〉の接語の異なる振る舞いといった違いや SAP 階層効果の欠如といった違いは存在している。[25]

8.4.3. 人称に基づく分裂能格の体系

　最後に論じる事例は，ジルバル語やそれと類似する言語での人称に基づく〈分裂能格〉（Split Ergative）構文である。人称に基づく分裂能格性は態体系の事例とは考えられていない。しかし，人称に基づく分裂能格性は SAP 階層に影響を受けており，同じ原理で説明可能な表現の非対称性を明らかにする。

　人称に基づく分裂能格性については，4.4.3 節で簡単に議論した。そこでは，「分裂能格性」という記述は，単に A と P の形式のパラダイムに関する記述次第であることを指摘した。表 8.3 に，ジルバル語の〈分裂能格〉形のパラダイムを挙げる。

表8.3.　ジルバル語の〈分裂能格〉形のパラダイム

	A	S	P
1,2	-Ø	-Ø	-na
3	-ŋgu	-Ø	-Ø

　1/2 の形式は対格のパラダイム（A+S vs. P）を見せている。一方，3 の形式は能格のパラダイム（A vs. S+P）を示している。もちろん，実際には，（81）と（82）のように「分裂能格」のパタンが節で見られるのは，A と P の両方が一／二人称である時か，あるいは両方が三人称である時のみである（Dixon 1972: 60, 1980: 303）。

(81)　ŋinda　　　ŋaygu**na**　balgan
　　　2SG.NOM　1SG:**ACC**　hit
　　　'You're hitting me.'（あなたは私をたたいている）

(82)　bala　　yugu　　　baŋgul　yara　-**ŋgu**　gunba　-n　　baŋgu
　　　ART.ABS　tree（ABS）　ART:**ERG**　man　-**ERG**　cut　　-PRS　ART.INST

25　しかしながら，タガログ語（Tagalog）では，P が定形である場合には，〈着点焦点〉形を使用する必要がある（Schachter 1977b: 281）。1 と 2 は常に定形であるので，この制約はタガログ語においては〈着点焦点〉形が1/2 の P については要求されることを意味する。したがって，定性の制約は，〈着点焦点〉形を持つフィリピン語群では SAP 階層の制約を必要とする。

```
bari    -ŋgu
axe     -INST
```
'The man is cutting the tree with an axe.'（男はおので木を切っている）

1, 2→3 である節では，A は〈主格〉で，すなわちゼロ符号化されており（代名詞語根交替形（pronoun stem alternant）以外），P も〈絶対格〉で，すなわちゼロ符号化されている（Dixon 1972: 73）。

```
(83) ŋaḍa      bayi      yaṟa       balgan
     1SG.NOM   ART.ABS   man(ABS)   hit
```
'I hit the man.'（私は男をたたいた）

逆に，3→1, 2 である節では，A は〈能格〉で，すなわち顕在的に符号化されており，P は〈対格〉で，すなわち顕在的に符号化されている（Dixon 1972: 60）。

```
(84) ŋayguna    baŋgul    yara   -ŋgu    balgan
     1SG:ACC    ART:ERG   man    -ERG    hit
```
'[The/a] man is hitting me.'（男は私をたたいている）

ジルバル語の項の格パタンは，図 8.1 の概念空間上に写像可能である。すなわち，Ø によって表されるゼロ符号化と，A 標示–P 標示の順番で〈格〉ラベルによって表された顕在的符号化を用いて，図 8.12 のように表わせる。

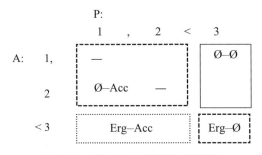

図 8.12. ジルバル語の格構文の意味地図

最も「順行態」的な構文は，A と P の両方のゼロ符号化を持つ。最も「逆行態」的な構文は，A と P の両方の顕在的な符号化を持つ。A か P のどちらか 1 つの顕在的符号化を持つ構文は中間的なものである。次節では，ジルバル語の〈分裂能格〉のパタンが，どのようにして本章で論じた他のパタンを説明するのと同じ原理によって説明できるのかを示す。

8.5. 態構文の類型論的普遍性分析

8.5.1. 統語空間と構文の非普遍性

8.3節と8.4節で説明した態構文は，図8.1の概念空間をカヴァーし，構造的に並外れた多様性を備えている。本章でこれまでに説明した態構文の構造的特性をまとめると表8.4のようになる。なおここでは，「普遍的」な能動態／順行態，受動態，逆行態のモデルについては太字によって表示している。

態構文に見られる構造的多様性は，類型論学者にとって初めて耳にするものではない。受動態タイプの構文に関する類型論的調査を行う中で，Siewierskaは次のように結論付けている。「文献で『受動態』と呼ばれている様々な構文に対して分析を行うと，これらの構文全てに共通する単独の特性は何も存在しないという結論に達する」(Siewierska 1985: 1)。Thompsonは，逆行態構文に関する調査を行う論文の中で次のように結論付ける。「私は，逆行態構文を規定でき，なおかつ逆行態構文と受動態とを区別可能できるというような構造的特徴については知らない」(Thompson 1994: 61)。さらに，Shibataniは，「受動態は能動文と連続体を形成する」と論じている (Shibatani 1985: 821)。

しかし，もしこのことが真実であるなら，「受動態」や「能動態」や「逆行態」といったものを，態構文の通言語的構造タイプとして用いて類型論的普遍性を形式化することは不可能なことになる。適切な類型論的説明とは，世界の言語の態構文が持つ構造的多様性に配慮し，なおかつ態構文の構造を比較して言語の普遍性 (それが存在する場合) を説明するために通言語的に妥当な方法を見つけ出すものでなければならない。

ラディカル構文文法では，構文の構造的多様性が容認されている。文法的構文はその全てが個別言語固有のものである。すなわち，個別言語の構文に対して用いる名称は，理論的観点からは恣意的なものといえる (1.6.3節)。概念空間モデルと併せて2章，4章，5章で提示した類型論理論の一般化によって，通言語的な構文比較と言語の普遍性の形式化が可能になる。

表8.4の統語的特性は，機能的カテゴリに基盤を置いている。一致と格標示は，それぞれが指標的な符号化の依存関係と関係的な符号化の依存関係である (5.4.1節)。AとPの符号化は，基本的態構文との比較において，〈主語〉的，〈目的語〉的，〈斜格〉的なものとして定義可能である (8.1.2節)。また，基本的態構文に関連するVの形態的標示については，通言語的に顕在的あるいはゼロとしてカテゴリ化可能である。すなわち，態構文のこれらの構造的特性は通言語的比較を行うことが可能である。これらの特性によって，多次元の**統語空間**が規定されることになる。個別言

表 8.4. 態構文の構造的特性のまとめ

	Aの一致	Aの格	Pの一致	Pの格	Vの形式
能動態／順行態	**sbj**	**sbj**	**obj**	**obj**	**(ident)**
カロ・バタク語 P	—	dir/inc	—	sbj	dist
シルック語 P	"spec"	obl	—	sbj	dist
アチェ語 E	sbj	"obl"	—	"obj"	ident
ジルバル語 SE	—	"obl"	—	"sbj"	ident
セコ・パダン語 "I"	spec	—	(spec)	—	ident
セブアノ語 GF	—	dir	—	"sbj"	dist
パンパンガ語 GF	spec	dir	"sbj"	"sbj"	dist
タングート語 I	no	sbj/obl	"sbj"	obj (?)	ident
インドネシア語 di-P	—	obl/inc	—	sbj	dist
アリゾナ・テワ語 P/I	spec*	obl	spec*	sbj	ident
チュクチ語 "I"	no	sbj/obl	sbj/no	obj	dist
ユロック語 "I"	no	dir	sbj	obj	dist
グアラニ語 "I"	no	dir	spec	dir	ident
マサイ語 "I"	no	sbj	spec	obj	ident
メノミニ語 P	proh	proh	obj	dir	id (3), dist (1/2)
クリー語 I 代名詞形	**obj**	**—**	**sbj**	**—**	**dist**
クリー語 I 疎遠形	obj	obv	sbj	prox	dist
上流地域ハルコメレム語P	no	"obj"	spec	"sbj"	ident
ベラクーラ語 P	no	obl	spec	sbj	ident
マサイ語 P	proh	proh	obj	obj	dist
スペイン語 RP	no	obl	refl	sbj	ident
ロシア語 IP	no	obl	—	obj	ident
ウェールズ語 IP	no	obl	—	obj	dist
フィンランド語 ID	proh	proh	no	obj	dist
バンバラ語 "P"	—	obl	—	sbj	ident
プカプカ語 E	—	"obl"	—	sbj	ident
プカプカ語 P	—	obl	—	sbj	dist
英語 P	no	obl	sbj	sbj	dist
リトアニア語 P	**proh**	**proh**	**sbj**	**sbj**	**dist**

P =〈受動態〉 sbj = 主語のようなもの ident =〈能動態〉の形式と同じ
IP =〈非人称受動態〉 obj = 目的語のようなもの dist =〈能動態〉の形式と異なる
RP =〈再帰的受動態〉 obl = 斜格のようなもの
I =〈逆行態〉 dir = 直接（非斜格）項
E =〈能格〉 inc =「編入されたもの」
SE =〈分裂能格〉 spec = 特別な一致
GF = フィリピン語群の〈着点焦点〉 no = 一致をもたらさない
ID = フィンランド語の〈不定〉 proh = 禁止されている
* = 融合形 — = このカテゴリについては格／一致が言語内に存在しない

376　第3部　普遍的構文から統語空間へ

語の構文は，構文の統語的特性に応じて統語空間上に描き出すことが可能となる。

　図8.13は，態構文に関する統語空間を単純化して表示したものである（ここでは不可避的に二次元で表示してある）。

　図8.13の統語空間の右上隅は，通言語的に態構文を比較するための参照点（すなわち，言語の基本的（他動詞の）態タイプ）である。2つの主要な面が，格標示と一致パタンを融合しているが，それを行う目的はAとPのそれぞれの符号化を記述するためである。これらの2つの主要な面は，〈能動態／順行態〉構文での標準的な〈主語〉（A）と〈目的語〉（P）の符号化と比較して，態構文でのAとPの符号化の類似性に関して尺度上に並べられている。態構文でのVの構造的特性に関する情報を与えることについては，この図では太字でない書体によってそれを表示している。

　統語空間の規定は，通言語的に妥当な構文の構造的特性に関して行われる。統語空間を用いることによって，概念空間のどの領域に関しても，世界の言語で見られる構文の連続性を許容するような，言語の適切な類型論的分類の展開が可能となる。さてそれでは，態について統語空間の根底にある普遍性に取り組むことにしよう。

　8.1.1節では，ラディカル構文文法の第三の，そして最後の主要な命題を提示した。すなわち，構文とは個別言語固有のものだという命題である。本章では，1つの文法的領域（すなわち，態構文の一部）において，この命題を支持する証拠を示した。もちろん，この命題は全ての文法的領域において確認される必要がある。しかし，それを行うことは本書の射程をはるかに超える課題である。とはいうものの，この命題が妥当であると信じるもっともな理由が2つある。

　まず第一に，言語変化は漸進的（gradual）だということである。この仮説を支持する証拠は大量に存在している（たとえば，Croft 2000a の3.2節の参考文献参照）。このことが統語理論にもたらす帰結は，構文における統語変化も漸進的だということである。その過程の各中間的段階が，構造的観点から言えば中間の構文タイプを表している。ゆえに，中間的構文タイプを明らかにする通言語的調査を行えば，構造的観点における構文タイプの共時的連続体が得られるであろう。

　第二には，文法的変化（grammatical change）には通常複数の軌道が存在するということである。たとえば，受動態が発生する様々な軌道が存在することが知られている（たとえば，Haspelmath 1990）。能格が発生する様々な軌道も存在するし，おそらく逆行態のシステムについても同様であろう。本章で論じた言語が例示する文法的変化について周知の，あるいは仮定されている軌道を，（85a–j）に挙げる。

(85)　a. 不定主語他動詞能動態＞受動態：マサイ語，トゥルカナ語，フィンランド語（?）

　　　 b. 能動態再帰＞中間態＞受動態：スペイン語，上流地域ハルコメレム語

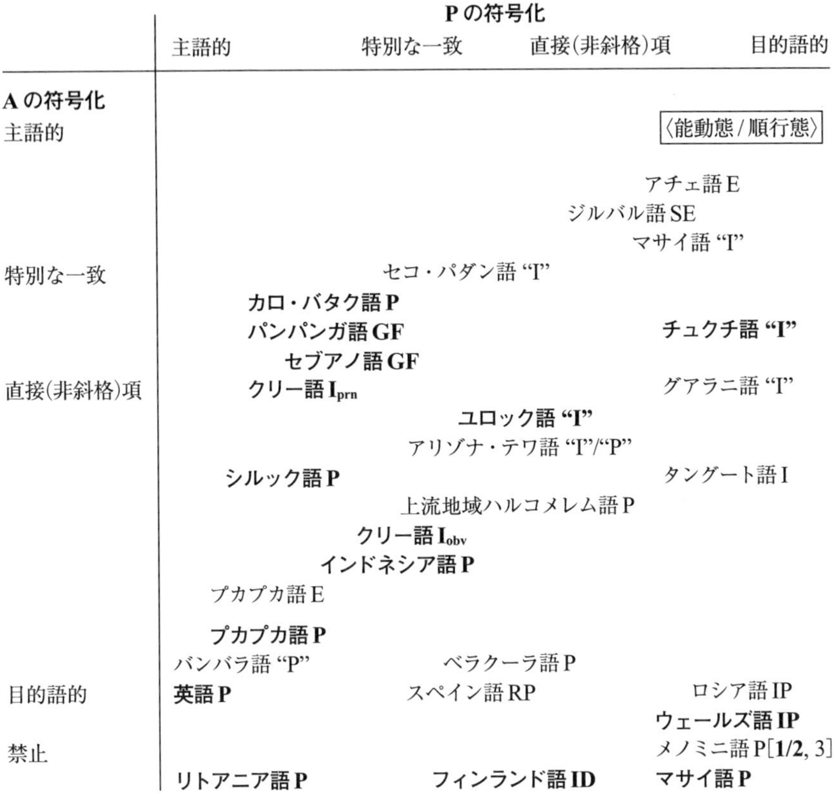

8章　態の連続体　377

Aの符号化 ＼ Pの符号化	主語的	特別な一致	直接(非斜格)項	目的語的
主語的			ジルバル語SE	〈能動態 / 順行態〉 アチェ語E マサイ語"I"
特別な一致	**カロ・バタク語P** **パンパンガ語GF** **セブアノ語GF**	セコ・パダン語"I"		**チュクチ語"I"**
直接(非斜格)項	**クリー語I_prn** **シルック語P** プカプカ語E	ユロック語**"I"** アリゾナ・テワ語"I"/"P" 上流地域ハルコメレム語P **クリー語I_obv** **インドネシア語P**		グアラニ語"I" タングート語I
目的語的	**プカプカ語P** バンバラ語"P" **英語P**	ベラクーラ語P スペイン語RP		ロシア語IP **ウェールズ語IP** メノミニ語P[1/2, 3]
禁止	**リトアニア語P**	**フィンランド語ID**		**マサイ語P**

図 8.13.　態構文の統語空間の近似的な視覚的表示

A ＝〈能動態〉　　　　　　　　　太字:〈能動態／順行態〉の動詞形と異なる動詞形
P ＝〈受動態〉
IP ＝〈非人称受動態〉
RP ＝〈再帰的受動態〉
ID ＝〈不定〉　　　　　　　　　尺度について (A は上から下，P は左から右):
I ＝〈逆行態〉　　　　　　　　　A の格: 主語＜能格＜順行態＜斜格＜禁止
E ＝〈能格〉　　　　　　　　　　A の一致: 主語＜非主語＜特別な一致＜なし＜禁止
SE ＝〈分裂能格〉　　　　　　　P の格: 主語＜順行態＜目的語
GF ＝ フィリピン語群の〈着点焦点〉　　P の一致: 主語＜特別な一致＜目的語 / なし

  c. 着点焦点＞受動態: インドネシア語 (?)

  d. 受動態＞能格 (能動態): プカプカ語，ジルバル語 (?)

  e. 着点焦点／受動態＞能動態: シルック語，カロ・バタク語 (?)

  f. 着点焦点＞能格 (能動態): アチェ語 (?)，パンパンガ語 (?)

g. 受動態＞逆行態：ベラクーラ語，ルンミ語，アリゾナ・テワ語
h. 受動態＞逆行態＞他動詞：ユロック語
i. 逆行態＞他動詞：ワダマン語，チヌーク語，ンガンディ語，ヌングブユ語
j. 三人称動作主＞逆行態＞他動詞：セコ・パダン語，チュクチ語 (?)，グアラニ語 (?)

文法的変化とその中間的段階が持つ複数の軌道について明らかにすることは，特定の構文タイプについて構造的可能性の統語空間にさらなる書き込みをすることと同義である。

　言語変化は漸進的であるということ，また文法的変化には複数の軌道があるということは，次のことが保証される。すなわち，いかなる文法現象であっても，それに対して注意深く，かつ体系的に通言語的検証を行うことによって，実際に事例が確認される構文タイプのほぼ連続的な多次元の統語空間が構造的観点から明らかになることが保証されるのである。したがって，ラディカル構文文法が持つこの最後の命題はある程度十分な自信を持って受け入れることが可能なのである。なお当然のことだが，さらに多くの通言語的研究を行うことによって統語空間の構造に対する理解が深まるであろうことは言うまでもない。

　とはいうものの，これまでの章におけるように，統語構造に関する普遍主義的理論に対する批評以上のことをすることは可能だし，さらに態のような特定の文法的領域で統語的構文が見せる多様性の根底にある真の言語普遍性を明らかにしようと努めることも可能である。

8.5.2.　統語空間の普遍性

　(85a–j) で提案した文法的変化は一方向的である。(85) の文法的変化の軌道は図8.13 に示した統語空間上に描くことができる。図 8.14 に変化の軌道を示す（文字は (85a–j) の過程に対応する）。

　大まかに言って，概念空間の周りをおよそ時計回りに進行する態の変化の循環が存在しているように思える（インドネシア語はこの一般的パタンの例外であり，受動態のような文法的特性を獲得している着点焦点の形式となっている）。特定のサブタイプ（不定 A，再帰的 A/P，三人称 A）の基本的態構文は，非基本的構文になる（a と b の軌道と j の軌道の前半部分）。非基本的態構文は，それが特別なサブタイプとして発生しようが，別の軌道において発生しようが，使用量が増加することによって，新しい基本的態タイプになると考えられる（d〜i の軌道と j の軌道の後半部分）。

　この分析で最も重要な段階は，図 8.13 の統語空間と図 8.1 の概念空間との比較で

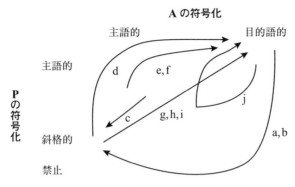

図 8.14. 統語空間での態の文法的変化の軌道

ある。本章でこれまで挙げてきた図に示したように，統語空間はかなり直接的な形で概念空間上に写像することが可能である。これらの地図は次の言語普遍性に従う。

(86) （8.1.2 節で定義したように）基本的態と非基本的態の間に対立が存在する場合，基本的態の意味地図は図 8.1 の概念空間の右上隅を含み，非基本的態の意味地図は図 8.1 の概念空間の左下隅を含むであろう。

形式と機能におけるこの写像の統一性によって，次のような一般化が可能となる。言語内に 2 つの参与者が関わる V について 2 つ以上の態構文が存在する場合には，A が SAP 階層上において P よりも重要性が高いことが非常にはっきりしている構文（すなわち，1, 2→3）が基本的態構文である。最初の条件を満たす 2 つの構文間に交替が見られる場合には，最も頻度の高い構文が基本的態構文であろう（あるいは，そうなる可能性を持つ）（Dryer (1995) の頻度仮説 (Frequency Hypothesis) も参照）。

(86) の普遍性は SAP 階層に関して形式化されたものである。本章で扱う態構文の全てが SAP 階層に影響を受けるわけではない。そうではなく，話題性もまた態の形式の選択と関連があるように思えるもう 1 つの（あるいは唯一の）特性である。とはいうものの，SAP 階層が，伝統的に話題性の代わりとなるものであることが，一般的には受け入れられている。定義上，話し手と聞き手は，対話者達にとってはより話題的であったり，また際立ちの高いものである。なぜなら，彼らがまさに対話者達で・あ・るからである。ゆえに，図 8.1 の概念空間については，話題性または参与者の**際立ち**（SALIENCE）の程度が，A と P の側面を規定すると一般化することが可能である（下の図 8.16 参照）。

この場合も先と同様，態と話題性の関係は類型論研究者にとってはおなじみであ

380　第３部　普遍的構文から統語空間へ

る。図 8.15 に示すのは，Thompson（1994）と Cooreman（1987）が行った話題性
と態構文の関係に関する 2 つの分析を要約したものである。

Thompson (1994: 48):			Cooreman (1987: 76):
A	P	〈能動態／順行態〉	AGT > PAT
A↑	P↑		
A	P↑	〈逆行態〉	AGT < PAT
A↓	P↑		
A↓	P	〈受動態〉	AGT << PAT
A↓	P↓		
A	P↓	〈逆受動態〉	AGT >> PAT
A↑	P↓		
A↑	P		

図 8.15.　話題性と態構文に関する 2 つの分析

　Thompson と Cooreman の分析は，態の連続体を認めるためには，修正が施され
る必要がある。図 8.15 の縦軸は，図 8.13 の右上から左下への対角線にだいたい対
応する。これら 2 つのモデルのうち，Thompson のモデルは，どれが〈能動態／順
行態〉構文であるかについて知ることなしに A と P という「標準的」な話題性につ
いて決定を下すのに役に立ちはしない。Cooreman の形式化にはこの問題はない。
なぜなら，これは A と P の相対的話題性に基づくものだからである。
　Thompson と Cooreman は，逆受動態構文についての議論も行っている。逆受動
態構文については，本章では取り上げてはこなかった。逆受動態は，図 8.13 の概念
空間の右上隅を超える領域で見られる。逆受動態は，P が際立ちが低い（7.7.3 節参
照）2 つの参与者が関わる事象から，いわゆる「非能格」（unergative）のタイプであ
る 1 つの参与者が関わる事象への変化を表し，「A」だけが唯一の Sa 参与者役割と
して残るものである（4.4.1 節と図 4.7 参照）。逆受動態からのさらなる拡張では，P
項は斜格として顕在的に表現されるのに依然十分な際立ちを持ちうるが，これは名
詞編入である。ここでも程度差が見られる（Mithun 1984）。
　受動態は，概念空間の反対方向（すなわち，「受動態」の方向）における 1 つの参
与者が関わる事象への変化も見せる。Shibatani は，受動態は，構造的観点と機能的
観点において，自発的（spontaneous）構文や潜在的（potential）構文と類似している

ことを明らかにしている。日本語では，〈自発的〉構文（87）と〈潜在的〉構文（88）の両方において，〈受動態〉の接尾辞 (*r*)*are* が用いられる（Shibatani 1985: 823）。

(87) mukasi ga   sinob   **-are** ru
     old.time NOM think.about **-PASS** -PRS
     'An old time comes to mind.' (昔が思い浮かぶ)

(88) boku   wa   nemur   **-are** -nakat -ta
     I   TOP sleep   **-PASS** -NEG   -PST
     'I could not sleep.' (私は眠れなかった)

　自発的構文は反使役（anticausatives）としても知られている（Haspalmath 1993; Croft 1990c, Levin & Rappapot Hovav 1994 も参照）。たとえば，英語の *break*（他動詞）/ *break*（自動詞）がその事例である。これらにおいて，A は際立ちが低いもの，または非存在的なものとされ，P のみが相変わらず事態における唯一の参与者である。これらは，"P" がただ 1 つの Su 参与者役割である，いわゆる「非対格」（unaccusative）タイプの 1 つの参与者が関わる状況である（4.4.1 節）。潜在的構文も，A を犠牲にして P に焦点を当てている。形式においては自動詞でもある *-able* における英語の潜在的な〈動詞派生の形容詞〉（Deverbal Adjective）（たとえば，*unbreakable*）を比較してみるといい。[26]

　さて今や，他動詞と自動詞の状況タイプを，図 8.16 の単一の概念空間に含めることが可能である（4.4.1 節の図 4.7 も参照）。

　細い実線のボックスと点線のボックスは，自動詞と他動詞の状況タイプをそれぞれ表す領域を示している。他動詞と自動詞の状況タイプの間の境界は明確ではない。たとえば，*drink* のような脱他動詞化した動詞形，あるいは他の言語でのその逆受動態化した（antipassivized）対応物によって表される状況は，義務的に際立ちの低い二番目の参与者を持つ 2 つの参与者の状況タイプとしても，あるいは 1 つの参与者の状況タイプといった解釈としても，分析可能である（この事例の議論については，7.7.3 節参照）。

　話題性／際立ちの面が 2 つの参与者が関わる事象の A→P の因果構造上に重ね合わされるように，図 8.13 の統語空間を概念空間上へと写像することが可能であるこ

26　Shibatani は，受動態のプロトタイプも存在すると論じている（Shibatani 1985）。しかし，彼は非主語のような A 標示を受動態のプロトタイプの本質的な（「主要な」，「基礎的な」，「基本的な」；同上: 830, 831, 834）特性として扱っている。Shibatani がこの特性を本質的なものと特定する理由は，1 つの参与者が関わる事象の領域へと拡張する態の連続体の部分に注意を向けているためである。私は以下では，2 つの参与者が関わる事象の唯一の類型論的に無標の態とは能動態／順行態だと論じる。

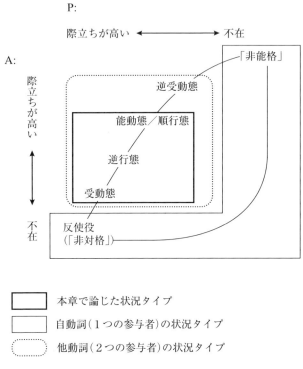

図8.16. 態と他動性の概念空間

とをこれまで見てきた。図8.16のように，際立ちの面は，他動性の連続体において自動詞を含めるために拡張可能である。さてそれでは，別の態構文の構造的特性が，概念空間の点または領域と関連するかどうかの問題に取り掛かろう。

2章と4章では，類型論的有標性の原理が，品詞や統語的役割（「文法関係」）に関して概念空間の特定領域を符号化する構文の構造タイプに対する制約を課すことを論じた。態は，統語的役割の表現と密接に関係している。実際ここでは，態構文の構造的多様性の記述を行う上でAとPの格標示と一致に焦点を当ててきた。類型論的有標性の原理は，概念空間上の構造的な態タイプの分布にも制約を与える。概念空間の右上隅は類型論的には最も有標でない態構文によって一般的には占められている。言語の基本的態構文を規定するために，類型論的有標性のテキスト頻度の基準をすでに用いてきたが，その構文は一般的には右上隅を占めている。

構造的符号化に話を移すと，非〈能動態／順行態〉V形式は，少なくとも〈能動態／順行態〉V形式と同じ数の形態素によって符号化されている。2つのV形式が

異なる場合には，非〈能動態／順行態〉V 形式は顕在的に符号化されるが，英語のように，〈能動態／順行態〉はゼロ符号化される。この一般化の例外は，高頻度の顕在的に符号化された「〈受動態〉」である（8.4.1 節）。ただし，受動態の例外の 1 つがプカプカ語で見つかる。この言語の〈受動態〉構文は，同言語において基本的構文となるにつれて顕在的符号化を失っていくようである（〈能格〉構文を生み出すことになる）。最も特筆に値するのは，ジルバル語の A と P の顕在的符号化は概念空間では右上（ゼロ符号化された A と P）から左下（顕在的に符号化された A と P）へと増加していくことである（図 8.12 参照）。

　4.2.2 節では，一致を引き起こす能力は項の振る舞い可能性の一部であり，ゆえに類型論的無標性（typological unmarkedness）の指標であると論じた。ユロック語とチュクチ語の他動詞のパラダイムでは，A と P の両方の一致は，図 8.1 の概念空間の右上隅と関係しており，左下へと移るにつれて，一致は A か P の 1 つに限定される（図 8.8 と図 8.9 参照；この一般化の例外は (62) のイマス語の 1→2NSG 形式だが，これは単一人称である。一方，逆行態のような [A–P–Verb] 構文は二重人称である）。

　要約すると，類型論的に最も有標でない SAP 配列（alignment）は 1/2→3 であり，ゆえにそれが他動詞（能動態／順行態）構文の類型論的プロトタイプなのである。類型論的に最も有標である SAP 配列は 3→1/2 である。中間的配列は 1/2→1/2 と 3→3 である。グアラニ語とイマス語におけるように，1/2→1/2 について用いられる特別な形式も頻繁に見られる（表 8.2 と図 8.10 参照）。（ユロック語とチュクチ語におけるように）3→3 についての中間的な形式や，クリー語におけるように何らかの語用論的あるいは慣習化した話題性の特性が，態構文の選択を決定するような態の形式における重複も見られる。

　類型論的に無標の他動詞の態タイプは，図 8.16 のより広い概念空間の他動詞領域における最も離れた点で̇は̇な̇い̇ということは注目すべき事実である。すなわち，逆受動態は，類型論的に無標の他動詞の態タイプをさらに「超えた所」にあるということである。類型論的に無標の他動詞の態タイプは，際立ちの高い A 項に加えて，十分に際立ちの高い P 項をも持つ必要があり，ゆえに逆受動態は類型論的に有標なのである（これは，顕在的な動詞接辞や顕在的な P の格標示によって表現されることがよくある）。

　最後に，使役的な A→P の関係と SAP ／話題性という側面間の相互作用の説明が可能となる。DeLancey は，相互作用は，表 8.5 に挙げる局所主義のメタファによって動機付けられると論じている（DeLancey 1982: 172 からの改作；DeLancey 1981 と 4.4.3 節，表 4.11 も参照）。

384　第3部　普遍的構文から統語空間へ

表8.5.　事象構造，参与者有生性，相を結合する局所主義のメタファ

参与者直示	一人称／二人称	→	三人称
使役構造	動作主（開始者）	→	被動主（終点）
時間的相	開始（未完了相）	→	終了（完了相）

　局所主義のメタファによれば，人は，発話の参与者，事象開始者，事象の時間的な開始から心的に始まり，その後は事象の因果的終点と時間的終点に向かって発話の参与者から離れていくことになる。類型論的に無標な配列とは，表8.5に挙げるものである。参与者直示，使役構造，時間的相の別の配列は，そのいかなるものも類型論的有標性の兆候を示しうる。

　本節で挙げた普遍性（すなわち，(86) の普遍性と図8.14と図8.16で黙示的に示される普遍性）は全てが，いかなる態のタイプのどんな普遍的な構造的定義についても言及することなしに形式化されている。そうする代わりに本節では，統語空間という概念が，態構文の完全な通言語的な統語上の多様性（実際には，その多様性の一部）を表すために導入された。2.4節で紹介した概念空間モデルに加え，機能を形式の中に符号化するという普遍性を用いることを通じて，世界の言語の幅広い統語上の多様性を受け入れると同時に，文法的態の普遍性の差異を認識することが可能となる。

9章

等位接続―従位接続の連続体

9.1. はじめに

　8章では，世界の言語の態構文は，我々がほとんどの統語理論を通してイメージしているものよりも，構造上豊かな多様性を備えていることを明らかにした。態構文はこのように構造的多様性を備えているが，その構造的多様性については統語空間内で比較的連続的な側面を構成するものとして表示することが可能である。また，統語空間の構造は，態構文によって符号化される概念空間の構造へと同一構造を持ちながら写像することが可能である。この同一構造を備えた写像が，態構文が表す形式―機能の写像の普遍性を表している。

　当然これを実現するには，概念空間の正しい側面上への写像を行うために統語空間の側面を正しく特定することが必要となる。態構文の場合，これを行うことは困難ではなかった。なぜなら，特に8章で記述した一般化のほとんどは，類型論学者にとってはすでによく知られたものばかりであるからである。態構文の概念空間は，際立ちおよびAとPについてのSAP階層によって構造化され，統語空間はAとPの符号化と類型論的有標性のパタンによって構造化されている。

　本章では，同じ視点から複文の問題に取り組む。複文の形式と機能は文法的態よりもはるかに複雑であり，ここでは分析の概略のみしか描くことができない。態と同様，複文に対して標準的に行われる分析は，通言語的に複文の形式と機能の両方を分析するには不十分なものである。

9.1.1. 複文の伝統的分類

　複文に対する従来の分析は，主に(1)に示す**等位接続**（COORDINATION）と(2)に示す**従位接続**（SUBORDINATION）を区別するものである。

（1）　a. [He gave her the book] and [she thanked him]. (彼は彼女に本をあげ，彼女は彼に感謝した)

[385]

b. [She locked the door] and [left]. (彼女はドアに鍵をかけて出かけた)

（2） a. [He read the newspaper] after [he mowed the lawn]. (彼は芝生を刈ってから新聞を読んだ)

b. [He read the newspaper] after [mowing the lawn]. (彼は芝刈りしてから新聞を読んだ)

等位接続では，2つの節は統語的に同等である。具体的には，両方の節が**定形**（FINITE）（すなわち，単純主節として機能できる形式のもの）である。単純主節は，基本的な節タイプだと考えられる（8.1.2節）。とりわけ，単純主節は単文（simple sentences）の他に複文においても見られ，ゆえに最も頻度が高い節タイプである。

従位接続では，2つの節は統語的に同等ではない。(2a–b) では，*after* に後続する節は**従属節**（SUBORDINATE clause）であり，*after* と従属節から成るユニットは〈主節〉の従属部として分析されている。また，従属節は，主節に通常生じる形式とは異なる形式（(2b) 参照），すなわち，典型的な主節の屈折（伝統的に**非定形**と呼ばれる）を欠いたり，あるいは特別な一連の屈折（**仮定法**とよく呼ばれる）を伴ったりする。

主節と従属節の動詞形が持つ統語的特性に対しては，通言語的に妥当な特徴付けを行う必要がある。8.1.2節で用いた非能動態形式の定義のように，複文で見られる動詞形の定義は派生構造的定義である。複文で見られる動詞形は，単純主節で見られる動詞形との関係の観点から分類がなされている（Givón 1980b: 337–8; Stassen 1985: 77: Croft 1991: 83; 9.6.1節参照）。複文での動詞形は，(3) に挙げる通り，主節での動詞形とは少しだけ異なることが分かる。

（3） a. 時制，法，相の標示の削除（elimination），または単純主節の動詞で使用されるものとは異なる特別な形式の使用

b. 単純主節の動詞で使用される一致標示の削除，または単純主節の動詞で使用されるものとは異なる特別な形式の使用

c. 動詞形に付着した顕在的形態素

(3a–c) の現象は，**ランク下げ**（DERANKING）（Stassen 1985: 77; Koptjevskaja-Tamm 1993; Cristofaro 1998），脱文化（desententialization）（Lehmann 1988: 193–200），脱動詞化（deverbalization）（Croft 1991: 83）と呼ばれるものを規定しているが，ここでは「ランク下げ」という用語を用いる。(3) に挙げる特性のうち，1つまたはそれ以上の特性を所有する動詞形を含む節は，**ランクを下げた**（DERANKED）ものと呼ばれる。一方，主節の動詞形と完全に一致する（すなわち，(3) の全ての特性を欠く）動詞形を含む節は，**ランクを維持した**（BALANCED）ものと呼ばれる（Stassen

1985; 9.4 節参照）。

　従来の複文の分析では，命題行為機能に応じて従属節を 3 つのタイプに分類して
いる（2.4.2 節参照）。(2a–b) は，**副詞節**（ADVERBIAL CLAUSES），すなわち，主節で
副詞類として機能する節（つまり，主節における動詞の修飾語）の事例である。(4a–
c) は，**補文**（COMPLEMENT CLAUSES）（主節で動詞の項として機能する節）の事例であ
る。

（ 4 ）　a. [She told him that [she had found a job]]. （彼女は彼に自分が仕事を見つ
　　　　　けたことを伝えた）

　　　　b. [She wanted [to cook dinner]]. （彼女は夕食を作りたかった）

　　　　c. [She said, ["Will you cook dinner tonight?"]] （彼女は，「今晩は夕食を
　　　　　作ってくれませんか？」と言った）

副詞節のように，補部はランクを維持したもの（(4a) のように）にも，ランクを下
げたもの (4b) にもなりうる。加えて，(4c) のように変更なしに別の発話を直接表
現する補部が存在するが，これは**直接話法**補部（DIRECT SPEECH complements）と呼ば
れる。

　三番目の最後のタイプの従属節は，**関係詞節**（RELATIVE CLAUSES）（すなわち，主節
で名詞の修飾語として機能する節のこと）である。

（ 5 ）　a. [I found the book [that you lent me]]. （私はあなたが貸してくれた本を見
　　　　　つけた）

　　　　b. [Forms [filled out improperly] will be returned]. （ちゃんと記入してない
　　　　　用紙は戻されることになる）

他の従属節のように，関係詞節はランクを維持したものにも，あるいはランクを下
げたものにもなりうる。伝統的分析では，ランクを下げた関係詞節の動詞は**分詞**と
記述された。

9.1.2.　複文タイプの連続体

　本節では，図 9.1 に示すように，4 つの伝統的なタイプの複文構文のどのペアに
ついても符号化を行う統語的構文が言語に存在することを明らかにする。

　この連続体は，究極的には 1 つの概念空間となっている。なぜなら，以下の節で
も論じるように，従来の分類は概念的区別によって最もうまく捉えることが可能だ
からである。図 9.1 は，4 つの伝統的タイプの全てのペアを結びつけているが，2 つ
の結び付き（点線により表示）は他のものよりも明らかに「弱い」。これら 2 つの結
び付きについては，本節では最後に論じる。

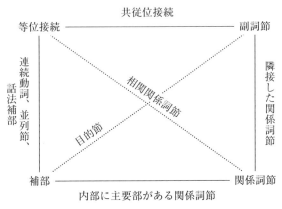

図9.1. 複文タイプの連続体

いわゆる**共従位接続**(COSUBORDINATION)構文(Foley & Van Valin 1984)は,等位接続と副詞的従位接続(adverbial subordination)の間の領域に広がるものである。共従位接続では,節の一方はランクを下げるが,他方はランクを維持したままである。ゆえに,共従位接続構文は,ヨーロッパ言語では副詞的従位接続の統語構造を持つように見えるが,(6)と(7)のタミル語(Tamil)の事例が示すように,等位構造を用いた翻訳がなされる(Annamalai 1970: 137; Stassen 1985: 77 参照)。

(6) [avaru   kavide   eɾudiiṭṭu]   [naaval
    he.NOM   poetry.ACC **write.PRF.GER** novel.ACC
    moɾipeyarttaaru]
    translate.PST.IND.3SG
    'He wrote poetry and then translated a novel.' (彼は詩を書き,小説を訳した)

(7) [naan   paṇam   kuḍuttu]   [avan   sinimaa -vukku
    I.NOM   money.ACC   **give.PRF.GER**   he.NOM   movie   -to
    poonaan]
    go.PST.IND.3SG
    'I gave (him) money and he went to the movie.' (私は[彼に]お金をあげ,映画を見に行った)

これらの構文は,〈接続分詞〉(Conjunctive Participles)構文,〈動名詞〉構文,〈絶対格〉(Absolutive)構文,〈副動詞〉(Converbs)構文,〈中間動詞〉(Medial Verb)形構文,〈ランクを下げた連鎖〉(Deranked Chaining)構文と呼ばれてきた。下に挙げるブルシャスキー語(Burushaski)の事例のように,言語の中には,これらの構造が

〈等位接続〉と〈副詞的従位接続〉の両方で英語に翻訳可能なものもある（Tikkanen 1995: 509 ［Lorimer 1935, v. 2: 112, 1. 18–19 より］）。

(8) ［má -a gútaš -o d- ú- ċu **-n**］ já -a díš
you -ERG corpse -PL D- 3HPL.OBJ- bring **-CP** I -GEN place

-ulo bése yáar -e ó- č -á -an
-INESS why down -LOC 3HPL.OBJ- do(DUR) -AUX -HPL.SBJ

a. 'Why do you bring your corpses and bury them on my land?' （なぜあなたは死体を持って来て，私の土地に埋めるのか？）

b. 'Why do you bury your corpses on my land, after bringing them?' （なぜあなたは，死体を持って来た後に，私の土地に埋めるのか？）

　等位接続の解釈と従位接続の解釈の間に見られる曖昧性は，(8a–b) において何が問われているかに関する違いに観察可能である。(8a) の解釈は 2 つの節の結合について問うており，両方の節が**主張されている**（ASSERTED）ことを示している（Cristofaro 1998: 38–45）。ゆえに，これは等位接続構文を用いることで適切な翻訳がなされる。一方，(8b) の解釈は，主節の事態のみについて問うており，ランクを下げた節は**非主張型**（NONASSERTIVE）である。ゆえに，これは〈副詞節〉構文を用いることで英語として適切な翻訳となる。そのような曖昧性が見られる言語では，共従位形式は等位接続と副詞的従位接続の両方に及ぶ。

　連続動詞（SERIAL VERB）構文と**並列**（PARATACTIC）構文は，等位接続と補文化（complementation）の間の領域に及ぶ。連続動詞構文は，ある程度は単一節（single clause）に組み込まれているように思える複数個の動詞を含む構文である。それにもかかわらず，(9) と (10) のバライ語（Barai）の事例を含む多くの言語の連続動詞構文は，適切な文脈が与えられる場合には等位接続構文か補部構文のどちらかで英語に翻訳可能である（Foley & Olson 1985: 43, 44；標準中国語に関しては，Li & Thompson 1981: 595–8 と比較されたい）。

(9) a na ine **tua** **kore** -j -ie
you I stick **break.off** **throw** -TR -2SG
'You broke off and threw a stick at me.' （あなたは小枝を折って私に投げた）

(10) fu na ire **ifej** -ie **i**
he I food **help** -1SG **eat**
'He helped me eat food.' （彼は私が食事をするのを手伝った）

(9) と (10) では，両方の事象の参与者を表す NP は，あたかも単一〈節〉の一部であるかのように両方の〈動詞〉の前に置かれている（バライ語は，〈動詞〉後続型言語

（Verb-final language）である）。

　ランゴ語の〈並列〉構文は 2 つの〈動詞〉を持つが，その両方が〈主節〉と同様に
屈折する。(11) のように幾つかの事例では，〈並列〉構文は〈等位〉文または〈補部〉
として英語に翻訳可能である（私が実際にドアを閉めた，という含意あり；Noonan
1985: 78）。

(11)　[**án**　**àpóyò**　　　　] 　[**àcégò**　　　dɔ́gólá]
　　　I　　**remembered**.1SG　**closed**.1SG　door
　　　a. 'I remembered to close the door.'（私はドアを閉めるのを思い出した）
　　　b. 'I remembered; I closed the door.'（私は思い出した。私はドアを閉めた）

Noonan は，通言語的には並列構文と連続（serial）構文は通時的に関係している可
能性があるとも主張している（1985: 140）。

　隣接した関係詞節（ADJOINED RELATIVE CLAUSES）は，副詞的従位接続と関係詞節の
間の領域にまたがる。オーストラリア諸語の多くにおいて，隣接した関係詞節は，
(12) のワルピリ語の事例に見られるように，〈副詞節〉として，あるいは〈主要部名
詞〉に対する〈関係詞節〉として，英語に翻訳可能である（Hale 1976: 78）。

(12)　[ŋatjulu　-ḷu　　ṇa　　**yankiri**　pantu　-ṇu]　[**kutja-**　lpa　　ŋapa
　　　I　　　　-ERG　AUX　**emu**　　spear　-PST　COMP-　AUX　water
　　　ŋa　　-ṇu]
　　　drink　-PST
　　　a. 'I speared the emu while it was drinking water.'（私はエミューが水を飲ん
　　　　でいる間にやりで突いた）
　　　b. 'I speared the emu which was was drinking water.'（私は水を飲んでいる
　　　　エミューをやりで突いた）

　同様の事例は，パプア諸語や古英語（Old English）や日本語などの他の言語でも
見られる。Foley（1986: 201–2）は，副詞節と関係詞節はパプア諸語の多くでは類
似しているか，あるいは同じであると述べている。たとえば，副詞節と関係詞節は
両方とも，イアトムル語（Iatmul）とアランブラック語（Alamblak）では従位接続の
接尾辞-a によって，またフア語（Hua）では -ma によって示される（同上）。Wiegand
（1987）は，〈補文標識〉ƥe を用いる古英語の一連の構文は，オーストラリア諸語の
隣接した関係詞節と類似していると述べている（9.3.2 節参照）。日本語では，〈名詞
化辞〉（Nominalizer）no を持つ構文は副詞節や関係詞節として翻訳可能である（Ohori
2001）。

9章　等位接続—従位接続の連続体　391

(13)　［Yoogisya　-ga　　heya　-kara　dete.kita］　**no**　-o　　tukamae
　　　suspect　　-NOM　room　-from　came.out　　NR　　-ACC　catch
　　　-ta
　　　-PST

　　a. 'As the suspect came out of the room, (X) caught (him/her).'（容疑者が部
　　　屋から出てきた時，［X］が［彼・彼女］を捕まえた）
　　b. '(X) caught the suspect who came out of the room.'（［X］は部屋から出て
　　　きた容疑者を捕まえた）

　さらに，'say' の補部は，特に補部が直接話法補部である場合には，'say' 動詞を
伴って節に統合されることはないという証拠が様々な言語で得られている。ゆえに，
話法補部は従属部ではなく，むしろ「等位接続」や少なくとも並列的構造に類する
ものなのである（Munro 1982）。たとえば，〈直接話法補部〉は，英語の〈補文標識〉
の *that*（事例 (14)），チカソー語（Chickasaw）の〈目的語の格〉標識 (15)，さらに
はカウィーア語（Cahuilla）の〈目的語一致〉の接頭辞を禁じている (16)（Munro
1982: 302, 303, 306）。

(14)　He said (***that**) "I'm going."

(15)　"Hilha"　　(***-a**)　　aachi
　　　dance　　　(**-OBJ**)　　say
　　　'He says, "She's dancing."'（彼は，「彼女は踊っている」と言う）

(16)　(***pe-**)　　ni-　　ya　　-qa　　"Hen-　hichi　-ka"
　　　(**3SG.OBJ-**)　1SG-　say　-PRS　1SG-　　go　　-IMPF
　　　'I say, "I'm going."'（私は，「自分は行く」と言う）

　ピマ語では，〈助動詞〉は常に二番目の位置で生じる。しかし，〈直接話法補部〉は
それが先頭にある場合には，最初の構成素とはみなされない。(17) では，助動詞に
接語化された不変化詞 *b*（ここで）は，助動詞の前に来る最初の構成素である（Munro
1982: 310）。

(17)　［"S-　heepit　'añ"　］　　［b=　　**añ**　　kaij］
　　　STAT-　cold　1SG.AUX　here=　**1SG.AUX**　say
　　　'"I'm cold," I said.'（「寒い」と私は言った）

　こうした事実は，これらの言語では，直接話法補部は独立した主節とよく似た別の
節であることを示している。
　　内部に主要部がある関係詞節（INTERNALLY-HEADED RELATIVE CLAUSES）は，関係詞

節と補部の間の領域にまたがる。内部に主要部がある関係詞節では，主節の事象で参与者を表す句は関係詞節の内部に残る。従属節は，全体としては，参与者の句が通常占める統語的役割で見られる。事例（18）は，インバブラ・ケチュア語（Imbabura Quechua）での〈内部に主要部がある関係詞節〉を示している（Cole 1982: 55）。

(18)　[ñuka　　chay　　**punlla**　-pi　chaya　**-shka**]　-ka　　sumaj　　　-mi
　　　 I　　　　that　　**day**　　-in　arrive　**-NR**　　-TOP　beautiful　-VAL
　　　 ka　　-rka
　　　 be　　-PST(3)
　　　 'The day that I arrived（on）was beautiful.'（私が着いた日は良い天気だった）

(18)では，〈関係詞節〉全体が〈話題〉（Topic）役割の位置を占めており，〈話題〉の接語 -ka は〈節〉全体に接尾辞として添えられている。さらに，インバブラ・ケチュア語では，〈内部に主要部がある関係詞節〉の構造は，関係詞節と補部の両方で使用可能な〈名詞化する〉接尾辞を含み，〈補部〉の構造と同一である（Cole 1982: 47 ［事例は同上: 46 より]）。

(19)　Juan　-man　ni　　-rka　-ni　［Juzi　shamu　**-shka**]　-ta
　　　 Juan　-to　　say　-PST　-1　José　come　　**-NR**　　-ACC
　　　 'I told Juan that José had come.'（私はホアンにホセが来たと伝えた）

真に曖昧な事例を見つけることは容易ではないだろうが，インバブラ・ケチュア語では明らかに同じ構文が関係詞節と補部の両方の機能のために用いられている。
　外部に主要部がある関係詞節を持つ言語においてさえ，補文と関係詞節の形態統語がかなり類似することがよくある。たとえば，英語では補部と関係詞節の両方の機能については *that* 付きのランクを維持した節が用いられ，〈名詞類〉と〈分詞〉については2つの機能をそれぞれ遂行するランクを下げた *-ing* 〈動詞〉形が用いられる。

(20)　a.　〈補部〉: I told her **that** [I was writing a letter].（私は彼女に自分が手紙を書いていると言った）
　　　 b.　〈関係詞節〉: the letter **that** [I was writing]（私が書いていた手紙）
(21)　a.　〈名詞化〉: I like [play**ing** the piano].（私はピアノを弾くことが好きだ）
　　　 b.　〈分詞〉: the boy [play**ing** the piano]（ピアノを弾いている男の子）

　上の事例は，図9.1で実線で記された4つの伝統的な複文タイプの符号化において存在する連続体を示している。最後の2つの可能性は，それほど明確ではなく，ゆえに，これらの特異な地位については，この図では4つの複文タイプの配列によっ

て暗に示している。

相関節（CORRELATIVE clauses）は，関係詞節の機能のために用いる等位的構造の事例である可能性がある。バンバラ語とヒンディー語（Hindi）の〈相関節〉の事例を，(22)（Lehmann 1986: 665［Bird 1968: 43 より］）と（23）（Comrie 1989: 146）にそれぞれ挙げる。

(22) ［n　ye　tyɛ̀　**mì**　ye］　［ò　be　fìnì　fère］
　　　I　CMPL　man　**REL**　saw　DIST.DEM　IMPF　cloth:DEF　sell
　　　'The man I saw sells the cloth.'［直訳：'I saw which man, he sells the cloth'］
　　　（私が見た男は生地を売る）

(23) ［ādmī　ne　**jis**　cākū　se　murgī　ko　mārāthā］
　　　man　ERG　**which**　knife　with　chicken　ACC　killed
　　　［us　cākū　ko　rām　ne　dekhā］
　　　that　knife　ACC　Ram　ERG　saw
　　　'Ram saw the knife with which the man killed the chicken.'［直訳：'The man killed the chicken with which knife, that knife Ram saw'］（ラムは男がニワトリを殺すのに使ったナイフを見た）

(22) と (23) では，両方の節のランクが維持されており，関係詞節は埋め込まれていない。しかし，両方共，関係詞節それ自体の中に特別な関係詞形態素が見られる。Comrie は，「...［相関関係詞節］を，隣接した関係詞節の事例として扱うことが得策である」と述べている（Comrie 1989: 146）。

目的節は，英語で見られるように，不定詞補部に対して用いられることがある（Haspelmath 1989 と 9.4.2 節参照）。

(24)　We all lined up［**to** watch the whales］.（我々は全員がクジラを見るために並んだ）
(25)　We want［**to** watch the whales］.（我々はクジラが見たい）

しかし，補文化と副詞的従位接続の関連性は，目的節に限られている。また，目的節は，副詞的従位接続と等位接続の間のいわば境界の領域で見られる（9.3.3. 節参照）。たとえば，標準中国語の〈連続動詞〉構文は，特定の文脈では，英語の〈等位〉構文や〈目的〉構文，さらには〈副詞的〉（Adverbial）構文として翻訳可能である（Li & Thompson 1981: 596; 角括弧内に挙げるのは，彼らが解釈として用いる名称である）。

(26) ［hē　diân　jiû］　［zhuàng-　-zhuang　dânzi］
　　　drink　a.little　wine　strengthen-　-strengthen　gall.bladder

a. 'Drink a little wine, and it will give you courage.' [〈連続〉]（ワインを少し飲め。そうすれば勇気が出るぞ）
b. 'Drink a little wine to give yourself courage.' [〈目的〉]（勇気を得るためにワインを少し飲め）
c. 'Get some courage by drinking a little wine.' [〈状況〉]（ワインを少し飲むことで勇気をもらえ）

複文構文の形式と意味におけるこの種の通言語的多様性に直面した結果，等位接続と従位接続の区別を基本的に放棄してしまった言語学者もいる（たとえば，Haiman & Thompson 1984; Lehmann 1988; Foley & Van Valin 1984; Van Valin 1993）。両者の区別を放棄した言語学者が代替案として選んだ方法は，「より独立した」構造と「より従位的な」構造との間に連続体を想定するというものであった。

Foley と Van Valin は，節間関係階層（Interclausal Relations Hierarchy）というただ一つの連続体を主張した（Foley & Van Valin 1984: 270; Van Valin 1990: 79）。一方，Haiman & Thompson や Lehmann は，複文タイプを決定するために，ほぼ独立した統語的パラメータを幾つか提示している。各パラメータ（たとえば，節の1つの縮約（reduction）の程度）は，連続体として（あるいは少なくとも二項的でないものとして）扱われている。連続体の一端はより等位的（あるいは，主節的）なものとされ，一方，連続体の反対側はより従位的（Lehmann が述べるように，節融合（clause fusion）が起こるところまで）とされている。

しかし，一部の類型論学者やラディカル構文文法が使用する意味地図のアプローチに基づけば，様々な機能で用いられる多様な構文に何らかのパタンを見いだすことが可能である。とりわけ，図9.2のように，伝統的分析の根底にある概念空間を規定することが可能である。

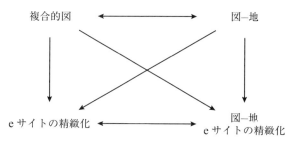

図9.2．複文タイプの概念空間

9.2 節では，等位接続と副詞的従位接続という伝統的なカテゴリの基本的な概念上の区別は，私が**複合的図**（COMPLEX FIGURE）の文と**図—地**（FIGURE—GROUND）の文と

呼ぶもののゲシュタルト（Gestalt）的な区別であると論じる。とはいうものの，これら2つの構文が辿る軌道には拡張および収束が見られ，上で説明したタイプの曖昧な共従位接続構文へとつながるように思われる。9.3 節では，補部と関係詞節（と，図 9.2 で示すように，名詞化も）は，e サイトの精緻化の特性を共有しており（7.7.2節），そのことが，これら2つの構文の拡張と収束を引き起こし，通時的にそのどちらかの方向に向かっているようだと論じる。副詞節が関係詞節へと発展するプロセスは，図—地の副詞的構文の e サイトの精緻化機能の発展の事例でもある。9.4 節では，複文の形式的な構造的特性に焦点を当て，統語上の多様性はランク下げ階層（Deranking Hierarchy）に応じて構造化されており，それは図 9.2 の概念空間上に写像可能であると論じる。

9.2. 等位接続と副詞的従位接続のゲシュタルト分析

9.2.1. 「等位接続」と「副詞的従位接続」の意味的平行性

　等位接続と副詞的従位接続の区別に対して通言語的に妥当なアプローチを展開したいなら，これら2つの複文タイプの機能を検証することが必要である。最も基本的な意味的側面の1つが，2つの事象間に成り立つ意味的関係だと考える者がいるかもしれない。すなわち，原因，時間的連続性，比較などといった意味的関係である。しかしながら，「等位」構文と「副詞的」構文は両方がおよそ同じ幅の意味的関係を符号化することが可能である。このことは，時間的連続性，時間的同時性，因果関係，条件的関係に関して英語の事例を用いれば，事例 (27) から (30) のように示せる（Haiman 1983a; Culicover & Jackendoff 1997）。

(27) a. Fred ate his lunch and went to the hardware store.（フレッドは昼食を食べ，ホームセンターに行った）

　　b. After Fred ate his lunch, he went to the hardware store.（フレッドは昼食を食べてから，ホームセンターに行った）

(28) a. I held down the boards and Janet nailed them in.（私は板を押さえ，ジャネットはそれをくぎで打ち付けた）

　　b. I held down the boards while Janet nailed them in.（ジャネットが板をくぎで打ち付ける間，私は板を押さえていた）

(29) a. He didn't turn in his final paper and he failed the course.（彼は期末レポートを提出せず，その科目が不合格になった）

　　b. He failed the course because he didn't turn in his final paper.（彼はその科目が不合格になった。なぜなら，彼は期末レポートを提出しなかったから）

（30）　a. He does that and I'll fire him.（彼がそれをしたら，私は彼を解雇するつもりだ）

　　　b. If he does that, I'll fire him.（もし彼がそれをするなら，私は彼を解雇するつもりだ）

　（27）から（30）には，〈等位〉構文と〈副詞的従位〉（Adverbial Subordinate）構文とを区別する通言語的に妥当な統語的特性が見られる。時間的連続性や因果的連続性が関与する場合には，〈等位接続〉構文の節は**時制類像的**（TENSE-ICONIC）である必要がある（Haiman 1983b: 120）。すなわち，〈節〉の時間的順序は節が表す事象の時間的順序と一致する必要がある。

（31）　a. Cindy left and Jim was promoted.（シンディは去り，ジムは昇進した）

　　　b. Jim was promoted and Cindy left.（ジムは昇進し，シンディは去った）

事例（31a）と（31b）は同じことを意味しない。すなわち，〈節〉の順序に応じて事象の因果的順序は変化している。[27]

　対照的に，〈副詞的従位〉構文の節はどちらの順番で生じてもよい。

（32）　a. Cindy quit because Jim was promoted.（シンディは退職した。なぜなら，ジムが昇進したから）

　　　b. Because Jim was promoted, Cindy left.（ジムが昇進したので，シンディは退職した）

　談話の文献では，時制の類像性は，等位接続と従位接続とを区別するための有用な基準だと論じられてきた（たとえば，Labov 1972; Haiman 1983b; Chafe 1988: 18–19，さらに Thompson 1987: 435–6 で引用された参考文献参照）。しかし，埋め込み（embedded）構文には，一般的には時制の類像性とほとんど関係がないであろう慣習化された語順がある。

　（27）から（30）の従属節の順序が自由であることから，従属節と等位接続文（co-ordinate sentences）は別の統語的特性によって区別することができる。等位接続構文では，等位接続詞（coordinating conjunction）は（それが存在する所では）順番が固定された2つの節間に残ったままである。従位（subordinate）構文では，従位接

27　Östen Dahl（私信）は，次の文脈では逆の時間的順序が成立可能であると指摘する。
　A: What happened during my absence?（私の不在中に何があった？）
　B: Cindy left and Jim was promoted.（シンディが去り，ジムが昇進したよ）
　しかし，この場合には，事象の時間的連続性は無関係なものと考えられると述べる方が良い。すなわち，A は「彼／彼女の不在中の事象」のリストを要求しており，時間間隔は多くのことが起きた期間中のある単一の時間として解釈される。

続詞（subordinator）（とここでは呼ぶ）は副詞節とより緊密に関係している。その結果，副詞節が一番目にある時には，従位接続詞は2つの節の間にはなくなるので，従位接続詞は統語的結合要素として振る舞うことはない。

　以下の節では，等位接続と副詞的従位接続の違いは，図と地の間のゲシュタルト上の差異という点から分析可能であると論じる。

9.2.2. 副詞節と図―地構文

　副詞節（従位接続詞＋節）とは，副詞句（adverbial phrase）（接置詞＋NP）のようなものであり，それは文頭と文末の両方に生起可能である。

(33) a. The commission had never met before last year.（委員会は去年より前には一度も開かれなかった）

　　 b. Before last year, the commission had never met.（去年より前には，委員会は一度も開かれなかった）

実際，これは統語的な類似性以上のものである。すなわち，それは通時的パタンでもあるし，また概念的なパタンでもある。通時的には，副詞節の中の従位接続詞は接置詞から発達したり，あるいは接置詞と副詞的従位接続詞（adverbial subordinator）の両方に共通する発生源である関係的名詞から直接発達することが頻繁に見られる。前者については，シナ・チベット語族（Sino-Tibetan）の下位グループであるボディック語群（Bodic）についての記録が多くある（Genetti 1986, 1991）。前者はさらに，従属節を名詞化する補文標識が後続する接置詞を用いるロマンス諸語（Romance languages）でも見られる（Meillet 1915/1921; Lehmann 1982b: 67）。実際，名詞化を経た名詞形や，スペイン語の *que* のような名詞化辞は，副詞節で見られることがたびたびある。したがって，副詞節で見られる非対称的関係は，接置詞的関係で見られるものと（同一でないとしても）類似していると信じるに足りる理由はある。

　Talmy（1972, 1974）は，空間的な接置詞的関係は概念的には非対称的であると述べる。非対称性は，**図**と**地**というゲシュタルト心理学での区別に起因している（たとえば，Koffka 1935, 5章参照）。したがって，下の文のペアは概念的な意味的観点においては同義ではない。実際，この非対称性ゆえに，各ペアの二番目の成員は異様なものとなる（(34a–b) は，Talmy 1978: 628 より）。

(34) a. The bike is near the house.（自転車は家の近くにある）

　　 b. ??The house is near the bike.

(35) a. The bike is in front of the house.（自転車は家の前にある）

　　 b. ??The house is behind the bike.

Talmy は，所格の叙述（locative predication）の〈主語〉の位置は図が占める場所であり，一方，〈前置詞〉の〈目的語〉は地だと論じる。(34) と (35) の (a) の文では，より小さく，より可動性のある存在物を〈主語〉にとり，一方，より大きく，動かない存在物を前置詞の〈目的語〉としている。これはゲシュタルト原理と一致している。ゲシュタルト原理とは，関係する対象物の特性に応じて空間的関係（spatial relations）を概念化するために人が見せる特定の自然な知覚上の好みを説明するものである（Wertheimer 1950）。上の事例では，大きさと可動性というものが，ここで問題とする知覚的場面内では自転車が図として機能し，また家は地として機能することを意味する要因となる。

　これら 2 つの存在物の統語的役割が逆転する場合には，ゲシュタルト役割も逆転することになる。そしてそのことが原因となり，(34) と (35) の (b) の文は奇妙な印象を与えることになる。なぜなら，これらの文は場面の不自然なゲシュタルト的解釈を示すものだからである。このことは，家が図として，また自転車が地としての役目を果たす状況が解釈不可能であるというわけではない。それは単に，図と地の最も**自然な**解釈（すなわち，文脈なしに最も受け入れやすいであろうもの）が，より小さく，より可動性のある存在物を図とし，より大きく，より固定された存在物を地とするというだけのことである。

　上で説明した 2 つのような意味的関係の場合には，どちらの物体も図と地になりうる。(34a–b) では，客観的な意味的関係は対称的であり，同じ前置詞の *near* が両方の文で用いられている。(35a–b) では，客観的な意味的関係は非対称的だが，両方の関係を符号化する英語〈前置詞〉が存在している。すなわち，*behind* とその逆の *in front of* である。実はこれはかなり異常なことである。ほとんどの場合，たとえば，少なくとも (36a) で示す *in* の使用については，前置詞 *in* はあるが，その逆のものはないというように，非対称性には「自然」な方向性が存在するのが通常である。

(36)　a. There's a crocodile in the water.（水の中にはクロコダイルがいる）
　　　b. ??There's water "being-a-suspending-medium-for" the crocodile.

Talmy は，自身の図–地分析を複文（特に，副詞的関係）に適用して，基本的に同じ現象を見いだしている（Talmy 1978）。ここでは，これらを**図–地**の複文と呼ぶ。同時に存在する図–地構文，すなわちどちらの文も主節になりうるのは *near* のような例である。しかし，それらの文は認知的に異なる。

(37)　a. When Jerry was chair of the department, everything was all right.（ジェリーが学科長だった頃，全てが順調だった）

9章 等位接続—従位接続の連続体 399

b. ??When everything was all right, Jerry was chair of the department.

　時間的に連続的な図—地構文は *in front of*/*behind* のようなものである。*before* と *after* は互いに逆のものだが，ここでもこれらの文には意味的違いが見られる。

（38）　a. After Tom resigned, all hell broke loose.（トムが辞めた後で，大混乱が生じた）

　　　　b. Tom resigned before all hell broke loose.（大混乱が生じる前に，トムは辞めた）

　（37）と（38）に挙げる事例ペアは，それぞれが同じ真理条件的（truth-conditional）状況について述べていると一般的に信じられている。しかし，これらの各ペアの最初のものは，学科の健全性について学科長が果たした役割について非常に異なる見方を示している。（37a）では，学科の健全な状況は，Jerry の長としての任務の上手さによるものと考えられている。これとは対照的に，（37b）は奇妙な文である。なぜなら，この文は，学科長としての任務について考えることにおいて，Jerry という人物が健全な状況を利用するための驚くべき能力を備えた楽観主義者であるかのように述べているからである。（38a）では，Tom の辞職によって混乱が生じたと考えられている。一方（38b）では，Tom は目の前で起きていたことを目の当たりにした時（あるいは，おそらく，彼の行いの帰結が皆に明らかになる前に），関係を絶つことに成功したことが意味されている。
　全ての場合において，地／従属節における事象が，図／主節における事象に対する基盤または地（すなわち，原因または前提条件）として概念化されている。（37）の含意する解釈と（38）の含意する解釈は，同じように自然である。対照的に，等位接続構文は関係性についてのどちらの含意も単独に持つことはない。

（39）　Jerry resigned and (then) all hell broke loose.（ジェリーは辞め，［それから］大混乱が生じた）

　図—地の非対称性が原因となって，（40）の事例に見られるように，文が完全に異常なものとなることがある（Talmy 1978: 636）。

（40）　a. He dreamed while he slept.（彼は寝ている間に夢を見た）

　　　　b. *He slept while he dreamed.

この 2 つの事象は同一の広がりを持ちうる。しかし，夢を見ることは寝ることに付随しているので，寝ることは地として機能しなければならない。ゆえに，（40a）は受け入れられるが，（40b）は受け入れられないのである。

400　第3部　普遍的構文から統語空間へ

このようなケースは少なく，標準的な図―地の違いを用いて，ある意味的関係とその逆のもの（*before–after*）の両方を構築することは統語的に容易である。しかし，ほとんどの図―地の従位接続詞に関して言えば，従位接続詞によって指定される図―地の関係には，自然な形で逆になるものは存在しない（Talmy 1978: 637）。

(41)　a. She slept until he arrived.（彼が到着するまで彼女は寝ていた）

　　　b. ??He arrived "immediately-and-causally-before-the-end-of" his sleeping.

(42)　a. We stayed home because he had arrived.（彼が到着したので我々は家にいた）

　　　b. ??He arrived "to-the-occasioning-of-(the-decision-of)" our staying home.

Talmy は，特定の意味的関係は持つものの，その逆は成り立たないといった単純な図―地の表現のパタンは，無作為に起こらないと述べる。一般的に，時間的および因果的に先に起こる事象は常に従属節で見られる。すなわち，それは常に地である。[28] このような一般化は，図―地の文は図―地の非対称性を含むという概念を支持している。なぜなら，地は図の参照点として機能し，図の事象は時間的あるいは因果的に地の事象に付随するからである。

Reinhart（1984）は，物語の談話（narrative discourse）における前景―背景の区別は，実は図―地の区別であると説得力のある説明を行っている（Matthiessen & Thompson 1988: 290; Nakhimovsky 1988: 38 も参照）。前景―背景の区別は，主に物語文（narrative texts）に対して適用されてきた。物語文では前景は，物語において連続的に提示される，物語中で伝えられる事象の「時系列」上の事象として定義付けられる。記述的素材および「順序を外れた」事象を含むその他の事象は背景である。副詞的従属節と関係詞節は，一般的には時系列上にない事象を符号化する（Tomlin 1985; Thompson 1987; 特定の例外については，以下で論じる）。

Reinhart は，物語の前景が時系列上になければならないという必要性を，良い連続（good continuation）というゲシュタルト原理（Koffka 1935: 151）と同一視している。図は，連続的なものとして概念化される。すなわち，時系列は連続性を示すものである。ゆえに，時系列上の事象は図として概念化することが可能である。

時系列上の全ての事象が，必ずしも前景化されるわけではない。どの事態が前景

28　*until* は異例のように思える。なぜなら，時間的に後の節が従属節だからである。しかし，従属節は，因果的に先に起こる事象を表しており，その事態の生起は，主節で述べられる事象の終焉を引き起こしている。*before* は，唯一真に異例といえる事例である。なぜなら，*before* は *until* が持つ因果的含意を持たないからである。しかし，ちょうどこれらのタイプでは，冗語否定要素標示（pleonastic negative marking）が見られる言語が存在している（Croft 2000a: 135–7）。この理由はまさに，従属節での後の事象は前提となる存在の地としての特性を欠くからである。

化されるのかは，他のゲシュタルト原理によって決定される。瞬時相の事象が図としてより好んで選ばれるのは，図 9.3 に示すように，大きい物体に対して小さい物体を図として扱うというゲシュタルト的優先傾向 (Koffka 1935: 183) によるものである。

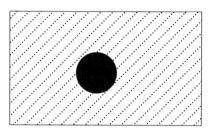

図 9.3. 違う大きさの形の知覚

同様に，時間の次元でも，より小さな瞬時相の事象は，より大きな継続相の事象に対する図として知覚される。

完了した事象を前景として選ぶことが好まれるのは (Hopper 1979)，閉合 (closure) というゲシュタルト原理による。我々は，境界を持つ形を閉じたものとして知覚し，ゆえにそれを図として知覚する。たとえば，図 9.4 では，(a) の閉じた形態を図として知覚する。すなわち，(a) を (b) の線分から成るものとはみなさない (Wertheimer 1950: 83; Koffka 1935: 151, 168 参照)。

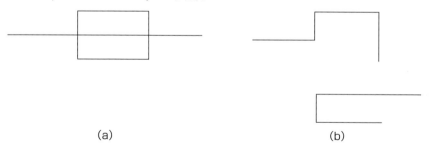

図 9.4. 境界を持つ形とオープンエンドな形の知覚

同様に，時間の次元では，境界を持つ事象は閉じた時間ユニットとして扱われ，ゆえに図として扱われることになるであろう。

表 9.1 に，前景化の特性と，そういった特性が正当であることを説明するゲシュタルト原理をまとめる。

加えて，(38a–b) では，グラウンディングを行う副詞節は，主節で表される事象に対する動機付けあるいは説明となる事象を表し，(38a–b) で述べられる現象は，

402　第3部　普遍的構文から統語空間へ

表9.1.　前景–背景の区別を説明するゲシュタルト原理

前景化された事象	ゲシュタルト原理
時系列上	良い連続
瞬時相的事象	大きさ／近接性
完成相的事象	閉合

機能的依存関係（functional dependency）による（Koffka 1935: 184）。すなわち，「地は図の解釈を決定することができるが，その逆はない」（Reinhart 1984: 788）ということである。

　ここでの図–地の区別が，前景–背景の区別を説明するのに提案されてきた他の区別とは同一のものでないことを述べておくことは重要である。図は，文における「重要な情報」（important information）や「注意の焦点」（focus of attention）と一致しない（Reinhart 1984: 787）。図–地と前景–背景は，一致することがたびたびあるが，これら2つは論理的に異なるものである。たとえば，背景化された要素は，前景化された要素よりも重要になりうる。図–地は，自然な知覚原理に基づく対立の非対称性である。重要な情報とは，注意の焦点に関する問題である。これら2つは互いに異なり，論理的に独立した認知的現象である（Langacker 1987: 3章；Croft & Cruse 2004: 4章参照）。Matthiessen & Thompson（1988: 312–15）が経験的に明らかにしているように，地／背景というものは，「所定の」（given）命題でも，または「前提される」（pressuposed）命題でも，あるいは「議論の余地がない」（unchallengeable）命題でもない。

　副詞的従位接続に対して図–地分析を行うことにより，前景–背景分析に対して広範囲にわたって見られる2つの反例について説明を与えることが可能になる。次の事例では，物語的連続の一部である状況が副詞的従属節で見られる（それぞれ，Hobbs 1985/1990: 90 と Thompson 1987: 443 のもの）。

(43)　a.　And one Sunday morning about ohhhh five o'clock in the morning I sat down in the Grand – no no, not in the Grand Central, in the Penn Station,（そしてある日曜の朝，朝のだいたい5時くらいに，私はグランド，いやいやグランドセントラル駅ではなく，ペンシルバニア駅で腰を下ろした）

　　　b.　and **while I was sitting there** a young cat came up to me, . . .（そして私がそこで座っている時に，若い猫が私の所にやってきた）

(44)　a.　Only after he stopped smiling and shrieking did he go to Stephanie and hug her. That hug was also interrupted by additional shrieks. Quite a lot of noise from a normally silent chimpanzee!（彼はほぼ笑むのをやめ金切り声を上

げてから，ようやくステファニーの所に行って彼女を抱きしめた。抱擁は
またさらなる金切り声によって中断された。普通なら静かにしているチン
パンジーから出たかなりのうるさい叫び声だ）

b. **After spending about fifteen minutes with Stephanie**, Nim went over to
WER, Josh, and Jeannie, and hugged each of them in turn. （ステファニー
と約15分ほど過ごしてから，ニムはWER，ジョシュ，ジーニーの所に
行き，一人一人を順々に抱きしめた）

(43) では，一番目と二番目の文は物語の順序通りに並んでいる。(43b) の副詞的従
属節は，物語上連続する節での1つの事象（ペンシルバニア駅で座っていること）を
表している。これは，副詞的従属節が (43b) の主節の図に対する真の地としての機
能を果たすために，(43a) の事象を繰り返し述べているという事実に基づいている。
また，(43a) の最初の文における事象の記述は瞬時相で完成相 (completive) でもあ
るが，(43b) の副詞節における同じ事象の記述は継続相で未完成相 (incompletive)
でもある。このことは，前景と背景の図—地分析を仮定すれば予測可能である。

　これは，Thompson (1987: 442-3) が述べたものと基本的に同じ現象である。す
なわち，物語的時系列の一部のように見える従属節は，実際には先立つ事象を要約
したり，あるいは繰り返している（また，時に脱線後に物語を時系列へと戻す）。こ
の現象は，パプア諸語での物語においても一般的である。パプア諸語では，この現
象は「頭尾連鎖」(tail-head linkage) と呼ばれている (Foley 1986: 200-1)。

　前景—背景分析にとって問題となりそうな別の事例は，談話におけるメタ・コメ
ントと評価的コメントに関するものである。Tomlin (1985) は，前景と背景の客観
的特徴付けを引き出すことができる短編アニメ映画に基づいて物語を調査している。
Tomlin は，背景化された事象は従属節として符号化されるが，前景化された事象は
主節として符号化されるという仮説を検証した。重要な例外として，**メタ・コメン
ト** (META-COMMENTS) が挙げられる。メタ・コメントは主節で符号化され，前景化さ
れた物語的事象はそれに対する従属節として生起可能である (Tomlin 1985: 116)。

(45)　a. Scene goes back to little fish　　　　　　　　　　［メタ・コメント］
　　　　（場面は小さな魚に戻る）

　　　b. **who** is headed toward open mouth of shark with crab at her tail　［前景］
　　　　（その魚は尾にカニを付けたサメの開いた口へと向かっている）

　もう1つの例外は，**評価的コメント** (EVALUATIVE COMMENTS) と関係しており，そ
れは，機能と分布においてはメタ・コメントと同様のものである。評価的コメント
は主節で見られ，物語的事象を表す従属節をとることができる（同上）。

(46)　a. This brings about a complication,　　　　　　　　［評価的コメント］
　　　　（これによって事態は複雑になる）
　　　b. **since** the fish gets caught in one of the portals,　　　　　［前景］
　　　　（なぜなら魚は門の1つで捕まるので）

　言い換えると，メタ・コメントや評価的コメントは図として機能し，物語は地として機能するという形で，図—地構文が使用されている。
　これは，複文構造が談話を前景と背景へと構造化することを反映するという仮説と矛盾する。すなわち，物語の流れ（narrative line）は通常は前景だが，これらの構文では物語の流れは背景化されているのである。しかし，複文の構造化に対するゲシュタルト分析では，このことがまさに予測されることである。通常のタイプの背景的情報は，物語の流れにとっては地として機能する。しかしながら，物語の流れ（あるいは，ひょっとすると物語全体）は，話し手の評価やコメントにとっては地として機能するのである。なぜなら，後者は前者に機能的に依存しているからである。
　図9.5は，談話における可能な図—地の配列を表している。すなわち，典型的な物語—背景の関係（図$_1$—地$_1$），繰り返された事象—新事象の関係（図$_1$—地$_2$），メタ・コメント／評価的コメント—物語の関係（図$_2$—地$_2$）である。

談話構造：

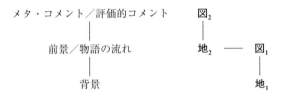

図9.5.　図—地の関係と談話構造

　言い換えると，図と地への情報のゲシュタルト的組織化が，談話における情報の組織化の基礎をなす基本的原理なのである。談話での物語の流れが，主節として表されるか，あるいは（図—地の）従属節として表されるかは，問題の談話が生じる文脈での物語的事象のゲシュタルト的解釈の仕方によって決まる。

9.2.3.　等位接続と複合的図構文

　TalmyとReinhartの研究は，Matthiessen & Thompsonの研究でなされた経験的観察によって支持されており，これにより副詞的従属節を含む複文に関するゲシュタルト的概念構造の確立が可能である。同じ種類の真理条件的な意味的関係を符号

9章 等位接続—従位接続の連続体 405

化しているように見える等位接続文はどうだろうか。ここでは，等位接続文の意味
分析は，図—地の複文で見られるものとは異なるゲシュタルト的概念構造を持つこ
とを論じる。

9.2.3節で論じたように，等位接続構文の最も際立ちの高い統語的（より正確には，
記号的）特徴は時制の類像性である。すなわち，等位接続節の順番が含意する時間
的（および因果的）順序は，等位接続節の順番が逆転する場合には反対になるという
ことである。

(47)　a. The vase fell and broke. (花瓶は落ちて割れた)
　　　b. The vase broke and fell. (花瓶は割れて落ちた)

もちろん，等位接続文（conjoined sentences）の全てが連続性を含むわけではなく，
連続的関係は時間的関係や因果関係よりも緩いこともある。ここでは，これらの意
味的関係の記述について Stassen (1985, 4章) が使用した用語を紹介する。Stassen
は，(47a–b) のような時系列における複数個の節を**連続的連鎖**（CONSECUTIVE CHAINS）
または C 連鎖（C-chains）と呼ぶ。一方，(48) のように，同時に起こる事象を表す
複数個の節は**同時連鎖**（SIMULTANEOUS CHAINS）または S 連鎖（S-chains）と呼ばれる。

(48)　The vase is Chinese and the candlestick is German. (花瓶は中国製で，ろう
　　　そく立てはドイツ製だ)

等位接続はかなり自由に使用可能であるかのように見えるが，全てが自然に結合
可能なわけではない（Wierzbicka 1980: 254, 227）。

(49)　The sun was shining and the birds were singing. (太陽は輝き，鳥たちはさえ
　　　ずっていた)
(50)　?? John kissed Mary on the nose and kangaroos are mammals. (ジョンはメア
　　　リーの鼻にキスをし，カンガルーは哺乳類だ)

Wierzbicka (1980: 230, 246–54) は，2つの文を接続詞（'and' だけでなく 'but' も）
を用いて結合することは，話者が2つの事象を一体のものとみなす場合にのみ可能
になると主張している。この一体とみなされたものは，1つに統合された図という
ゲシュタルト的概念に対応するものである。したがって以下では，これらのタイプ
の文を**複合的図**（COMPLEX FIGURE）の文と呼ぶことにする。

Wierzbicka は，2つの事象を一体のものとして概念化することには，2つの文に
おける**共通の特徴**（COMMON DENOMINATOR）を見いだすことが必要だと述べる。すな
わち，2つの文（(47a–b) では2つの述語）を明示的に結合するプロセスには，話者
が対をなす要素を何か共通するものを持つ一体的なユニットとして概念化すること

が必要だということである。

　Wierzbickaによると，参与者を共有しない等位接続文であっても，全ての結合した要素には共通の特徴が存在するという。したがって，(50)に比べ(49)が比較的適切なのは，(50)では不可能だが(49)では共通の特徴を見いだすことが可能だという我々が持つ能力のおかげによるものということである。(37b)と(40b)での異例の図–地の文と同様，(50)に挙げる異例の文の奇妙さは不自然さによって引き起こされるのであり，それは適切な文脈を与えると無効にすることが可能である。実際にこれらの文をつなげる共通の特徴が想定できる場合には，(50)を受け入れ可能なものにすることができる（この課題については，読者に委ねることにする）。

　共通の特徴というWierzbickaの概念は，ゲシュタルト心理学における良い連続の原理と基本的には同じである。良い連続とは，2つの存在物を実際には単一のより大きな存在物の一部として解釈することを可能にする一連の知覚的特性のことである。たとえば，図9.6aの2つの線分が円の背後に伸びているものと知覚することは，図9.6bよりも容易である。この理由は，前者は良い連続を示すものだが，後者はそうではないからである（Koffka 1935: 154–5）。

図9.6.　知覚における良い連続の原理

　Wierzbickaが述べる共通の特徴と良い連続といったゲシュタルト的概念との類似点は，これ以外にも見られる（ただし，Wierzbickaは，ゲシュタルト原理については言及していない）。Wierzbickaは，（中世のスコラ哲学者であるペトルス・ヒスパヌス（Peter of Spain）に倣い）結合した存在物は単一のより大きな存在物を構成すると主張する。ここで言う共通の特徴とは手段のことである。すなわち，ここで求められているのは，結合した存在物を単一のユニットとして概念化することである。結合した2つの存在物は，良い連続というゲシュタルト原理により，単一のユニットを構成するものとして自然に知覚される。*Mary is big and strong*（メアリは大きくて強い）のような文の記述において，Wierzbickaは次のように書く。

> これらの文ではその各々において，2つの異なる無関係の述語を主語に帰属させる以上のことがなされている。各文では，明示的に述べられる2つの述語が何か共通するものを持つことが示唆されており，実際，それら2つの述語に加え，この3つ目の何かを主語に帰属させている。(Wierzbicka 1980: 249)。

これは，全体の図は部分の和以上のものであるというゲシュタルト原理である（たとえば，Köhler 1947，5 章参照）。[29]

時制の類像性は，等位接続のゲシュタルト分析にぴったり適合する。時制の類像性は，C 連鎖においては良い連続を示す事例である。時制の類像性は，2 つの連続する事象を単一のゲシュタルトへと結合するための最も自然な方法の 1 つである。他の非常に自然な方法とは，2 つの事象間の因果関係を想定することである。ゲシュタルト分析では，なぜ等位接続文 *A and B* が，「A は真であり，B は真である」という真理条件的意味以上のものを伴い解釈されることがあるのかを，自然な形で説明することができる。すなわち，ゲシュタルト的統合では，A と B を結合する時間的連続性や因果的連続性などの共通の特徴が必要とされるのである。

等位接続構文において 2 つの文が表す事象を統合できる別の共通の特徴は，2 つの文の間で共有された時制，相，および法，あるいは 2 つの事象における共通の高い際立ちを持つ参与者（典型的には，A，S または P）である。共有された時制—相—法は，時間（時制）に関して同じ場所にある 2 つの事態や，同じ心的空間または可能世界（possible world）（法）にある 2 つの事象を統一する。2 つの事象は単独の指示対象によってもたらされたり，あるいは単独の指示対象に対して起こったりするが，その点において共有された参与者とは 2 つの事象を統一するものだといえる。

等位接続文は，副詞節とは対照的である。副詞節では，これらの変数（variables）が同一である必要はない。副詞的従属節は，主節の事象（図）にとって，地または参照点として機能する。図の事象は，地の事象とはっきり別のものとして解釈される。図の事象は，図と地を何らかの共通の特徴を通して結合することによってではなく，明確な地の事象との関係を構築することによって談話中で固定されている。

等位接続詞（coordinators）の通時的な起源も，複合的図を概念的に分析することが等位接続の意味論にとって正しいアプローチであることを示している。等位接続詞は，（51a–c）に示す 3 つの共通の起源を持つ（Mithun 1988: 344–9）。

(51) a. 〈随格〉（Comitative），特に句の等位接続に関して：サルシー語（Sarcee）の *ihílà* 'with, and'，ハカルテク語の *boj* 'with/and'

---

29 Wierzbicka は自身の分析を，等位構造縮約，空所化変形，右ノード繰り上げ，といった名前で知られる構文において見られるものを含む全ての等位構造（等位節だけでなく，結合したより小さな構成素も含む）へと適用している（5.3.1 節参照）。Wierzbicka は，非構成素を結合するように見える空所化変形や右ノード繰り上げのような構文では，意味は一般的公式および全体を規定する共通の特徴を含むと論じる（Wierzbicka 1980: 252–3）。ここでは，これらの構文まで拡張した Wierzbicka の分析については論じない（これらの後者の構文も，複合的図のカテゴリに属していると述べるだけにしておく）。

408　第3部　普遍的構文から統語空間へ

　　　b.〈付加的副詞〉(Additive adverb)：モホーク語 (Mohawk) の *tanũ'* 'and' <
　　　　tahnũ 'besides'

　　　c.〈連続的副詞〉(Sequential adverb)：ティウィ語 (Tiwi) の *ki* 'then, and'；
　　　　モホーク語 (Mohawk) の *tahnũ* < *ta* 'so'+(?) *nũ:wa* 'now'

これら全てが，付加的形態素 (additive morphemes) あるいは結合形態素 (linking morphemes) である。これらは類似した種類の存在物を何らかの方法で結合するものである。結合の結果，全体的な合成的存在物 (すなわち，複合的図) がもたらされることになる。

　最後に，図は，等位接続や副詞的従位接続での主張内容とみなすことが可能である (9.1.2 節)。等位接続では，両方の節が複合的図の解釈に沿った形で主張される。副詞的従位接続では，主節のみが文の図であるという理由から，主節だけが主張される。

9.2.4.　慣習化された解釈：条件と比較級

　9.2.1 節では，事象間の特定の意味的関係は，英語では等位か従位のどちらかとして符号化されることを指摘した。ほとんどの場合，これらの意味的関係のもう 1 つの符号化は，複合的図や図―地としての 2 つの事象のもう 1 つの概念化を表す。因果関係と時間的関係 (同時的または連続的なもの) は，複合的図の解釈においては共通の特徴として機能しうる。あるいは，事象とは，二番目の事象が図―地の様式で時間的あるいは因果的に関係付けられる参照点として使用されうる。

　英語は，これらの意味的関係については両方の解釈を用いる言語である。しかし，言語によっては単独の解釈が慣習化されることも当然ありうる (3 章参照)。このことは，条件や比較級という 2 つの意味的関係のカテゴリに関しては通言語的に一般的なことのように思われる。

　If she leaves, then I will leave too (彼女が去るなら，私も去るつもりだ) という英語の〈条件節〉の文が示すように，典型的な副詞的条件節 (adverbial conditional) 構文は，仮説に基づく状況を築く**前提節** (PROTASIS) (*if* 節) と，前提節で述べられる事態の帰結を述べる**帰結節** (APODOSIS) (*then* 節) によって構成されている。

　英語では，条件的関係は〈等位〉構文で表すことができる。上で (30a–b) として示した事例をここでは (52a–b) として再掲する。

(52)　a. He does that and I'll fire him. (彼がそれをしたら，私は彼を解雇するつもりだ)

　　　b. If he does that, I'll fire him. (もし彼がそれをしたら，私は彼を解雇するつもりだ)

　　　c. Even if he does that, I'll fire him. (彼がそれをしたとしても，私は彼を解

雇するつもりだ）

　しかし，(52a) の〈等位〉文は譲歩節（concessive）として解釈することはできない（(52c) 参照；Haiman 1986: 220–4）。その理由は，帰結節は前提節の生起にかかわらず生じるので，譲歩節は帰結節を伴う合成的全体としては解釈不可能だからである。

　他の言語では，条件的関係を表すのに等位接続構文を用いることもできる。ベトナム語，クメール語（Khmer），標準中国語，フア語，他のパプア諸語，初期近代英語（Early Modern English）(*an* 'if') < *and*)（Haiman 1987: 218–19, 224; Traugott 1985: 296 も参照）では，等位構造は条件的（譲歩的ではなく）に解釈可能である。条件節（conditional clauses）は，含意的関係を変えることなく入れ替え可能だが，前提節は類型論的には一番前で生じることが圧倒的に多い（Greenberg 1966b: 84）。英語の *if* 条件節は図–地構文だが，この構文でさえ，前提節は主に最初に置かれる（Ford & Thompson 1986 の調査によると，書き言葉のテキストでは 77% [$n = 490$]，一方，口頭のテキストでは 82% [$n = 406$] でそれが確認された）。異例のタイプである後置された *if* 節は変化に富むものであり，時に統語的要因により後置されることがある（たとえば，〈名詞句〉を修飾する *if* 節は後置される；同上）。

　複合的図構文を用いて条件節を符号化することには意味的動機付けが存在する。類像の連続には，強力に結ばれた連続的事象が含まれる。前提節は仮説に基づくが，前提節と帰結節の間にあるリンクは，一般的に因果関係を示すものである（Haiman 1986）。前提節と帰結節が表す状況は，同じ仮説に基づく世界にある。Haiman はさらに，並列条件節は節間の類像的関係に制限されており，特に譲歩節（*Even if...*）の解釈の可能性を排除すると述べている。

　一方，図–地構文を用いて条件節を符号化する類型論的証拠も存在する。条件節の標識の最も一般的な起源は，時間的な副詞的標識（通常，*when*）であり，その次が話題の標識である（Traugott 1985: 291–2）。前者の理由は単純である。すなわち，*when* 副詞類（*when* adverbials）は任意の（仮説的というよりむしろ事実に基づく）前提節を伴う条件文に意味的に非常に似ていて，実際，多くの言語でこれら 2 つは形式上は同一である（Haiman 1978; Traugott 1985: 291）。

　Haiman は，（文頭に置かれる）前提節は帰結節の話題として機能すると主張している。すなわち，（最初の）条件節は，「次の要素のための枠組みとしての役割を果たす共有知識」を表している（Ford & Thompson 1986: 361）。これは，図と地を区別するのに使われる機能的依存関係というゲシュタルト原理と似ている（9.2.2 節参照）。Haiman は，前提節として機能する等位構造とは対照的に，従位前提節は背景化されると論じる（Haiman 1987: 224）。最後に，前提節が主節であり，帰結節は前

提節に依存する副詞節であるような，条件節との逆相関を表現するための簡単な方法が存在しないのは注目すべきことである。

このように，条件節の両方の解釈には通時的証拠や類型論的証拠が存在しており，別の解釈には意味的説明が存在している。前提節と帰結節は，きっちりと連続したものであり，それらは因果的に関係していることがよくあるが，このことによって複合的図の解釈（どちらの節も仮定上のものだが）がもたらされる。一方，前提節は話題的なものであるが，このことによって背景化する図—地構文がもたらされる（これが類型論的にはより一般的のようである）。

比較級（comparative）構文に関して Stassen（1985）は広範な研究を行った。彼の研究によって，比較級も世界の言語では様々な方法で表現されていることが明らかになった。条件節と同様，比較級においても複合的図構文と図—地構文が見られる。複合的図のように見える比較級は二重節（biclausal）であり，シカ語（Sika）の以下の事例に見られるように，関連する特性において比較の対象と基準とを対立させる2つの等位節を含んでいる（Stassen 1985: 44 [Arndt 1931 より]）。

(53) [dzarang   tica   gahar]   [dzarang   rei   kesik]
      horse   that   big   horse   this   small
      'That horse is bigger than this horse.'（あの馬はこの馬よりも大きい）

図—地の比較級は，節というよりむしろ副詞句を用いるのが一般的である。ゆえに，図—地の比較級それ自体は複文ではなく，比較の基準に副詞句を用いることは，副詞的所格／時間的句に対応している。次の事例は，ムンダリ語（Mundari）のものである（Stassen 1985: 39 [Hoffmann 1903 より]）。

(54) sadom   -ete   hati   mananga   -i
      horse   -from   elephant   big   -3SG.PRS
      'The elephant is bigger than the horse.'（象は馬よりも大きい）

ここでもまた，この複文タイプの表現には，類型論的多様性の意味的動機付けが存在している。一方で，比較の対象と基準の叙述は類似している。これによって，比較級が複合的図構文（特に，同時に起こる連鎖）として解釈されることが促される。他方，対象—基準（target-standard）の関係は，対象は図として機能し，一方基準は地として機能するというように，古典的な図—地の関係（Langacker 1987，3 章参照）である。これによって，比較級が図—地構文として解釈されることが促され，従位句（subordinate phrase）（または，おそらく従属節）内では基準は接置詞を用いて表現される。

比較級構文の分布について Stassen が提案する普遍性の 1 つは，複合的図の比較

級と複合的図の連鎖構文を結び付けることである。すなわち，「ある言語に〈等位比較級〉（Conjoined Comparative）があるなら，その言語にはランクを維持した同時連鎖構文があるはずである」（Stassen 1985: 108）ということである。これは，等位比較級は，プロトタイプ的な複合的図構文（すなわち，定形等位接続文）が拡張された用法を表すことを示唆している。図—地構文と類似するタイプの比較級に関してStassen が提案する普遍性は，それらの比較級をランクを下げた連鎖構文と結び付ける（同上：106: 107）が，その多くはおそらくは図—地構文であろう（9.2.5 節参照）。

　条件節と比較級の両方の場合において，2 つの節が表す 2 つの状況間の意味的関係は，複合的図と図—地の概念化の両方の影響を受けやすい特性を持っており，複数言語間における条件節構文と比較級構文の構造と起源は，両方のタイプが見られることを示している。しかし，このことは，何らかのタイプの構文を別の構文の代わりに選択することは，条件節や比較級の状況タイプに対して複合的図の解釈や図—地の解釈を言語が課すことを必ず含意するということを意味しない。3 章では慣習的普遍主義の仮説についてその正当性を論じたが，慣習的表現がその起源となる構文の解釈を共有する必要はない。

9.2.5. ランクを下げた節連鎖への複文の進化

　複文の文法化における最初の段階は，ランクを維持した等位接続節と副詞的従属節がランクを下げた構造へと進化することである。ランクを下げた節の連鎖は，複合的図構文あるいは図—地構文から通時的に派生可能であるように思われる。ランクを下げた節の連鎖には，その起源となる構文の形式的特性や機能的特性が依然として見受けられたり，あるいは複合的図の解釈や図—地の解釈が見受けられたりもする。

　Haiman は，パプア諸語では，中間動詞の切り替え指示（switch-reference）を含む中間動詞構文が，等位接続詞の文法化に由来するという証拠を提示している（Haiman 1983b, 1987）。これらの構文は，時制類像的である。すなわち，節の順序を入れ替えると（屈折の入れ替えを含み），時間的連続または因果的連続に関する事象の反対の順序を示すことになる。

　切り替え指示システムでは，ランクを下げた節は，完全な節と同じ主語（same subject: SS），あるいは異なる主語（different subject: DS）を持つことができる。これらのものは通常は形態的に表現されている。(55) に挙げる DS 構文はフア語の事例である。これは，〈切り替え指示〉接尾辞 -ga と，〈最後の節〉の〈主語〉の〈先行〉屈折（Anticipatory inflection）-da を伴う事例である。

412　第3部　普遍的構文から統語空間へ

（55）　fumo　　dmi　　　　　**-ga**　　-da　　　　u　　　-e
　　　　pork　　he.gave.me　**-DS**　-1SG.ANTIC　went　-FNL
　　　　'He gave me pork and I went.'（彼は私に豚肉をくれ，私は行った）

　Haiman が考察する言語では，切り替え指示を表すのに用いられる戦略が2つある。1つ目の戦略では，DS 形は人称接辞から成るが，SS 形は原形語根（bare root）の形式か不変接辞を持つ。Haiman はこれらは空所化が生じた場所である等位構造に由来し（Haiman 1983b: 106ff），幾つかの事例では，不変接辞（存在する場合）は 'and' を意味する形態素にその起源を持つように見えると論じている（*kV/*gV のようなもの；同上: 110–12）。

　2つ目のタイプ（(55) に示すタイプ）では，SS 形は人称接辞（personal affixes）を持ち，DS 形は人称接辞に加え付加的な接尾辞を持つ。ここでもまた，この接尾辞は歴史的には 'and' から派生することがたびたび見られる。Haiman はこれらを，中間形式が異なる接尾辞 -ma（他の形式の中でも特に）を用いる，切り替え指示をマークする従位構文と対立させている。この接尾辞 -ma は副詞節と関係詞節でも見られ（同上: 120），そのどちらの節も図–地構文である（9.2.2 節）。

　この現象は，パプア諸語以外の言語でも見られる。大ナンバ語のようなメラネシア語派（Melanesian languages）にも，〈人称–法の一致〉接辞を欠き，その代わり 'and' という注釈が付く接頭辞を伴う〈動詞〉形を用いる〈連続動詞〉（Sequential Verbs）がある（Fox 1979: 127，テキスト 2）。

（56）　a-　　　　v-　　əln　　talei　　**ka-**　　v-　　　ruh　　　　**ka-**　　v-
　　　　3PL.RL-　PL-　leave　knife　**AND-**　PL-　run.away　**AND-**　PL-
　　　　mi'i　　　arna　　pitha　　　. . .
　　　　go.over　on　　　mountain　. . .
　　　　'So they left their knives and ran away and climbed over the hill . . .'（それで彼らはナイフを残し，走り去り，丘を乗り越えた）

　レナケル語（Lenakel）（Lynch 1978）には，Lynch が 'and' と注釈を付ける〈接続法の動詞〉（Conjunctive Verb）の接頭辞が見られるが，それは〈等位〉構文に対してのみ用いられ，〈関係詞節〉や〈条件節〉のような〈従位〉構文には使われない（Lynch 1978: 46–7; テキスト 1，p. 126 からの事例）。

（57）　kani　am　　ka　　teramsumas　r-　　　im-　　ipk　　tehe　**m-**　　lelig
　　　　and　just　that　Teramsumas　3SG-　pst-　take　sea　**AND-**　return
　　　　m-　　va
　　　　AND-　come

'And Teramsumas went to the sea and came back.' (そしてテラムスマスは海に行き，戻って来た)

　この現象は，スワヒリ語 (Swahili) の *ka-* の〈時制〉形 (Givón 1991: 880 [Mbotela 1934: 37 より]；形態素はここでは AND として注釈が与えられている) のように，アフリカ諸語 (African languages)(Haspelmath 1995: 21–2) でも見られる。

(58)　Wa-　Ingereza　wa-　li-　wa-　chukua　wa-　le　maiti
　　　 PL-　 British　 3PL-　PST-　3PL-　take　　2PL-　DEM　corpses

　　　 wa-　ka-　wa-　tia　katika　bao　moja
　　　 3PL-　AND-　3PL-　put　on　　board　one

　　　 wa-　ka-　ya-　telemesha　maji　-ni　kwa　utaratibu　w-　ote
　　　 3PL-　AND-　3PL-　lower　　 water　LOC　with　steadiness　3PL-　all

　　　 '. . . then the British took the corpses, put them on a flat board, and lowered them steadily into the water.'（それからイギリス人は死体を持って行き，平らな板に載せ，しっかりと水の中に沈めた）

これらは SVO 言語なので，完全に屈折するのは最後の〈動詞〉ではなく最初の〈動詞〉となる。大ナンバ語の *ka-* とスワヒリ語の *ka-* が 'and' の文法化である可能性はあるが，これはかなり推測に基づいた説明である。そうはいうものの，物語的連続の中で，*and* の縮約された形の '*n*' が〈代名詞的主語〉(Pronominal Subjects) を欠く〈動詞〉に接語化される英語の〈等位構造縮約〉等位接続構文と同等とみなすこともできる。

(59)　I got up**'n'**took a shower**'n'**ate breakfast.（私は起きて，シャワーを浴び，朝食を食べた）

これらの事例には，複合的図の文が持つ意味的および談話機能的な特性が見られる。すなわち，これらは時制類像的であり，中間形式は非定形である。このことは言い換えると，これらのものが非可逆的であることを意味する。ここで挙げた文は，背景的情報ではなく，物語内の物語の流れを表すために用いられている。Haiman が述べるように，パプア諸語では，特異な中間・切り替え指示構文が背景化された節のために使用される。
　同じ談話機能的振る舞いを見せるその他ある種のランクを下げた等位接続構文も，このカテゴリに属するものである可能性がある。しかし，その通時的由来を示す実例は確認されていない。Myhill & Hibiya (1988) は，ソッド語と日本語について前景化とランクを下げた C 連鎖に関する研究を行った。彼らの研究は，これらのものを

414　第３部　普遍的構文から統語空間へ

元来は複合的図として分析することを支持している。ソッド語におけるランクを下げた C 連鎖（*m*-形）と日本語におけるランクを下げた C 連鎖（動名詞または -*te* 形）は，前景化の特徴（同じ主語と，とりわけ C 連鎖の決定的特徴である時間的連続）を，先行する節ではなく後続する定形節と共に示している。これは予想可能なことである。なぜなら，両言語において，ランクを下げた C 連鎖は，後続するランクを維持した節と関係する１つまたはそれ以上のランクを下げた節によって構成されるからである（ソッド語と日本語は共に SOV 言語である）。[30]

　パプア諸語の〈中間動詞〉構文に見られる他の重要な特性は，この言語の〈中間動詞〉は，それが依存する主動詞と同じ時制，法，発語内効力（illocutionary force）を持つ必要があるということである（Foley 1986: 194）。この制約は，等位項によって表された２つの事象が，時間における同じ地点，同じ時間的枠（temporal contour），同じ可能世界／メンタル・スペースに位置することを意味している。これによって，２つの事象が１つのユニットとして，他のものと区別され，そして位置付けがなされた単一の複合的事象として解釈されるのである。これはまた，図―地の文にはない特性である（9.2.2 節参照）。

　副詞的従属節を持つ複文（典型的な図―地の文）には，通時的に接置詞や格標識からしばしば生じる従位接続詞がある。副詞的従属節も時制類像的ではない。従位接続詞が文法化する場合，時制類像的ではない構文を目にすると考えるのが普通であろうし，むしろ（複合的図の文ではなく）図―地の文の意味的特性を共有する構文を目にすると予想するのが通常であろう。

　より古い印欧語（Indo-European）の分詞構文（おそらく，英語の分詞も含まれる）は，この現象の事例であるかもしれない。英語動名詞は時制類像的ではない。

(60)　a. [Having eaten his fill], the leprechaun went to sleep.（腹いっぱい食べてから，レプラカーンは眠りについた）

　　　b. The leprechaun went to sleep, [having eaten his fill].（レプラカーンは，腹いっぱい食べてから，眠りについた。）

　同じことは，ラテン語（Latin），ギリシャ語（Greek），スラブ語派（Slavic lan-

30　Myhill & Hibiya は，日本語の２つの他のランクを下げた動詞形についても調査している。〈語幹〉形は，S 連鎖のために用いられるように思われ，-*to* 形の機能はやや不明である。ここで提示する説明は，Myhill & Hibiya が提供するものとは異なる。Myhill & Hibiya は，ランクを下げた節は，先行する節と前景化特徴を共有しないので，部分的に前景化されるだけだと述べている。本書では，これは共に C 連鎖を形成する後続の節と比較して，ランクを下げた節と先行する節の間のより緩い文法的リンクのためによるものだと主張する。

guages）で見られる絶対格（absolute）構文についても当てはまる。(61) に示すラテン語の〈奪格絶対格〉(Ablative Absolute) (Stassen 1985: 74) は時制類像的ではない。

(61) ［urbe   destructā]   gaudebimus
      city.ABL.FSG   destroy.PARTPRF.PASS.ABL.FSG   be.happy.FUT.IND.1PL
      'When/because/although the city has been destroyed, we will rejoice.' (都市が破壊された時／ので／が，我々は喜ぶだろう)

ラテン語の〈奪格絶対格〉は，時系列，因果関係あるいは譲歩関係を表すものとして解釈可能である。対照的に，等位構造は譲歩関係を表わさない（9.2.4 節参照）。
　印欧語での〈絶対格〉構文は，特定の格によって支配されている（たとえば，ラテン語での〈奪格〉）。格関係は，副詞節との関係で論じたように，図—地の非対称性の模範例である。したがって，これらの構文は図—地構文として分析するのが最善である。
　タミル語のような数多くの南アジア諸言語（South Asian languages）では，〈接続分詞〉（ランクを下げた）節は，ランクを維持した節に後続可能である（Peter Hook, Madhav Deshpande との私信）。しかしながら，これは一般的に結果論としてのみ可能であり，ゆえにこれは複合的図構文にとって時制の類像性の原理に対する真の反例ではないかもしれない。他の点においては，ランクを下げた節は複合的図構文のように振る舞う。すなわち，同じ主語が要求され，時制と相における「互換性」が要求され（Masica 1991: 399），結合した構造は「自然な関連性」を持つか，あるいは「緊密に関係した動作」を表す必要があるということである（同上）。これら全てが，複合的図構文で見られる共通の特徴の概念と非常に類似しているような印象を与える。
　Masica（1991: 323）は，-ii という通常の近代インド・アーリア諸語（New In-do-Aryan）の〈接続分詞〉形の特定を行ってはいるが，それについての，あるいは他のインド・アーリア諸語の形式についての語彙的または文法的な起源についての提案は行っていない。これらは，シンハラ語（Sinhalese）の -t や，タミル語（ドラヴィダ語（Dravidian））の -um のような（この両方が 'also' を意味し，複合的図構文に典型的な通時的起源や振る舞いを見せる），〈等位接続〉の接尾辞（Coordinating suffixes）とは区別すべきである（9.2.3 節）。南アジアのチベット・ビルマ語派（Tibeto-Burman family）のボディック語群では，〈非最終動詞〉(Nonfinal Verb) 形は〈奪格〉接置詞から発達した（Genetti 1986: 393）。しかし，私はこれらの形式が時制類像的であるかどうかに関する情報は持ちあわせていない。Masica（1976: 124）は，これらは最近発達したものだと論じている。

416　第 3 部　普遍的構文から統語空間へ

　Masica（1976: 137–8）は，実はユーラシア地域，ヨーロッパ，南（および中央）アジアには，ランクを下げた連鎖構文を持つ 2 つの地域があると述べている。後者の地域の分詞は，圧倒的に「過去」分詞形を用いるが，ヨーロッパ言語は「現在」形（英語の動名詞を含む）を用いる。南アジアの構文は，前の 2 つの段落で挙げた理由により複合的図構文であり，ヨーロッパの構文は図―地構文であるように思われるので，分詞タイプの選択にとっては何らかの意味上の重要性が関与するのかもしれない。たとえば，「現在」分詞には，多くのややこしい一連の機能が見られる。中でも限定機能が顕著である（Masica 1976: 113–20）。限定機能は関係詞節と関連する。関係詞節は図―地構文である（9.3.2 節参照）。対照的に，南アジアの「過去」分詞は，限定的にも名詞類的にも使用されない（同上: 127）。「現在」分詞は，ランクを下げた連鎖構文として用いられる際には，斜格の格標示（たとえば，奪格）を使うが，「過去」分詞はそうする必要はない。そういうわけで，「現在」分詞は図―地構文と類似している。

　Haspelmath（1995: 12–17）は，彼が**副動詞**（converbs）（英語動名詞とよく似た副詞的動詞形）と呼ぶ構文クラスについて説明している。副動詞は，最も一般的には接置詞構文から派生しており（同上: 17），ゆえに副詞的従属節がより文法化したものであるように思える。Haspelmath は，「従位接続」に関する次の基準を用いて，副動詞と 9.1.2 節で論じたタイプの中間構文とを区別している（同上: 12）。

(62)　a. 節内部の語順（主節を妨げる能力）

　　　b. 可変的な位置

　　　c. 後方の代名詞的照応詞（pronominal anaphora）と支配の可能性

　　　d. 意味的制限性（restrictiveness）

　　　e. 抽出の可能性

Haspelmath は，Roberts（1988）に部分的に従い，中間動詞は「従位接続」の基準を満たしてはいないと論じている（Haspelmath 1995: 23–7）。実は，これらの基準の内の 2 つは「従位接続」一般にではなく，特に図―地構文に関連するものである。(62b) の基準は，時制の類像性（の欠如）のことである。一方，(62d) の基準は，主節の指示を制限するための，「従位」節の機能のことを言っている。この機能は，関係詞節のプロトタイプ的機能であり，修飾された要素（ここでは，関係詞節の主要部 NP である主節）を，ゲシュタルト的意味で，修飾する節に機能上依存したものにする。これについては，次節でさらに議論する。[31]

31　他の基準は，明確なゲシュタルト的動機付けを持つようには思われない。たとえば，間違いなく等位構造であるものの中には，等位構造制約（Coordinate Structure Constraint）（基準 (e)）に違反するものもある。等位構造制約は複文の他の特性に左右され

9章 等位接続-従位接続の連続体 **417**

本節で調査したランクを下げた節の連鎖は，複合的図構文か図–地構文として大部分は特定可能である。しかし，複合的図構文や図–地構文は，一度このレベルまで文法化が進むと，その起源となる構文に特徴的な振る舞いをもはや示さなくなる可能性がある。9.1.2 節で見たように，言語には，ランクを下げた節の連鎖が，複合的図の意味と図–地の意味の両方を見せるものもある。したがって，どちらのタイプも図 9.2 の概念空間の両端まで広がっているのである。

9.3. 精緻化サイトの精緻化と，補部と関係詞節の類型論

9.3.1. 精緻化サイトの精緻化

7.7.2 節では，意味的結合化と自律的–依存的関係（形式意味理論で見られる述語–項の関係の一般化）に対する Langacker の分析を提示した。手短に言えば，依存的概念とは，別の概念によって精緻化（より具体化）される際立ちの高い下位構造を持つものである（「別の概念」とは，関係において自律的な概念のことを指す）。依存的概念の際立ちの高い下位構造は，精緻化サイト，あるいは e サイトと呼ばれる。プロトタイプ的 e サイトは，形式意味理論における述語表示での項の変数に相当する。

本章でこれまで説明してきた複文の構文では，どちらの文も，他方の文が表す概念の際立ちの高い下位構造を精緻化する概念を表していない。しかし，補部と関係詞節はそのどちらも，従属節の事象による主節の事象の e サイトの精緻化を基本的に伴っている。言い換えると，e サイトの精緻化は，複文に内在する概念空間においては二次的に重要な側面なのである。

補部は，「従属」節による e サイトの精緻化を示す好例である。補部は，主節の動詞の項の位置を埋める事象や事態を表すものとして一般的には分析されている。関係詞節は，主節の事象の e サイト精緻化ではない。これは，補部の場合とは異なる。実際，関係詞節に対する最も一般的な分析では，関係詞節は項の修飾語であり，項自体ではない。関係詞節は，それ自体で主節の動詞の項の位置を埋めるとは思われず，関係詞節の主要部名詞がその位置を埋めると思われる。むしろ，関係詞節の最も際立つ特徴は，主節の参与者が，関係詞節の事象の際立ちの高い e サイト（参与者役割）を精緻化することであると思われる。

関係詞節に対してなされる一般的分析は，(63) に示すように，英語や他のよく知られた言語に見られる関係詞節タイプを基盤としている。すなわち，主要部名詞を修飾する埋め込み節に基づく分析である。

ると提案する Ross (1967)，Schachter (1977a)，Goldsmith (1985)，Lakoff (1986) を参照していただきたい。(a) の基準は，統語的埋め込み（syntactic embeddedness）に関するものだが，それは複合的図構文と図–地構文の両方で見られる。

（63）　[The tree*i* [that Ø*i* was struck by lightning] finally fell over.]（稲妻に打たれ
た木は最終的に倒れた）

しかし一方で，Langacker の理論では，関係詞節を e サイトの精緻化とみなす分析
が適切だとされている。実際のところ，通言語的に他の関係詞節構文を検証してみ
ると，Langacker のこの分析が正確かつ洞察力に富んだものであることがわかる。
　Langacker の理論における精緻化は，項詰め（argument-filling）と同じ理論的概
念ではない。精緻化とはただ，指示対象が精緻化されていない時よりも細かい特定
化がなされていることを意味するのである。関係詞節は，主節の事象の e サイトを
精緻化する。なぜなら，関係詞節は，主要部名詞よりも特定的に指示対象を記述す
るからである。たとえば，（63）の〈関係詞節〉*that was struck by lightning* は，*the
tree* が表す主節の事象の参与者を精緻化（すなわち，より特定的に記述）している。
したがって，Langacker が提案するより一般的な概念は，述語–項の概念よりも，補
部と関係詞節の間の類似性を正確に捉えたものである。
　世界の言語で見られる特定の関係詞節のタイプは，関係詞節の e サイト精緻化分
析を支持する（関係詞節構文に関する調査については，Lehmann 1984, 1986 と
Comrie 1989 の 7 章参照）。多くの言語において，関係詞節構文は，'the one that S'
（S であるもの）を意味する主要部なしの関係詞節構文と同一である。たとえば，ス
ピレ語（Supyire）では，〈主要部名詞〉を伴う，または伴わない〈関係詞節〉は，〈指
示代名詞〉（〈名詞クラス〉と〈数〉に対して屈折する）と〈関係詞節標識〉*ké/gé* が後
に続く〈節〉によって形成される（Carlson 1994: 497, 494）。

（64）　主要部なしの関係詞節：

[ŋgé	u	à	pyi	na	ɲ-	càà	gé]
that	he	PF	PST	PROG	INTR-	seek.IMPF	**REL**

'the one whom he had been seeking, . . .'（彼が探し求めていた者）

（65）　主要部がある関係詞節：

mobílíye	[ǹjé	yi	mpyi	bobo	kúni	ɲàni
trucks:DEF	**those**	they	were	Bobo	road:DEF	walking:DEF

na	ké]
OЛ	REL

'The trucks which were on the Bobo route . . .'（ボボ・ルート上にあったト
ラック）

言い換えると，そのような言語の関係詞節は，おそらく通時的には，単に参与者に
帰属する特性ではなく，実のところ参与者を表す構文から生じたのであろう（2.2.3

節参照)。実際,そのような言語の関係詞節は,やはり参与者を表しており,主要部名詞と同格だと論じることができる。

また,多くの言語において,補部構造と関係詞節構文は同一とまではいかなくても非常に類似している。9.1.2 節のインバブラ・ケチュア語の事例のような,内部に主要部がある関係詞節は,構造上は補部と一般的に同一である。また,9.1.2 節では,幾つかの言語では,補文標識と関係詞節標識は同一または類似しているという事実について述べた。

最後に,関係詞節のような構文,あるいは補部のような構文として慣習的に解釈可能な中間的な従属節タイプが存在する。これは,9.2.4 節で論じた条件節タイプと比較級タイプとよく似ている。日本語では,ある〈関係詞節〉構文のタイプは,〈関係詞節〉において〈主要部名詞〉が空事例化しており,構造的には主節と同一である(Comrie 1998: 68, Matsumoto 1997 も参照)。

(66)　［gakusei　ga　　　katta］　hon
　　　　student　NOM　bought　book)
　　　'the book which/that the student bought'（学生が買った本）
　　　(*gakusei ga katta* 'The student bought [it]' と比較)

　一方,〈動詞〉の〈補部〉は *koto* のような〈補文標識〉を必要とする（同上: 71）。

(67)　［gakusei　ga　　　hon　　o　　　katta］　**koto**　　o　　　sir-ana-katta
　　　　student　NOM　book　ACC　bought　**thing**　ACC　know-NEG-PST
　　　'I didn't know that/*which the student bought the book.'（学生が本を買ったことを知らなかった）

しかし,いわゆる**名詞類補部**（NOMINAL COMPLEMENTS）は〈関係詞節〉構文を用いる。

(68)　［gakusei　ga　　　hon　　o　　　katta］　zizitu
　　　　student　NOM　book　ACC　bought　fact
　　　'the fact that/*which the student bought the book.'（学生が本を買ったという事実）

一方,（66）から（68）に与えられる英語の翻訳によると,逆のことが英語には当てはまることが示唆される。英語の〈名詞類補部〉は,〈動詞類補部〉のように,〈関係代名詞〉*which* を禁じており,〈関係詞節〉とは異なり「空白」（gap）を含まない（それは,それ自体で主節として存在することができる; Comrie 1998: 66–7）。

最後に,異なる〈主要部名詞〉の〈名詞類補部〉が,〈補文標識〉*thaa*（言う）か不変〈関係詞節標識〉*dael* のどちらかを使うクメール語のような言語も存在する（Comrie & Horie 1995: 72–3)。

(69) damnəŋ [**thaa** qəwpuk baan slap]
news **COMP** father PST die)
'the news that father had died' (父が死んだという知らせ)

(70) riəŋ [**dael** ckae kham tidaa]
story REL dog bite Tidaa)
'the story that the dog had bitten Tidaa' (犬がティダアを嚙んだという話)

　名詞類補部の通言語的に中間的な地位については，eサイト精緻化の観点から説明可能である。主要部名詞とその補部は，それぞれが他方の意味構造のあまり際立ちの高くないeサイトを精緻化する。「ニュース」(news)，「話」(story)，「事実」(fact) という名詞は，非関係的なものであり (2.4.2節)，ゆえにニュースなどの中身 (すなわち，名詞類補部によって精緻化される主要部名詞のeサイト) はプロファイルの外にある。逆に，生じている事象の事実，またはそれを構成するニュースなど (すなわち，主要部名詞によって精緻化される名詞類補部のeサイト) は低い際立ちを持つ。ゆえに，名詞類補部は従属節 (すなわち，〈関係詞節〉) のeサイトを精緻化する主要部名詞か主要部名詞 (すなわち，補部) のeサイトを精緻化する従属節として慣習的に解釈可能である。

　関係詞節と補部は，多くの言語で数多くの構造的特性を共有している。これは，その両者が主節によって表される状況の (比較的) 際立ちの高いeサイトの精緻化であるという事実による。

9.3.2.　図–地から関係詞節へ

　9.2.2節で提案したように，関係詞節は図–地構文である。Wiegand (1987) は，副詞的解釈と関係詞節的解釈の両方が成り立つ (9.1.2節) 古英語の *þe* 構文について議論する中で，元々 Larson (1983) が展開した分析に基づく意味論的分析を唱えている。Larson は，関係詞節で見られるような制限的修飾 (restrictive modification) を「状況における評価」として分析している。関係詞節は，「自分が主節で話していることのある側面を理解するのに役立つ情報を含む」(Wiegand 1987: 194) 補助的状況を表す。その情報は，共通の個体であることもあり，その場合には関係詞節的解釈がなされる。しかし，その情報は，時間基準を含む，状況の他の側面の共有を含む可能性もあり，したがってその場合には同時的な時間的副詞の解釈がなされる。

　Larson が行う制限的修飾に関する分析を見ると，制限的修飾とは図–地の関係とより類似したものであることが分かる。すなわち，修飾語は地の要素であり，図を「支える」絶対不可欠な情報を提供するのである。限定 (関係) 節の背景化の特性を

支持する議論は，より一般的になされてきた。前景化／背景化に対する Reinhart の
ゲシュタルト分析は，副詞節と同様に地（背景）の事象の指標として関係詞節を含ん
でいる。これは，関係詞節の談話機能に関するこれまでの研究と一致している（9.2.2
節参照）。

　関係詞節は，全てではないもののほとんどの連続動詞構文と同様，主節と共通し
た項を必要とする。実際，これによって関係詞節と副詞節の区別が可能であり，特
に上で記したオーストラリア諸語と古英語のタイプの場合はそうである。しかし，
副詞的な文と関係詞節の文のどちらも，両方の節について同じ時制–法–相を要求す
ることはない。実際，Reinhart や他の研究者が論じてきたように，主節と副詞節あ
るいは関係詞節の事象間におけるアスペクトの違いが複文の図–地解釈に関与して
いる（9.2.2 節）。この事実は，関係詞節が図–地構文であるという有力な証拠であ
る。

　少なくとも幾つかの関係詞節は，歴史的には副詞節から派生するという証拠があ
る。9.1.2 節では，隣接した関係詞節（これはオーストラリア諸語では一般的である）
は，副詞的解釈と関係詞節的解釈に関して曖昧であると述べた。隣接した関係詞節
は，埋め込み関係詞節タイプほどは，主節と密接に一体化してはいない。その名が
示すように，隣接した関係詞節は主節と隣接しており，主節の中に埋め込まれてい
るわけではない。オーストラリア諸語における隣接した関係詞節は，主節に先行す
ることも後続することもできる（Hale 1976: 78）。実際，隣接した関係詞節は，そも
そも関係詞節としてではなく，むしろ限定（関係詞）節機能へと拡張された副詞節と
して記述する方がおそらく良いのであろう。

　少なくともオーストラリアの先住民言語の 1 つであるクンジェン語（Kunjen）で
は，〈隣接した関係詞節〉は埋め込み可能（すなわち，主節の要素間に割って入るこ
とが可能）のようである（Sommer 1972: 58, 57, 56; Sommer の統語分析）。[32]

(71)　[**alk**　**anen**　**iyan**　　　**ambul**]　ogŋg　alk　　alaw
　　　spear　COMP　make:RL.PRS　1PL.IN　first　spear　rod
　　　agŋganamban　al
　　　look.for　　　　go:RL.PRS
　　　'When we make a spear, first we go and look for a rod.'（我々が槍を作る時に
　　　は，まず棒を探しに行く）

32　Hale は，カイティチ語（Kaititj）の別の事例について報告しているが（Hale 1976:
　　100），実際には，カイティチ語には個別の〈隣接した関係詞節〉と〈埋め込み関係詞節〉
　　がある。

422　第３部　普遍的構文から統語空間へ

（72）　ididay　　　ay　　iŋun　akaŋar　aḍen　　[anen　elkeŋan　　il
　　　　wait:RL.PRS　I　　him　YBr　　my　　COMP　return:IRR.FUT　he
　　　　olon　　Cairns　　-am]
　　　　hither　Cairns　　-from
　　　　'I am waiting for my younger brother, who is (I attest) coming back here from
　　　　Cairns.'（私は弟を待っている。彼はケアンズからここに戻ってくる（と私は
　　　　断言する））

（73）　iṉ　　　　pigipig　[fence　aḍen　anen　ubmar]　　　　egŋ
　　　　meat　　pig　　　fence　my　　COMP　break.down:RL.PST　food
　　　　aḍen　　adndelaɣ　　idʲar
　　　　my　　completely　eat:RL.PST
　　　　'The pig that I attest broke down my fence, ate up all my vegetables.'（私の
　　　　フェンスを壊したと私が証言する豚は，私の野菜を全て食べ尽くした）

（71）の事例は，クンジェン語の構文の明らかに副詞的な用法を示している。（72）
の事例は，隣接した（あるいは少なくともそれを隣接したものと分析することが可
能な）関係詞節用法を示している。なお，この事例では，関係詞節が埋め込まれた
場合には，その〈主要部名詞〉となるであろう句と連続することに注意されたい。一
方，（73）の事例は，〈埋め込み関係詞節〉として分析されるものである。すなわち，
この〈関係詞節〉は，その〈主要部〉と連続しており，〈主節〉の要素間に割って入っ
ている。パプア諸語とクンジェン語の事例は，少なくとも幾つかの関係詞節の歴史
的発達は隣接形（adjoined form）（これは副詞的機能を副詞節と共有する）から埋め
込まれたものへと進むことを示唆している。
　相関関係詞節は，複合的図構文の候補のように思えるかもしれない。なぜなら，
この節は統語的に並列的だからである。しかし，9.1.2 節で述べたように，Comrie
は，「相関関係詞節を隣接した関係詞節の事例として扱うのが望ましい」と論じる
（Comrie 1989: 146; 9.1.2 節参照）。相関関係詞節は，隣接した関係詞節と同様，埋
め込み関係詞節（embedded relative clauses）へと文法化する可能性があり，アヴェ
スター語（Avestan）ではそれが起きたようである（Haider & Zwanziger 1984: 141,
146; Aristar 1991: 20 参照）。

（74）　[yō yaom kāraiieiti] hō aṣ̌əm kāraiieiti
　　　　'Who tills corn, this one tills truth'（V.3.31）（トウモロコシを耕す者，これが
　　　　真実を耕す）

（75）　buuaṯ dama aṣauua yaoždāθrəm [yâhəṇti spəṇtahe mainiiə̄uš]
　　　　'there happens purification of the righteous beings, which adhere to the holy

9章 等位接続—従位接続の連続体　423

spirit' (Yt 6.2)（聖霊に従う有徳者の浄化が起こる）

(76)　haomō aēibiš [**yōi auruuantō hita taxšənti arənāum**] zāuuarə aojâsca bax-
šaiti
'Haoma offers to those, who hurry harnessed to their destination (?), power
and strength' (Y 9.22)（ハオマは、目的地 (?) に着こうとして急いでいる者
に力と強さを与える）

(74) の事例は、〈主節〉に先立つ〈相関関係詞節〉だが、(75) では〈相関関係詞節〉
は〈主節〉に後続しており、その〈主要部名詞〉と目されるものと連続している。(76)
では、〈関係詞節〉はその〈主要部名詞〉と連続しており、〈主節〉の間に割って入っ
ている。これは、それが埋め込み可能であることを明示している。
　それとは逆のように見えるプロセスも存在する。すなわち、副詞節になる関係詞
節である。アイルランド語 (Irish) の *an uair* ('the hour') から派生した *nuair* ('when',
'while') のように、多くの場合、「場所」、「時間」などを意味する名詞とそれらの関
係詞節補部は副詞節へと文法化する (Kortmann 1997: 65)。同じプロセスが、英語
の *the moment that* でも起こっている。

(77)　a. **When** she arrived, it began to rain.（彼女が到着した時、雨が降り始めた）
　　　b. **The moment that** she arrived, it began to rain.（彼女が到着した瞬間、雨
　　　　が降り始めた）

　このプロセスは、必ずしも関係詞節が副詞節になる事例ではない。むしろ、場所、
時間などの（主節の事象の図に関連する）地の事態を表す名詞は、独自の背景化され
た事象を持つ副詞的従位接続詞へと文法化する。この構造が関係詞節を伴う理由は、
副詞節が実際には主節のそれほど際立ちの高くない e サイトを精緻化するためであ
る（すなわち、場所、時間、様態という状況的な役割と、(77b) のような構文が副
詞的関係を符号化する）。それにもかかわらず、関係詞節と副詞節の地の機能の概念
的な互換性の高さがおそらくこの文法化のプロセスを促進するのであろう。
　次に、e サイト精緻化を伴う別の複文タイプである補部について考える。

9.3.3.　目的節から不定詞補部へ

　補部は、他の複文タイプのゲシュタルト分析の視点から見ると、いくぶん異例で
ある。補部は、少なくとも文法化の初期の段階においては複合的図ではない。すな
わち、プロファイルが置かれる主張がなされる状況は主節の状況である。しかし、
補部は、図—地の構造でもない。すなわち、補部は、主節で表される状況にとって
の参照点として機能するのではない。補部構文が、典型的に複合的図構文（すなわ

ち，連続動詞）か，あるいは図—地構文（すなわち，目的節）のどちらかの一方から発生するというのは驚くべきことではない。しかし，目的節は図—地解釈の典型的な事例ではなく，補部の文法化の最終段階とは，因果関係や法や相を示す高度に一般性の高い主動詞への補部の融合となりうる。

Haspelmath（1989）は，不定詞補部構造の最も一般的な起源は目的節だと論じる（たとえば，古アイルランド語（Old Irish）の *do*，ペルシア語（Persian）の *be-*，マオリ語（Maori）の *ki*，ピチャンチャチャラ語（Bidjandjadjara）の *-ku*）（Haspelmath 1989: 293–4）。目的節（あるいは別名，最終（final）構文）は，連続的連鎖（典型的な等位構造）と意味的に密接に関係している。すなわち，「意味論的に言うと，最終構文は，両方の構文タイプが事象間の連続的順序や，その連続における事象間の密接な関係をも含意するという点において，C連鎖と同族である」（Stassen 1985: 72）ということである。

Stassen はさらに，*John stood up and closed the window*（ジョンは立ち上がって窓を閉めた）のような典型的な連続的連鎖では，最初の事象を遂行するジョンの目的は二番目の事象を遂行することであることが語用論的に含意されると述べる（同上）。逆に，*Tony went home for the weekend to see his girlfriend*（トニーはガールフレンドに会うために週末家に帰った）のような過去時制での最終（目的）構文では，無条件で二番目の事象が実際に生じたことが含意される。英語では，2つの連続する事象の二番目の事象の現実性と目的の双方を意味的に含意する構文は存在しない。英語では，一方の特性を含意する構文によって他方の特性を含意する。

他の言語では，標準中国語での〈連続動詞〉構文のように，両方の読みが可能であり，また同時に発生することが可能であるように思われるものがある（Stassen 1985: 73）。

(78) [ta   hui   'jiā]   [kān   qīnqi]
    he   return   home   see   parents
    'He returned home and saw his parents/to see his parents.'（彼は家に戻り親に会った／彼は親に会うために家に戻った）

目的節と補部は，それらが必ずしも時制の類像性に従うわけではないという点，また主節の状況だけがプロファイルされるという点においては，プロトタイプ的な複合的図構文とは異なる。加えて，目的節標識の語源上の起源は，格標識（通常，向格（allative）または与格）であることがたびたび見られるが，それは図—地解釈があることをさらに意味している。

しかしながら，目的節は他の副詞節とは意味的に異なる。他の副詞節には，時制—相—法の独立した指定があり，主節と参与者を共有しなくてもよい。しかし，主節

9章　等位接続—従位接続の連続体　425

は目的節の時制—法をあらかじめ方向付け（非現実相未来（irrealis future）），目的節
の状況の結果は，主節の状況の動作主に通常依存している。すなわち，少なくとも
部分的には，主節の状況の動作主によって支配されている（Cristofaro 1998: 153）。
Cristofaro は，これらの事実を，他の副詞節タイプには存在しない目的節における
意味的融合度（semantic integration）の高さ（9.4 節参照）を表すものとみなしてい
る（同上）。

　これらの事実は，目的節が実際には図—地構造ではないことを意味している。目
的節は文法化すると補部になるのだが，目的節は補部に特有な一定の意味的融合度
を持つのである。

9.3.4.　連続動詞から補部へ

　複合的図構文から補部構文へつながると思われる文法化に見られる１つの軌道は，
連続動詞構文を経るものである。（接続詞のある）接続された等位接続（syndetic
coordination）と連続動詞構文の間の中間的構造は，9.1.2 節で示したランゴ語の並
列構文のような接続詞が省略された等位接続（asyndetic coordination）のタイプに
よって表される。

　接続された等位接続と接続詞が省略された等位接続の間にある明らかなつながり
は，接続詞が選択的である言語において見られる。Schiller（1990: 38）は，このタ
イプを示す等位連続動詞（coordinate serial verb）構文のカテゴリを規定している。
統語的には，等位連続動詞構文は接続詞を欠くが，モーレ語（Mooré）のように接続
詞が選択的に挿入可能な言語もある（同上: 38）。

(79)　a　　iku　　su̯ugā　***n***　　wāg　nemdā
　　　　he　took　knife　**CONJ**　cut　　meat
　　　　'He cut the meat with a knife.'（彼は肉をナイフで切った）

接続詞が完全に失われると，連続動詞構文が見られる。この構文では，２つの動詞
が，異なる程度差を伴いながら，単一節へと統語的に統合されている。

　多くの言語で，'say' 動詞は，連続動詞構文を経由して補文標識へと発展する。
Lord（1976）は，数多くの言語でこの文法化の軌道が見られると説明する。次の事
例は，エウェ語からのものである（同上: 182）。

(80)　me-　　**be**　　me-　wɔ　-e
　　　　I-　　**say**　　I-　　do　-it
　　　　'I said "I did it"/I said that I did it.'（私は，「自分がやった」と言った。／私は
　　　　自分がやったということを言った）

(81) fia gbé **bé** wómagàvá o
chief refuse **say** they.PROH.come NEG
'The chief forbade that they should come.'（ボスは彼らが来ることを禁じた）

　Lord（1993: 151–76）は，トゥィ語（Twi）の動詞 *sɛ:*（類似する，〜のようである，適合する，など）の変化（動詞から，補文標識や，目的・結果の節の導入や，条件節への変化）について詳細に分析している。トゥィ語の *sɛ:* の条件節構文は，他の複合的図構文のように時制類像的でなければならない（同上: 164）。Lord は，*sɛ:* は理由の副詞節でも見られるが，それは図−地の概念化を節間の関係へと導く動詞 *e-fi*（IMPR-begin from）との結合においてのみだと述べる。予想通り，Lord が用いる事例は，後者の構文が時制類像的でないことを明示している（同上: 169–72）。

　連続動詞構文は，特定の意味的特徴が2つの動詞的事象間で共有されることを求める多くの制約を示している。Schiller（1990: 33–6）は，共通の主語の基準は連続動詞構文の必要条件ではないことを説得力のある形で示し，同じ時制／相の制約に限定した議論を行っている（同上: 47）。とはいうものの，共通の**項**の存在は，連続構文にとっては十分条件ではないけれど必要条件ではあるように思われる。たとえば，Schiller はパーミーズ語（Paamese）の事例（同上: 34）について言及している。この事例では，二番目の動詞の主語が，最初の動詞が述べる動作になる。すなわち，二番目の動詞によって最初の動詞の動作の特性が表わされるのである。同じ構文は標準中国語で見られる（Li & Thompson 1981: 604）。

(82) [**māma** **chuān** **duǎn** **qúnzi**] [bu hǎo- -kàn]
mother **wear** **short** **skirt** not good- -look
'Mother doesn't look good in short skirts.'（母は短いスカートでは見栄えが良くない）

(82) では，「共通の項」は最初の節全体である。

　パプア諸語の〈中間動詞〉構文も，他の言語の単独で等位接続された構文よりも意味的に緊密に統合されている。すなわち，パプア諸語の〈中間動詞〉構文の2つの節は，時制，法，発語内効力に関して一致する必要がある（Foley 1986: 194）。しかしながら，共通の項が存在する必要はなく，その意味では，パプア諸語の〈中間動詞〉構文は，連続動詞構文というよりむしろ等位構造のようなものである。それにもかかわらず，中間動詞を欠くパプア諸語が連続動詞も欠くというのは興味深いことである（Foley 1986: 197）。Foley が書くように，これは「これらの2つの文法的構文は異なるものの，関係していることのさらなる証拠」である（同上）。

　最後に，連続動詞構文は，事象が時系列上にある場合には，動詞と従属節の基本

的語順がその言語においてどのようなものであろうとも，時制類像的となる傾向にある（Croft 1991: 234–6; Durie 1997: 330–9）。たとえば，カラム語は SOV 言語だが，〈連続動詞〉の並びによって伝えられる事象は類像的順番でなされる（Pawley 1987: 329）。

(83) b   tw   **dy**   mon   **tb**   **lak-p**
      man axe   **having.taken** wood   **cut**   **he.split**
      'The man split the wood with an axe.'（男は木をおので割った）

　この点において，連続動詞構文は，構文が持つ統語的融合の度合いが高いにもかかわらず，等位接続構文の複合的図の構造の痕跡を幾つか保持したままである。

9.4.　複文の統語空間：ランク下げ階層

　複文の領域は，等位接続と従位接続の間に広がる連続体から成るのだが，その主な原因は，これらの伝統的区分に交わる構文が存在するからである（図 9.1 参照）。9.2 節と 9.3 節では，等位接続と従位接続の連続体のこの側面が，複文タイプの基礎をなす概念空間における接続を反映していることを論じた（図 9.2）。しかし，複文の領域は，少なくとも 3 つの側面で，統語空間における連続体を表している。すなわち，ランク下げ，埋め込み（embedding），節融合という 3 つの側面である。これまでは，1 つ目の側面についてのみ詳細な検討を行ってきた。したがって，本節の大部分ではランク下げに取り組むことにする。なお，埋め込みと節融合については推測に基づくコメントを与えるにとどめる。
　ランク下げは，単文の標準的表現に関連して定義される。9.1.1 節でランク下げを規定する特性を示したが，(84) にそれを再掲する。

(84) a. 時制，法，相の標示の削除，または単純主節の動詞で使用されるものと異なる特別な形式の使用
      b. 一致標示の削除，または特別な形式の使用
      c. 動詞形に付着した顕在的形態素

(84) の基準は類型論的有標性の基準である。すなわち，(84a–b) の現象は，従位形式の限定的な振る舞い可能形の現れであり，一方 (84c) は，従位形式の顕在的な構造的符号化を明示している。これらの基準は，ランクを下げた節は類型論的に有標であり，一方ランクを維持した節は類型論的に無標であることを示している。
　動詞形のこういった特性に加え，Croft（1991）では，ランク下げでの S/A や P の項の符号化の比較もなされている。S/A や P の項は，主節では削除されたり，ある

いは S/A や P の項とは異なった符号化がなされる。これは，特に名詞の句修飾語に特徴的な所有格形式や斜格形式で見られることである。

　（84a–c）と前の段落で記述した側面は，多次元の統語空間を構成している。しかしながら，含意的関係は上で挙げる特性の幾つかのものの間で成立するものであり，そのことを理由にしてランク下げの統語空間を基本的に単一の次元（すなわち，脱動詞化階層（Deverbalization Hierarchy））へと変換可能である（Croft 1991: 83）。

（85）　脱動詞化階層：

時制–法–相の削除／	＜	S/A 所有者／	＜	P 所有者／
特別な形式		斜格符号化		斜格符号化

脱動詞化階層は，ある言語が P について所有者あるいは斜格の符号化を用いる場合には，その言語では S/A については所有者／斜格の符号化が用いられることを示している。この階層はまた，その言語が S/A について所有者／斜格の符号化を用いる場合には，その言語は少なくとも幾つかの時制–法–相の屈折を削除する，あるいはそれらのものについては特別な形式を用いることを示している。たとえば，（86）の英語の *For–to*〈補部〉は，〈時制–法–相〉については屈折せずに，S/A については〈斜格〉を用いる。また，（87）のロシア語の事例は屈折せずに，S/A と P について〈斜格〉の標示を用いる（Croft 1991: 84–5）。

（86）　a. I made it easy **for him** to eat this.（私は彼がこれを食べやすいようにした）
　　　　b. *I made it easy he ate this.

（87）　razrušenie　　gorod　　**-a**　　vrag　　　**-om**
　　　　destroy:NR　　city　　**-GEN**　enemy　　**-INST**
　　　　'(the) destruction of the city by the enemy'（敵による都市の破壊）

　脱動詞化階層は，動作語（動詞）の名詞化に関する Comrie の研究に従い（Cormie 1976b），対格参与者役割階層の別の兆候を部分的に組み込んでいる。Comrie は，動作の名詞化を，主節で役割を示すために格語尾を取りうる動詞形として規定し，参与者の表現においては S/A＜P という順位が見られると論じている。Koptjevskaja-Tamm（1993）は，70 言語の標本において，Comrie と同じ動作名詞類の定義を用いて次の含意的階層の証拠を発見した（Koptjevskaja-Tamm 1993: 257）。

（88）　語順，
　　　　A 一致＜S 一致＜S 格＜A 格＜P 一致＜P 格

左側の符号化特性は最も NP 的なものであり，右側の符号化特性は最も主節的なものである。

（88）の階層は，（89a–b）の2つの階層へと分解可能である（Croft 1995d: 82）。

(89)　a. S所有者／斜格？＜A＜P（70言語の標本において例外は3つ）
　　　b. 語順＜一致＜格標示

（89a）の階層は，類型論的有標性の対格参与者役割階層と類似している（4.2.2節）。
（89b）の階層は，おそらく主語構文階層と関係している（4.3.2節）。主語構文階層
には語順は含まれない。しかし，語順が主語構文階層上では一致や格標示よりも高
い位置にある証拠は存在する。たとえば，経験者格はゲルマン語派では動詞の手前
の位置に見られるが，このことはそれが主格の一致を引き起こし，主格の格標示を
獲得するより先に起こることである（4.3.3節の事例参照）。主節での役割に関わる
格標示を受け入れる動詞形を持つ階層上の全ての位置の存在により，この後者の特
性それ自体は，階層上のいかなる位置にも収まらないことが分かる。

　Cristofaro（1998）は，従属節についてこれまで行われてきた研究の中で最も広範
な研究である。そこでは，80言語における補部，副詞節，関係詞節の400個以上の
従位形式についての調査が行われている。Cristofaroは，彼女自身が扱う標本につ
いて，脱動詞化階層の検証を行い，時制—法—相の削除の最初の順位付けを支持する
証拠を発見した（Cristofaro 1998: 226, 233; なお，彼女は，参与者役割階層につい
ての検証は行っていない）。

(90)　時制—法—相の削除　　　＜　　　一致の削除
　　　　　　　　　　　　　　　　（375個を確認，5個は反例）
　　　　　　　　　　　　？＜　　　項の所有者—斜格の符号化
　　　　　　　　　　　　　　　　（49個を確認，10個は反例）

　Cristofaroは，（もしあるとすれば）時制，法，相の削除の相対的順位付けについ
ての調査も行っている（Cristofaroは，ランクを下げた節では屈折の特別な形式の使
用がかなり稀であることを発見した）。時制，法，相の形式の階層の有力な証拠はな
い。Cristofaroが調査で用いたサンプルについて成り立つ唯一の一般化とは，相の
屈折がランクを下げた形式で排除される唯一の屈折ではないということと，時制の
屈折が残りの唯一の屈折ではないということである。

　本節で調査した研究に基づく脱動詞化階層の改訂版であるランク下げ階層
（Deranking Hierarchy）を（91）に示す（?＜の印は，根拠の裏付けがそれほど強くな
い含意的関係を示す）。

(91) ランク下げ階層

　このランク下げ階層は，本節の類型論的普遍性が基づく統語空間の側面を規定している。
　Cristofaro は，Givón (1980b) と Lehmann (1984, 1986) による以前の研究を基にして，ランク下げと，主節と補部さらには副詞節と関係詞節の間に成り立つ意味的関係のタイプとの関係を調査している。Cristofaro は，従属節を非主張型の命題 (nonassertional proposition) を表す節として規定する (Cristofaro 1998: 38–45; 9.1.2 節参照)。また Cristofaro は，これら 3 つの従属節タイプの各々についてまずは別々に調査し，次にこれらを組み合わせた形での調査を実施している。
　Cristofaro は，複文での様々なタイプの従位的事象の表現に関する一連の含意的階層を特定している。彼女の研究結果を示す前に，但し書きを 2 つ記す必要がある。Cristofaro は，単一言語でのランク下げの度合いの違いを検証したわけではない。むしろ彼女は，ランク下げの程度とランク下げの欠如 (すなわち，ランク維持 (balancing); Stassen 1985: 76) を対比させたのである。実際 Cristofaro は，ランク下げの個々の基準それぞれについての検証を行っており，全体を比較することによって構築した階層に各基準が適合することを発見している。
　さらに，Cristofaro が提案する含意的普遍性は存在的タイプのものでもある (Cristofaro 1998: 18–20 も参照)。Y⊃X の形式の普遍性は，X または Y が一連のタイプ (たとえば，補部をとる知覚動詞 (perception verbs) の集合) を含む場合には定量化される必要がある。X<Y の階層的順序付けを支持する存在的普遍性は次のように解釈できる。すなわち，ある言語がタイプ Y の少なくとも 1 つの従属節をランク下げする場合，その言語はタイプ X の少なくとも 1 つの従属節をランク下げする。すなわち，∃Y：ランク下げ (Y) ⊃ ∃X：ランク下げ (X) ということである。このタイプの普遍性は，タイプ Y のどの従属節のランク下げも，タイプ X の全ての従属節のランク下げを含意するというタイプの普遍性よりも弱い。すなわち，∃Y：ランク下げ (Y) ⊃ ∀X：ランク下げ (X) である。
　Cristofaro は，主節の動詞あるいは述語の意味クラスの観点から，補文とその主節との意味的関係を分類している。彼女は補部に関しては次のような意味クラスを設けている。

9章　等位接続―従位接続の連続体　431

(92)　a. モーダル (Modal)： I **can** play the piano.

　　　b. フェーザル (Phasal)： He **began** to dance.

　　　c. 操作 (Manipulative)： She **made** him serve the food.

　　　d. 願望 (Desiderative)： I **want** to go home.

　　　e. 知覚 (Perception)： I **saw** her leave the building.

　　　f. 知識 (Knowledge)： I **know** that they finished the job.

　　　g. 命題的態度 (Propositional attitude)： I **believe** that they finished the job.

　　　h. 発話 (Utterance)： She **said** that she would drop by after lunch.

　補部に関する Cristofaro の調査結果は，主に，Givón の束縛階層 (Binding Hierarchy) を裏付けている (Givón 1980b: 369)。Cristofaro は，知覚動詞とモーダルを含めたが，彼女は操作的な補部をとる述語や願望的な補部をとる述語の相対的順位付けについては発見しなかった。(93) に，Cristofaro の階層を挙げる (Cristofaro 1998: 109–10；最もランクを下げたタイプは階層の左側である)。

(93)　補部ランク下げ (「束縛」) 階層 (Complement Deranking ('Binding') Hierarchy)

　　　モーダル，　＜　操作，　＜　知覚　＜　知識，　　　　＜　発話
　　　フェーザル　　　願望　　　　　　　　命題的態度

　Cristofaro は，副詞節とその主節が持つ意味的関係を，それら 2 つの節が表す事態間に見られる意味的関係の観点から分類している。(94) に，Cristofaro が区別するカテゴリを挙げる。

(94)　a. 目的 (Purpose)： She ran every morning **in order to** keep fit.

　　　b. 前 (Before)： I finished the book **before** going back to Germany.

　　　c. 後 (After)： I bought the groceries **after** picking up my bike from the shop.

　　　d. 時 (When)： **When** the guests came, we served them hors d'œuvres.

　　　e. 理由 (Reason)： I left **because** it became unbearable for me there.

　　　f. 現実条件 (Reality condition)： **If** the bread is left out, it will get moldy.

　Cristofaro は，(95) に挙げる副詞節の意味的関係の階層を発見した (Cristofaro 1998: 151)。

(95)　副詞類ランク下げ階層 (Adverbial Deranking Hierarchy)

　　　目的 ＜ 前 ＜ 後，時 ＜ 理由，現実条件

　副詞類ランク下げ階層での意味的関係には，当然，等位接続構文で見られるもの

と同じ意味的関係，すなわち，時間的な同時性と連続性，原因（理由），条件（9.2.4節参照），それにおそらく，目的がある（9.4.5節参照）。Cristofaroは，等位接続とランク下げの関係についての調査は行っていない。しかし，Stassenは，同時的（simultaneous）時間節連鎖のランク下げが見られる時にのみ，連続的（consecutive）時間節連鎖のランク下げが見られると報告している（Stassen 1985: 99）。これは，副詞類ランク下げ階層上の「後」（連続的）と「時」（同時的）の副詞節との連合的なランク付けに対応しているのかもしれない。

　関係詞節における意味的関係の分類は，かなり異なる原理に基づき機能している。Cristofaroは，関係詞節を，関係詞節において関係詞節化された（主要部）名詞句の参与者役割の観点から分類しているが，この分析は，LehmannがCristofaroの研究よりも前に行ったアプローチ（Lehmann 1984, 1986）と同様のものである。

(96)　a.〈主語〉(S/A)：the girl$_i$ [that Ø$_i$ left early]；the girl$_i$ [that Ø$_i$ kissed me]
　　　b.〈目的語〉(P/T)：the book$_i$ [that I bought Ø$_i$]；the book [that you sent Ø$_i$ to me]
　　　c.〈間接目的語〉(G)：the girl$_i$ [that he sent the card to Ø$_i$]
　　　c.〈斜格〉：the pen$_i$ [that I wrote the letter with Ø$_i$]

　Cristofaroの研究結果は，Lehmannの研究結果を裏付けているが，それは対格と直接目的語の参与者役割階層に一致している（Cristofaro 1988: 184–5; 4.2.2–4.2.3節も参照）。

(97)　関係詞節ランク下げ階層（Relative Clause Deranking Hierarchy）
　　　主語 (S/A)　<　目的語 (P/T)　<　間接目的語 (G)　<　斜格

　Cristofaroは，従属節タイプの3つ全てを比較して，次の部分的な含意的階層を発見した（Cristofaro 1998: 202）。

(98)　従属節ランク下げ階層（Subordinate Clause Deranking Hierarchy）

モーダル， フェーザル	<	目的	<	操作， 願望	<	知覚	<	前	<					
				理由， 後，時	<	知識， 現実条件	<	命題的態度	<	発話				
	<	S/A関係節	<	P/T関係節	<	G関係節	<	斜格関係節						

換言すると，補部と副詞類の関係が単一の含意的階層を形作る一方で，関係詞節の関係はまた別の階層を形作るのである。この別の階層がランクを下げていないのは，

9章 等位接続—従位接続の連続体 433

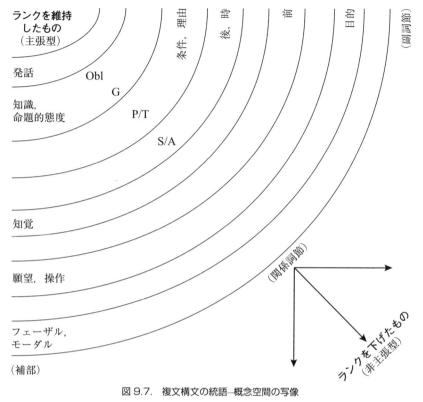

図9.7. 複文構文の統語—概念空間の写像

時間に関する副詞的関係と同じである。
　ランク下げ階層は，従属節の統語について一次元の統語空間を規定している。従属節ランク下げ階層は，統語空間の1つの次元を，図9.2で描いた複文に関する二次元の概念空間と結びつけている。8.5.2節で態に対して行ったように，ランク下げの統語空間((91)のもの)を図9.2の複文タイプの概念空間上に配置することが可能である。すなわち，図9.7に示すように，ランク下げの一次元の統語空間と複文の二次元の概念空間との関係を，極座標上に写像することによって捉えることができる(図の関係詞節役割の位置は近似値を示すにすぎない)。
　単文や等位(複合的図)構文のように，主節はランクを維持しており，様々なタイプの従属節が主節と関連してランク下げされる。図9.7では，ランク下げが類型論的に無標の主節タイプから外側へ向かって放射状に広がるものとして表示されている。各々の円は，従属節ランク下げ階層における別の段階を表している。
　Cristofaroは，多くの意味的特性が，(93)，(95)，(97)，(98)での階層を決定す

ると主張する（Cristoforo 1998: 210，および彼女との私信：Givón 1980b: 335 と比較）。階層における最初の 3 つの段階（知覚補部に至るまで）は，意味的融合度の程度との観点で順位付けられている。Cristoforo は，意味的融合度を 2 つの状況の相互関連性の程度として規定する。相互関連性の程度は，2 つの節が表す状況における共通の参与者の数と役割によって影響を受け，また，主節の状況における参与者側の従属節の状況の実現に対する支配力の程度によっても影響を受ける。モーダルとフェーザルについては，参与者は同一である。操作的補部，願望的補部，知覚的補部は，参与者を 1 つ加えるものである。操作と目的節については，参与者は従属節の状況の実現に対してある程度は支配力を有している。

　階層でより下側に位置する複文の状況タイプについては，意味的融合度は見られない。これらの複文の状況タイプの順序付けを決定するように思われる意味的要因は，従属節の状況の時間基準およびモーダルの地位の先決である。時間的副詞類（*before*, *after*, *when*）によって，従属節の状況の時間基準はあらかじめ決められる。理由，現実条件，知識，命題的態度の構文では（発話補部は異なるが），従属節の事態のモーダルの地位はあらかじめ決められている。意味的融合度は関係詞節においても見られない。(97) の参与者役割階層が規定するように，関係詞節のランク下げは，むしろ関係詞節の事象において主要部名詞の指示対象がどれほど中心的であるのかに影響される。

　結論として，図 9.7 では表示してはいない埋め込みと節融合という従属節と関係する他の 2 つの統語的特性に対する推測的見解をいくつか述べておく。埋め込みと節融合の両方が，ランク下げと同じ側面に適合するように思われる。埋め込みは，従属節による主節の（非）分離可能性の観点から通言語的に定義することが可能である（5.3.2 節参照）。もしこれが真であるなら，埋め込みは意味的融合度の程度によって類像的に動機付けられるであろう。

　節融合も，全てのタイプの従属節と共に生じる現象である。関係詞節が単純な限定構文として（特に，属性語と共に）文法化することは一般的である（2.4.2 節参照）。また，分裂構文と疑問文における関係詞節は，二重節の地位を失っている（Harris & Campbell 1995, 7 章と 10 章）。補部に関しては，操作，モーダル，フェーザルが，助動詞や，さらには接語あるいは動詞の接辞へと文法化することも一般的である（Lehmann 1982b/1995: 27–8; Harris & Campbell 1995: 173–82; Cristoforo 1998）。最後に，副詞節は，副詞または接置詞へと発達しうる。たとえば，英語の分詞的形式の *regarding*（～に関して）は，話題標示前置詞へと文法化しつつあるように思える。*notwithstanding*（～にもかかわらず）は，今や後置詞として機能する。これらの観察も，節融合とは意味的融合度の程度によって類像的に動機付けられていることを示唆している。

9.5. 結論

　複文の類型論は非常に複雑である。しかし，複文の類型論に見られる複雑性と連続体は，複合的図構文と図–地構文とのゲシュタルト的区別や，eサイト精緻化の特性によって規定される概念空間の内部に配置することが可能である。ランク下げの統語的連続体は，ランク下げ階層によって順序付けられるが，ランク下げ階層は類型論的有標性の普遍性に一致する。ランク下げ階層によって，統語空間を一次元へと減らすことが可能となり，それによって，その一次元へと減らされた統語空間は，意味的融合度という概念的側面の観点から，概念空間上へと写像することが可能となる。さらに，埋め込みと節融合は同じ概念的側面に従うように見えるが，これは驚くべきことではない。なぜなら，意味的融合度は，埋め込みと節融合を類像的に動機付けているからである。

　本章での分析は，やむを得ず概観的な記述になっている。しかし，ここで報告した研究は，複文の構造的多様性を，複文が符号化する構造化された概念空間と体系的かつ普遍的に結びつけることが可能であることを示唆している。

10 章

統語理論と言語理論

　本書では，ラディカル構文文法の正当性を主張してきた。統語構造の事実上全ての側面が個別言語固有（実際には，構文固有）のものである。世界の言語には構造的多様性が見られるが，それを説明するためにはラディカル構文文法のアプローチがまさに不可欠である。本書ではさらに，構文が持つ唯一論証可能な統語構造は，統語的要素と構文全体とのメロノミックな関係の中に見られることも論じた。ここでも，世界の言語に見られる構造的な多様性を考慮すると，統語的関係とは，統語的役割や，さらには形式と意味を結ぶ記号的関係に置き換えて考える必要があることが分かる。

　ここで私が問題にしているのは，全ての言語の構造的な多様性である。すなわち，ジャングルや砂漠のほとんど知られていない危機言語のみならず，統語理論を作る際にほとんど常に論じられる言語である英語を含む，あらゆる言語を問題にしている。全ての言語で，分布パタンがきちんと揃わない構文や，形式と意味の複雑な写像を備えた構文が見られる。極小の基本要素を備えた統語モデルや，様々な種類の統語関係を備えた統語モデルでは，数多くの素性や複数の統語構造のレベルを加えることなしに，文法の経験的事実をうまく捉えることは不可能であろう。仮に成功したとしても，そういった統語モデルは，説明しようとする少数の言語以外の言語に対して説明を与えることはほとんどない。すなわち，統語論の研究の再出発が必要なのである。

　文法的多様性を扱うことには，ほぼゼロから統語理論を再構築することが必要となる。幸いなことに，ここ 10 年半の構文文法の発展が，通言語的事実に従う統語表示モデルへの方向性を示してくれた。過去 40 年にわたる言語学的類型論における内容豊かな，目覚ましい発展を見せる研究（その幾つかは本書で報告した）も少なくとも同様に重要であり，文法理論の再構築に貢献している。

　ラディカル構文文法は拍子抜けするくらいに単純なモデルであり，統語表示に関わる真に最小主義的なモデルである。それは 5 つのポイントに要約できる。

[436]

10章　統語理論と言語理論　437

1. モデルにおける基本的文法ユニット
   基本的文法ユニットの唯一のタイプは，**構文**である。構文とは，極小的な
   ものとも複合的なものとも，あるいはスキーマ的なものとも実質的なもの
   ともなりうる形式と意味の組み合わせのことを指す（1.3.1 節，表 1.4）。

　実際には，ラディカル構文文法には上記の項目以外の制約もある。複数の要素か
ら構成される複合的構文は，スキーマ的要素も，実質的要素も，さらにはそれら 2
つを組み合わせたものも取りうる。しかし，極小の「構文」は，実質的なもの，す
なわち特定の**語**にしかなれない。極小のスキーマ的要素（統語カテゴリ）は存在し
ない。統語カテゴリは，（複合的）構文の内部で規定される。すなわち，統語カテゴリ
は，特定の構文で役割を演じるスキーマ的要素として規定される。
　統語的構文タイプの普遍的で有限の目録は存在しない。すなわち，構文は個別言
語固有のものなのである（8〜9 章）。構文は，**統語空間**（可能な統語的タイプが含ま
れる空間）の領域上に自由に広がることができる。

2. モデルにおける基本的な統語的関係
   構文内部における統語的関係の唯一のタイプは，構文と，構文の**役割**を担
   う**要素**との**メロノミックな**（部分–全体）関係である。統語的役割は，構文
   と関連して定義されるので，統語的役割タイプの普遍的で有限の目録は存
   在しない。

　構文間で認められる唯一のタイプの統語的関係は，構文全体同士の**分類的な**（ス
キーマ–事例）関係や，1 つの構文の要素とそれとは別の構文の要素の間の**分類的な**
（スキーマ–事例）関係である。すなわち，構文間の全ての関係は**カテゴリ化の関係**
であり，ゆえに人間のカテゴリ化に関わる原理に適合するのである。（一方，意味構
造は，はるかに豊かであり，またより複雑である。3.3 節，6.4.3 節を参照。）

3. 形式と意味の関係
   構文は，形式と意味を**記号的**関係を通じて結びつける（1.3.2 節の図 1.4）。
   記号的関係は，構文の形式的構造全体と，その意味全体との間に成り立つ。
   記号的関係は，構文の形式的構造の要素と，その意味構造の**成分**の間にお
   いても成り立つ。幾つかの写像パタン（たとえば，**類像的**写像）は，他のも
   のよりも広範囲に見られる傾向にあるが，可能な写像パタンのタイプに制
   限はない（5〜6 章）。

4. 言語内部と複数言語間における一般化

言語内部の一般化の1つのタイプが，上で言及したカテゴリ化の関係である。一般化の2つ目のタイプは，構文間や複数言語間のいたる所に見られる。これらは，**プロトタイプ**や**含意的階層**のような多様性の体系的パタンである。通構文的多様性や通言語的多様性はこれらによって特徴付けられており，特定の機能について用いられる分布や，さらには構文の形式も，これらによって制限が与えられている（2，4，8，9章）。すなわち，妥当な通言語的一般化とは，機能が言語形式においてどのように**符号化される**かに関する一般化である。加えて，言語内部と複数言語間における多様性は，同じ一般化によって支配されている。

5. 言語学的一般化の説明

上で述べたパタンは，人間の心の中の構造を示す，概して普遍的な**概念空間**（2～3章）の仮説によって説明することができる。分布パタンとは，概念空間上で重なり合う**意味地図**である。言語内と異言語間では，どのような種類のパタンを見ることができるのか，あるいは，どのような種類の通時的な文法的変化が起こりうるのか，を予測する概念空間の**地形**（TOPOGRAPHY）に関する制約によって言語の普遍性は説明可能である。

文法構造の形式的表示にはこれ以上のものは何も必要ない。しかし，英語およびあらゆる言語の文法的構文の多様性の全てを理解し，それに対する説明を行うためには，ありとあらゆるものがさらに必要となってくる。本書では，統語理論の基本的概念である，品詞と他の統語カテゴリ，「文法関係」（統語的役割），統語的関係とその表示のし方，主要部と項と付加詞，文法的態，複文構造について，批判的検証を行った。本書は大部の文献であるが，それはこの探求の始まりにすぎない。現代の言語学（linguistics）は，類型論研究でさえが，概念空間と，概念空間を符号化する構文の統語空間を策定することにおいては，初期の世界探検家の段階にあるにすぎない。

構文文法と類型論理論の両方において，文法知識では形式と機能の関係が中心的役割を担うことが強調されてきた。この関係とは言語的記号（linguistic sign）のことである。過去一世紀にわたり言語学の基本的原理は，言語的記号は恣意的であるということである（Saussure 1916/1966: 67–8）。この原理の妥当性は異論の余地がない。しかし，言語的記号の恣意性は，概して普遍的な構造（すなわち，言語的記号が写像される先の概念空間）に重ね合わせられる。概念空間は人間の心の地形であり，それは世界の言語の事実の中から読み取ることができ，最先端の脳スキャニ

ングの技術によっては提示不可能なものである。このことが，言語を研究すること
の大きな喜びの1つであり，またそれが言語研究を行うということ（あるいは，言
語研究のあるべき姿）である。

　概念空間の普遍性は，言語的記号の恣意性を否定しないし，個別言語固有（また，
構文固有）のカテゴリが人間の認知で演じる役割も否定しない（3.4節）。人間の言
語に見られる多様性を研究することによって，認知とコミュニケーションにおける
普遍性と個別性の相互作用についての理解を深めることができる。

　また，本書では心的表示を重要視した研究を進めているにもかかわらず，ここで
は**コミュニケーション**（COMMUNICATION）という語が重要な役割を果たしている。他
のいかなる統語理論と同様，ラディカル構文文法は単なる統語理論にすぎない。統
語理論は心の中の文法知識を表示する理論のことであり，これが過去一世紀にわた
り言語学で中心的な関心事として議論の対象とされてきた。しかし，統語理論は言
語理論ではない。言語理論なき統語理論は1つの表記法にすぎない。あるいは，そ
のようなものは，せいぜいが話者の頭の内部で起きることをモデル化したものにす
ぎない。この事実に関しては，ラディカル構文文法も例外ではない。

　私が『言語変化の説明：進化的アプローチ』（*Explaining Language Change: An
Evolutionary Approach*（Croft 2000a）で提示したのは言語理論である。本書で紹
介したラディカル構文文法は，Croft（2000a）で論じた言語理論の一部を構成する
ものとみなすことができる。言語（language）とは，根源的に動的（dynamic）な現
象であり，また根源的に相互作用的（interactional）な現象である。言語は，言語使
用の事態，誰かに対して話された，または話されるであろう全ての発話，各発話が
作り出す人間同士の全ての共有経験，という3つの要因の全体性から成り立つ。発
話の進化（evolution）の理論とは，その全ての側面における言語理論といえる。

　言語の全体性を捉える言語の科学的アプローチの展開は，進化の一般化モデル
（generalized model of evolution）を用いることによって可能となる（Hull 1988）。一
般化モデルは，生物学（biology）における進化理論の2つの基本的洞察に基づく。
すなわち，生物学的カテゴリの**個体群**（POPULATION）の定義と，**選択**（SELECTION）の
理論の2つである。しかしながら，一般化モデルとは，単なる生物学理論ではない̇。
一般化モデルは，生命体であれ言語であれ，あらゆる経験的領域における発生系の
理論である。一般化モデルとは，発生系を研究する全ての学派に及ぶものなのであ
る。

　生物的種は，一連の必要かつ十分な素性によって定義されるわけではない。必要
かつ十分な素性によって生物的種が定義不可能である理由は，種というものは「必
要」な素性を獲得したり失ったりしながら進化していくものだからである。種は，
他の生命体とは生殖において交わることのない個々の生命体から成る**個体群**と定義

される（すなわち，生命体は他の生命体との異種交配は行わない）。この相互作用的特性によって，種は個体郡として定義される。より一般的には，進化していく個体群は，進化の過程で現れては消失しうる固有の特性ではなく，むしろ何らかの相互作用的特性によって規定されなければならない。

　生物種の成員同士の異種交配によって，個体群は分裂するか，あるいはそれが絶滅する時まで時空を超えて存在することが可能となる。生物種の成員同士による異種交配は，また別の個体群，すなわち，種のゲノム（GENOMES）（特定の個体の遺伝子（genes）の完全な構成要素）を規定する。個体群は，それからまた別の個体群，すなわち，種の**遺伝子**プール（GENE pool）（遺伝子の個体群（遺伝子のトークン））を規定する。これらの個体群の全てが，Hull が**時空的に境界を持つ個体**（SPATIOTEMPO-RALLY BOUNDED INDIVIDUALS）と呼ぶものである。これらは，現実のものであり，存在しており，有限であり，経験的に確認可能な実在物である。

　私は Croft（2000a）において，言語共同体（speech community）の適切な定義とは，他の話者から**コミュニケーション上切り離された**（COMMUNICATIVELY ISOLATED）個々の話者の個体群だと論じた。話者同士のコミュニケーションによる相互作用によって個体群が規定される。個体群とは，言語共同体において話者が作り出す**発話**（UTTERANCES）の個体群のことを指す。ちょうど種が実際の生命体の個体群であるように，**言語**（LANGUAGE）は発話の個体群（生じうる発話ではなく，実際に生じる発話のこと）である。発話には，言語構造のトークン（構文，語，形態素，音素）が含まれる。言語構造のこれらのトークンが**リングイーム**（LINGUEMES）である。言語がリングイーム・プール（言語共同体の発話に見られるリングイームから成る個体群）を規定する。社会言語学者はリングイーム・プールのサンプリング（研究対象としての事例の抽出）を行っている。社会言語学者は，リングイーム・プールの構造と進化を研究しているのである。これらの個体群全ても，時空的に境界を持つ個体である。すなわち，これらは，現実のものであり，存在しており，有限であり，経験的に確認可能な実在物である。

　発話は，どのように会話の中で生じるのだろうか。発話は，経験を共有する手段，すなわち話者の心の領域を通る旅である。この共有を達成する手段が発話の構造である。話者が発話を行う際はいつでも，発話の言語構造は話者が経験した以前の発話から**複製された**（REPLICATED）ものである。なお，ここで言う以前の発話では，複製が行われる構造，またはその構造の変種が含まれていた。すなわち，この発話の言語構造には，新しい発話で新しい経験を伝達するために，以前の発話において使用されたリングイーム（語，形態素，構文）の複製（replication）と再結合が関与するのである。

　リングイームは，遺伝子と同じように，**自己複製子**（REPLICATORS）であり，「自己

複製子は，包含性をどんどん高めるユニットによって構成される入れ子構造を持つ
システム中に存在している」(Hull 1988: 449; Croft 2000a: 33–4 参照)。これが，ゲ
ノムの構造であり，私は全く同じ構造が発話において見られることを論じた。ラディ
カル構文文法では，文法的構文は単にメロノミックな構造しか持たない。すなわち，
構文は要素を含むより包含的なユニットであり，要素も構文である。ユニットは，
語と形態素のレベルに達するまで，他のユニットを包含するのである（上の1と2
のポイント参照）。

　このように，リングイーム複製は言語使用のプロセスとして規定可能である。そ
のため，複製はコミュニケーションや社会的文脈の突然の変化によって影響を受け
る。話者は，意図したやり方でリングイームを複製する。聞き手は，談話の状況の
文脈と，リングイームの構造の以前の複製に関する自身の経験に基づき，その複製
を理解する（なお，聞き手の経験は話者が持つ経験とは異なったり，あるいは意味
を読み取る上での誤解や意味をめぐる話し合いをも含みうる経験であったりする）。
しかし，いかなる発話の産出にも，現在の経験を符号化するために話し手が既存の
形態統語的構造を複製することや，聞き手がその形態統語的構造を概念構造上に写
像するために自身の知識を利用することが含まれる。

　言い換えると，発話の産出（すなわち，コミュニケーション）には，主に意味を形
式上に写像することが伴うのである（聞き手にとっては逆になるが）。すなわち，こ
れが構文における記号的関係である。本書では，統語的関係ではなく，記号的関係
が構文の内部構造にとっては中心的なものであることを論じた。また，言語の普遍
性は，意味を言語形式上へと写像するパタンにおいて見られることも論じた。構文
とその要素は，体系的なやり方でもって，概念空間の対応する意味構造上へと写像
される。これが，ラディカル構文文法の中心的見解である（上のポイント4と5参
照）。言語の普遍性は，コミュニケーションにおいて最も重要な局面（コミュニケー
ションが失敗する可能性が最も高い所）で見られるという仮説を立てることが妥当
である。

　コミュニケーションは，完全なものではない。構文の概念空間上への写像と，構
文が写像される概念空間の領域は，発話のたびに更新される必要がある。コミュニ
ケーションの過程では，形式—機能の写像の再分析（reanalysis）が生じ，それが文
法上の**革新**（INNOVATION）を引き起こすことがある（Croft 2000a, 4〜6章）。リング
イームの複製は，リングイームの構造を変えることもできる。とりわけ，リングイー
ムは，目新しいやり方で発話の中で再結合されうる。言語変化（language change）
において革新が起こる真の場所は記号的関係，すなわち，意味を伝達するための発
話におけるリングイーム使用の中にある。形式と機能の記号的関係の再写像は，文
法構造での革新または**改変複製**（ALTERED REPLICATION）の主要なメカニズムである。

442 第3部 普遍的構文から統語空間へ

　言語変化は，あらゆる進化的変化と同様，二段階のプロセスから成る。この二段階のプロセスは，選択の一般化理論（the generalized theory of selection）によって記述可能である。選択の一般化理論は Hull によって構築された。この理論では，変化が複製によってもたらされるプロセスや個体群の進化を含むプロセスのモデル化がなされている。上で述べたように，ここで言う個体群は，あらゆるものの個体群（すなわち，生命体，遺伝子，発話，リングイームなど）になりうる。二段階のプロセスには，1つのレベルでは複製が，もう1つのレベルでは選択が関わる（Hull 1988: 408–9）。最初のレベルでは，**自己複製子**はその構造を連続的な複製において大部分損なわないまま伝播していく。しかし，構造は改変された形で複製され，新規の変種を生み出すことがある。二番目のレベルでは，**相互作用子**（INTERACTOR）はまとまりのある全体として**環境**（ENVIRONMENT）と相互作用する。この相互作用によって，複製が他とは異なるものとなる（すなわち，相互作用によって，幾つかの変種の普及や，あるいは逆に消滅が起こる）。**選択**（SELECTION）とは，相互作用子の特異的な消滅と増殖によって，関連する自己複製子の特異的な永続化をもたらすプロセスである。

　進化における最初の段階は革新である。すなわち，新規の変種の創造である。革新は，自己複製子（遺伝子またはリングイーム）の改変複製である。二番目の段階は，**選択**，あるいは，言語学者が呼ぶように，個体群を通した新規の変種の**伝播**（PROPAGATION）である。いったん新規のリングイームが産出されると，それは言語共同体を通じて伝播したり，あるいは逆に消滅したりする。選択は，相互作用子（話者）による自己複製子の特異的複製（differential replication）（言語変化の場合はリングイーム）である。相互作用子は，自身の環境と相互作用する。すなわち，言語変化では，環境とは発話行為の状況という社会的文脈であり，話し手が発話において伝達したいと思う経験のことである。この相互作用の結果が，発話における他ならぬ特定のリングイームの複製である。

　環境は次に話し手に影響を与える。すなわち，話し手は，自身の言語共同体において発話にさらされる者であり，自身の言語知識は発話にさらされることによって発達していく。話し手の言語知識は，自身が聞いた発話を理解したり，発話の言語構造を構文へとカテゴリ化することによって，帰納的に習得される。このカテゴリ化のプロセスによって，話し手の心の中（すなわち，自身の文法の中）で構文は分類的組織化が行われる。ラディカル構文文法にとっては，これがまさに言語習得のプロセスである。カテゴリは構文固有のものであり，構文は個別言語固有のものである。構文はそれゆえ，カテゴリ化のプロセスを通して帰納的に習得されるのである（上で挙げたポイント1〜3参照：1.1節で挙げた認知文法の内容要件と比較されたい）。

さらに，ラディカル構文文法で表す構文は，言語使用において常に進化しつつあるものである。話し手は，変化の扇動者でもあるし（なぜなら，構文を複製するのは話し手であるので），話し手とその対話者による使用上の変化に影響を受ける者でもある。すなわち，自身の言語（文法）の構文に対する話し手の知識は，（社会言語学的意味で）変化しやすいものである。同じもの（すなわち，概念空間における同一点）について表現する別の方法もある。すなわち，話し手の文法は，認知の相互活性化ネットワークモデルによってモデル化可能である（Croft 2000a: 172; Elman 他 1996 参照）。相互活性化ネットワークモデルによって，構文の知識の分類的ネットワークに加え，機能面において文法的構文を支える概念空間の構造も表される。

特異的複製（すなわち，伝播）は，社会歴史言語学者にとってはよく知られる社会的要因によって支配されている（概要については，Croft 2000a, 6〜8 章参照）。すなわち，話し手（相互作用子）は，部分的には社会的理由によって，リングイームの変種（自己複製子）を複製するが，その中で最も一般的なものは，その変種が関係する特定の共同体に自分自身を類別するという行為である。これらの社会的要因によって，言語の領域において選択のプロセスが起こる。

私が『言語変化の説明』という本で論じた言語理論の概略をここで紹介したのは，ラディカル構文文法（文法知識の理論）が，言語が統合的全体として理解および扱われる言語の大局的理論のほんの一部にすぎないということを読者に明示的に示すためである。文法知識は，発話における言語使用を通して習得される。言語（すなわち，発話から成る個体群）は，継続的な社会的相互作用（social interaction）を通して進化する。その社会的相互作用によって，言語変化のマクロなプロセス（すなわち，変化，伝播，言語接触，言語分岐，言語変動）は決定される。ミクロなレベルについていえば，構文は言語使用の過程の中で発生し進化していくものであり，革新が起こる場所は形式と機能の記号的関係である。そして，記号的関係は文法の普遍性が存在する場所でもある。このように，統語論は文脈から切り離すことはできないのである。

参考文献

Abney, Stephen P. (1987). 'The English noun phrase in its sentential aspect', Ph.D. dissertation, MIT.

Aikhenvald, Alexandra. (2000). *Classifiers: A Typology of Noun Categorization Devices.* Oxford: Oxford University Press.

Aissen, Judith. (1980). 'Possessor ascension in Tzotzil', *Papers in Mayan Linguistics*, ed. Laura Martin. Columbia, MO: Lucas Publishers, 89–108.

Aissen, Judith. (1987). *Tzotzil Clause Structurei.* Dordrecht: Kluwer.

Akmajian, Adrian. (1984). 'Sentence types and the form-function fit', *Natural Language and Linguistic Theory* 2: 1–23.

Altenberg, Bengt. (1987). *Prosodic Patterns in Spoken English: Studies in the Correlation between Prosody and Grammar for Text-to-speech Conversion.* Lund Studies English, 76. Lund: Lund University Press.

Anderson, Lloyd B. (1974). 'Distinct sources of fuzzy data: ways of integrating relatively discrete and gradient aspects of language, and explaining grammar on the basis of semantic fields,' *Towards Tomorrow's Linguistics,* ed. Roger W. Shuy and Charles-James, N. Bailey. Washington, D. C.: Georgetown University Press, 50–64.

Anderson, Lloyd B. (1982). 'The "perfect" as a universal and as a language-particular category,' *Tense-Aspect: Between Semantics and Pragmatics,* ed. Paul Hopper. Amsterdam: John Benjamins, 227–64.

Anderson, Lloyd B. (1986). 'Evidentials, paths of change, and mental maps: typologically regular asymmetries', *Evidentiality: The Linguistic Encoding of Epistemology,* ed. Wallace Chafe and Johanna Nichols. Norwood: Ablex, 273–312.

Anderson, Lloyd B. (1987). 'Adjectival morphology and semantic space', *Papers from the 23rd Annual Regional Meeting of the Chicago Linguistic Society, Part One: The General Session,* ed. Barbara Need, Eric Schiller, and Ann Bosch. Chicago: Chicago Linguistic Society, 1–17.

Anderson, Stephen R. (1971). 'On the role of deep structure in semantic interpretation', *Foundations of Language* 7: 387–96.

Anderson, Stephen R. (1976). 'On the notion of subject in ergative languages,' *Subject and Topic,* ed. Charles Li. New York: Academic Press, 1–24.

Anderson, Stephen R. (1992). *A-morphous Morphology.* Cambridge: Cambridge University Press.

Andrews, J. Richard. (1975). *Introduction to Classical Nahuatl.* Austin: University of Texas Press.

Annamalai, E. (1970). 'On moving from coordinate structures in Tamil,' *Papers from the Sixth Regional Meeting of the Chicago Linguistic Society*, 編者不明. Chicago: Chicago Linguistic Society, 131–46.

Anward, Jan, Edith A. Moravcsik, and Leon Stassen. (1997). 'Parts of speech: a challenge for typology', *Language Typology* 1: 167–83.

Ariel, Mira. (1990). *Accessing Noun Phrase Antecedents.* New York: Routledge.

Ariel, Mira. (1998). 'Mapping so-called "pragmatic" phenomena according to a "linguistic-extralinguistic" distinction: the case of propositions marked "accessible"', *Functionalism and Formalism in Linguistics, Vol. II: Case studies,* ed. Michael Darnell, Edith Moravcsik, Frederick Newmeyer, Michael Noonan and Kathleen Wheatley. Amsterdam: John Benjamins, 11–38.

Ariff, Syed Zainal Jamaluddin. (2000). 'The evolution of the grammatical meaning and function of the prefixes *per, ber-* and *memper-* between the seventeenth and twentieth centuries in Malay', Ph.D. dissertation, the University of Manchester.

Aristar, Anthony Rodrigues. (1991). 'On diachronic sources and synchronic patterns: An investigation into the origin of linguistic universals', *Language* 67: 1–33.

Aristar, Anthony Rodrigues. (1997). 'Marking and hierarchy types and the grammaticalization of case-markers', *Studies in Language* 21: 313–68.

Arndt, P. P. (1931). *Grammatik der Sika-Sprache.* Ende, Flores.

Ashton, E. O., E. M. K. Mulira, E. G. M. Ndawula, and A. N. Tucker. (1954). *A Luganda Grammar.* London: Longmans, Green and Company.

Bailleul, Charles. (1977). *Cours Pratique de Bambara t.III.* Bobo-Dioulasso, Upper Volta (Burkina Faso): Imprimerie de la Savane.

Barlow, Michael. (1988). 'A situated theory of agreement', Ph.D. dissertation, Stanford University. (Published by Garland Press, New York.)

Barsalou, Lawrence R. (1992). *Cognitive Psychology: An Overview for Cognitive Scientists.* Hillsdale, New Jersey: Lawrence Erlbaum Associates.

Barss, Andrew and Howard Lasnik. (1986). 'A note on anaphora and double objects', *Linguistic Inquiry* 17: 347–54.

Bauer, Laurie. (1990). 'Be-heading the word,' *Journal of Linguistics* 26: 1–31.

Berlin, Brent. (1968). *Tzeltal Numeral Classifiers.* The Hague: Mouton.

Biber, Douglas, Stig Johansson, Geoffrey Leech, Susan Conrad, and Edward Finegan. (1999). *Longman Grammar of Spoken and Written English.* Harlow, Essex: Longman.

Bird, Charles S. (1968). 'Relative clauses in Bambara', *Journal of West African Languag-*

es 5: 35–47.

Birner, Betty J. and Gregory Ward. (1998). *Information Status and Noncanonical Word Order in English.* Amsterdam: John Benjamins.

Bloomfield, Leonard. (1933). *Language.* New York: Holt, Rinehart and Winston.〔三宅鴻・日野資純訳（1962）『言語』東京: 大修館書店〕

Bloomfield, Leonard. (1962). *The Menomini Language.* New Haven: Yale University Press.

Bolinger, Dwight. (1967). 'Adjectives in English: attribution and predication', *Lingua* 18: 1–34.

Bolinger, Dwight. (1977). *Meaning and Form.* London: Longmans.〔中右実訳（1981）『意味と形』東京: こびあん書房〕

Bolinger, Dwight. (1980a). *Syntactic Diffusion and the Definite Article.* Bloomington: Indiana University Linguistics Club.

Bolinger, Dwight. (1980b). *Language, the Loaded Weapon.* London: Longmans.

Bowerman, Melissa. (1996). 'The origins of children's spatial semantic categories: cognitive versus linguistic determinants', *Rethinking Linguistic Relativity,* ed. John J. Gumperz and Stephen C. Levinson. Cambridge: Cambridge University Press, 145–76.

Braine, Martin D. S. (1976). *Children's First Word Combinations.* Monographs of the Society for Research in Child Development 41, no. 1.

Bresnan, Joan (ed.). (1982). *The Mental Representation of Grammatical Relations.* Cambridge, MA: MIT Press.

Bresnan, Joan and Samuel A. Mchombo. (1987). 'Topic, pronoun and agreement in Chichewa', *Language* 63: 741–82.

Bresnan, Joan and Jane Simpson. (1982). 'Control and obviation in Warlpiri', *Proceedings of the First West Coast Conference on Formal Linguistics,* ed. Daniel P. Flickinger, Marlys Macken, and Nancy Wiegand, 280–91.

Bybee, Joan L. (1985). *Morphology: An Inquiry into the Relation between Meaning and Form.* Amsterdam: John Benjamins.

Bybee, Joan L.(1998). 'The emergent lexicon', *Papers from the Panels, 34th Annual Meeting of the Chicago Linguistic Society,* ed. M. Catherine Gruber, Derrick Higgins, Kenneth S. Olson, and Tamra Wysocki. Chicago: Chicago Linguistic Society, 421–35.

Bybee, Joan L. and Östen Dahl. (1989). 'The creation of tense and aspect systems in the languages of the world', *Studies in Language* 13: 51–103.

Bybee, Joan L., Revere D. Perkins, and William Pagliuca. (1994). *The Evolution of Grammar: Tense, Aspect and Modality in the Languages of the World.* Chicago:

448　参考文献

University of Chicago Press.

Carlson, Robert Joel. (1994). *A Grammar of Supyire* (Mouton Grammar Library, 15.) Berlin: Mouton de Gruyter.

Chafe, Wallace. (1977). 'Caddo texts', *Caddoan Texts* (IJAL Native American Text Series, 2.1), ed. Douglas R. Parks. Chicago: University of Chicago Press, 27–43.

Chafe, Wallace. (1979). 'The flow of thought and the flow of language,' *Discourse and Syntax* (Syntax and Semantics, Vol. 12), ed. Talmy Givón. New York: Academic Press, 159–82.

Chafe, Wallace (ed.). (1980). *The Pear Stories.* New York: Ablex.

Chafe, Wallace. (1988). 'Linking intonation units in spoken English,' in Haiman and Thompson (1988), 1–27.

Chafe, Wallace. (1994). *Discourse, Consciousness and Time: The Flow and Displacement of Conscious Experience in Speaking and Writing.* Chicago: University of Chicago Press.

Choi, Soonja and Melissa Bowerman. (1991). 'Learning to express motion events in English and Korean: The influence of language-specific lexicalization patterns', *Cognition* 41: 83–121.

Chomsky, Noam. (1957). *Syntactic Structures.* The Hague: Mouton.〔勇康雄訳 (1963)『文法の構造』東京：研究社；福井直樹・辻子美保子訳 (2014)『統辞構造論』東京：岩波書店〕

Chomsky, Noam. (1965). *Aspects of the Theory of Syntax.* Cambridge, MA: MIT Press.〔安井稔訳 (1965)『文法理論の諸相』東京：研究社〕

Chomsky, Noam. (1970). 'Remarks on nominalization,' *Readings in English Transformational Grammar*, ed. Roderick Jacobs and Peter S. Rosenbaum. Boston: Ginn, 184–221.

Chomsky, Noam. (1981). *Lectures on Government and Binding.* Dordrecht: Foris.〔安井稔・原口庄輔訳 (1986)『統率・束縛理論』東京：研究社〕

Chomsky, Noam. (1986). *Barriers.* Cambridge, MA: MIT Press.〔外池滋生・大石正幸監訳 (1994)『障壁理論』東京：研究社〕

Chomsky, Noam. (1991). 'Some notes on the economy of derivation and representation', *Principles and Parameters in Comparative Grammar,* ed. Robert Freidin. Cambridge, MA: MIT Press, 417–54.

Chomsky, Noam. (1995). *The Minimalist Program.* Cambridge, MA: MIT Press.〔外池滋生・大石正幸訳 (1998)『ミニマリスト・プログラム』東京：翔泳社〕

Chung, Sandra. (1976). *Case Marking and Grammatical Relations in Polynesian.* Austin: University of Texas Press.

Chung, Sandra. (1977). 'On the gradual nature of syntactic change', *Mechanisms of*

Syntactic Change, ed. Charles Li. Austin: University of Texas Press, 3–55.

Churchward, C. Maxwell. (1953). *Tongan Grammar.* Nuku'alofa, Tonga: Taulua Press.

Čikobava, Arnold and Ilia Cercvadze. (1962). *Xundzuri Ena.* Tbilisi: Universit'et'i.

Clark, Eve V. (1978). 'Existentials, locatives and possessives', *Universals of Human Language, Vol. 4: Syntax,* ed. Joseph H. Greenberg, Charles A. Ferguson, and Edith A. Moravcsik, Stanford: Stanford University Press, 85–126.

Clark, Eve V. (1993). *The Lexicon in Acquisition.* Cambridge: Cambridge University Press.

Clark, Eve V. and Herbert H. Clark. (1979). 'When nouns surface as verbs', *Language* 55: 767–811.

Clark, Herbert H. (1996). *Using Language.* Cambridge: Cambridge University Press.

Cole, Peter. (1982). *Imbabura Quechua.* Lingua Descriptive Studies 5. Amsterdam: North-Holland.

Cole, Peter. (1984). 'Clause reduction in Ancash Quechua', *Syntax and Semantics 16: The Syntax of Native American languages,* ed. Eung-Do Cook and Donna B. Gerdts. New York: Academic Press, 105–21.

Cole, Peter, Wayne Harbert, Gabriella Hermon, and S. N. Sridhar. (1980). 'The acquisition of subjecthood', *Language* 56: 719–43.

Comrie, Bernard. (1975). 'The antiergative: Finland's answer to Basque', *Papers from the Eleventh Regional Meeting of the Chicago Linguistic Society,* ed. Robin E. Grossman, L. James San, and Timothy J. Vance. Chicago: Chicago Linguistic Society, 112–21.

Comrie, Bernard. (1976a). *Aspect.* Cambridge: Cambridge University Press.

Comrie, Bernard. (1976b). 'The syntax of action nominals: a cross-language study', *Lingua* 40: 177–201.

Comrie, Bernard. (1977). 'In defense of spontaneous demotion: the impersonal passive,' *Grammatical Relations.* (Syntax and Semantics, Vol. 8.), ed. Peter Cole and Jerrold M. Sadock. New York: Academic Press, 47–58.

Comrie, Bernard. (1978). 'Ergativity', *Syntactic Typology,* ed. Winfrid Lehmann. Texas: University of Texas Press, 329–49.

Comrie, Bernard. (1980a). 'Inverse verb forms in Siberia: evidence from Chukchee, Koryak and Kamchadal', *Folia Linguistica* 1: 61–74.

Comrie, Bernard. (1980b). 'Agreement, animacy and voice,' *Wege zur Universalien Forschung* (Sprachwissenschaftliche Beiträge zum 60. Geburtstag von Hansjakob Seiler), ed. Gunter Brettschneider and Christian Lehmann. Tübingen: Gunter Narr, 229–34.

Comrie, Bernard. (1982). 'Grammatical relations in Huichol', *Studies in Transitivity,* ed.

Paul Hopper and Sandra Thompson. New York: Academic Press, 95–115.

Comrie, Bernard. (1986). 'Markedness, grammar, people and the world', *Markedness,* ed. Fred R. Eckman, Edith A. Moravcsik, and Jessica R. Wirth. New York: Plenum Press, 85–196.

Comrie, Bernard. (1989). *Language Universals and Linguistic Typology* (第 2 版). Chicago: University of Chicago Press.〔松本克己・山本秀樹訳 (2001)『言語普遍性と言語類型論』東京: ひつじ書房〕

Comrie, Bernard. (1998). 'Rethinking the typology of relative clauses', *Language Design* 1: 59–86.

Comrie, Bernard and Kaoru Horie. (1995). 'Complement clauses versus relative clauses: some Khmer evidence', *Discourse Grammar and Typology: Papers in Honor of John W. M. Verhaar,* ed. Werner Abraham, T. Givón, and Sandra A. Thompson. Amsterdam: John Benjamins, 65–75.

Cooreman, Ann. (1987). *Transitivity and Discourse Continuity in Chamorro Narratives.* Berlin: Mouton de Gruyter.

Cooreman, Ann. (1994). 'A functional typology of antipassives', *Voice: Form and Function,* ed. Barbara Fox and Paul Hopper. Amsterdam: John Benjamins, 49–88.

Corbett, Greville. (1979). 'The agreement hierarchy', *Journal of Linguistics* 15: 203–24.

Corbett, Greville. (1991). *Gender.* Cambridge: Cambridge University Press.

Corbett, Greville and Alfred G. Mtenje. (1987). 'Gender agreement in Chichewa', *Studies in African Linguistics* 18: 1–38.

Corbett, Greville, Norman Fraser, and Scott McGlashan (eds.). (1993). *Heads in Grammatical Theory.* Cambridge: Cambridge University Press.

Cowper, Elizabeth. (1992). *A Concise Introduction to Syntactic Theory.* Chicago: University of Chicago Press.

Craig, Colette. (1986). 'Jacaltec noun classifiers: a study in language and culture', *Noun Classes and Categorization,* ed. Colette Craig. Amsterdam: John Benjamins, 263–93.

Cristofaro, Sonia. (1998). 'Subordination strategies: a typological study'. Ph.D. dissertation, University of Pavia の改訂版.

Croft, William. (1984). 'Semantic and pragmatic correlates to syntactic categories', *Papers from the Parasession on Lexical Semantics, Twentieth Regional Meeting of the Chicago Linguistic Society,* ed. David Testen, Veena Mishra, and Joseph Drogo, 53–71.

Croft, William. (1986). 'Categories and relations in syntax: the clause-level organization of information', Ph.D. dissertation, Stanford University.

Croft, William. (1988). 'Agreement vs. case marking and direct objects,' *Agreement in*

Natural Language: Approaches, Theories, Descriptions, ed. Michael Barlow and Charles A. Ferguson. Stanford: Center for the Study of Language and Information, 159–80.

Croft, William. (1990a). *Typology and Universals.* Cambridge: Cambridge University Press.

Croft, William. (1990b). 'A conceptual framework for grammatical categories (or, a taxonomy of propositional acts)', *Journal of Semantics* 7: 245–79.

Croft, William. (1990c). 'Possible verbs and event structure', *Meanings and Prototypes: Studies on Linguistic Categorization,* ed. S. L. Tsohatzidis. London: Routledge, 48–73.

Croft, William. (1991). *Syntactic Categories and Grammatical Relations: The Cognitive Organization of Information.* Chicago: University of Chicago Press.

Croft, William. (1993a). 'A noun is a noun is a noun—or is it? Some reflections on the universality of semantics', *Proceedings of the Nineteenth Annual Meeting of the Berkeley Linguistics Society,* ed. Joshua S. Guenter, Barbara A. Kaiser, and Cheryl C. Zoll. Berkeley: Berkeley Linguistics Society, 369–80.

Croft, William. (1993b). 'Case marking and the semantics of mental verbs', *Semantics and the Lexicon,* ed. James Pustejovsky. Dordrecht: Kluwer Academic, 55–72.

Croft, William. (1994a). 'Voice: beyond control and affectedness', *Voice: Form and Function,* ed. Paul Hopper and Barbara Fox. Amsterdam: John Benjamins, 89–117.

Croft, William. (1994b). 'Semantic universals in classifier systems', *Word* 45: 145–71.

Croft, William. (1995a). 'Autonomy and functionalist linguistics', *Language* 71: 490–532.

Croft, William. (1995b). 'Modern syntactic typology', *Approaches to Language Typology: Past and Present,* ed. Masayoshi Shibatani and Theodora Bynon. Oxford: Oxford University Press, 85–143.

Croft, William. (1995c). 'Intonation units and grammatical structure', *Linguistics* 33: 839–82.

Croft, William. (1995d). 'Review of Maria Koptjevskaja-Tamm, *Nominalizations*'. *Nordic Journal of Linguistics* 18: 75–83.

Croft, William. (1996a). '"Markedness" and "universals": from the Prague school to typology', *Multiple Perspectives on the Historical Dimensions of Language,* ed. Kurt R. Jankowsky. Münster: Nodus, 15–21.

Croft, William. (1996b). 'What's a head?' *Phrase Structure and the Lexicon,* ed. Laurie Zaring and Johan Rooryck. Dordrecht: Kluwer, 35–75.

Croft, William. (1997). 'Intonation units and grammatical structure in Wardaman and English'. The Santa Barbara Workshop on Constituency にて発表.

Croft, William. (1998a). 'Linguistic evidence and mental representations', *Cognitive*

Linguistics 9: 151–73.

Croft, William. (1998b). 'Event structure in argument linking', *Projecting from the Lexicon,* ed. Miriam Butt and Wilhelm Geuder. Stanford: Center for the Study of Language and Information, 1–43.

Croft, William. (1999). 'Some contributions of typology to cognitive linguistics (and vice versa)', *Cognitive Linguistics: Foundations, Scope and Methodology,* ed. Theo Janssen and Gisela Redeker. Berlin: Mouton de Gruyter, 61–93.

Croft, William. (2000a). *Explaining Language Change: An Evolutionary Approach.* Harlow, Essex: Longman.

Croft, William. (2000b). 'Parts of speech as typological universals and as language particular categories', *Approaches to the Typology of Word Classes,* ed. Petra Maria Vogel and Bernard Comrie. Berlin: Mouton de Gruyter, 65–102.

Croft, William. (2000c). 'Lexical rules vs. constructions: a false dichotomy', *Motivation in Language: Studies in Honour of Günter Radden*, ed. Hubert Cuyckens, Thomas Berg, René Dirven, and Klaus-Uwe Panther. Amsterdam: John Benjamins, 49–68.

Croft, William, (2012). *Verbs: Aspect and Causal Structure.* Oxford: Oxford University Press.

Croft, William and D. Alan Cruse. (2004). *Cognitive Linguistics.* Cambridge: Cambridge University Press.

Croft, William, Hava Bat-Zeev Shyldkrot, and Suzanne Kemmer. (1987). 'Diachronic semantic processes in the middle voice', *Papers from the 7th International Conference on Historical Linguistics,* ed. Anna Giacolone Ramat, Onofrio Carruba, and Guiliano Bernini. Amsterdam: John Benjamins, 179–92.

Cruse, D. Alan. (1986). *Lexical Semantics.* Cambridge: Cambridge University Press.

Cruse, D. Alan, (1992). 'Monosemy vs. polysemy', (review article on Ruhl, *On Monosemy*), *Linguistics* 30: 577–99.

Crystal, David. (1975). *The English Tone of Voice: Essays on Intonation, Prosody and Paralanguage.* London: Edward Arnold.

Culicover, Peter and Ray Jackendoff. (1997). 'Semantic subordination despite syntactic coordination', *Linguistic Inquiry* 28: 195–217.

Dahl, Östen. (1979/1987) 'Case grammar and prototypes', *Concepts of Case,* ed. René Dirven and Günter Radden. Tübingen: Gunter Narr, 147–61.

Dayley, Jon P. (1985). *Tzutujil Reference Grammar.* (University of California Publications in Linguistics, 107.) Berkeley and Los Angeles: University of California Press.

DeLancey, Scott. (1981). 'An interpretation of split ergativity and related patterns', *Language* 57: 626–57.

DeLancey, Scott. (1982). 'Aspect, transitivity and viewpoint', *Tense-Aspect: Between*

Semantics and Pragmatics, ed. Paul Hopper. Amsterdam: John Benjamins, 167–84.

de León, Lourdes. (1987). 'Noun and numeral classifiers in Mixtec and Tzotzil: a referential view', Ph.D. dissertation, University of Sussex.

Diessel, Holger. (1999). *Demonstratives: Form, Function and Grammaticalization.* Amsterdam: John Benjamins.

Dik, Simon C. (1997). *The Theory of Functional Grammar,* ed. Kees Hengeveld (2 巻). Berlin: Mouton de Gruyter.

Dimmendaal, Gerrit Jan. (1983). *The Turkana Language.* Dordrecht: Foris.

Dixon, R. M. W. (1972). *The Dyirbal Language of North Queensland.* Cambridge: Cambridge University Press.

Dixon, R. M. W. (ed.). (1976). *Grammatical Categories in Australian Languages.* Camberra: Australian Institute of Aboriginal Studies.

Dixon, R. M. W. (1977). 'Where have all the adjectives gone?', *Studies in Language* 1: 19–80.

Dixon, R. M. W. (1979). 'Ergativity', *Language* 55: 59–138.

Dixon, R. M. W. (1980). *The Languages of Australia.* Cambridge: Cambridge University Press.

Dixon, R. M. W. (1994). *Ergativity.* Cambridge: Cambridge University Press.

Dowty, David. (1991). 'Thematic proto-roles and argument selection', *Language* 67: 547–619.

Dryer, Matthew. (1986). 'Primary objects, secondary objects and antidative', *Language* 62: 808–45.

Dryer, Matthew. (1995). 'On the intransitivity of passive clauses'. The Conference on Functional Approaches to Grammar, Albuquerque, New Mexico にて発表.

Dryer, Matthew. (1997a). 'Why statistical universals are better than absolute universals', *Papers from the 33rd Regional Meeting of the Chicago Linguistic Society: Papers from the Panels,* ed. Kora Singer, Randall Eggart, and Gregory Anderson. Chicago: Chicago Linguistic Society, 123–45.

Dryer, Matthew. (1997b). 'Are grammatical relations universal?', *Essays on Language Function and Language Type,* ed. Joan Bybee, John Haiman, and Sandra A. Thompson. Amsterdam: John Benjamins, 115–43.

DuBois, John A. (1985). 'Competing motivations', *Iconicity in Syntax,* ed. John Haiman. Amsterdam: John Benjamins, 343–66.

Durie, Mark. (1985). *A Grammar of Acehnese on the Basis of a Dialect of North Aceh.* Dordrecht: Foris.

Durie, Mark. (1986). 'The grammaticization of number as a verbal category', *Proceedings of the Twelfth Annual Meeting of the Berkeley Linguistics Society,* ed. Vassiliki

Nikiforidou, Mary VanClay, Mary Niepokuj, and Deborah Feder. Berkeley: Berkeley Linguistics Society, 355–70.

Durie, Mark. (1988). 'The so-called passive of Acehnese', *Language* 64: 104–13.

Durie, Mark. (1995). 'Towards an understanding of linguistic evolution and the notion "has a function Y"', *Discourse Grammar and Typology: Papers in Honor of John W. M. Verhaar,* ed. Werner Abraham, T. Givón, and Sandra A. Thompson. Amsterdam: John Benjamins, 275–308.

Durie, Mark. (1997). 'Grammatical structures in verb serialization', *Complex Predicates,* ed. Alex Alsina, Joan Bresnan, and Peter Sells. Stanford: Center for the Study of Language and Information, 289–354.

Elbert, Samuel H. (1988). *Echoes of a Culture: A Grammar of Rennell and Bellona.* Honolulu: University of Hawaii Press.

Elbert, Samuel H. and Torben Momberg. (1965). *From the Two Canoes.* Copenhagen: Danish National Museum.

Elman, Jeffrey L. and James L. McClelland. (1984). 'Speech perception as a cognitive process: the interactive activation model', *Speech and Language, Vol. 10,* ed. Norman Lass. New York: Academic Press, 337–74.

Elman, Jeffrey L., Elizabeth A. Bates, Mark H. Johnson, Annette Karmiloff-Smith, Domenico Parisi, and Kim Plunkett. (1996). *Rethinking Innateness: A Connectionist Perspective on Development.* Cambridge, MA: MIT Press.

Emeneau, Murray B. (1951). *Studies in Vietnamese (Annamese) Grammar.* Berkeley: University of California Press.

England, Nora C. (1983). *A Grammar of Mam, a Mayan Language.* Austin: University of Texas Press.

England, Nora C. (1988). 'Mam voice', *Passive and Voice,* ed. Masayoshi Shibatani. Amsterdam: John Benjamins, 525–45.

Fauconnier, Gilles. (1985). *Mental Spaces.* Cambridge, MA: MIT Press.〔坂原茂・水光雅則・田窪行則・三藤博訳 (1987)『メンタル・スペース——自然言語理解の認知インターフェイス』東京: 白水社〕

Fillmore, Charles J. (1975). 'An alternative to checklist theories of meaning', *Proceedings of the First Annual Meeting of the Berkeley Linguistics Society,* ed. Cathy Cogen, Henry Thompson, Graham Thurgood, Kenneth Whistler, and James Wright, 123–31.

Fillmore, Charles J. (1977). 'Scenes-and-frames semantics', *Linguistic Structures Processing* (Fundamental Studies in Computer Science, 5), ed. Antonio Zampolli. Amsterdam: North-Holland, 55–81.

Fillmore, Charles J. (1982). 'Frame semantics', *Linguistics in the Morning Calm,* ed. The Linguistic Society of Korea. Seoul: Hanshin, 111–37.

Fillmore, Charles J. (1985). 'Frames and the semantics of understanding', *Quaderni di Semantica* 6: 222–54.

Fillmore, Charles J. (1986). 'Pragmatically-controlled zero anaphora', *Proceedings of the Twelfth Annual Meeting of the Berkeley Linguistics Society*, ed. Vassiliki Nikiforidou, Mary VanClay, Mary Niepokuj, and Deborah Feder, 95–107.

Fillmore, Charles J. and Paul Kay. (1993). *Construction Grammar Coursebook, Chapters 1 thru 11 (Reading Materials for Ling. X20)*. University of California, Berkeley.

Fillmore, Charles J., Paul Kay, and Mary Kay O'Connor. (1988). 'Regularity and idiomaticity in grammatical constructions: the case of *let alone*', *Language* 64: 501–38.

Foley, William A. (1986). *The Papuan Languages of New Guinea*. Cambridge: Cambridge University Press.

Foley, William A. (1991). *The Yimas Language of New Guinea*. Stanford: Stanford University Press.

Foley, William A. and Mike Olson. (1985). 'Clausehood and verb serialization', *Grammar Inside and Outside the Clause*, ed. Johanna Nichols and Anthony Woodbury. Cambridge: Cambridge University Press, 17–60.

Foley, William A. and Robert D. Van Valin, Jr. (1984). *Functional Syntax and Universal Grammar*. Cambridge: Cambridge University Press.

Ford, Cecilia E. and Sandra A. Thompson. (1986). 'Conditionals in discourse: a text-based study from English', in Traugott et al. 1986, 353–72.

Ford, Cecilia E., Barbara A. Fox, and Sandra A. Thompson. (1997). 'Increments in conversation and their relevance to constituency'. The Workshop on Constituency, University of California, Santa Barbara にて発表.

Forrest, Linda B. (1994). 'The de-transitive clauses in Bella Coola: Passive vs. Inverse', in Givón 1994, 147–68.

Fox, B. J. (1979). *Big Nambas Grammar*. (Pacific Linguistics, B60.) Canberra: Australian National University.

Fox, Barbara A. (1987). 'The Noun Phrase Accessibility Hierarchy revisited', *Language* 63: 856–70.

Fox, Barbara A. and Paul Hopper (ed.). (1994). *Voice: Form and Function*. (Typological Studies in Language 27) Amsterdam: John Benjamins.

Fox, Barbara A. and Robert Jasperson. (1995). 'A syntactic exploration of repair in English conversation', *Alternative Linguistics: Descriptive and Theoretical Modes*, ed. Philip W. Davis. Amsterdam: John Benjamins, 77–134.

Galloway, Brent D. (1993). *A Grammar of Upriver Halkomelem*. (University of California Publications in Linguistics, 96.) Berkeley: University of California Press.

Gathercole, Virginia C., Eugenia Mueller, Sebastián Soto, and Pilar Soto. (1999). 'The early acquisition of Spanish verbal morphology: across-the-board or piecemeal knowledge?', *International Journal of Bilingualism* 3: 133–82.

Genetti, Carol. (1986). 'The development of subordinators from postpositions in Bodic languages', *Proceedings of the Twelfth Annual Meeting of the Berkeley Linguistics Society,* ed. Vassiliki Nikiforidou, Mary Van Clay, Mary Niepokuj, and Deborah Feder. Berkeley: Berkeley Linguistics Society, 387–400.

Genetti, Carol. (1991). 'From postposition to subordinator in Newari', *Approaches to Grammaticalization,* ed. Elizabeth Closs Traugott and Bernd Heine. Amsterdam: John Benjamins, 227–55.

Gibbs, Raymond W. Jr. (1990). 'Psycholinguistic studies on the conceptual basis of idiomaticity', *Cognitive Linguistics* 1: 417–51.

Givón, Talmy. (1976). 'Topic, pronoun and grammatical agreement', *Subject and Topic,* ed. Charles Li. New York: Academic Press, 149–89.

Givón, Talmy. (1979). *On Understanding Grammar.* New York: Academic Press.

Givón, Talmy. (1980a). *Ute Reference Grammar.* Ignacio, CO: Ute Press.

Givón, Talmy. (1980b). 'The binding hierarchy and the typology of complements', *Studies in Language* 4: 333–77.

Givón, Talmy (ed.). (1983). *Topic Continuity in Discourse.* Amsterdam: John Benjamins.

Givón, Talmy. (1984). *Syntax: A Functional-Typological Introduction, Vol. I.* Amsterdam: John Benjamins.

Givón, Talmy. (1991). *Syntax: A Functional-Typological Introduction, Vol. II.* Amsterdam: John Benjamins.

Givón, Talmy. (1994). *Voice and Inversion.* Amsterdam: John Benjamins.

Givón, Talmy. (1995). *Functionalism and Grammar.* Amsterdam: John Benjamins.

Glinert, Lewis. (1989). *The Grammar of Modern Hebrew.* Cambridge: Cambridge University Press.

Glover, Warren W. (1974). *Sememic and Grammatical Structures in Gurung (Nepal).* Norman, Oklahoma: Summer Institute of Linguistics.

Goldberg, Adele E. (1995). *Constructions: A Construction Grammar Approach to Argument Structure.* Chicago: University of Chicago Press.〔河上誓作・早瀬尚子・谷口一美・堀田優子訳 (2001)『構文文法論——英語構文への認知的アプローチ』東京：研究社〕

Goldsmith, John. (1985) 'A principled exception to the Coordinate Structure Constraint', *Papers from the General Session at the Twenty-First Regional Meeting, Chicago Linguistic Society,* ed. William H. Eilfort, Paul D. Kroeber, and Karen L. Peterson. Chicago: Chicago Linguistic Society, 133–43.

Greenberg; Joseph H. (1959/1990). 'The origin of the Masai passive', *Africa* 29: 171–76.

参考文献　457

(Greenberg 1990, 412–18 に再録)

Greenberg, Joseph H. (1966a). *Language Universals, With Special Reference to Feature Hierarchies.* (Janua Linguarum, Series Minor 59.) The Hague: Mouton.

Greenberg, Joseph H. (1966b). 'Some universals of grammar with particular reference to the order of meaningful elements', *Universals of Grammar*, ed. Joseph H. Greenberg (第 2 版). Cambridge, MA: MIT Press, 73–113.

Greenberg, Joseph H. (1977). 'Numeral classifiers and substantival number: problems in the genesis of a linguistic type', *Linguistics at the Crossroads*, 276–300. (初出は, *Working Papers in Language Universals* 9: 1–40, 1972; Greenberg 1990, 166–93 にて再版)

Greenberg, Joseph H. (1978a). 'How does a language acquire gender markers?' *Universals of Human Language, Vol. 3: Word Structure*, ed. Joseph H. Greenberg, Charles A. Ferguson, and Edith A. Moravcsik. Stanford: Stanford University Press, 47–82. (Greenberg 1990, 241–70 に再録)

Greenberg, Joseph H, (1978b). 'Generalizations about numeral systems', *Universals of Human Language, Vol. 3: Word Structure,* ed. Joseph H. Greenberg, Charles A. Ferguson, and Edith A. Moravcsik. Stanford: Stanford University Press, 249–96.

Greenberg, Joseph H. (1990). *On Language: Selected Writings of Joseph H. Greenberg,* ed. Keith Denning and Suzanne Kemmer. Stanford: Stanford University Press.

Gregores, Emma and Jorge A. Suárez. (1967). *A Description of Colloquial Guaraní.* The Hague: Mouton.

Gross, Maurice. (1979). 'On the failure of generative grammar', *Language* 55: 859–85.

Gundel, Jeannette K., Nancy Hedberg, and Ron Zacharski. (1993). 'Cognitive status and the form of referring expressions in discourse', *Language* 69: 274–307.

Haegeman, Liliane. (1994). *Introduction to Government and Binding Theory* (第 2 版). Oxford: Basil Blackwell.

Haider, Hubert and Ronald Zwanziger. (1984). 'Relatively attributive: the 'ezāfe'- construction from Old Iranian to Modern Persian', *Historical Syntax*, ed. Jacek Fisiak. Berlin: Mouton, 137–72.

Haiman, John. (1978). 'Conditionals are topics', *Language* 54: 564–89.

Haiman, John. (1980a). 'The iconicity of grammar: isomorphism and motivation', *Language* 54: 565–89.

Haiman, John. (1980b). *Hua: A Papuan Language of the Eastern Highlands of New Guinea.* Amsterdam: John Benjamins.

Haiman, John. (1980c). 'Dictionaries and encyclopedias', *Lingua* 50: 329–57.

Haiman, John. (1983a). 'Paratactic *if*-clauses', *Journal of Pragmatics* 7: 263–81.

Haiman, John. (1983b). 'On some origins of switch-reference marking', in Haiman and

458　参考文献

Munro 1983, 105–28.

Haiman, John. (1983c). 'Iconic and economic motivation', *Language* 59: 781–819.

Haiman, John. (1985). *Natural Syntax*. Cambridge: Cambridge University Press.

Haiman, John. (1986). 'Constraints on the form and meaning of the protasis', in Traugott et al. 1986, 215–27.

Haiman, John. (1987). 'On some origins of medial verb morphology in Papuan languages', *Studies in Language* 11: 347–64.

Haiman, John and Pamela Munro (eds.). (1983). *Switch-Reference and Universal Grammar*. Amsterdam: John Benjamins.

Haiman, John and Sandra A. Thompson. (1984). '"Subordination" in universal grammar', *Proceedings of the Tenth Annual Meeting of the Berkeley Linguistics Society*, ed. Claudia Brugman and Monica Macaulay. Berkeley: Berkeley Linguistics Society, 510–23.

Haiman, John and Sandra A. Thompson (eds.). (1988). *Clause Combining in Grammar and Discourse*. Amsterdam: John Benjamins.

Hale, Kenneth. (1973). 'Person marking in Walbiri', *A Festschrift for Morris Halle*, ed. Stephen R. Anderson and Paul Kiparsky. New York: Holt, Rinehart and Winston, 308–44.

Hale, Kenneth. (1976). 'The adjoined relative clause in Australian languages', *Grammatical Categories in Australian Languages*, ed. R. M. W. Dixon. Canberra: Australian Institute of Aboriginal Studies, 78–105.

Hale, Kenneth. (1982). 'Some essential features of Warlpiri verbal clauses', *Papers in Warlpiri Grammar, in Memory of Lothar Jagst*, ed. Stephen M. Swartz. Work Papers of SIL-AAB. Darwin: SIL-AAB, 217–315.

Hale, Kenneth. (1983). 'Warlpiri and the grammar of nonconfigurational languages', *Natural Language and Linguistic Theory* 1: 5–47.

Harris, Alice C. and Lyle Campbell. (1995). *Historical Syntax in Cross-linguistic Perspective*. Cambridge: Cambridge University Press.

Harris, Zellig S. (1946). 'From morpheme to utterance', *Language* 22: 161–83.

Harris, Zellig S. (1951). *Methods in Structural Linguistics*. Chicago: University of Chicago Press.

Harrison, Sheldon P. (1976). *Mokilese Reference Grammar*. Honolulu: University Press of Hawaii.

Haspelmath, Martin. (1989). 'From purposive to infinitive—a universal path of grammaticalization', *Folia Linguistica Historica* 10: 287–310.

Haspelmath, Martin. (1990). 'The grammaticization of passive morphology', *Studies in Language* 14: 25–72.

参考文献　459

Haspelmath, Martin. (1992). 'Grammaticization theory and heads in morphology', *Morphology Now*, ed. Mark Aronoff. Albany: State University of New York Press, 69–82 and 194–98.

Haspelmath, Martin. (1993). 'More on the typology of inchoative/causative verb alternations', *Causatives and Transitivity*, ed. Bernard Comrie and Maria Polinsky. Amsterdam: John Benjamins, 87–120.

Haspelmath, Martin. (1994). 'Functional categories, X-bar theory, and grammaticalization theory', *Sprachtypologie und Universalienforschung* 47: 3–15.

Haspelmath, Martin. (1995). 'The converb as a cross-linguistically valid category', *Converbs in Cross-linguistic Perspective: Structure and Meaning of Adverbial Verb Forms—Adverbials, Participles, Gerunds*, ed. Ekkehard König and Martin Haspelmath. Berlin: Mouton de Gruyter, 1–55.

Haspelmath, Martin. (1997a). *Indefinite Pronouns*. Oxford: Oxford University Press.

Haspelmath, Martin. (1997b). *From Space to Time: Temporal Adverbials in the World's Languages*. München: Lincom Europa.

Haspelmath, Martin. (1999). 'Long distance agreement in Godoberi (Daghestanian) complement clauses', *Folia Linguistica* 23: 131–51.

Haspelmath, Martin. (2003). 'The geometry of grammatical meaning: semantic maps and cross-linguistic comparison', *The New Psychology of Language, Vol. 2*, ed. Michael Tomasello. Mahwah, N. J.: Lawrence Erlbaum Associates.

Heath, Jeffrey. (1976). 'Substantival hierarchies: addendum to Silverstein', *Grammatical Categories in Australian Languages*, ed. R. M. W. Dixon. Camberra: Australian Institute of Aboriginal Studies, 172–90.

Heine, Bernd. (1993). *Auxiliaries: Cognitive Forces and Grammaticalization*. Oxford: Oxford University Press.

Heine, Bernd and Mechthild Reh. (1984). *Grammaticalization and Reanalysis in African Languages*. Hamburg: Helmut Buske Verlag.

Heine, Bernd, Ulrike Claudi, and Friederieke Hünnemeyer. (1991). *Grammaticalization: A Conceptual Framework*. Chicago: University of Chicago Press.

Hengeveld, Kees. (1992). *Non-verbal Predication: Theory, Typology, Diachrony*. Berlin: Mouton de Gruyter.

Herskovits, Annette. (1985). 'Semantics and pragmatics of locative expressions', *Cognitive Science* 9: 341–78.

Hobbs, Jerry. (1990 [1985]). 'On the coherence and structure of discourse', *Literature and Cognition*. Stanford: Center for the Study of Language and Information, 83–114. (初出は, Report No. CSLI–85–37, Center for the Study of Language and Information, Stanford University, Stanford, California)

Hoffman, Carl. (1963). *A Grammar of the Margi Language*. London: Oxford University Press.

Hoffmann, Johann (1903). *Mundari Grammar*. Calcutta: Bengal Secretariat Press.

Holisky, Dee Ann. (1987). 'The case of the intransitive subject in Tsova-Tush (Batsbi)', *Lingua* 71: 103–32.

Holton, David, Peter Mackridge, and Irene Philippaki-Warburton. (1997). *Greek: A Comprehensive Grammar of the Modern Language*. London: Routledge.

Hook, Peter Edwin, and Mohabhat Singh Man Singh Chauhan. (1988). 'The perfective adverb in Bhitrauti', *Word* 39: 177–86.

Hopper, Paul. (1979). 'Aspect and foregrounding in discourse', in Givón 1979, 213–41.

Hopper, Paul. (2000). 'Grammatical constructions and their discourse origins: prototype or family resemblance?'. The 28th LAUD Symposium, Landau, Germany にて発表.

Hopper, Paul and Sandra A. Thompson. (1980). 'Transitivity in grammar and discourse', *Language* 56: 251–99.

Hopper, Paul and Elizabeth Traugott. (1993). *Grammaticalization*. Cambridge: Cambridge University Press.〔日野資成訳 (2003)『文法化』福岡: 九州大学出版会〕

Horn, Larry. (1979). 'Remarks on Neg-raising', *Pragmatics (Syntax and semantics 9)*, ed. Peter Cole. New York: Academic Press, 129–220.

Hudson, Richard A. (1984). *Word Grammar*. Oxford: Basil Blackwell.

Hudson, Richard A. (1987). 'Zwicky on heads', *Journal of Linguistics* 23: 109–32.

Hudson, Richard A. (1990). *English Word Grammar*. Oxford: Basil Blackwell.

Hull, David L. (1988). *Science as a Process: An Evolutionary Account of the Social and Conceptual Development of Science*. Chicago: University of Chicago Press.

Hutchison, John P. (1981). *The Kanuri Language: A Reference Grammar*. Madison: University of Wisconsin African Studies Program.

Jackendoff, Ray. (1977). *X' Syntax: A Study of Phrase Structure*. Cambridge, MA: MIT Press.

Jackendoff, Ray. (1990a). *Semantic Structures*. Cambridge, MA: MIT Press.

Jackendoff, Ray. (1990b). 'On Larson's treatment of the double object construction', *Linguistic Inquiry* 21: 427–56.

Jackendoff, Ray. (1997). 'Twistin' the night away', *Language* 73: 534–59.

Jacobsen, William H., Jr. (1979). 'Noun and verb in Nootkan', *The Victoria Conference on Northwestern Languages*. (British Columbia Provincial Museum Heritage Record No. 4.) Victoria, B.C.: British Columbia Provincial Museum, 83–155.

James, Deborah. (1984). 'Raising to subject in Moose Cree: a problem for subjacency', *Syntax and Semantics 16: The Syntax of Native American languages*, ed. Eung-Do Cook and Donna B. Gerdts. New York: Academic Press, 205–13.

Jelinek, Eloise. (1984). 'Empty categories, case, and configurationality', *Natural Language and Linguistic Theory* 2: 39–76.

Jelinek, Eloise and Richard A. Demers. (1983). 'The agent hierarchy and voice in some Coast Salishan languages', *International Journal of American Linguistics* 49: 167–85.

Jelinek, Eloise and Richard A. Demers. (1994). 'Predicates and pronominal arguments in Straits Salish', *Language* 70: 697–736.

Jespersen, Otto. (1924). *The Philosophy of Grammar.* New York: Norton. 〔安藤貞雄訳 (2006)『文法の原理』東京: 岩波書店〕

Joos, Martin (ed.). (1957). *Readings in Linguistics I.* Chicago: University of Chicago Press.

Josephs, Lewis S. (1975). *Palauan Reference Grammar.* Honolulu: The University Press of Hawaii.

Kaplan, Ronald M. and Joan Bresnan. (1982). 'Lexical Functional Grammar: a formal system for grammatical representation', *The Mental Representation of Grammatical Relations,* ed. Joan Bresnan. Cambridge, MA: MIT Press, 173–281.

Kay, Paul. (1997). Construction grammar feature structures (改訂版). http://www.icsiberkeley.edu/~kay/bcg/FSrev.html

Kay, Paul and Charles J. Fillmore. (1999). 'Grammatical constructions and linguistic generalizations: the *What's X doing Y?* construction', *Language* 75: 1–33.

Kay, Paul and Willett Kempton. (1984). 'What is the Sapir-Whorf Hypothesis?', *American Anthropologist* 86: 65–79.

Kazenin, Konstantin I. (1994). 'Split syntactic ergativity: toward an implicational hierarchy', *Sprachtypololgie und Universalienforschung* 47: 78–98.

Keenan, Edward L. (1976). 'Towards a universal definition of "subject"', *Subject and Topic,* ed. Charles Li. New York: Academic Press, 303–34.

Keenan, Edward L. (1985). 'Passive in the world's languages', *Language Typology and Syntactic Description, Vol. 1: Clause Structure,* ed. Timothy Shopen. Cambridge: Cambridge University Press, 243–81.

Keenan, Edward L. and Bernard Comrie. (1977/1987). 'Noun phrase accessibility and universal grammar', *Universal Grammar,* ed. Edward L. Keenan. London: Croom Helm, 3–45. (初出は, *Linguistic Inquiry* 8: 63–99)

Kemmer, Suzanne. (1993). *The Middle Voice.* Amsterdam: John Benjamins.

Kepping, Ksenia Borisova. (1979). 'Elements of ergativity and nominativity in Tangut', *Ergativity,* ed. Frans Plank. New York: Academic Press, 263–277.

Khrakovsky, V. S. (1973). 'Passive constructions', *Trends in Soviet Linguistics,* ed. Ferenc Kiefer. Dordrecht: Reidel, 59–76.

Kimenyi, Alexandre. (1980). *A Relational Grammar of Kinyarwanda.* (University of California Publications in Linguistics, 91.) Berkeley and Los Angeles: University of California Press.

Kinkade, M. Dale. (1983). 'Salish evidence against the universality of "noun" and "verb"', *Lingua* 60: 25–40.

Klaiman, Miriam H. (1991). *Grammatical Voice.* Cambridge: Cambridge University Press.

Koffka, Kurt. (1935). *Principles of Gestalt Psychology.* New York: Harcourt, Brace & World.

Köhler, Wolfgang. (1947). *Gestalt Psychology* (改訂版). New York: Liveright.

Koneski, Blaze. (1967). *Gramatika na Makedonskiot literaturen jazik.* Skopje: Kultura.

Koptjevskaja-Tamm, Maria. (1993). *Nominalizations.* London: Routledge.

Koptjevskaja-Tamm, Maria, (2001). '"A piece of the cake" and "a cup of tea": partitive and pseudo-partitive nominal constructions in the Circum-Baltic languages', *Circum-Baltic Languages: Vol. 2: Grammar and Typology,* ed. Östen Dahl and Maria Koptjevskaja-Tamm. Amsterdam: John Benjamins, 523–68.

Kortmann, Bernd. (1997). *Adverbial Subordination: A Typology and History of Adverbial Subordinators Based on European Languages.* Berlin: Mouton de Gruyter.

Kroskrity, Paul V. (1985). 'A holistic understanding of Arizona Tewa passives', *Language* 61: 306–28.

Kuijpers, Aert. (1968). 'The categories verb-noun and transitive-intransitive in English and Squamish', *Lingua* 21: 610–26.

Kuno, Susumu. (1973). *The Structure of the Japanese Language.* Cambridge, MA: MIT Press.

Kuno, Susumu. (1987). *Functional Syntax: Anaphora, Discourse and Empathy.* Chicago: University of Chicago Press.

Labov, William. (1972). 'The transformation of experience in narrative syntax', *Language in the Inner City.* Philadelphia: University of Pennsylvania Press, 354–96.

Lafitte, Pierre. (1962). *Grammaire Basque.* Bayonne: Editions des "Amis du Musée Basque" et "Ikas".

Lakoff, George. (1986). 'Frame semantic control of the coordinate structure constraint', *Papers from the Twenty-second Annual Regional Meeting of the Chicago Linguistic Society,* ed. Ann M. Farley, Peter Farley, and Karl-Erik McCullough. Chicago: Chicago Linguistic Society, 152–67.

Lakoff, George. (1987). *Women, Fire and Dangerous Things: What Categories Reveal about* the Mind. Chicago: University of Chicago Press.〔池上嘉彦・河上誓作訳 (1993)『認知意味論: 言語から見た人間の心』東京: 紀伊國屋書店〕

Lambdin, Thomas Q. (1971). *Introduction to Biblical Hebrew.* New York: Charles Scribner's Sons.

Lambrecht, Knud. (1990). '"What, me worry?"—"Mad Magazine" sentences revisited', *Proceedings of the Sixteenth Annual Meeting of the Berkeley Linguistics Society*, ed. Kira Hall, Jean-Pierre Koenig, Michael Meacham, Sondra Reinman, and Laurel A. Sutton. Berkeley: Berkeley Linguistics Society, 215–28.

Langacker, Ronald W. (1976). 'Semantic representations and the linguistic relativity hypothesis', *Foundations of Language* 14: 307–57.

Langacker, Ronald W. (1987). *Foundations of Cognitive Grammar, Vol. I: Theoretical Prerequisites*. Stanford: Stanford University Press.

Langacker, Ronald W. (1988). 'A view of linguistic semantics', *Topics in Cognitive Linguistics,* ed. Brygida Rudzka-Ostyn. Amsterdam: John Benjamins, 49–90.

Langacker, Ronald W. (1991a). *Foundations of Cognitive Grammar, Vol. II: Descriptive Application*. Stanford: Stanford University Press.

Langacker, Ronald W. (1991b). *Concept, Image, and Symbol: The Cognitive Basis of Grammar*. Berlin: Mouton de Gruyter.

Langacker, Ronald W. (1995). 'Raising and transparency', *Language* 71: 1–62.

Langacker, Ronald W. (1997). 'Constituency, dependency, and conceptual grouping', *Cognitive Linguistics* 8: 1–32.

Larsen, Thomas W. (1981). 'Functional correlates of ergativity in Aguacatec', *Proceedings of the Seventh Annual Meeting of the Berkeley Linguistics Society,* ed. Danny K. Alford, Karen Hunold, Monica Macaulay, Jenny Walter, Claudia Brugman, Paula Chertok, Inese Civkulis, and Marta Tobey. Berkeley: Berkeley Linguistics Society, 136–53.

Larson, Richard. (1983). 'Restrictive modification: relative clauses and adverbs', Ph.D. dissertation, University of Wisconsin at Madison.

Larson, Richard. (1988). 'On the double object construction', *Linguistic Inquiry* 19: 335–91.

Larson, Richard. (1990). 'Double objects revisited: reply to Jackendoff', *Linguistic Inquiry* 21: 589–632.

Lazdiņa, Terēza Budiņa. (1966). *Latvian*. London: English Universities Press.

Lee, Penny. (1996). *The Whorf Theory Complex: A Critical Reconstruction*. Amsterdam: John Benjamins.

Lehmann, Christian. (1982a). 'Universal and typological aspects of agreement', *Apprehension: Das sprachliche Erfassen von Gegenständen, Vol. II,* ed. Hansjakob Seiler and Franz Josef Stachowiak. Tübingen: Gunter Narr, 201–67.

Lehmann, Christian. (1982b). *Thoughts on Grammaticalization: A Programmatic Sketch, Vol. I.* (Arbeiten des Kölner Universalien-Projekts, 48.) Köln: Institut für Sprachwis-

464　参考文献

senschaft. (LINCOM Europa, München, 1995 にて再版)

Lehmann, Christian. (1982c). 'Directions for interlinear morphemic translations', *Folia Linguistica* 16: 199–224.

Lehmann, Christian. (1984). *Der Relativsatz: Typologie seiner Strukturen, Theorie seiner Funktionen, Kompendium seiner Grammatik*. Tübingen: Gunter Narr.

Lehmann, Christian. (1985). 'Grammaticalization: synchronic variation and diachronic change', *Lingua e Stile* 20: 303–18.

Lehmann, Christian. (1986). 'On the typology of relative clauses', *Linguistics* 24: 663–80.

Lehmann, Christian. (1988). 'Towards a typology of clause linkage', in Haiman and Thompson 1988, 181–226.

Levin, Beth C. (1993). *English Verb Classes and Alternations*. Chicago: University of Chicago Press.

Levin, Beth and Malka Rappaport Hovav. (1994). 'A preliminary analysis of causative verbs in English', *Lingua* 92: 35–77.

Lewis, David. (1969). *Convention*. Cambridge, MA: MIT Press.

Lewis, G. L. (1967). *Turkish Grammar*. Oxford: Oxford University Press.

Li, Charles and Sandra A. Thompson. (1981). *Mandarin Chinese: A Functional Reference Grammar*. Berkeley and Los Angeles: University of California Press.

Lichtenberk, Frantisek. (1983). 'Relational classifiers', *Lingua* 60: 147–76.

Lieven, Elena V. M., Julian M. Pine, and Gillian Baldwin. (1997). 'Lexically-based learning and early grammatical development', *Journal of Child Language* 24: 187–219.

Lord, Carol. (1976). 'Evidence for syntactic reanalysis: from verb to complementizer in Kwa', *Papers from the Parasession on Diachronic Syntax, Chicago Linguistic Society*, ed. Sanford B. Steever, Carol A. Walker, and Salikoko S. Mufwene, 179–91.

Lord, Carol. (1993). *Historical Change in Serial Verb Constructions*. (Typological Studies in Language, 26.) Amsterdam: John Benjamins.

Lorimer, David Lockhart Robinson. (1935). *The Burushaski Language* (3 巻). Lisse: The Peter de Ridder Press.

Lucy, John A. (1992a). *Language, Diversity and Thought: A Reformulation of the Linguistic Relativity Hypothesis*. Cambridge: Cambridge University Press,

Lucy, John A. (1992b). *Grammatical Categories and Cognition: A Case Study of the Linguistic Relativity Hypothesis*. Cambridge: Cambridge University Press.

Lynch, John. (1978). *A Grammar of Lenakel*. (Pacific Linguistics, B55.) Canberra: Australian National University.

Masica, Colin. (1976). *Defining a Linguistic Area: South Asia*. Chicago: University of Chicago Press.

Masica, Colin. (1991). *The Indo-Aryan Languages*. Cambridge: Cambridge University Press.

Mathiassen, Terje. (1996). *A Short Grammar of Lithuanian*. Columbus, OH: Slavica.

Matsumoto, Yoshiko. (1997). *Noun Modifying Constructions in Japanese: A Frame-semantic Approach*. Amsterdam: John Benjamins.

Matthews, Peter H. (1981). *Syntax*. Cambridge: Cambridge University Press.

Matthews, Stephen and Virginia Yip. (1994). *Cantonese: A Comprehensive Grammar*. London: Routledge.

Matthiessen, Christian and Sandra A. Thompson. (1988) 'The structure of discourse and "subordination"', in Haiman and Thompson 1988, 275–330.

Mbotela, J. (1934). *Uhuru wa Watumwa*. London: Nelson [1966 年再版].

McCawley, James D. (1991). *A Linguistic Flea Circus*. Bloomington: Indiana University Linguistics Club.

McCawley, James D. (1998). *The Syntactic Phenomena of English* (第 2 版). Chicago: University of Chicago Press.

McClendon, Sally. (1978). 'Ergativity, case, and transitivity in Eastern Pomo', *International Journal of American Linguistics* 44: 1–9.

McGregor, William B. (1997). *Semiotic Grammar*. Oxford: Clarendon Press.

Meillet, Antoine. (1915/1921). 'Le renouvellement des conjonctions', *Linguistique historique et Linguistique générale*. Paris: Klincksieck. (初出は、*Annuaire de l'École pratique des Hautes Études*, section Historique et philologique, 1915)

Merlan, Francesca. (1994). *A Grammar of Wardaman*. Berlin: Mouton de Gruyter.

Michaelis, Laura A. and Knud Lambrecht. (1996). 'Toward a construction-based theory of language functions: the case of nominal extraposition', *Language* 72: 215–47.

Minassian, Martiros. (1980). *Grammaire d'arménien oriental*. Delmar, New York: Caravan Books.

Mirikitani, Leatrice T. (1972). *Kapampangan Syntax*. (Oceanic Linguistics Special Publication No. 10.) Honolulu: The University Press of Hawaii.

Mithun, Marianne. (1984). 'The evolution of noun incorporation', *Language* 60: 847–94.

Mithun, Marianne. (1988). 'The grammaticization of coordination', in Haiman and Thompson 1988, 331–59.

Mithun, Marianne. (1991). 'Active/agentive case marking and its motivations', *Language* 67: 510–46.

Mithun, Marianne. (2000). 'Noun and verb in Iroquoian languages: multicategorisation from multiple criteria', in Petra M. Vogel and Bernard Comrie (eds), *Approaches to the Typology of Word Classes*. Berlin: Mouton de Gruyter, 397–420.

Mondloch, James L. (1978). *Basic Quiché Grammar*. (Institute for Mesoamerican Studies, Publication 2.) Albany: Institute for Mesoamerican Studies.

Moravcsik, Edith A. (1978). 'On the distribution of ergative and accusative patterns', *Lingua* 45: 233–79.

Mulder, Jean Gail. (1994). *Ergativity in Coast Tsimshian (Sm'algyax)*. (University of California Publications in Linguistics, 124.) Berkeley: University of California Press.

Munro, Pamela. (1982). 'On the transitivity of "say" verbs', Paul Hopper and Sandra A. Thompson (ed.), *Studies in Transitivity* (Syntax and Semantics, Vol. 15). New York: Academic Press, 301–18.

Munro, Pamela. (1984). 'Floating quantifiers in Pima', *Syntax and Semantics 16: The Syntax of Native American Languages*, ed. Eung-Do Cook and Donna B. Gerdts. New York: Academic Press, 269–87.

Myhill, John. (1988a). 'Categoriality and clustering', *Studies in Language* 12: 261–97.

Myhill, John. (1988b). 'Nominal agent incorporation in Indonesian', *Journal of Linguistics* 24: 111–36.

Myhill, John and Junko Hibiya. (1988). 'The discourse function of clause-chaining', in Haiman and Thompson 1988, 361–98.

Nakhimovsky, Alexander. (1988). 'Aspect, aspectual class and the temporal structure of narrative', *Computational Linguistics* 14: 29–43.

Nandris, Grigore. (1945). *Colloquial Rumanian.* London: Routledge & Kegan Paul.

Napoli, Donna Jo. (1981). 'Semantic interpretation vs. lexical governance: clitic climbing in Italian, *Language* 57: 841–87.

Newman, Stanley. (1944). *Yokuts Language of California.* (Viking Fund Publications in Anthropology, 2.) New York: Viking Fund.

Newmeyer, Frederick J. (1992). 'Iconicity and generative grammar', *Language* 68: 756–96.

Newmeyer, Frederick J. (1998). *Language Form and Language Function.* Cambridge, MA: MIT Press.

Nichols, Johanna. (1984). 'Direct and oblique objects in Chechen-Ingush and Russian', in Plank 1984, 183–209.

Nichols, Johanna. (1986). 'Head-marking and dependent-marking grammar', *Language* 62: 56–119.

Nida, Eugene A. (1949). *Morphology.* Ann Arbor: University of Michigan Press.

Noonan, Michael. (1985). 'Complementation', in Shopen 1985b, 42–140.

Noonan, Michael. (1992). *A Grammar of Lango.* Berlin: Mouton,

Nunberg, Geoffrey. (1979). 'The nonuniqueness of semantic solutions: polysemy', *Linguistics and Philosophy* 3: 143–84.

Nunberg, Geoffrey, Ivan A. Sag, and Thomas Wasow. (1994). 'Idioms', *Language* 70:

491–538.

O'Grady, William, Michael Dobrovolsky, and Mark Aronoff. (1997). *Contemporary Linguistics: An Introduction* (第 3 版). New York: St. Martin's Press.

Oates, Lynette Francis. (1964). *A Tentative Description of the Gunwinggu Language (of Western Arnhem Land)*. Oceania Linguistic Monographs No. 10. Sydney: University of Sydney.

Ohori, Toshio. (2001). 'Clause integration as grammaticalization: a case from Japanese *Tokoro-* complements', *Cognitive-functional linguistics in an East Asian context*, ed. Kaoru Horie and Shigeru Sato. Tokyo: Kurosio.

Ouhalla, Jamal. (1991). *Functional Categories and Parametric Variation*. London: Routledge.

Patz, Elizabeth. (1991). *Djabugay. The Handbook of Australian Languages, Vol. 4*, ed. R. M. W. Dixon and Barry J. Blake. Oxford: Oxford University Press, 245–347.

Pawley, Andrew. (1987). 'Encoding events in Kalam and English: different logics for reporting experience', in Russell Tomlin (ed.), *Coherence and Grounding in Discourse*. Amsterdam: John Benjamins, 329–60.

Pawley, Andrew. (1993). 'A language which defies description by ordinary means', *The Role of Theory in Language Description*, ed. William A. Foley. Berlin: Mouton de Gruyter, 87–129.

Payne, Doris. (1987). 'Information structuring in Papago narrative discourse', *Language* 63: 783–804.

Payne, Doris. (1994). 'The Tupí-Guaraní inverse', *Voice: Form and Function*, ed. Barbara Fox and Paul J. Hopper. Amsterdam: John Benjamins, 313–40.

Payne, Doris, Misuyo Hamaya, and Peter Jacobs. (1994). 'Active, inverse and passive in Maasai', *Voice and Inversion*, ed. Talmy Givón. Amsterdam: John Benjamins, 283–315.

Payne, John R. (1980). 'The decline of ergativity in Pamir languages', *Lingua* 51: 147–86.

Payne, Thomas E. (1994). 'The pragmatics of voice in a Philippine language: actor-focus and goal-focus in Cebuano narrative', *Voice and Inversion*, ed. Talmy Givón. Amsterdam: John Benjamins, 317–64.

Payne, Thomas E. (1999). 'A functional typology of inverse constructions', *Tipologiya i teoriya yazyka ot opisaniya k obyasneniyu*, ed. Ekaterina V. Rakhilina and Yakov G. Testelets. Moscow: Yazyki Russkoy Kul'tury, 245–54.

Payne, Thomas E. and Thomas Laskowske. (1997). 'Voice in Seko Padang', *Essays on Language Function and Language Type*, ed. Joan Bybee, John Haiman, and Sandra A. Thompson. Amsterdam: John Benjamins, 423–36.

468 参考文献

Perlmutter, David M. and Paul M. Postal. (1983). 'Toward a universal characterization of passivization', *Studies in Relational Grammar 1*, ed. David M. Perlmutter. Chicago: University of Chicago Press, 3–29.

Pine, Julian and Elena V. M. Lieven. (1997). 'Slot and frame patterns and the development of the determiner category', *Journal of Child Language* 18: 123–38.

Pine, Julian, Elena V. M. Lieven, and Caroline F. Rowland. (1998). 'Comparing different models of the development of the English verb category', *Linguistics* 36: 4–40.

Polinsky, Maria and Bernard Comrie. (1999). 'Agreement in Tsez', *Folia Linguistica* 23: 109–30.

Pollard, Carl and Ivan A. Sag. (1987). *Information-based Syntax and Semantics, Vol. 1: Fundamentals*. Stanford: Center for the Study of Language and Information. 〔郡司隆男訳 (1994)『制約にもとづく統語論と意味論——HPSG 入門』東京: 産業図書〕

Pollard, Carl and Ivan A. Sag. (1993). *Head-driven Phrase Structure Grammar*. Chicago and Stanford: University of Chicago Press and the Center for the Study of Language and Information.

Prince, Ellen F. (1978). 'A comparison of WH-clefts and *it*-clefts in discourse,' *Language* 54: 883–906.

Pulkina, I. and E. Zakhaya-Nekrasova. (n.d.). *Russian.* Moscow: Progress.

Quirk, Randolph, Anne P. Duckworth, J. Svartvik, J. P. L. Rusiecki, and A. J. T. Colin. (1964). 'Studies in the correspondence of prosodic to grammatical features in English', *Proceedings of the IX International Congress of Linguists.* The Hague: Mouton, 679–91.

Radford, Andrew. (1988). *Transformational Grammar: A First Course.* Cambridge: Cambridge University Press.

Reed, Irene, Osahito Miyaoka, Steven Jacobson, Paschal Afcan, and Michael Krauss. (1977). *Yup'ik Eskimo Grammar.* Anchorage: University of Alaska, Alaska Native Language Center.

Reesink, Ger. (1987). *Structures and their Functions in Usan.* (Studies in Language Companion Series 13) Amsterdam: John Benjamins.

Rehg, Kenneth L. (1981). *Ponapean Reference Grammar.* Honolulu: University Press of Hawaii.

Reinhart, Tanya. (1984). 'Principles of gestalt perception in the temporal organization of narrative texts', *Linguistics* 22; 779–809.

Rhodes, Richard. (1977). 'Semantics in a relational grammar', *Papers from the Thirteenth Regional Meeting, Chicago Linguistic Society,* ed. Woodford A. Beach, Samuel E. Fox, and Shulamith Philosoph. Chicago: Chicago Linguistic Society, 503–14.

Rice, Sally A. (1987). 'Towards a cognitive model of transivity', Ph.D. dissertation,

University of California, San Diego.

Rijkhoff, Jan. (1992). *The Noun Phrase: A Typological Study of its Form and Structure.* Amsterdam: IFOTT.

Roberts, John R. (1987). *Amele.* London: Croom Helm.

Roberts, John R. (1988). 'Amele switch-reference and the theory of grammar', *Linguistic Inquiry* 19: 45–63.

Robins, Robert H. (1958). *The Yurok Language: Grammar, Texts, Lexicon.* Berkeley and Los Angeles: University of California Press.

Robins, Robert H. (1980). 'Grammatical hierarchy and the Yurok bipersonal verb', *Wege zur Universalienforschung,* ed. Günter Brettschneider and Christian Lehmann. Tübingen: Gunter Narr, 360–64.

Rosch, Eleanor. (1978). 'Principles of categorization', *Cognition and Categorization*, ed. Eleanor Rosch and Barbara Lloyd. Hillsdale, N. J.: Lawrence Erlbaum Associates, 27–48.

Rosen, Carol. (1984). 'The interface between semantic roles and initial grammatical relations', *Studies in Relational Grammar 2*, ed. David M. Perlmutter and Carol G. Rosen. Chicago: University of Chicago Press, 38–77.

Ross, John R. (1967). 'Constraints on variables in syntax', Ph.D. dissertation, MIT.

Rowlands, Evan Colyn. (1969). *Yoruba.* Sevenoaks, Kent: Hodder and Stoughton.

Rubino, Rejane B. and Julian M. Pine. (1998). 'Subject-verb agreement in Brazilian Portuguese: what low error rates hide', *Journal of Child Language* 25: 35–59.

Ruhlen, Merritt. (1991). *A Guide to the World's Languages, Vol. 1: Classification.* Stanford: Stanford University Press.

Sadock, Jerrold M. (1991). *Autolexical Syntax.* Chicago: University of Chicago Press.

Saltarelli, Mario. (1988). *Basque.* London: Croom Helm.

Sapir, Edward. (1921). *Language.* New York: Harcourt, Brace & World.〔安藤貞雄訳 (1998)『言語──ことばの研究序説』東京: 岩波書店〕

Sasse, Hans-Jürgen. (1988). 'Der irokesische Sprachtyp', *Zeitschrift für Sprachwissenschaft* 7: 173–213.

Sasse, Hans-Jürgen. (1991). 'Predication and sentence constitution in universal perspective', *Semantic Universals and Universal Semantics* (Groningen-Amsterdam Studies in Semantics, 12), ed. Dietmar Zaefferer. Berlin: Foris, 75–95.

Saussure, Ferdinand. (1916/1966). *Cours de linguistique générale*, ed. Ch. Bally and A. Sechehaye. (*Course in General Linguistics,* Wade Baskin 訳. New York: McGraw-Hill, 1966.)

Scatton, Ernest A. (1983). *A Reference Grammar of Modern Bulgarian.* Columbus, Ohio: Slavica.

470 参考文献

Schachter, Paul. (1973). 'Focus and relativization', *Language* 49: 19–46.

Schachter, Paul. (1974). 'A non-transformational account of serial verbs', *Studies in African Linguistics,* supplement 5: 253–70.

Schachter, Paul. (1977a). 'Constraints on coordination', *Language* 53: 86–103.

Schachter, Paul. (1977b). 'Reference-related and role-related properties of subjects', *Syntax and Semantics 8: Grammatical Relations,* ed. Peter Cole and Jerrold M. Sadock. New York: Academic Press, 279–306.

Schachter, Paul. (1985). 'Parts-of-speech systems', *Language Typology and Syntactic Description, Vol. 1: Clause Structure,* ed. Timothy Shopen. Cambridge: Cambridge University Press, 3–61.

Schevill, Isabel M. (1970). *Manual of Basic Spanish Constructions.* Stanford: Stanford University Press.

Schiller, Eric. (1990). 'An autolexical account of subordinating serial constructions', Ph.D. dissertation, Department of Linguistics, University of Chicago.

Searle, John R. (1969). *Speech Acts: An Essay in the Philosophy of Language.* Cambridge: Cambridge University Press.〔坂本百大・土屋俊訳 (1986)『言語行為——言語哲学への試論』東京: 勁草書房〕

Searle, John R. (1979). 'Literal meaning', *Expression and Meaning.* Cambridge: Cambridge University Press, 117–36.〔山田友幸 (2006)『表現と意味——言語行為論研究』東京: 誠信書房〕

Senft, Gunter. (1986). *Kilivila: The Language of the Trobriand Islanders.* Berlin: Mouton de Gruyter.

Shibatani, Masayoshi. (1985). 'Passive and related constructions: a prototype analysis', *Language* 61: 821–48.

Shibatani, Masayoshi. (1988). 'Voice in Philippine languages', *Passive and Voice,* ed. Masayoshi Shibatani. Amsterdam: John Benjamins, 85–142.

Shopen, Timothy (ed.). (1985a). *Language Typology and Syntactic Description, Vol. 1: Clause Structure.* Cambridge: Cambridge University Press.

Shopen, Timothy (ed.). (1985b). *Language Typology and Syntactic Description, Vol. 2: Complex Constructions.* Cambridge: Cambridge University Press.

Shopen, Timothy (ed.). (1985c). *Language Typology and Syntactic Description, Vol. 3: Grammatical Categories and the Lexicon.* Cambridge: Cambridge University Press.

Shore, Susanna. (1988). 'On the so-called Finnish passive', *Word* 39: 151–76.

Siewierska, Anna. (1984). 'Phrasal discontinuity in Polish', *Australian Journal of Linguistics* 4: 57–71.

Siewierska, Anna. (1985). *The Passive: A Comparative Linguistic Analysis.* London: Croom Helm.

参考文献 471

Siewierska, Anna. (1997). 'The formal realization of case and agreement marking: a functional perspective', *Reconnecting Language: Morphology and Syntax in Functional Perspectives,* ed. Anne-Marie Simon-Vandenbergen, Kristin Davidse, and Dirk Noël. Amsterdam: John Benjamins, 181–210.

Silverstein, Michael. (1976). 'Hierarchy of features and ergativity', *Grammatical Categories in Australian Languages,* ed. R. M. W. Dixon. Camberra: *Australian Institute of Aboriginal Studies,* 112–71.

Sjoberg, Andrée F. (1963). *Uzbek Structural Grammar.* (Uralic and Altaic Series, 18.) Bloomington: Indiana University Press.

Sohn, Ho-min. (1975). *Woleaian Reference Grammar.* Honolulu: University Press of Hawaii.

Sommer, Bruce. (1972). *Kunjen Syntax: A Generative View.* Canberra: Australian Institute of Aboriginal Studies.

Spencer, Andrew. (1993). 'Review of Rochelle Lieber, *Deconstructing Morphology*', *Language* 69: 580–87.

Stassen, Leon. (1985). *Comparison and Universal Grammar.* Oxford: Basil Blackwell.

Stassen, Leon. (1997). *Intransitive Predication.* Oxford: Oxford University Press.

Stockwell, Robert P., J. Donald Bowen, and John W. Martin. (1965). *The Grammatical Structures of English and Spanish.* Chicago: University of Chicago Press.

Stump, Gregory T. (1984). 'Agreement vs. incorporation in Breton', *Natural Language and Linguistic Theory* 2: 289–348.

Svartvik, Jan. (1966). *On voice in the English Verb.* The Hague: Mouton.

Sweet, Henry. (1891). *A New English Grammar, Logical and Historical*, Part I. Oxford: Clarendon Press.

Talmy, Leonard. (1972). 'Semantic Structures in English and Atsugewi', Ph.D. dissertation, University of California, Berkeley.

Talmy, Leonard. (1974). 'Semantics and syntax of motion', *Syntax and Semantics 4,* ed. John Kimball. New York: Academic Press, 181–238.

Talmy, Leonard. (1976). 'Semantic causative types', *The Grammar of Causative Constructions,* ed. Masayoshi Shibatani. New York: Academic Press, 43–116.

Talmy, Leonard. (1978). 'Figure and ground in complex sentences', *Universals of Human Language, Vol. 4: Syntax,* ed. Joseph H. Greenberg et al. Stanford: Stanford University Press, 625–52.

Talmy, Leonard. (1988) 'Force dynamics in language and cognition', *Cognitive Science* 12: 49–100.

Talmy, Leonard. (1991). 'Path to realization: a typology of event integration', *Buffalo Working Papers in Linguistics* 91–01: 147–87.

472　参考文献

Tannen, Deborah. (1989). *Talking Voices: Repetition, Dialogue, and Imagery in Conversational Discourse.* Cambridge: Cambridge University Press.

Taylor, John R. (1989). 'Possessive genitives in English', *Linguistics* 27: 663–86.

Taylor, John R. (1995). *Linguistic Categorization: Prototypes in Linguistic Theory* (第 2 版). Oxford: Oxford University Press.

Tchekhoff, Claude. (1981). *Simple Sentences in Tongan.* (Pacific Linguistics, B–81.) Canberra: Australian National University.

Thompson, Chad. (1994). 'Passive and inverse constructions', Givón 1994, 47–63.

Thompson, Sandra A. (1987). '"Subordination" and narrative event structure', Tomlin 1987, 435–54.

Tikkanen, Bertil. (1995). 'Burushaski converbs in their South and Central Asian areal context', *Converbs in Cross-linguistic Perspective: Structure and Meaning of Adverbial Verb Forms—Adverbials Participles, Gerunds,* ed. Ekkehard König and Martin Haspelmath. Berlin: Mouton de Gruyter, 487–528.

Tomasello, Michael. (1992). *First Verbs: A Case Study of Early Grammatical Development.* Cambridge: Cambridge University Press.

Tomasello, Michael. (2000). 'Do young children have adult syntactic competence?', *Cognition* 74: 209–53.

Tomasello, Michael, Nameera Akhtar, Kelly Dodson, and Laura Rekau. (1997). 'Differential productivity in young children's use of nouns and verbs', *Journal of Child Language* 24: 373–87.

Tomlin, Russell. (1985). 'Foreground-background information and the syntax of subordination', *Text* 5: 85–122.

Tomlin, Russell (ed.). (1987). *Coherence and Grounding in Discourse.* Amsterdam: John Benjamins.

Traugott, Elizabeth Closs. (1985). 'Conditional markers', *Iconicity in Syntax,* ed. John Haiman. Amsterdam: John Benjamins, 289–307.

Traugott, Elizabeth Closs and Bernd Heine. (1991). *Approaches to grammaticalization* (2 巻). Amsterdam: John Benjamins.

Traugott, Elizabeth Closs, Alice ter Meulen, Judy Snitzer Reilly, and Charles A. Ferguson. (eds.). (1986). *On Conditionals.* Cambridge: Cambridge University Press.

Tsukiashi, Ayumi. (1997). 'A usage-based analysis of the Japanese passive construction', M. A. dissertation, University of Manchester.

Tucker, A. N. and M. A. Bryan. (1966). *Linguistic Analysis: The Non-Bantu Languages of North-Eastern Africa.* London: Oxford University Press.

Tucker, A. N. and J. Tompo Ole Mpaayei. (1955). *A Maasai Grammar with Vocabulary.* London: Longmans, Green & Co.

Uehara, Satoshi. (1998). *Syntactic Categories in Japanese: A Cognitive and Typological Introduction.* Tokyo: Kurosio Publishers.

Van der Auwera, Johan and Vladimir A. Plungian. (1998). 'Modality's semantic map', *Linguistic Typology* 2: 79–124.

Van Eijk, Jan P. and Thom Hess. (1986). 'Noun and verb in Salish', *Lingua* 69: 319–31.

Van Valin, Robert D. Jr. (1990). 'Semantic parameters of split intransitivity', *Language* 66: 221–59.

Van Valin, Robert D. Jr. (1993). 'A synopsis of Role and Reference Grammar', *Advances in Role and Reference Grammar,* ed. Robert D. Van Valin, Jr. Amsterdam: John Benjamins, 1–164.

Van Valin, Robert D. Jr. and Randy J. LaPolla. (1997). *Syntax: Structure, Meaning and Function.* Cambridge: Cambridge University Press.

Verhaar, John W. M. (1995). *Towards a Reference Grammar of Tok Pisin: An Experiment in Corpus Linguistics.* (Oceanic Linguistics Special Publication, 26.) Honolulu: University of Hawaii Press.

Watkins, Laurel J. (1984). *A Grammar of Kiowa.* Lincoln: University of Nebraska Press.

Weiner, E. Judith and William Labov. (1983). 'Constraints on the agentless passive', *Journal of Linguistics* 19: 29–58.

Wertheimer, Max. (1950). 'Laws of organization in perceptual forms', *A Source Book of Gestalt Psychology,* prepared by Willis D. Ellis. New York: Humanities, 71–88.

Westermann, Diedrich. (1912/1970). *The Shilluk People.* Westport, Conn.: Negro Universities Press. The Board of Foreign Missions, United Presbyterian Church N. A. より刊行の初版の再版.

Wetzer, Harrie. (1992). '"Nouny" and "verby" adjectivals: a typology of predicative adjectival constructions', *Meaning and Grammar: Cross-linguistic Perspectives,* ed. Michel Kefer and Johan van der Auwera. Berlin: Mouton de Gruyter, 223–62.

Wetzer, Harrie. (1996). *The Typology of Adjectival Predication.* Berlin: Mouton de Gruyter.

Whitney, Arthur. (1944). *Colloquial Hungarian.* London: Routledge & Kegan Paul.

Wiegand, Nancy. (1987). 'Causal connectives in the early history of English: a study in diachronic syntax', Ph.D. dissertation, Stanford University.

Wierzbicka, Anna. (1980). *Lingua mentalis: The Semantics of Natural Language.* New York: Academic Press.

Wierzbicka, Anna. (1986). 'What's in a noun? (or: how do nouns differ in meaning from adjectives?)', *Studies in Language* 10: 353–89.

Wierzbicka, Anna. (1987). 'Boys will be boys', *Language* 63: 95–114.

Wierzbicka, Anna. (1988). *The Semantics of Grammar.* Amsterdam: John Benjamins.

Williams, C. J. (1980). *A Grammar of Yuwaalaraay.* Canberra: Australian National University.

Williams, Edwin. (1981). 'On the notions "lexically related" and "head of a word"', *Linguistic Inquiry* 12: 245–74.

Williams, Marianne Mithun. (1976). *A Grammar of Tuscarora.* New York: Garland.

Wolfart, H. Christoph and Janet F. Carroll. (1981). *Meet Cree: A Guide to the Cree Language* (第 2 版). Lincoln: University of Nebraska Press.

Woollams, Geoff. (1996). *A Grammar of Karo Batak, Sumatra.* (Pacific Linguistics, C–130.) Canberra: Australian National University.

Zepeda, Ofelia. (1983). *A Papago Grammar.* Tucson: University of Arizona Press.

Zolotova, G. A., N. K. Onipenko, and M. Ju. Sidorova. (1998). *Kommunikativnaja grammatika russkogo jazyka.* Moscow: Russian Academy of Sciences.

Zwicky, Arnold M. (1985). 'Heads', *Journal of Linguistics* 21: 1–29.

Zwicky, Arnold M. (1993). 'Heads, bases and functors', *Heads in Grammatical Theory*, ed. Greville G. Corbett, Norman M. Fraser, and Scott McGlashan. Cambridge: Cambridge University Press, 292–315.

解説： クロフトの言語研究
——言語類型論と認知言語学の最前線——

クロフトの研究，学会活動，経歴

　ウィリアム・クロフト（William Croft）は，1980 年代後半から現在に至るまで言語類型論と認知言語学の分野において活躍を続ける言語学者である。クロフトは驚異的な知性と独創性を兼ね備えた研究者であり，彼が発表する研究は非常に影響力のあるものとして広く認識されている。従来からクロフトは，世界の広範な言語事実とその緻密な分析を通して，生成文法に代表される形式主義の言語研究プログラムとは質的に大きく異なる言語分析や代替モデルの開発に取り組んでいる。彼の研究成果として特筆すべきものの 1 つが本書で紹介されている「ラディカル構文文法」（Radical Construction Grammar）であり，さらに他の成果としては「発話選択理論」（Utterance Selection Theory）（Croft 2000）が挙げられる。クロフトの具体的な研究に関しては後述するが，その前に以下で彼の学会活動や経歴について簡単に触れておく。

　クロフトは，言語学の研究だけでなく，言語研究に関わる様々な学会活動にも積極的に取り組んでいる。彼は，1994 年に創設された Association for Linguistic Typology（言語類型論学会）の設立者の一人であり，以下に示すように言語学関連の様々なジャーナルの編集にも携わっている。

・1989 年～現在： *Cognitive Linguistics*（顧問編集者）
・1992 年～現在： *Sprachtypologie und Universalienforschung*（諮問委員）
・1992 年～現在： *Languages of the World*（諮問委員）
・1992 年～現在： *Studies in Language*（顧問編集者）
・1992 年～現在： *Linguistics*（顧問編集者）
・1992 年～現在： *Studies in Language Companion Series*（編集委員）
・1994 年～現在： *Oxford Studies in Typology and Linguistic Theory*（共同編集者）
・2004 年～現在： *Constructional Approaches to Language*（編集委員）
・2009 年～2011 年： *Language and Linguistics*（顧問編集者）
・2009 年～現在： *Typological Studies in Language*（編集委員）
・2009 年～現在： *International Journal of Cognitive Linguistics*（顧問編集者）
・2009 年～現在： *Constructions and Frames*（顧問編集者）
・2010 年～現在： *Linguistic Typology*（編集委員）

・2010 年〜現在： *Australian Journal of Linguistics*（顧問編集者）

　クロフトは，各種ジャーナルの原稿査読にも携わっている。以下に主要なジャーナルを列挙する。*Language, Journal of Linguistics, Lingua, Folia Linguistica, Zeitschrift für Sprachwissenschaft, Journal of Semantics, Journal of Pragmatics, Functions of Language, Linguistic Typology, Diachronica, Anthropological Linguistics, Journal of Child Language, International Journal of American Linguistics, Southwest Journal of Linguistics, Journal of East Asian Linguistics, Himalayan Linguistics, Linguistic Discovery, Linguistics of the Tibeto-Burman Area, Foundations of Science.*

　彼はさらに，様々な出版社の原稿査読にも携わっている。以下に主要な出版社を列挙する。Cambridge University Press, Oxford University Press, Longman, Basil Blackwell, University of Chicago Press, MIT Press, Edinburgh University Press.

　また，各国の研究機関に提出される研究提案書の査読者としての活動も行っている。National Endowment for the Humanities（米国），National Science Foundation（米国），Economic & Social Science Research Council（英国），British Academy（英国），Leverhulme Trust（英国），Arts and Humanities Research Council（英国），Nederlandse Organisatie voor Wetenschappelijk Onderzoek（オランダ），Vetenskapsrådet（スウェーデン），Austrian Academy of Sciences（オーストリア），Max Planck Gesellschaft（ドイツ），Australian Research Council（オーストラリア）．

　クロフトは 1956 年にアメリカ合衆国で生まれ，カリフォルニア州サンラファエル（San Rafael）でハイスクールまでを過ごしている。その後，1978 年 6 月にシカゴ大学（University of Chicago）にて，B.A. (general honors), Linguistics（教養学士，言語学）を取得し，同年 12 月には同大学にて M.A., Linguistics（文学修士，言語学）を取得している。シカゴ大学卒業後は，1982 年にスタンフォード大学（Stanford University）の大学院に進学し，1986 年 10 月に同大学院にて Ph.D., Linguistics（学術博士，言語学）を取得している。スタンフォード大学大学院時代におけるクロフトの指導教官は，現代の言語類型論の父と称される Joseph H. Greenberg (1915–2001) であった。クロフトは，Greenberg の指導の下，*Categories and Relations in Syntax: The Clause-level Organization of Information*（『統語論におけるカテゴリと関係：情報の節レベルでの構成』）というタイトルの博士論文を完成している。なお，彼のこの博士論文は後に，*Syntactic Categories and Grammatical Relations: The Cognitive Organization of Information*（『統語カテゴリと文法関係：情報の認知的構成』）として，1991 年にシカゴ大学出版局（University of Chicago Press）から出版

解説：クロフトの言語研究　477

されている。

　学位取得後のクロフトは，1986 年から 1993 年までの期間，ミシガン大学 (University of Michigan) の言語学科にて助教授として教育・研究活動を行った。ミシガン大学退職後は英国に移り，1994 年から 2005 年までの期間，マンチェスター大学 (University of Manchester) の言語学科で教鞭をとった（同大学では 1994 年には上級研究員，1994 年から 1996 年は講師，1996 年から 1998 年は准教授，1999 年から 2005 年は教授として奉職している）。そして，英国での約 10 年間に及ぶ教育・研究活動を終えた後，2006 年から現在に至るまで，米国のニューメキシコ大学 (University of New Mexico) の言語学科にて教育・研究活動に取り組んでいる。以下では，ミシガン大学，マンチェスター大学，ニューメキシコ大学におけるクロフトの研究活動について述べる。

クロフトの研究活動
ミシガン大学時代

　1986 年にミシガン大学の言語学科に着任したクロフトは，1993 年に同大学を退職するまで数々の重要な研究を発表している。中でも，1991 年出版の *Syntactic Categories and Grammatical Relations: The Cognitive Organization of Information* は特に注目される。この研究においてクロフトは，言語類型論と認知言語学の知見と方法論に基づき，主要な統語カテゴリである「名詞」，「動詞」，「形容詞」，そして主要な文法関係である「主語」や「目的語」などの規定に関し，洞察に満ちた精緻な考察を行っている。クロフトの認知類型論的な研究スタイルは，このミシガン時代から既に顕著であり，そこには本書のラディカル構文文法へと至る方向性を既に見いだすことができる。

　以上の研究に加え，ミシガン大学時代のクロフトは，1990 年に *Typology and Universals* (Cambridge Textbooks in Linguistics, Cambridge University Press) も出版している。本書は現在においても，言語類型論の研究を知る上で非常に重要な研究書とされている（なお，本書は，2002 年に大幅な改訂を経て第 2 版が出版され，以前の版よりも多くの認知類型論的な議論が展開されている）。

　ミシガン大学時代のクロフトの研究としては，さらに次の研究が注目される。以下，研究領域ごとに特に重要な業績を列挙する。

言語類型論：
　・Croft, William. (1990). 'A conceptual framework for grammatical categories (or, a taxonomy of propositional acts)', *Journal of Semantics* 7: 245–279.
　・Croft, William. (1991). 'The evolution of negation', *Journal of Linguistics* 27:

1–27.

· Croft, William. (1993). 'Case marking and the semantics of mental verbs', *Semantics and the Lexicon*, ed. James Pustejovsky. Dordrecht: Kluwer Academic, 55–72.

· Croft, William. (1993). 'Functional-typological theory in its historical and intellectual context', *Sprachtypologie und Universalienforschung* 1: 15–26.

認知言語学：

· Croft, William. (1990). 'Possible verbs and event structure', *Meanings and Prototypes: Studies on Linguistic Categorization*, ed. Savas L. Tsohatzidis. London: Routledge, 48–73.

· Croft, William. (1993). 'The role of domains in the interpretation of metaphors and metonymies', *Cognitive Linguistics* 4: 335–370.

数理言語学：

· Jerry Hobbs, William Croft, Todd Davies, Douglas Edwards, and Kenneth Laws. (1987). 'Commonsense metaphysics and lexical semantics', *Computational Linguistics* 13: 241–250.

マンチェスター大学時代

　ミシガン大学退職後のクロフトは，1994 年から 2005 年までの期間，英国のマンチェスター大学の言語学科で教育・研究活動を行った。マンチェスター大学は，現在までに 25 人もの卒業生，研究者，教授らがノーベル賞を受賞している英国を代表する研究型大学である。同大学の言語学科にも重要な仕事を行う研究者が多く所属している。実際，クロフトが同大学在職中の同僚には，*Lexical Semantics*（Cambridge Textbooks in Linguistics, Cambridge University Press, 1986）や *Meaning in Language: An Introduction to Semantics and Pragmatics*（Oxford Textbooks in Linguistics, Oxford University Press, 1999）などの著書でも有名な D. Alan Cruse，ピダハン語（Pirahã）の研究を通じて，生成文法の普遍文法仮説の中心的前提の 1 つである回帰性（recursion）の妥当性を批判している Daniel Everett（現在は米国ベントリー大学教授），さらには，英語歴史言語学の研究者の David Denison，ロマ語（Romani）や言語接触の研究者の Yaron Matras，語彙機能文法による文法変化研究，等で有名な Nigel Vincent や Kersti Börjars などが在籍している。なお，クロフトがマンチェスター大学で研究活動に取り組んでいた時期，同大学構内には，Elena Lieven や Michael Tomasello が率いるマックス・プランク幼児研究センター（Max Planck Child Study Centre）が設置されていた。先に述べたように，クロフトの研究活動は非常に広範囲にわたるが，彼の研究のスコープの広さは，上記の諸領域に

おいて活躍する研究者達との交流による面も見逃せない。もちろん，クロフトの研究には，彼の職場の同僚以外にも，多くの他の研究機関の研究者との交流が役に立っていることは言うまでもない。たとえば，クロフトはマンチェスター大学在職中に，1999年から2000年の期間，ドイツのライプチヒにあるマックス・プランク進化人類学研究所（Max-Planck-Institut für evolutionäre Anthropologie）において客員科学研究員として長期在外研究に携わっている。本訳書の原書である *Radical Construction Grammar: Syntactic Theory in Typological Perspective*（Oxford University Press, 2001）は，その謝辞にも記されているように，同研究所での在外研究中に執筆されている。クロフトの在外研究当時，同研究所には所長の Bernard Comrie をはじめ，Michael Tomasello, Martin Haspelmath, Elena Lieven, Susanne Michaels, Julia Cissewski という言語類型論研究，言語習得研究，言語進化研究などの分野において重要な研究を行うスタッフがいる。言うまでもなく，『ラディカル構文文法』の本の完成には，同研究所でのこういった研究者達との多くのディスカッションからも貴重な知見を得ている。

　なお，クロフトはマンチェスター大学在職中に，さらにもう1つ重要な在外研究に携わっている。彼は，2003年から2004年の期間，スタンフォード大学にある高等行動科学センター（Center for Advanced Study in the Behavioral Sciences）での特別研究員（フェロー）としての在外研究を行っている。同センターで過ごした1年間もクロフトにとって認知類型論の研究を深めていく非常に重要な契機になっている。スタンフォード大学に設置されている高等行動科学センターには，各研究領域における最高水準の学者がフェローとして集まる（言語学の分野では，Charles Fillmore, George Lakoff が過去にフェローとして招聘されている）。クロフトも同センターに言語学者として招聘され，センター滞在中には言語学の他の研究者は言うまでもなく（Adele Goldberg もクロフトと同時期にフェローとして滞在），他分野の研究者ともディスカッションを行う機会に恵まれている（たとえば，後に多次元尺度構成法を用いて言語普遍性について共同で論文執筆することになる政治学者の Keith T. Poole など）。なお，同センター滞在中の研究成果の一部は，クロフトが2012年に出版した *Verbs: Aspect and Causal Structure*（Oxford University Press）に組み込まれている。

　クロフトは，2005年にマンチェスター大学を退職するまで数多くの重要な研究を発表しているが，特に以下に挙げる研究が注目される。

言語類型論:
　・Croft, William. (1994). 'Sentence typology and the taxonomy of speech acts', *Foundations of Speech Act Theory*, ed. Savas L. Tsohatzidis. London: Rout-

480 解説: クロフトの言語研究

ledge, 460–77.

- Croft, William. (1994). 'Semantic universals in classifier systems', *Word* 45: 145–71.
- Croft, William. (1995). 'Intonation units and grammatical structure', *Linguistics* 33: 839–82.
- Croft, William. (1996). 'What's a head?', *Phrase Structure and the Lexicon*, ed. Laurie Zaring and Johan Rooryck. Dordrecht: Kluwer, 35–75.
- Croft, William. (1996). '"Markedness" and "universals": from the Prague school to typology', *Multiple Perspectives on the Historical Dimensions of Language*, ed. Kurt R. Jankowsky. Münster: Nodus, 15–21.
- Croft, William. (1998). 'Event structure in argument linking', *The Projection of Arguments: Lexical and Compositional Factors*, ed. Miriam Butt and Wilhelm Geuder. Stanford: Center for the Study of Language and Information, 1–43.
- Croft, William. (1999). 'Some contributions of typology to cognitive linguistics', *Cognitive Linguistics: Foundations, Scope and Methodology*, ed. Theo Janssen and Gisela Redeker. Berlin: Mouton de Gruyter, 61–93.
- Croft, William. (2000). 'Parts of speech as typological universals and as language particular categories', *Approaches to the Typology of Word Classes*, ed. Petra Maria Vogel and Bernard Comrie. Berlin: Mouton de Gruyter, 65–102.
- Croft, William, Chiaki Taoka, and Esther J. Wood. (2001). 'Argument linking and the commercial transaction frame in English, Russian and Japanese', *Language Sciences* 23: 579–602.
- Croft, William. (2001). *Radical Construction Grammar: Syntactic Theory in Typological Perspective*. Oxford: Oxford University Press.
- Croft, William. (2003). *Typology and Universals, Second Edition*. Cambridge: Cambridge University Press.
- Croft, William. (2004). 'Logical and typological arguments for Radical Construction Grammar', *Construction Grammar (s) : Cognitive and Cross-language Dimensions*, ed. Mirjam Fried and Jan-Ola Östman. Amsterdam: John Benjamins, 273–314.

認知言語学:

- Croft, William. (1994). 'Voice: beyond control and affectedness', *Voice: Form and Function*, ed. Paul Hopper and Barbara Fox. Amsterdam: John Benjamins, 89–117.
- Clausner, Timothy C. and William Croft. (1997). 'The productivity and sche-

maticity of metaphor', *Cognitive Science* 21: 247–82.
- Croft, William. (1998). 'Linguistic evidence and mental representations', *Cognitive Linguistics* 9: 151–73.
- Clausner, Timothy C. and William Croft. (1999). 'Domains and image-schemas', *Cognitive Linguistics* 10: 1–31.
- Croft, William and Esther J. Wood. (2000). 'Construal operations in linguistics and artificial intelligence', *Meaning and Cognition: A Multidisciplinary Approach*, ed. Liliana Albertazzi. Amsterdam: John Benjamins, 51–78.
- Croft, William. (2003). 'Lexical rules vs. constructions: a false dichotomy', *Motivation in Language: Studies in honour of Günter Radden*, ed. Hubert Cuyckens, Thomas Berg, René Dirven, and Klaus-Uwe Panther. Amsterdam: John Benjamins, 49–68.
- Croft, William and D. A. Cruse. (2004). *Cognitive Linguistics*. Cambridge: Cambridge University Press.

機能主義言語学:
- Croft, William. (1995). 'Autonomy and functionalist linguistics', *Language* 71: 490–532.
- Croft, William. (1999). 'What (some) functionalists can learn from (some) formalists', *Functionalism and Formalism in Linguistics*, ed. Michael Darnell, Edith Moravcsik, Frederick Newmeyer, Michael Noonan, and Kathleen Wheatley. Amsterdam: John Benjamins, 85–108.
- Croft, William. (2001). 'Functional approaches to grammar', *International Encyclopedia of the Social and Behavioral Sciences*, ed. Neil J. Smelser and Paul B. Baltes. Oxford: Elsevier Sciences, 6323–30.

言語変化:
- Croft, William. (1996). 'Linguistic selection: an utterance-based evolutionary theory of language', *Nordic Journal of Linguistics* 19: 99–139.
- Croft, William. (2000). *Explaining Language Change: An Evolutionary Approach*. Harlow, Essex: Longman.
- Croft, William. (2002). 'The Darwinization of linguistics', *Selection* 3: 75–91.

言語習得:
- Gelman, Susan A., William Croft, Panfang Fu, Timothy C. Clausner, and Gail Gottfried. (1998). 'Why is a pomegranate an apple? The role of shape, taxonomic relatedness, and prior lexical knowledge in children's overextensions', *Journal of Child Language* 25: 267–91.

現在：ニューメキシコ大学

クロフトは 2006 年から現在に至るまで，米国のニューメキシコ大学の言語学科にて教育・研究に取り組んでいる。同大学言語学科では機能主義の言語研究が盛んに行われており，通言語比較や通時的アプローチに基づく音韻論，形態論，文法化研究，等において有名な Joan L. Bybee や，手話，ジェスチャ研究，言語進化，等で知られる Sherman Wilcox などの認知言語学者が多数所属している。ニューメキシコ大学でのクロフトの研究で特に注目されるのは，Croft (2000) でその骨格が示された「言語変化の発話選択モデル」の開発に関する学際的研究である。特に，エジンバラ大学（University of Edinburgh）の物理・天文学部に所属する研究者の Richard Blythe とは，2011 年 7 月に米国コロラド州ボールダーで開催されたアメリカ言語学会夏期講座（Summer Institute of the Linguistic Society of America）において，「言語変化の数理モデル」（mathematical models of language change）を共同で担当するなど，言語変化と言語のダイナミクスの数理的なモデル化にも精力的に取り組んでいる。

他にも，2010 年 5 月に，米国ニューメキシコ州サンタフェにあるサンタフェ研究所（Santa Fe Institute）で開催された「複雑系夏期講習会」（Complex Systems Summer School）において，"Linguistics as a Historical Science"（歴史科学としての言語学）というタイトルで講演を行い，複雑系の観点から言語のダイナミクスを論じている。1969 年のノーベル物理学賞受賞者のマレー・ゲルマン，1977 年のノーベル物理学賞受賞者のフィリップ・アンダーソン，1972 年のノーベル経済学賞受賞者のケネス・アローらが設立し，複雑系（複雑適応系）研究のメッカであるサンタフェ研究所において，クロフトが自身の言語変化モデルについての講演を行うということは，クロフトが展開する言語変化の進化的・数理的モデル化への他領域の研究者達からの関心の高まりを示すものであり，言語学と複雑系の関連分野の研究において重要な意味を持つと言える。

なお，上述の Blythe との学際的共同研究を含め，近年，クロフトは，言語変化モデルに関わる一連の重要な論文を発表している。言語変化の進化的・数理的モデル化は，認知類型論的視点と数理的視点との統合によって可能となるものであり，言語変化という進化現象が，この新しいアプローチによりどのように説明されるのかを見極める上でも非常に重要な研究であり，今後のさらなる研究の進展が期待される。以下に，この方面のクロフトの重要な研究を列挙する。

言語変化モデル：

- Baxter, Gareth J., Richard A. Blythe, William Croft, and Alan J. McKane. (2006). 'Utterance selection model of linguistic change', *Physical Review* E 73.046118.

解説: クロフトの言語研究　483

- Croft, William. (2006). 'Evolutionary models and functional-typological theories of language change', *Handbook of the History of English*, ed. Ans van Kemenade and Bettelou Los. Oxford: Blackwell, 68–91.
- Croft, William. (2006). 'The relevance of an evolutionary model to historical linguistics', *Different Models of Linguistic Change*, ed. Ole Nedergård Thomsen. Amsterdam: John Benjamins, 91–132.
- Croft, William. (2008). 'Evolutionary linguistics', *Annual Review of Anthropology*, vol. 37, ed. William H. Durham, Donald Brenneis, and Peter T. Ellison. Palo Alto, California: Annual Reviews, 219–34.
- Baxter, Gareth J., Richard A. Blythe, William Croft, and Alan J. McKane. (2009). 'Modeling language change: an evaluation of Trudgill's theory of the emergence of New Zealand English', *Language Variation and Change* 21: 157–96.
- Croft, William. (2010). 'The origins of grammaticalization in the verbalization of experience', *Linguistics* 48: 1–48.
- Blythe, Richard A. and William Croft. (2012). 'S-curves and the mechanisms of propagation in language change', *Language* 88: 269–304.
- Croft, William. (2013). 'Language use and the evolution of languages', *The Language Phenomenon*, ed. Kenny Smith and Philippe Binder. Berlin: Springer, 93–120.
- Croft, William. (2014). 'Studying language as a complex adaptive system', *English Linguistics* 31: 1–21.
- Croft, William. (2015). 'Evolution and language: overview', *International Encyclopedia of the Social and Behavioral Sciences, Second Edition*, ed. James D. Wright, vol. 8. Oxford: Elsevier, 364–69.
- Baxter, Gareth J. and William Croft. (2016). 'Modeling language change across the lifespan: individual trajectories in community change', *Language Variation and Change* 28: 129–73.

　上記の言語変化モデルの開発に加え，以下では 2006 年以降にクロフトが発表した，他の研究の中でも特に注目される研究を領域別にリストアップする。

認知類型論:

- Croft, William. (2007). 'Beyond Aristotle and gradience: a reply to Aarts', *Studies in Language* 31: 409–30.
- Croft, William. (2007). 'Intonation units and grammatical structure in Wardaman

and in crosslinguistic perspective', *Australian Journal of Linguistics* 27: 1–39.

- Croft, William and Keith T. Poole. (2008). 'Inferring universals from grammatical variation: multidimensional scaling for typological analysis', *Theoretical Linguistics* 34: 1–37.
- Croft, William and Keith T. Poole. (2008). 'Multidimensional scaling and other techniques for uncovering universals [response to commentaries] ', *Theoretical Linguistics* 34: 75–84.
- Croft, William. (2012). *Verbs: Aspect and Causal Structure*. Oxford: Oxford University Press.
- Croft, William. (2013). 'Agreement as anaphora, anaphora as coreference', *Languages across Boundaries: Studies in Memory of Anna Siewierska*, ed. Dik Bakker and Martin Haspelmath. Berlin: De Gruyter Mouton, 107–29.
- Croft, William. (2015). 'Functional approaches to grammar', *International Encyclopedia of the Social and Behavioral Sciences, Second Edition*, ed. James D. Wright, vol. 9. Oxford: Elsevier, 470–75.
- Youn, Hyejin, Logan Sutton, Eric Smith, Christopher Moore, Jon F. Wilkins, Ian Maddieson, William Croft, and Tanmoy Bhattacharya. (2016). 'On the universal structure of human lexical semantics', *Proceedings of the National Academy of Sciences* 113 (7): 1766–71.

認知言語学:

- Croft, William. (2007). 'The origins of grammar in the verbalization of experience', *Cognitive Linguistics* 18: 339–82.
- Croft, William. (2009). 'Connecting frames and constructions: a case study of "eat" and "feed"', *Constructions and Frames* 1: 7–28.
- Croft, William. (2013). 'Do we need propositional representations between language and embodied meanings? [commentary on Peter Ford Dominey, "How are grammatical constructions linked to embodied meaning representations?"]', *AMD Newsletter (The Newsletter of the Autonomous Mental Development Technical Committee, IEEE)* 10.2: 5–6.
- Croft, William. (2015). 'Force dynamics and directed change in event lexicalization and argument realization', *Cognitive Science Perspectives on Verb Representation and Processing*, ed. Roberto G. de Almeida and Christina Manouilidou. New York: Springer, 103–30.
- Croft, William, Pavlina Pešková, and Michael Regan. (2016). 'Annotation of causal and aspectual structure of events in RED: a preliminary report', *4th*

Events Workshop, 15th Annual Conference of the North American Chapter of the Association of Computational Linguistics: Human Language Technologies (NAACL-HLT 2016). Stroudsburg, Pennsylvania: Association for Computational Linguistics, 8–17.

社会認知言語学：

・Croft, William. (2009). 'Toward a social cognitive linguistics', *New Directions in Cognitive Linguistics*, ed. Vyvyan Evans and Stéphanie Pourcel. Amsterdam: John Benjamins, 395–420.

音韻論：

・Vihman, Marilyn and William Croft. (2007). 'Phonological development: toward a "radical" templatic phonology', *Linguistics* 45: 683–725.

　以上のリストが示すように，従来通り，言語類型論と認知言語学の枠組みからの研究が多く見られる。特に類型論の研究に関しては，多変量解析の一手法である多次元尺度構成法（Multidimensional Scaling：MDS）を用いて普遍性を実証的に発見する方法の開発に取り組んでいる。また，2016 年に発表した Hyejin Youn らとの共同研究の論文においては，人間の概念構造の普遍性を捉えるために，多義的概念間の意味的近接性（semantic proximity）の観点からネットワーク分析による統計分析にも着手している。

　本書（『ラディカル構文文法』）の議論は，普遍性の探求においては，どちらかと言えば質的な研究に基づくものであるが，上述のように，クロフトの言語研究はその後，数理的で統計的な実証的言語研究としての様相をより鮮明にしている。なお，以上の研究において，近年，クロフトが，社会認知言語学の研究にも取り組んでおり，これまで文法や意味と比べると研究が比較的手薄であった音韻論の領域にも踏み込んでいる点が注目される。

クロフトの言語観

　これまで紹介してきたクロフトの研究業績からも明らかなように，クロフトが取り組む研究領域は非常に広範にわたっている。彼のこのような研究を支える知的基盤はどのようなものであろうか。以下では，クロフトの基本的な言語観を考察する。

クロフトの言語研究のキーワード

　これまで見てきたように，クロフトは主に，言語類型論，認知言語学，意味論，構文文法，言語変化などの領域における研究を進めている。彼の研究では，特に次の二つの研究テーマ（「言語の意味と理解のプロセス」と「世界の言語の多様性」）が

486 解説: クロフトの言語研究

注目される。

　前者は，言語を使用する話者同士の相互作用のプロセスの解明に関係する。意味の創造は能動的なプロセスであり，言語使用者である概念化者（conceptualizer）による対象や事態のダイナミックな認知処理によって顕在化するプロセスである（Croft & Cruse 2004; Croft 1998, 2012）。たとえば，クロフトは既に Croft（1991）において，「動作主」や「道具」といった意味役割（semantic roles）による規定では，通言語的に見られる標示のパタンの適切な説明を与えることはできないとしている。クロフトが提案する代案は，事態の概念化において人間が用いる「理想認知モデル」（idealized cognitive model）（cf. Lakoff 1987）に基づく説明である。換言するならば，行為に参加する参与者間の因果関係に基づく事態の概念化が，「主語」や「目的語」や「斜格」の役割を決定づける説明を提案している。

　クロフトの言語研究を特徴付ける第二の点は，「世界の言語の多様性」の認識に関係する。クロフトが本書で繰り返し強調するように，世界の言語には驚くほど豊かな多様性が見られる。この事実があるにもかかわらず，従来から，言語学の分野では世界の諸言語が持つ多様性の認識が十分になされないまま研究が進められてきた。

　たとえば理論言語学の研究では，Chomsky の生成文法に代表されるように，ごく少数の言語（時には，英語のような単一言語のみ）の限られた事例（あるいは分析者の内省に基づく限られた作例）だけに基づいて理論化がなされている。生成文法で提唱される普遍文法（Universal Grammar: UG）との関連で述べると，UG 仮説は，世界の言語の普遍性を追求するための理論的な仮説であるが，この仮説に基づく研究プログラムでは，現在に至るまで一貫して，世界の言語の多様性や特異性を十分精査した上での普遍性の探求ではなく，恣意的に選択された少数の言語の言語データに基づいて普遍性を明らかにしようと試みている（cf. Chomsky 1980, 2000）。この姿勢は，あたかも最初から通言語的に何らかの普遍性が存在することを先験的に想定している。しかし，世界に存在する諸言語の多様性を十全に観察することなしに，「演繹的」に普遍性を追求することは経験的に適切であろうか。この疑問に対する答えは，クロフトが本書で力説するように，もちろん否である。すなわち，世界の言語の豊かな多様性を厳密に観察することを通じて言語の普遍性を見いだしていくという「帰納的アプローチ」よる研究姿勢の方が健全である。むしろ，普遍性の探求とは多様性の認識から始められるべきものであるというのが，クロフトを含む多くの類型論学者の考え方である。クロフトに代表されるこの線に沿った類型論の研究は，現在，認知言語学と言語類型論を統合する研究プログラムの中核をなしている（最新の認知言語学と言語類型論の研究動向に関しては，Yamanashi（ed., 2016），Yamanashi（2016）を参照）。

　このように，「言語の意味と理解のプロセス」と「世界の言語の多様性」という 2

つの研究課題が，クロフトの言語研究を支える重要なテーマである。ラディカル構文文法は，以上の研究パラダイムを背景として，認知言語学と言語類型論の統合モデルとしてラディカル構文文法の研究を推進している。以下では，ラディカル構文文法における言語の普遍性の考え方について考察する。

ラディカル構文文法と言語の普遍性

　ラディカル構文文法は，基本的に統語論を中心とする言語理論である。統語論は，記号の統合関係を規定する文法モデルである。形式文法のアプローチに基づく生成文法は，統語論を中核とする代表的な文法モデルである。クロフトの提唱するラディカル構文文法は，生成文法の代案として注目される極めて重要な文法モデルである。

　生成文法の言語観（ないしは文法観）の中核となる前提の 1 つは，「普遍文法」の仮説である。普遍文法の仮説は，*Syntactic Structures*（Chomsky 1957）において Chomsky によって提唱されて以来，生成文法において中心的な仮説を構成している。生成文法では，人間は誰もが（障害等がない限り）生得的に，何らかの普遍的な言語機能（faculty of language）によって規定される普遍文法を有すると仮定する。この文法理論では，個別言語の言語獲得の過程は，子供が接する第一次言語データと人間の可能な文法を特徴付ける UG との相互作用を介して演繹的な規定が可能であることを前提としている。また，多様な個別言語の背後の普遍性の記述・説明も，この普遍文法の仮説（UG 仮説）によって可能であると仮定している。

　しかし，この生成文法が前提とする UG 仮説に基づく言語の普遍性の演繹的アプローチに対しては，クロフトのラディカル構文文法を中心とする認知言語類型論，認知言語学の言語獲得，等の研究から多くの否定的な問題が指摘されている。たとえば，Tomasello は，UG 仮説は実証性を欠く仮説であり，多種多様な個別言語の記述・説明に関しては本質的な限界があると指摘している（Tomasello 2005, 2008）。また，Christiansen & Chater（2008）は，UG 仮説は生物学的に経験的な実証性を欠くモデルであり，一般的に受け入れられている新ダーウィニズムの進化原理と本質的に矛盾する仮説であると主張している。さらに，言語類型論の観点からも，UG 仮説への批判がなされている。たとえば，Evans & Levinson（2009），Levinson & Evans（2010）は，世界の諸言語に見られる豊かな多様性の適切な予測と説明は，UG 仮説を前提とする演繹的なアプローチからは経験的に不可能である点を指摘している（さらに，認知言語学の観点から見た UG 仮説の生得性に関する批判に関しては，Dabrowska（1997），Yamanashi（2002）を参照）。

　このように現在，UG 仮説には様々な方面からの批判がなされている。以上の批判のポイントは，言語の普遍性と個別性を探求していくためには，世界の言語の多様性に関する広範なデータを正確かつ綿密に分析していくことが必要不可欠である

という点にある。

　言語の多様性は，主体による具体的な文脈における言語使用から創発する記号の体系である。クロフトが推進するラディカル構文文法の研究プログラムは，認知言語学と機能主義の言語観に基づく言語類型論の研究プログラムである。この枠組みでは，Langacker の認知文法の「内容要件」（content requirement）から明らかなように，生成文法がトップダウン的（ないしは先験的）に仮定する理論仮構物は否定され，言語使用の文脈から創発する具体的な言語データが優先される。

　本書のクロフトの研究から明らかなように，世界の多種多様な言語を見ると，生成文法に代表される「還元主義的統語モデル」では，予測・説明ができない具体的な事実（たとえば，名詞や動詞などの「語類」の多様な分布関係，主語，目的語，等の文法関係，等に関わる言語事実）が広範に存在する。語類や文法関係などの「文法カテゴリー」の分布関係を規定できない言語モデルは，言語理論の中核をなす統語理論にとって重大な問題である。言語学が経験科学であるなら，世界の言語の多様性についての適切な記述・説明が可能であるべきであり，非還元主義的なアプローチをとることが必要となる。世界の諸言語に見られる言語事実の多様性は，生成文法に代表されるこれまでの形式文法の還元主義的アプローチに根源的な再考を求めるものである。ラディカル構文文法は，この要請に応えるために開発された新たな文法モデルである。

　では，生成文法が仮定する普遍文法を想定する必要がないなら，「言語の普遍性」は存在しないことになるのだろうか。本書でも述べられているように，この問題に対するクロフトの答えは，否である。クロフトは，文法の普遍性（広義の言語の普遍性）は否定していない。ただしこの普遍性は，生成文法が仮定する普遍文法ではなく，むしろ類型論が志向する「機能的」観点から規定される普遍性である。実際，ラディカル構文文法は，この意味での言語の普遍性を探求するアプローチであり，生成文法の UG 仮説に対するアンチテーゼとなるアプローチである。

　以上，ラディカル構文文法による言語の普遍性の問題へのアプローチについて考察してきた。以下では，言語学において根源的に重要な問題とされる「言語の知識」，「言語の習得」，「言語の変化」の解明に関するクロフトの研究の基本的な探求の方向を概観する。

言語研究の根源的問題
言語の知識

　生成文法に代表されるこれまでの形式文法の研究は，基本的に言語運用（performance）と言語能力（competence）の二分法に基づくアプローチを前提としており，言語運用の観点からの分析（たとえば，コーパスに基づく実証的な研究）の重要性は

軽視されている。しかし，この生成文法のアプローチは，経験的事実によって裏付けられたものではない。これとは対照的に，認知言語学では，言語能力と言語運用に関わる知識の先験的な区別は認められず，言語の知識は，具体的な言語使用の場から動的に創発すると考えられている。認知言語学においては，たとえば，用法基盤モデル（Usage-based Model）に基づく Tomasello（2003: 5）の主張（「言語構造は言語使用から生じる」）に見られるように，言語の知識は具体的な言語使用の文脈との関連で創発的に規定される。用法基盤モデルは，認知言語学の中心的なモデルとしての役割を担っている。

クロフトのラディカル構文文法や発話選択理論においても，言語知識の発現における言語使用の役割に重要な意味を認めている。すなわち，言語システムの構造は，言語の実際の使用を介して生じるものであり，言語使用を無視した言語の研究は不可能であるとクロフトは考える。言語使用の個々具体事例としての発話は，文化的，社会的な文脈的に埋め込まれており，言語主体の言語行動の中核を成している（cf. Barlow & Kemmer（eds., 2000），Gries & Stefanowitsch（eds., 2006），Janda（ed., 2013））。クロフトは，個々の発話を可能とする事態（usage event）が，言語研究にとって最も重要な研究対象となるべきものと考え，この言語使用の側面に注目するアプローチをとっている。このアプローチは，認知言語学の研究プログラムにおいて重要な役割を担うものであるが，クロフトのラディカル構文文法や発話選択理論も，このアプローチを前提としている。

言語獲得

言語能力と言語運用の先験的な区分に基づく生成文法は，いわゆる言語能力に関わる生得的な知識のシステム（普遍文法, UG）を基盤とする言語獲得のモデルを前提としている。しかしこの区分は，あくまで理論的仮説に基づく先験的な区分であり，必ずしも経験的，実証的に裏付けられている訳ではない。この種の区分を認めない認知言語学において，言語獲得のプロセスは，子供が大人との具体的なコミュニケーションの場面で，種々の発話のパタンから特定の言語ユニットや構文を抽出していく動的なプロセスと考えられている。ラディカル構文文法も，この認知言語学の言語獲得の言語観を前提としている。この後者の枠組みにおいても，言語獲得のターゲットとしての知識は，コミュニケーションの場面における具体的な発話を，スキーマ化と拡張の認知プロセスを介して，各種の構文パターンへとカテゴリ化する過程を通して獲得されていく，というアプローチをとる。特にこのラディカル構文文法のアプローチでは，生成文法が先験的に仮定する言語の形式的な普遍性（formal universals）は仮定していない点に注意する必要がある。ラディカル構文文法のアプローチは，広い意味での認知類型論の視点から，世界に存在する多種多様な個

別言語を特徴付ける文法パタンの実在性と固有性を重視し，この種の文法パタンのボトムアップ的な類型化と一般化を通して，個別言語の獲得過程を明らかにしていく立場をとっている。この点で，ラディカル構文文法のアプローチは，文法カテゴリー，等の言語の形式的な普遍性を先験的に前提とする生成文法のトップダウン的なアプローチとは本質的に異なる。

言語の変化

生成文法では，言語変化は，文法システムに内在すると仮定される規則の変化として規定されている。これに対し認知言語学では，言語変化は，言語システムの使用の変化を動機付ける言語主体の言語慣習的な変化のプロセスとして規定される。この言語変化に関する研究プログラムの違いは，文法に内在する規則が言語変化を引き起こすという視点をとるか，あるいは具体的な言語使用の社会的，慣習的な経験が言語変化を動機付けるという視点をとるかに起因する。

クロフトは，言語の多様性についての方法論上の取り組み方，言語使用が言語に与える影響，そして言語的実在性を真に反映する文法モデルとはどのようなものであるべきか，等の根源的問題に対する実証的な分析を通して，2000 年にロングマン（Longman）より，言語変化と言語進化に関する重要な研究（*Explaining Language Change: An Evolutionary Approach*）を出版している。この研究においてクロフトは，進化論的観点から言語変化を捉え，「発話選択理論」と呼ぶ言語モデルを提案している。このモデルは，David Hull が提唱する選択の一般理論（Generalized Theory of Selection）に基づくものである（cf. Hull (2000)，詳しくは本書 10 章参照）。発話選択理論では，具体的な言語変化の記述・分析のための道具立てとして，リングイーム（lingueme），慣習（convention），革新（innovation），言語使用者（language user），伝搬（propagation）などが提案されている。この新たな言語モデルでは，社会言語学と歴史言語学の統合がなされており，文法レベル，意味レベル，語用論レベルの言語変化，社会的変種や言語接触に関わる変化，等の現象に対し，系統言語学的視点，進化論的視点からの統一的な説明が試みられている。

今後のクロフトの言語研究の展望

これまでの理論言語学の研究（特に，生成文法理論の形式的アプローチの研究）では，言語使用の具体的なコーパスに基づく量的研究よりも，分析者の内省（ないしは内観）に基づく質的研究が中心となっている。しかし，経験科学としての言語学の実証的研究には，質的研究だけでなく，厳密なデータ分析に基づく量的研究を通した客観的な裏付けが必要となる。近年の認知言語学の研究では，言語使用者の発話を大規模に集積したコーパスに基づく研究や被験者の心理学的実験データに基づ

く研究といった，経験的に動機付けられた実証的研究が進められている（cf. Bybee (2006, 2010), Langacker (2000), Stefanowitsch & Gries (eds., 2006)）。認知言語学の分野におけるこの新たな探求の展開は，極めて重要で健全な方向への展開である。クロフトも，近年，この線に沿った厳密なデータ分析に基づく実証的研究に精力的に取り組んでいる。本書および Croft (2000) においてクロフトが提案する用法基盤のアプローチに基づく認知言語類型論の研究は，この方向への言語学の新たな展開に貢献する極めて重要な研究と言える。

山梨正明・渋谷良方

参考文献

Bybee, Joan L. (2006). *Frequency of Use and the Organization of Language.* Oxford: Oxford University Press.

Bybee, Joan. L. (2010). *Language, Usage and Cognition.* Cambridge: Cambridge University Press.

Barlow, Michael and Suzanne Kemmer, (eds.). (2000). *Usage-Based Models of Language.* Stanford: CSLI Publications.

Casad, Eugene H. and Gary B. Palmer, (eds.). (2003). *Cognitive Linguistics and Non-Indo-European Languages.* Berlin/New York: Mouton de Gruyter.

Chomsky, Noam. (1957). *Syntactic Structures.* The Hague: Mouton.

Chomsky, Noam. (1980). *Rules and Representations.* Oxford: Oxford University Press.

Chomsky, Noam. (2000). *On Nature and Language.* New York: Cambridge University Press.

Christiansen, Morten H. and Nick Chater. (2008). 'The language faculty that wasn't: a usage-based account of natural language recursion', *Frontiers in Psychology* 6 (1182): 1–18.

Croft, William and D. Alan Cruse. (2004). *Cognitive Linguistics.* Cambridge: Cambridge University Press.

Croft, William. (2012). *Verbs: Aspect and Causal Structure.* Oxford: Oxford University Press.

Croft, William. (1991). *Syntactic Categories and Grammatical Relations: The Cognitive Organization of Information.* Chicago: University of Chicago Press.

Croft, William. (1998). 'Event structure in argument linking', *Projecting from the Lexicon*, ed. Miriam Butt and Wilhelm Geuder. Stanford: CSLI Publications, 1–43.

Croft, William. (2000). *Explaining Language Change: An Evolutionary Approach.* Harlow, Essex: Longman.

Dąbrowska, Ewa. (1997). 'The LAD goes to school: a cautionary tale for nativists', *Linguistics* 35: 735–766.

Dąbrowska, Ewa and Dagmar Divjak, (eds.). (2015). *Handbook of Cognitive Linguistics*. Berlin: Mouton de Gruyter.

Evans, Nicholas and Stephen C. Levinson. (2009). 'The myth of language universals: language diversity and its importance for cognitive science', *Behavioral and Brain Sciences* 32: 429–448.

Evans, Vyvyan and Stéphanie Pourcel, (eds.). (2009). *New Directions in Cognitive Linguistics*. Amsterdam: John Benjamins.

Geeraerts, Dirk and Hubert Cuyckens, (eds.). (2007). *Oxford Handbook of Cognitive Linguistics*. Oxford: Oxford University Press.

Glynn, Dylan and Kerstin Fischer, (eds.). (2010). *Quantitative Methods in Cognitive Semantics: Corpus-Driven Approaches*. Berlin/New York: Mouton de Gruyter.

Glynn, Dylan and Justyna A. Robinson, (eds.). (2014). *Corpus Methods for Semantics: Quantitative Studies in Polysemy and Synonymy*. Amsterdam: John Benjamins.

Gries, Stefan Th. and Anatol Stefanowitsch, (eds.). (2006). *Corpora in Cognitive Linguistics: Corpus-Based Approaches to Syntax and Lexis*. Berlin/New York: Mouton de Gruyter.

Haspelmath, Martin. (2010). "Comparative concepts and descriptive categories in cross-linguistic studies," *Language* 86 (3): 663–687.

Hull, David L. (2000). *Science and Selection: Essays on Biological Evolution and the Philosophy of Science*. Cambridge: Cambridge University Press.

Janda, Laura A, (ed.). (2013). *Cognitive Linguistics: The Quantitative Turn*. Berlin/New York: Mouton de Gruyter.

Lakoff, George. (1987). *Women, Fire, and Dangerous Things*. Chicago: University of Chicago Press.

Lakoff, George and Mark Johnson. (1999). *Philosophy in the Flesh*. New York: Basic Books.

Langacker, Ronald W. (1987). *Foundations of Cognitive Grammar*. (Vol. 1). Stanford: Stanford University Press.

Langacker, Ronald W. (2008). *Cognitive Grammar: A Basic Introduction*. Oxford: Oxford University Press.

Langacker, Ronald W. (2000). 'A dynamic usage-based model'. *Usage-based Models of Language*, ed. Michael Barlow and Suzanne Kemmer. Stanford: CSLI Publications, 1–64.

Levinson, Stephen C. and Nicholas Evans. (2010). 'Time for a sea-change in linguistics: response to comments on "the myth of language universals', *Lingua* 120: 2733–2758.

解説： クロフトの言語研究　493

Stefanowitsch, Anatol and Stefan Th. Gries, (eds.). (2006). *Corpus-Based Approaches to Metaphor and Metonymy*. Berlin/New York: Mouton de Gruyter.

Littlemore, Jeannette and John R. Taylor, (eds.). (2015). *The Bloomsbury Companion to Cognitive Linguistics*. London: Bloomsbury Academic.

Tomasello, Michael. (2003). *Constructing a Language: A Usage-based Theory of Language Acquisition*. Cambridge, MA: Harvard University Press.

Tomasello, Michael. (2008). *The Origins of Human Communication*. Cambridge, MA: MIT Press.

Tomasello, Michael. (2009a). 'Universal grammar is dead', *Behavioral and Brain Sciences* 32 (5): 470–471.

Tomasello, Michael. (2009b). 'The usage-based theory of language acquisition', *The Cambridge Handbook of Child Language*, ed. Edith L. Bavin. Cambridge: Cambridge University Press, 69–88.

Yamanashi, Masa-aki. (2002). 'Cognitive perspectives on language acquisition', *Studies in Language Science* 2: 107–116.

Yamanashi, Masa-aki. (2016). 'New perspectives on cognitive linguistics and related fields'. *Cognitive Linguistics*. (Vol. 1), ed. Masa-aki Yamanashi. London: Sage Publications, xix–xlix.

Yamanashi, Masa-aki, (ed.). (2016). *Cognitive Linguistics*. (Vol. 1–Vol. 5). London: Sage Publications.

人名索引

Abney, Stephen P. 308, 315
Aikhenvald, Alexandra 141, 276
Aissen, Judith 247–8
Akmajian, Adrian 20
Allen, Kim 207
Altenberg, Bengt 226
Anderson, Lloyd B. 111
Anderson, Stephen R. 176–9, 184, 296, 321, 323
Andrews, J. Richard 255
Annamalai, E. 388
Anward, Jan 102
Ariel, Mira 86, 280
Ariff, Syed Zainal Jamaluddin 369
Aristar, Anthony Rodrigues 279, 422
Arndt, P. P. 410
Ashton, E. O. 256, 299

Bailleul, Charles 351
Barlow, Michael 165, 272–5, 294
Barsalou, Lawrence R. 143
Barss, Andrew 51
Bauer, Laurie 321
Berlin, Brent 141
Biber, Douglas 46–7
Bird, Charles S. 393
Birney, Betty J. 19
Bloomfield, Leonard 42, 48, 292, 305, 350–1
Bolinger, Dwight 90, 130
Bonch-Osmolovskaya, Anastasia 195
Bowerman, Melissa 153–5
Braine, Martin D. S. 68
Bresnan, Joan 3, 184, 246, 270, 272
Bryan, M. A. 319
Bybee, Joan L. 15, 32, 57, 66, 199, 282, 311, 321

Campbell, Lyle 311, 434
Carlson, Robert Joel 418
Carroll, Janet E. 343–4
Cercvadze, Ilia 311
Chafe, Wallace 226, 396
Chauhan, Mohabhat Singh Man Singh 249
Choi, Soonja 153–5
Chomsky, Noam 3, 12–3, 57, 156–7, 246
Chung, Sandra 365–6
Churchward, C. Maxwell 166
Čikobava, Arnold 311
Clark, Eve V. 88, 130, 257, 284
Clark, Herbert H. 86, 88, 284
Cole, Peter 185–8, 259, 392
Comrie, Bernard 7, 15, 60–1, 159, 172, 198, 250, 266, 279, 348–9, 355–6, 360, 362, 393, 418–9, 422, 428
Cook, Carolyn 85
Cooreman, Ann 335, 380
Corbett, Greville 273, 274
Cowper, Elizabeth 209
Craig, Colette 70
Cristofaro, Sonia 70, 386, 389, 425, 429–34
Croft, William 7, 9, 11, 15, 17, 33, 60, 66, 68–9, 74, 78, 84, 86, 88–90, 93, 103, 105, 107–9, 111–2, 115–6, 118, 120–3, 126–7, 131, 136, 138–9, 149–150, 157, 164–6, 169, 171, 174, 181, 185, 189, 191–5, 226–8, 233–4, 236, 261, 279–280, 317, 341, 376, 381, 386, 400, 402, 427–9, 439–41, 443
Cruse, D. Alan 17, 33, 68, 72, 86, 121–2, 138, 402
Crystal, David 226
Culicover, Peter 395
Culy, Christopher 351

[495]

Dabrowska, Ewa   129
Dahl, Östen   136–8, 199, 350, 396
Dayley, Jon P.   238, 322
De León, Lourdes   141
DeLancey, Scott   199, 348, 355–6, 383
Demers, Richard A.   36, 37, 270, 345
Deshpande, Madhav   515
Diessel, Holger   312–3
Dik, Simon C.   3, 315
Dimmendaal, Gerrit Jan   350
Dixon, R. M. W.   103, 159, 163, 179–80,
   190, 195, 197, 318, 372–3
Dowty, David   296
Dryer, Matthew   9, 37–8, 53, 58–9, 102,
   125, 161, 379
DuBois, John A.   139
Durie, Mark   196, 281, 364, 427

Elbert, Samuel H.   299, 303
Elman, Jeffrey L.   116, 443
Emenean, Murray B.   33
England, Nora C.   294, 324, 335

Fauconnier, Gilles   257
Fillmore, Charles J.   3, 17, 18–20, 23–4,
   32, 57, 66, 69, 88, 330–4
Foley, William A.   3, 270, 290, 339,
   362–3, 389–90, 403–4, 426
Ford, Cecilia E.   228, 409
Forrest, Linda B.   354
Fox, B. J.   412
Fox, Barbara A.   170, 229–230, 282

Galloway, Brent D.   352–3
Gathercole, Virginia C.   68
Genetti, Carol   397, 415
Gibbs, Raymond W. Jr.   136, 214
Givón, Talmy   11, 73, 188–9, 232, 235,
   280, 350, 386, 413, 430–1, 434
Glover, Warren W.   227
Goldberg, Adele E.   17, 19, 31, 66, 69,
   144, 216
Goldsmith, John.   417
Greenberg, Joseph H.   60, 107, 141,

312–3, 350, 409
Gregores, Emma   192, 358
Gross, Maurice   42
Gundel, Jeannette K.   272

Haegeman, Liliane   11, 15, 50, 75–6, 78,
   101, 246, 272
Haider, Hubert   422
Haiman, John   128, 130, 394–6, 409,
   411–3
Hale, Kenneth   219, 269, 297, 390, 421
Harris, Alice C.   311, 434
Harris, Zellig S.   13, 42, 48
Harrison, Sheldon P.   235
Haspelmath, Martin   111, 186, 250, 315,
   322–3, 376, 381, 393, 413, 416, 424
Heath, Jeffrey   361
Heine, Bernd   134, 149, 312, 320
Hengeveld, Kees   76–87, 89–90, 101–4,
   106, 269
Herskovits, Annette   70
Hess, Thom   37, 93
Hibiya, Junko（日比谷潤子）   413–4
Himmelmann, Nikolaus   145
Hobbs, Jerry   402
Hoffman, Carl   267
Hoffmann, Johann   410
Holisky, Dee Ann   192
Holton, David   146
Hook, Peter Edwin   249, 415
Hopper, Paul   8, 149, 230, 370, 401
Horie, Kaoru（堀江薫）   420
Horn, Larry   252
Hudson, Richard A.   3, 287
Hull, David L.   441
Humboldt, Wilhelm von   128
Hutchison, John P.   165, 271

Jackendoff, Ray   20, 49, 50–2, 57, 395
Jacobsen, William H., Jr.   34, 36, 88, 91–3,
   102
James, Deborah   254, 258–9
Jasperson, Robert   229–30, 282
Jelinek, Eloise   36–7, 269–70, 345

Jespersen, Otto 304–5
Joos, Martin 101–2, 104
Josephs, Lewis S. 301

Kalinina, Elena 249
Kaplan, Ronald M. 246, 272
Kay, Paul 3, 17, 23–4, 28, 32, 57, 66, 69, 153, 330–4
Kazenin, Konstantin I. 181, 183–4, 189–90
Keenan, Edward L. 60–1, 174–5, 185, 255, 257
Kemmer, Suzanne 111
Kempton, Willett 153
Kepping, Ksenia Borisova 355–6
Kimenyi, Alexandre 172
Kinkade, M. Dale 93
Klaiman, Miriam H. 340, 354
Koffka, Kurt 56, 397, 400–2, 406
Köhler, Wolfgang 56, 407
Koneski, Blaze 266
Koptjevskaja-Tamm, Maria 313, 315, 386, 428
Kortmann, Bernd 111, 423
Kroskrity, Paul V. 354–5
Kuijpers, Aert 93
Kuno, Susumu（久野暲） 299

Labov, William 282, 396
Lafitte, Pierre 303
Lakoff, George 17, 19, 31, 123, 136, 417
Lambdin, Thomas Q. 89
Lambrecht, Knud 19, 20, 216
Lang, Ewald 145
Langacker, Ronald W. 7, 11, 17, 20–1, 24, 29, 32, 69–70, 73, 75, 90, 111, 123, 128–31, 145, 151, 157, 205, 216, 223, 254, 283, 306–7, 309–10, 313, 317, 321, 328–9, 336, 402, 410, 417–8
LaPolla, Randy J. 3, 73, 315
Larsen, Thomas W. 167, 181–2
Larson, Richard 49, 50–2, 420
Laskowske, Thomas 361
Lasnik, Howard 51

Lazdiņa, Tereza Budina 164
Lee, Penny 128
Lehmann, Christian 149, 271, 294, 316–8, 323, 386, 393–4, 397, 418, 430, 432–4
Leiven, Elena V. M. 68
Levin, Beth C. 69–70, 295, 381
Lewis, David 86
Lewis, G. L. 89
Li, Charles 134, 389, 393, 426
Lichtenberk, Frantisek 236
Lieven, Elena V. M. 8
Lord, Carol 317, 425–6
Lorimer, David Lockhart Robinson 389
Lucy, John A. 128, 141, 143
Lynch, John 412

Masica, Colin 415–6
Mathiassen, Terje 342
Matsumoto, Yoshiko（松本善子） 419
Matthews, Peter H. 211, 307, 326–7, 331
Matthews, Stephen 231,
Matthiessen, Christian 400, 402, 404
Mbotela, J. 413
McCawley, James D. 180, 220–2, 224–5
McClelland, James L. 116
McClendon, Sally 194
McGregor, William B 23
Mchombo, Samuel A. 270
Meillet, Antoine 397
Merlan, Francesca 34, 181, 220, 226–8
Michaelis, Laura A. 19, 216
Minassian, Martiros 279
Mirikitani, Leatrice T. 371
Mithun, Marianne 81, 93, 147, 149–50, 192, 220, 227, 320, 335, 380, 407
→ Williams, Marianne Mithun
Momberg, T. 299
Mondloch, James L. 88, 135, 166, 170, 322, 346
Moravcsik, Edith A. 195
Mpaayei, J.Tompo Ole 350
Mtenje, Alfred G. 274
Mulder, Jean Gail 196

Mumro, Pamela 248, 391
Myhill, John 320, 368–9, 413–4

Nakhimovsky, Alexander 400
Nandris, Grigore 234, 276
Napoli, Donna Jo 258
Newman, Stanley 170–1
Newmeyer, Frederick J. 246
Nichols, Johanna 166, 233–4
Nida, Eugene A. 34
Noonan, Michael 94–6, 390
Nunberg, Geoffrey 6, 87, 206, 209, 211–4, 216–7, 239

O'Connor, Mary Kay 17
O'Grady, William 11
Oates, Lynette Francis 284–5
Ohori, Toshio（大堀壽夫） 390
Olson, Mike 389
Ouhalla, Jamal 315

Patz, Elizabeth 324
Pawley, Andrew 285, 427
Payne, Doris 233, 350, 359–60, 362
Payne, John R. 163, 235
Payne, Thomas E. 353, 361–2, 370
Perlmutter, David M. 339
Pine, Julian 68
Plungian, Vladmir A. 111
Polinsky, Maria 250
Pollard, Carl 3, 23, 290
Postal, Paul M. 339
Prince, Ellen F. 19
Pulkina, I. 145, 236

Quirk, Randolph 226

Radford, Andrew 67, 75–6, 213
Rappaport Hovav, Malka 381
Reed, Irene 166
Reesink, Ger 238
Reh, Mechthild 312, 320
Rehg, Kenneth L. 314, 335
Reinhart, Tanya 400, 402, 404, 421

Rhodes, Richard 286
Rice, Sally A. 296
Rijkhoff, Jan 141
Roberts, John R. 170, 416
Robins, Robert H. 303, 357
Rosch, Eleanor 62, 88, 107, 139
Rosen, Carol 157
Ross, John R. 417
Rowlands, Evan Colyn 170–1
Rubino, Rejane B. 68

Sadock, Jerrold M. 235, 266, 310
Sag, Ivan A. 3, 23, 290
Saltarelli, Mario 303
Sapir, Edward 39, 121, 128
Sasse, Hans-Jürgen 93, 129–30, 133, 147–8
Saussure, Ferdinand de 438
Scatton, Ernest A. 265, 294
Schachter, Paul 44, 76, 78–9, 127, 298, 372, 417
Schiller, Eric 425–6
Searle, John R. 78
Senft, Gunter 263
Shibatani, Masayoshi（柴谷方良） 171, 343, 367, 370–1, 374, 380–1
Shore, Susanna 348–9
Siewierska, Anna 164, 183, 194, 220, 257, 374
Silverstein, Michael 190, 361
Simpson, Jane 184
Sjoberg, Andrée F. 250
Sohn, Ho-min 165, 234
Sommer, Bruce 421
Spencer, Andrew 323
Stassen, Leon 76, 89, 103, 111, 115–6, 318–9, 386, 388, 405, 410–1, 415, 424, 430, 432
Stockwell, Robert P. 352
Stump, Gregory T. 270
Suárez, Jorge A. 192, 358
Svartvik, Jan 342, 367
Sweet, Henry 304–5

人名索引 499

Talmy, Leonard 153, 193, 320, 397–400, 404
Tannen, Deborah 282
Taylor, John R. 62
Tchekhoff, Claude 80
Thompson, Chad 374, 380
Thompson, Sandra A. 134, 370, 389, 393–4, 396, 400, 402–4, 409, 426
Tikkanen, Bertil 389
Tomasello, Michael 68
Tomlin, Russell 400, 403
Traugott, Elizabeth Closs 8, 149, 409
Tsukiashi, Ayumi（月足亜由美） 260
Tucker, A. N. 319, 350

Uehara, Satoshi（上原聡） 89, 98–100, 113, 121

van der Auwera, Johan 111
van Eijk, Jan P. 37, 93
Van Valin, Robert D. Jr. 3, 73, 192, 315, 339, 394
Verhaar, John W. M. 255, 297

Ward, Gregory 19

Watkins, Laurel J. 303
Weiner, E. Judith 282
Wertheimer, Max 56, 398, 401
Westermann, Diedrich 367–8
Wetzer, Harrie 103, 115
Whitney, Arthur 164, 170
Wiegand, Nancy 390, 420
Wierzbicka, Anna 19, 70, 90, 115, 223, 307, 405–7
Williams, C. J. 158
Williams, Edwin 322
Williams, Marianne Mithun 81
→ Mithun, Marianne
Wolfart, H. Christoph 343–4
Woollams, Geoff 366–7

Yip, Virginia 231

Zakhava-Nekrasova, E. 145, 236
Zepeda, Ofelia 265, 301, 303
Zolotova, G. A. 349
Zwanziger, Ronald 422
Zwicky, Arnold M. 12, 287–96, 298, 300–2, 305–7, 327

言語索引

注記: 見出し語は,「言語名 (family 名/genus 名)」という形式を用いて表示した (訳注: family と genus は, 一概に「family＝語族」,「genus＝派」のようには訳せないので, 英語のままとした)。「family 名」は, Ruhlen (1991: 380) が定めた最高レベルの言語系統的単位を表し,「genus 名」はインド・ヨーロッパ (印欧) 語族の主要語派とおよそ同じ時間的深みを有する言語系統的単位を表している (Dryer 1989)。見出し語が言語グループについて述べる場合には, family 名のみを用いて記載した。Ruhlen が定める最高レベルの言語系統的単位が genus のレベルである場合には, family 兼 genus 名によってそれを表示した。Ruhlen が family レベルにおいて孤立言語だと定めた言語については, 孤立言語と記した。言語の異なる種類名については, 言語名の後にそれを挙げた (例えば, 現代東部アルメニア語については,「アルメニア語, 現代東部」と表示)。

ア 行

アイルランド語 Irish (インド・ヨーロッパ語族/ケルト語派) 423
　古アイルランド語 Old Irish 424
アヴェスタ語 Avestan (インド・ヨーロッパ語族/イラン語派) 422
アガカテック語 Aguacatec (アメリンド諸語/マヤ語族) 167, 181–4
アカン語 Akan →トウィ語
アジア・エスキモー語 Asiatic Eskimo (エスキモー・アレウト語族) 184, 190
アチェ語 Acehnese (オーストリック言語群/スンダ語族) 364, 368, 375, 377
アバール語 Avar (コーカサス諸語/北東コーカサス語族) 184, 249, 311
アバザ語 Abaza (コーカサス諸語/北西コーカサス語族) 177–8
アメレ語 Amele (インド・パシフィック諸語/マダン諸語) 170
アラビア語, 現代標準 Modern Standard Arabic (アフロアジア語族/セム語派) 274, 275
アラワック語 Arawakan (アメリンド諸語/マイプレ諸語) 194
アランブラック語 Alamblak (インド・パシフィック諸語/セピック・ラム諸語) 390
アルメニア語, 現代東部 Modern Eastern Armenian (インド・ヨーロッパ語族/アルメニア語派) 279
アンカシュ・ケチュア語 Ancash Quechua (アメリンド諸語/ケチュア語族) 259
イアトムル語 Iatmul (インド・パシフィック諸語/セピック・ラム諸語) 390
イタリア語 Italian (インド・ヨーロッパ語族/ロマンス諸語) 258
イデン語 Yidiny (オーストラリア語族/パマ・ニュンガン語族) 184, 318
イマス語 Yimas (インド・パシフィック諸語/セピック・ラム諸語) 290, 362, 363, 383
イロコイ語族 Iroquoian languages (アメリンド諸語) 77, 81, 93, 149
　→カユーガ語, ツカロラ語, モホーク語
インド・アーリア諸語 Indo-Aryan languages (インド・ヨーロッパ語族) 249, 415
　→シンハラ語, ヒンディー語, マラーティー語
インドネシア語 Indonesian (オーストリック言語群/スンダ語族) 368–9, 375,

[500]

言語索引　501

377–8

インバブラ・ケチュア語 Imbabura Quechua（アメリンド諸語／ケチュア語族）
392, 419

ウイチョル語 Huichol（アメリンド諸語／
コラチョル諸語）　172

ウェールズ語 Welsh（インド・ヨーロッパ
語族／ケルト語派）　348–9, 375, 377

ウサン語 Usan（インド・パシフィック諸
語／アデルバート・レンジ）　238

ウズベク語 Uzbek（アルタイ諸語／チュル
ク諸語）　250

ウテ語 Ute（アメリンド諸語／ヌーミック
語派）　232, 235

英語 English（インド・ヨーロッパ語族／
ゲルマン語派）　14–6, 19, 23–8, 30–1,
33–5, 40–52, 59–60, 82–5, 87–8, 90, 93,
97, 99, 106, 108–9, 115, 117–8, 122–3,
130, 132–3, 135, 140–1, 143–7, 154–5,
160–2, 167–9, 174–6, 180, 184, 188,
198, 211, 216, 221–2, 224, 226, 230,
239, 253–4, 257, 264, 281, 284, 291,
293, 296, 298–301, 304, 306, 310, 314,
316, 318, 323, 332, 334–5, 342, 345,
348, 370–1, 375, 377, 381, 383, 392–3,
398

　アメリカ英語 American English　211

　イギリス英語 British English　85,
　　150–1, 211, 274

　近代英語 Modern English　187

　古英語 Old English　19, 390, 420

　初期近代英語 Early Modern English
　　409

　初期中英語 Early Middle English　86,
　　237

エウェ語 Ewe（ニジェール・コルドファン
語族／西南中央ニジェール・コンゴ語
族）　312, 317, 425

オーストラリア諸語 Australian languages
163, 390, 421

　→イデン語，カイティチ語，ガラリ語，
　　カルカトゥング語，グンウィング語，
　　クンジェン語，ジャプカイ語，ジルバ
　　ル語，ティウィ語，ヌングブユ語，ピ

チャンチャチャラ語，ユワラライ語，
ワダマン語，ワルピリ語，ワルング
語，ワンクマラ語，ンガンディ語

オーダム語 O'odham（アメリンド諸語／
ピミック語群）　233, 265, 301, 303

オジブエ語 Ojibwe（アメリンド諸語／ア
ルゴンキン語族）　286

オセアニア諸語 Oceanic languages（オー
ストリック言語群／中東部マレー・ポリ
ネシア語派）　165

　→オレアイ語，キリヴィラ語，大ナンバ
　　語，トンガ語，パーミーズ語，ブカプ
　　カ語，ポナペ語，マオリ語，モキル
　　語，レナケル語，レネル語，ングナ語

オレアイ語 Woleaian（オーストリック言語
群／中東部マレー・ポリネシア語派）
165, 234

カ 行

カイオワ語 Kiowa（アメリンド諸語／タノ
諸語）　303

海岸セイリッシュ語 Straits Salish（アメリ
ンド諸語／海岸セイリッシュ語族）
36–7

海岸ツィムシアン語 Coast Tsimshian（ア
メリンド諸語／ツィムシアン語族）
184, 196–7

カイティチ語 Kaititj（オーストラリア語
族／パマ・ニュンガン語族）　421

カウィーア語 Cahuilla（アメリンド諸語／
タキック語群）　391

カシナワ語 Cashinawa（アメリンド諸語／
パノ語族）　197–8, 163

カヌリ語 Kanuri（ナイル・サハラ語族／サ
ハラ語群）　165, 271–2, 276

カユーガ語 Cayuga（アメリンド諸語／イ
ロコイ語族）　147–9

カラム語 Kalam（インド・パシフィック諸
語／東部ニューギニア高地諸語）　285–
6, 427

ガラリ語 Galali（オーストラリア語族／パ
マ・ニュンガン語族）　163

カルカトゥング語 Kalkatungu（オースト
ラリア語族／パマ・ニュンガン語族）

184

カロ・バタク語 Karo Batak（オーストリック言語群／スンダ語族）　366–8, 370, 372, 375, 377

広東語 Cantonese（シナ・チベット語族／中国諸語）　231

カンボジア語 Cambodian　→クメール語

キチェ語 K'iche'（アメリンド諸語／マヤ語族）　88, 122, 135, 166, 170, 321–2, 346–8

キトゥバ語 Kituba（ニジェール・コルドファン語族／バントゥー語群）　312

キニヤルワンダ語 Kinyarwanda（ニジェール・コルドファン語族／バントゥー語群）　171

キリヴィラ語 Kilivila（オーストリック言語群／中東部マレー・ポリネシア語派）　263–4

ギリシャ語，現代 Modern Greek（インド・ヨーロッパ語族／ギリシャ語）　146, 414

キンブンド語 Kimbundu（ニジェール・コルドファン語族／バントゥー語群）　350

グアラニ語 Guarani（アメリンド諸語／トゥピ・グアラニ語族）　358–9, 362, 375, 377–8, 383

クテナイ語 Kutenai（アメリンド諸語／クテナイ語）　59

クメール語 Khmer（オーストリック言語群／クメール語）　409, 419

クリー語 Cree（アメリンド諸語／アルゴンキン語族）　343–8, 354, 356, 370, 372, 375, 377, 383

グルジア語，現代 Modern Georgian（カルトヴェリ語族）　185, 187–8

グルジア語，古 Old Georgian（カルトヴェリ語族）　187

グルン語 Gurung（シナ・チベット語族／チベット諸語）　227

グンウィング語 Gunwinggu（オーストラリア語族／グヌィングアン語族）　284–5

クンジェン語 Kunjen（オーストラリア語族／パマ・ニュンガン語族）　421–2

ケチュア語 Quechua（アメリンド諸語／ケチュア語族）　78–82, 84–6, 88, 93, 298, 306
　→アンカシュ・ケチュア語，インバブラ・ケチュア語

ケワ語 Kewa（インド・パシフィック諸語／東部ニューギニア高地諸語）　194

コーカサス諸語 Caucasian languages　249
　→アバール語，アバザ語，イングーシ・チェチェン語，ツァフル語，ツェズ語

ゴート語 Gothic（インド・ヨーロッパ語族／ゲルマン語派）　185–6

コリヤーク語 Koryak（チュクチ・カムチャッカ語族）　360

サ 行

サルシー語 Sarcee（ナデネ大語族／アサバスカ・イヤック諸語）　407

サンターリー語 Santali（オーストロアジア語族／ムンダ語派）　235

シカ語 Sika（オーストリック言語群／中東部マレー・ポリネシア語派）　410

シャバンテ語 Chavante（アメリンド諸語／マクロ・ジェー語族）　183

ジャブカイ語 Djabugay（オーストラリア語族／パマ・ニュンガン語族）　324

シュメール語 Sumerian（孤立言語）　183

上流地域ハルコメレム語 Upriver Halkomelem（アメリンド諸語／海岸セイリッシュ語族）　352–4, 375–7

シルック語 Shilluk（ナイル・サハラ語族／ナイル諸語）　367–8, 375, 377

ジルバル語 Dyirbal（オーストラリア語族／パマ・ニュンガン語族）　179, 184, 372–3, 375–7, 383

シンハラ語 Sinhalese（インド・ヨーロッパ語族／インド語群）　415

スヴァン語 Svan（カルトヴェリ語族）　194

スピレ語 Supyire（ニジェール・コルドファン語族／グル語派）　418

スペイン語 Spanish（インド・ヨーロッパ語族／ロマンス諸語）　82, 93, 165, 221,

言語索引 503

269, 273, 275, 325, 352, 375–7, 397

スワヒリ語 Swahili（ニジェール・コルド
ファン語族／バントゥー語群）413

セイリッシュ語族 Salishan languages（ア
メリンド諸語）77, 93
→海岸セイリッシュ語，上流地域ハルコ
メレム語，ベラクーラ語，リルエット
語，ルシューツィード語，ルンミ語

セコ・パダン語 Seko Padang（オースト
リック言語群／フィリピン語群）361–
2, 375, 377–8

セブアノ語 Cebuano（オーストリック言語
群／フィリピン語群）370–1, 375, 377

セルビア・クロアチア語 Serbian-Croatian
（インド・ヨーロッパ語族／スラブ語派）
266, 273

ソクレ語 Xokleng（アメリンド諸語／マク
ロ・ジェー語族）183

ソッド語 Soddo（アフロアジア語族／セム
語派）122, 413

タ 行

大ナンバ語 Big Nambas（オーストリック
言語群／中東部マレー・ポリネシア語
派）170, 412–3

タガログ語 Tagalog（オーストリック言語
群／フィリピン語群）372

タミル語 Tamil（ドラヴィダ語族／ドラ
ヴィダ語派プロパー）388, 415

タリアナ語 Tariana（アメリンド諸語／マ
イプレ諸語）194

タングート語 Tangut（シナ・チベット語
族／ビルマ語派）355–6, 375, 377

チェチェン・イングーシ語 Chechen-
Ingush（コーカサス諸語／北東コーカサ
ス語族）166

チェワ語 Chichewa（ニジェール・コルド
ファン語族／バントゥー語群）270,
274

チカソー語 Chickasaw（アメリンド諸語／
マスコギ語族）391

チヌーク語 Chinook（アメリンド諸語／チ
ヌーク諸語）361, 378

チベット語，標準 Lhasa Tibetan（シナ・

チベット語族／チベット諸語）194,

中国語 Chinese →北京官話（標準中国語）

チュクチ語 Chukchi（チュクチ・カムチャ
ツカ語族）184, 360, 362, 375, 377–8,
383

朝鮮語 Korean（孤立言語）154–5

チョール語 Chol（アメリンド諸語／マヤ
語族）198–200

ツァフル語 Tsakhur（コーカサス諸語／北
東コーカサス語族）249

ツェズ語 Tsez（コーカサス諸語／北東コー
カサス語族）250

ツォウ語 Tsou（オーストリック言語群／
ツォウ語派）194

ツォツィル語 Tzotzil（アメリンド諸語／マ
ヤ語族）247, 251

ツカロラ語 Tuscarora（アメリンド諸語／
イロコイ語族）81, 83, 85

ツトゥヒル語 Tzutujil（アメリンド諸語／
マヤ語族）238, 322

ティウィ語 Tiwi（オーストラリア語族／
ティウィ語）408

テワ語，アリゾナ Arizona Tewa（アメリ
ンド諸語／タノ諸語）354–5, 375,
377–8

ドイツ語 German（インド・ヨーロッパ語
族／ゲルマン語派）186, 296

トゥイ語 Twi（ニジェール・コルドファン
語族／西南中央ニジェール・コンゴ語
族）626

トゥルカナ語 Turkana（ナイル・サハラ語
族／ナイル諸語）350, 376

トク・ピシン Tok Pisin（英語クレオール）
255–6, 297

トルコ語 Turkish（アルタイ諸語／チュル
ク諸語）89

トンガ語 Tongan（オーストリック言語
群／中東部マレー・ポリネシア語派）
80–2, 84–6, 88, 147–9, 166, 177–8, 184

ナ 行

ナワトル語，古典 Classical Nahuatl（アメ
リンド諸語／アステカ語族）255–6

日本語 Japanese（孤立言語）97–100,

108, 113–5, 260, 272, 299, 381, 390

ヌートカ語族 Nootkan（アメリンド諸語／
ワカシュ語族）　→マカー語

ヌングブユ語 Nunggubuyu（オーストラリ
ア語族／ヌングブユ語）　361, 378

八 行

パーミーズ語 Paamese（オーストリック言
語群／中東部マレー・ポリネシア語派）
426

ハカルテク語 Jacaltec（アメリンド諸語／
マヤ語族）　184, 407

バスク語 Basque（孤立言語）　184, 303

パパゴ語 Papago　→オーダム語

パプア諸語 Papuan languages（インド・パ
シフィック諸語）　390, 403, 409, 411–4,
422, 426
→アメレ語，アランブラック語，イアト
ムル語，イマス語，ウサン語，カラム
語，ケワ語，バライ語，フア語，ワン
ボン語

バライ語 Barai（インド・パシフィック諸
語／コイアリアン諸語）　389

パラオ語 Palauan（オーストリック言語
群／フィリピン・オーストロネシア語
族）　301

バルタンギー語 Bartangi（インド・ヨー
ロッパ語族／イラン語派）　235

バレ語 Bare（アメリンド諸語／マイプレ諸
語）　194

ハンガリー語 Hungarian（ウラル・ユカ
ギール語族／ウゴル語派）　170, 164,
316

バンバラ語 Bambara（ニジェール・コルド
ファン語族／マンデ諸語）　351, 375,
377, 393

パンパンガ語 Kapampangan（オースト
リック言語群／フィリピン語群）　371,
375, 377

東モノ語 Eastern Mono（アメリンド諸
語／ヌーミック語派）　283

ピチャンチャチャラ語 Bidjandjadjara
（オーストラリア語族／パマ・ニュンガ
ン語族）　424

ヒッタイト語 Hittite（インド・ヨーロッパ
語族／アナトリア語派）　183

ピマ語 Pima（アメリンド諸語／ピミック
語群）　248, 391

ヒンディー語 Hindi（インド・ヨーロッパ
語族／インド語群）　393

フア語 Hua（インド・パシフィック諸語／
東部ニューギニア高地諸語）　390, 409,
411

ファンティ語 Fante　→トウィ語

フィリピン語群 Philippine languages（オー
ストリック言語群）　60, 77, 369–72
→セブアノ語，タガログ語，ミナンカバ
ウ語，パンパンガ語

フィンランド語 Finnish（ウラル・ユカ
ギール語族／フィン諸語）　136–9,
348–9, 375–7

プカプカ語 Pukapukan（オーストリック言
語群／中東部マレー・ポリネシア語派）
365–6, 375, 377

フランス語 French（インド・ヨーロッパ語
族／ロマンス諸語）　42, 130, 132, 135,
148, 275, 300, 312

ブルガリア語 Bulgarian（インド・ヨー
ロッパ語族／スラブ語派）　265, 294

ブルシャスキ語 Burushaski（孤立言語）
388

ブルトン語 Breton（インド・ヨーロッパ語
族／ケルト語派）　270, 272

北京官話（標準中国語）Mandarin Chinese
（シナ・チベット語族／中国諸語）　79,
134, 264, 299, 389, 393, 409, 424

ベジャ語 Beja（アフロアジア語族／ベジャ
語）　319

ベトナム語 Vietnamese（オーストリック
言語群／ベト・ムオン語派）　33–5, 39,
409

ヘブライ語，現代 Modern Hebrew（アフ
ロアジア語族／セム語派）　130, 255–6

ヘブライ語，聖書 Biblical Hebrew（アフ
ロアジア語族／セム語派）　89

ベラウ語 Belauan　→パラオ語

ベラクーラ語 Bella Coola（アメリンド諸
語／ベラクーラ語）　354–5, 377–8

言語索引　505

ペルシア語 Persian（インド・ヨーロッパ語族／イラン語派）424

ポーランド語 Polish（インド・ヨーロッパ語族／スラブ語派）220

ボディック語群 Bodic languages（シナ・チベット語族／チベット諸語）397, 415

ポナペ語 Ponapean（オーストリック言語群／中東部マレー・ポリネシア語派）314–5, 335

ポモ語，東部 Eastern Pomo（アメリンド諸語／ポモ語族）194

ポリネシア諸語 Polynesian Languages（オーストリック言語群／中東部マレー・ポリネシア語派）77, 149
→プカプカ語，マオリ語，レネル語

マ 行

マオリ語 Maori（オーストリック言語群／中東部マレー・ポリネシア語派）424

マカー語 Makah（アメリンド諸語／ワカシュ語族）34–6, 39, 88, 91–4, 102–3, 106–8, 123

マケドニア語 Macedonian（インド・ヨーロッパ語族／スラブ語派）266

マサイ語 Maasai（ナイル・サハラ語族／ナイル諸語）350, 359, 375–7

マム語 Mam（アメリンド諸語／マヤ語族）184, 294, 325, 335

マヤ諸語 Mayan languages（アメリンド諸語）140–1, 181
→アガカテック語，キチェ語，チョール語，ツォツィル語，ツトゥヒル語，ハカルテク語，マム語，ユカテク語

マラーティー語 Marathi（インド・ヨーロッパ語族／インド語群）171, 249

マルギ語 Margi（アフロアジア語族／ビユ・マンダラ諸語）267

マレー語，古典 Classical Malay（オーストリック言語群／スンダ語族）368

ミナンカバウ語 Minangkabau（オーストリック言語群／フィリピン語群）141

ムース・クリー語 Moose Cree（アメリンド諸語／アルゴンキン語族）254,

258–9

ムンダリ語 Mundari（オーストリック言語群／ムンダ語派）410

メノミニ語 Menomim（アメリンド諸語／アルゴンキン語族）350–1, 375, 377

モーレ語 Mooré（ニジェール・コルドファン語族／グル語派）425

モキル語 Mokilese （オーストリック言語群／中東部マレー・ポリネシア語派）235

モホーク語 Mohawk（アメリンド諸語／イロコイ語族）408

ヤ 行

ユカテク語 Yucatec（アメリンド諸語／マヤ語族）141, 143–4, 146, 153

ユピック語 Yup'ik（エスキモー・アレウト語族，アラスカ）166, 168

ユロック語 Yurok（アメリンド諸語／ユロック語）303, 357–8, 375, 377–8, 383

ユワララィ語 Yuwaalaraay（オーストラリア語族／パマ・ニュンガン語族）158–64

ヨクツ語 Yokuts（アメリンド諸語／ヨクツ語族）170–1

ヨルバ語 Yoruba（ニジェール・コルドファン語族／ヨルバ北部アココ語族），170–1

ラ 行

ラコタ語 Lakhota（アメリンド諸語／スー語族）191

ラシ語 Rushi（インド・ヨーロッパ語族／イラン語派）271

ラズ語 Laz（カルトヴェリ語族）194

ラテン語 Latin（インド・ヨーロッパ語族／ロマンス諸語）312, 414–5

ラトヴィア語 Latvian（インド・ヨーロッパ語族／バルト語派）164

ランゴ語 Lango（ナイル・サハラ語族／ナイル諸語）94–7, 108–9, 115, 118–22, 390, 425

リトアニア語 Lithuanian（インド・ヨーロッパ語族／バルト語派）271, 342,

375, 377

リルエット語 Lillooet（アメリンド諸語／海岸セイリッシュ語族）　37

ルーマニア語 Rumanian（インド・ヨーロッパ語族／ロマンス諸語）　234, 276, 279

ルガンダ語 Luganda（ニジェール・コルドファン語族／バントゥー語群）　256, 299

ルシャン語 Rushan（インド・ヨーロッパ語族／イラン語派）　163

ルシューツィード語 Lushootseed（アメリンド諸語／海岸セイリッシュ語族）　37

ルンミ語 Lummi（アメリンド諸語／海岸セイリッシュ語族）　345–8, 378

レナケル語 Lenakel（オーストリック言語群／中東部マレー・ポリネシア語派）　412

レネル語 Renneliese（オーストリック言語群／中東部マレー・ポリネシア語派）　299–301, 303, 331

ロシア語 Russian（インド・ヨーロッパ語族／スラブ語派，ロシア語）　34, 136–9, 145–6, 195–7, 234, 236, 267, 291, 296–8, 300, 349–50, 375, 377, 428

ロマンス諸語 Romance languages（インド・ヨーロッパ語族）　312, 397
　→イタリア語，スペイン語，フランス語，ラテン語，ルーマニア語

ワ 行

ワダマン語 Wardaman（オーストラリア語族／グヌィングアン語族）　33–5, 180, 220, 226–7, 237, 361, 378

ワルピリ語 Warlpiri（オーストラリア語族／パマ・ニュンガン語族）　184, 219, 269, 272, 297, 390

ワルング語 Warrungu（オーストラリア語族／パマ・ニュンガン語族）　184

ワンクマラ語 Wangkumara（オーストラリア語族／パマ・ニュンガン語族）　163

ワンボン語 Wambon（インド・パシフィック諸語／中央・南部ニューギニア語族）　83

ン

ンガンディ語 Ngandi（オーストラリア語族／グヌィングアン語族）　361, 378

ングナ語 Nguna（オーストリック言語群／中東部マレー・ポリネシア語派）　122

事項索引

ア 行

曖昧性分析　85

足場のメタファ　283

依存関係　6, 26, 54, 56, 205–11, 213–9, 221, 223, 225, 227, 229, 231, 233–40, 247, 251, 266, 268–9, 275, 277–80, 288, 294, 330, 374
　　→機能的依存関係，符号化された依存関係，連語的依存関係

一時性　105

一括主義　37, 52, 76–7, 80, 83, 85, 90, 93, 102

一括的スキャニング　123

一致　6, 15–6, 23, 26, 28, 33–4, 36–7, 40–4, 48, 52–4, 57, 71–2, 86, 92, 94–5, 109, 118, 120–1, 123, 148–9, 155, 159, 164–72, 174, 177–8, 180–1, 183–98, 200–1, 207–10, 218–9, 223, 234–9, 242, 247, 249–501, 255–7, 260–1, 269–76, 278, 280, 287–90, 293–4, 302, 304, 307–8, 312, 319–23, 327, 330, 341, 346, 349–50, 352–67, 370–2, 374–5, 377, 382–3, 386, 391, 396, 398, 402, 412, 421, 426–30, 432
　　→NP内部の一致，局所的一致，三人称主語数一致，主語の一致，数の一致，前方照応的一致，人称の一致，非人称一致，変則的一致，目的語の一致

一致の階層　273–5

一般性の条件　12–3

一般的定式　223

イディオム　6, 18–20, 29, 67, 208, 212, 214–7

イディオム・チャンク　208

イディオム的に結合する表現　211–6

イディオム的フレーズ　215–6

遺伝子　440, 442

意味クラス　34, 70, 74–5, 79, 88–9, 103–5, 107–10, 112–3, 115–6, 118, 120, 122, 147, 193, 208, 430

意味構造　6, 21–2, 24–5, 69, 71–3, 111, 116, 127–30, 152, 156, 205, 214, 216, 218, 219, 241–3, 245–7, 251, 253, 256–7, 261, 266, 273, 275, 277–8, 280–4, 286, 305–6, 328–30, 333–5, 420, 437, 441

意味地図　1, 4, 6, 8, 10, 12, 14, 16, 18, 20, 22, 24, 26, 28, 30, 32, 34, 36, 38, 40, 42, 44, 46, 48, 50, 52, 54, 56, 58, 60, 62, 64, 66, 68, 70, 72, 76, 78, 80, 82, 84, 86, 88, 90, 92, 94, 96, 98, 100–2, 104, 106, 108, 110, 112–4, 116–8, 120, 122, 124–8, 130, 132, 134, 136, 138–40, 142, 144, 146, 148, 150, 152–5, 158, 160, 162–4, 166, 168, 170, 172–4, 176, 178, 180, 182, 184, 186, 188, 190, 192, 194, 196, 198, 200–1, 340, 344, 346–7, 353, 355–8, 360, 362–3, 373, 379, 438

意味地図接続性仮説　114–5

意味的合成性　211

意味的適合性　84

意味的表示　72

意味的変化　81–2, 84–9, 91, 102–3, 297

意味の不確実性原理　130, 147, 149, 153, 256

意味論　11, 72, 103, 129, 133, 147, 151, 158, 185, 274, 331, 335, 407, 420, 424

因果連鎖　193

イントネーション・ユニット　220, 226–8, 231, 239

イントネーション・ユニット記憶仮説　228

508 事項索引

迂言法 97, 109
埋め込み 259, 396, 417, 421–3, 427, 434, 435

音韻形式 17
音韻論 72, 133

カ 行

外延 236, 251, 307–8, 310, 316–7, 323
外心的 306
階層
→一致の階層, 含意的階層, 主語構文階層, 数の階層, 束縛階層, 脱動詞化階層, 分類的階層, ランク下げ階層, SAP 階層
外置関係詞節 225
概念化 90, 123, 128–33, 148–53, 261, 398–400, 405–6, 408, 411, 426
概念空間 10, 33, 71, 73, 77, 101, 104, 109–18, 120, 122–7, 139, 145, 151, 153, 155, 158, 162–3, 173, 176, 188, 190–1, 193–5, 197, 200–1, 339, 340–1, 343–6, 348, 350, 354–5, 357, 362–3, 365, 373–4, 376, 378–85, 387, 394–5, 417, 427, 433, 435, 438–9, 441, 443
概念構造 111, 113, 116, 124, 128–9, 151–3, 404–5, 441
概念的グループ化 223
下位範疇化 29, 289–91, 295–6, 298, 301, 327
改変複製 441–2
革新 441–3
格標示 131, 159–60, 164–71, 174–6, 178, 180–1, 183, 187, 189, 191–5, 197, 201, 218, 234–7, 276, 278–9, 313, 341, 355, 364, 374, 376, 382–3, 416, 429, 430
格標示の体系 162
過去分詞 62, 261, 281, 296–7
可算性 70, 143
可算名詞 43, 46, 70, 140–3, 145–6, 149
活性化ネットワークモデル 116, 443
仮定法 95–6, 119, 121, 386
カテゴリ化 5, 7, 31, 56, 61–2, 65–6, 68,

90, 133, 155, 175, 237, 313, 319, 354, 374, 437–8, 442
カテゴリと関係 11–2, 38–40, 53, 56, 58, 67, 125, 165, 175
可能世界 310, 407, 414
かばん語 355, 359, 363
含意的階層 72, 126, 183, 428, 430, 432, 438
環境 42, 48, 133, 188, 442
関係詞節 60–1, 94, 96, 106–7, 166–7, 181, 183–4, 189, 201, 225, 227, 233, 236–7, 250, 355, 370, 387, 390, 392–3, 395, 400, 412, 416–23, 429, 432–4
→外置関係詞節, 主要部なしの関係詞節, 内部に主要部がある関係詞節, 隣接した関係詞節
関係詞節標識 79, 264, 418–9
関係詞節ランク下げ階層 432
関係性 105
関係代名詞 96, 106, 117, 119–20, 236, 273–4, 419
関係的名詞 316, 324, 397
冠詞 19, 22, 36, 46, 106, 112, 117, 143, 145–6, 151, 265–6, 293, 299, 303, 308, 309–13, 319, 321
慣習 17, 22, 29, 70, 73, 84–6, 111–3, 128–32, 150–3, 157, 162, 165, 189, 210–2, 215, 266, 285–6, 306, 334, 383, 396, 408, 411, 419–20
慣習的普遍主義 130, 132, 136, 152, 411
関数 32, 210, 295–7
間接目的語 49, 51, 168–70, 172–3, 247–8, 251, 432
完全な文法ユニットの条件 226, 229
完了 95–6, 192, 199, 259, 281, 297, 335, 368, 370, 401
完了相 199–201, 384

聞き手 22, 86, 142, 229, 231, 242–3, 245–6, 251, 260, 266, 268, 278–83, 308, 310, 330–2, 340, 379, 441
記号的関係 6, 24–5, 27–8, 69, 172, 203, 205–6, 208, 210–2, 214, 216, 218, 220, 222, 224, 226, 228, 230, 232, 234, 236,

238, 240–6, 248, 250, 252, 254, 256, 258, 260–2, 264, 266, 268, 270, 272, 274–84, 286–8, 290, 292, 294, 296, 298, 300, 302, 304, 306, 308, 310, 312, 314, 316, 318, 320, 322, 324, 326, 328, 330, 332, 334, 336, 436–7, 441, 443
記号文法　23
記号ユニット　23–4, 62, 68, 70, 214, 241
擬似分裂　230–1
基礎的要素のメタファ　283
起動相　89, 91
機能辞　288–91, 293, 295–6, 327
機能主義　9, 11, 13, 37–40, 54, 127, 156, 158, 246, 281
帰納的　8, 68, 442
機能的依存関係　402, 409
機能を示す形態統語　78
基本的タイプ　341
基本レベルのカテゴリ　139
義務性　289, 291–2, 298, 300, 330, 334
疑問文　30, 434
逆受動態　179, 182, 335, 341, 360, 380–1, 383
逆行態受動態　351
逆行態能動態　351
共感　189
競合的動機　139
共従位接続　388, 395
極小　4, 11, 19–21, 37, 53–8, 63, 67–8, 100–1, 175, 436, 437
極小主義　3
極小の基本要素　37, 54, 58, 101, 436
局所主義のメタファ　199–200, 383–4
局所的一致　272
距離　228
切り替え指示　411–3
際立ち　138–9, 201, 275, 279, 313, 320–1, 329–30, 379, 380–3, 385, 405, 407, 417, 420, 423

空間的関係　70, 316, 329, 398
空所化変形　223, 335, 407
空でない事例化　331–2, 335
空の照応詞　223, 299–301, 331, 333

空の事例化　330
空の要素　218
具格　19, 131, 283, 291, 316
具格の焦点　238
句構造　29, 207, 217, 231
屈折　14, 33–7, 64–6, 68, 75, 78, 81, 89, 91, 94–9, 103, 107, 109–10, 119, 122, 135, 147–8, 153, 218, 237, 255, 267, 292, 300, 302–4, 309, 313, 318–9, 321–5, 351, 358, 368, 386, 390, 411, 413, 418, 428, 429
クラスタリング　320
グループ化　223, 230–1
　　→概念的グループ化, 形式的グループ化
グループ類別詞　140

経験科学　10, 12
経験者　157, 184–9, 191, 193–4, 237, 429
形式意味論　290, 310, 323
形式主義　9, 11, 13, 38–40, 156–8, 174, 246
形式的グループ化　223, 225, 229–33, 238–9
継承　32
計数　143–4, 153
継続相　91–2, 401, 403
形態的動詞　65
形態統語的中心　289, 292, 302–3, 309
形態論　21, 32, 70, 178, 234, 321–3
形容詞　6, 12, 14–5, 33–4, 36, 43–5, 74–80, 82–3, 85, 90–100, 102–3, 106–7, 109–10, 113–4, 116, 118, 121–3, 132, 148, 219, 269–71, 273, 289, 298, 313, 318–9
　　→限定的形容詞, 述語形容詞, 名詞的形容詞
形容詞句　289
計量類別詞　140–2, 314
ゲシュタルト心理学　56, 397, 406
結合価　24, 327–9, 336
結合規則　17, 22, 244–7, 252, 261
ゲノム　440–1

510 事項索引

厳格な言語　80–1, 83, 224
原形単数　46, 143
原形不定詞　296–7
言語共同体　86, 211, 440, 442
言語使用　9, 32, 61, 86, 241, 243, 283, 441, 443
言語処理　339
言語知識　29, 110, 114, 138, 442
言語的記号　438–9
言語内部の方法論的御都合主義　48–9, 54
言語変化　376, 378, 439, 441–3
現在完了　31
顕在的な構造的符号化　78–80, 82, 84, 90, 106, 108, 118–20
現在分詞　296–7
限定詞　145–6, 149, 293–4, 299, 301, 303–4, 311–3
限定詞句　145, 308
限定的形容詞　273
限定不変化詞　119

語彙機能文法　3, 26, 246, 272
語彙項目　18–20, 31, 42, 46, 55, 75, 78, 80, 82–5, 87, 100, 103, 105, 114, 123, 139, 141, 148, 150, 152, 208, 290, 295, 298, 331, 333
行為者焦点　60, 369–71
項結合　29, 69–70, 185, 192, 194, 198–9
項構造　29, 66–7, 156, 233, 238, 290, 295–6
合成　210–6, 306–7, 325, 408–9
構成素構造　51, 207, 217–8, 222–5, 227, 231, 239, 265
構成素性　6, 26, 54, 56, 205–11, 213, 215, 217–25, 227, 229–31, 233, 235, 237, 239, 263
構成素否定　181
後接辞　221, 230, 361–2
構造主義　4, 13, 34, 39, 42, 102, 104, 321
構造的符号化　78–9, 81, 90, 102–3, 106–10, 117–8, 120, 122, 164–6, 168, 171–3, 382

→顕在的な構造的符号化, ゼロ構造的符号化
構造的符号化地図仮説　116, 118, 124
拘束代名詞　270, 272
後置詞　280, 434
構文的ユニット　229
構文文法　3–4, 6–7, 10, 17–8, 20–5, 28–9, 31–2, 55–7, 63–9, 71–2, 74, 87, 102, 124, 127, 143, 161, 174, 205, 209, 211, 214–7, 236, 239, 241–7, 252, 259, 268, 277–8, 288, 295–6, 365, 436, 438–9
後方の代名詞的照応詞　416
語基　276, 321
語根　37, 99, 288, 321–5, 368, 373, 412
頭尾連鎖　403
語文法　3, 26
コミュニケーション　124, 126, 242–3, 245–6, 439, 440–1
固有名詞　59–60, 146, 197, 276, 306
語用論的原理　85–6
語類　7, 9, 15, 35–6, 43–6, 48, 59, 83, 96, 100, 115, 124

サ 行

再帰　52, 174, 177–8, 180, 340–1, 352, 375–8
再帰代名詞　175, 177, 180
最上級　97
再分析　20, 258, 310, 313, 315, 352, 355, 360, 362, 441
再利用　229–31
削除　186, 188–9, 209, 221–3, 243, 250, 300, 386, 427–9
三人称主語数一致　187–8
参与者役割　62, 131, 157, 161–2, 164–7, 169, 173–5, 178, 180, 184, 190–5, 200–1, 257, 259, 264, 268, 279–80, 317, 328, 339–40, 380–1, 417, 428–9, 432, 434

恣意性　8–11, 44, 76, 86, 438–9
使役態　341
使役動詞　283
時間的副詞　144, 420, 434

事項索引 | 511

軸 112–4, 162, 179–80, 190, 193, 195, 380

時空的に境界を持つ個体 440

刺激 31, 157, 184–9, 191, 193–4, 251

自己修正 229–31, 239, 282

自己複製子 440, 442–3

指示詞 19, 92, 112, 122, 269–71, 273, 293, 299, 303, 312–3

指示追跡 175, 179, 189, 201

指示表現 77–8, 82, 84, 88, 92–3, 102, 106, 109, 127, 145–7, 165, 272–3, 308, 314

事象 25, 162, 165, 173–4, 189–7, 200–1, 218, 238, 241, 248–9, 251–2, 256, 258, 261, 279, 306, 316, 326–30, 340–1, 352, 366, 380–1, 384, 389, 392, 395–6, 399–405, 407–9, 411, 414, 417–8, 420–1, 423–4, 426–7, 430, 434

事象—参与者構造 261

事象の数量化 197, 201, 252

時制 14, 28, 30, 32–3, 35–6, 95–6, 103, 109, 120, 122, 144, 147, 159, 163, 198–201, 257–8, 293, 302–3, 312, 320, 360, 386, 396, 405, 407, 411, 413–6, 421, 424–30

時制一致 14, 65

時制類像的 396, 411, 413–15, 426–7

事態 40, 78, 109, 131, 146, 156, 186, 191, 193, 223, 241, 252, 254, 257–61, 279–81, 310, 317–8, 332, 339, 354, 381, 389, 400, 404, 407–8, 417, 423, 431, 434, 439

質量名詞 43, 46, 140–1, 143

自動語彙統語論 310

自動詞 27, 30, 63, 168

自動詞の事象 162, 193, 197

自動詞分裂 191–3

始発者 193, 200

自発的 154, 353, 380–1

社会言語学 440, 443

社会的相互作用 443

斜格 40–1, 57, 131, 168, 185, 188, 207, 280, 296, 316–7, 332, 341–2, 346, 348–9, 351–2, 354–5, 360, 363–9,

374–5, 377, 380, 416, 428–9, 432

従位接続 318, 385–1, 393–7, 399–401, 403, 405, 407, 409, 411, 413–7, 419, 421, 423, 425, 427, 429, 431, 433, 435

→共従位接続, 副詞的従位接続

習慣相 95–6, 121–2

集合体 150–1

修飾語 43, 45, 69, 77–8, 80, 82, 89, 92–3, 102, 106, 108–9, 113–4, 117–8, 121–3, 166, 219, 224, 227, 236, 248, 255, 269, 271–2, 289, 294, 301, 305, 313, 316, 326, 341, 387, 417, 420, 428

従属節 54, 253, 317, 367, 370, 386–7, 392, 396–7, 399–400, 402–4, 407, 410–1, 414, 416–7, 419–20, 426, 429–30, 432–4

従属節ランク下げ階層 432–3

従属部 149, 206, 228, 234–5, 250, 254, 258–9, 287–8, 291, 295, 305, 310–1, 313–4, 316, 322, 326–7, 330, 336, 386, 391, 430

→状況的従属部

従属部標示型 233–5, 322

終点 193, 200, 384

自由空事例化 330–1, 334

自由な語順 232, 265

柔軟な言語 78–0, 83–4

主格 15–6, 161–5, 167–8, 175, 178, 181, 184, 186, 188–9, 191, 197, 234, 237, 349, 354, 373, 429

縮約 133, 310, 314–5, 317, 325, 394, 413

→等位構造縮約

主語 4, 6, 11–3, 15–6, 25–8, 30, 33, 35, 37, 41–2, 48, 58–9, 62, 64, 67, 69, 92, 95, 103, 120, 128, 156–61, 163, 168, 173–81, 183, 185–8, 191, 194, 197, 200–1, 207–9, 216, 230, 232–4, 237, 247, 250, 253–62, 264, 269–70, 274, 279, 289, 299, 301, 303, 312, 319, 325, 331–3, 341–3, 345–6, 349–57, 359–61, 363–7, 369–71, 374–7, 381, 398, 406, 411, 413–5, 426, 429, 432

→受動態主語, 順行態主語, 他動詞主語,

512 事項索引

能動態主語
主語構文階層 176, 179, 183–91, 197, 199, 200, 366, 429
主語の一致 95–6, 109, 119–20, 122, 159, 175, 237, 351, 357, 364
主辞駆動句構造文法 3, 23, 57, 209
主節 16, 54, 189, 209, 250, 253–4, 257–60, 318, 370, 386–7, 389–92, 394, 398–401, 403–4, 407–9, 416–5, 427–31, 433–4
主題役割 295
述語 14, 24, 30, 37, 66, 75, 77–8, 80, 83–4, 90–3, 103, 106, 109, 112, 114, 117, 132, 137, 148, 198, 214, 238, 250–1, 253–8, 261–2, 273–4, 300, 317–20, 327–9, 405–6, 417–8, 430–1
述語形容詞 106, 132–3, 148, 216, 319
述語名詞類 89, 106, 300–1, 318–9
主動詞 149, 209, 218, 257–8, 311–2, 318, 321, 414, 424
受動態 13, 21, 41–2, 48, 50–2, 54, 58–62, 87, 208, 247, 254–7, 260–1, 281–2, 297, 333–5, 339–55, 357–8, 364–71, 374–8, 380–1, 383
→逆受動態，逆行態受動態，順行態受動態，証拠補部主語受動態，焦点逆受動態の動詞，非人称の受動態
受動態主語 41–2, 48, 58–9, 62, 255, 261
主要情報負担ユニット（PIBU） 288, 308–13, 315–25
主要部 7, 43–4, 54, 77–8, 112, 141–2, 145–6, 206, 234–5, 271, 287–9, 291–27, 329–31, 333, 335–6, 392, 416, 418, 420, 422–3, 432, 438
主要部なしの関係詞節 306, 418
主要部なしの所有 335
主要部標示型 233–5, 322
主要部名詞 69, 82, 94, 142, 145, 236, 250, 269, 271, 294, 312, 321, 390, 417–20, 422–3
瞬間相 91–2
順行態主語 360
順行態受動態 351

状況的従属部 228, 326
条件節 408–12, 419, 426
証拠補部主語受動態 260
状態性 105
状態動詞 77, 184
冗長性 140, 142–6, 152–3, 256, 281, 309
焦点 11, 39, 60, 72, 123, 173, 181–2, 190, 201, 220, 233, 238, 283, 305, 320, 335, 369–72, 381–2, 395, 402
焦点逆受動態の動詞 167
情報疑問 13, 181, 233, 238–9
情報構造 17, 111, 232–3, 238, 254, 256, 261, 281
省略 10, 26, 30, 47, 113, 141, 190, 221–2, 292, 299–301, 327, 331, 333, 336, 364, 425
所格 136–8, 170, 249, 267, 276, 279–80, 316, 398, 410
所格交替 52, 296
叙述 36–7, 43, 78–9, 81–2, 84, 88, 89–91, 93, 95–9, 101–10, 112–22, 124, 126, 147–9, 153, 254–5, 257, 309, 318–20, 339, 398, 410
助数詞 140–2, 144, 146, 153, 236, 276, 314
助動詞 12, 30, 58, 91, 93–4, 108, 115, 147, 192, 199, 208, 253–9, 261, 265–6, 281, 296–7, 300–3, 309–12, 319–22, 325, 366, 391, 434
所有格 37, 45, 92, 250, 428
所有者 109, 188, 235, 247–8, 251–2, 303, 356, 428–9
所有者上昇 247–8, 251–2
所有代名詞 45, 274
所有類別詞 236
事例化 18, 23, 30, 36, 38, 53, 60, 102, 142, 241, 330–6, 419
→空でない事例化，空の事例化，自由空事例化
進化 153, 312, 317, 411, 439–40, 442–3
進行相 199
深層構造 178, 208–9, 217
身体的状態 131, 135–6, 148, 151–3

事項索引　513

心的地図　110
心的動詞　184–5, 193
浸透　302
心理学　5, 33, 62, 88, 121, 243
真理条件　399, 404, 407
心理動詞　184

随格　407
数詞　46, 140–4, 266, 273, 276, 313–5
数の一致　109, 120–1, 183, 273–4
数の階層　359
数量化　112, 116, 195–7
　→事象の数量化
数量詞　248, 251–2, 313–5, 317, 319
数量詞遊離　248, 252
スキーマ　7, 18–20, 29–32, 62, 65, 67–8, 215, 225, 233, 310, 319, 437
スキーマ的　18–21, 29–30, 32, 56, 65, 67–8, 72, 216, 225, 232–3, 282, 310, 328, 437
図–地　394–5, 397–400, 402–6, 408–12, 414–7, 420–1, 423–6, 435
ストリッピング　222–3

生産性　32
生成文法　3, 10, 23–6, 29, 40, 49, 104, 128, 209, 216, 218, 267, 308, 315
精緻化　229, 328–30, 334, 395, 417–8, 420, 423, 435
精緻化サイト（eサイト）　328, 417–8, 420, 423, 435
生得的　10, 75
生物学　439
成分モデル　17–23, 211, 242, 244–7
接語　20, 258–9, 325, 371–2, 391–2, 413–4
接語原理　310
接語上昇　258
接辞　37, 62, 64, 75, 81, 93, 148–9, 160, 165, 200, 219, 233–5, 268, 270, 272–3, 280, 288, 297, 312, 320–4, 356, 360–2, 366, 370, 383, 412, 434
　→後接辞，前接辞，代名詞的接辞
接続分詞　388, 415

絶対格　93, 148, 162, 166, 168, 173, 176–7, 181, 184, 189, 191, 195–6, 198, 237, 248–51, 297, 312, 360, 373, 388, 415
絶対格—与格の交替　297
接置詞　234–6, 267–8, 276, 278–9, 315–20, 322, 397, 410, 414–6, 434
接置詞句　315, 317
節の崩壊　257–8
ゼロ構造的符号化　107
ゼロ派生　87
前景化　181, 189–90, 197, 201, 320, 370, 400–3, 413–4, 421
線形順序　51, 174, 205, 207, 209, 211, 213, 215, 217, 219, 221, 223–5, 227, 229, 231–3, 235–9, 241, 263–4, 278
前接辞　36, 45, 106, 117, 219, 238, 266, 271, 364
選択制限　210, 214
前置詞　40–1, 46–9, 52, 57–8, 75, 94, 106, 117, 134, 144, 149, 154–5, 168, 170, 176, 185, 207, 267–8, 276, 279, 281, 298, 314–6, 322, 324–5, 333, 364, 368–9, 398, 434
前置詞句　106, 207, 229–30
潜伏　327, 330–1
前方照応（的）一致　165, 273

相互作用子　442–3
双数サバイバル　273–4
相対性　127–33, 135–7, 139–43, 145, 147, 149, 151–3, 155, 328
挿入句　224, 230
相補的な分布　343, 346
疎遠化　344
ソータル類別詞　140–2, 144–5, 148
束縛階層　431
素性　26, 57–8, 75, 206, 210, 218–9, 223, 239, 302, 436, 439
属格　89–90, 97, 106, 117, 148–9, 196, 250, 267, 280, 294, 313–4, 316, 370
属格の修飾語　294
属格名詞句　45

514 事項索引

タ 行

第一目的語 169–73

対 格 69, 131, 136–8, 158, 161–5, 167–
8, 175, 177–8, 180–4, 190–1, 197–9,
249, 251, 268, 291, 349, 356, 372–3,
381, 428–9, 432

対格言語 158, 162, 164–6, 168

第二目的語 169–73

代名詞 15–6, 28, 45, 47, 64, 120, 144,
148–9, 159, 162–3, 165, 171, 180, 183,
187, 194, 197–8, 207, 220–1, 230–1,
258, 266, 270, 272–4, 276, 285, 291,
293, 299, 301, 312–3, 317–20, 322,
324–5, 331, 333, 346, 348–9, 352–3,
357, 361, 366–8, 371, 373, 375, 413,
418
→拘束代名詞, 再帰代名詞, 所有代名
詞

代名詞化 220–1

代名詞的接辞 272

対立の原理 130–1

多義性 31, 69, 86–7, 136, 138, 158, 282

奪格 415–6

奪格絶対格 415

脱動詞化階層 428–9

他動詞主語 64, 159

他動詞節 29, 168, 172, 327, 370

他動詞の事象 162

他動詞無生 351

他動詞目的語 159

他動詞有生 351

他動性 193, 277, 297–8, 370, 382

多様性 4–5, 7–8, 10, 12, 38–40, 54,
62, 72, 78, 86, 108, 110, 112–3, 126,
150, 157, 161, 164–5, 172–3, 178, 180,
190, 192, 194, 197, 199, 201, 210, 276,
286, 293, 299, 302, 340, 345, 348, 350,
369, 374, 378, 382, 384–5, 394–5, 410,
435–6, 438–9

単一人称 357–8, 360, 383

段階性 9, 105, 152, 322

単義性 86, 133, 136–8, 256

単純級 97

談話 11, 22, 29, 39, 60–1, 70, 104, 111–
2, 114, 121–2, 124, 182, 220, 224, 229,
232, 238, 270, 273, 275–7, 280, 282,
285, 294, 308, 310, 327, 334, 371, 396,
400, 403–4, 407, 413, 441

着点焦点 60, 369–70, 371–2, 375, 377–
8

中間態 341, 352–3, 376

中間動詞 388, 411, 414, 416, 426

抽出 181, 183, 416, 440

超文法的 18–9

直示 31, 116, 199, 236, 313, 319, 384

直接目的語 32, 40–2, 48–9, 54, 57–8,
62, 168–70, 172–3, 251, 253, 258, 296,
316–7, 327, 333, 348, 432

直接話法補部 387, 391

通言語的な方法論的御都合主義 35–6,
39–40, 48–9, 54

通言語的比較 105, 110, 125, 136, 374

定形節 167, 221, 232, 234, 301, 414

定性 9, 55, 171, 271, 276, 279–80, 293,
303, 372

定着 32–3, 55

手がかり妥当性 62, 107, 139

適用態 341

伝統文法 11, 74, 79, 287

伝播 442–3

等位構造縮約 16, 34, 223, 407, 413

等位接続 16, 34, 174–5, 179, 182–7,
189, 201, 222–3, 226, 306–7, 385–7,
389, 391, 393–7, 399, 401, 403–9, 411,
413, 415, 417, 419, 421, 423, 425–7,
429, 431–3, 435

等位接続詞 320, 396, 407, 411

同音異義 133, 136, 275

同格 226, 229, 306, 314, 419

統合的単純さ 142

統語カテゴリ 1, 4, 6, 8, 10–8, 20–2, 24,
26, 28, 30, 32, 34, 36, 38, 40, 42, 44,
46, 48, 50, 52, 54–8, 60, 62, 64–6, 68,

事項索引　515

70, 72, 74–6, 78, 80, 82, 84, 86, 88, 90, 92, 94, 96, 98–100, 102–4, 106, 108, 110, 112, 114, 116, 118, 120, 122, 124, 126–56, 158, 160, 162, 164, 166, 168, 170, 172, 174, 176, 178, 180, 182, 184, 186, 188, 190, 192, 194–6, 198, 200, 205, 208, 287–8, 293, 302, 437–8
統語カテゴリ決定子　289, 293, 302
統語空間　7, 337, 340, 342, 344–6, 348, 350, 352, 354, 356, 358, 360, 362, 364, 366, 368, 370, 372, 374, 376–82, 384–6, 388, 390, 392, 394, 396, 398, 400, 402, 404, 406, 408, 410, 412, 414, 416, 418, 420, 422, 424, 426–8, 430, 432–5, 437–8, 440, 442
統語的役割　4, 15, 28, 34, 69, 78, 126, 155–65, 167–9, 171–81, 183–5, 187–91, 193, 195, 197, 199, 200–1, 233, 243–4, 246, 254, 261–4, 266, 268, 275, 278, 287–8, 305, 336, 382, 392, 398, 436–8
統語表示　3–4, 7, 10–1, 19, 20–1, 53–6, 72, 101–2, 127, 133, 178, 201, 209, 216, 218, 231, 241, 261, 269, 339, 436
統語−レキシコンの連続体　20, 69
動詞　4, 6, 11–2, 14–6, 23–30, 33–7, 39–41, 48–9, 57–65, 67, 70, 74–7, 79, 81–2, 84–5, 87, 89–94, 96–7, 102–3, 106–7, 110, 115–6, 121–5, 144, 147–9, 151, 154–9, 162, 165–9, 171–7, 179, 181–3, 185–7, 191–6, 199, 207, 208–9, 213–4, 216, 221, 227–8, 230–8, 247–8, 250–61, 263, 265, 267–8, 270, 274, 277, 280–1, 283, 288, 290–3, 295–303, 309–2, 316–21, 323, 325–6, 332–5, 343, 346, 349, 351–3, 355–62, 364–71, 376–8, 381–3, 386–7, 389–92, 411–7, 419, 425–31, 434
　→形態の動詞, 状態動詞, 心的動詞
動詞句　29, 58, 67, 158, 230, 265, 293, 301
動詞句削除　221, 301
動詞操作詞　256
動詞的誘因　320

動詞の数　32, 183, 196, 201
投射原理　246
同時連鎖　405, 411
統率　3, 11, 33, 56, 246, 272, 287, 291, 295–8, 301, 316–7, 327
統率・束縛理論　3, 246, 272
動的化　120, 124
動名詞　95–6, 106, 117, 119, 121–2, 388, 414, 416
特異的複製　442–3
独自性　90–1, 246, 272, 289, 314

ナ 行

内格　136–8
内部に主要部がある関係詞節　391–2, 419
内容要件　7, 31, 442

二項的分岐　262–3
二重人称　357–8, 383
二重の指標化　272
二重目的語　30, 49, 51, 90, 144, 168–9, 171–3, 233, 295–6
二重目的語を持つ事象　193
入格　136–8
人称の一致　183, 235–6, 238, 361
認知言語学　7, 128, 130, 136, 157
認知的地図　110
認知文法　7, 69, 123, 129, 306, 317, 321, 442

能格　69, 158–9, 162, 166–8, 173, 176–81, 183–4, 84, 190–1, 195–9, 237–8, 312, 356, 364–6, 368–9, 372–3, 375–7, 383
　→非能格, 分裂能格
能格言語　158, 162–3, 165–6, 168, 175–6, 178, 188, 364
能動態　40, 48–9, 51, 58, 61–2, 167, 181, 261, 282, 334, 339–43, 345–55, 364–70, 374–7, 380–3, 386
　→逆行態能動態, 非話題化平叙他動詞能動態
能動態主語　59, 62, 255

516 事項索引

能動態目的語　42, 59, 261
ノード　29, 33, 63, 146, 222

ハ 行

背景化　189, 370, 402–4, 409–10, 413, 420–1, 423
配分詞　196, 201
配分詞前置詞　196
配列類別詞　140
派生　4, 19, 30, 54–6, 72, 86–7, 99, 108, 115, 178, 205, 208, 215–6, 242, 255, 307, 323–5, 341–4, 352, 359, 381, 386, 411–2, 416, 421, 423
発見の手順　12
発 話　3, 11, 13, 17, 22, 30–1, 61–2, 65, 68, 142, 148, 150, 152, 154, 207, 214, 223, 229, 231, 239, 241–3, 245–6, 256, 261, 281–2, 286, 352, 383–4, 387, 431–2, 434, 439, 440–3
発話行為参与者 (SAP)　189, 340, 343, 345, 348, 353–5, 357–60, 362, 364, 370, 372, 379, 383, 385
　　→ SAP 階層
話し言葉　122
話し手　22, 243, 245, 260, 282, 308, 310, 340, 379, 404, 441–3
パフォーマンス　224
パラダイム　197–8, 324–5, 355, 358–61, 364, 372, 383
反使役　381
範疇文法　57–8, 216
反復　126, 282
範列化　323
範列的対立　323

比較級　19, 97, 408, 410–1, 419
非活動的動作　138–9, 192
非還元主義　6, 56, 63–4, 72
否定辞繰り上げ　252
否定副詞　253
否定要素　30, 196, 201, 253, 400
非動詞叙述　255, 319
非人称一致　236, 271
非人称の受動態　348

非能格　380
非変形的理論　209
非話題化平叙他動詞能動態　281
比喩　212, 214, 280
評価的コメント　403–4
表層構造　178, 208
品詞　4, 15, 33–5, 37, 39, 44, 48, 57, 69, 74–88, 90–1, 93–4, 97, 100–13, 115–8, 120–4, 145, 156–8, 161, 191, 382, 438
頻度　9, 32, 82–3, 86, 122–4, 168, 171–2, 341, 366–7, 379, 382–3, 386

フィールド言語学　7, 61, 71
付 加 詞　7, 54, 206, 221, 229, 270, 272, 287, 289, 291, 293, 295, 297, 299, 301, 303–5, 307, 309, 311, 313, 315, 317, 319, 321, 323, 325–31, 333, 335–6, 438
付加的副詞　408
複 合 的 図　394, 404–5, 407–11, 413–7, 422–7, 433, 435
複合名詞類　82, 90, 118, 284, 314
副詞　34, 46, 47, 77, 83, 91, 93, 94, 102, 112, 135, 227, 249–50, 253, 289, 316, 326, 387–90, 393–8, 400–4, 407–12, 414–6, 420–6, 429–34
　　→時間的副詞, 否定副詞, 付加的副詞, 連続的副詞
副詞的従位接続　388–90, 393, 395, 397, 402, 408
副詞的従位接続詞　397, 423
副詞類ランク下げ階層　431, 432
複数動詞　151
複数の親構造　30
複数のクラスへの帰属　43–4, 46–8, 93, 100
複製　282, 313, 440–3
　　→改変複製, 特異的複製
複製の集団　313, 315
副動詞　388, 416
符号化された依存関係　6, 206–9, 216–7, 220, 231, 233–240, 251, 266–7, 276–9
不 定 詞　95–6, 106, 119, 176, 178, 209, 253–4, 296–7

→原形不定詞

不定詞補部 16, 34, 176, 209, 253–4, 259, 393, 423–4

部分詞 148, 196, 201, 276

部分―全体 6, 24, 27–8, 63, 205, 241, 251, 262, 284–5, 339, 437

部分類別詞 140–1

不変化詞 46–7, 94–8, 119–20, 148, 153, 182, 235, 301, 303, 320, 368, 370–1, 391

→限定不変化詞

普遍性 5, 8–10, 33, 40, 59–60, 71, 74, 87–8, 92, 101, 103–4, 108–10, 114, 116, 118, 120, 122–8, 130, 139, 149, 152, 158, 161–6, 168, 172–4, 176, 179–80, 183, 191, 309, 311, 313, 320–1, 330, 339–40, 345, 348, 374, 378–9, 384–5, 410–1, 430, 435, 438–9, 441, 443

普遍的カテゴリ 35, 39, 205

普遍文法 7–8, 10–3, 33, 36, 38–40, 71, 104, 124–5, 160, 178, 180, 205

プラハ学派 107–8

振る舞い可能形 78, 108–10, 117–8, 120, 122, 124, 134, 165–6, 168, 172–3, 427

振る舞い可能形地図仮説 117–8, 120, 124

フレーム 29, 48, 72, 88, 290, 295–6, 298

不連続構成素 219–20, 223, 238

プロトタイプ 72, 74, 88, 105, 107, 110, 116, 118, 121, 122–3, 138–40, 161, 191, 194, 279–280, 308, 381, 383, 411, 416–7, 424, 438

プロファイル 288, 306–20, 322–5, 420, 423

プロファイル決定子 306–7, 323

プロファイル等価物 304, 307–12, 314–5, 317–21, 323–5

分割主義 37, 52, 76, 90, 94

分詞 106, 115, 117, 166–7, 250, 303, 312, 387, 392, 414, 416, 434

分布的等価物 289, 292–4, 298–300, 302

分布に基づく分析／方法 4, 13, 16, 21, 33–5, 38–40, 42, 44, 46–8, 53–4, 71–2, 87, 90, 93–4, 97, 100, 102, 107, 122, 124, 174, 178

文法化 8, 72, 149–50, 188, 199, 253, 257–8, 310–8, 320, 323–4, 370–1, 411, 413–4, 416–7, 422–5, 434

文法カテゴリ 14, 27, 59, 60, 67, 76, 100, 104, 108–10, 114, 121–2, 124, 128, 139–40, 200, 307, 344

文法カテゴリ構造仮説 121–2, 124, 139–40

文法関係 5, 26, 37–8, 54, 126, 156–7, 159, 161, 163, 165, 167, 169, 171, 173, 175, 177, 179, 181, 183, 185, 187, 189, 191, 193, 195, 197, 199, 201, 382, 438

文法知識 10, 32–3, 53–6, 124–5, 142, 242–3, 283, 438–9, 443

文法的変化 151, 376, 378, 438

文法ユニット 16, 24, 31, 57, 66, 150, 205, 220, 223, 226–30, 437

分離可能性 223–4, 231, 238–9, 434

分類的階層 29–30, 32, 66

分裂 30, 181–2, 191–3, 197–9, 231, 257, 320, 370, 372, 434, 440

分裂能格 184, 197–8, 372–3, 375, 377

閉合 401–2

並列 193, 226–8, 315, 389–91, 409, 422, 425

変形理論 209, 216

変則的一致 249–50, 252

編入原理 310

方向詞 135, 316

放射状カテゴリ 69, 123, 136

法助動詞 30

方法論的御都合主義 35–6, 49, 54, 71, 84, 86–7, 101

→言語内部の方法論的御都合主義，通言語的な方法論的御都合主義

補充法 97, 109, 118, 120–1

補部ランク下げ（束縛）階層 431

補文 250, 260, 264, 306, 317–8, 332,

518　事項索引

387, 389, 392–3, 430
補文標識　106, 117, 167, 264, 317–20, 390–1, 397, 419, 425–6

マ 行

マイナーな命題行為　112

未完了相　199–201, 384
右ノード繰り上げ　223, 407

無生物　189
無標　105–10, 117, 120, 122, 124, 381, 383–4, 427, 433

名詞　4, 6, 11, 33–7, 39, 43–6, 59, 70, 74–8, 80–5, 90–4, 97, 99–100, 102–3, 106–8, 110, 113, 115–7, 121, 123, 127–8, 140–51, 162–3, 171, 183, 197–8, 207–8, 213, 219, 221, 230, 234–6, 239, 251, 263, 265, 267, 269, 270–6, 284–5, 290–1, 293, 298, 300–1, 303–4, 308–20, 322–5, 346, 348–50, 367–8, 387, 392, 397, 416, 420, 423, 428
　→関係的名詞，可算名詞，固有名詞，質量名詞
名辞　78–80, 82–83, 103, 121
名詞化　90, 103, 106, 115, 117, 149, 323, 392, 395, 397, 428
名詞化辞　318, 390, 397
名詞句　6, 16, 19, 28, 35, 40–1, 43–5, 49, 58, 63, 145–8, 162–3, 165, 182, 207–8, 220–1, 225, 227, 229–30, 235, 247–8, 250, 253–4, 256, 259, 263, 265, 268–73, 289, 294, 298, 303, 308–9, 312–4, 360, 409, 432
名詞クラス　250, 418
名詞的形容詞　97–100, 113, 121
名詞編入　284–5, 335, 380
名詞類補部　419, 420
命題行為　69–70, 78, 87–9, 104–12, 115–6, 122–4, 172, 387
　→マイナーな命題行為
命令法　16, 334
メタ・コメント　403–4

メタファ　31, 48, 69, 87, 136
　→足場のメタファ，基礎的要素のメタファ，局所主義のメタファ
メロノミック　6–7, 24, 27, 63–4, 66, 69, 262, 436–7, 441
メロノミックリンク　64, 66, 69
メンタル・スペース　257, 310, 414

目的格　170, 237
目的語　4, 11, 15–6, 26, 30, 33, 37, 40–1, 47–9, 51, 54, 57–8, 69, 93, 156–60, 163–4, 168–72, 176–8, 185, 201, 207–9, 212–4, 220–1, 232–3, 253–4, 258–9, 279, 288, 290–1, 295–01, 303, 312, 316, 332–3, 335, 341, 343, 345, 348–53, 357, 359–60, 364, 371, 374–7, 391, 398, 432
　→間接目的語，第一目的語，第二目的語，他動詞目的語，直接目的語，二重目的語，能動態目的語
目的語の一致　103, 290, 360
物語の流れ　404, 413

ヤ 行

役割指示文法　3, 315

有生性　70, 171, 184, 189, 197, 200, 277, 279–80, 360, 384
有標性　107–10, 122, 166–7, 174, 195, 382
　→類型論的有標性
ユニット化　141–44

良い連続　400, 402, 406–7
用法基盤モデル　32–3, 67, 69
与格　50, 52, 131, 168, 171, 185–8, 194, 291, 318, 424
与格移動　50–2

ラ 行

ラディカル構文文法　3–11, 13, 15, 17, 19, 21, 23, 25, 27–9, 31, 33, 35, 37, 39, 41, 43, 45, 47, 49, 51, 53–61, 63–74, 102, 104, 111, 114, 121–7, 129, 134,

事項索引　519

153, 155, 161–2, 164, 176, 179, 183,
188, 190, 195, 197–8, 201, 205–6, 209,
214, 216, 231, 239, 241–2, 251–2, 256,
260, 268, 277–8, 287–8, 290, 293, 307,
325–6, 340, 365, 374, 376, 378, 394,
436, 437, 439, 441–3
ラディカル・テンプレート音韻論　72
ラディカルな相対主義　129–30, 136
ラ ベ ル　14, 24, 26–7, 58–61, 63–6, 70,
75–6, 79, 102, 105, 134, 191, 373
ランク（を）維持　386–8, 392, 411, 414–5,
427, 430, 433
ランク下げ／ランクを下げた　386–9, 392,
411, 413–7, 427–35
ランク下げ階層　395, 427, 429–30, 433,
435
　　→関係詞節ランク下げ階層，従属節ラ
　　ンク下げ階層，副詞類ランク下げ階
　　層，補部ランク下げ（束縛）階層

力動的構造　193
リングイーム　440–3
隣接した関係詞節　388, 390, 393, 421–2
類型論的有標性　71, 107–10, 116, 118,
120, 122, 127, 165, 167–8, 171–2,
174–5, 191, 195, 382, 384, 427, 429,
435
類像性　128, 149, 219, 246–7, 283, 396,
405, 407, 415–6, 424
類別詞　140–2, 146, 148, 278, 313–5,
319–20
　　→グループ類別詞，計量類別詞，所有
　　類別詞，ソータル類別詞，配列類別詞，
　　部分類別詞

レキシコン　17–8, 20–1, 290

列挙　6, 11, 34, 116, 326
連結詞　14, 43, 95–8, 103, 106, 108, 115,
117, 119–20, 122, 216, 254–7, 300–1,
318–20
連語的依存関係　6, 206–10, 211, 214,
216–8, 239, 268, 277
連続性　7, 26, 61–2, 219–20, 223–5,
231–2, 236, 238–9, 241, 278, 322, 376,
395–6, 400, 405, 407, 432
連続体　20, 210–1, 224, 287, 316, 327,
339, 341, 343, 345, 347, 349, 351,
353, 355, 357, 359, 361, 363–5, 367,
369, 371, 373–7, 379–83, 385, 387–9,
391–5, 397, 399, 401, 403, 405, 407,
409, 411, 413, 415, 417, 419, 421, 423,
425, 427, 429, 431, 433, 435
連続的スキャニング　123
連続の副詞　408
連続の連鎖　405, 424
連続動詞　316, 389, 393, 412, 421, 424–
7

ワ 行

話題　189, 220, 233–4, 260, 320, 344–4,
370–1, 379–80, 392, 409–10, 434

A〜Z

eサイト　→精緻化サイト
NP内部の一致　271
PIBU　→主要情報負担ユニット
SAP（発話行為参与者）階層　343, 345,
355, 357–60, 362, 364, 370, 372, 379,
385
SAP階層制約　345, 353–4
Tough 移動　254
Xバー理論　75

監訳者・訳者紹介

〈監訳者〉

山梨正明（やまなし・まさあき）

1948 年生まれ，静岡県出身

1975 年，ミシガン大学大学院博士課程修了（言語学，Ph.D.）

京都大学名誉教授，関西外国語大学特任教授

（主要著書）

『発話行為』（大修館書店，1986），『比喩と理解』（東京大学出版会，1988），『推論と照応』（くろしお出版，1992），『認知文法論』（ひつじ書房，1995），『認知言語学原理』（くろしお出版，2000），『ことばの認知空間』（開拓社，2004），『認知構文論』（大修館書店，2009），『認知意味論研究』（研究社，2012），『修辞的表現論』（開拓社，2015），『自然論理と日常言語』（ひつじ書房，2016）

（監訳）

R.W. ラネカー『認知文法論序説』（研究社，2011）

（主要編著）

『講座 認知言語学のフロンティア』（Vol.1〜Vol.6（2007–2011），研究社），『認知言語学論考』（No.1（2001）〜No.14（2017），ひつじ書房）

（海外編著）

Cognitive Linguistics. （Vol.1〜Vol.5），Edited by M. Yamanashi, London: Sage Publications, 2016.

〈訳者〉

渋谷良方（しぶや・よしかた）

1975 年生まれ，富山県出身

2005 年，マンチェスター大学大学院博士課程修了（言語学，Ph.D.）

金沢大学准教授

（主要論文）

"Conceptual Evolution: The Quality-Quantity Continuum in GOOD" （*Studies in Cognitive Linguistics,* No.5, pp.179–207, 2006），"Transferred Epithets: An MSFA Approach" （『言葉と認知のメカニズム』，pp.129–144, 2008, ひつじ書房），"Diachronic Change of English Attributive and Predicative Adjectives from 1710 to the 1990s" （『日本認知言語学会論文集』，14 号, pp.731–736, 2014），"Mining for Constructions in Texts Using N-gram and Network Analysis" （*Globe: A Journal of Language, Culture and Communication,* Vol.2, pp.23–54, 2015），"Revisiting Hudson's （1992） OO=O2 Hypothesis" （*Acta Linguistica Hafniensia: International Journal of Linguistics,* pp.73–101, 2017）

（主要書評論文）

"Polysemy: Flexible Patterns of Meaning in Mind and Language" （*Cognitive Linguistics,* Vol.18, No.4, pp.559–579, 2007），"Review of Raffaele Simone and Francesca Masini: *Word Classes: Nature, Typology and Representations*" （*Cognitive Linguistics,* Vol.27, No.2, pp.289–297, 2016）

KENKYUSHA
〈検印省略〉

ラディカル構文文法
——類型論的視点から見た統語理論——

2018 年 6 月 25 日　初版発行

著　者　ウィリアム・クロフト
監訳者　山梨正明
訳　者　渋谷良方
発行者　関戸雅男
発行所　株式会社　研究社
　　　　〒102–8152　東京都千代田区富士見 2-11-3
　　　　電話　03(3288)7711(編集)
　　　　　　　03(3288)7777(営業)
　　　　振替　00150–9–26710
　　　　http://www.kenkyusha.co.jp/
印刷所　研究社印刷株式会社

装幀　吉崎克美　　　JASRAC 出 1804897–801
ISBN 978–4–327–40169–6　C3080　　Printed in Japan